中国年鉴精品工程
High Quality Project of China's Yearbook

玉屏年鉴

2023

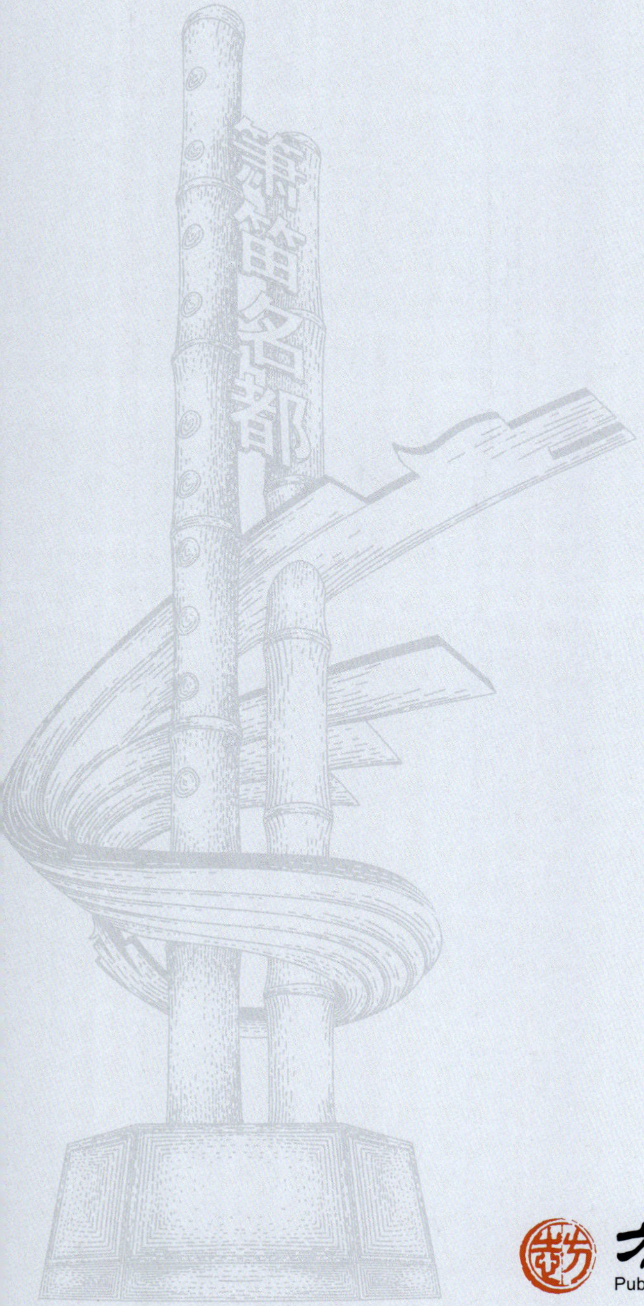

玉屏侗族自治县地方志编纂委员会办公室 编

方志出版社
Publishing House of Local Records

图书在版编目（CIP）数据

玉屏年鉴. 2023 / 玉屏侗族自治县地方志编纂委员会办公室编. —北京 : 方志出版社, 2023.9

ISBN 978-7-5144-5820-6

Ⅰ. ①玉… Ⅱ. ①玉… Ⅲ. ①玉屏侗族自治县—2023—年鉴 Ⅳ. ①Z527.34

中国国家版本馆CIP数据核字（2023）第183997号

责任编辑：刘方圆
责任校对：张玉霞
责任印制：梅中英
出 版 者：方志出版社
地　　址：北京市朝阳区潘家园东里9号（国家方志馆4层）
邮　　编：100021
网　　址：http://www.zgfzcb.cn
发　　行：方志出版社图书营销中心（010-67110500）
印　　刷：云南美嘉美印刷包装有限公司
开　　本：889毫米×1194毫米　1/16
印　　张：26.75
字　　数：862千字
版　　次：2023年9月第1版
印　　次：2023年9月第1次印刷
定　　价：280.00元

玉屏侗族自治县政区图

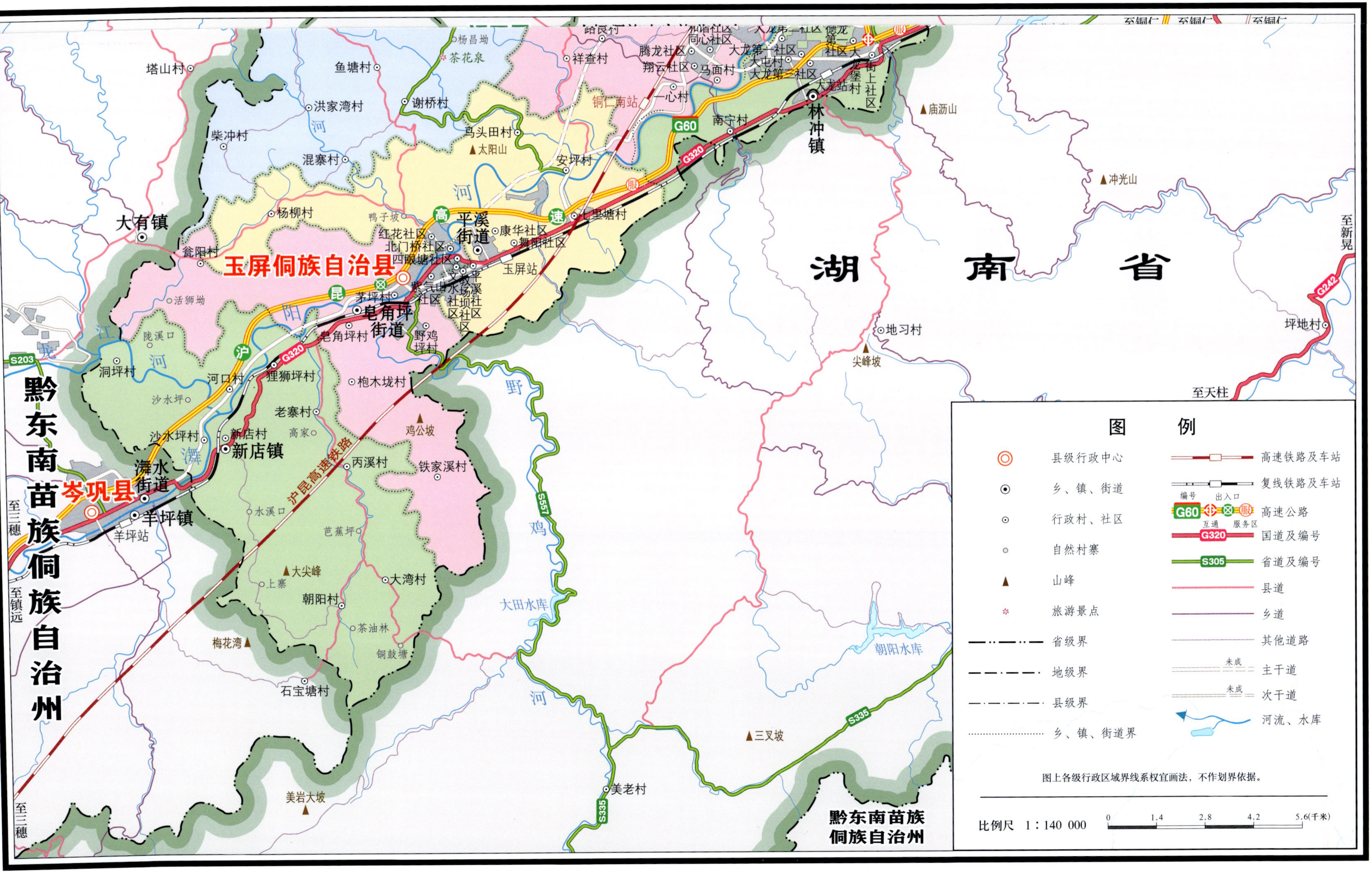

哈尔滨地图出版社 编制

行政区划数据截止至2023年12月

审图号：图黔D（2024）002号

《玉屏年鉴（2023）》编纂委员会

《玉屏年鉴（2023）》编辑部

序

国务院办公厅2015年8月印发的《全国地方志事业发展规划纲要（2015—2020年）》（以下简称《规划纲要》）要求，到2020年要做到地方综合年鉴一年一鉴，公开出版，实现省、市、县三级综合年鉴全覆盖。《规划纲要》还要求，坚持存真求实，正确处理质量与进度的关系，将精品意识贯穿于年鉴编纂出版工作全过程。2015年12月，中国地方志指导小组办公室启动中国年鉴精品工程，将其与先期实施的中国志书精品工程视为姊妹工程，一道作为加强地方志质量建设的重要抓手。

实施中国年鉴精品工程有助于推动中华优秀传统文化传承发展。近年来，在党中央、国务院的高度重视和关心支持下，全国地方志事业发展迎来最好的发展时期。年鉴编纂发端于欧洲，鸦片战争后被引入我国，在我国走过了100多年的发展历史。在长期的编纂中，年鉴在内容和形式上不断发展，逐渐演变成为适合反映中国国情、具有鲜明中国特色的一种文化载体，并在改革开放后出现了快速发展的局面。2006年5月，国务院《地方志工作条例》颁布施行，明确将地方综合年鉴纳入地方志工作范畴，年鉴工作走上了有法可依的轨道。《规划纲要》出台，为从依法编鉴转变到依法治鉴指明了方向。2016年12月，中国地方志指导小组印发《全国年鉴事业发展规划（2016—2020年）》，更进一步明确了到2020年全国年鉴事业的任务书、时间表、路线图。经过多年的发展，年鉴工作已经成为地方志工作的重要组成部分，成为中华民族优秀文化传统的有机组成部分，其存史、育人、资政作用日益彰显。实施中国年鉴精品工程，是年鉴工作者紧扣时代脉搏、坚持创新发展的一项重要举措，对于坚定文化自信，传承弘扬好中华优秀传统文化意义重大。

实施中国年鉴精品工程有助于为全面建成小康社会提供更多智力支持和历史借鉴。党的十八大作出全面建成小康社会的战略部署。党的十八届五中全会提出到2020年如期实现全面建成小康社会的目标要求。完成《规划纲要》确定的目标任务是年鉴工作者的神圣使命，更是年鉴工作者以自身力量为全面建成小康社会献上的厚礼。一方面，可以更好地利用年鉴这种年度资料性文献，及时记录各地区在全面建成小康社会伟大征程中每年取得的新成绩和新经验、出现的新情况和新问题、涌现的优秀人物和典型事迹等；另一方面，可以更好地积累地情、国情资料，为推动经济社会发展和深化改革提供智力支持，为推进国家治理体系和治理能力现代化提供历史借鉴。

实施中国年鉴精品工程有助于全面推进地方志事业转型升级。地方志不是单纯修志编鉴工作，而是全体方志人“修志问道，以启未来”的一项事业，这项事业包含着巨大的时代担当与使命追求。地方志工作要在“五大建设”总体布局和“四个全面”战略布局中发挥与其自身价值、功能相匹配的作用，就要因时而谋、乘势而上、顺势而为，全面推进地方志事业转型升级。转型升级，当下最重要的目标就是完成“两全”目标，包括“年鉴全覆盖”目标；

长远的目标就是基本形成地方志编修体系、理论研究和学科建设体系、质量保障体系、资源开发利用体系、工作保障体系“五位一体”的地方志事业发展综合体系，包括“五位一体”的年鉴事业发展综合体系。中国年鉴精品工程是一项探索工程，也是一项创新工程，是推进地方志事业转型升级的重要内容。通过实施中国年鉴精品工程，不仅有助于确保年鉴质量，不断编纂出版具有鲜明时代特征、年度特点和地域特色的精品年鉴，也有助于推动年鉴工作适应经济社会发展形势和时代需要，不断改革创新，与时俱进。

多年来，在中国地方志指导小组办公室的指导和全国各级地方志工作机构的共同努力下，年鉴种类数量快速增长，年鉴成果粲然可观，为实施中国年鉴精品工程奠定了坚实的基础。实施中国年鉴精品工程，就是要在全国地方志系统起到示范作用，进一步培育精品意识，打造精品年鉴，以点带面，在提高年鉴质量方面探索出一条切实可行之路，使这项探索工程和创新工程能够积累经验，发挥引领作用。

“万山磅礴，必有主峰；龙衮九章，但挈一领。”实施中国年鉴精品工程，是筑牢地方志事业特别是年鉴事业发展根基之举，其意义与价值不言而喻。但编修出年鉴精品佳作，绝非朝夕之功，需要付出长期艰辛的努力。希望通过实施中国年鉴精品工程，能够进一步推进年鉴质量建设，使年鉴真正成为传承中华民族优秀传统文化的重要载体，成为展示中国国情、地情的重要窗口，成为“为当代提供资政辅治之参考、为后世留下堪存堪鉴之记述”的资源宝库，在全面建成小康社会过程中作出更大贡献。

是为序。

中国社会科学院原副院长
原中国地方志指导小组常务副组长 李培林

编辑说明

一、《玉屏年鉴》是中共玉屏侗族自治县委员会、玉屏侗族自治县人民政府主办，玉屏侗族自治县地方志编纂委员会办公室编纂的地方年度资料性文献。《玉屏年鉴（2023）》（以下简称本卷年鉴）以马克思列宁主义、毛泽东思想、邓小平理论、“三个代表”重要思想、科学发展观、习近平新时代中国特色社会主义思想为指导，坚持辩证唯物主义和历史唯物主义的立场、观点和方法，全面系统地记述2022年玉屏侗族自治县政治、经济、文化、社会、生态文明建设的历史进程和发展情况。

二、本卷年鉴记述起讫时间原则上为2022年1月1日至12月31日。为反映事物全貌，部分内容适当上溯。书中直书月、日的时间，均指2022年内的日期，涉及其他年份的时间均标明年份。

三、本卷年鉴分卷首专题图片与正文两部分。卷首专题图片设中国箫笛之乡、学习贯彻党的二十大精神、贵州省特色田园乡村·乡村振兴集成示范试点郭家湾村、朱家场首届乡村旅游节、玉屏黄桃推介、交通建设版块。正文设特载、专文、大事记、县情概览、中国共产党玉屏侗族自治县委员会、玉屏侗族自治县人民代表大会、玉屏侗族自治县人民政府、中国人民政治协商会议玉屏侗族自治县委员会、中国共产党玉屏侗族自治县纪律检查委员会玉屏侗族自治县监察委员会、民主党派工商联、群众团体、法治、军事、经济管理、农业、油茶之乡、工业、贵州玉屏经济开发区、商贸服务业、金融业、旅游业、交通、城市建设、乡村振兴、生态环境保护、科学技术、教育、文化、箫笛名都、卫生健康、体育、社会生活、应急管理、街道乡镇、人物荣誉、附录，除特载、专文及人物荣誉、附录采用综合性文章或表格外，其余均用条目体记述。全书有类目32个，分目240个，条目1210个，表格48个，图片217幅。

四、本卷年鉴对框架结构作适当调整：增设油茶之乡、贵州玉屏经济开发区、箫笛名都类目；工业商务类目拆分为工业、商贸服务业类目，文化旅游类目拆分为旅游业、文化类目；纪检监察、综合经济管理、城乡建设、生态环境、社会民生类目更名为中国共产党玉屏侗族自治县纪律检查委员会玉屏侗族自治县监察委员会、经济管理、城市建设、生态环境保护、社会生活类目；邮政通信类目降为邮政服务、通信服务分目，归入商贸服务业类目；新冠肺炎疫情防控类目降为新冠疫情防控条目，归入卫生健康类目；增加批发零售业、食盐营销、成品油管理与销售、粮食购销、住宿餐饮业、物业服务、中介服务、广告服务业分目，归入商贸服务业类目；增加人口家庭、收入消费、养老服务、精神文明建设分目，归入社会生活类目；档案、地方志分目从中国共产党玉屏侗族自治县委员会类目调整至文化类目。

五、本卷年鉴中的辖区单位名称，在表格中使用全称，文中使用规范性简称，全称与规范性简称对照表见附录。地名一律使用现行标准地名。为避免产生歧义，“党的二十大”在民主党派类目中用“中共二十大”表述。

六、本卷年鉴数字用法、标点符号用法分别采用国家标准《出版物上数字用法》（GB/T 15835—2011）、《标点符号用法》（GB/T 15834—2011），计量单位采用国家技术监督局1993年12月发布的《量和单位》系列国家标准。

七、本卷年鉴稿件资料，均由县直各部门、单位和乡（镇、街道）专人撰写，并经单位领导审核。本卷年鉴统计数据由各供稿单位主管业务部门提供并审核，由于统计时间、统计口径不同，反映国民经济和社会发展情况的部分数据不尽一致，使用时请以附录中玉屏侗族自治县统计局提供的《玉屏侗族自治县2022年国民经济和社会发展统计公报》数据为准。

数字玉屏 2022

辖区面积：523.78平方千米
年末耕地面积：10955.43公顷
森林覆盖率：55.9%
年降雨量：1007毫米
年平均气温：17.7℃
年日照时间：1302.4小时
辖区：4个街道、3个镇、1个乡、80个村22个社区，其中大龙街道、麻音塘街道由贵州大龙经济开发区代管

地区生产总值：105.85亿元
第一产业增加值：13.66亿元
第二产业增加值：44.65亿元
第三产业增加值：47.54亿元
人均地区生产总值：71569元

城镇居民人均可支配收入：39388元
农村居民人均可支配收入：16315元

户籍总人口：17.62万人
常住人口：14.67万人
城镇居民人口：85467人
农村居民人口：90713人
人口出生率：8.01‰
人口自然增长率：2.17‰

农林牧渔业总产值：23.7亿元
粮食播种面积：4065.98公顷
粮食总产量：22392.7吨
猪牛羊禽肉产量：14911.17吨
禽蛋总产量：811.41吨
园林水果总产量：24947.27吨
食用菌产量：9491.09吨

茶花泉景区一角

工业增加值：38.71亿元
规模以上工业企业资产总额：444.79亿元
规模以上工业企业实现利润总额：11.01亿元
年末拥有规模以上工业企业：74家（玉屏侗族自治县25家、贵州大龙经济开发区49家）

交通运输、仓储和邮政业增加值：6.33亿元
公路通车里程：1401.86千米
年末机动车保有量：40338辆
客运量：8.75万人
货运量：69.82万吨
邮电业务总量：1.29亿元

财政总收入：8.64亿元
一般公共预算收入：4.7亿元
一般公共预算支出：25.9亿元
税收收入：2.49亿元

年末金融机构存款余额：87.26亿元
年末金融机构贷款余额：146.31亿元

各类学校数：105所
各类学校教职工数：3125人
各类在校学生数：33898人

年末有卫生机构：16个
年末卫生机构病床：1208张
年末卫生技术人员：1375人

全年城镇新增就业：2206人
房地产完成投资：6.63亿元
商品房销售面积：64822平方米

国内旅游收入：30.32亿元
旅游人次：351.13万人次

（姚林屏　摄）

中国箫笛之乡

玉屏侗族自治县箫笛之乡牌坊

玉屏箫笛，明、清两朝被列为贡品，1915年与贵州茅台酒一起获美国巴拿马万国博览会金质奖，1990年，玉屏侗族自治县被文化部授予“中国箫笛之乡”称号。玉屏侗族自治县以“箫笛名都·侗听玉屏”为城市形象定位，将箫笛作为重要元素设计玉屏城市形象图标，通过音乐剧创排、文化作品创作等活动，加大玉屏箫笛宣传力度，加强箫笛文化传承发展，不断深化箫笛名都文化内涵。

（县政协办公室　供图）

玉屏箫笛制作技艺，是国家级非物质文化遗产项目。玉屏箫笛主要以县境内紫竹、水竹为原料，经制坯、雕刻、成品3个工艺流程，手工制作而成。制作箫有24道工序、笛有22道工序、调音笛有38道工序。2022年，玉屏侗族自治县有箫笛制作技艺代表性传承人13人，从事教育教学和箫笛演奏人才19人，箫笛企业18家，生产箫笛11万支。

国家级代表性传承人刘泽松选择制作箫笛竹材（胡攀学　摄）

箫笛艺人吴代平刨节制坯　　（县政协办公室　供图）

市级代表性传承人吴继红打音孔　　（於　江　摄）

国家级代表性传承人刘泽松雕刻箫笛图案　　（胡攀学　摄）

2022年，玉屏侗族自治县健全箫笛文化保护传承与产业发展扶持机制，以印山民族小学为玉屏箫笛示范学校和教学基地，强化技能技术传承发展和专业人才培养培育。年内，创排箫笛音乐剧1部，编纂出版箫笛文史专辑1部，外出参加箫笛推广展示5场，玉屏箫笛博物馆接待游客54680人次。

4月26日，箫笛演奏家孟晓洁为玉屏侗族自治县量身打造的原创箫曲《侗听》登上CCTV-15音乐频道风华国乐栏目。图为孟晓洁吹箫

（於　江　摄）

5月22日，县级代表性传承人曹俊讲解箫笛修复技术

（胡攀学　摄）

2022年，玉屏侗族自治县18所中小学开设“玉屏箫笛”课程。图为老师教学生吹奏箫笛

（胡攀学　摄）

10月24—31日，印山民族小学举办“传承侗乡文化　领略箫笛风采”第五届箫笛艺术节。图为四年级组竹笛合奏（刘德军　摄）

6月11日，玉屏侗族自治县箫笛制作技艺传承人及箫笛乐团参加2022年贵州省文化遗产日暨非遗购物节活动（县文体广电旅游局　供图）

9月1—5日，玉屏箫笛作为贵州省唯一的文化信物参加中国国际服务贸易交易会，亮相北京国际会展中心，玉屏箫笛乐团曹俊现场推介箫笛

（蒋 毅 摄）

10月22日，玉屏侗族自治县竹韵箫笛工坊被县文体广电旅游局、县人力资源社会保障局、县乡村振兴局认定为第一批非遗工坊

（县文体广电旅游局 供图）

2022年，贵州省第一部箫笛文史专辑《平箫玉笛慰乡愁》出版。图为12月20日举行的《平箫玉笛慰乡愁》新书首发式现场

（县政协办公室 供图）

印山民族小学千人箫笛演奏现场　　（县政协办公室　供图）

12月28日，玉屏侗族自治县大型民族音乐剧——《平箫玉笛》排练现场　　（县融媒体中心　供图）

学习贯彻党的二十大精神

10月16日，身穿侗族服饰的新店镇大湾村党员干部群众收看党的二十大开幕会

2022年，玉屏侗族自治县深入学习贯彻党的二十大精神，组建“理论宣传二人讲”宣讲组9个，统筹县、乡两级宣传队伍72个，开展宣传宣讲580余场次。开设新时代文明实践小课堂专栏，策划制作短视频15个，文艺宣讲作品8个，点击率超23000次。

（胡攀学　摄）

10月26日，玉屏侗族自治县传达学习贯彻党的二十大精神领导干部大会召开（覃嵩松 摄）

9月15日，县文联组织开展喜迎党的二十大美术作品比赛。图为评审现场（杨清博 摄）

11月2日，新店镇工作人员到沙水坪村宣讲党的二十大精神（刘德军 摄）

11月23日，在玉屏侗族自治县巾帼创新创业示范基地，县妇联宣讲志愿者向女企业家和创业青年宣讲党的二十大精神
（胡攀学　摄）

12月，玉屏侗族自治县拍摄“宣讲二十大 匠心展风采”视频，创新形式学习宣传贯彻党的二十大精神。图为拍摄现场
（姚　磊　摄）

贵州省特色田园乡村·乡村振兴集成示范试点郭家湾村

郭家湾新村

郭家湾村位于玉屏侗族自治县东北部，有1条河、2个水库、4个山塘，梯田风光旖旎，鼟锣文化浓厚，夏季气候凉爽，主产稻米品好味美，素有“贡米之乡”“贵州省摄影家协会基地”之称。2021年7月，被列为贵州省特色田园乡村·乡村振兴集成示范试点后，玉屏侗族自治县高标准推进郭家湾村示范试点建设，推进贡米产业发展，做强贡米品牌，提升生态宜居环境，抓好农旅融合发展。

（胡攀学　摄）

2022年，郭家湾村发挥“贡米之乡”招牌优势，发展贡米产业102.47公顷。引进贵州谷州农业有限公司，对全村贡米产业实行统一管理、收购、加工、销售，设计精品礼盒系列包装5款、真空系列包装3款。郭家湾村已初步形成以贡米为主导、多种产业共同发展的良好格局。

6月28日，“郭家湾贡米”获铜仁市“梵净山珍·健康养生”绿色农产品品牌称号　　（亚鱼乡人民政府　供图）

5月21日，郭家湾村村民管护秧苗　　（胡攀学　摄）

9月9日，郭家湾村民晾晒稻谷　　（胡攀学　摄）

2022年，玉屏侗族自治县投资880万元扩建贵州谷州农业有限公司厂区和升级设备。图为公司车间

（亚鱼乡人民政府　供图）

2022年，玉屏侗族自治县加大对郭家湾村核心和周边村组人居环境改造力度，依托梯田自然风光，通过举办农事趣味活动，丰富民俗节日内涵。打造农旅核心区，推动物质文明、精神文明双提升，建设宜居宜业和美乡村，吸引外出务工村民和周边游客持续回流聚拢，打造农旅整合样板。

7月19日，36名记者到郭家湾村开展“在希望的田野上——乡村振兴看西部”网络主题活动　　（县融媒体中心　供图）

2022年，郭家湾村成功申报贵州省宜居农房建设试点，改造宜居农房172户　　（胡攀学　摄）

2022年，郭家湾村打造集“观光+休闲娱乐+餐饮”等功能于一体的农家小院示范户5户。图为稻香小院 （吴 娅 摄）

9月10日，郭家湾村举办开镰节活动，吸引周边游客游玩观赏。图为鼟锣队员在庆祝丰收 （李 平 摄）

2022年，郭家湾村创新运营乡风文明积分超市，村民用参加村里志愿活动赚取的积分购买日常生活用品

（亚鱼乡 供图）

朱家场首届乡村旅游节

游客和村民在开展抢鸭子民俗活动

8月27—28日，朱家场首届乡村旅游节在桐木村举行。活动分为桐木村开园、“国潮风起·秀聚桐木”大型国潮青少组选秀大赛、开幕晚会暨乡村民谣音乐会、“国潮风起·秀聚桐木”大型国潮成人组选秀大赛4个部分，囊括寨门拦门酒迎宾、田间摸鱼抢鸭子、篝火晚会等民俗活动，唢呐、锣鼓、长号等民间乐器演奏，侗族大歌、侗族舞蹈、箫笛演奏民族文化活动。活动接待游客2万人次，网上直播浏览120万人次。通过举行集观光、民俗、休闲、体验于一体的乡村旅游活动，让农民融入旅游产业链，带动农民致富，助力乡村振兴。

（胡攀学　摄）

村民为游客准备迎宾酒　（胡攀学　摄）

民间艺人表演鼟锣　（胡攀学　摄）

村民表演侗族大歌　　（朱家场镇人民政府　供图）

游客和村民开展摸鱼活动　　（胡攀学　摄）

玉屏黄桃推介

7月30日，田坪彰寨黄桃种植基地果农分拣黄桃

2022年，玉屏侗族自治县黄桃规模种植面积1640公顷，黄桃产量300余万千克。通过政府搭建渠道，开展“强省会”百万职工在行动之助力乡村产业发展暨玉屏黄桃推介会、“玉见最美　桃礼天下”2022年玉屏黄桃推介暨产销对接等系列活动，整合全县涉农涉商部门“线上线下”渠道，助力黄桃销往全国，实现产销两旺。

（胡攀学　摄）

7月18—20日，玉屏侗族自治县举办黄桃产业“十佳基地”评比活动。图为参评的新店镇新店村黄桃种植基地（胡攀学 摄）

7月，玉屏黄桃运行8项团体标准，实行标准化包装管理（亚鱼乡人民政府 供图）

8月，县融媒体中心在朱家场镇长华村开启直播助农活动，网上销售玉屏黄桃（徐 雪 摄）

8月3日，“强省会”百万职工在行动之助力乡村产业发展暨玉屏县黄桃推介会在贵阳举行　（覃嵩松　摄）

8月7日，“玉见最美　桃礼天下”2022年玉屏黄桃推介暨产销对接系列活动启动仪式在瓮阳黄桃基地举行，评选最大、最美、最甜黄桃和玉屏桃王，签订产销协议　（覃嵩松　摄）

交通建设

11月9日，玉屏侗族自治县茅坪大桥改扩建建成通车

玉屏侗族自治县依托沪昆高铁、株六复线铁路、沪昆高速、320国道、201省道等交通优势，不断夯实交通基础设施建设，累计建设（改造）乡道216.08千米、通村公路378.71千米、通组（产业旅游路）968千米，组成内通外联、乡村互通、组组通畅的立体式交通运输枢纽。年内，玉九公路、茅坪大桥改扩建、S201朱家场至平溪街道安坪公路段、田坪镇观音山至小江口公路等相继建成通车，完成田坪商业街、朱家场至黄母冲公路、平溪街道杨柳村至朱家场镇兴隆村公路改扩建。

（胡攀学 摄）

沪昆高铁铜仁南站　　（於　江　摄）

玉屏高速收费站　　（刘　丽　摄）

朱家场镇茅坡村产业路　　（胡攀学　摄）

田坪镇长岭村至南门村通村公路 （胡攀学 摄）

2月16日，玉屏侗族自治县启动2022年第一批4座危桥改造工程。图为改造后的红花桥　　（李　平　摄）

10月8日，亚鱼乡至万山区鱼塘公路改扩建工程完工
（县交通运输局　供图）

12月15日，省道201线朱家场镇至平溪街道安坪二级公路改扩建通车
（徐　雪　摄）

目录

中国共产党玉屏侗族自治县委员会

玉屏侗族自治县人民代表大会

玉屏侗族自治县人民政府

中国人民政治协商会议玉屏侗族自治县委员会

中国共产党玉屏侗族自治县纪律检查委员会 玉屏侗族自治县监察委员会

民主党派　工商联

群众团体

法 治

军　事

经济管理

农 业

油茶之乡

工　业

贵州玉屏经济开发区

商贸服务业

金融业

旅游业

交 通

城市建设

乡村振兴

生态环境保护

科学技术

教　育

文　化

箫笛名都

卫生健康

体 育

社会生活

应急管理

街道乡镇

人物　荣誉

附　录

特　载

县委常委会工作报告

（2022年12月16日在中国共产党玉屏侗族自治县第十四届委员会第五次全会上）

县委书记　杨启明

县委十四届一次全会以来，面对一系列困难挑战和超预期因素叠加影响，县委常委会坚持以习近平新时代中国特色社会主义思想为指导，认真学习宣传贯彻党的二十大精神，深入贯彻习近平总书记视察贵州重要讲话精神和对贵州对铜仁工作重要指示批示精神，衷心拥护“两个确立”、忠诚践行“两个维护”，全面落实省第十三次党代会、市第三次党代会部署要求，坚持以高质量发展统揽全局，围绕“四新”主攻“四化”主战略、“四区一高地”主定位，全力建设“三区一县一中心”，各项事业取得新成绩，2021年度全省综合考核获Ⅱ类地区第一等次，全县经济社会大局保持稳定、政治生态风清气正、高质量发展稳步推进。

我们聚焦“贯彻党代会、喜迎二十大”，以优异成绩迎接党的二十大胜利召开。县委常委会把迎接党的二十大胜利召开作为重大政治任务，多次召开县委常委会会议和专题会议进行研究部署，以充分的政治、思想和工作准备迎接党的二十大胜利召开。我们千方百计保持高质量发展向纵深推进的平稳态势，以“时时放心不下”的责任感切实保障社会大局和谐稳定，开展“喜迎二十大·看玉屏变化”等主题宣传，以经济社会发展的优异成绩和良好精神状态迎接党的二十大胜利召开。

我们坚持“项目为王、争资争项”，坚定不移推动新国发2号文件落地落实。县委常委会全力以赴抢抓新国发2号文件“风口”机遇，专题研究政策红利并成立工作专班，制定出台玉屏侗族自治县贯彻落实《国务院关于支持贵州在新时代西部大开发上闯新路的意见》实施方案。定期听取新国发2号文件贯彻落实情况汇报，研究部署争资争项工作，1月至11月争取到项目资金14.53亿元，获得资金支持项目24个，全力推动重点政策红利最大化落实。

我们牢记“人民至上、安全第一”，全力以赴做到疫情要防住、经济要稳住、发展要安全。县委常委会全力应对多重困难挑战，推动高效率防控、高质量发展、高水平安全良性互动。我们牢记“三个坚定不移”，精准有效筑牢“外防输入、内防反弹”各条防线，最大限度守护了广大人民身体健康和生命安全。我们坚持稳字当头、稳中求进，全力顶住超预期因素冲击，经济运行总体平稳，实力显著增强。我们时刻紧绷安全稳定这根弦，深刻汲取事故教训，坚决守牢守住安全底线，生产安全事故起数、死亡人数实现“双降”目标，有力保障了社会大局和谐稳定。

一年来，县委常委会总揽全局、协调各方，抢抓新机遇、勇担新使命、再创新业绩，主要抓了十个方面工作。

一、深入学习贯彻习近平总书记重要讲话和重要指示批示精神，衷心拥护“两个确立”、忠诚践行“两个维护”

县委常委会认为，“两个确立”是党应对一切不确定性的最大确定性、最大底气、最大保证。我们始终坚持把习近平总书记重要讲话和重要指示批示精神作为“第一议题”抓学习、“第一遵循”抓贯彻、“第一政治要件”抓落实，不断增强忠诚践行“两个维护”的政治自觉、思想自觉、行动自觉。

一是坚定不移拥护“两个确立”。县委常委会率先垂范，把坚决维护习近平总书记党中央的核心、全党的核心地位，坚决维护党中央权威和集中统一领导作为最大的政治、最大的大局，以更高标准、更严要求捍卫核心地位、维护核心权威、紧跟核心奋斗。深刻感悟习近平总书记对贵州对铜仁的特殊关怀，不断提高政治判断力、政治领悟力、政治执行力，始终做到衷心拥护“两个确立”、忠诚践行“两个维护”。

二是坚定不移强化理论武装。先后50余次召开县委常委会、县委专题会等会议，第一时间传达学习贯彻习近平总书记重要讲话和重要指示批示精神，提出具体要求、作出具体安排，落实到全县工作各方面全过程。严格落实党委理论学习中心组学习制度，持续加强习近平新时代中国特色社会主义思想教育培训，推进党史学习教育常态化长效化，开展干部人才培训全覆盖。党的二十大胜利闭幕后，及时召开全县领导干部大会、县委常委会（扩大）会议等全方位学习宣传，深入开展“党的二十大精神大学习大落实”活动，持续掀起学习宣传贯彻热潮。

三是坚定不移推动贯彻落实。不断完善贯彻落实习近平总书记重要指示批示精神闭环管理工作机制，实行台账化、清单化精准管理，推动贯彻落实走深走实。加强对习近平总书记重要指示批示精神、上级重大决策部署落实情况的监督检查和“回头看”，将贯彻落实情况纳入党内政治生态分析研判、党委重点督查、纪检监察等工作内容，作为领导干部政治素质考察的重要标准，确保落地见效。

二、紧紧围绕“四新”主攻“四化”，全力以赴推动经济社会高质量发展

县委常委会认为，推动高质量发展必须千方百计稳住经济增长，大力推动“四个轮子”一起转。我们坚持稳中求进工作总基调，以“四化”为主抓手，发挥优势、补齐短板、挖掘潜力、集中攻坚，全力推动经济社会高质量发展。

一是党对经济工作的领导全面加强。召开县委常委会、县委经济工作会、县委财经委会议深入分析、精准研判，作出全力以赴实现“六个大突破”的工作部署，提出“3347”等工作措施，制定实施稳经济一揽子政策措施和招商引资优惠政策，开展“玉事无忧”入企走访，切实推动各项惠企政策精准落地，确保经济有序运行，2022年预计全县地区生产总值完成108亿元，增长2.5%。

二是新型工业化创新发展。坚持一手抓纾困保存量，一手抓培优扩增量，抢抓“风口”机遇，立足现有成长型企业扩能增产、第一优势资源招优引强和大龙开发区新型功能材料的产业配套，全力打造新型功能材料产业延伸拓展区。西南水泥、粤鑫环保等一批支撑性强的重大项目投入运营，铭旌合、北侗饮用水厂、创梦联钙业项目（一期）相继建成投产，易地搬迁后续扶持创业创新产业园、创梦联钙业（二期）、PCB微型钻咀等项目建设稳步实施，总投资150亿元的玉屏侗族自治县低温供热堆商业示范项目核准前置25项支持性文件完成17项，气象站已开工建设。中和石油库完成前期建设，开业在即。启动传统铁合金产业升级重组。1月至10月，全县规模以上工业增加值（含大龙）同比增长1.6%，全市排第1位，2022年预计完成规模以上工业产值12.4亿元。

三是新型城镇化稳步推进。围绕城镇“五个大提升”，大力实施基础设施补短板专项行动，扎实推进城市更新行动。“四改”工程持续推进，全力改造背街小巷14条，老旧小区3个2399户。基础设施全面升级，青山冲、芭蕉湾、大洋溪等水库加快建设，城镇公共供水普及率达100%，县城污水处理厂完成搬迁并试运行，生活污水集中处理率达

96% 以上。茅坪大桥、健康步道、玉九公路，观音山至小江口、亚鱼至鱼塘公路完成改扩建，南环线二期道路、朱家场至安坪公路相继建成。新建 5G 基站 137 个，主城区实现 5G 网络全覆盖。新增停车位 600 余个，城镇化率达 57%。田坪镇被命名为贵州省园林城镇。

四是农业现代化高效发展。坚持“四个示范引领”，巩固提升油茶、生猪养殖、精品果蔬（黄桃）、食用菌四大主导产业发展质量，推动林下经济提质增效。油茶种植面积达 23.45 万亩，建成油茶研发中心实验室，被评为国家玉屏侗族自治县油茶产业示范园区和国家农村产业融合发展示范园。食用菌产业园项目（二期）竣工投产，建成全省食用菌产业示范基地，成为全省 30 个食用菌种植重点县之一，年产食用菌 8860 万棒、产值 4 亿元。完成高标准农田建设 1.5 万亩，林下经济和经营产值达 2.57 亿元。黄桃产销两旺，产值达 5000 余万元，出栏生猪产值达 6.36 亿元以上。2022 年预计农林牧渔业总产值可达 25.32 亿元，同比增长 8%。

五是旅游产业化提质增效。紧紧围绕“一核两区”规划，全力推进 A 级景区提质突破和乡村旅游示范点升级改造，大力实施旅游业态升级行动，稳步推进“六个一”项目建设，出台政策对新增三星级酒店、新上规入统企业给予扶持奖励。天穆研学营建设基本完成，侗乡风情园成功创建国家 AAAA 级旅游景区，被评为贵州省景区体育旅游示范基地。玉屏侗族自治县文化馆被命名为国家一级文化馆。制定玉屏侗族自治县城市形象 LOGO，“箫笛名都·侗听玉屏”旅游品牌影响力显著增强。启动箫笛文化产业园规划工作。获贵州省体育旅游示范县称号，创建国家全域旅游示范区省级初审排名全省第二位。

我们抢抓贵州建设数字经济发展创新区重大机遇，聚焦“四化”推进数字化转型，大力推动大数据产业创新发展。1 月至 10 月，软件和信息服务业收入完成 530 万元，占年度目标任务的 106%。贵福食用菌工厂化车间大数据智能化升级改造项目获得 2021 年度省级标杆项目和铜仁市 2022 年十佳应用场景授牌。

三、持续巩固拓展脱贫攻坚成果，全力以赴推动乡村全面振兴

县委常委会认为，巩固拓展脱贫攻坚成果，防止发生规模性返贫是全面推进乡村振兴的底线任务。我们把巩固拓展脱贫攻坚成果同乡村振兴有效衔接作为全县工作的重中之重，围绕创建全国乡村振兴示范县目标，全力推动乡村全面振兴。

一是坚决守牢粮食安全底线。坚决贯彻藏粮于地、藏粮于技战略部署，全面落实粮食安全党政同责，严格执行耕地保护制度，实行党政领导领办制度，出台粮油生产综合能力提升实施方案和春耕粮食生产工作方案，强化五条硬措施促进撂荒耕地整治，全面提升粮油生产和储备能力，可复耕撂荒地整治率 100%。大力实施粮油增产示范提升工程，创新土地托管“三模式”，全力提高粮食单产水平，全年完成粮食播种面积 9.75 万亩，粮食产量 3.79 万吨，粮食生产实现面积、产量“双增长”，超额完成市级下达任务，全县粮油市场总体保持平稳。

二是脱贫攻坚成果持续巩固。严格落实“四个不摘”要求，把促进脱贫人口增收作为主攻方向，扎实抓好稳岗就业，脱贫人口人均纯收入达 15476 元，增速 15.73%。狠抓“3+1”保障巩固提升，做到学有所助、病有所医、住有所居、饮有所安。建立健全防止返贫动态监测机制，守住了不发生规模性返贫的底线。深化拓展与常平组团东莞三镇交流协作，帮助到东西部协作城市稳定就业 909 人，帮助销售农特产品 1.71 亿元。深化易地扶贫搬迁后续扶持“五个体系”建设，实现有劳动力搬迁家庭一户一人以上就业。

三是乡村振兴分类分级推进。严格落实“三个六”工作机制，省、市级特色田园乡村·乡村振兴集成示范试点建设稳步推进。一体化推进农村厕所革命、污水和生活垃圾处理，完成厕所改造 716 户，农村生活垃圾收运处置体系行政村覆盖率达 100%。大力推进乡村移风易俗，推广集体经济“积分制”分红模式，引导形成文明乡风、良好家风、淳朴民风。大力开展“最美庭院”评选和“美丽宜居村庄”创建，评选最美庭院 1465 户、创建美丽宜居村庄 56

个。探索创新“3322”筹资模式，完成宜居农房改造 277 户。玉屏侗族自治县乡村振兴工作得到时任省委副书记蓝绍敏的肯定性批示。

四、深化改革科技创新汇聚人才，全力以赴增强高质量发展动力活力

县委常委会认为，科技是第一生产力，人才是第一资源，创新是第一动力。我们持续推动改革创新，营造尊重人才的浓厚氛围，最大限度为高质量发展赋能增力。

一是改革活力持续增强。认真研究制定了县委全面深化改革委员会 2022 年工作要点，围绕政策重点、工作难点和群众热点，明确了县域共青团基层组织、一窗通办“2+2”等 33 项重点改革专题，以改革推动各项工作全面提质增效。紧扣“一县一试点”改革任务，全力推进国家玉屏侗族自治县油茶产业示范园区建设工作，推动油茶产业效益提升。强化改革经验提炼总结，上报省市改革信息 80 余篇，其中省级刊发 9 篇，市级刊发 4 篇，改革工作排名全市前列。《玉屏侗族自治县搭建“三联平台”推动省际人大代表联络站建设见成效》获省人大常委会党组副书记、副主任蓝绍敏肯定性批示。

二是科技创新持续发力。全面实施科技强县战略，加大科技投入力度和科技成果转化应用，加强高新技术企业、科技型企业主体培育和科技院校合作，贵福菌业、黔玉油茶、超盛精工、华宇橡胶等企业与贵州大学、中南林业科技大学等高校科研院所签订合作协议，技术合同成交额 7900 万元。申报省、市级科技项目 21 项，获批资金 470 万元。

三是人才汇聚成效明显。大力实施人才强县战略，多举措推进人才“四大工程”，深化人才交流协作，打造人才“强磁场”。创新人才激励机制，出台县管专家选拔管理、名师名医名家工作室管理办法，全面落实党委联系服务专家人才制度，加强人才平台载体建设，全力培育行业拔尖人才，创建市级首批名师名医名家工作室 3 个，入选首批“梵净之光”5 人，培育国家级非遗代表性项目玉屏箫笛制作技艺传承人 13 人，县级箫笛拔尖人才 15 人，油茶国家级一线工匠 2 人。开展“人才日”系列活动，拨付 2022 年人才工作专项经费 150 万元。

五、协同推进降碳减污扩绿增长，全力以赴做好“绿水青山就是金山银山”大文章

县委常委会认为，生态环境是关系民生的重大问题，要巩固住、发挥好优良环境这一最大优势。我们持之以恒推进生态文明建设，像保护眼睛一样保护自然和生态环境，不断厚植高质量发展的生态优势。

一是生态环境质量更好更优。持续深入推进蓝天、碧水、净土、固废、乡村环境整治“五大战役”，全面开展生态环境安全风险隐患排查整治，持续打击环境违法犯罪，妥善处理突发环境问题。全年县城空气质量平均优良天数比率为 96.4%，重点河流出境断面优良率和集中式饮用水水源地水质达标率 100%，森林覆盖率达 55.9%。扎实推进中央和省级环保督察反馈问题整改。

二是绿色生态屏障筑牢筑实。全面落实“共抓大保护、不搞大开发”要求和生态保护红线制度，严格执行森林保护“六个严禁”和长江流域“十年禁渔”，扎实推进“河长制”“林长制”，持续开展三级巡河巡林活动，开展农业资源及生态保护渔业增殖放流活动。深入推进“六绿”攻坚，扎实推进造林绿化工作，深入推进森林防火行动，有力有效保护森林资源。

三是绿色低碳发展有力有序。积极稳妥推进碳达峰、碳中和工作，持续推动创梦联钙粉厂屋顶光伏项目，加快推进玉屏侗族自治县低温供热堆商业示范项目，实施绿色制造专项行动和能源产业绿色低碳转型行动，推动重点领域节能减排降碳增效。加快能源基础设施网络建设和新能源应用，新增新能源汽车充电桩 46 个、新能源公交和出租车 118 辆。

六、有效保障和改善民生，全力以赴增强人民群众获得感幸福感安全感

县委常委会认为，必须坚持在发展中保障和改善民生，不断实现人民对美好生活的向往。我们

坚持尽力而为、量力而行，采取更多惠民生、暖民心的举措，让人民群众在高质量发展中共享高品质生活。

一是稳岗就业有力有效。全面落实保就业各项措施，持续推进高校毕业生、退役军人、农民工等重点群体就业，新增就业 2210 人，新增发放创业担保贷款 2247 万元，扶持和带动创业就业 743 人，农村劳动力转移就业 3829 人，全县农村劳动力就业率达 96%。深入实施促进居民增收三年行动，2022 年预计城镇居民人均可支配收入 39950 元，同比增长 6.2%；农村常住居民人均可支配收入 16620 元，同比增长 8.5%。实施根治欠薪问题专项整治，全面排查化解欠薪项目，有力遏制欠薪增量，全力维护农民工合法权益。

二是教育医疗水平持续提升。统筹推进各类教育发展，持续保持控辍保学常态动态清零，大力实施公办强校计划，加快推进黔东民族寄宿制中学提质改造、平溪第二幼儿园和县第六中学改扩建，县第三幼儿园投入使用，县实验幼儿园提升为全市唯一一所省级一类示范园，成为全省五所省级一类示范园之一。普惠性幼儿园覆盖率 98.92%。加快推动“三医”联动改革，出台提升卫生健康水平行动计划（2022—2030 年），持续推动医疗卫生基础设施和省市级特色重点专科建设，健全中医药人才培养机制，成功创建省级慢性病综合防控示范县，县传染病医院投入使用。全力巩固“国家卫生县城”创建成果。

三是社会保障体系逐步完善。全面落实城乡低保、养老保险等基本民生项目提标工作。认真实施临时救助制度，切实解决因灾、因病生活困难群众实际问题，失能特困人员得到有效照护。全力做好社会保险和医疗保障，全县基本医保参保率维持在 99% 以上。全县脱贫人口、监测对象、农村低保及特困供养人员做到应保尽保，实现基本医保、大病保险、医疗救助三重医疗保障全覆盖。大力实施教育资助和营养改善计划，投入资金 1934 万元，惠及学生 3.59 万人次，农村义务教育和学前教育儿童营养改善计划实现全覆盖。

七、持续推进社会主义民主法治，全力以赴凝聚强大共识和力量

县委常委会认为，推动高质量发展需要民主凝心聚力、法治保驾护航。我们坚持党的领导、人民当家作主、依法治国有机统一，发展全过程人民民主，充分体现人民意志、保障人民权益、激发人民创造活力。

一是加强和改进人大、政协工作。深入贯彻中央、省委、市委人大工作会议精神，出台县委关于坚持和完善人民代表大会制度加强和改进新时代人大工作的实施意见，创新建立“三联”代表履职平台，实现全县乡（镇、街道）全覆盖，全力支持人大依法履职。一如既往支持政协依照章程独立负责、协调一致开展工作，深入开展政协专题协商、“院坝协商”，创新玉屏大龙“园区协商”模式，设立乡（镇、街道）政协联络委员会。圆满完成县人大常委会、县政协委员会换届工作。

二是法治玉屏建设稳步提升。深入学习宣传贯彻习近平法治思想，持续抓好法治督察反馈问题整改，推动法治玉屏、法治政府、法治社会一体建设。持续推动政府重大行政决策科学化、民主化、法治化进程，实现法律顾问全覆盖。开展“八五”普法，推进民法典宣传贯彻，持续巩固全省“法治政府建设示范县”创建成果，累计成功创建民主法治示范村 38 个。建立县、乡、村三级公共法律服务实体平台 114 个，覆盖率达 100%。县人民检察院获“全国依法治理创建活动先进单位”称号。

三是爱国统一战线不断巩固发展。严格执行《中国共产党统一战线工作条例》，支持民主党派、工商联、无党派人士参政议政、民主监督、政治协商，完成县工商联换届工作。坚持以铸牢中华民族共同体意识为主线，持续巩固“全国民族团结进步示范县”创建成果，田坪镇获评 2022 年度全省民族团结进步示范单位。持续做好党外知识分子和新的社会阶层人士的统战工作，支持工会、共青团、妇联更好发挥桥梁纽带作用，做好退役军人事务和“双拥”工作，全国示范型退役军人服务中心（站）工

作顺利通过省级复审验收。县妇联获“全国家庭工作先进集体”称号。

八、全面推进宣传思想文化工作，巩固壮大主流思想舆论

县委常委会认为，推动高质量发展，必须进一步抓好宣传思想文化工作，更好唱响主旋律、汇聚正能量、振奋精气神。我们举旗帜、聚民心、育新人、兴文化、展形象，推动宣传思想文化工作固本培元、守正创新。

一是意识形态工作持续巩固加强。持续开展“党的声音进万家”“道德讲堂”等活动,深入企业、学校、联系村等开展党的理论宣讲，覆盖6万余人次。开展“沿着总书记的足迹”“贯彻党代会·喜迎二十大”等专题宣传，深入讲好玉屏干部群众奋斗圆梦故事。加强党对意识形态工作的全面领导，制定党委（党组）意识形态工作责任制任务清单，强化分析研判、排查整治，全力维护意识形态安全。深入推进“清风”“四网”行动和“黔净”网络空间清朗工程，全县网络生态持续向上向好。

二是新时代精神文明建设持续深化。深入推进“文明在行动·满意在玉屏”等活动，深化社会主义核心价值观和全民国防宣传教育，推动理想信念教育常态化、制度化。加快推进全国文明城市创建，创文成效位居全市前列。健全先进典型培育选树长效机制，涌现出“中国好人”“最美劳动者”“最美玉屏人”等一批先进典型。以移风易俗为农村精神文明建设切入点，引导各村成立红白理事会，制定完善村规民约，大力倡导文明新风，移风易俗深入人心、家喻户晓。

三是文化发展和文艺繁荣持续推进。深入实施文化惠民工程，开展“箫笛名都·侗听玉屏”系列文化活动，不断传承发展国家级非物质文化遗产——玉屏箫笛制作技艺。创作出版了书刊《平箫玉笛慰乡愁》《明代平溪卫历史文化研究》、箫笛歌舞剧《平箫玉笛》、文艺小品《乡愁侗乡》《移民新区欢乐多》《致最美玉屏人》等20余部文艺文史精品。深入挖掘玉屏红色文化资源，整理形成《侗乡红军刘兰亭》《杨八嫂救红军》《周玉堂父子为红军割皮带》等红色故事并广泛宣讲，丰富了广大群众精神文化生活。

九、全力以赴统筹发展和安全，为党的二十大胜利召开营造良好环境

县委常委会认为，做好迎接党的二十大安全稳定工作、确保全县大局和谐稳定，是不容有失的重大政治任务。我们紧紧围绕“喜迎二十大、全力保平安”主线，有效统筹发展和安全，全力以赴防风险、保安全、护稳定，牢牢守住安全发展底线。

一是守牢守住安全生产底线。坚决落实安全生产“党政同责、一岗双责”，全力抓好问题隐患整改，国务院安委会督导帮扶组和省级督导反馈问题全部整改完毕。深入开展“打非治违”专项行动，立案查处252起，行政处罚372万元。深入推进食品安全分级分类动态监管，统筹抓好道路交通、建筑施工、非煤矿山等各领域安全。有效应对了60年一遇的持久大旱和多起火情，全县安全生产形势持续稳定向好。

二是全力防范化解重大风险。实行重大风险隐患提级管控，县领导带队开展明察暗访，盯牢重点领域、重点企业。专门听取维护国家政治安全工作情况汇报，持续排查化解重点领域涉及国家政治安全风险，强化反邪教斗争和防暴恐工作，落实落细反恐防恐“六住”措施，确保政治上绝对安全。全面落实党管武装政治责任，编实编强基干民兵后备力量，民兵工作第一阶段检查评比全省排名第二，党管武装第一书记、国防动员委员会主任考核名列前茅。深入开展财经秩序专项整治，全力防范化解债务风险,金融机构不良贷款率低于全市平均水平。着力防范化解房地产领域重大风险，化解“问题楼盘”9个，完成“保交楼”5个。

三是坚决维护社会和谐稳定。常态化推进扫黑除恶专项斗争，扎实开展夏季治安打击整治“百日行动”、打击治理电信网络和养老诈骗、诉源治理等重点攻坚。充分发挥“一中心一张网十联户”治理机制效能，组织网格员、联户长积极入户排查化

解各类矛盾纠纷。深入开展重复信访、化解信访积案专项治理，全力做好党的二十大信访工作，县信访局获“贵州省信访工作先进集体”称号。严厉打击各类违法犯罪，保持连续4年“两抢”案件“零发生”、命案25个月“零发生”，社会大局总体安全稳定可控。

十、持之以恒推进全面从严治党，巩固发展风清气正良好政治生态

县委常委会认为，全面从严治党永远在路上，党的自我革命永远在路上，决不能有松劲歇脚、疲劳厌战的情绪。我们必须坚决扛起管党治党政治责任，毫不动摇加强党的建设，持之以恒推进全面从严治党，以党的自我革命引领社会革命。

一是坚决履行管党治党政治责任。持续开展县委主要领导对下级“一把手”监督谈话，常态化开展政治生态分析研判，对县管领导班子、县管干部政治素质量化评分。强化政治监督，聚焦贯彻落实新国发2号文件、围绕“四新”主攻“四化”、统计造假不收敛不收手等重点工作开展专项监督，发现问题38个，督促整改28个，移送线索6条。制定十四届县委巡察工作规划和十四届县委2022年巡察工作计划，开展十四届县委第一轮第二轮常规巡察，推动巡察监督与纪检监察监督、审计监督、统计监督、财会监督等各类监督贯通协同，不断增强监督整体效能。

二是大力建设高素质干部队伍。深入实施新时代基层干部主题培训行动计划，实现党员干部培训全覆盖，健全年轻干部全链条“选育管用”工作机制，加快递进式培养、多岗位锻炼。用好东西部协作交流机制，与东莞三镇互派干部人才43名挂职交流学习。健全干部常态化监督机制，开展干部选拔任用“一报告两评议”“近亲繁殖”专项整治、“带病提拔”倒查。严格监督约束纪检监察干部，防止“灯下黑”。

三是夯实建强基层战斗堡垒。深入推进抓党建促乡村振兴，完成乡（镇、街道）体制改革，常态化整顿软弱涣散村党组织，切实增强战斗力、凝聚力，向56个重点推进村选派103名农技专家。出台村干部管理办法，开展村“两委”换届“回头看”，实现村“两委”干部培训全覆盖，完成农村发展党员违规违纪问题排查整顿工作，全面规范村干部管理。做实“党小组+网格员+联户长”铁三角基层治理机制，增强党建引领城市基层治理效能。持续加强机关、国企、学校和公立医院党的建设，积极探索加强新业态、新就业群体党的建设，全县251个党支部实现“五化”目标。

四是持之以恒推进反腐败斗争。始终坚持“严”的主基调，推动“三不腐”同时发力、同向发力、综合发力。坚持以零容忍态度反腐惩恶，加强对“一把手”和领导班子的监督，精准运用监督执纪“四种形态”，扎实推进金融、粮食购销等领域反腐，巩固深化领导干部以权谋私问题专项整治成果，立案审查调查74件75人，给予党纪政务处分70人，移送检察机关3人。

五是大力弘扬担当实干作风。带头牢固树立正确政绩观，教育引导党员干部争做发展“干将”、改革“闯将”、攻坚“猛将”。深入开展作风大转变专项行动，全面实行工作日志闭环管理，全力整治贯彻执行“中梗阻”和不担当、不作为等问题，发现并督促整改问题96个，诫勉谈话18人。紧盯节假日和“关键少数”，常态化开展暗察暗访，及时查处享乐主义、奢靡之风问题，干部作风建设持续向好。制定出台关于解决形式主义突出问题为基层减负十四条措施，进一步压减公文会议数量，持续整治指尖上的形式主义，督查检查考核事项持续下降，全县为基层减负成果不断巩固。

以上报告的是县委十四届一次全会以来的主要工作。在肯定成绩的同时，县委常委会分析了存在的问题，主要是将最新理论成果转化为推进玉屏经济社会高质量发展的具体举措还需加强；统筹疫情防控和经济社会发展、统筹发展与安全能力还需加强；形式主义、官僚主义等作风问题还需大力整治。我们将牢记“三个务必”，牢记空谈误国、实干兴邦，着力在补短板、强弱项、固底板、扬优势上下功夫，坚定信心、同心同德，踔厉奋发、勇毅前行，奋力在新征程上考出优异答卷。

县人民政府工作报告（节选）

（2023年2月23日在玉屏侗族自治县十届人大二次会议上）

县委副书记、县人民政府县长　田兴国

一、2022 年工作回顾

2022 年，是极不平凡、极为不易的一年。面对错综复杂的外部环境、新冠疫情的反复冲击、艰巨繁重的发展稳定任务，我们坚持以习近平新时代中国特色社会主义思想为指导，全面贯彻习近平总书记对贵州工作的系列重要指示批示精神，深入学习贯彻党的二十大精神，坚决落实中央、省、市及县委各项决策部署，在市委、市政府和县委的坚强领导下，在县人大、县政协的监督支持下，坚持以高质量发展统揽全局，统筹疫情防控和经济社会发展，统筹发展和安全，较好地完成了年初确定的主要目标任务。

——稳住了经济基本盘。我们经受住了安全稳定、疫情防控、债务风险等多方面的挑战考验，完成地区生产总值 105.85 亿元，增长 0.6%、排全市第 4 位。其中，农林牧渔业总产值增长 3.9%、规模以上工业增加值增长 1.5%、服务业增加值下降 0.7%、固定资产投资下降 7.4%、一般公共预算地方本级收入（扣除留抵退税因素后）同口径增长 9.38%、金融机构存贷款余额分别增长 13.5% 和 27.1%，城镇、农村居民人均可支配收入分别增长 4.7% 和 6.6%，主要经济指标处于合理区间。

——维护了社会安定。我们以最大的决心、最实的举措、最严的要求深入推进“打非治违”专项行动，在国家、省、市各级的帮助指导下，生产安全事故起数、死亡人数分别下降 33%、50%。有效应对了历史罕见的长周期旱情，保障了人畜饮水安全和粮食稳产。信访积案有序化解，连续四年保持“两抢”案件“零发生”、命案 25 个月“零发生”，全县安全感、满意度测评排名全省前列、全市第一。

——兜住了“三保”底线。我们提前谋划部署、合理安排预算，在县级财政极为艰难且收支矛盾突出的情况下，优先保障“三保”支出，九项民生重点支出完成 16.92 亿元，占一般公共预算支出的 65.36%。在防范债务风险的前提下实现财政平稳运行。

——提升了侗乡魅力。我们致力做强产业、做精品牌，“箫笛名都 · 侗听玉屏”名片更加响亮、魅力更加彰显。先后荣获全国村庄清洁行动先进县、全国农业农村创业创新典型县、国家玉屏油茶产业示范园区、国家农村产业融合发展示范园、贵州省传统工艺高质量传承发展试点县、贵州省体育旅游示范县、贵州健康示范县等称号，黔玉油茶公司被评为国家林业重点龙头企业，玉屏乡村振兴工作得到时任省委副书记蓝绍敏的肯定性批示。

一年来，我们团结一致、攻坚克难、主动作为，重点抓了六个方面工作：

（一）攻坚克难优化产业发展格局。我们全面落实稳经济一揽子政策，推动产业发展取得实质性进展。加速推进工业提质。坚持围绕“四个第一”，按照新型功能材料产业延伸拓展区定位，不断优化工业发展格局。西南水泥、粤鑫环保等一批支撑性强的重大项目投入运营，铭旌合、北侗饮用水、创梦联钙业项目（一期）相继建成投产，易地搬迁后续扶持创业创新产业园、创梦联钙业（二期）和大龙开发区的重点项目稳步推进。中和石油库完成前期建设和审批，开业在即。完成铁合金企业技改升级。低温供热堆商业示范项目气象站开工建设。新增规模以上工业企业3家、省级绿色工厂2家。加快推进农业增效。把保障粮食安全作为头等大事，建成高标准农田2.5万亩，整治撂荒耕地4000余亩，完成粮食播种面积9.75万亩、产量3.79万吨，分别增长同比14.09%、35.32%。实现5000亩水稻种植全程机械化，主要农作物机械化率达58.61%，高于全省12.6个百分点、高于全市8.6个百分点，居全市第一位。贵福菌业入选贵州省上市挂牌后备资源库名录、获第一届铜仁市市长质量奖提名奖，食用菌产业园项目（二期）竣工投产，建成全省食用菌产业示范基地，发展食用菌9370万棒，成为全省30个食用菌种植重点县之一；建成油茶研发中心实验室，全县油茶种植面积达23.45万亩，油茶鲜果产销6000吨；出栏生猪26万头；黄桃产销600万斤；引种藏红花500余亩，葛根2000亩；中药材种植面积达1.25万亩，水产品总产量2500余吨。稳步推进文体旅游发展。着力练好“内功”，为旅游业复苏做好准备，全力推进A级旅游景区提质突破和乡村旅游示范点升级改造，成功申报省、市级乡村旅游重点镇2家、重点村4家，创建国家全域旅游示范区省级初审排名全省第二位。天穆研学营项目建成投入运营，接待学生2000余人。积极组队参加贵州省第十一届运动会，荣获金牌1枚、银牌2枚、铜牌2枚。玉屏文化馆被命名为国家一级文化馆。成功创排《平箫玉笛》音乐剧，完成《平箫玉笛慰乡愁》编撰出版，“箫笛名都·侗听玉屏”旅游品牌形象不断增强。

（二）攻坚克难夯实高质量发展基础。我们着眼打基础、利长远，不断提升发展力、竞争力、持续力。深入实施扩大有效投资攻坚行动。坚持三个“3个10”重点项目联系制度，争取到省市支持重大项目23个，总投资120.36亿元、完成年度投资26.93亿元。围绕新国发2号文件纳入市级盘子重大工程项目76个、试点事项5项、示范事项5项，争取到各类资金14.62亿元、同比增长8.9%。深入实施产业大招商行动。全年外出招商考察70余次，走访企业100余家，签订招商引资正式合同、框架协议14个，吨袋、雪花肉牛、PCB微型钻头等6个项目开工建设。加快推进城乡基础设施建设。实施老旧小区改造项目3个覆盖2399户、背街小巷改造14条、社区综合整治520户，馆驿片区旧城改造项目（一期）封顶进入装修。完成供水、污水、燃气管网改造32.56千米。新建环㵲阳河健康步道4778米。玉九公路、茅坪大桥、S201朱家场至安坪公路段、观音山至小江口公路等相继建成通车，完成田坪商业街、朱家场至黄母冲公路、杨柳至兴隆公路改扩建。青山冲、芭蕉湾、大洋溪等水库加快建设，城镇公共供水普及率达100%，县城污水处理厂正常运行，生活污水集中处理率达97%以上。新增停车位600余个，城镇化率达57%。出台房地产市场健康发展惠民十条措施，发放购房户补贴425万元，县城吸引力进一步增强。

（三）攻坚克难改善生态环境质量。我们深入推进蓝天、碧水、净土、固废、乡村环境整治“五大战役”，全面开展生态环境安全风险隐患排查整治，有效打击环境违法犯罪，妥善处理各种环境问题。全年县城空气质量平均优良天数比率达96.2%，医疗废物无害化处置率、危险废物无害化处置率、一般工业固体废物综合利用率、县城集中式饮用水源地和农村千人以上集中式饮用水源地水质达标率、规模化畜禽养殖场粪污处理配套设施装备率均达100%。严格执行森林保护“六个严禁”，扎实推进河长制、林长制和长江十年禁渔，㵲阳河特有鱼类国家级水产资源保护区水生生物资源系统养护与综合修复成果被评为长江水生生物保护修复优秀案例、贵州省生态修复典型案例。大力推进山水林田湖草沙一体化保护修复工程，完成营造林1.04万亩。加快能源基础设施网络建设和新能源应用，积极推进节能降碳，新增新能源汽车充电桩46个，更新新能源公交和出租车118辆。

（四）攻坚克难增强改革创新活力。我们始终把改革创新作为加快经济发展的关键举措，持续增强经济高质量发展动力。更大力度实施“放管服”改革。梳理公布全县依申请六类事项和公共服务事项1984项、“跨省通办”事项402项，被列为贵州省“一窗通办”“2+2”改革试点，在玉投资企业满意度稳步提升，营商环境不断优化。更大力度落实惠企稳企政策。办理减税降费及退税缓税缓费6623万元，金融减费让利2500余万元，普惠小微企业贷款余额达到59.28亿元，增长51.1%。新设立市场主体4450户、增长181%，市场主体总量达21305户。更大力度深化农村改革。持续加强“村社合一”规范化建设，稳步推进承包地“三权”分置，引导土地有序流转。创新“保姆式”“订单式”“甩手式”土地托管模式，有效解决了“谁来种地、地怎么种、如何增收”的问题。更大力度实施国企改革。实现县属国有资产保值增值，国有企业营业收入完成1.5亿元。黔玉油茶公司实现实体化转型。推进玉屏油茶品牌宣传及延伸产品研发，全力打造油茶产业链。

（五）攻坚克难办成基本民生实事。我们坚持以人民为中心的发展思想，整合资源和力量，让改革红利更多更公平惠及全县人民。促进居民增收。全力做好巩固拓展脱贫攻坚成果同乡村振兴有效衔接工作，精准落实动态监测和帮扶，重点稳定脱贫人口就业，脱贫人口收入稳定增长，发放创业担保贷款2000余万元、扶持创业117人。抓好城乡治理。完成了县城区道路交通安全隐患治理一期工程，启动了智慧停车位建设，完成3个村生活污水治理、1个村黑臭水体治理。全县农村生活垃圾收运处置体系行政村全覆盖、农村生活垃圾收运体系30户以上自然村寨全覆盖。深化协作帮扶。深化拓展与常平组团东莞三镇交流协作，争取援助资金4080万元，实施协作项目26个，销售农特产品1.71亿元，劳务协作培训200余人，向结对省份有组织输出就业劳动力500余人。合作建成现代农业产业园和工业产业园，引进入驻企业6家，援建扶贫车间5个。持续加大教育投入。县实验幼儿园成为全省五所、全市唯一省级一类示范园，县第三幼儿园投入使用，普惠性幼儿园覆盖率达98.92%。完成了黔东民族寄宿制中学运动场提质改造和学生食堂主体建设。消除了玉屏民族中学、县职校消防安全隐患。提升医疗水平。加快“三医”联动改革，实施提升卫生健康水平行动，持续推动医疗卫生基础设施和省市级特色重点专科建设。建成了县人民医院神经血管微创中心（导管室），彻底结束了玉屏心脑血管疾病无介入治疗技术的历史。建成了全县特困对象失能半失能照护示范点，新增护理床位188张。成功创建省级慢性病综合防控示范县，县传染病医院投入使用。兜牢社会保障。城市低保标准提高到660元/月、农村低保标准提高到5280元/年，特困人员救助供养标准提高到1004元/月，残疾人补贴每人每月再提高20元，城乡居民大病保险和医疗救助保障水平稳步提高。

（六）攻坚克难守住安全稳定底线。我们有效应对重大风险，发展环境不断夯实。守住了安全生产底线。深入开展“打非治违”专项行动，督导发现问题5114条，完成整改5098条，其中国务院安委会督导帮扶组和省级督导反馈问题全部整改，全县没有发生较大以上安全生产事故，安全生产形势持续稳定向好。守住了债务金融底线。严格落实过“紧日子”要求，深入开展财经秩序专项整治，千方百计开源节流，全力防范化解债务风险，偿还隐性债务1.36亿元，金融机构不良贷款率低于全市平均水平。守住了社会稳定底线。着力防范化解房地产领域重大风险，化解“问题楼盘”7个，帮助140户解决了有房住的历史遗留问题，帮助1229户解决了住房办证难的历史遗留问题，有效化解“两拖欠”问题。常态化开展扫黑除恶、禁毒、食品药品安全、公共安全等领域隐患排查整治，立案查处恶势力1起，社会治安保持稳定，人民群众的获得感、幸福感、安全感持续增强。

过去一年，我们始终牢记嘱托、感恩奋进，狠抓工作落实，努力保持向上向好势头，力求开局精彩、全程出彩。我们众志成城、群策群力，画最大同心圆、求最大公约数、聚最大向心力，战疫情、抗旱情、保稳定、夺丰收，向党和人民交出了满意答卷。我们改进作风、狠抓落实，坚决落实县委决策部署，全面执行县人大及其常委会各项决议决定，自觉接受人大法律监督和政协民主监督，办理县人大代表建议 71 件、县政协委员提案 81 件，办复率 100%，想干敢干会干能干的新一届政府形象得以展现。这些成绩的取得，是上级党委政府和县委坚强领导的结果，是历届政府班子打下坚实基础的结果，是县人大及其常委会、县政协和社会各界有效监督、关心支持的结果，是全县广大干部群众铆足干劲、踔厉前行的结果。在此，我谨代表自治县人民政府，向全县各族干部群众、人大代表、政协委员，向各民主党派、工商联、无党派人士、各人民团体和离退休同志，向驻玉部队、武警官兵、政法干警、消防救援指战员和民兵预备役人员，向省市驻玉屏各单位，向在玉各企业，向所有关心和支持玉屏经济社会发展的同志们、朋友们致以崇高的敬意和衷心的感谢！

各位代表！看似寻常最奇崛，成如容易却艰辛。回望过去一年，我们深刻体会到，党的领导是前提，必须始终在思想上政治上行动上同以习近平同志为核心的党中央保持高度一致，确保中央大政方针在玉屏落地生根、开花结果。维护核心是根本，必须衷心拥护“两个确立”，忠诚践行“两个维护”，坚定不移沿着正确的方向前进。实事求是是基础，必须坚持以人民为中心，尊重市场规律，坚持实践标准，实现有效市场和有为政府更好结合。改革创新是关键，必须以改革增动力，以创新添活力，提高利用资源市场的能力和水平，推动质量变革、效率变革、动力变革。

各位代表！兴不忘忧，安不忘危。在充分肯定成绩的同时，我们也要清醒地认识到面临的问题和挑战。主要表现在：经济下行压力大，有效需求不足，部分市场主体生产经营困难；传统产业转型升级任务仍然艰难，新兴产业发展占比不高，国有企业实体化转型见效较慢；现代农业基础较为薄弱，产业规模化、品牌化不足，市场竞争力普遍偏弱；财政收支矛盾十分突出，“三保”和防范化解债务风险压力依然较大；部分干部作风仍需转变，工作标准不高，执行力落实力还有差距等等。面对这些问题，我们一定高度重视、认真对待，采取更加有力措施，切实加以解决和改进。

二、2023 年工作主要目标和重点任务

2023 年，是全面贯彻落实党的二十大精神的开局之年，是“十四五”规划实施、全面推进乡村振兴的关键之年，做好今年工作意义重大。

今年工作的总体要求：以习近平新时代中国特色社会主义思想为指导，全面贯彻落实党的二十大精神和习近平总书记视察贵州重要讲话精神，认真落实中央和省委、市委、县委经济工作会议精神，按照省、市、县党代会及全会部署要求，牢牢把握国发〔2022〕2 号文件重大机遇，坚持以高质量发展统揽全局，全力实施主战略主定位，加快建设“三区一县一中心”，更加重视产业发展，更好统筹发展和安全，更大力度推进市场主体培育，突出做好稳增长、稳就业、稳物价工作，有效防范化解重大风险，推动经济运行整体好转，实现质的有效提升和量的合理增长，为奋力谱写玉屏现代化建设新篇章开好局起好步。

主要预期目标：地区生产总值增长 8% 左右，农林牧渔业总产值增长 6.5% 左右；规模以上工业增加值增长 15% 左右；固定资产投资增长 8% 左右；服务业增加值增长 3% 左右；社会消费品零售总额增长 9.5% 左右；一般公共预算地方本级收入增长 6.5% 左右；金融机构存贷款余额分别增长 16%、18% 左右；城乡居民人均可支配收入分别增长 8%、10% 左右；城镇新增就业 2100 人以上，居民消费价格指数、单位地区生产总值能耗控制在国家调控范围内。

围绕上述目标任务，要重点做好八个方面工作：

（一）团结一致推进扩投资促消费增潜力。坚持将扩大有效投资作为扩大内需的重要抓手，充分挖掘释放投资和消费潜力，推动两者协同发力，形

成良性互动，不断夯实经济增长基础。

做强投资支撑。紧盯政策性开发性金融工具、闲置低效资产盘活等重大利好政策，动态充实项目库，全力以赴上争外引，全年谋划项目200个以上、总投资300亿元以上，争取各类项目60个以上、资金15亿元以上。以新型功能材料产业为重点，精心谋划、储备、开工一批带动力强的新型功能产业材料配套项目落地，确保全年完成产业类投资8亿元以上。全力推进创梦联钙业(二期)、粤鑫环保、创联包装等项目达产稳产，做强工业支撑。要稳住基础设施投资，启动河口大桥建设前期工作，加快建设芭蕉湾水库、大洋溪水库等水利项目，推进玉屏低温供热堆商业示范项目前期手续办理开工，加快田坪建材产业园、双桥产业园道路网络建设。加快推进水务一体化PPP等民间投资项目，实现民间投资占比60%以上。充分用好三个“3个10”项目联系服务制度，聚焦项目用地、用能、用人、资金等要素制约，做好项目全程跟踪和协调服务。

促进消费回暖。始终把内需潜力转化为推动高质量发展的不竭动力，在增加居民收入、增强消费能力上下功夫，社会消费品零售总额增长9.5%左右。继续举办好“相约茶花泉”山地自行车赛、黄桃促销等活动，精心设计旅游产品，优化提升旅游线路，拉动旅游消费。围绕老步行街、现代城、北门廊桥等重点消费街区，通过专项补贴、税收优惠等方式，培育壮大新的商业模式和消费形态，拉动消费增长。加快茅坪农贸市场盘活运营，持续实施提振服务业和消费专项行动，做好消费券集中投放，刺激城镇消费。推进直播电商、社交电商、社区电商等新业态新模式有序发展，促进电商消费。主动服务好馆驿商业综合体、中和石油库成品油物流集散中心上半年开业前期准备工作。

释放城镇潜力。大力推进以人为核心的新型城镇化，积极争取中央预算内投资、专项基金、新型城镇化基金及项目融资等各类资金推动“四改”项目建设，实施自来水公司宿舍小区、北门桥头小区、老公安局片区改造。加快推进箫笛一品棚户区改造等城建项目，力争完成新型城镇化投资17亿元以上。大力实施“强县城”五年行动，加快推进玉屏—大龙—铜仁中心城区一体化进程，更快融入铜仁“强中心城区”辐射圈。加快推进易地搬迁后续扶持创业创新产业园建设，新增标准厂房5万平方米以上。大力推进“问题楼盘”专项攻坚行动，坚决做到“保交楼、保民生、保稳定”，逐步化解不动产登记难的问题。持续深化文明创建、文明实践、文明培育，强化社区治理，全力争创全国文明城市。

（二）团结一致推进产业体系优化提升。坚持将发展经济的着力点放在实体经济上，加快建设现代化产业体系。

大力发展工业产业。抢抓新能源电池及材料行业“风口”机遇，全力支持大龙开发区申创国家级开发区，充分发挥玉屏经济开发区主战场、主阵地作用，按照构建“一区三园”产业空间格局，最大限度用好优质资源和优势，补齐各项短板，加快建成新型功能材料产业延伸拓展区。紧盯有色冶金等传统产业，深入实施“千企改造”工程，不断提高传统产业产能、产值。加快铜仁西南水泥二期、新型建材产业园、固废再生资源综合利用、玉屏二甲醚两气充装等重点项目建设。2023年，规模工业总产值完成16亿元以上，工业固定资产投资12亿元以上，新增上规入统企业4户以上，培育申报专精特新企业2户以上。着力抓好现有企业的稳产扩能，统筹土地、资金做好水电气路等基础设施建设。加快盘活双桥高端轻工产业园低效、闲置厂房等资源，回收部分企业闲置土地，为新企业落地提供用地保障。围绕碳酸钙储量和品位优势，高标准规划建设玉屏新型建材产业园，完善产业园基础设施、公共服务和配套体系建设，提升园区承载能力。着力抓好食用菌、油茶、精品果蔬（黄桃）等主导产业精深加工，力促形成一批新的产能，加快建设农旅产品加工产业园。

全面复苏旅游产业。围绕“箫笛名都·侗听玉屏”城市形象定位，深入实施旅游产业化“四大行动”，围绕侗乡风情园康养、研学旅游定位，加快建设天穆研学营二期工程，全面做好景区收尾工作，做强研学康养，做精侗族文化。大力推进田坪、亚鱼省级旅游度假区示范创建，按 AAA 级景区标准打造郭家湾、云起小镇、瓮阳至混寨美丽乡村·特色田园，形成多元发展的旅游新业态。规划建设城市书屋，启动七眼桥文化公园、箫笛文化产业创意园建设，做活箫笛文化。加快推进茶花泉景区提质升级，完善景区道路，积极开展山地运动，做优油茶大文章。加快推进星级商务酒店、高端民宿建设，提升旅游服务水平和能力。加大旅游市场主体培育，新增规上娱乐业 1 家，旅游市场主体 200 家以上，积极开展旅游宣传推介系列文旅活动，实现旅游人次及人均消费增长 5% 以上。持续开展旅游市场监督检查，不断规范旅游市场秩序。

加快发展现代服务业。大力发展现代物流业，加快实施云仓、冷链、电商项目，加快“黔货云仓·玉屏节点仓”后续项目建设。大力发展现代金融业，常态化精准开展政金企融资对接，持续深化金融协作，拓宽助力乡村振兴融资渠道，更好服务实体经济发展。加快发展康养产业，围绕避暑康养、旅居康养、油茶康养，不断完善田坪、朱家场、亚鱼避暑康养旅游带和亚鱼郭家湾农旅一体化以及新店云起小镇等配套服务。

（三）团结一致推进乡村振兴示范县建设。坚持实施推进乡村振兴“五大行动”，努力实现在巩固拓展脱贫攻坚成果上作样板，在产业发展、乡村建设、人才振兴、乡村治理上作示范，全力争创全国乡村振兴示范县。

坚决守住不发生规模性返贫底线。精准落实防止返贫动态监测和帮扶机制，狠抓“3+1”保障巩固提升，做好易地扶贫搬迁后续扶持，确保有劳动力搬迁家庭一户一人以上稳定就业，消除返贫致贫风险。持续抓好脱贫人口增收，高质量做好低收入脱贫人口三年增收行动。持续深化东西部协作，拓展产业、消费、劳务等重点领域协作，实现协作消费额 5400 万元以上，开展“南粤家政、粤菜师傅、广东技工”职业技能培训 300 人以上，带动农村劳动力稳岗就业 3100 人以上。

坚决保障粮油安全。严格落实粮食安全党政同责，深入实施藏粮于地、藏粮于技战略，严守耕地保护红线，常态化开展耕地“非粮化”和耕地撂荒整治，实施产能提升六大工程，新建高标准农田 2 万亩，确保粮食播种面积稳定在 7.08 万亩以上、产量 2.49 万吨以上，主要农作物耕种收综合机械化率达 60% 以上。扎实做好粮食、猪肉以及生活必需品等重要商品的保供稳价，确保市场秩序稳定、群众基本生活有保障。

做优做强特色农业。全力打造油茶、生猪、精品水果、食用菌四大产业集群，大力推进山茶油二脂油市场拓展，年产销茶油 370 吨以上。加快推进非畜牧大县畜禽粪污资源化利用项目，完成规模养殖场提质改造 2 个以上，年出栏生猪 32 万头以上，猪肉产量 2.88 万吨以上。推进高质量黄桃果园示范村建设，建成 1000 亩高标准黄桃基地，水果产量 5.2 万吨以上，蔬菜种植面积稳定在 8 万亩左右。加大“菌棒二次栽培”循环利用，全力推进食用菌深加工项目，发展食用菌 9500 万棒以上。大力发展林药、林菌、林花等林下种植业，实现林下种植面积 2.45 万亩以上。加快高档雪花肉牛全产业链、鱼菜共生等项目建设。积极谋划引进 1 家综合性畜禽饲料生产加工企业，完善产业配套。大力培育新型农业经营主体，新增省级示范家庭农场 3 家、示范合作社 8 家，农产品加工转化率达 62% 以上。

稳步推进乡村建设和治理。坚持以群众为主体，实施推进农村人居环境整治提升五年行动和村庄清洁行动，持续开展“最美庭院”创建和“美丽宜居村庄”建设，全面推进花园、果园、菜园建设，宣传引导村民选用《玉屏侗族自治县农村自建房指导图集》建房，聚力打造“四在农家·美丽乡村”升级版。全面开展农村人居环境整治，加强农村生活污水治理和黑臭水体治理，不断夯实农村生活垃圾收运处置体系。继续推行“文明储蓄所”“环保兑换超市”等文明有“礼”嘉许奖励机制，以“小积分”推动乡村“大文明”。深入实施“推进移风易俗、树立文明乡风”专项行动，持续开展滥办酒席、高价彩礼、人情攀比、厚葬薄养等突出问题专项治理。

（四）团结一致推进改革创新凸显成效。坚持把改革作为“关键一招”，聚焦重点领域和关键环节持续发力、久久为功，不断激活高质量发展新动力。

稳步推进重点改革。持续深化国企改革，全力盘活低效闲置国有资产，转变运营思维，扩宽工作思路，更大力度推进县属国有企业实体化转型，全年完成经营收益1.5亿元以上，新增项目融资13亿元以上。持续深化“放管服”改革，拓展“一窗通办‘2+2’模式”“一证通办”“一网通办”等改革成效，推广“容缺审批+承诺制”模式，全力打造一件事一次办升级版，实现个人、企业、项目全周期高频次事项全覆盖。落实好以企业家获得感为导向的营商环境制度，建立企业问题、政府服务“两张清单”，全力打造“贵人服务·一视铜仁·玉事无忧”玉屏营商环境样板。大力推进铸牢中华民族共同体意识“1+8”示范试点工作，为建设铸牢中华民族共同体意识模范省探索经验。

全力抓好招商引资。今年是全省“产业大招商突破年”，必须把产业招商作为头号任务，坚持领导带头招商、驻点招商、上门招商、以商招商等方式，围绕大龙开发区重点工业企业，将新型功能材料产业配套企业、延链产品作为招商引资的主攻点，引进一批集成整装、废弃锂电池回收利用等企业。围绕西南水泥、创梦联钙业等优强企业，立足碳酸钙资源优势，引进一批高端化、科技性强的新型钙产业项目。围绕贵福菌业、黔玉油茶等潜力企业，引进一批以食用菌、油茶、黄桃为主的精深加工企业。围绕超盛精工、金路鞋业等重点企业，引进应用于集成电路板生产、精密刀具、高端鞋服等延链企业。2023年力争引进优强企业5家以上，全年实现项目新增到位资金25亿元以上。

培育壮大市场主体。深入实施培育壮大市场主体行动，健全完善“政策找企业、企业找政策”机制，常态化开展领导干部“入企走访·助企纾困”专项行动，不断提振市场主体信心，力争全年新增市场主体1000户、规模以上服务业企业1户、限上批零住餐企业4户。大力培育贵福肥业、超盛精工、黔玉山茶油成为省级专精特新企业。推动实施规上企业培育壮大行动，积极支持培育贵福菌业、创梦联钙业、粤鑫环保等企业成为亿元企业。

（五）团结一致推进教育科技人才政策落地。坚持教育、科技、人才“三位一体”，不断增强高质量发展支撑。

推动教育提质。深入实施整体提升教育水平攻坚行动“六大提升工程”，不断扩大优质普惠学前教育资源供给，启动平溪中心幼儿园改扩建，推进县实验幼儿园扩容提质，建成县第四幼儿园并投入使用，新增学位360个，公办幼儿园在园幼儿占比达76%以上，普惠性幼儿园覆盖率达99%以上，学前教育普及普惠县通过国家验收。着力推动义务教育均衡发展，深入落实“双减”政策，义务教育巩固率达99%以上，启动印山民族小学综合楼建设，完成黔东民族寄宿制中学食堂改扩建，加强县第六中学管理。大力提升高中阶段教育教学质量，高中阶段毛入学率达95.5%以上。加快职业教育扩容提质，启动县中等职业学校搬迁办学，县中等职业学校在校生规模达1500人以上。实施教师队伍能力素质强力行动，培养高素质专业化创新型教师队伍120人以上，全面提升教师能力素质。

强化科技支撑。大力实施创新驱动发展战略，强化关键技术攻关和成果转化应用，依托贵州省油茶工程技术研究中心、博士后科研工作站、西南山地油茶资源创新利用中心等科技服务和高校科研平台，加大科技创新引领油茶产业发展，让科技为产业发展赋能。提升科技创新水平，实施推进PCB专用刀具智能焊接关键技术应用与示范、贵州玉屏发酵杨梅果酒工业化生产关键技术应用与示范等项目。组织申报省市科技类项目11个以上，申报资金800万元以上，组织认定科技型中小企业2家。严厉打击侵犯知识产权和制售假冒伪劣商品等违法行为，加大知识产权保护。

加大人才汇聚。着力发展壮大人才队伍，依托省人才博览会、高校引才及“双招双引”等平台，招引急需紧缺人才和高层次人才50人以上。做大做强本土人才“蓄水池”，培训高素质农民和致富带头人450人以上，培育以箫笛、编织、刺绣、木匠、石匠为主的乡村工匠100人以上。扎实做好返乡创业扶持，争取引进100名以上玉籍在外企业家、退役军人、技术技能人才返乡创业。加强乡村规划师、产业指导员及科技特派员队伍建设，落实跟踪、服务、考核全流程管理。强化人才保障，落实好高层次人才和返乡创业人才医疗卫生、子女入学、安居保障、金融、政务等保障，实施青年发展“六项计划”，建设青年友好型成长型城市。

（六）团结一致推进绿色发展取得实效。坚持“绿水青山就是金山银山”理念，牢牢守住发展和生态两条底线，推动经济高质量发展和生态环境高水平保护协同共进。

加强生态保护。坚决落实“共抓大保护、不搞大开发”要求和生态保护红线制度，严格落实河长制、林长制，不断完善城乡污水处理厂污水收集管网和雨污分流、清污分流等设施，㵲阳河出境断面水质稳定保持在Ⅱ类以上。加快推进国家储备林建设，加快实施县级植被恢复、㵲阳河流域生态环境保护与修复等项目，加强43.39万亩森林管护，申创省级森林村寨2个以上。

狠抓污染防治。深入打好污染防治攻坚战，努力让天更蓝、地更绿、水更清、空气更清新，县城空气质量优良天数比例达97%以上，集中式饮用水水源地水质达标率稳定在100%，㵲阳河断面水质达标率100%。加强对规模养殖场的指导和管理，加快推进耕泽二期项目建成投运，统筹抓好农业面源污染防治。强力推进中央、省委环保督察和西南环保督察反馈尚未整改完成的问题整改，严厉打击和惩治污染环境和破坏生态行为。

推进节能降碳。深入实施“双碳”目标，强化重点领域节能降耗和高耗能项目节能审查，加大落后产能淘汰力度，坚决遏制“两高一低”项目盲目发展。积极引导推动企业进行节能降碳改造升级。加大公共充电桩建设、管理和使用，各乡（镇、街道）建设1—2个电动车集中充电桩。积极倡导绿色、低碳、环保生活方式，增强全民环保意识。

（七）团结一致推进社会大局安定和谐。坚持人民至上、生命至上，强化风险意识，树牢底线思维，守护一方平安。

坚决防范安全生产风险。严格落实国务院安委会“十五条”硬措施和省“六十条”、市“九十条”具体措施，常态化开展安全生产“打非治违”专项行动，从严从细做好非煤矿山、危化品和烟花爆竹、森林防火等各重点行业领域风险隐患排查整治，坚决维护人民群众生命财产安全。巩固提升安全生产专项整治三年行动成效，进一步完善安全生产长效机制。强化地质灾害综合防治，完成县二幼、文昌阁地质灾害点治理。完善320国道玉屏至岑巩安全措施。坚决筑牢食品药品安全防线，全力保障人民群众“舌尖上的安全”。

坚决防范化解金融债务风险。加强债务风险管控，争取债务风险县支持政策，全方位培育财源，提升财政保障能力，持续化解政府债务，确保“不爆雷”“不冒泡”。强化金融机构日常监管，严厉打击金融领域非法违法行为，稳妥推进高风险边缘金融机构处置工作，坚决守住不发生系统性金融风险的底线。

坚决防范社会稳定风险。全力抓好社会治安综合治理，持续解决好“两拖欠”问题，积极化解信访问题和上访事件，依法精准打击各类违法犯罪活动，常态化开展扫黑除恶专项斗争、禁毒、电信诈骗，坚决做到群体性事件、重大政治敏感事件、暴恐案事件、个人极端暴力案事件、重大恶性刑事治安事件、重大公共安全事故“六个零发生”。

（八）团结一致推进人民生活稳步提升。聚焦解决人民群众最急最愁最盼问题，采取更多惠民生、暖民心举措，不断增强人民群众的获得感、幸福感、安全感。

促进城乡居民增收。大力实施农民增收、城镇居民增收、劳动力素质提升“三大行动”，加快缩小城乡居民收入差距，2023年城乡居民收入比下降到2.1左右。大力实施交通、水利、高标准农田建设等领域以工代赈，以工代赈劳务报酬发放持续稳定在20%以上，中央财政预算内以工代赈资金安排项目劳务报酬占比提高到30%以上。脱贫劳动力外出务工规模保持总体稳定，农村劳动力外出务工组织化程度稳定在70%以上。全面落实各项财政惠民惠农补贴政策，确保足额精准发放。持续开展根治欠薪行动，保障农民工工资及时足额支付。

保障人民健康。深入实施提升卫生健康水平“十大专项行动”，深化公立医院改革，健全重大疾病医疗保险和救助制度，提升突发急性传染病的监测预警和应急处置能力、医疗救治能力及危重孕产妇、新生儿救治能力。大力推进县人民医院、县中医院临床重点专科建设，启动县中医院搬迁，加快建设县人民医院朱家场分院、皂角坪社区卫生服务中心，建成田坪镇中心卫生院县域医疗次中心，提升县域医疗服务能力。支持中医特色重点医院建设,促进中医药和侗医等民族医药传承和创新发展。

兜牢基本保障。加快实施社区居家养老服务网络建设项目，建成 15 分钟养老服务圈。实施全民参保计划，持续扩大社会保险覆盖面，按规定提高基本城乡低保、养老金等标准。积极增加托育服务供给，每千人口拥有 3 岁以下婴幼儿托位数达 3.3 个以上。及时足额发放低保、特困供养、孤儿、事实无人抚养未成年人、残疾人“两项补贴”等各类资金。

今年，我们集中资源和力量办好“十件民生实事”：1. 完成城镇新增就业 2100 人以上，发放创业担保贷款 2200 万元以上，开展城乡劳动者职业技能培训 2600 人次以上。2. 完成小江口拱桥、小江口桥、罗家寨桥、腊岩桥、安坪桥、油坡斜桥 6 座危桥改造。3. 完成各乡（镇、街道）1—2 个电动车集中充电桩安装，实现全县各乡（镇、街道）都有集中充电桩。4. 建成北门廊桥连接商业步行街人行天桥。5. 优化提升公交站台设置和智能化水平，打造 5 条农村公交示范线路。6. 新增县城区停车位 200 个以上。7. 完成县实验幼儿园改扩建工程。8. 完成红花 8 号路建设（屏山公园环山路—红花牛场）。9. 完成 13 个村生活污水和生活垃圾处理设施建设。10. 建成康华社区老年人服务中心和麻音塘街道同心社区、和谐社区易地搬迁事务服务场所及大德社区民俗事务场所。

各位代表，今年是全面贯彻落实党的二十大精神的开局之年，做好今年工作，是一场大考和严考，必须交出一份满意答卷。始终坚持党的领导。要坚决把“两个确立”的高度共识转化为做到“两个维护”的自觉行动，坚决落实习近平总书记重要指示要求和省委省政府、市委市政府、县委决策部署，确保各项工作沿着正确的方向前进。始终坚持人民至上。始终牢记政府前面“人民”二字，时刻把群众安危冷暖放在心上，作决策听民声、顺民意，办事情念民忧、行民盼，政策向民生聚焦，财力向民生倾斜，服务向民生覆盖。牢固树立过“紧日子”意识，严肃财经纪律，真正把有限的资金用在促进发展的关键处、为民办事的急需处、增进福祉的紧要处。始终坚持依法行政。全面贯彻习近平法治思想，深化巩固全省法治政府示范县创建成果，争创全国法治政府示范县。加强法治政府建设，严格规范公正文明执法，提高依法行政质量和水平。认真办理好人大代表建议和政协委员提案，依法接受人大及其常委会法律监督，自觉接受政协民主监督，主动接受监察监督、社会和舆论监督，做到有权不任性、用权受监督，让权力在阳光下运行。始终坚持开拓创新。大兴改革创新之风，坚决反对因循守旧、不思进取，善于用创新思维、创新办法研究新情况、解决新问题，真抓实干闯出一片新天地、干成一番新事业。大兴狠抓落实之风，拿出“不破楼兰终不还”的决心，事不避难、一抓到底，努力做到说一件、干一件、成一件。大兴攻坚克难之风，勇于直面问题、敢于动真碰硬、善于解决矛盾，不做表面文章，不要花拳绣腿，奋力实现既定目标。始终坚持全面从严治党。严格落实中央八项规定及其实施细则精神，锲而不舍纠“四风”树新风，坚决杜绝弄虚作假、虚报浮夸。加强国资国企、公共资源交易、政府工程建设等领域和环节监管，持续加大审计监督。从严推进政府系统党风廉政建设和反腐败工作，严厉惩治不正之风和腐败问题，做到干部清正、政府清廉、政治清明。

各位代表，汇力磅礴，方得勇进。让我们更加紧密地团结在以习近平同志为核心的党中央周围，更加深入贯彻党的二十大精神，在市委市政府和县委的坚强领导下，紧紧依靠全县干部群众，踔厉奋发、笃行不怠，坚定信心、勇毅前行，为高质量建成“三区一县一中心”，加速推进玉屏现代化建设而不懈奋斗。

名词解释

四新：在新时代西部大开发上闯新路、在乡村振兴上开新局、在实施数字经济战略上抢新机、在生态文明建设上出新绩。

四化：新型工业化、新型城镇化、农业现代化、旅游产业化。

四区一高地：西部大开发综合改革示范区、巩固拓展脱贫攻坚成果样板区、数字经济发展创新区、生态文明建设先行区、内陆开放型经济新高地。

三保：保基本民生、保工资、保运转。

四个第一：第一优势、第一资源、第一基础、第一潜力。

专精特新企业：专业化、精细化、特色化、新颖化优势的中小企业。

“三权”分置：所有权、承包权、经营权三权分置。

“三医”联动改革：医保体制改革、卫生体制改革与药品流通体制改革联动。

一区三园：新型功能材料产业延伸拓展区、田坪新型建材产业园、双桥高端轻工产业园、朱家场农旅产品加工产业园。

全市六大主导产业：新型功能材料产业、大数据产业、现代能源产业、生态食品饮品药品产业、林业、文化旅游产业。

产能提升六大工程：粮油生产综合能力提升、绿色农产品品牌提升、农业有效投资提升、种业资源利用水平提升、农产品加工业提质增效、提升基层农技推广体系服务效能。

旅游产业化“四大行动”：深化市场主体培育、提升经营业态、提升服务质量、盘活闲置低效项目。

乡村振兴“五大行动”：巩固拓展脱贫攻坚成果行动、发展乡村产业行动、农村人居环境整治提升行动、推进乡风文明行动、加强乡村治理行动。

整体提升教育水平攻坚行动“六大提升工程”：学前教育普及普惠发展提升工程、巩固义务教育成果提升工程、普通高中教育发展提升工程、现代职业教育扩容提质工程、师资队伍建设保障提升工程、职业技能学历双提升工程。

双招双引：招商引资、招才引智。

“容缺审批＋承诺制”模式：项目单位申请办理审批事项时，在具备主审材料但暂时缺少可容缺报审材料的情形下，经项目单位自愿申请、书面承诺按照规定补齐，审批部门可先行办理。

提升卫生健康水平“十大专项行动”：深化医药卫生体制改革专项行动、重大疾病防控能力提升专项行动、医疗救治服务能力提升专项行动、中医药事业传承创新专项行动、妇幼健康服务能力提升专项行动、老年健康服务能力提升专项行动、全面促进人口均衡发展专项行动、居民健康素养水平提升专项行动、卫生健康人才增量提质专项行动、卫生健康数据便民惠民专项行动。

专 文

中国箫笛之乡 · 中国油茶之乡 · 侗族文化艺术之乡 · 中国黄桃之乡

箫笛名都　绽放芳华

——玉屏侗族自治县经济社会发展综述

箫笛悠悠吹，新歌绵绵唱。深秋的玉屏侗族自治县，处处充满生机与活力。美丽乡村公路织入青山绿水间，栋栋洋房拔地而起，特色产业欣欣向荣，蓬勃发展触手可及……

侗乡深处，米酒飘香。㵲阳河畔，村美民富。交通路网内通外连，工业经济纵深推进，基础设施提档升级，城市面貌悄然蝶变，生态屏障愈发牢固，民生指数稳步提高，今日玉屏，满目葱茏，愈加多姿多彩。

箫笛名都，“侗”听玉屏。经“十三五”时期蓬勃发展，玉屏各项社会事业提质增效，成功入选“全国文明城市”提名城市，荣获国家卫生县城、“四好农村路”全国示范县等10余个称号，美誉度、影响力在持续发展中不断提升。

凝心聚力再奋进，阔步踏上新征程。放眼征途，玉屏以建设“三区一县一中心”为目标，一幅团结和谐、繁荣富裕、文明进步、安居乐业的高质量发展图景跃然眼前。

交通先行　立体路网内通外连

深秋的武陵山区金黄遍野，蔬果飘香。在玉屏侗族自治县新店镇洞坪村蔬菜坝区连片绿油油的蔬菜迎来采摘季，当地村民正忙着采摘、分拣、装车，供应市场需求，处处一派喜获丰收的景象。

看着一辆辆载满白菜、萝卜、食用菌的货车从基地驶向远方，蔬菜种植大户李复军说：“以前路不畅通，辣椒、瓜果等山货只能挑着去市场上售卖；如今农村公路内通外连，货车直接开到产业基地，农产品畅销省内外，太方便了！”

党的十八大以来，在党和政府的领导下，勤劳的玉屏人民逢山开路，遇水架桥，用智慧和汗水在523.78平方公里的版图上，描绘大道如虹的交通蓝图。

天堑变通途。依托连接东西，畅通南北的沪昆高铁、株六复线铁路、沪昆高速、铜大高速、江玉高速、320国道、201省道，玉屏完善了216.08公里乡道、378.66公里村道、968公里通组路（产业路），让省道干线相互连接，乡道、村道依次交织，形成了内通外联、乡村互通、组组通畅的立体式交通运输网络。

四通八达的农村路网，打破了当地山村过往的沉寂。改造乡镇客运站为运输服务站，创新农村客运运营组织模式，积极推广新能源公交车和“通村村”App应用，城乡道路客运一体化发展水平达到5A级。开通城乡公交线路16条，投放公交车70辆，实现行政村通客运率达100%，通公交车率达90.5%，推进城乡融合发展，惠及20万侗乡人民。

路畅百业兴。依托万村千乡市场工程农家店、直营超市、干群联心室发展村级农村物流点，基本建成覆盖县、乡、村三级的农村物流网络服务体系，实现行政村100%电商服务站点功能全覆盖，打通了“黔货出山”渠道，“工业品下乡、农产品出村”“最初一公里”得到有效破解。

通衢涅槃的交通巨变，为侗乡高质量发展奠定了基础，铺就了侗家人民致富奔小康的幸福大道。

得益于便捷畅达的交通，洞坪村利用优质的水土资源，采取合作社、种植大户、家庭农场的方式大力发展蔬菜10余种，带动全村1106人增收致富。

“乡村振兴就是新的起点，农村公路通畅了，农产品远销到了湖南，我们准备延伸产业链，延长蔬菜保质期，朝着蔬菜加工方向迈进。”李复军的言语充满豪情壮志。

说话间，时针指向了中午12点。坝区里已不见忙碌的人群，坝区外一条新铺设沥青的公路蜿蜒伸展，一头向山上连着家家户户和村里的产业基地，一头向下通往山外，连接着国道、省道、高速公路，通向四面八方。

工业崛起　质效提升后劲强大

10月7日，在位于田坪镇的玉屏新型环保钙粉厂外围，装载机、运输车正忙着转运砂石。而厂房内雷蒙磨机轰鸣声阵阵，不同大小的重钙正被生产出来，仓库内存放的碳酸钙即将销往贵州大龙经济开发区内的多家企业。

“石头变成‘宝’，目前产品供不应求。”负责人张雨说，这里过去是人迹罕至的荒山，但矿石的碳酸钙含量高，他们采用国内先进的生产设备和科学的工艺流程，低能耗、零排放，科技含量高，生产的重钙和轻钙两种产品，可用于新型建筑建材、医药制品、化妆品、橡胶等多个行业。

据介绍，玉屏新型环保钙粉厂分为三个项目，一期项目在今年六月份已开始投产。项目全部建成后，将实现年产值1.88亿元，净利润4500万元，带动周边200余名群众就业和运输业、服务业、农副产品等相关行业发展，不断为地方社会经济注入活力。

这背后是企业发展雄厚实力的积累与沉淀，更是玉屏着力推动新型工业化高质量发展的一个缩影。

作为县域经济发展的重要增长极，有着“黔东门户”美誉的玉屏，近年来紧紧抓住贵州“东联”战略发展“桥头堡”的区位优势，积极推进经济转型，把工业作为地方经济发展的“强力引擎”，在开放中迎接工业文明的洗礼。

壮大产业集群，培育经济增长新动能。以支持大龙开发区创建国家级经济开发区为抓手，瞄准新型功能材料产业、新型建材产业、高端轻工业等本地优势产业，突出特色、培育龙头，做大做强主导产业，壮大产业集群，提高工业经济质量效益和竞争力。

以产业园区为载体，错位发展首位产业、首位产品，构建玉屏大龙“一区三园”工业产业发展格局，立足本地资源优势，加快引导形成田坪、朱家场、双桥3个产业集聚区。

在玉屏的工业版图里，玉屏经济开发区、双桥工业园、飞凤工业园、田坪新型建材工业园互相呼应，形成“一区三园”的工业体系，高水平推动本地工业突破，赋能经济发展行稳致远。

内外发力、加减辨证。工业发展的脚步，在不断跨越艰难险阻中变得愈发坚实。玉屏还积极瞄准绿色经济，大力发展新型环保产业，引进了中和石油库、中广核旗下清洁热能等公司，构建起结构优化、技术先进、新型环保、清洁安全的新型工业体系。

开发者们以绿色生产铸就玉屏的最美底色。铜仁西南水泥产能减量置换项目按照“设计设备配置高端化、管理系统智能化、安全环保标准化、生态环境绿色化”的定位，通过先进的智能化生产工艺和清洁高效节能的生产模式，大大降低了综合电耗和能耗，真正实现了节能提质、绿色环保。

开拓创新，提质增效。站在新的起点，玉屏将坚定不移把推动新型工业化作为推动经济高质量发展的首要任务，深入实施工业倍增行动，围绕盘活存量、扩大增量，力争在工业大突破上抢占先机、赢得主动、展翅腾飞。

以人为本　城乡面貌焕然一新

“现在的街道、小区、公园、广场每一处都是风景。”10月1日一大早，市民郑奕欧就沿着县城环河步道散步。他说，如今城市面貌变化非常大，在这样功能齐全的城市生活，带给老年人太多的满足感，生活质量直线上升，感觉到非常幸福。

城市，让生活更美好。有品质的城市建设，带给人们的幸福感更多源自舒适便捷的生活体验以及和谐美好的生活环境。近年来，玉屏坚持把城镇化带动作为全县发展的主战略之一，紧扣中共铜仁市委“一区五地”战略目标和县委“三区一县一中心”奋斗目标，突出“三小三品”形象定位，着力优化城镇功能、做强城镇经济、激发城镇活力，推动全县城镇化实现跨越式发展。

城镇化发展水平快速提升。构建玉屏和大龙经开区产城互动、产城融合、一体发展的主城区发展体系，中心城区面积达 25.88 平方公里，市政道路达 51.5 千米，常住人口城镇化率达 60.57%。出台《玉屏侗族自治县国家新型城镇化综合试点实施方案（2016—2020）》，为新型城镇化建设奠定了基础。

城镇基础设施全面升级。大力实施城镇功能提升工程，水、电、路、讯、网等基础设施全面升级，新 320 国道、七眼桥、㵲水大桥等工程建成通车，实现标准化村级党员活动室、卫生室、公共交通、公办幼儿园、文化广场村村全覆盖，组组通、连户路、太阳能路灯、垃圾收运处理组组全覆盖，安全住房、安全饮水、广播电视和 4G 网络户户全覆盖，城乡面貌焕然一新。

城市品质不断提高。城镇公共供水普及率达 100%，县城生活污水集中处理率达 93% 以上，城镇生活垃圾无害化处理率达 90% 以上。完成 3 个老旧小区改造，实施 18 个保障性安居工程配套基础设施，建成大小广场 14 个、实施健康步道 5.53 公里。营造了健全的城市生态系统，城市景观更加优美，城市水环境不断改善，水清岸绿、河畅景美的生态画卷徐徐展开。

城镇管理水平成效显著。出台《玉屏侗族自治县城乡规划建设管理条例》等地方性法规和规范性文件，实现了城市网格化管理，农村环境综合治理成效明显，城市管理逐步向镇村延伸。

经过多年不断努力，玉屏扎实推进新型城镇化建设，坚持在补短板、强基础上精准发力，基础设施更加完善，功能布局越来越科学。今天的玉屏人民在优美、便捷、舒心的旅居环境中享受生活，群众的生活质量得到提升，群众的幸福感满意度逐步提高。

新时代赋予新的使命。玉屏将围绕黔东工业聚集区，建设黔边特色城市，构建以玉屏大龙一体化发展为核心，田坪、朱家场、新店、亚鱼为支撑的城镇建设体系。到 2025 年，要交出城区常住人口增加 1.5 万人左右、城镇化率达 62% 左右的新型城镇化成绩单。

民生至上　幸福指数节节攀升

10 月 3 日，在玉屏全民健身中心项目建设现场，主体建筑已经建成，工人们正在进行局部基础设施的施工。

据介绍，玉屏全民健身中心项目总投资约 1420 万元，包含综合体育馆、足球场、篮球场、羽毛球场、室外绿地，目前已完成项目总进度的 85%，全部建成后，将进一步满足城区居民日常健身、运动的多元需求。

发展为了人民，发展成果由人民共享。“十三五”以来，玉屏侗族自治县坚持民生至上，不断加强社会建设，着力优化公共服务，人民生活显著改善，社会局面安定和谐，群众幸福指数节节攀升。

民生难题不断化解。持续办好民生事，县城城区天然气主管网建设实现全覆盖，部分投入试运营。开工建设青山冲水库、大洋溪水库、芭蕉湾水库，建成谢家桥水库、白岩河水库。重点河流水质达标率达 100%，集中式饮用水源地水质达标率达 100%。

社会保障得到加强。城乡低保实现应保尽保、动态管理，各类社会救助标准均大幅提升；特困老人实现敬老院集中供养，建成 5 个日间照料中心，创建 38 个儿童之家；高质量推进就业创业，被列为国家支持农民工等人员返乡创业就业试点县。

城乡教育均衡发展。新建（改扩建）学校 46 所，新增学位 19700 个，完成玉屏民族中学整体搬迁，学前教育在铜仁市率先实现县乡村全覆盖，化解义务教育大班额达到国家标准。

医疗条件得到改善。完成县妇幼保健院、县疾控中心、田坪镇中心卫生院整体搬迁、县中医院业务用房改扩建以及 82 所村卫生室标准化建设，基本形成以县人民医院为龙头、以乡镇卫生院为基础、以村卫生室为网底的县乡村三级医疗卫生服务网络体系；县人民医院率先在全省建立了第一个县级医疗卫生领域博士工作站。

文化事业繁荣向上。在各乡村制作 5000 平方米价值观、优秀传统文化为内容的永久性文化墙，设置了社会主义核心价值观主题广场 100 余个，主题文化长廊 80 余处；完成 82 个村综合文化服务中心建设，实现村村有综合文化服务中心，组组有文化广场；率先在铜仁市成立县级文化志愿者服务总队，建立农村文艺队伍 110 余支，培育乡村文化艺人 600 余人。

征程万里风正劲，重任千钧唯担当。紧扣普惠服务和民生保障，玉屏将全面提升就业创业水平，深入实施教育提升工程，加快构建多层次医疗保障体系，做好住房保障力度，全面落实社会保障政策，高质量推进民生福祉建设，不断提高群众幸福指数。

（作者：葛永智　李妮娜　杨　秘；来源：《贵州日报》　2022年10月18日　36版）

玉屏侗族自治县创建全国文明城市工作纪实

2021 年 1 月，中央精神文明建设指导委员会办公室确定 2021—2023 年创建周期全国文明城市提名城市名单，玉屏侗族自治县入选“全国文明城市”提名城市。2022 年是玉屏侗族自治县创建全国文明城市第 5 个年头，也是本创建工作周期（2021—2023 年）第二年，通过“服务化、规范化、标准化、常态化、多元化、制度化”等方式打造“玉见·最美”品牌，推进全国文明城市创建工作高质量发展。

强化组织领导服务化　玉屏侗族自治县成立全国文明城市创建工作“四级”指挥体系，即县建指挥部，乡（镇、街道）建指挥所，村（社区）建指挥站，网格建攻坚队，主要领导“亲自部署、亲自指挥、亲自督导”，县创建全国文明城市中心和县巩固全国卫生县城工作领导小组办公室合署集中办公，实现创文工作任务清单化、阶段推进时序化，保障各项任务落地落实。建立县委常委会定期调度工作机制，每月定期听取 11 个工作小组创文工作开展情况汇报。建立党政主要领导定期调研制度，对创文过程中存在的疑难问题，通过领导调研，现场办公予以解决。建立“不文明行为曝光”工作制度，每周重点对干部职工不文明行为曝光。坚持“周调度、月评比、季排名、年考核”的工作机制，按照“一季一攻坚，一月一目标”的工作方式，推动工作常态长效。全年县委常委会会议专题研究创文工作4次，召开联席会议 11 次、工作调度会 30 余次，县委常委班子成员现场督导创文工作 12 次，下发阶段性《工作提示》20 余份。

强化文明实践多元化　玉屏侗族自治县通过文明实践纵深开展，弘扬催生向心力、激励催生内动力、融合催生影响力、孵化催生品牌力、服务催生凝聚力，达到信仰之花香沁心脾、向善之花香飘全域、实践之花香味十足、文明之花香氛馥郁的实际成效。成功培育“（东）莞玉（屏）山海情·共筑田园梦”“㵲阳先锋·红色田冲”“集成示范·幸福稻乡”3 个文明实践品牌。其间，着力以志愿服务活动为载体，以重要时间节点为契机，以群众需求为导向，组织开展以“玉见·最美”为主题的“文明交通劝导”“战高温·抗旱稳收”“九九重阳节·浓浓敬老情”“幸福来敲门”等系列志愿服务活动。至年末，全县成功创建全国文明村2个、省级文明村6个、市级文明村29个，省级文明乡镇3个、市级文明乡镇1个；评选“最美玉屏人”94人；选派文化志愿者指导“草根”文艺队80余次；开展贴近群众生活文艺节目巡演100余场、理论宣讲1500余场。

强化基础设施规范化　玉屏侗族自治县紧扣“垃圾、污水、农业废弃物处理”关键环节，创新推行“户分类、村收集、乡转运、县处理”农村生活垃圾收运模式，在84个行政村（社区），建成垃圾处理中转站8座，配备垃圾清运车55辆，垃圾箱922个、PVC垃圾桶3758只，实现农村生活垃圾“收集运输全封闭、日产日清不落地”。全面推进农村生活污水治理扩面工程，“面”上建成乡（镇、街道）污水处理厂6个、村级污水处理系统26个、农村污水处理池49个，“点”上扎实推进农村“厕所革命”，“点面结合”，污水治理力度不断增强。其间，不断推动农业废弃物资源综合利用第三方治理，引进成都羲农能源科技有限公司投资建设贵州省第一个农业废弃物资源化综合利用项目。通过沼气和有机肥2个平台将农业废弃物资源转化，形成生态循环整县运作模式，全县规模养殖场粪污综合利用率不断提升。至年末，全县农村垃圾收运系统覆盖率100%、农村污水处理系统覆盖率100%、农村卫生厕所覆盖率96.1%、全县规模养殖场粪污综合利用率95%以上。

强化文明服务标准化　玉屏侗族自治县打造“贵人服务，服务贵人，来玉办事，遇事无忧”政务服务品牌，聚焦减时限、减环节、减材料、降成本的“三减一降”工作，让市民群众真切感受到文明、便捷、高效政务服务“新体验”。通过阵地共建、平台共通、人员共融三个方面，推进县融媒体中心、县新时代文明实践志愿服务促进中心融合，整合两中心7名专（兼）职人员成立新时代文明实践工作专班，依托县融媒体中心原有“秀美玉屏”App，升级建设县级“双中心”客户端，并于9月25日上架，群众通过1个手机应用软件即可享受新闻资讯、理论学习、志愿服务点单等各类服务。调动全县注册志愿者队伍参与文明创建，将每月第一周、第三周的星期三定为“志愿服务活动日”，常态化开展文明劝导、创文宣传、环境卫生提升及“幸福来敲门”等志愿服务活动，不断提升精神文明服务水平、服务质量和市民文明素质，强势推动全国文明城市创建工作取得实效。年末，为企业、群众节约50%办事时间，“减时限”占比为84.22%，“减材料”395项，组织开展志愿服务3600场次，服务群众1.6万余人次。

强化环境整治常态化　玉屏侗族自治县出台《玉屏侗族自治县乡村生活垃圾和生活污水治理条例》，围绕乡村生活垃圾和生活污水治理，列出涉及县人民政府、乡（镇）人民政府及街道办事处、村（居）民委员会、居民个人的“权力清单”和“责任清单”，为纵深推进整治行动提供坚强有力的法治保障。全力构建文明创建、网格管理以及环境卫生整治常态化体系，全面实行网格化区域包保，以县城建成区7个社区及城乡接合部、6个行政村为基础，将城区划分为14个大网格和90个小网格，实行县级领导和部门“双重包保”责任制，确保县城区创文工作全面覆盖。成立由县人大常委会、县政协主要领导挂帅的环境大提升督导组，将创文工作纳入年度目标考核，不定期督查各单位创文工作落实情况，确保环境卫生整治常态化取得实效。同时，引导各行政村将农村环境卫生维护、生态保护、摒弃不文明生活方式等纳入村规民约，以志愿服务活动为载体，组织机关干部、村“两委”成员、驻村工作队、党员代表及广大村民群众参与农村环境卫生整治行动，在全社会形成“党员干部带头干、人民群众齐心干”良好氛围。至年末，下发整改通知书20余份、问题交办单14份，完成问题整改320余项，推动重难点问题整改170余处，累计开展农村环境卫生大整治志愿服务活动3800余次。

强化目标引领制度化　玉屏侗族自治县紧盯全国文明城市创建这一目标，自信自强、守正创新，充分发挥新时代文明实践中心（所、站）阵地功能，持续开展好党的二十大精神宣讲进基层系列活动，做好党的二十大精神宣传报道。同时，紧盯全国文明城市测评体系（2023年版）标准，加强分类指导，开展模拟测评。深入推进“四整治”“四提升”工作督导，促进文明创建常态长效。大力培育和践行社会主义核心价值观，深入开展志愿服务活动。选树宣传一批“新时代好少年”等先进典型。健全诚信宣传教育体系，持续开展诚信缺失突出问题专项治理行动，深入推进全国文明城市创建工作进程。

（汪 辉）

箫笛和鸣立潮头 踔厉奋发再扬帆

——玉屏侗族自治县2022年度全面深化改革综述

2022年，玉屏侗族自治县创新思路求突破，凝心聚力谋发展，高标准高质量谋划各项改革工作，重点领域和关键环节体制机制障碍不断突破，全面深化改革持续向纵深推进。

高位统筹，擘画改革蓝图

县委高度重视改革工作，调整充实县委全面深化改革委员会成员，组织召开县委深改委会议4次，审议通过《中共玉屏侗族自治县委全面深化改革委员会2022年工作要点》，将全面深化改革与“四化”、乡村振兴等重点工作有效衔接。明确改革专题30个，由县委、县政府班子成员分别领衔，27个部门牵头主抓，确保改革工作始终在党的领导下高效推进。

精准发力，激活改革动能

实施工业倍增行动，抢抓“风口”机遇，发挥省市打造战略性新兴产业集群第一优势，立足碳酸钙第一优势资源招优引强，全力打造新型功能材料产业延伸拓展区。西南水泥、粤鑫环保等一批支撑性强的重大项目投入运营，3万立方米中和石油库完成前期建设，总投资150亿元的玉屏低温供热堆商业示范项目建设顺利有序推进。实施城市更新行动，以创建全国城乡融合发展示范区为契机，开展城镇“五个大提升”工程。全力改造背街小巷14条、老旧小区3个2399户，基础设施全面升级，城镇品质、群众幸福指数持续攀升。推进农业大发展，创新土地全程托管“保姆式”、半程托管“订单式”、土地流转“甩手式”服务“三模式”，打造农业生产服务新引擎。探索建立油茶全产业链融合发展模式，“中国油茶之乡”国字招牌全面提质升级，全县油茶种植面积15633.33公顷，综合产值5.35亿元。实施旅游业态升级行动，推进国家A级旅游景区提质突破和乡村旅游示范点升级改造，《平箫玉笛》音乐剧反响热烈，“箫笛名都·侗听玉屏”旅游品牌影响力显著增强。

聚焦民生，释放改革红利

探索“3322”筹资模式建设宜居农房和“积分制管理”新模式，宜居和美村寨建设取得新成效。坚持绿色发展理念，以改善农村人居环境作为推进乡村振兴战略、实现乡村宜居的重要抓手，通过念好市场运作“管”、人工智能“收”、群众参与“治”“三字诀”，助力乡村生活垃圾治理实现减量化、资源化、无害化。出台提升卫生健康水平行动计划（2022—2030年），成立全省首家县级医疗系统博士工作站，成功创建省级慢性病综合防控示范县，实现医疗资源与技术“多跑路”，让患者“少跑路”。探索推进家庭教育指导服务试点，设立家长学校34所，工作室2家，开展“尽责优教”培训等活动50余场次，受益2万余人。发挥县人大代表履职为民作用，与湖南省新晃县分别挂牌成立省际人大代表联络站，推动省际人大代表联络站建设提质增效。2022年，县乡两级代表进站接待并帮助群众办实事540余人次，联络站工作群众满意率100%。

（全金宽）

玉屏侗族自治县㵲阳河特有鱼类国家级水产种质资源保护区水生生物资源系统保护与综合修复

一、引言

为贯彻落实习近平生态文明思想，坚定走生态优先、绿色发展之路，牢固树立和落实创新、协调、绿色、开放、共享的新发展理念，玉屏侗族自治县扎实抓好㵲阳河特有鱼类国家级水产种质资源保护区水生生物资源的系统保护与综合修复。近年来，玉屏侗族自治县共搬迁畜禽养殖场3个，关停排污口1处，拆除违规建筑物3处，16艘渔船全部退捕上岸并取缔自用船舶331艘，争取资金120万元并完成增殖放流鱼种412.38万尾。㵲阳河水域生态环境得到有效保护，河湖面貌得到明显改善，呈现了鱼翔浅底的美丽画面。

二、问题

玉屏侗族自治县㵲阳河特有鱼类国家级水产种质资源保护区作为长江流域重点水域，多年来，受拦河筑坝、水域污染、过度捕捞、河道整治、岸坡硬化、挖砂采石等人类活动影响，生物多样性持续下降，水生生物保护形势十分严峻。

三、措施

（一）贯彻《中华人民共和国长江保护法》，全面落实河长制。制定“一河一策”，清理整治水域环境污染。岸上有力整治农业面源污染、畜禽水产养殖污染、工矿废弃物污染等污染源，保护水域环境；在岸边坚决清“四乱”，严查乱占、乱采、乱堆、乱建行为，防止水生生物栖息地受到破坏和挤占；水中安排保洁人员实时清除树枝、白色漂浮物等废弃物。全年共搬迁畜禽养殖场3个、关停排污口1个、拆除违规建筑物3个、清除废弃漂浮物12吨，全流域始终保持“零网箱”养殖纪录。

（二）强化涉渔工程监管，落实生态补偿机制。积极开展水生生物生境修复依法依规严格涉渔工程监管，定期和不定期巡查保护区，严禁新建排污口，对保护区内或保护区外可能对保护区有影响的工程，均书面去函要求对保护区的影响进行专题论证，并按批复要求缴纳生态补偿金，进行生态修复。2021年，共监管涉渔工程10个，收缴生态补偿金247.2万元，制定生态损害修复方案2个。同时，在“贵州生态日”等重要时间节点开展鱼类增殖放流活动，一定程度遏制了渔业资源的不断衰竭。近三年共争取资金120万元（中央资金50万元、县级资金70万元），向保护区及31条河流和42座水库增殖放流鱼种412.38万尾。

（三）强化政策落实，建立“十年禁渔”长效机制。2021年，筹资12万元，宣传《中华人民共和国长江保护法》等法律法规和禁渔政策，营造良好的禁渔氛围。将“长江十年禁渔”作为“共抓大保护，不搞大开发”的约束性任务纳入县政府绩效考核。将退捕渔民全部吸纳进入护渔队进行安置，安置率100%，使曾经的捕鱼人成了今天渔业资源的快乐守护者。严厉打击各类渔业违法行为，筹资200万元，建成㵲阳河特有鱼类国家级水产种质资源保护区远程监控中心1个，在沿河两岸安装红外线高清远程摄像头，与公安部门“天网”工程并网，覆盖保护区流域面积260公顷，实现24小时全天候监控。全年共查处渔业案件12起，立追诉案件4起，移交县人民检察院案件2起，收缴各类违规渔具282件，处罚金额1.7万元。6月14日，县人民检察院、县农业农村局在新店镇联合举行㵲阳河流域生态司法增殖放流基地揭牌仪式，为玉屏侗族自治县㵲阳河特有鱼类国家级水产种质资源保护区首个生态司法增殖放流基地。

（四）全面取缔涉渔自用船舶，消除偷捕水生生物资源隐患。渔业船舶退捕上岸后，河湖中依然存在大量自用船舶，时有偷捕行为，防不胜防，给保护水生生物资源造成很大困扰。为切实有效保护渔业资源，消除偷捕隐患，自筹资金180万元，对自愿上岸的自用船，按船舶实际评估价进行上岸补偿；对不愿上岸的自用船由交通部门规范管理，一旦涉渔，将依法取缔船网并严惩重罚，绝不手软。2021年共取缔自用船舶331艘，自用船上岸率91%。

（五）开展地方土著、特有鱼类驯养繁殖研究和水生生物资源监测，反哺母亲河，精准修复水生生物资源。㵲阳河特有鱼类国家级水产种质资源保护区特有、珍稀土著鱼类等水生生物资源丰富，遗传保种价值极高。为全面了解水生生物种群数量与分布，2021年委托铜仁学院对㵲阳河进行为期3年的水生生物资源调查与监测；与贵州省现代渔业生态科技有限公司共同筹资273.1万元，新建㵲阳河特有鱼类驯养繁殖基地，并与武汉中科、贵州大学、省水科所、铜仁学院共同开展㵲阳河特有鱼类的驯养繁殖科研攻关工作。计划三年内向㵲阳河增殖放流特有（土著）鱼类子代鱼苗130万尾，反哺母亲河，恢复㵲阳河特有（土著）鱼类种群和数量。

四、成效

（一）群众环保意识得以进一步提升。2021年，通过广播、电视、新闻媒体、宣传车、张贴标语横幅、制作宣传牌等多种形式，宣传《中华人民共和国长江保护法》等法律法规和禁渔政策，全年开展宣传活动26次，新闻媒体宣传6次，制作永久宣传牌365个，发放宣传资料1200余份。“水上不捕、市场不卖、餐馆不做、群众不吃”的良好禁渔氛围基本形成，群众环保意识进一步提升。

（二）水产种质资源生存环境得以进一步改善。通过整治污染源、清理水面环境、打击非法捕捞行为、取缔自用船舶等系统性保护措施，保护区内水域生态环境得到进一步改善，为水生生物提供了一个更加安全、安宁的繁衍生息环境，呈现了鱼翔浅底的美丽画面。

（三）水生生物生态效益得以进一步提升。㵲阳河特有鱼类水产种质资源保护区是国家级水产种质资源保护区，保护区内鲶、大鳍鳠、黄颡鱼、鳜鱼等特有鱼类资源具有重要的生态和经济价值。开展水生生物养护和修复，是对水生生物多样性物种基因的有效保存，为渔业可持续性发展和永续利用奠定基础。随着以后科技的进步，这些保存下来的物种基因将产生巨大的经济效益、社会效益和生态效益。

（秦晓红）

大事记

1月

4日　中国共产党玉屏侗族自治县第十四届委员会第三次全体会议召开。会议审议通过《关于认真学习宣传贯彻党的十九届六中全会精神的决定》及相关纪律处分决定，确定玉屏侗族自治县出席党的二十大代表和出席中共贵州省第十三次代表大会代表候选人初步人选推荐名单。

16日　玉屏侗族自治县党史学习教育总结会议召开，传达学习中央、省、市党史学习教育总结会议精神，全面总结全县党史学习教育成效和经验，安排部署巩固拓展党史学习教育成果工作。

23日　中央电视台综合频道与新闻频道并机直播的《朝闻天下》栏目播出《各地中小学生寒假生活陆续开启·鼓励孩子走出家门　积极参与社会实践》，其中报道县第一中学学生利用寒假自导自拍法治宣传片，进行社会实践的新闻。

26日　玉屏侗族自治县被农业农村部、国家乡村振兴局评为“2021年全国村庄清洁行动先进县”。

29日　《国家林业和草原局办公室关于公布第二批认定命名国家林业产业示范园区名单的通知》发布，玉屏油茶产业示范园被认定命名为国家林业产业示范园区。

2月

10日　县妇幼保健院通过“二级甲等妇幼保健院”复评。

16日　中国共产党玉屏侗族自治县第十四届纪律检查委员会第二次全体会议召开，全面回顾2021年全县纪检监察工作，安排部署2022年工作任务。

17日　中央广播电视总台央视中文国际频道（CCTV-4）《了不起的中医》栏目摄制组对玉屏侗族自治县传统侗医侗药进行探寻采访。

同日　玉屏侗族自治县在高铁铜仁南站举行“春风送温暖　就业暖人心”返岗复工发车仪式，欢送224名外出务工就业人员。

22日　玉屏侗族自治县出现大面积低温凝冻天气，县、乡、村公路出现多处险情。县农村公路养护中心出动抢险车辆7辆、应急管理人员35人，消耗融雪剂10吨，设置警示标志牌75块，除冰破雪60余千米，在最短时间内恢复全县道路交通。

23日　广东省东莞市、玉屏侗族自治县联合举行“铜往东莞　就在云聘”2022年常平（组团）·玉屏劳务协作远程招聘会，通过直播“云”聘的方式，为东莞市常平（组团）企业和铜仁市玉屏劳动者搭建面对面的交流平台，10余名求职人员现场与招聘企业连线面试，吸引4万余名网友在线观看。

3月

9日　玉屏侗族自治县2022年第一季度“开门稳”重大项目集中开工仪式在玉屏易地扶贫搬迁后续扶持创业创新产业园建设项目施工现场举行。此次集中开工重点项目18个，总投资12.62亿元，其中新型工业化项目5个、新型城镇化项目8个、农业现代化项目3个、旅游产业化项目2个。

同日　玉屏侗族自治县作风大转变、环境大提升、项目大建设动员大会召开。县委决定，在全县开展为期3个月的作风大转变、环境大提升、项目大建设专项行动。

11日　玉屏侗族自治县与湖南省新晃侗族自治县在田坪镇罗家寨村、新晃侗族自治县晃州镇洞坡村联合成立省际人大代表联络站2个，创新建立“联建、联调、联心”的“三联”代表履职平台。

20日　2022年玉屏侗族自治县新时代文明实践“玉见最美·共创文明”志愿服务活动在㵲阳广场举行，全县广大志愿者和青年响应县委、县人民政府号召，开展“环境大提升”志愿服务活动。

22日　工程总投资5322.3万元的尖坡水库工程完成运行管理移交。

25日　“2022首届贵州农业

龙头企业品牌展示推介大会”暨“龙头企业·龙头品牌”遴选企业推介和展销活动在贵阳市举行，玉屏侗族自治县的贵州省贵福菌业发展有限公司“蘑菇家”品牌、贵州振兴米业有限公司“侗米坊”品牌、贵州兴顺农业发展有限公司“侗泉香米”品牌被评为2022首届贵州农业龙头企业品牌展示推介大会“龙头企业·龙头品牌”。

4月

24日　中国工商银行玉屏支行为辖内涉外企业贵州金路鞋业有限公司发放“跨境贷”177万元，填补玉屏侗族自治县跨境金融区块链服务平台业务空白。

26日　青年箫笛演奏家孟晓洁为玉屏洞箫量身打造的原创箫曲《侗听》在中国中央电视台音乐频道（CCTV-15）《风华国乐》栏目播出。

29日　玉屏侗族自治县第二届劳动模范和先进工作者表彰会议召开，表彰第二届劳动模范35名、先进工作者24名。

同日　铜仁市五一劳动奖颁发仪式举行，玉屏侗族自治县4个集体和8名个人分别获“铜仁市五一劳动奖状”“铜仁市五一劳动奖章”“铜仁市工人先锋号”“铜仁市五一巾帼标兵岗”“铜仁市五一巾帼标兵”等荣誉和称号。

5月

18日　中国人民银行玉屏支行为玉屏农商银行办理铜仁市首笔电子票据再贴现业务，合计金额5000万元，期限180天。实现铜仁市县域电子票据再贴现业务零的突破。

21日《玉屏侗族自治县落实粮食安全暨耕地撂荒整治五条硬措施》出台，实行耕地保护党政同责，执行撂荒整治政策，严禁耕地撂荒，稳定粮食生产。

24日　国务院水上安全督导组督导检查玉屏侗族自治县水上交通安全工作。

同日　县人民政府公布第五批县级非物质文化遗产项目暨第六批县级代表性传承人名录，全县新增县级非物质文化遗产代表性项目1个、县级非物质文化遗产代表性项目代表性传承人4名。

25日　全国公安系统英雄模范立功集体表彰大会在北京举行，县拘留所被公安部评为“全国优秀公安基层单位”。

同日　贵州省贵福菌业发展有限公司食用菌工厂化车间大数据智能化应用场景获评“2022年铜仁市十佳大数据应用场景”。

同月　县妇联被全国妇联评为“第十三届全国家庭工作先进集体”。

6月

12日　“我要上省运·社区运动会”2022年铜仁市马拉松选拔赛举行，玉屏侗族自治县顾加军、田琳分别获男子组冠、亚军，并代表铜仁市参加贵州省第十一届运动会群众赛事活动马拉松竞赛。

14日　县人民检察院与县农业农村局在新店镇联合举行㵲阳河流域生态司法增殖放流基地揭牌仪式，此为玉屏侗族自治县㵲阳河特有鱼类国家级水产种质资源保护区首个生态司法增殖放流基地。

27日　中共贵州省委书记、省人大常委会主任谌贻琴到市级特色田园乡村·乡村振兴集成示范点朱家场镇桐木村、桐木油茶丰产林示范基地调研考察，并看望慰问干部群众。

29日　中共铜仁市委人才工作领导小组印发《关于命名铜仁市首批名师名医名家工作室的决定》，罗海燕名师工作室、鲁若晶名家工作室、范钧先名医工作室在列。

同日　铜仁市绿色核能主题科普活动启动仪式在玉屏侗族自治县举行，核能专家、教授曹广玉作专题讲座，参会人员实地参观玉屏清洁热能科普展厅，并前往朱家场镇木弄村观看“‘核’携玉屏·筑梦美丽家园”主题文艺演出。

7月

6日 《贵州新闻联播》以3分23秒时长播出“打造特色田园，建强基层组织，奋力建成全国乡村振兴示范县”，全面展示玉屏侗族自治县乡村振兴工作开展情况。

14日 玉屏供电局完成《玉屏侗族自治县“十四五”配电网规划》优化修编，在未来3年内，将投入10767万元资金建设全县配电网。

16日 禾梨坳第六届“土王戊”赶坳活动在皂角坪街道铁家溪村举行。

19日 田坪镇江口村入选贵州省第四批乡村旅游重点村，田坪镇入选贵州省第二批乡村旅游重点镇名录。

同日 人民网、新华网、中国网、国际在线、《贵州日报》、贵州广播电视台、多彩贵州网等媒体的36名记者走进玉屏侗族自治县，开展“在希望的田野上——乡村振兴看西部”网络主题活动，采访报道省级特色田园乡村·乡村振兴集成示范试点亚鱼乡郭家湾村特色产业、鼟锣文化、人居环境。

25日 市级文物保护单位玉屏城墙遗址保护修缮工程开工。

26日 县体育馆、紫气山社区足球场“智慧体育场馆”建设完工，实现客流监测、客群分析、可视化呈现管理。

29日 位于朱家场镇谢桥村的贵州省油茶工程技术研究中心通过贵州省科技厅验收。

8月

7日 “玉见最美·桃礼天下”2022年玉屏黄桃推介暨产销对接系列活动启动仪式在皂角坪街道瓮阳黄桃基地举行，意向客商现场签订协议销售黄桃55万千克。

8日 2022年第二届侗菜美食节“玉厨争霸赛”暨龙虾啤酒音乐节在玉屏侗乡风情园举办。21名全县各特色餐馆、“农家乐”、私房菜馆的民间烹饪选手和美食爱好者参加比赛。

18日 玉屏侗族自治县举行庆祝第五个“中国医师节”表扬大会，授予“先进集体”5个、“援沪抗疫先锋”“优秀医疗帮扶专家”“优秀医师”“优秀护士”“县级名中医”“抗疫‘先进工作者’”“最美村医”85人。

24日 《玉屏侗族自治县示范性家庭农场扶持奖励办法（试行）》出台，对符合要求的家庭农场一次性给予最高30万元奖励。

31日 在2022年中国国际服务贸易交易会上，玉屏箫笛作为贵州代表团参加贸易会唯一的文化信物，亮相该交易会。玉屏箫笛乐团蒋毅、曹俊参加推介演出，并展示玉屏箫笛制作工艺。

同月 县实验幼儿园成功提升为全市唯一一所省级一类示范幼儿园，成为贵州省五所省级一类示范园之一。

9月

19日 县人民检察院在田坪镇新华村成立全县首个村级“儿童保护站”。

同月 县第三幼儿园建成并投入使用。

10月

1日 玉屏城区供排水管网及污水处理厂搬迁工程（青山冲水库向县城供水跨㵲阳河茅坪大桥工程）交通桥正式通车。项目总投资1360万元，于2020年11月开工建设，2022年6月25日竣工，主要在老茅坪桥上游并排修建集管网于一体的多功能交通桥。

3日 玉屏侗族自治县出台促进房地产市场健康发展惠民十条措施，对符合规定的购房人给予相应购房补贴等优惠政策，房地产企业可享受减免相应税费、办理优惠等，自下发之日起实施至2023年3月1日前有效。

15日　麻音塘街道综合文化站成功创建省级示范文化站，田坪新街社区易地扶贫搬迁安置点综合性文化服务中心成功创建省级易地扶贫搬迁综合性文化服务示范点。

16日　玉屏侗族自治县自行车运动队成立。

19日　《贵州省文化和旅游厅关于印发〈贵州省开展“推进传统工艺高质量传承发展”试点工作的实施方案〉的通知》下发，支持玉屏箫笛以县域为单位开展传统工艺高质量传承发展重点县试点工作。

28日　县人民医院妇科成功实施首例单孔腹腔镜下卵巢囊肿剔除术。

11月

8日　玉屏高速公路占用农村公路还建工程开工。

10日　广东省东莞市常平镇人民政府向县人民医院捐赠80万元，用于支持县人民医院东西部协作共建示范医院工作，并在县人民医院召开工作座谈会。

21日　县公安局查获一起洗钱案，涉案金额150万元。

同月　玉屏侗族自治县8个乡（镇、街道）法治工作议事协调机构成立，实现全县依法治乡（镇、街道）议事协调机构全覆盖。

12月

5日　玉屏侗族自治县举行主题为“保护渔业资源，实施长江十年禁捕”2022年农业资源及生态保护渔业增殖放流活动，增殖放流黄颡鱼、鲢鱼、鳙鱼等特有鱼种和土著鱼种鱼苗共计161万尾。

8日　玉屏侗族自治县确定首批52名城市社区工作者，并完成薪酬套改。

同日　玉屏侗族自治县被贵州省体育局认定为贵州省体育旅游示范县。

10日　县医保局在全县范围内开通职工医保代缴家人城乡居民医疗保险业务。

15日　新增省道201线朱家场至安坪二级公路改扩建工程建成通车，道路全长13.36千米，总投资约1.35亿元。

16日　中国共产党玉屏侗族自治县第十四届委员会第五次全体会议召开。审议通过《县委常委会工作报告》《关于认真学习宣传贯彻党的二十大精神奋力谱写“箫笛名都·侗听玉屏”现代化建设新篇章的决定》《关于建设巩固拓展脱贫攻坚成果样板区推进乡村振兴示范县建设的实施意见》。

20日　《平箫玉笛慰乡愁》文史专辑由中国文史出版社正式出版发行，是贵州省唯一一部箫笛文史专辑。

28日　玉屏侗族自治县“晒文化”志愿服务项目入选2022年度贵州省学雷锋志愿服务先进典型（最佳志愿服务项目）。

是日　县人民医院神经血管微创介入中心（导管室）投入使用，结束玉屏侗族自治县心脑血管疾病无介入治疗技术的历史。

同日　位于贵州玉屏经济开发区的玉屏侗族自治县人力资源市场竣工投入使用。

29日　县人民检察院到贵州重力科技环保股份有限公司召开合规建设验收座谈会，完成首家非涉案企业合规建设成效验收。

30日　《国家标准化管理委员会关于下达农业农村及新型城镇化领域标准化试点示范项目的通知》发布，玉屏侗族自治县申报的“国家油茶一二三产融合标准化示范区”项目被列入第十一批国家农业标准化示范区项目名单。

31日　县人民政府公布第六批县级非物质文化遗产项目名录暨第七批县级代表性传承人，新增县级非物质文化遗产代表性项目3个、县级非物质文化遗产代表性项目代表性传承人4名。

同月　县文体广电旅游局实施的省级非物质文化遗产代表性项目“油茶制作技艺”数字化采集工程通过验收。

同月　玉屏老寨北侗原乡康养度假综合体森林康养民宿建设项目投产运营，该项目总投资1000万元，于8月开工建设。

县情概览

中国箫笛之乡 · 中国油茶之乡 · 侗族文化艺术之乡 · 中国黄桃之乡

建置区划

【位置面积】 玉屏侗族自治县位于北纬27°28′—27°31′、东经108°34′—109°09′，地处贵州省东部，铜仁市东南部，在云贵高原向湘西丘陵过渡地带，素有“黔楚咽喉”“黔东门户”之称。县域东南邻湖南省新晃侗族自治县，西连黔东南苗族侗族自治州镇远县和岑巩县，北与碧江区、万山区接壤。全县辖区面积523.78平方千米，县城距省会贵阳市339千米，距铜仁市中心城区73千米。

【建置沿革】 玉屏古名雄溪。春秋战国时期属楚黔中地。秦时期属黔中郡。两汉属武陵郡无阳县。三国时期属武陵郡㵲阳县。南北朝时期置西平阳县，隶东牂柯郡。隋朝时期属沅陵郡龙标县。唐朝时期属奖州渭溪县。宋朝时期置平溪峒隶沅州麻阳县。元至元二十一年（1284），置野鸡坪蛮夷长官司，隶思州安抚司。元至元二十七年（1290），隶番民总管府。明洪武五年（1372），野鸡坪长官司与黄道溪长官司合并，名黄道溪蛮夷长官司（司署设毛坡寨）。洪武二十三年（1390），置平溪卫，隶湖广都司。万历二十九年（1601），平溪卫改隶贵州，万历三十一年（1603）还隶湖广。清顺治十五年（1658），裁卫指挥设守备，隶湖广都司辰沅靖道。雍正五年（1727），改隶贵州省思州府。是年闰三月三十日，兵部复云贵总督鄂尔泰奏，改平溪卫为玉屏县。乾隆三十五年（1770）九月，改隶铜仁府。乾隆三十六年（1771），复隶思州府。民国2年（1913），隶黔东（镇远）道。民国12年（1923），直隶贵州省。民国24年（1935），隶第九（铜仁）行政督察区。民国26年（1937），隶第一（镇远）行政督察区。民国32年（1943），改隶第六（铜仁）行政督察区。1949年11月7日，玉屏解放，隶铜仁专区。1958年12月29日，并入铜仁县。1961年8月18日，恢复玉屏县。1966年2月，县属万山区划出，设立万山特区。1968年9月，万山特区改为万山区，复隶玉屏县。1970年8月，恢复万山特区。1983年9月7日，经国务院批准，撤销玉屏县，建立玉屏侗族自治县。1984年11月7日，召开庆祝大会，玉屏侗族自治县正式成立。2011年10月，国务院批复撤销铜仁地区设立地级铜仁市，玉屏侗族自治县隶铜仁市。 （姚茂成）

【行政区划】 1990年，玉屏侗族自治县辖2个镇、9个乡，下辖84个村民委员会。1992年4月，撤销平溪镇、镇屏乡，置平溪镇；撤销朱家场乡、兴隆乡，置朱家场镇；撤销大龙镇、麻音塘乡，置大龙镇；撤销田坪乡、彰寨乡、长岭乡，置田坪镇；保留亚鱼乡、新店乡。全县辖4个镇、2个乡，下辖84个村民委员会。2015年3月，贵州省人民政府批准撤销平溪镇，改设平溪街道、皂角坪街道。2016年1月，贵州省人民政府批准撤销新店乡，改设新店镇。2018年12月，贵州省人民政府批准撤销大龙镇，改设大龙街道、麻音塘街道。2022年，全县下辖4个街道、3个镇与1个乡，80个村民委员会、22个居民委员会。其中，大龙街道、麻音塘街道由贵州大龙经济开发区管理委员会代管。县人民政府驻地位于皂角坪街道茅坪村。

（杨文斌）

2022年玉屏侗族自治县乡（镇、街道）村（社区）一览表

表1

乡（镇、街道）	人口（人）	所辖村（社区）
平溪街道	26228	文水社区、教场坝社区、平溪社区、红花社区、舞阳社区、康华社区、七里塘村、安坪村、马头田村、杨柳村
皂角坪街道	22373	北门桥社区、紫气山社区、四眼塘社区、瓮阳村、茅坪村、皂角坪村、野鸡坪村、铁家溪村、枹木垅村

续表 1

乡（镇、街道）	人口（人）	所辖村（社区）
大龙街道	48538	德龙第一社区、德龙第二社区、德龙第三社区、街上社区、大龙第一社区、大龙第二社区、大龙第三社区、大屯村、南宁村、鲢鱼塘村、清水塘村、大龙堡村
麻音塘街道		翔云社区、大德社区、腾龙社区、和谐社区、同心社区、路良村、架枧村、一心村、双龙村、抚溪江村、马面村、九龙村、胜利村、三寨村、前龙村、祥查村、麻音塘村、草坪村、蔡溪村
朱家场镇	22866	街上村、前光村、龙眼村、甘龙村、木弄村、堰上村、桐木村、水田村、茅坡村、詹家坳村、鱼塘村、谢桥村、混寨村、洪家湾村、柴冲村、兴隆村、长华村、大兴村
田坪镇	33595	新街社区、田坪村、五里桥村、长冲垅村、白果村、江口村、马溪村、岩屋口村、彰寨村、金竹村、长岭村、黄母冲村、玉露村、塘合村、新华村、南门村、马家屯村、庆寨村、田冲村、罗家寨村、迷路村
新店镇	13147	新店村、沙水坪村、洞坪村、河口村、狸狮坪村、丙溪村、大湾村、朝阳村、老寨村
亚鱼乡	9433	亚鱼村、郭家湾村、瓮袍村、沙子坳村

自然地理

【地质地貌】 玉屏侗族自治县为云贵高原向湘西丘陵倾斜的过渡地带，由下寒武系清虚洞灰岩和中、上寒武系白云岩组成的浅切割岩溶低山丘陵区，与湖南省新晃侗族自治县低山丘陵区连成一片，地面起伏平缓，常有较厚的红色风化壳。全县海拔 400—600 米，最高点海拔 948 米，最低点海拔 313 米，地势高差 635 米。县境地势西高东低，南北边缘地带，分布着脉络清晰、绵延展布的两大山脉，构成县境地形骨架。㵲阳河以南，属苗岭东端，呈起伏连绵的低山状；㵲阳河以北，属武陵山脉梵净山向北方逶迤的余脉，呈起伏不连绵的低山丘陵状；中部地势较低，㵲阳河自西向东流贯全境。境内河流纵横，沿河有宽窄不等的河谷坝子。全县地貌根据形态、海拔高度和切割程度可分为低山、丘陵、坝地 3 种类型。由于受到地形地貌影响，境内降雨类型基本是地形雨。

【山峰河流】 玉屏侗族自治县处于贵州东部第三梯级，一般山峰在海拔 600—900 米，海拔 800 米以上山峰 32 座，多镶嵌在县境边缘。境内河流属长江流域沅江水系，有河流 25 条，总长 267.8 千米，年平均流量 85.6 立方米每秒，流域面积 362 平方千米。主要河流有㵲阳河、龙江河、车坝河、排坡河、冷水江、野鸡河、丙溪河 7 条，总长 118.6 千米。最大的河流为穿境的㵲阳河，全长 46.6 千米，年均流量 52.9 立方米每秒。

【土壤植被】 玉屏侗族自治县主要土壤类别有黄壤、红壤、石灰土、紫色土、潮土、水稻土 6 个土类，19 个亚类，45 个土属，105 个土种。其中，黄壤面积 375.39 公顷，占全县总面积的 32.27%；红壤面积 465.01 公顷，占全县总面积的 39.98%；石灰土面积 112.42 公顷，占全县总面积的 9.66%；紫色土面积 2.48 公顷，占全县总面积的 2.13%；潮土面积 0.83 公顷，占全县总面积的 0.07%；水稻土面积 93.87 公顷，占全县总面积的 8.07%。境内植被种类繁多，据 2019 年贵州玉屏㵲阳河国家湿地公园维管束植物名录显示，有蕨类植物 22 科 33 属 51 种、裸子植物 6 科 7 属 7 种、被子植物 120 科 340 属 488 种（其中，双子叶植物 99 科 275 属 397 种，单子叶植物 21 科 65 属 91 种）。境内已被认识的森林树种有 56 科、170 多种。

【气候物候】 玉屏侗族自治县属中亚热带季风湿润气候区，其特点为热量丰富、雨量充沛、光照适宜、雨热同季。近30年，年平均气温16.9℃，极端最高气温39.7℃，极端最低气温-4.3℃，年平均降雨量1221.4毫米，降水集中于4～10月，一日最大降水量191.9mm（2007年7月26日）；年日照时数1126.4小时，占可照时数的25%。≥10℃积温5498.1℃。无霜期299天。

2022年，全县总体气候特点表现在冬季弱冷冬，前冬暖后冬冷；入春偏早，前期气温异常偏高，后期异常偏低，冰雹、倒春寒天气轻；夏季前期多区域性暴雨天气，中后期维持晴热高温少雨天气，导致全县出现中级气象干旱；秋季持续高温少雨干旱，全县大部分乡（镇、街道）出现重度及以上的气象干旱，秋绵雨天气偏轻。全县年平均气温17.7℃，与常年相比偏高0.9℃。冬季（2021年12月至2022年2月）平均气温6.1℃，与常年比偏低0.5℃，春季平均气温17.3℃，与常年比偏高0.8℃；夏季平均气温27.6℃，与常年比偏高1.4℃；秋季平均气温20.0℃，与常年比偏高2.2℃。各月气温与常年相比，2月、5月特低；3月、7—9月、11月特高；其余月份气温基本正常。在3月26日进入雨季，比常年偏早10天。年降雨量1007毫米，与常年比偏少二成，降水时空分布不均，冬季偏多，春、夏、秋季偏少，尤其是秋季特少。冬季降雨量206毫米，与常年相比偏

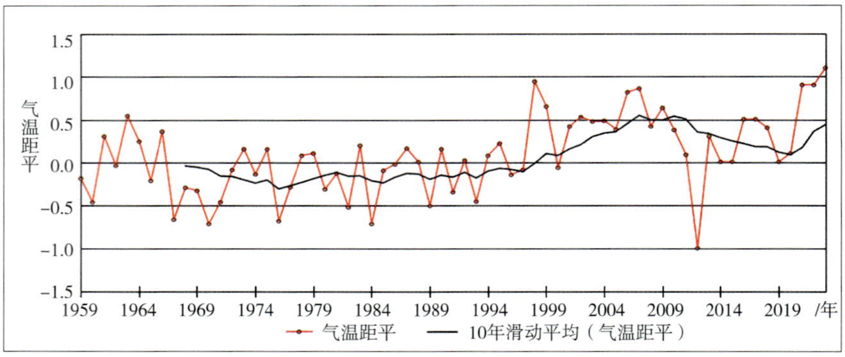

图1　玉屏历年年平均气温距平趋势变化示意图（℃）

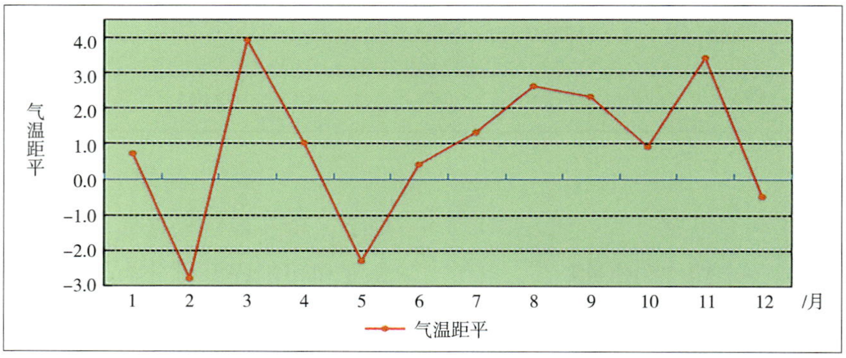

图2　玉屏2022年逐月平均气温距平示意图（℃）

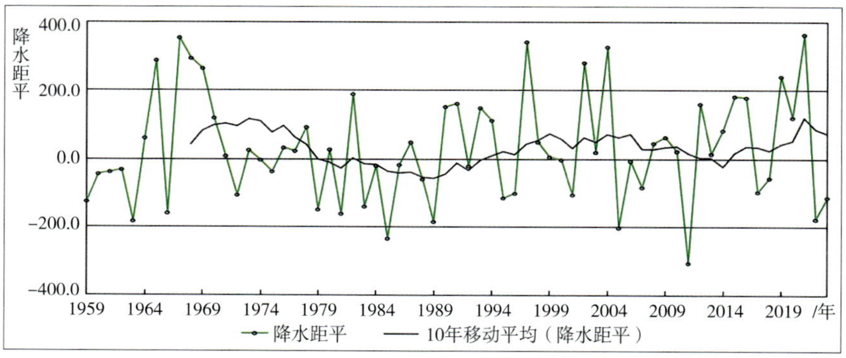

图3　玉屏历年年降水量距平趋势变化示意图（毫米）

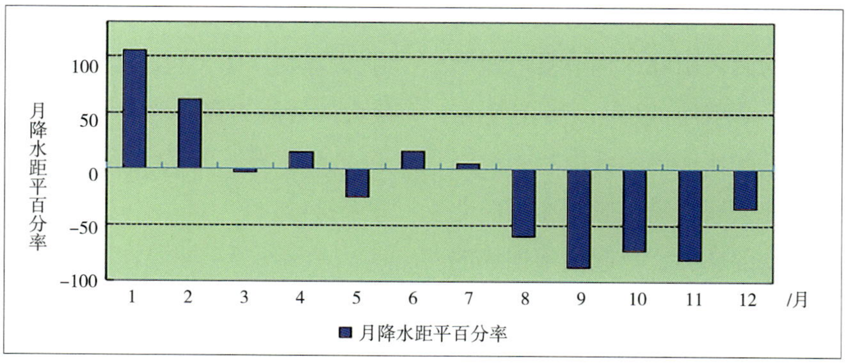

图4　玉屏2022年逐月降水距平百分率示意图（%）

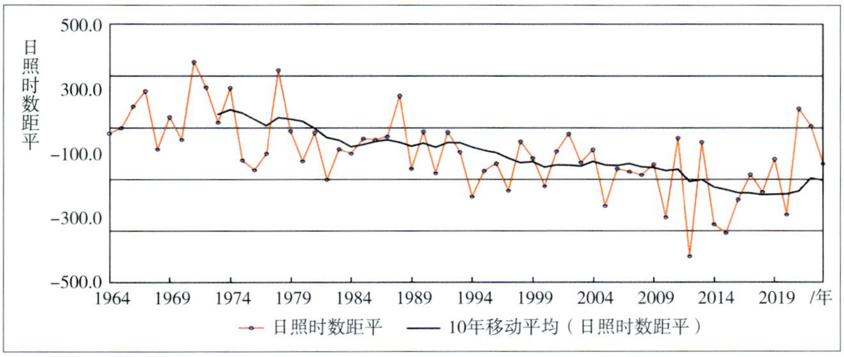

图5　玉屏历年年日照时数距平趋势变化示意图（小时）

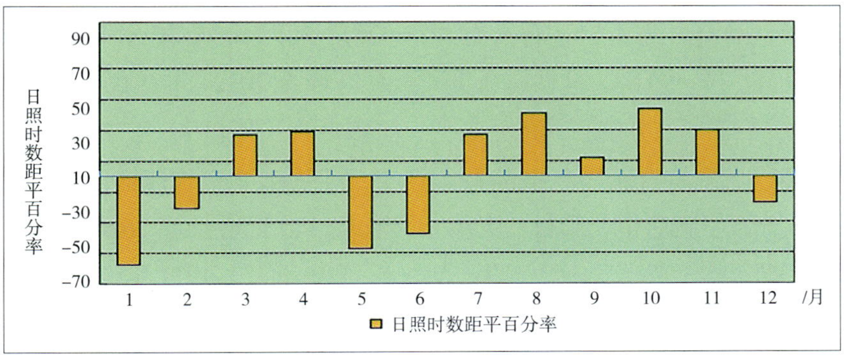

图6　玉屏2022年各月日照时数距平百分率示意图（%）

多六成；春季降雨量340.7毫米，与常年比偏少一成；夏季降水量457.8毫米，与常年相比偏少一成；秋季降水量45.9毫米，与常年相比偏少八成。各月降雨量与常年相比，1—2月降水量特多；8—11月特少；12月偏少；其余月份基本正常。全年日照时数1302.4小时，与常年相比偏多9%。在季节上，冬、春季略少，夏、秋季偏多。从月份上看，1—2月及5—6月偏少，3—4月、7—11月偏多。

全县冬季（2021年12月至2022年2月）气候呈现前冬暖后冬冷特征。2021年12月至2022年1月中旬冷空气活动少、势力弱，气温高、降雨多，暖湿特征明显；2022年1月下旬至2月冷空气强、活动频繁，低温雨雪凝冻天气偏多、偏重，湿寒冷特征明显。冬季降雪日数14天，出现5段区域性低温雪凝天气过程（2021年12月26—27日，2022年1月27—30日、2月1—2日、2月6—7日、2月21—22日），其中1月27—30日低温雨雪及暴雪天气过程持续时间最长，2月22—23日大暴雪范围最广，最大积雪深度达15厘米。入春偏早，前期气温异常偏高，后期异常偏低，冰雹、倒春寒天气轻。2月26日入春，与常年比偏早11天。3月上中旬多晴好天气，气温高，降水少；下旬多降温降雨天气，其中3月20—23日出现2—4天的轻级倒春寒天气。4月上旬至中旬初多晴好天气，气温高，降水少；中下旬多降温降雨天气，无冰雹天气过程，冰雹、倒春寒天气轻。5月冷空气活动频繁，气温异常偏低，降雨日多，降雨强度弱，暴雨过程少，灾害较轻。夏季前期多区域性暴雨天气过程，中后期维持晴热高温少雨天气，出现7次区域性暴雨天气过程，分别是6月3日、6月18—19日、7月1日、7月5日、7月17—18日、7月27日、7月29日，比历史同期偏少。其中，6月18日夜间全县普降大到暴雨，局部地区大暴雨，为全年夏季范围最大、强度最强的一次暴雨天气过程。中后期晴热高温干旱天气偏多，主要集中在7—8月，降水明显偏少，地面蒸发剧烈，地表水分蒸发亏损大。气温≥35℃高温总日数为40天，比常年偏多23天，为1961年以来最多的一年。大部分乡（镇、街道）出现中度气象干旱。秋季持续高温少雨干旱，秋绵雨天气偏轻，全县光温条件好，利于水稻、玉米等粮食作物成熟收获及晾晒。9月至10月中旬的持续晴热少雨天气导致大部分乡（镇、街道）出现重度及以上的气象干旱，土壤严重缺墒，对油菜等作物播种移栽及辣椒、红薯、蔬菜等旱地作物正常生长不利。10月26—29日，出现持续降雨天气，11月16—19日，出现小雨，全县旱情得到一定缓解，土壤墒情得到改善，利于油菜的播种移栽。11月农业气象条件虽总体利于坝区油菜幼苗生长，但是无有效降水，导致全县干旱继续发展。11月28日夜间至30日夜间的寒潮天气，对全县食用菌、蔬菜、设施农业及畜牧业有一定负面影响，但利于正常播种油菜的抗寒锻炼。

全县物候特征明显，一般有植物候、动物候、非生物候，多以谚语形式流传于民间。人们常以物候测定天气、定农时。因海拔高度和气候差异，亚鱼乡水稻、油菜等农作物种植、成熟略晚，其他乡（镇、街道）无明显差异。植物候如：杏、桃打苞，春天到；大麦成熟，立夏节到；水稻成熟，白露节到。动物候如：蛤蟆社前叫，秧田做二道；猫洗脸，要天晴。非生物候如：春雾雨，夏雾热，秋雾凉风，冬雾雪；立夏不下（雨），犁耙高挂。

（廖洪敏　姚茂成）

自然资源

【土地资源】 玉屏侗族自治县辖区总面积516.6平方千米。据以2019年12月31日为标准时点的“第三次全国国土调查”数据显示，全县有耕地10889公顷，林地28016.16公顷，草地498.69公顷，湿地49.86公顷，城镇村及工矿用地3936.24公顷，交通运输用地2306.32公顷，水域及水利设施用地1307.25公顷，石漠化耕地1.1公顷。2022年，全县有耕地10955.43公顷，其中，田6104.15公顷，土4815.28公顷。

【矿产资源】 2022年，玉屏侗族自治县境内成矿地质条件良好，矿藏丰富，迄今探明矿藏21种，金属矿产有汞、铅、锌、铁、铜、锰、铀、钼、钒等，非金属矿产有重晶石、黏土岩、石灰石、大理石、磷、硫磺、硅砂、石英砂岩、白云石、方解石、高岭土、石煤等。重晶石属黑色重晶石，主要分布于新店镇朝阳村、大湾村一带。

【生物资源】 玉屏侗族自治县生物资源多样性特征明显，植物资源和动物资源种类繁多。植物资源中，有维管束植物148科380属546种。有古树622株，群落12个，隶属于24科37属46种。以松、杉、柏等为主要用材林，以油茶、黄桃、柑橘、柚、梨、李、杨梅等为主要经济林，是中国油茶之乡、中国黄桃之乡。农作物主要种植水稻、油菜、玉米，发展以鹿茸菇为主要产品的食用菌产业。动物资源中，野生脊椎动物记录有212种，隶属于31目、68科，其种数为贵州省已知脊椎动物总数的20.29%。其中，鱼纲5目、10科、39种；两栖纲2目、6科、18种；爬行纲3目7科、30种；鸟纲16目、38科、108种；哺乳纲5目、7科、17种。国家重点保护野生动物有大鲵、尖吻蝮、猫头鹰等10余种。

（姚茂成）

人口民族宗教

【人口】 民国26年（1937），玉屏辖区始有人口记载，有8095户，57554人。民国30年（1941），人口增至70324人；民国38年（1949），人口减至52465人。1950年后，人口快速增长。1972年人口自然增长率26.69‰，之后波动下降。1977年，全县人口100640人，人口破10万人。2017年开始，从石阡县、德江县陆续跨区域搬迁近30000人到大龙街道和麻音塘街道。2022年末，玉屏侗族自治县户籍总户数56515户，户籍人口176180人，常住人口14.67万人。户籍人口中，城镇居民85467人，农村居民90713人，男女性别比110.7（以女性为100），出生率8.01‰，死亡率5.84‰，自然增长率2.17‰。

【民族】 玉屏侗族自治县是一个侗族与其他民族杂居的多民族自治县，为全国5个侗族自治县之一。侗族，有世居户，也有外地迁入户。明朝、清朝时期，辖区侗族人民隐其民族成分，多托籍江西汉族。1980年，全县汉族占总人口99.54%，少数民族占总人口的0.06%。1982年3月至

5月，全县开展民族识别工作，确认属于侗族成分人口54104人。1982年末，全县有18个民族，其中汉族占总人口的41.76%、侗族占总人口的56.63%、苗族占总人口的1.34%、其他民族占总人口的0.27%。2020年第七次全国人口普查，在全县常住人口中，汉族人口占18.12%，侗族人口占71.73%，土家族人口占6.55%，苗族人口占2.35%。2022年，全县户籍人口中，有汉族、侗族、苗族、回族、土家族、布依族、壮族、彝族、满族、仡佬族、蒙古族、瑶族、黎族、羌族、白族、朝鲜族、水族、藏族、哈尼族、仫佬族、畲族、傣族、拉祜族、德昂族、毛南族、景颇族、佤族、鄂伦春族、土族、□家人、穿青人31个民族，其中□家人、穿青人为待定民族。

【宗教】 玉屏侗族自治县佛教传入时间无考证，旧志记载明朝初期，县境有寺庙、道观。佛教属禅宗教派，以僧尼传教为主。基督教于民国10年（1921）从湖南芷江传入，曾成立玉屏分会、创办福音诊所、建教堂。天主教基本为信徒迁移传入，分别为2003年重庆市信徒结婚和2009、2017年福建省福州市信徒经商办企传入。2022年，全县辖区有宗教3种，分别是佛教、天主教和基督教。有宗教场所8处，其中佛教7处，基督教1处。有宗教团体1个，即县基督教协会。

（姚茂成）

历史人文

【文化遗存】 玉屏侗族自治县历史悠久，文化遗存众多。其中，省、市、县三级文物保护单位和尚未核定公布为文物保护单位的不可移动文物92处，国家、省、市、县四级非物质文化遗产代表性项目51个。印山书院建于清道光年间（1821—1850），是县属生员“敬德修业、以应科兴”之所。钟鼓楼建筑结构谨严，造艺精湛，是侗族标志性建筑之一。城墙遗址，为明洪武二十三年（1390）修筑平溪卫城之北门及城墙，是县内仅存的古城墙。朱家场红军驻地遗址、田心岩红军标语、田心坪战斗遗址、田心岩红军渡口、崔家湾红军标语、汪家溪贺龙驻地遗址等红色遗迹遗址，反映出中国工农红军第二、第六军团长征过境活动轨迹。

（姚茂成）

【非物质文化遗产】 2022年，玉屏侗族自治县有各级非物质文化遗产代表性项目51个。其中，国家级1个，省级2个、市级1个、县级47个，年内新增县级4个。有各级非物质文化遗产代表性项目代表性传承人33人。玉屏箫笛是中国著名的传统竹管乐器，具有较高的历史文化和工艺价值。国家级非物质文化遗产代表性项目“玉屏箫笛制作技艺”入选国家传统工艺振兴目录。鼟锣、闹年锣、唢呐、大号等民间乐器，是节庆活动必不可少的乐器，是玉屏人民宝贵的艺术财富。省级非物质文化遗产代表性项目“赶坳”历史悠久，是深受群众喜爱的传统习俗活动，男女青年身着盛装，在坳场以歌会友，联络情谊，每年在禾梨坳歌场（湘、黔两省交界处最大的赶坳歌场，为铜仁市市级文物保护单位）定期举行“土王戊”赶坳活动。罐罐油茶是省级非遗物质文化遗产代表性项目，制作技艺代代相传。油炸粑、棉菜粑、红粑、苞谷粉、腊汤、社饭等“非遗”侗家美食，也深受人民喜爱。

（张诗悦）

【历史名人】 许　升（生卒年不详） 男，安徽全椒县人，世袭南京右卫指挥佥事。明洪武十八年（1385），从征思州。洪武十九年（1386），征靖州，功升指挥同知。洪武二十三年（1390），领军5614人屯戍平溪（今玉屏侗族自治县），建平溪卫，筑卫城。其一边戍守，一边屯垦，以屯养兵，寓兵于农。许升逝，御赐祭葬，葬于城北两河口黄塝（现平溪街道红花社区黄塝组），其墓葬为市级文物保护单位。

郑维藩（生卒年不详） 男，明湖广都司平溪卫人（今玉屏侗族自治县），万历十三年（1585）乙酉科举人。任河南荥阳县知县，后辞官归里，闲居家中。相传为玉屏箫（时称平箫）之创制人，所制平箫，只作藏品、赠品、贡品，世传其艺。

侯　位（卒年不详） 男，

字世卿，生于明成化年间（1465—1487），弘治八年（1495）乙卯科举人。彼时，平溪尚未建学，侯位联络绅士 23 人 3 次赴京，请设平溪卫学。弘治十七年（1504），获礼部议准，即动员乡人集资备料，请工修建，一年告成，玉屏始有学堂。侯位于正德六年（1511）取辛未科进士，开玉屏之先例，出任江苏无锡知县，旋升兵部主事转武库司郎中，历官山东参议、福建布政使、南京光禄寺卿、兵部右侍郎、右副都御史、江南操江巡抚、应天都御史。嘉靖二十五年（1546），鉴于平溪等 4 卫诸生赴武昌应考，惨遭洞庭覆舟之祸，即上疏朝廷，请准在湖广举人额内拔 5 名入黔，以就近参加乡试。此后，本籍人员乡试，始附于贵州。晚年，其奉旨于平溪卫城立“都护坊”，御赐“九重恩满三台府，万里春回百岁堂”坊联。

熊明遇（1579—1649）男，字良孺，号坛石，江西进贤人，明万历二十九年（1601）辛丑科进士。天启元年（1621），官南京右佥都御史、提督操江。天启五年（1625），宦官魏忠贤专断朝政，兴大狱，时内阁中书汪文言被魏党所害，熊受株连，被革职，谪戍平溪，历时 3 年。其间，其集地方文士吟咏，编成《雄溪文选》；续修《平溪卫志》，补旧志阙如；于城西紫气山建“鸿雪草堂”，聚士讲学，培育人才。天启七年（1627）至明末，平溪连续 12 人中举，多受其道德风范、学识文章的影响。崇祯元年（1628），熊明遇昭雪返京，任兵部侍郎，晋刑部尚书转兵部尚书。

郑逢元（1613—1689）男，字天虞，平溪卫人。年少时，聪颖好学。明天启年间（1621—1927），熊明遇谪戍平溪，常与郑谈论诗文，过从甚密，熊誉之为“奇才”。崇祯六年（1633）中举。次年会试不第，任婺川县儒学教谕。教学有方，总督、巡抚均上书荐拔。崇祯十年（1637），破格提升为湖广衡州府同知，继升知府。时衡州与永顺两府境内“土贼纷起”，郑逢元“训练乡勇，扼要设伏，悉扫平之”，被授予监军副使，加参政衔。旋升滇、黔、楚、蜀、粤五省监军道。清军入关，桂王朱由榔于丁亥年（1647）称帝，改元永历。授郑逢元太仆寺卿，旋升左司马右副都御史，总滇、黔、楚、蜀军务，赐以尚方剑。郑逢元“朝暮勤王，鞠躬尽瘁，不遗余力”，又加授尚书、左都御史。孙可望据黔称王，挟永历威屈大臣，任意生杀，郑逢元婉劝，晓以大义，以济时艰，孙不听，郑亦不为威力所屈，守义持节，受永历帝及重臣李定国的敬重。南明政权灭亡后，郑逢元入云南省宝台山为僧。时经略洪承畴曾“屡强元出，以佐维新”。郑逢元以明朝故臣而不受，身着袈裟归里，孝事老母，潜心佛学。清顺治年间（1644—1661），城内圣宫颓毁，学舍荒芜。为培育人才，郑逢元于康熙元年（1662）捐资修建圣宫明伦堂，宫舍焕然一新，文风大振。康熙九年（1670），为复修天星桥撰文募捐。康熙十二年（1673），主纂《平溪卫志》，为玉屏侗族自治县留存至今最早的一本文献。郑逢元好诗文，著有《谷口集》二卷，现存贵州省图书馆。卒年 76 岁，葬于县城西北 15 千米茂隆场。

郑汝秀（1814—1892）男，郑维藩十世孙，字芝山，家境败落，从戎 18 年，归家后开办家庭作坊，以制箫为业，牌号“贵州省玉屏县郑芝山祖授仙师秘传精制雅颂贡箫”。由于产品精良，销售日旺，遂收徒传艺。撰写《和声鸣盛》一书，含“音律图说”“吕律全图”“五音全图”等重要图解。

郑登荣（1867—1949）男，字步青，为郑汝秀长子，长于造型开音。其兄郑桂荣，字丹清，长于书画雕刻。兄弟技艺结合，制品不仅音韵清越，且工艺精美。民国 2 年（1913），携平箫参加英国伦敦举办的国际手工艺品展览会展出，获银质奖章。民国 4 年（1915），参加在美国旧金山举办的巴拿马太平洋万国博览会展出，获金质奖章。（姚茂成）

【文学艺术】 明清时期，玉屏人才辈出。文学以古典诗词为主，郑逢元、许之獬、洪其哲、洪其绅等乡绅名宦诗集历历可考，尤其是以田榕为代表的田氏家族，连续六代诗书传世，其中田起图、田榕、田樟、田煦、田熙、田均豫、田均晋均有诗集留存。《平溪卫志·艺文志》收录诗词16首，流传甚广，诗词作者多系官宦士绅，也有少数文人墨客。清乾隆时期，文艺创作进入高峰期，《贵州玉屏县志·艺文志》收录诗词150余首，各种碑记、散文、传记、游记等100多篇。晚清、民国时期，玉屏文坛一度沉寂。20世纪80年代后，玉屏文学新苗逐渐滋润成长，诗词联赋等古体文学逐渐复兴，新文学领域绽放花蕾。杨光志、杨忠仕、罗仕友等文学青年创办编辑《㵲阳河》《紫气山》《野月亮》等民间文学刊物。1988年，县文联成立，创办文学刊物《玉屏文协》。1990年9月，《文水洲》创刊，一年一期，次年首次申请正规刊号并结束钢板油印方式，出版4期后停刊。2000年末，《侗乡文学》创刊，2001年11月，申请刊号，更名《玉屏文学》发刊，至2022年末发行84期。进入21世纪后，玉屏文学专辑开始联翩登场。2005年，贵州省写作学会编辑出版“走遍夜郎故土散文书系”《中国箫笛之乡玉屏》。2008年，《玉屏散文作品选》出版面世。2014年后，散文集《月下玉屏箫》《箫声笛韵·诗意田园——知名作家看玉屏散文集》《美文玉屏》《玉屏乡愁》《玉屏味道》相继出版。本土作家独立创作的长篇小说、散文、现代诗集陆续出版面世。侗族文化艺术种全意新，源远流长，经久不衰。山歌、酒歌、嫁歌、丧堂歌、吉语、小调、号子等曲目在全县盛行，花灯、摆架子、茶灯舞、花棍舞、蚌舞、傩堂戏、围鼓戏等民间文艺生命力旺盛，箫笛、唢呐、锣、钹、长号等乐器流传至今。随着社会发展变化，表演内容、表演形式和服装不断更新，文艺作品精彩纷呈。2005年，张友文创作的歌曲《等阿哥》被中国音协歌曲编辑部编入《文化之春》中民歌歌曲选粹，同时被中央民族大学收入《中国少数民族声乐教材曲选》。2009年，玉屏第一本歌曲集《侗乡无处不飞歌》出版。2014年，《侗歌普法进农村》获贵州省少数民族法治山歌比赛三等奖，《玉屏非物质文化遗产概览》编纂完成。2020年10月，玉屏侗族自治县“晒文化”活动获全国文化旅游志愿服务项目大赛三等奖。（杨清博）

风景名胜

【古迹建筑】 印山书院　印山书院位于城中印山，2006年被划定为贵州省文物保护单位。始建于清道光七年（1827），毁于同治三年（1864）兵火。光绪二十一年（1895）贵州省学政严修于玉屏视学时，将玉屏书院易名为印山书院，并亲题“印山书院”匾额，光绪二十九年（1903）重建。书院坐南向北，由东、西两个四合院组成，占地面积1620平方米，建筑面积678平方米，大体布局为四角天井木瓦房，结构严谨、格调和谐。玉屏解放后作为小学校舍，多次修缮，屋舍俨然。

天星桥　天星桥位于县城西侧的皂角坪街道野鸡坪村，跨野鸡坪河口，是市级文物保护单位。长75米，高10米，宽7米，为七孔石拱桥，故又名七星桥、七眼桥。始建于清康熙九年（1670），曾多次因洪水冲毁，又多次修复，最后一次修复时间为1967年。

平溪卫城遗址　古平溪卫城始建于明洪二十三年（1390），正方形，周长4522米，高6.7米。东、北面分别以文水河、㵲阳河为天然护城壕，西、南面均有人工护城壕，是一座极为完备的石头城。原城墙因城市建设拆除，现仅存北门—拱宸门，为县级文物保护单位。拱宸门于2022年进行修缮。

【侗族建筑】 钟鼓楼　钟鼓楼又名谯楼、鼓楼、南明楼，位于县城中华路，为市级文物保护单位。始建于明永乐年间（1403—1424），迄今已三毁四建。一毁于清乾隆元年（1736）火灾，再建于清乾隆九年（1744）；再毁于同治三年（1864）战乱，三建于光绪初；三毁于1972年“文化大革命”破“四旧”运动中，四建于1985—1987年。建筑布局大体为木瓦结构，共三层，高21.4米，绿色琉璃瓦面，赤褐油漆壁柱，一楼四角檐柱挑枋处各置一木雕青狮，二楼壁窗俱镂空

玉屏钟鼓楼 （於 江 摄）

亮格，三楼装饰类似二楼，嵌精致图案，内顶棚藻井为多边形。整个楼宇画栋雕梁、浓漆重彩、形态巍然。

野鸡坪飞凤桥　野鸡坪飞凤桥坐落于皂角坪街道野鸡坪村野鸡坪河上，为县级文物保护单位。元末明初，野鸡坪设蛮夷长官司，是通往上游侗家村寨的交通要道，历来架有侗族花桥。80年代末，投资10.2万元，原地修建混凝土石拱桥，桥长90米，宽3.1米，高6.7米。桥上仿花桥而建，有木瓦结构亭阁3个，以21间长廊连接。亭阁重檐而上，葫芦宝顶，鳌鱼檐角，锦鸡护脊，两边长廊万字栅栏。

玉屏风雨桥　玉屏风雨桥横跨㵲阳河，北接屏山，南连紫气，是城区连接茅坪新区的重要通道。中间为双向车道，两侧为人行长廊。2012年12月竣工，总投资约4112万元。桥长198.4米，寓意玉屏1984年成立玉屏侗族自治县；桥面宽度13.5米，寓意1984年建县时有13.5万人口；中间最高塔楼20.11米，代表2011年动工修建。桥梁形式为4×40米空腹式拱桥，钢筋混凝土结构。桥上建木结构风雨楼，5座桥亭与两侧长廊相连，榫卯结构，重檐青瓦，檐角飞翘，宝葫芦饰顶，装点当地书画作品。风雨桥是最具侗族特色文化内涵的标志性建筑和旅游景点，也是群众游玩休息的场所。

北门廊桥　北门廊桥建于县城中山路与红花路交汇的北门大桥上，横跨㵲阳河。廊桥在原北门桥基础上扩建，长100余米，总投资1.8亿元，2019年建成。廊桥既是桥又是街，中间为双向车道，两侧传承侗族文化特色建走廊商铺。走廊主体结构为3层，建筑高21米，单层平面宽42米，顶部采用六塔连体式造型，飞檐翘角，层层叠叠。

【旅游景区】 玉屏侗乡风情园　玉屏侗乡风情园景区位于田坪镇，景区面积153.33公顷，以悦侗苗圃种植产业观光区、高坡歌草原场康养区、云曼谷苗圃休闲观光农业园、秋海棠休闲观光农业区、阳光森林天然氧吧康养区、金色柚香康养区、荷香园种植产业园、民俗文化商业街、北侗风情小镇、崇山禅修康养区、知青年代养老区、稻香村田园康养区12个功能区为主，辅以民族特色体验、健康休闲配套，为国家AAAA级旅游景区。景区内有侗族非遗建筑群32栋，玉屏乡愁馆系统展示玉屏侗族历史文化农耕文明、码头文化、火塘文化、婚嫁文化等地方特色文化，侗绣馆集纺织、印刷、剪纸、刺绣为一体，松林小屋提供返璞归真、回归自然的民宿体验，全国首家乡镇奥特莱斯为游客增添了“购”的乐趣和体验内容。

茶花泉　茶花泉景区位于朱家场镇，总面积360公顷，是贵州省100个重点旅游景区之一，为国家AAA级旅游景区。主要建设有主题休闲区，核心项目包含大地之眼、会开花的宿集、七色油茶花海、名人茶园、野餐公园、蛛网拓展基地、趣味草场等；运动拓展区，核心项目包含自行车训练基地、茶花露营地、户外运动基地、最美茶花赛道等；研学示范区，核心项目包含现代农业科技展示馆、田园时光、乐享农耕、共享农庄等。茶花泉景区拥有油茶基地、茶花园、湿地公园、水库、混寨瀑布、龙泉（天然山泉）等景点，周边有铁柱山、卧佛山、古樟树群等自然景观和人文景观，园区内建有观光步道、文化长廊、景观亭、景区大门和导游服务中心。

屏山公园　屏山公园位于县城㵲阳河北岸，于2012年9月动工修建，占地面积133.33公顷，以㵲阳河、屏山森林公园观光体验、侗族特色建筑观赏为主要特色。园内有大门1座、鼓楼3座、景观亭4座、箫笛主体雕塑1个、公厕2个、管理配电房1栋、进园主要车行公路1条600余米、人行步道4000余米。屏山公园大门位于公园之南、屏山之脚，由1个大门2个小六组成，大门刻“屏山公园”牌匾，两侧均有门联。3楼4亭，为侗族建筑风格，分布于屏山各处。主体雕塑立于屏山之颠，高28.8米，造型为三根竖状箫笛、龙凤形状彩带盘绕，六面形底座面墙分别由道仙授艺、宫廷贡品、名扬海外、群山叠秀、非物质文化遗产5幅浮雕图案及《玉屏箫笛赋》组成。

（姚茂成）

土特名产

【箫笛】　玉屏箫笛是以音色清越优美、雕刻精致而著称，具有较高的历史文化和工艺价值，与茅台酒、大方漆器并称“贵州三宝”。玉屏箫笛采用玉屏当地水竹制成，也称平箫玉笛，起源于明代，在清代曾作为贡品，亦作为馈赠外宾的国礼。民国2年（1913），在英国伦敦国际工艺品展览会上，玉屏箫笛获得银奖。民国4年（1915），在美国旧金山市为纪念巴拿马运河开通举行的太平洋博览会上，玉屏箫笛获金奖。1990年，文化部授予玉屏侗族自治县“中国箫笛之乡”称号。1991年，玉屏浮雕和微刻龙凤箫笛新品获“北京第二届国际博览会银奖”。2006年，经国务院批准，玉屏箫笛制作技艺被列入第一批国家级非物质文化遗产名录。2009年，“玉屏箫笛”注册地理标志证明商标，成为全国首个获得地理标志证明商标的乐器类产品，并依据《商标国际注册马德里协定》，在日本、韩国注册地理标志证明商标。2014年，“玉屏箫笛”开始申创中国驰名商标工作。2018年，“玉屏箫笛YPXD”及图形商标被国家市场监督管理商标局正式批复认定为“中国驰名商标”，玉屏箫笛制作技艺入选国家传统工艺振兴目录。2022年，玉屏侗族自治县以箫笛文化产业基地建设申报“玉屏箫笛国家级文化产业示范基地”及“贵州省文化旅游商品基地”项目，推进竹林基地建设，扩大箫笛竹林种植面积。谋划“箫笛名都·侗听玉屏”群众文化系列活动，加大玉屏箫笛宣传力度，以箫笛为重要元素设计玉屏城市形象图标，注重箫笛文化传承发展，营造箫笛文化氛围。成功创排音乐剧《平箫玉笛》，编撰出版书籍《平箫玉笛慰乡愁》。年内，箫笛年产11万余支、总销售额1500余万元。

【油茶】　玉屏侗族自治县栽培油茶有600余年历史，是贵州省油茶重点产区之一。20世纪中期，油茶是农村经济收入主要来源，农民视油茶树为“摇钱树”、油茶果为“圣果”。1958年，玉屏

3月4日，铜仁市总工会验收组到玉屏侗族自治县对舒厚槐箫笛工艺创新工作室进行验收

（县总工会　供图）

11月12日，朱家场镇街上村村民晾晒油茶果　　（胡攀学　摄）

向国家提供茶油 40 万千克，产量居全国 1100 个油茶生产县第二位，获周恩来总理亲自题名，获国务院授予“油茶之乡”称号。2001 年，玉屏侗族自治县获国家林业局授予的“中国油茶之乡”称号；2009 年，被列为国家油茶发展重点县、贵州省油茶产业化扶贫重点县；2012 年，被省林业厅评为以油茶为主的“经济林建设示范县”。2014 年，“玉屏茶油”被国家质量监督检验检疫总局列为地理保护标志产品。2020 年，油茶树被命名为“县树”，油茶花被命名为“县花”。2021 年，以油茶产业为主导的农村产业融合发展示范园入选第三批国家农村产业融合发展示范园创建名单，建成现代化油茶深加工厂。2022 年，全县建成油茶良种采穗圃 43.33 公顷，油茶鲜果产量约 6000 吨。“玉屏油茶产业示范园”被国家林业和草原局认定命名为国家林业产业示范园区，油茶一二三产融合标准化示范区项目被国家标准化管理委员会列为第十一批国家农业标准化示范区项目。

【黄桃】玉屏黄桃洁净光滑、果形端正，平均单果重 150—260 克，果皮、果肉均呈金黄至橙黄色，个大饱满、皮薄肉脆、香甜多汁，核小、耐贮藏，营养较为丰富。玉屏黄桃深受消费者青睐，远销北京市、上海市等国内大中城市，被评为国家优质果品。2017 年 3 月，中国果品流通协会授予玉屏侗族自治县“中国黄桃之乡”称号。2018 年 2 月，玉屏黄桃获得中国地理标志产品证明。2021 年 12 月，制定黄桃产业技术流程 8 个团体标准，按照“统一价格、统一商标品牌、统一种植标准、统一管理”模式，走上专业化、规模化、制度化、市场化的产业发展之路。2022 年，实行农业专家联系黄桃基地机制，开展“强省会”百万职工在行动助力乡村产业发展暨玉屏黄桃推介会、“玉见最美 · 桃礼天下”2022 年玉屏黄桃推介暨产销对接系列活动。年内，全县黄桃规模种植面积 1640 公顷，投产面积 1000 公顷，出产黄桃 300 余万千克，产值 6000 万元。

【罐罐油茶】玉屏人民食用罐罐油茶习惯历史悠久，因用陶砂罐煨煮油茶而得名，其味苦凉回甘、醒脑提神，有祛湿热、防感冒的功效，是侗族人民特有的传统美食，也是招待客人的佳品。2009 年 9 月，入选贵州省第三批非物质文化遗产名录。罐罐油茶以阴米、茶叶、茶油为主料，配以生姜、大蒜、葱、黄豆、花生米和芝麻等佐料，添加糯米粑、灰碱粑、棉菜粑、洋芋和红苕等食材，混合熬制而成。2017 年，获评贵州“最受欢迎菜品”。罐罐油茶制作技艺有市级、县级非物质文化遗产代表性项目代表性传承人 6 人。

【郭家湾贡米】郭家湾稻米历史悠久，在清朝乾隆年间被钦定为贡米，迄今已有 270 余年。贡米色若润玉、口感清香、营养丰富，产地亚鱼乡郭家湾村，气候适宜，土地肥沃，水源丰富，享有“贡米之乡”美誉。2006 年 11 月，获第二届中国梵净山稻香节评比一等奖。2007 年 11 月，获第三届贵州农产品展销会“名优特产品”称号。2019 年 1 月 17 日，“郭家湾贡米”成为国家农产品地理标志产品，有一定市场影响力和品牌效应。贡米成为郭家湾村的主导产业，以村为主体成立郭家湾贡米专业合作社，并引进贵州谷州农业有限公司和贵州振兴米业有限公司，采取“公司＋村级合作社＋农户＋专业技术指导”的发展运营模式，助推贡米产业。2022年，发展贡米产业102.47公顷。（姚茂成）

3月7日，玉屏侗族自治县第十一届村（社区）“两委”干部高质量发展专题培训班开班式在县委党校举行　　（县委组织部　供图）

2022年经济社会发展

【经济建设】 2022年，玉屏侗族自治县地区生产总值105.85亿元，比上年增长0.6%。其中，农业总产值23.7亿元，比上年增长3.9%；工业增加值38.71亿元，比上年增长1.2%；服务业增加值47.54亿元，比上年下降0.7%；固定资产投资57.4亿元，比上年下降7.4%。一般公共预算地方本级收入扣除留抵退税因素后同口径完成4.69亿元，比上年增长9.38%。社会消费品零售总额23.58亿元，比上年下降3.2%。金融机构存款余额87.26亿元，比上年增长13.5%；贷款余额146.31亿元，比上年增长27.1%。碳达峰、碳中和指标达到国家和省、市要求。

【政治建设】 2022年，玉屏侗族自治县召开县委常委会、县委专题会等会议50余次，传达学习贯彻习近平总书记重要讲话和重要指示批示精神，落实党委（党组）理论学习中心组学习制度，持续加强习近平新时代中国特色社会主义思想教育培训，推进党史学习教育常态化、长效化。贯彻落实民主集中制，严格执行县委常委会议事规则，研究干部选拔任用20次、干部晋升职级5次。举办各类培训班38期，培训党员干部4500余人次，新发展党员144名。受理信访举报71件次，处置问题线索173件。常态化开展政治生态分析研判，聚焦重点工作开展专项监督，发现问题38个，督促整改28个，移送线索6条。开展十四届县委第一轮、第二轮常规巡察，推动巡察监督与纪检监察监督、审计监督、统计监督、财会监督等各类监督贯通协同。出台村干部管理办法，开展村（社区）“两委”换届“回头看”，实现村（社区）“两委”干部培训全覆盖。立案审查调查74件、75人，给予党纪政务处分70人，移送检察机关3人。加强和改进新时代人大工作，县人大常委会与湖南省新晃侗族自治县人大常委会联合成立联络站2个，创新建立“三联”代表履职平台。县政协履行政治协商、民主监督、参政议政职能，开展政协重点专题协商24项、“院坝协商”12场，创新玉屏侗族自治县与贵州大龙经济开发区“园区协商”模式。

【文化建设】 2022年，玉屏侗族自治县统筹推进各类教育发展，推进黔东民族寄宿制中学提质改造、平溪第二幼儿园和县第六中学改扩建，县第三幼儿园投入使用，县实验幼儿园提升为省级一类示范园之一，普惠性幼儿园覆盖率98.92%。深化改革科技创新，明确重点改革专题33项，获批省、市级科技项目资金470万元，校企签订技术合同成交额7900万元。创作箫笛音乐剧《平箫玉笛》、文艺小品《乡愁侗乡》

文艺文史精品。挖掘红色文化资源，整理形成红色故事并广泛宣讲。出版书籍《平箫玉笛慰乡愁》《明代平溪卫历史文化研究》《玉屏年鉴（2022）》，推进传统村落志、乡镇志、村志等16部志书编纂。全县广播综合覆盖率100%，电视综合覆盖率100%，新建贵州省农村电影公益放映固定放映点1个。推动“三医”联动改革，出台提升卫生健康水平行动计划，推动医疗卫生基础设施和省市级特色重点专科建设，健全中医药人才培养机制。获批体育项目26个，组织开展全民健身和竞技体育活动，在贵州省第十一届运动会获1金2银2铜。图书馆增加智慧图书设施设备，新增图书6000册，挂牌“城市阅读空间”3个。县档案馆推进到期档案移交进馆，馆藏档案数字化率提高至50%。启动实施玉屏箫笛博物馆展陈提升工作。修缮拱宸门城墙，新增县级非物质文化遗产代表性项目4个、县级非物质文化遗产代表性项目代表性传承人4名，认定第一批县级“非遗”工坊2家。打造“玉见·最美”品牌，推进全国文明城市创建。开展“箫笛名都·侗听玉屏”系列文化活动，实施文化惠民工程，开展文艺巡演25场次、文化志愿服务21次、“我们的节日”群众文化活动3场。玉屏侗族自治县“晒文化”志愿服务项目入选2022年度全省学雷锋志愿服务先进典型（最佳志愿服务项目）。成功申报全省易地扶贫搬迁综合性文化服务示范点、全省基层综合文化站示范点各1个。

【社会建设】 2022年，玉屏侗族自治县城镇居民人均可支配收入3.94万元，比上年增长4.7%；农村居民人均可支配收入1.63万元，比上年增长6.6%。全县新增就业2210人，新增农村劳动力转移就业3829人。城市低保标准提高到每人每年7920元，农村低保标准提高到每人每年5280元，特困人员救助供养标准提高到每人每年12048元，残疾人补贴在上年基础上每人每月再提高20元。全县支出农村居民最低生活保障（以下简称低保）资金1837.89万元；支出城镇低保资金3058.2万元。改扩建县第六中学，县第三幼儿园投入使用，县实验幼儿园提升为全市唯一一所省级一类示范幼儿园（全省仅5所）。全年发放义务教育阶段经济困难家庭学生生活补助12798人次、491.91万元；发放普通高中国家助学金2003人次、224.8万元。农村义务教育阶段学生营养改善计划实现全覆盖。县中医院针灸科、消渴病科创建成为省级中医重点专科，县人民医院普外科列入省级临床重点专科建设项目。全县9家公立医疗保健机构对农村脱贫人口试点实行“先诊疗后付费”和“一站式”即时结算制度，服务群众9443人次，垫付住院金额2388.77万元。全县大病专项救治病种范围扩大至30种。全县建档立卡脱贫户（含三类监测户和易地搬迁）签约家庭医生应签尽签。

【生态文明建设】 2022年，玉屏侗族自治县持续深入推进“五大战役”（蓝天、碧水、净土、固体废弃物、乡村环境整治），开展生态环境安全风险隐患排查整治，县城空气质量平均优良天数比率96.4%，重点河流出境断面优良率和集中式饮用水水源地水质达标率100%，㵲阳河断面水质达标率100%，森林覆盖率55.9%。执行森林保护“六个严禁”（严禁盗伐滥伐林木、严禁掘根剥皮等毁林活动、严禁非法采集野生植物、严禁烧荒野炊等容易引发林区火灾行为、严禁擅自破坏植被从事采石采砂取土等活动、严禁擅自改变林地用途造成生态系统逆向演替）和长江流域“十年禁渔”，推进“河长制”“林长制”，持续开展三级河长、林长巡河、巡林活动，开展农业资源及生态保护渔业增殖放流活动。推进碳达峰、碳中和工作，加快推进玉屏侗族自治县低温供热堆商业示范项目，实施绿色制造专项行动和能源产业绿色低碳转型行动，推动重点领域节能减排降碳增效。加快能源基础设施网络建设和新能源应用，新增新能源汽车充电桩46台、新能源公交和出租车118辆。

（姚茂成）

中国共产党
玉屏侗族自治县委员会

中国箫笛之乡 · 中国油茶之乡 · 侗族文化艺术之乡 · 中国黄桃之乡

综 述

2022年，县委坚持以习近平新时代中国特色社会主义思想为指导，深入学习习近平总书记视察贵州重要讲话精神和对贵州对铜仁工作重要指示批示精神，全面贯彻落实党的十九大、二十大精神，抢抓国务院印发《国务院关于支持贵州在新时代西部大开发上闯新路的意见》重大机遇，坚持以高质量发展统揽全局，聚焦省委“四新”主攻“四化”主战略、“四区一高地”主定位，坚持稳中求进工作总基调，牢牢守好发展和生态两条底线，统筹推进新冠疫情常态化防控、巩固脱贫攻坚成果、乡村振兴战略实施和经济社会发展等各项工作，促进经济社会高质量发展。玉屏侗族自治县2021年、2022年连续两年获全省综合考核Ⅱ类地区第一等次。

党的二十大精神学习宣传。宣传贯彻党的二十大精神，召开县委常委会会议、县委理论学习中心组集中学习研讨会、县委全会等会议传达学习党的二十大精神，安排部署学习宣传贯彻党的二十大精神工作。开展“党的二十大精神大学习大落实”活动，印发学习宣讲工作方案，明确学习宣传工作重点，推动党的二十大精神走进基层、走进群众。组织30名政治素质强、政策理论水平高的领导干部和理论工作者组建县委宣讲团，组成“理论宣传二人讲”宣讲组9个，统筹县、乡（镇、街道）两级宣传队伍72支，到基层开展宣传宣讲580余场次。邀请市委宣讲团宣讲专家开展学习贯彻党的二十大精神专题辅导，发挥领导干部“关键少数”作用，带头上讲台、走基层宣讲党的二十大精神。利用媒体推出“深入学习贯彻党的二十大精神”专栏开设新时代文明实践小课堂，策划制作《跟着老乡学报告》《主播带您学报告》等系列短视频15个，文艺宣讲作品8个，点击率2.3万次，撰写《玉屏：“院坝会”“话家常”党的二十大精神宣讲忙》等系列新闻稿件，扩大党的二十大精神影响力。探索“宣讲+文艺”的形式，围绕党的二十大精神宣讲创作主题突出、通俗易懂的宣讲作品，面向基层群众开展文艺巡演活动，以侗族山歌形式生动开展宣讲，用乡音、乡味、乡情传递党的最新理论路线、方针。

党的建设。研究干部选拔任用工作20次，涉及干部280人次。研究干部晋升职级5次，涉及干部29人次。举办各类培训班38期，培训党员干部4500余人次，党员干部教育培训实现全覆盖。出台《玉屏侗族自治县村干部管理办法（试行）》，规范村干部管理，建立县委常委班子成员联系指导基层党支部工作点15个，县委班子成员到支部联系点开展调查研究80余次，讲党课或作专题报告23次。继续开展在各类群体中发展党员工作，加强流动党员管理，探索建立无职党员设岗定责“一亮四定双述”（亮身份，定岗位、定职责、定考核、定奖惩，述承诺、述成效）管理机制。年内，全县新发展党员140余名。

全面从严治党。受理信访举报71件次，处置问题线索173件，立案72件，结案65件，党纪政务处分61人，移送检察机关3人，挽回经济损失285.64万元。聚焦贯彻落实《国务院关于支持贵州在新时代西部大开发上闯新路的意见》，围绕“四新”主攻“四化”、统计造假不收敛不收手等重点工作开展专项监督，发现问题38个，督促整改28个，移送线索6条。加强对“一把手”和领导班子的监督，运用监督执纪“四种形态”，批评教育帮助和处理175人次，第一种形态处理112人次，第二种形态处理44人次，第三种形态处理11人次，第四种形态处理8人次。开展粮食购销领域腐败问题监督检查及“回头看”，发现问题4个，督促整改3个，党内警告1人，谈话提醒2人。整治贯彻执行“中梗阻”和不担当、不作为等问题，发现并督促整改问题96个，诫勉谈话18人。紧盯节假日和“关键少数”，严查违规收受礼品礼金、违规发放福利或津补贴、公车私用等享乐主义、奢靡之风问题5起，党纪政务处分5人。开展党员干部和公职人员酒驾醉驾问题集中整治，立案审查调查16件，结案 13 件，党纪政务处分 11 人，深挖酒驾醉驾背后“四风”问题 1 个。玉屏侗族自治县党风廉政建设满意度测评位列全市第二。

意识形态。落实意识形态工作责任制，印发《2022 年全县意识形态工作要点》，将意识形态工作纳入全县基层党建工作要点和民主生活会、党组织书记抓党建工作述职评议考核及述职述廉报告重要内容，并列入年度高质量发展绩效考核内容。加强党对意识形态工作的全面领导，制定党委（党组）意识形态工作责任制任务清单，维护意识形态安全。县委理论学习中心组开展集中学习 11 次，集中研讨 7 次，印发理论学习提示 10 期，“学习强国”App 覆盖全县 3093 名党员干部。开展党的二十大精神、《国务院关于支持贵州在新时代西部大开发上闯新路的意见》精神、中国共产党贵州省第十三次代表大会精神宣讲 3600 余场次，覆盖 11.26 万余人次。

巩固拓展脱贫攻坚成果。把巩固拓展脱贫攻坚成果同乡村振兴有效衔接作为全县工作的重中之重，围绕创建全国乡村振兴示范县目标，推动乡村全面振兴。落实粮食安全党政同责，可复耕撂荒地整治率 100%，完成粮食播种面积 6500 公顷，粮食产量 3.79 万吨，粮食生产实现面积、产量“双增长”，超额完成市级下达任务，粮油市场总体保持平稳。落实“四个不摘”要求，实施“3+1”保障（保障义务教育、基本医疗、住房安全、饮水安全）巩固提升，守住不发生规模性返贫的底线。深化易地扶贫搬迁后续扶持，实现有劳动力搬迁家庭 1 户 1 人以上就业，脱贫人口人均纯收入 15476 元，增速 15.73%。落实“三个六”（产业发展基础保障、村级组织、生态环境、资源资产、村民村意情况“六摸清”，短板“六补齐”，质效“六提升”）工作机制，推进省级、市级特色田园乡村・乡村振兴集成示范试点建设。一体化推进农村“厕所革命”、污水和生活垃圾处理，完成农村厕所改造 716 户，农村生活垃圾收运处置体系行政村覆盖率 100%。推广集体经济“积分制”分红模式，持续开展“最美庭院”评选和“宜居和美村寨”创建，评选“最美庭院”1465 户、创建“宜居和美村寨”56 个。探索创新“3322”（以户为单位，总资金原则上不超过 5 万元，政府负责奖补建设费用的 30%；通过集体经济，按 5 年期每年拿出部分实行积分制分红，用于抵扣建设费用的 30%；农户采取现金方式筹集建设费用的 20%；由村级通过组织群众投工投劳、盘活闲置资源资产、土地入股等方式折资解决剩余的 20%）筹资模式，完成宜居农房改造 277 户。

生态环境保护。坚持以习近平生态文明思想为指导，践行“绿水青山就是金山银山”理念，推进“两山”实践创新基地建设，推进“五大战役”“六绿”攻坚，落实“共抓大保护、不搞大开发”要求和生态保护红线制度，开展生态环境安全风险隐患排查整治，持续打击环境违法犯罪，处理环境突发事件。执行森林保护“六个严禁”和长江流域“十年禁渔”，推进“河长制”“林长制”，持续开展县、乡（镇、街道）、村（社区）三级巡河巡林活动，开展农业资源及生态保护渔业增殖放流活动。全年县城空气质量平均优良天数比率 96.4%，重点河流出境断面优良率和集中式饮用水水源地水质达标率 100%，森林覆盖率 55.9%。加快能源基础设施网络建设和新能源应用，新增新能源汽车充电桩 46 个，新增及更新新能源公交车、出租车 118 辆。

民生保障。落实保就业各项措施，持续推进高校毕业生、退役军人、农民工等群体就业，新增就业 2210 人，农村劳动力人口转移就业 3829 人，农村劳动力人口就业率 96%。实施根治欠薪问题专项整治，排查化解欠薪项目，遏制欠薪增量，维护农民工合法权益。统筹推进各类教育发展，持续保持控辍保学常态化动态清零，县第三幼儿园投入使用，县实验幼儿园提升为全市唯一一所省级一类示范幼儿园（全省仅 5 所）。加快推动“三医”（医保体制、卫生体制与药品流通体制）联动改革，县传染病医院投入使用，巩固“国家卫生县城”创建成果。落实社会保险和医疗保障，全县基本医保参保率维持在 99% 以上。全县脱贫人口、监测对象、农村低保及特困供养人员做到应保尽保，实现基本医保、大病保险、医疗救助三重医疗保障全覆盖。

重大风险防范。实行重大风险隐患提级管控，落实县委常委班子成员联系乡（镇、街道）重大风险防范化解工作制度，县委班子带队开展明察暗访，对重点领域、重点企业常态化开展督促检查，防范重大风险。县委常委会专题听取维护国家政治安全工作情况汇报，持续排查化解重点领域涉及国家政治安全风险。强化反邪教斗争和防暴恐工作，落细落实反恐防恐相关措施，确保政治上绝对安全。开展“打非治违”专项行动，立案查处 252 起，行政处罚 372 万元。统筹开展道路交通、建筑施工、非煤矿山、食品药品等各领域安全工作，应对持久大旱，全县安全生产形势保持稳定。落实“外防输入、内防反弹”新冠疫情常态化防控总策略和“动态清零”总方针，推动工作重点由“防感染”向“保健康、防重症”转变。开展财经秩序专项整治，防范化解债务风险，金融机构不良贷款率低于全市平均水平。执行重大项目社会稳定风险评估制度，防范化解各类风险，化解稳控率 100%。化解“问题楼盘”9 个，完成“保交楼”5 个。全县安全感、满意度测评排名全省前列、全市第一。

全面深化改革。组织召开县委全面深化改革委员会会议 4 次，审议通过《中共玉屏侗族自治县委全面深化改革委员会 2022 年工作要点》，明确改革专题 30 个，由县委、县人民政府班子成员分别领衔，27 个部门牵头主抓。上报省、市改革信息 96 篇，《贵州改革情况交流》刊发 1 篇，《贵州省改革动态》刊发 10 篇，《铜仁改革情况交流》刊发 1 篇，《铜仁改革动态》刊发 4 篇，改革信息工作在全省 88 个县（区、市）中排 29 名。

财经决策。坚持和加强党对经济工作的集中统一领导，推动党领导经济社会发展制度化、规范化、程序化，督促全县落实县委财经委员会决定事项、决策部署和工作要求，召开县委财经委员会会议 5 次，研究协调解决国有平台公司实体化转型、重大项目推进建设、基础设施提升等事宜。全年实现地区生产总值 105.85 亿元，比上年增长 0.6%，高于全市 0.3 个百分点，排全市第 4 位。其中，第一产业增加值 13.66 亿元，比上年增长 3.4%；第二产业增加值 44.65 亿元，比上年增长 1%；第三产业增加值 47.54 亿元，比上年下降 0.7%。

（姜华鹏　姚欣然）

重要会议

【县委十四届三次全会】 1 月 4 日，县委十四届三次全会召开，会议由县委常委会主持。出席会议县委委员 36 人、候补委员 6 人。县委书记杨启明代表县委常委会讲话。县委副书记、县人民政府县长田兴国就《关于认真学习宣传贯彻党的十九届六中全会精神的决定（讨论稿）》向全会作说明。会议审议通过《关于认真学习宣传贯彻党的十九届六中全会精神的决定》及相关纪律处分决定，确定玉屏侗族自治县出席党的二十大代表和中国共产党贵州省第十三次代表大会代表候选人初步人选推荐人选。

【县委十四届四次全会】 8 月 8 日，县委十四届四次全会召开，会议由县委常委会主持。出席会议县委委员 35 人、候补委员 7 人。县委书记杨启明代表县委常委会讲话。县委副书记、县人民政府县长田兴国就《关于深入学习宣传贯彻中国共产党贵州省第十三次代表大会精神的决定（讨论稿）》和《关于建设新型功能材料产业延伸拓展区加快工业大突破大发展的实施意见（讨论稿）》向全会作说明。会议审议通过《关于深入学习宣传贯彻中国共产党贵州省第十三次代表大会精神的决定》《关于建设新型功能材料产业延伸拓展区加快工业大突破大发展的实施意见》《中国共产党玉屏侗族自治县第十四届委员会第四次全体会议决议》。

【县委十四届五次全会】 12 月 16 日，县委十四届五次全会召开，县委常委会主持会议。出席会议

12月16日，中国共产党玉屏侗族自治县第十四届委员会第五次全体会议在县文化艺术中心一楼召开　（县融媒体中心　供图）

县委委员37人、县委候补委员7人。县委书记杨启明代表县委常委会作工作报告。县委副书记、县人民政府县长田兴国就《关于认真学习宣传贯彻党的二十大精神奋力谱写“箫笛名都·侗听玉屏”现代化建设新篇章的决定（讨论稿）》《关于建设巩固拓展脱贫攻坚成果样板区推进乡村振兴示范县建设的实施意见（讨论稿）》向大会作说明。会议审议通过《县委常委会工作报告》《关于认真学习宣传贯彻党的二十大精神奋力谱写“箫笛名都·侗听玉屏”现代化建设新篇章的决定》《关于建设巩固拓展脱贫攻坚成果样板区推进乡村振兴示范县建设的实施意见》。

【县委常委会（扩大）会议】2022年，召开县委常委会（扩大）会议47次。

1月8日，县委第1次常委会（扩大）会议召开，传达学习中共中央政治局常务委员会1月6日会议精神，习近平总书记在全国政协新年茶话会上的重要讲话精神，习近平总书记在中共十九届六中全会第二次全体会议上的重要讲话《以史为鉴、开创未来，埋头苦干、勇毅前行》精神，中共中央、省委、市委近期重要文件精神等，研究玉屏侗族自治县贯彻落实意见。

2月8日，县委第5次常委会（扩大）会议召开，对学习贯彻《国务院关于支持贵州在新时代西部大开发上闯新路的意见》进行动员部署。会议强调，全县上下要深刻领悟、倍加铭记习近平总书记和中共中央、国务院对贵州省的关怀厚爱，衷心拥护“两个确立”、忠诚践行“两个维护”，把中共中央、国务院对贵州省的亲切关怀、极大支持转化为高质量发展、高质量转型的强大动力。

6月30日，县委第21次常委会（扩大）会议召开，传达学习省委书记、省人大常委会主任谌贻琴到铜仁市、到玉屏侗族自治县调研讲话精神，研究部署贯彻落实工作。会议强调，当前和今后一个时期，全县上下要深刻把握谌贻琴此次到铜仁市、到玉屏侗族自治县调研的重大意义，坚定不移讲政治，不折不扣抓落实。

8月17日，县委第28次常委会（扩大）会议召开，学习贯彻习近平总书记关于新冠疫情防控的重要指示批示精神，研究精准落实国家、省、市疫情防控政策的细化措施，听取全县疫情防控工作情况汇报。

10月27日，县委第37次常委会（扩大）会议召开，传达学习贯彻党的二十大和中共二十届一中全会精神，学习贯彻习近平总书记在二十届中共中央政治局常委同中外记者见面会上的重要讲话精神、习近平总书记在军队领导干部会议上的重要讲话精神、中共中央政治局10月25日会议精神，贯彻落实全省、全市领导干部大会精神，研究部署玉屏侗族自治县贯彻落实工作。

12月15日，县委第44次常委会（扩大）会议召开，传达学习12月6日中共中央政治局会议精神、习近平总书记在党外人士座谈会上的重要讲话精神、习近平总书记对非物质文化遗产保护工作作出的重要指示精神，传达学习全省领导干部会议精

神，研究召开县委十四届五次全会相关事宜，安排部署贯彻落实工作。（姜华鹏　姚欣然）

重大决策

【制定贯彻落实新国发 2 号文件实施方案】 2022 年，县委召开县委常委会会议、县委专题会议研讨落实新国发 2 号文件《国务院关于支持贵州在新时代西部大开发上闯新路的意见》精神，研究政策红利并成立工作专班，制定《玉屏侗族自治县贯彻落实〈国务院关于支持贵州在新时代西部大开发上闯新路的意见〉实施方案》（以下简称《方案》），明确目标任务及工作措施。围绕《方案》年度工作重点，谋划重大工程项目 76 个，列入铜仁市拟争取支持重大工程项目 88 个（含打包捆绑），重大政策 3 项、试点 5 项、示范 5 项，总投资 2160 亿元（其中玉屏侗族自治县单独项目 71 个、总投资 510 亿元，试点项目 103 亿元、示范项目 57 亿元、打包捆绑项目 1490 亿元）。向上争取获得资金 14.62 亿元，其中获得项目支持 68 个，获得地方专项债 1 个。

【围绕“四新”主攻“四化”】 2022 年，县委立足自身资源禀赋，围绕“四新”主攻“四化”，推动新型工业化创新发展、新型城镇化稳步推进、农业现代化高效发展、旅游产业化提质增效。

12月3日，玉屏侗族自治县召开围绕“四新”主攻“四化”新闻发布会　　（县融媒体中心　供图）

新型工业化方面，围绕中共铜仁市委三届四次全会提出的推动贵州玉屏经济开发区与贵州大龙经济开发区产业融合发展，打造新型功能材料产业延伸拓展区的战略布局，抢抓“风口”机遇，立足现有成长型企业扩能增产、第一优势资源招优引强和贵州大龙经济开发区新型功能材料的产业配套，打造新型功能材料产业延伸拓展区。坚持一手抓纾困保存量，一手抓培优扩增量，铜仁西南水泥有限公司、贵州粤鑫环保矿业有限公司等一批支撑性强的重大项目投入运营，贵州铭旌合金属制品有限公司、贵州北侗饮用水有限公司、贵州创梦联钙业有限公司（一期）等项目相继建成投产，易地搬迁后续扶持创业创新产业园、创梦联钙业（二期）、PCB 微型钻咀等项目建设稳步实施，3 万立方米中和石油库完成前期建设，总投资 150 亿元的玉屏低温供热堆商业示范项目核准前置 25 项支持性文件完成 17 项，气象站开工建设。

新型城镇化方面，围绕城镇“五个大提升”（城镇承载能力、城镇经济、城镇品质、城镇治理、城乡融合），持续实施基础设施补短板专项行动，推进城市更新行动。推进“四改”工程，改造背街小巷 14 条，改造老旧小区 3 个、2399 户。基础设施全面升级，加快建设青山冲、芭蕉湾、大洋溪等水库，城镇公共供水普及率 100%。县城污水处理厂完成搬迁并试运行，生活污水集中处理率 96% 以上。观音山至小江口、亚鱼乡至朱家场镇鱼塘村公路改扩建完成，茅坪大桥、南环线二期道路、朱家场镇至安坪公路相继建成。新建 5G 基站 137 个，主城区实现5G网络全覆盖。新增停车位600余个，城镇化率57%。田坪镇被命名为“贵州省园林城镇”。

农业现代化方面，坚持特色田园乡村试点、主导产业、坝区建设、龙头企业“四个示范引领”，提升油茶、生猪养殖、精品果蔬（黄桃）、食用菌四大主导产业发展质量，推动林下经济发展。油茶种植面积15633.33公顷，建成油茶研发中心实验室，被评为国家玉屏油茶产业示范园区和国家农村产业融合发展示范园。贵州省贵福菌业发展有限公司入围铜仁市市长质量奖提名奖，玉屏贵福菌业食用菌产业园（二期）竣工投产，建成全省食用菌产业示范基地，成为全省30个食用菌种植重点县之一，年产食用菌9370万棒，产值1.1亿元。实现林下经济综合产值2.76亿元。黄桃产值5000余万元。出栏生猪产值超7.83亿元。完成高标准农田建设1666.67公顷，有高标准农田7606.67公顷。

旅游产业化方面，围绕“一核两区”（县城核心，侗乡风情园景区、油茶小镇景区）规划，推进国家A级旅游景区提质突破和乡村旅游示范点升级改造，实施旅游业态升级行动，推进“六个一”（建设一座馆驿——平溪馆驿、一个古渡——阳明渡、一个箫笛博物馆——玉屏箫笛博物馆、一条乐街——箫笛文化艺术街、一个广场——侗族文化艺术广场、策划一台演艺——侗听玉屏）项目建设，出台政策对新增三星级酒店、首次进入统计联网直报系统名录库的旅游企业给予扶持奖励。天穆研学营建设基本完成。玉屏侗族自治县文化馆被命名为国家一级文化馆。创排《平箫玉笛》音乐剧，设计确定玉屏城市形象标志，增强“箫笛名都·侗听玉屏”旅游品牌影响力。启动箫笛文化产业园规划工作。获“贵州省体育旅游示范县”称号，创建国家全域旅游示范区省级初审排名全省第二。

（姜华鹏　姚欣然）

【卫生健康水平提升行动】 11月14日，玉屏侗族自治县印发《玉屏侗族自治县提升卫生健康水平行动计划（2022—2030年）》，以提高人均预期寿命和生命质量为目标，实施深化医药卫生体制改革重大疾病防控能力提升、医疗救治服务能力提升、中医药事业传承创新、妇幼健康服务能力提升、老年健康服务能力提升、全面促进人口均衡发展、居民健康素养水平提升、卫生健康人才增量提质、卫生健康数据便民惠民十大专项行动。计划到2025年，人均预期寿命提高到78岁，医疗健康服务能力大幅提升，实现急难重症在市级医疗机构解决，一般重症和常见病多发病在县级医疗机构解决，头疼脑热在乡村医疗机构解决。到2030年，人均预期寿命提高到80岁。

（蒋　珣）

县委综合事务

【文书办理】 2022年，县委办公室完成领导活动、个人文稿等各项文秘服务工作。收集县委主要领导调研讲话和各级各部门工作开展情况等材料，分门别类建立学习资料库。优化文稿起草团队合作模式，采用“一人统稿、多人起草、多人校稿”“一机（一人）朗读、多人校核”等模式，提高文稿准确率。先后起草完成县委十四届三次、四次、五次全会，综合材料及领导讲话等各类文稿300余篇。落实文件印发前置起草、校对、印制等工作，落实精简文件和基层减负工作，控制发文数量、篇幅、审批程序和印发范围，印发文件107份。及时转（传）达县委各项政策指令，办理中共中央、省委、市委、县委各类文件2159件。按照《关于全面加强党内规范性文件备案审查工作的通知》要求落实规范性文件制定、报备、清理等工作，向市委报备规范性文件11件。印发《关于涉计划生育党内规范性文件专项清理的通知》，专项清理县委1971年以来印发的涉及计划生育党内规范性文件，废止县委党内规范性文件9件、宣布失效3件。

【调查研究】 2022年，县委办公室围绕县委、县人民政府中心工作，结合各县委常委分管工作领域，拟定并印发2022年县级领导工作调研选题。年初印发县委政策研究室2022年调研工作安排表，对县委、县人民政府重点难点热点工作提出调研目标和要求，先后会同县直属相关部门组成调研组，到乡（镇、街道）、村（社区）就“四新”“四化”等课题开展专题调研，刊发《玉屏政研》3期，完成各类调研报告39篇，收集全县各部门调研报告200余篇，为县委决策提供参谋服务。

【协调服务】 2022年，县委办公室完成公务用车使用管理748次，安全行驶里程32052.1千米。落实24小时应急值班工作制度，处理应急信息21条，接待来访群众15人。印发《中共玉屏侗族自治县委办公室制度汇编》，进一步规范县委办公室工作制度和流程。完成贵州省党史学习教育总结会议、铜仁市委农村工作会议、县委全会、县委经济工作会议等各类会议180余场次的会务服务保障工作。

【信息宣传】 2022年，县委办公室上报党委信息344篇，编发《玉屏动态信息》143期，为县委领导了解掌握每日工作开展情况、决策提供参考。完成舆情信息48期、党建信息24篇、每月选题信息12篇。应急信息未发生误报、迟报、漏报、瞒报等情况。在各级媒体刊发推送宣传稿件600余篇，在《铜仁日报》、铜仁网、“梵净云天”、“微玉屏”等主流媒体刊发300余篇，超额完成全年信息工作任务。刊发《玉屏社情民意分析报告》3期，依托“人民网·领导留言板”、“12345”热线、群众信访等9个线上线下平台，按期办理完成上级交办和其他社情民意件2452件，涉及社会保障、公共服务、治安管理等方面，回复率100%、满意度100%。

【督查督办】 2022年，县委办公室开展督办督查（含暗访暗察）140余次，印发《督查专报》48期、《调研督查》5期、《督促与检查》7期，获县领导批示21件。其中，县委常委会会议议定事项办理落实情况专项督查9次，形成《督查专报》9期；开展“四化”、三个“3个10”（10个谋划项目、10个开工项目、10个完工项目）项目建设、“十件民生实事”、土地撂荒等跟踪督办60余次，印发《督查专报》39期；围绕“四新”、“四化”、安全生产、特色田园乡村建设、医疗教育、住房建设、箫笛文化产业等重点工作开展调研，印发《调研督查》5期；对干部作风问题开展督促检查20余次，印发《督促与检查》通报7期。（姚欣然）

【综合考核】 玉屏侗族自治县2021年度综合考核得分183.02分（满分200分），在全省48个Ⅱ类县（市、区）排第14位，为“第一”等次。统一组建10个实地考核组，对2021年度纳入县级层面考核的6个乡（镇、街道）、66个县直属部门、8所县直属学校、5个县管国有企业和3个县直属公立医疗机构开展年终考核，评出“第一”等次25个、“第二”等次61个、“第三”等次2个。出台《玉屏侗族自治县省级年度综合考核结果运用实施办法（试行）》《玉屏侗族自治县年度综合考核实施办法

8月25日，县委党的建设工作领导小组2022年度第三次会议暨全县党建工作成效考核专题会议召开　（县委组织部　供图）

（试行）》《玉屏侗族自治县年度综合考核结果与绩效分配挂钩实施方案（试行）》《玉屏侗族自治县领导班子和领导干部政治素质考察办法（试行）》《玉屏侗族自治县党建工作成效考核办法（试行）》和5个领域2022年高质量发展绩效考核（评价）实施方案、《年度综合考核加减分项管理工作细则》等文件，推进形成个性化、差异化、可量化、可比较、能定责、可追责的指标体系。配齐县考核中心主任1名、副主任1名；针对各领域考核工作开展培训5期；分别召开县委常委会会议4次，县考核委员会主任会议2次，各种推进会、协调会3次，专题研究部署全县年度综合考核工作，对照指标细则，有针对性地调度和安排2022年度综合考核工作，及时解决工作中遇到的困难和问题。（钟　铁）

组织工作

【概况】 2022年，玉屏侗族自治县有基层党组织266个，其中党委14个、党总支8个、党支部244个。党员5981人，发展党员144人，其中发展女性党员53人。全年县管党费收入122.5万元，支出88.61万元，年末，全县县管党费结存余额103.19万元。县委研究干部选拔任用工作20次，涉及干部280人次。健全党员干部教育培训体系，累计教育培训党员干部1000余人次。加强人才队伍建设，引进招聘各类人才300余名。

【基层组织建设】 2022年，县委执行《关于新形势下党内政治生活的若干准则》，落实“三会一课”制度，每月印发《党建工作提示》，结合“三会一课”及时将党内法规、习近平总书记重要讲话精神和中共中央、省委、市委、县委重要会议精神及决策部署等内容传达到全体党员，确保党内政治生活各项规定落到实处。年内，印发基层党建工作提示12期。制定发展党员指导性计划134名，继续开展在产业工人、青年农民、高知识群体、大学生和非公有制经济组织、社会组织从业人员等群体中发展党员工作，进一步优化党员队伍结构。出台《玉屏侗族自治县发展党员工作闭环管理机制和责任追究办法（试行）》，进一步规范发展党员工作，严肃发展党员工作纪律。全年发展党员144名。印发《玉屏侗族自治县2022年度党建品牌和党建示范点创建工作实施方案》，在全县各领域党组织中选择50个支部作为党建示范点，明确由县委组织部部务会成员和县委组织部机关相关股室分别联系，直接参与指导建设，形成“以点带面、点面结合、全域提升”的基层党建工作格局，打造“舞动先锋·红耀黔东”党建工作品牌。向中共贵州省委组织部、中共铜仁市委组织部推荐申报全省第三批党支部标准化规范化建设示范点1个、全市第三批党支部标准化规范化建设示范点14个。获评省级示范党支部3个、市级示范党支部32个。（钟　铁）

【直属机关党建】 2022年末，县直机关工委所属基层党组织108个，其中机关党委5个、党总支5个、党支部98个，党员1932名。

10月28日，县人民法院机关党支部组织党员到田坪镇田冲村开展“重走长征路　奋发新征程”主题党日活动（县人民法院　供图）

县直机关工委到县直机关基层党组织开展党建工作调研10余次，提出工作思路和举措20余条。围绕集中学习、宣传宣讲、主题活动、党史学习教育“我为群众办实事”实践活动等重点环节，对常态化长效化开展党史学习教育的目标任务和方法举措进行细化量化，纳入党委理论学习中心组学习计划。县直机关各部门党组织开展集中学习120余场、宣传宣讲360余次、发放宣传宣讲资料600余份，开展红色革命传统教育、重温入党誓词、过“政治生日”等各类活动65次。落实全面从严治党主体责任和“一岗双责”，持续惩治腐败和不正之风，组织基层党支部收看警示教育190场次，开展警示教育活动300余次，党纪处分19人。加强机关基层党组织体系建设，撤销基层党组织4个，成立基层党组织5个；换届选举基层党组织43个，任命县直机关基层党组织书记15人、副书记4人，增补10个基层党组织党务干部22人。教育培训机关党务干部443人次，举办“城市基层干部党建引领基层治理主题培训班”培训1152人次，完成县直属机关新时代基层干部主题培训行动工作。执行“三会一课”制度、落实组织生活会、领导干部双重组织生活制度。持续巩固党支部标准化规范化建设，5个新成立党支部通过支部标准化规范化建设并达标验收，“回头看”达标党支部92个，重点“回头看”获省、市、县级支部标准化规范化建设示范党支部11个。严格党费收缴管理使用，2021年度结余35.83万元，全年党费收入65.8万元，按比例上缴30.09万元，支出47.64万元，按比例要求返还基层党组织党费10.22万元，结余53.99万元。制定县直属机关党组织书记抓党建工作责任清单，专题研究机关基层党建工作2次，开展分级约谈4人次。制定班子分片联系党支部工作责任清单，县直机关工委班子成员到支部联系点开展基层党建工作督促指导30余次。审批入党积极分子74人、党员发展对象56人、接收预备党员45人、预备党员转正59人。慰问困难党员15人、见义勇为伤残党员1人、到困难艰苦地区工作和对口支援的党员干部6人、高龄党员4人，颁发“光荣在党50年”纪念章25人。在县直机关创建党建品牌和党建示范点15个。推选铜仁市各条战线中党员先进模范人物4人。（宁松海）

【医院党建】2022年，县医院党建指导委员会辖党委3个、党组1个、机关党委1个、基层党支部9个，有党员206名、预备党员10名、党员发展对象1名、入党积极分子14名，发展党员5名。召开党委（党组）理论学习中心组集中学习会议54次，学习习近平总书记重要指示批示精神100余次，观看主旋律影片8次、开展专题宣讲24次，讲廉政党课4次；执行党的组织生活制度，党委领导班子及支委成员培训学习56学时，普通党员32个学时；召开党委（党组）会议90余次、党建工作专题会议20余次，到基层调研指导30余次，推动解决联系村办公用品消耗补给和抗旱应急资金等突出问题10余件，带动党员为群众办实事159件。修订医院党委会议

10月27日，玉屏侗族自治县卫生健康系统传达学习贯彻党的二十大精神会议召开（县卫生健康局　供图）

事规则，建立完善党建工作考评机制。选派医务工作者162人到上海市、毕节市、贵阳市、万山区支援新冠疫情防控工作。贯彻落实把业务骨干培养成党员，把党员培养成医疗、教学、科研、管理骨干的“双培养”机制，持续推进公立医院“双带头人”（党建带头人、学术带头人）培育工作，引导中层干部、优秀青年向党组织靠拢，公立医院99名在职党员中有“双培养”人员38人，临床党支部书记由业务骨干担任比例100%。

推进医院“三带六提升”工程（医院党委带领、党支部带动、党员带头，提升临床重点专科建设成效、“互联网+医疗健康”运行成效、医联体建设服务成效、医药卫生体制改革成效、人才队伍建设成效、现代医院管理成效），召开2021年度卫生健康系统党组织书记抓党建述职评议暨2022年公立医院党建工作部署会，部署医院党建工作。采取月调度、季总结的方式，落实《2022年全市公立医院党建工作要点和责任清单》明确的7个方面22个重点任务39项具体工作措施要求。公立医院落实党委领导下的院长负责制，落实“党建入章”，健全完善党组织议事决策机制，修订完善重大决策制度。建设市、县两级党建示范点各3个。99名公立医院在职党员在产业帮扶、健康扶贫、分级诊疗等实际工作中彰显担当。深化公立医院综合改革，打造4个省级、2个市级临床重点专科，选派10名领导干部参加党校（行政学院）主体班次学习。全县各医院党委（党组）传达学习习近平总书记重要讲话精神及中央、省、市、县纪委各次全会会议精神，制定《2022年全面从严治党暨党风廉政建设和反腐败工作要点》，坚持“三重一大”制度，组织观看廉政警示教育片，推动党风廉政建设工作落实。公立医院加大经常性纪律教育、警示教育和廉政教育工作力度，实行纪律规矩动态化管理，定期反馈跟踪进展。县属各医疗机构领导班子签订“一岗双责”责任书，召开党风廉政建设和反腐败工作推进会9次，开展全面从严治党主体责任分级约谈32人次，开展“作风大转变”分级约谈1次，签订拒绝酒驾承诺书67份。推进党建特色品牌建设，县人民医院第二、三党支部被命名为“全市党支部标准化规范化建设示范点”。县中医院住院部党支部推进医院党建与业务深度融合，以“红心玉医·守护侗乡”为主题，创建“传中医国粹，‘三亮’‘两好’‘一满意’”医院党建品牌。

（蒋　珣）

【中小学（园）党建】 2022年，县委教育工委辖党组织27个（党委2个、党总支1个、党支部24个），有党员783名，其中80岁以上21人，高龄党员和困难党员均实现台账管理，培养预备党员13名、发展对象24名、入党积极分子14名，收缴党费23.19万元。履行党风廉政建设主体责任和“一岗双责”责任，开展分级约谈2201人次。贯彻落实中央八项规定精神，加强警示教育，教育系统主动备案操办酒席38人。分2批次落实党组织领导下的中小学校长负责制，11月末完成第一批次。推进巩固中小学党支部标准化规范化建设水平，皂角坪中心完小党支部5月被评为铜仁市第三批党支部标准化规范化示范点。（杨明华）

【国有企业党建】 2022年，县委国企工委辖党支部7个，有党员55名（其中新发展党员5人），发展对象15人，入党积极分子20人，收缴党费3.12万元。县委国企工委印发《关于县管企业在完善公司治理中加强党的领导的实施意见》，进一步明确公司党支部的职责权限、机构设置、运行机制和基础保障，加强对各公司重大事项监督，发挥党组织的领导核心作用。7家县属国有企业落实党组织在县属国有企业治理结构中的法定地位，健全党组织议事决策机制，落实党建入章，落实“双向进人、交叉任职”领导机制，党支部书记由公司“一把手”担任；落实“三重一大”决策制度，企业决策重大问题由党组织研究讨论；落实“三会一课”制度、党风廉政建设制度等。各党支部召开党员大会72次，开展党员活动日62次，县委国企工委班子成员分别列席指导“三会一课”、党员活动日、组织生活会等，到县属国有企业党支部开展党的二十大精神等宣讲 10 余次，联系各国企党支部开展宣讲 1 次，调研指导党建工作 2 次。县委国企工委所管辖党支部标准化建设全部达标，县文旅农投公司党支部、永昇公司党支部分别被评为市、县级党支部标准化规范化建设示范点，县城投公司党支部被评为铜仁市国有企业样板党支部。

（钟　轶　吴梦云）

【“两新”党建】 2022 年，县委非公企业和社会组织工委纳入台账管理的非公有制企业 66 家，有党组织 49 个，覆盖 63 家企业，覆盖率 95.45%；纳入台账管理的社会组织 26 个，有党组织 18 个，覆盖 26 个社会组织，覆盖率 100%。推进“一引领三服务”（创新实施“红色引领”工程，互惠互利做好金融服务、精准施策优化人才服务、创新机制提升政务服务）行动和龙头非公有制企业党建示范引领行动，提升基层党组织政治功能和组织力。探索“非公领域双联双促”新发展机制，印发《玉屏侗族自治县关于开展“双联双促”行动的实施方案》，明确 17 家机关、事业单位联系 62 家非公有制企业，62 家非公有制企业联系 62 个村，开展助企帮村服务。通过“集中服务＋常态服务”“线上服务＋线下走访”等模式，扩大助企纾困、企业联村活动辐射范围，解决企业与村集体经济发展问题，推动整体发展。深化货运道路行业党建试点工作，4 月 28 日，批复成立玉屏侗族自治县道路货运行业党委，组建货运司机流动党支部 1 个，选派 3 名党建指导员落实货运企业的党建指导联系工作。组建“道路货运行业红色培育党支部”，帮助解决道路货运行业因企业党员少组建党组织困难和缺乏专职党务工作者、党建工作制度执行不到位等难题。由县交通运输局选派优秀党员干部担任党组织书记，县委组织部选派 1 名第一书记指导红色培育党支部的党务工作，收到 4 名志愿者的入党申请书。建立流出地与流动党支部双向互通机制，20 名乡（镇、街道）组织委员或村党组织书记联系 30 名货车司机党员。

【城市党建】 2022 年，玉屏侗族自治县辖街道 2 个，城市社区 9 个。社区有党组织 17 个，其中党总支 2 个、党支部 15 个，党员 597 名，培养预备党员 13 名、发展对象 11 名、入党积极分子 16 名。印发《玉屏侗族自治县党建引领城市基层治理体系和治理能力现代化的实施方案》，推行党建引领“135”社区服务治理新模式，提升社区服务治理精细化水平，打造“红色引领，睦邻共治”城市党建品牌。建立“县城市党建联席会＋街道党工委＋社区党组织＋网格（小区）党支部＋功能型党小组”的社区服务治理党组织体系，制定在职县领导联系街道（社区）、县直部门联系网格（小区）、在职党员联系居民群众的“三重联系”服务体系；在城市社区网格中建立 59 个网格党支部、72 个网格党小组，优先从机关事业单位在职党员中配备网格党支部书记 57 人，网格党小组长 72 人，1832 名在职党员到社区报到参与治理服务；推行“居民点单、支部派单、全员接单、组织晒单、（服务）对象评单”的“五单模式”，社区形成“五单”管理台账，收到群众“点单”482 个，支部派出“订单”482 个，党员接收“订单”482 个，完成并公布“订单”482 个，群众评价“好”的“订单”482 个。从县、乡（镇、街道）机关选派第一书记 5 名、驻村干部 10 名，充实易地扶贫搬迁安置点工作力量，推进易地扶贫搬迁安置点党建工作。

【公务员管理】 2022 年，玉屏侗族自治县完成 2021 年度公务员年度考核工作，参加考核 312 人。招录公务员（含参照公务员管理人员）29 人，其中参照公务员管理人员 3 人、面向公安院校招录 8 人。完成县内未登记市管领导干部公务员登记工作。完善公务员登记，登记公务员 43 人。完成公务员职务工资变动和晋级晋档工资审核审批（含县内市管领导干部）、公务员工资调进调出、“六大类”国家机关、全县副科级以上干部职工职务变动调整工资审核审批和退休受理等工作。

【干部队伍建设】 2022年，县委研究干部选拔任用工作20次，涉及干部280人次。其中，提拔75人（含正科级领导干部14人），进一步使用30人次。提拔使用的人员中，66人为在开展乡村振兴、围绕“四新”主攻“四化”等工作中表现突出人员。县委研究干部晋升职级5次，涉及干部29人次；研究干部晋升职员等级2次，晋升六级职员6人。县委组织部部务会议研究干部晋升职级4次，涉及干部5人次；研究干部晋升职员等次2次，涉及干部226人次，其中晋升七级职员57人，晋升八级职员169人。

【干部教育】 2022年，县委健全党员干部教育培训体系，印发《2022年玉屏侗族自治县干部教育培训计划》，探索构建县级示范培训、乡（镇、街道）兜底培训、支部日常教育相结合的学习教育模式，分类别、分层次开展党员干部教育培训。推进乡（镇、街道）党校建设，举办全县学习贯彻中共十九届六中全会精神培训班、全县第十一届村（社区）“两委”干部高质量专题培训班，加强换届后县、乡（镇、街道）、村（社区）干部的政治理论教育和党性教育。利用县、乡（镇、街道）两级党校与贵州省党员干部网络学院举办主体培训班和各类专题培训班38期，累计培训党员干部4500余人次；组织“新时代学习大讲堂”42期，党员干部6000余人次参与学习；253人次参加省委、市委调训。利用东西部协作平台，到中山大学、东莞理工学院举办全县乡村振兴人才培训班5期、全县致富带头人培训班1期，培训全县开展乡村振兴工作的各级干部。

7月20日，玉屏侗族自治县开展2022年抓党建促乡村振兴专题培训
（县委组织部 供图）

【人才队伍建设】 2022年，玉屏侗族自治县印发《玉屏侗族自治

玉屏侗族自治县首批名师名医名家工作室一览表

表2

姓名	性别	工作单位	工作室名称
莫艾芝	女	县民族中学	玉屏侗族自治县名师工作室
舒忠艳	女	平溪中心完小	玉屏侗族自治县名师工作室
廖艳芬	女	印山民族小学	玉屏侗族自治县名师工作室
赵德福	男	县人民医院	玉屏侗族自治县名医工作室
余国华	男	县人民医院	玉屏侗族自治县名医工作室
戴泽岚	男	田坪镇中心卫生院	玉屏侗族自治县名医工作室
姚　磊	男	县融媒体中心	玉屏侗族自治县名家工作室
张志学	男	玉屏箫笛学会	玉屏侗族自治县名家工作室

12月19日，全县人才工作会暨县委人才工作领导小组2022年第二次（扩大）会议召开，县领导为获评首批县管专家人员颁发证书（县委组织部　供图）

县招才引智实施办法（试行）》，由县级领导带队到省内高校引进人才，引进博士研究生1名、硕士研究生5名、高层次及急需紧缺人才27名；公开招聘、招录各类人才141名；安置农村订单定向医学生8名，招募西部志愿者85名，“三支一扶”计划人员11名，农村中小学国家级特岗教师52名。解决县委人才工作专项经费150万元，专项保障人才引进培养创新。争取落实高层次人才补贴及安家津贴等16万元。落实党委联系服务专家制度，县委领导带队走访慰问专家人才25人次，发放慰问金1.2万元。创建市级人才基地1个、市级“三名”（名师、名医、名家）工作室3个、首批县级“三名”工作室8个，获批“甲秀之光”访问学者1人、“梵净之光”访问学者5人，评选出县管专家15名。通过开展人才风采秀、座谈交流等13项“人才”活动，营造尊才爱才敬才氛围。依托县委党校、人才基地、东西部协作等平台，通过挂职锻炼、交流培训等方式加强人才交流协作。选派19名专业技术人员跟岗锻炼，选派250名干部和50名农村实用人才到中山大学参加技能培训。对接广东省东莞市选派27名专业技术人员到玉屏侗族自治县进行技术帮扶。培训培育“五类人才”4000余人次。组建专家服务团，服务油茶、生猪、黄桃、食用菌等特色主导农业产业发展，培育农村“土专家”“田秀才”等实用技术人才96人次。

【老干部服务管理】 2022年，玉屏侗族自治县采取读书班、报告会、集中学习、“三会一课”、送学上门等形式，引导离退休干部深入学习习近平新时代中国特色社会主义思想及习近平总书记视察贵州重要讲话精神。组织部分离退休干部集中收看党的二十大开幕会直播，收集老干部热学热议党的二十大评论20余条。开展“建言二十大”“我看中国特色社会主义新时代”专题调研活动，拍摄《我为新时代点赞》微视频让老干部谈变化、讲感受。组织离退休老党员观看网上报

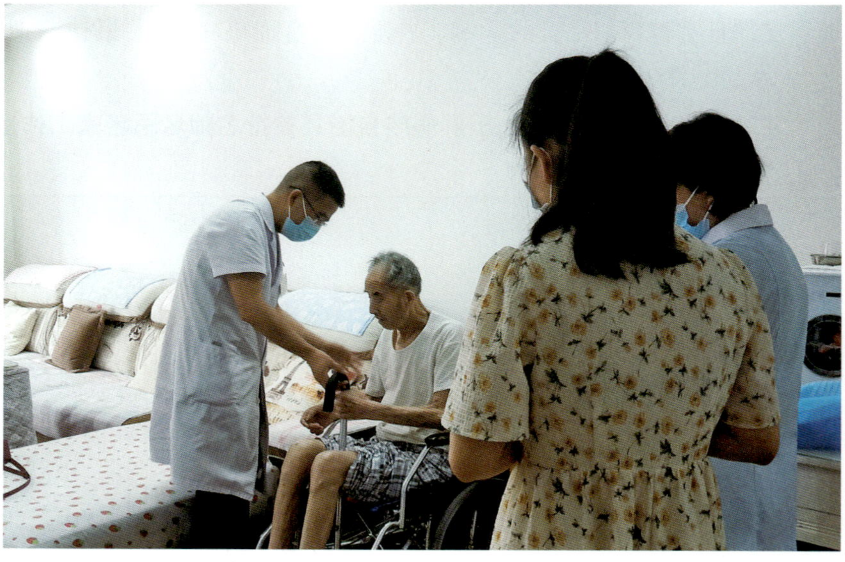

6月27日，县委老干部局工作人员会同县人民医院医务人员开展为离休干部送医上门活动（县委组织部　供图）

告会6期，举办老干部读书班3期。开展离退休干部党支部调研1次，举办全县离退休干部职工党支部书记（委员）培训班1期、全县离退休干部职工党支部联络员培训班1期。紧扣“乡村振兴战略”，印发《中共玉屏侗族自治县委组织部“铜城仁者·老干先锋”志愿服务活动实施方案》，引导全县离退休老党员开展志愿服务行动。落实老干部政治生活待遇，坚持重大节日走访慰问及特困帮扶制度，走访离退休干部、离休干部遗孀180余人次，发放慰问金6.12万元、离休干部无工作遗孀医药困难补助10.2万元，特困离退休干部及特困离休干部遗孀困难帮扶1.7万元，开展副县级以上离退休干部健康体检1次，召开2022年全县经济社会发展情况老干部通报会1次。开展打击整治养老诈骗专项行动，加强反诈骗宣传教育，开展入户宣传80余人次。举办预防养老诈骗专题讲座1次，网络安全知识宣传培训1次，30余名离退休干部参加。（钟　轶）

宣传工作

【理论武装】 2022年，县委印发《县委理论学习中心组2022年度理论学习计划》，将意识形态工作、党史学习教育、思想政治工作纳入县委理论学习中心组学习内容。通过集中学习和听取省、市专家辅导报告、专题研讨、观看专题纪录片等形式，学习党的二十大精神、习近平总书记系列重要讲话精神、习近平总书记视察贵州重要讲话精神和对贵州对铜仁工作重要指示批示精神、《国务院关于支持贵州在西部大开发上闯新路的意见》、贵州省第十三次党代会等中共中央、省委、市委重要文件和会议精神，并进行专题研讨，县委理论学习中心组全年集中学习研讨7次，印发学习提示10期。制定《党委（党组）理论学习中心组学习列席旁听实施细则》，对5个单位党委（党组）理论学习中心组学习进行列席旁听。印发宣讲方案5个，组建县委宣讲团，到基层宣讲党的二十大精神、《国务院关于支持贵州在西部大开发上闯新路的意见》精神、中国共产党贵州省第十三次代表大会精神等。探索“宣讲＋文艺”的形式，创作宣讲作品——“三句半”《党的二十大精神传天下》。开设新时代文明实践小课堂，制作《宣讲二十大　匠心展风采》《跟着老乡学报告》《主播带您学报告》等系列宣讲视频。组建“1名理论专家+1名先进典型”“1名理论专家+1名职场新锐”“1名领导干部+1名普通党员”等宣讲组，建立“专家学者讲理论＋先进典型讲实践”互动式、问答式的“理论宣传二人讲”模式。全年印发讲习提示11期，举办宣讲讲习3600余场，覆盖全县11.26万人次。

【媒体宣传】 2022年，玉屏侗族自治县加强媒体对接联系，在市级以上主流报刊、电视、网站等媒体平台刊播正面宣传玉屏侗族自治县的新闻稿件3099条。其中，中央主流媒体刊播新闻稿件239条，分别为《人民日报》9条、《经济日报》5条、《光明日报》2条、《中国日报》8条、《新华每日电讯》1条、中央电视台7条、新华社客户端54条、人民网57条、新华网46条、光明网22条、中国新闻网28条；省级媒体刊播各类新闻稿件1043条，其中《贵州日报》141条、贵州电视台41条、多彩贵州网537条、天眼新闻玉屏版块324条；市级媒体刊播各类新闻稿件1817条，其中《铜仁日报》658条、铜仁广播电视台564条、铜仁网595条。

【主题宣传】 2022年，玉屏侗族自治县围绕党的二十大、贵州省第十三次党代会、旅游产业化、安全生产打非治违、成品油市场整治、优化营商环境等工作制定宣传报道工作方案、宣传提示，由县委宣传部统筹乡（镇、街道）及各部门开展宣传工作，县融媒体中心进行报道。开设“沿着总书记的足迹”“贯彻党代会　喜迎二十大”“奋进新征程　建功新时代”“深入学习贯彻党的二十大精神”等专题开展网络主题宣传活动。配合中共贵州省委网络安全和信息化委员会办公室组织全国网络媒体记者代表36人到亚鱼乡郭家湾村开展“在希望的田

7月19日，全国网络媒体记者代表36人到亚鱼乡郭家湾村开展“在希望的田野上——乡村振兴看西部”主题采访活动　（陈　铎　摄）

野上——乡村振兴看西部”主题采访活动。组版编辑《铜仁日报（玉屏视界）》专版稿件，为乡（镇、街道）、县直属部门搭建发稿平台。明确专人向新华社、中国新闻社、“学习强国”学习平台、天眼新闻等平台推送稿件。

【社会宣传】 2022年，玉屏侗族自治县围绕党的二十大、贵州省第十三次党代会、优化营商环境、森林防火、打击养老诈骗、防灾减灾、“4·15”国家安全日宣传等开展社会宣传工作，在玉铜高速公路、高铁铜仁南站、县城区主要路段制作高炮广告80余块，利用县城街心花园、廊桥、行政中心LED大屏滚动播放宣传标语。统筹各乡（镇、街道）、县直属各部门利用单位门头LED屏、公共交通工具LED屏等播放重点工作宣传标语6000余条。运用“互联网+法治宣传”等方式，推进网络普法工作。通过“玉屏掌上12348”微信公众号和“玉屏司法行政”微博，发布涵盖司法行政动态、以案释法、公共法律服务、网络文明等普法信息42期、168条。

【新闻选题策划】 2022年，玉屏侗族自治县通过召开新闻选题策划会、下沉基层了解、部门报送、邀请《贵州日报》驻玉屏侗族自治县记者挖掘等方式开展新闻选题策划，梳理新闻线索及经济社会发展的亮点与成就向上级媒体推送，策划乡村振兴、工业发展、农旅一体化发展、优化营商环境、抗旱救灾、省级健康县创建、道路交通安全、防溺水、消防工作、乡村治理工作等新闻选题110余个，中央、省、市各级媒体根据推荐的新闻选题到玉屏侗族自治县采访报道。

【新闻发布】 2022年，玉屏侗族自治县调整县委、县人民政府新闻发言人和新闻助理，并按程序向中共铜仁市委宣传部报备，调整后有党委、政府发言人各1名，分别配备新闻助理、工作人员各1名。更新整理各乡（镇、街道）、县直属各部门新闻发言人及助理信息，策划举办玉屏侗族自治县围绕“四新”主攻“四化”新闻发布会。

【网络安全和信息化】 2022年，玉屏侗族自治县统筹中国移动玉屏分公司、中国电信玉屏分公司、中国联通玉屏分公司推动网络安全统一维护项目。围绕党的二十大、贵州省第十三次党代会主线，强化网络安全防护。县委宣传部联合县公安局网络安全保卫大队对37家机构开展网络安全执法检查，对存在网络安全隐患的30家单位下发整改通知书要求立即整改。全年未发生重大网络安全事件。规范互联网信息传播平台建设和管理，对全县互联网信息发布平台实行台账管理，督促落实平台管理主体责任。加强工作群组管理，印发《关于加强微信等工作群暂行管理规定》，对网络媒体平台、网络工作群进行调查摸底，整合或解散处理功能单一、临时组建的工作群。推进网络文明进校园活动，利用“国旗下讲话”、主题班会等形式，加强网络文明宣传教育工作。

【“联通杯·侗听玉屏·e起过年”网络文化活动】 1月28日至2月21日，玉屏侗族自治县举办“联通杯·侗听玉屏·e起过年”网络文化活动，活动由县委宣传部主办，县委网络安全和信息化办公室、县融媒体中心、中国联合网络通信有限公司玉屏分公司、贵州鹏达文化传媒有限责任公司协办。活动征集祝福视频（家庭春晚及“玉屏人在他乡”“他乡人在玉屏”节日生活纪实）、线上灯谜竞猜、新年愿景诉说等图片和短视频60余份，抖音话题“联通杯侗听玉屏e起过年”浏览量23万余人次。经网络投票、专家评审，63件作品获奖，其中视频作品评审一等奖3件、二等奖4件、三等奖10件、优秀奖16件；图片作品评审一等奖3件、二等奖5件、三等奖10件、优秀奖12件；人气奖6件。3月8日，“联通杯·侗听玉屏·e起过年”网络文化活动颁奖仪式在县融媒体中心举行。

【围绕“四新”主攻“四化”新闻发布会】 12月3日，县人民政府新闻办公室举行围绕“四新”主攻“四化”新闻发布会。贵州日报、玉屏广播电视台、玉屏报、微玉屏、玉屏网5家媒体参加发布会。县委常委、县委宣传部部长、县委统战部部长韩建国介绍玉屏侗族自治县围绕“四新”主攻“四化”工作开展情况及下步工作安排，媒体记者就玉屏侗族自治县统筹抓好经济发展、夯实粮食安全根基、推动新型工业化迈向高质量发展、乡村旅游发展等提问，县相关单位负责人就记者提问分别作答。（张盛桐）

统一战线

【党外人士思想政治引领】 2022年，县委坚持党对统一战线工作的集中统一领导，确保党在统一战线工作中总揽全局、协调各方。组织召开县委统一战线工作领导小组会议暨县委宗教工作领导小组会议4次，县委常委会研究部署统战工作9次，学习贯彻习近平总书记关于做好新时代党的统一战线工作的重要思想、党的二十大精神、《中国共产党统一战线工作条例》和中共中央、省委、市委关于统战工作的会议、文件精神。举办党外干部培训班1期、宗教人士培训班1期，组织召开全县民营经济高质量发展暨民营企业家座谈会1次、党外人士座谈会2次，开展民营经济人士理想信念教育5次，培训教育500余人次。开展党的二十大精神、《国务院关于支持贵州在新时代西部大开发上闯新路的意见》和中国共产党贵州省第十三次代表大会精神进乡（镇、街道）、企业及联系村宣传宣讲15次。将《中国共产党统一战线工作条例》列入全县各级各部门党委（党组）理论学习中心组学习内容。在统战系统开展学习宣传《中国共产党统一战线工作条例》4次。

【党外代表人士队伍建设】 2022年，玉屏侗族自治县有在职科级党外干部65人，“副高”以上专业技术职称的党外知识分子326人；县人大代表中有党外人士38人，占比21.7%；县人大常委会委员中有党外人士7人，占比35%；县政协委员中有党外人士84人，占比60.87%；县政协常委中有党外人士12名，占比

7月12日，县委统战部组织开展民营经济代表人士理想信念教育活动
（县委统战部 供图）

66.67%。开展无党派人士市级认证登记23人,省级认证登记4人。建立全县优秀党外干部动态管理信息库144人。完成玉屏侗族自治县知识分子联谊会换届工作。推进协商民主制度建设，召开民主协商会议1次，开展书面征求意见2次，开展课题调研1次。

【民主党派工作】 2022年，玉屏侗族自治县印发《县委常委、县人民政府党员领导干部与党外代表人士联谊交友的通知》，更新县委、县人民政府党员领导联系党外代表人士名单，加强与党外代表人士的联系。在县人民医院建立党外知识分子统战工作实践创新基地。加强民主党派建设，中国民主建国会玉屏支部、中国农工民主党玉屏支部完成换届工作。落实《中国共产党统一战线工作条例》，印发《关于落实县人民法院、检察院领导班子中配备党外干部的函》，发挥党外干部在司法工作中的地位和使用，进一步推动党外人士在科学立法、严格执法、公正司法、全民守法上形成合力，推进依法治国方略的深入实施。

【非公有制经济领域统战】 2022年，玉屏侗族自治县印发《玉屏侗族自治县服务民营经济高质量发展工作领导小组2022年工作要点》《玉屏侗族自治县工商业联合会包保服务企业细化方案》《玉屏侗族自治县开展“万企兴万村”行动的实施意见》等文件，健全完善民营经济统战工作机制，推动服务民营经济高质量发展。组织民营企业家参与乡村振兴等重点工作，16家爱心企业及爱心商会参与“情系教育·筑梦远航”捐赠活动，捐赠资金43.5万元；动员社会各界人士参与走访慰问等工作，捐赠物资价值60余万元，1000余人受益。

【“同心兴铜＋聚力发展”工程】 2022年，玉屏侗族自治县强化“同心兴铜＋聚力发展”工程，召开工程推进会2次，印发《中共玉屏侗族自治县委统战部关于开展“同心兴铜＋聚力发展”工程实施方案》。县委统战部指导乡（镇、街道）以乡村振兴示范点建设为基础，打造“亚鱼乡郭家湾村—田坪镇江口村—平溪街道安坪村—朱家场镇混寨村—皂角坪街道瓮阳村—新店镇老寨村”统一战线聚力乡村振兴示范带。采取定点帮扶、智力帮扶、结对帮扶、专项帮扶等形式，在特色产业发展、生态旅游建设、特色田园乡村打造、民族文化传承、文明品牌打造、主导产业发展等方面给予帮扶。东莞市常平组团结对帮扶玉屏侗族自治县后，投入帮扶朱家场镇混寨村资金1033.36万元打造产业集群、东西部协作乡村振兴示范村。

【港澳台统战】 2022年，玉屏侗族自治县强化联络联谊，开展“三胞两属”（海外侨胞、港澳同胞、台湾同胞，台侨眷属）调研摸底，建立信息台账，多途径开展涉台宣传和教育工作，并开展走访慰问，维护台胞、台属的合法权益，及时妥善处理港澳台来信来访反映的问题。

【春晖行动·风筝计划】 2022年，玉屏侗族自治县强化桥梁纽带作用发挥，实施“春晖行动·风筝计划”，通过助力乡村振兴、从事公益事业等方式汇聚各项资金资源。开展“春晖行动——我与家乡共发展”座谈会30余次、春晖暖心志愿服务活动50余次，募集春晖资金9万余元，接受社会爱心捐款22.7万元，帮扶经济困难群众300余人，募集到各类公益助学金35万元，受助经济困难家庭学生200余人，发放“春晖微心愿”礼物236份。

（陈　吉）

机构编制工作

【机构编制法规学习宣传】 2022年，玉屏侗族自治县将《中国共产党机构编制工作条例》《机构编制违规违纪违法行为调查核实办法（试行）》等列入2022年全县党委（党组）理论学习中心组学习内容，开展专题学习。依托“玉屏编办”微信公众号持续宣传《中国共产党机构编制工作条例》《机构编制违规违纪违法行为调查核实办法（试行）》等法规，发布信息2次，提升机构编制政策宣传覆盖面。

【事业单位法人登记及日常管理】2022年，玉屏侗族自治县印发《关于开展2021年事业单位法人年度报告公示工作的通知》，执行事业单位登记管理服务标准，进一步优化网上登记业务流程，开展机关、事业单位、群团组织统一社会信用代码赋码工作及后续管理工作。公示2021年度事业单位法人年度报告211家，报告公示率100%。

【机构编制管理】2022年，玉屏侗族自治县依法依规统筹全县机构编制资源配置，按机构编制程序，将县金融国资中心升格为县人民政府管理正科级事业单位。新设立县第六中学为正科级专门学校，新设立县综合考核中心为副科级事业机构，新设立县交通工程质量服务站、县粮食和物资储备中心、县消防救援勤务中心、县未成年人保护中心、县计生困难家庭扶助中心、县老龄事业发展中心6个股级事业机构。撤销平溪街道敬老院、皂角坪街道敬老院、朱家场镇敬老院、新店镇敬老院4个股级事业机构。县智力支边扶贫联系小组办公室更名为县智力支边联系小组办公室，县总工会困难职工帮扶中心更名为县总工会服务职工中心。县计生协会领导职位名称由“专职副会长”规范为“副会长”。县总工会设置分管常务工作的副主席1名。调整优化县委办公室、县卫生健康局、县机关事务中心、县中医院、玉屏民族中学、县第一中学、黔东民族寄宿制中学、印山民族小学、县第二小学、平溪中心完小、皂角坪中心完小11个单位内设机构。印发贵州玉屏经济开发区、县水务局、县住房城乡建设局、县金融国资中心4个单位所属事业机构编制方案。下达朱家场镇人民政府周转编制1名，明确大龙（一矿两厂）社区服务管理局、大龙（一矿两厂）社区托管服务管理中心、大龙（一矿两厂）社区离退休人员服务管理中心、县看守所卫生所4个事业单位编制结构。

【机构编制体制改革】2022年，玉屏侗族自治县深化体制机制改革，推进粮食、物资储备和能源管理体制改革，按机构编制管理权限，设立县粮食和物资储备中心，为县发展改革局所属全额拨款公益一类股级事业单位，承担县粮食和物资储备服务保障工作，核定事业编制5名。加强县安全生产委员会办公室工作力量配备，将县安全生产委员会办公室设在县应急局，核定县安全生产委员会办公室行政编制3名，增设县应急局副科级领导职数1名，为县安全生产委员会办公室专职副主任；增设县安全生产委员会办公室工作股，核定内设机构领导职数1名；核增县安全生产培训中心事业编制2名，用于辅助县安全生产委员会办公室工作。划转殡葬执法职能职责，将对违反殡葬管理规定行为的行政处罚权和行政强制权划入县民政局，将县城市管理综合行政执法大队事业编制6名划转至县殡葬管理所。加强基层应急管理体系和能力建设，在4个街道单独设置应急管理办公室，为具有行政职能的街道内设机构，明确事业编制3名；在各乡（镇、街道）应急管理办公室加挂“消防工作站”牌子，明确事业编制2名。优化教育机构编制，设立县第六中学为县教育局主管的正科级专门学校，核定事业编制20名。为保障教育均衡发展，对全县中小学及幼儿园有关机构编制事项进行动态调整。

【乡（镇、街道）整合审批服务执法力量试点改革】2022年，玉屏侗族自治县推进乡（镇、街道）整合审批服务执法力量改革，撤销县综合行政执法局乡（镇）分局4个，向乡（镇、街道）综合行政执法办公室调剂事业编制18名，充实乡（镇、街道）综合行政执法力量。出台《玉屏侗族自治县乡（镇、街道）机构与县级部门“一对多”“多对一”工作对接机制》，规范各乡（镇、街道）机构向县级部门请示与工作对接、沟通衔接。通过实现“一枚印章管审批（服务）”制度，优化乡（镇、街道）行政管理体制，规范乡（镇、街道）审批服务方式和流程，提升乡（镇、街道）行政审批体系建设，推动基层便民服务提速升级。8月，玉屏侗族自治县乡（镇、街道）整合审批服务执法力量试点工作通过中共贵州省委机构编制委员会办公室试点工作评估。（黄明锦）

党校工作

【干部培训】 2022年，玉屏侗族自治县在县委党校举办各类培训班21期，培训人员1596人次。其中,时间1个月以上班次2期，培训人员90人次；5天以上培训班次4期，培训人员286人次；短期培训15期，培训人员1220人次。县委党校校内教师累计授课79次。继续推进县级领导干部上讲台和网络培训工作，累计开展领导干部上讲台35人次。

【科研工作】 2022年，县委党校获市级课题立项3个，其中县委党校独立承担课题2个、与其他县（区）委党校联合承担课题1个，结题3个，其中获“良好”等次2个，“合格”等次1个；县级课题立项8个，结题7个，其中获“优秀”等次1个，“良好”等次4个，“合格”等次2个。在《铜仁日报》发表《七里塘的和声》《侗乡赶年场》2篇文章。开发的“高举伟大旗帜　实现民族复兴——坚定中国特色社会主义道路自信”课程获评“2022年全市党员干部教育培训好课程”；“树立清廉和谐家风　涵养党风政风民风”课程获评“2022年全市党员干部教育培训达标课程”。

11月6日，玉屏侗族自治县2022年中青年干部培训班、科级干部培训班开班式在县委党校举行　（县委党校　供图）

【政策宣讲】 2022年，玉屏侗族自治县选派县委党校9名教师到乡（镇、街道）、县直属机关单位、联系村等开展习近平新时代中国特色社会主义思想、习近平总书记视察贵州重要讲话精神、中共十九届六中全会精神、党的二十大精神、《国务院关于支持贵州在新时代西部大开发上闯新路的意见》精神等宣讲活动37次，受教育群众2947人次。

【队伍建设】 2022年，县委党校继续聘请县退役军人、科级领导干部、红色教育宣讲员等兼职教师27人，选派教职工参加中共贵州省委党校、中共铜仁市委党校培训6人。调入中级职称教师1人，人才引进研究生1人。

2022年县委党校干部教育培训一览表

表3

时间	班次名称	培训人数（人）	培训天数（天）	培训对象
3月7—13日	玉屏侗族自治县第十一届村（社区）“两委”高质量发展干部专题培训班	105	7	村（社区）“两委”主要负责人
3月17—19日	玉屏侗族自治县村（社区）务监督委员会主任专题培训班	71	3	村（社区）监委主任

续表 3

时间	班次名称	培训人数（人）	培训天数（天）	培训对象
4月21—23日	玉屏侗族自治县领导干部学习贯彻党的十九届六中全会、省委十二届十次全会、市第三次党代会、县第十四次党代会精神专题研讨班（第一期）	84	3	科级干部
4月25—26日	玉屏侗族自治县领导干部学习贯彻党的十九届六中全会、省委十二届十次全会、市第三次党代会、县第十四次党代会精神专题研讨班（第二期）	102	2	科级干部
4月27—28日	玉屏侗族自治县领导干部学习贯彻党的十九届六中全会、省委十二届十次全会、市第三次党代会、县第十四次党代会精神专题研讨班（第三期）	104	2	科级干部
4月28—29日	玉屏侗族自治县领导干部学习贯彻党的十九届六中全会、省委十二届十次全会、市第三次党代会、县第十四次党代会精神专题研讨班（第四期）	110	2	科级干部
5月5—6日	玉屏侗族自治县领导干部学习贯彻党的十九届六中全会、省委十二届十次全会、市第三次党代会、县第十四次党代会精神专题研讨班（第五期）	122	2	科级干部
5月19—21日	全县新时代基层干部专题培训班	76	3	县直一般干部
6月20—22日	玉屏侗族自治县2022年党外干部暨统战干部培训班	50	3	党外干部、统战干事
6月28—30日	新时代基层干部主题培训暨全县基层妇联干部能力提升培训班	60	3	乡（镇、街道）妇联主席或专职副主席、村（社区）主席
7月22—25日	玉屏侗族自治县2022年青年志愿者培训班	83	3	青年志愿者
7月26—27日	2022年玉屏侗族自治县抓党建促乡村振兴专题培训班	112	2	村（社区）“两委”干部或第一书记
8月1—3日	2022年玉屏侗族自治县推进依法统计依法治统专题培训班	33	3	乡（镇、街道）县直部门分管领导、统计员
8月10—12日	玉屏侗族自治县2022年第十届人大代表培训班（第一期）	98	3	县级人大代表
9月2—4日	玉屏侗族自治县2022年“奋斗正青春　青春献给党”少先队辅导员培训班	85	3	县少先队辅导员
10月31日至11月4日	2022年玉屏侗族自治县、贵州大龙经济开发区乡村振兴驻村第一书记和驻村干部专题培训班（第一期）	83	5	驻村第一书记和驻村干部
11月7—11日	2022年玉屏侗族自治县、贵州大龙经济开发区乡村振兴驻村第一书记和驻村干部专题培训班（第二期）	63	5	驻村第一书记和驻村干部
11月6日至12月6日	玉屏侗族自治县2022年中青年干部培训班	47	31	中青年干部
11月6日至12月6日	玉屏侗族自治县2022年科级干部培训班	43	31	科级干部
11月16—21日	玉屏侗族自治县2022年新录用公务员培训班	35	6	新录用公务员（含选调生）
12月19—22日	玉屏侗族自治县2022年青年马克思主义者专题培训班	30	4	团干部
合计		1596	126	

（黄　俊）

党史研究

【红色文化宣传教育】 2022年，玉屏侗族自治县向全县党支部发放《红二六军团过玉屏》等地方党史类书籍40余册。县委党史研究室与县融媒体中心合作开展“传承红色基因，讲好党史故事”栏目，刊载党史故事，宣传长征精神。加大地方党史宣传培训力度，选派工作人员到机关、村（社区）开展党史宣讲工作。在建设长征国家文化公园（贵州省玉屏）工作中，拟定红色线路2条，即红二军团入玉屏至出玉屏线路、红六军团入玉屏至出玉屏线路。

【党史资料收集整理】 2022年，玉屏侗族自治县收集解放初期全县革命烈士事迹，经调查走访、查阅档案资料、实地核实情况，收集到15位烈士的资料，整理上报的《贵州革命烈士传（第三辑）》玉屏烈士资料被采用。上报中共玉屏侗族自治县委党史部门成立40周年资料。撰写的《四十年风雨兼程笃定初心担使命——玉屏党史部门成立40周年综述》《踏入党史门，做好党史人》《我的党史情缘》等文章均被中共铜仁市委党史研究室辑录入书。

【《玉屏侗族自治县脱贫攻坚实录》资料收集】 2022年，玉屏侗族自治县启动《玉屏侗族自治县脱贫攻坚实录》资料收集工作。至年末，资料收集工作基本完成，进入文字资料汇总梳理、编辑阶段。

【党史工作“十四五”规划编制】 2022年，玉屏侗族自治县启动编制县党史工作“十四五”规划，并征求意见。9月7日，县委办公室印发《玉屏侗族自治县2021—2025年党史工作规划》。

【党史审读规则制定】 2022年，玉屏侗族自治县为加强对地方党史资料审核把关力度，从长效机制入手，制定《玉屏侗族自治县党史类作品审读工作细则（试行）》。 （李天骥）

信　访

【信访工作机制改革】 2022年，玉屏侗族自治县探索出信访工作“三项机制”（矛盾纠纷排查化解机制、信访积案化解机制、服务保障机制）。县信访局每周开展1次矛盾纠纷排查，对存在的风险隐患优先疏导化解，疑难复杂问题由县领导包案化解，涉众型突出问题报县委、县人民政府研究解决，做到第一时间发现、第一时间化解；信访积案由各乡（镇、街道）、部门梳理，实行专班化推动积案化解；实行首访首问负责制，明确第一次接待人员为该信访事项的第一责任人，负责该事项的跟踪督办并实行责任倒查。全年摸排矛盾纠纷112件，化解108件，化解率96.43%；化解信访积案30余件。

【信访工作联席会议机制】 2022年，玉屏侗族自治县调整充实县信访联席会议成员，建立乡（镇、街道）信访工作联席会议机制。县信访联席会议办公室每月分析研判信访形势，统筹基层社会治

9月2日，玉屏侗族自治县2022年信访工作联席会议召开

（县信访局　供图）

理资源力量，完善源头化解工作机制，化解信访突出矛盾。全年县委常委会会议听取研究信访工作6次，县委、县人民政府召开信访工作专题会议10次，召开全县信访工作联席会议4次，各乡（镇、街道）召开信访工作联席会议、推进会、分析研判会议80余次。

【信访业务培训】 2022年，玉屏侗族自治县强化信访基础业务规范办理，在省、市开展业务培训的基础上，每半年举办全县信访基础业务知识相关培训，让具体业务人员熟练掌握和运用信访系统，并明确专人跟踪督办案件办理，把信访基础业务规范化建设纳入督查工作重点，经常性开展抽查。组织县信访联席会议成员单位开展业务专题培训3次，参加省、市信访业务培训6次，通过现场指导、视频调度、电话督导等方式开展信访业务“一对一”培训18次。

【信访事项受理落实】 2022年，玉屏侗族自治县信访总量为104批、112人次，在2021年度（220批、338人次）基础上，实现批次、人次“双下降”。信访事项受理率100%，按期答复率100%，有权处理机关群众满意率97.37%，参评率92.68%，“初转重”（初次信访转重复信访）率2.44%。针对重复信访问题，落实领导包案工作机制，明确责任单位、责任人，县委、县人民政府主要领导过问、交办、督办，限期化解。市领导包案督访的5件及县领导包案的19件信访事项均完成化解，实现信访事项回访全覆盖。

【领导干部接访】 2021年12月23日，县委办公室、县人民政府办公室联合印发《关于做好2022年领导干部接访下访工作的通知》，明确县委、县人民政府班子成员每周固定时间参与坐班接访下访约访工作。领导干部接访时间在2月9日至3月20日、4月11—30日和10月17日至11月26日等特殊时间节点进行适时调整。全年党政领导242人次参与接访下访约访，接待群众129批、172人次，其中县委主要领导接访下访约访群众20次，县人民政府主要领导接访下访约访群众19次。

【全国信访工作示范县创建】 2022年，玉屏侗族自治县宣传贯彻落实《信访工作条例》，制定《玉屏侗族自治县创建全国信访工作示范县工作方案》，把创建全国信访工作示范县工作与学习贯彻习近平总书记关于加强和改进人民信访工作的重要思想相结合，与坚持和发展新时代“枫桥经验”建设平安贵州相结合，成立创建全国信访工作示范县工作领导小组，对标国家信访局评定标准开展研判调度。全年开展矛盾纠纷摸排112件，化解率96.43%。 （吴家鲁）

玉屏侗族自治县人民代表大会

中国箫笛之乡 · 中国油茶之乡 · 侗族文化艺术之乡 · 中国黄桃之乡

综 述

2022年，县人大常委会召开常委会会议8次、常委会主任会议8次，听取和审议专项工作报告27项，开展专题调研、专项视察、执法检查、工作评议27次，作出决议决定14项，审议评议意见12项，开展满意度测评4次，审议通过人事任免议案26个，依法任免国家机关工作人员90人次，组织代表参与县人大常委会履职活动335人次，督办代表建议71件，接待群众来信来访13件、22人次。印发《玉屏侗族自治县十届人大立法规划和2022年立法计划》，作出《关于成立玉屏侗族自治县第十届人大常委会代表资格审查委员会的决定》《对玉屏侗族自治县文体广电旅游局全民健身工作开展工作评议的决定》，听取和审议县人民政府关于2022年上半年经济运行情况和下半年工作安排的报告、县人民政府关于2022年1—6月国民经济和社会发展计划执行情况报告、关于2022年1—6月财政预算执行情况报告，审议《玉屏侗族自治县促进油茶产业发展条例（草案）》。

人大代表构成。玉屏侗族自治县第十届人民代表大会有代表173人，其中中共党员134人，占77.4%；民主党派2人，占1.2%；群众37人，占21.4%；女性38人，占22%；少数民族142人，占82.1%。

人大建设。县人大常委会全面落实新时代党的建设总要求，落实全面从严治党、意识形态、党风廉政工作责任制，落实民主集中制，全面推进党的政治、思想、组织、作风、纪律、制度建设。加强对乡（镇、街道）人大工作的指导，常委会班子成员到乡（镇、街道）督促指导40余次。拓展人大宣传，在市级以上媒体刊载稿件20余篇，在“玉屏人大”微信公众号发布县、乡（镇、街道）人大各类工作动态稿件200余篇。（黄志念）

重要会议

【县人大常委会会议】 2022年，县人大召开常委会会议8次。

2月18日，县人大常委会召开第一次会议。审议通过《玉屏侗族自治县人大常委会2022年工作要点》《玉屏侗族自治县十届人大立法规划和2022年立法计划》，表决通过《关于成立玉屏侗族自治县第十届人大常委会代表资格审查委员会的决定》和《对玉屏侗族自治县文体广电旅游局全民健身工作开展工作评议的决定》。依法任命街道人大工作机构人员6名，决定任命新一届县人民政府工作部门负责人25名。

4月25日，县人大常委会召开第二次会议。听取县人民政府关于2021年度环境状况和环境保护目标完成情况报告、关于㵲阳河湿地保护管理工作情况报告，审查和批准县人民政府关于2022年度部门预算（草案）报告，听取和审议县人民检察院关于刑事执行检察工作情况的报告，并依法进行人事任免。

6月29日，县人大常委会召开第三次会议。听取和审议县人民政府关于2021年财政决算（草案）、关于2021年度县本级财政预算执行和其他财政收支的审计工作情况、关于全县食用菌产业发展情况、关于社区矫正工作情况、关于全县殡葬改革工作情况的报告，作出关于批准玉屏侗族自治县2021年财政决算的决议、关于听取县农业农村局审计查出突出问题整改落实情况报告的决定，并对有关报告作出审议意见；听取并表决通过县人大常委会代表资格审查委员会关于补选代表的代表资格的审查报告（草案）；听取县人民政府关于办理全县城乡医疗保险运行情况审议意见办理情况的报告，并进行满意度测评，测评结果为“满意”。

8月29日，县人大常委会召开第四次会议。听取和审议县人民政府关于2022年上半年经济运行情况和下半年工作安排的报告，审议上半年计划和预算执行情况，听取和评议全民健身工作开展情况，听取县人民政府办理乡村生活垃圾和生活污水治理条例贯彻实施审议意见情况的报告，对《玉屏侗族自治县促进油茶产业发展条例（草案）》进行初次审议。

10月31日，县人大常委会召开第六次会议。听取和审议县人民政府关于县十届人大一次会议代表建议办理情况的报告、关于县乡村振兴促进工作情况的报告、关于全县义务教育阶段“双减”工作推进情况的报告，依法通过有关审议意见；听取和审议县农业农村局关于审计查出突出问题整改工作情况的报告、县文体广电旅游局关于办理落实县人大常委会关于全民健身工作评议意见情况的报告，并进行满意度测评，测评结果为“满意”。

12月29日，县人大常委会召开第八次会议，审议《玉屏侗族自治县促进油茶产业发展条例（草案）》；批准玉屏侗族自治县2022年财政预算调整方案；听取和审议县人民政府关于政府债务及管理情况的报告、关于林业资源管理情况的报告、关于玉屏侗族自治县贯彻实施《中华人民共和国水污染防治法》情况的报告；通过县人大常委会代表资格审查委员会关于补选代表的代表资格审查报告；听取自治县人大常委会任命干部2022年度述职报告，并开展满意度测评，测评结果为“满意”。

【县人大常委会主任会议】 2022年，县人大常委会组织召开主任会议8次。

2月17日，县人大常委会召开第一次主任会议。会议研究人事任免事项、设立县十届人大常委会代表资格审查委员会、个别代表申请辞去县十届人大代表职务等有关事宜；讨论《玉屏侗族自治县人大常委会2022年工作要点》《县十届人大立法规划（草案）》和2022年立法计划（草案）。会议决定县人大常委会第一次会议召开时间、地点及建议议程。

4月24日，县人大常委会召开第二次主任会议。会议听取县人民政府关于《玉屏侗族自治县城乡规划建设管理条例》执行情况的报告和县人大社会建设委员会关于监督检查《玉屏侗族自治县城乡规划建设管理条例》执行情况的报告；听取全县2021年度环境状况和环境保护目标完成情况、2022年度部门预算（草案）报告、县人民检察院刑事执行检察工作情况、㵲阳河湿地保护管理工作情况等工作的调研、审查情况；研究人事任免、县十届人大闭会期间代表活动小组划分、补选县人大代表等事宜。会议决定县人大常委会第二次会议召开时间、地点及建议议程。

6月28日，县人大常委会召开第三次主任会议。会议听取县人民政府、县人民法院、县人民检察院关于规范性文件备案审查工作情况的报告，听取有关调研情况汇报。会议决定县人大常委会第三次会议召开时间、地点及建议议程。

9月7日，县人大常委会召开第五次主任会议。听取县人民政府关于全县农产品质量安全监管工作审议意见办理情况的报告和县人大农业与农村委员会关于全县农产品质量安全监管工作审议意见办理情况的调查报告。会议决定县人大常委会第5次会议召开时间、地点及建议议程。

（黄志念）

人大立法

【基层立法联系点工作】 2022年，县人大常委会设立基层立法联系点20个。作为贵州省人大常委会首批5个基层立法联系点之一，县人大常委会向贵州省人大常委会法制工作委员会提供5部法律的修改建议26条。

【《玉屏侗族自治县十届人大2022—2026年立法规划》制定】 2022年，县人大常委会编制出台《玉屏侗族自治县十届人大2022—2026年立法规划》，将制定《玉屏侗族自治县促进油茶产业发展条例》《玉屏侗族自治县中小型水库保护管理条例》和修订《玉屏侗族自治县自治条例》《玉屏侗族自治县乡村公路条例》纳入立法规划。

【《玉屏侗族自治县促进油茶产业发展条例》通过立法论证】 2022年，县人大常委会根据《玉屏侗族自治县十届人大2022年立法计划》，启动《玉屏侗族自治县促进油茶产业发展条例》编制工作。《玉屏侗族自治县促进油茶产业发展条例》经征求意见、专家论证、合法性审查和县人大常委会会议、县委常委会会议、县政府常务会议审议，作为2023年立法预审项目上报贵州省人大常委会后，通过省人大民族宗教委员会立法论证。

（黄志念）

决议决定和人事任免

【决议决定】 2022年，县人大常委会作出决议决定14项。

2月18日，玉屏侗族自治县第十届人民代表大会常务委员会第一次会议决定：设立代表资格审查委员会，汪红涛为主任委员，吴英勇为副主任委员，杨仁权、舒坦、侯伟为委员；对县文体广电旅游局全民健身工作进行工作评议。

4月25日，玉屏侗族自治县第十届人民代表大会常务委员会第二次会议决定：通过县人民政府提出的《玉屏侗族自治县2022年度部门预算（草案）报告》，批准玉屏侗族自治县2022年度部门预算。

6月29日，玉屏侗族自治县第十届人民代表大会常务委员会第三次会议审查县人民政府提出的《玉屏侗族自治县2021年度财政决算（草案）的报告》，会议决定，批准玉屏侗族自治县2021年度财政决算。

12月29日，玉屏侗族自治县第十届人民代表大会常务委员会第八次会议同意县人大财政经济（预算）委员会的审查报告，决定批准《玉屏侗族自治县2022年财政预算调整方案的报告》《玉屏侗族自治县2022年财政预算调整方案》，批准贵州省财政厅、贵州省住房和城乡建设厅下达的2022年新增地方政府专项债券资金2512万元纳入预算管理和绩效管理。

【人事任免】 2022年，县人大常委会依法任免国家机关工作人员90人次，其中任命59人次、免职21人次、接受辞职10人次。

2月18日，县十届人大常委会第一次会议根据县委书记杨启明，县委副书记、县人民政府县长田兴国提请，决定任命姚伦光为县人民政府办公室主任，张运胜为县发展和改革局局长，姚祖豪为县教育局局长，钟方达为县工业和商务局局长，姚红霞为县民宗局局长，杨义军为县公安局局长，张运池为县民政局局长，杨维为县司法局局长，杨先维为县财政局局长，周围为县人力资源社会保障局局长，敖洋为县自然资源局局长，江继武为县住房城乡建设局局长，张勇为县交通运输局局长，熊久英为县水务局局长，邹志为县农业农村局局长，杨青为县文体广电旅游局局长，杨力宁为县退役军人局局长，杨力为县应急局局长，江应平为县审计局局长，张燕为县市场监管局局长，周海澜为县统计局局长，黄世明为县医保局局长，杨群林为县林业局局长，罗金松为县乡村振兴局局长，任命县卫生健康局局长。

根据县人大常委会主任会议提请，免去邓孔建的县人大常委会大龙街道工作委员会主任职务，免去张林县人大常委会麻音塘街道工作委员会副主任职务，免去田磊县人大常委会麻音塘街道工作委员会委员职务，免去田国军县人大常委会麻音塘街道工作委员会委员职务；任命付敏为县人大常委会麻音塘街道工作委员会主任，崔发磊为县人大常委会大龙街道工作委员会主任，张健为县人大常委会麻音塘街道工作委员会副主任，伍智为县人大常委会麻音塘街道工作委员会委员，姚丽敏为县人大常委会麻音塘街道工作委员会委员，张金林为县人大常委会麻音塘街道工作委员会委员。

根据县人民法院院长曾华提请，免去吴光贵县人民法院审判员职务。

8月29日，县十届人大常委会第四次会议根据县人民法院院长曾华提请，免去张西强县人民法院副院长职务。

9月8日，县十届人大常委会第五次会议决定，接受罗宁辞去玉屏侗族自治县第十届人民代表大会常务委员会副主任职务的请求。

10月31日，县十届人大常委会第六次会议根据县监察委员会主任赵艳华提请，免去熊黔松县监察委员会副主任职务；任命杨青峰为县监察委员会副主任。

12月29日，县十届人大常委会第八次会议根据县人民检察院检察长张蓉提请，免去姚元屏县人民检察院副检察长、检察委员会委员职务；任命张海堂为县人民检察院副检察长、检察委员会委员、检察员。（黄志念）

3月31日，县人大常委会调研组到县人民检察院调研刑事执行检察工作（县人民检察院 供图）

人大监督

【财经工作监督】 2022年，县人大常委会听取和审议2021年财政决算、2022年部门预算、2022年上半年计划和财政预算执行情况、2022年财政预算调整情况、审计等工作报告，听取和审议县农业农村局审计查出突出问题整改情况、国有资产管理、林业资源管理、政府债务及管理情况等专项工作报告。

【民生监督】 2022年，县人大常委会听取和审议刑事执行检察、社区矫正、殡葬改革、食用菌产业发展、乡村振兴促进、义务教育阶段“双减”等民生热点领域报告，并作出审议意见交县人民政府、县人民检察院、县人民法院及有关部门办理。听取全县城乡居民基本医疗保险工作运行、农产品质量安全监管、《玉屏侗族自治县乡村生活垃圾和生活污水治理条例》贯彻落实情况的审议意见办理情况的报告，并进行满意度测评；对县文体广电旅游局开展工作评议；对箫笛大道中间隔离护栏设置与管理进行专题调研。

【生态保护监督】 2022年，县人大常委会听取县人民政府2021年度环境状况和环境保护目标完成情况报告、关于㵲阳河湿地保护管理工作情况报告，开展《中华人民共和国水污染防治法》执法检查。（黄志念）

代表建议

【概况】 2022年，县人大常委会收集代表建议71件（A类33件、B类29件、C类9件），其中重点件22件（A类16件、B类5件、C类1件）。按照“三落实”（落实办理机构、落实责任、落实措施）、“三建立”（建立组织机构、建立督查制度、建立考核制度）、“三见面”（办理前与代表见面了解真实想法、办理中与代表人见面征求意见、办理完与代表见面正式答复）工作机制，出台《关于认真做好2022年县人大代表重点建议办理工作的通知》。3月7日，县人大常委会、县人民政府联合召开代表建议交办会议，交办建议71件。7月5—8日，县人大常委会联合县委督查室、县政府督查室对代表建议办理情况进行督查。至年末，已经解决和正在解决的建议33件，占总数的46.48%；列入计划解决建议29件，占总数的40.85%；因财力、政策等原因暂时难以解决的建议9件，占总数的12.67%；办理情况全部答复代表。从反馈意见看，代表对办理工作表示满意的71件，占总数的100%。

【印山民族小学综合楼重建建议】 印山民族小学综合楼受玉屏诚然房地产公司商住楼施工影响，造成基础受损，墙体、楼板多处开裂，于2020年4月9日停止使用。为保障学生安全，改善教学条件，代表杨深平建议原址重建。2022年末，印山民族小学综合楼重建项目完成工程主体建设。

【贵州省油茶工程技术研究中心建设建议】 油茶产业为玉屏侗族自治县农业的四大支柱产业之一，为推动油茶产业发展，促进乡村振兴，代表吴英勇建议加快推进贵州省油茶工程技术研究中心建设。2022年，贵州省油茶工程技术研究中心通过验收，油茶精炼实验室建设项目完工，茶油精炼小试实验线投入使用，贵州省油茶工程技术研究中心建成。

【农村生活垃圾治理建议】 为改善各乡（镇、街道）垃圾处理设施偏少，固定垃圾中转站、垃圾运输车未完全使用到位，垃圾处理工作滞后问题。代表黄洪国建议加强农村生活垃圾治理。2022年，玉屏侗族自治县增加大勾臂车1台，配置压缩联体箱2只。优化田坪镇垃圾收运设施设备，替换垃圾箱270个，21个村寨替换聚氯乙烯（PVC）桶投入使用。（黄志念）

代表工作

【人大代表培训】 2022年，县人大常委会开展县人大各专门委员会委员、常委会组成人员、县人大代表专题培训3次，培训代表200余人次，选派26名代表参加省、市人大培训活动。

【联系代表】 2022年，玉屏侗族自治县建有代表联络站10个、代表联络室20个。县人大常委会印发《玉屏侗族自治县第十届人大常委会组成人员联系县人大代表方案》，全年县人大常委会组成人员走访联系代表200余人次。

【“三联”人大代表履职平台创建】 3月11日，县人大常委会与湖南省新晃侗族自治县人大常委会联合成立省际人大代表联络站2个，创新建立“联建、联（合）调（解边界纠纷）、联心”的“三联”人大代表履职平台。平台建立后，两地人大代表走访接待群众3000余人次，参与边界矛盾纠纷调解60余次，解决群众困难问题62件，通过开展走访调研、沟通对接等提出意见建议30余条。“三联”平台建设经验在《贵州改革工作动态》刊载，得到时任贵州省人大常委会党组副书记、副主任蓝绍敏肯定性批示。

【玉屏侗族自治县2022年第十届人大代表培训】 8月10—12日，玉屏侗族自治县2022年第十届人大代表培训班（第一期）在县委党校举办，培训为期3天，采取理论学习、实地考察、现场教学等方式进行，100名县人大代表参加培训。（黄志念）

3月11日，玉屏侗族自治县田坪镇长冲垅村、湖南省新晃侗族自治县晃州镇洞坡村省际人大代表联络站成立

（县人大常委会办公室　供图）

专项调研

【概况】 2022年，县人大常委会围绕重要产业发展、人民生活、创建全国文明城市、代表建议办理等内容组织开展专项调研24次。

【食用菌产业发展调研】 5月25日，县人大常委会调研组专题调研食用菌产业发展情况。调研组到新店镇丙溪村、洞坪村、贵州贵福菌业发展有限公司实地察看食用菌种植基地和生产车间，听取食用菌产业建设发展情况汇报，详细了解菌棒加工成本、菌种来源、菌棒培植、销售渠道、带动当地群众就业增收等情况。

【春耕生产和撂荒耕地治理视察】 6月21日，县人大常委会开展春耕生产和撂荒耕地治理工作专项视察，视察新店镇沙水坪村、皂角坪街道瓮阳村、平溪街道杨柳村、朱家场镇水田村、麻音塘街道九龙村春耕生产及撂荒耕地治理情况，听取相关负责人工作推进情况汇报。

【乡村生活垃圾和生活污水治理调研】 8月2—4日，县人大常委会成立调研组，到郭家湾村、迷路村、九龙村、水田村、杨柳村、瓮阳村、洞坪村等16个乡村生活垃圾和生活污水处理点了解各村垃圾收集中转、农村生活污水处理设施运维等情况，调研《县人民政府贯彻实施〈玉屏侗族自治县乡村生活垃圾和生活污水治理条例〉工作情况报告》审议意见办理情况。

【代表建议办理视察】 10月11—13日，县人大常委会成立4个视察组到田坪镇彰寨新华坝区、朱家场镇长华村、麻音塘街道路良村、平溪街道安坪村、茅坪建筑垃圾场、印山民族小学、县中等职业学校、贵州省油茶工程技术研究中心等地，视察城乡基础设施建设、教育、卫生、项目建设、道路交通安全隐患整治等方面的代表建议办理情况。

【民生“十件实事”项目视察】 12月8日，县人大常委会成立视察组，专项视察龙江河皂角坪街道段治理工程、电动汽车充电桩停车场、黔东民族寄宿制中学、县第四幼儿园、县人民医院神经血管微创中心、老司法局片区老旧小区改造、人行天桥等2022年民生“十件实事”项目实施情况。12月9日，召开2022年民生“十件实事”完成情况专项视察座谈会。（黄志念）

人大专门委员会工作

【法制委员会】 2022年，县人大法制委员会组织起草《玉屏侗族自治县十届人大2022—2026年立法规划》《2022年立法计划》。将制定《玉屏侗族自治县促进油茶产业发展条例》《玉屏侗族自治县中小型水库保护管理条例》、修订《玉屏侗族自治县自治条例》《玉屏侗族自治县乡村公路条例》纳入立法规划，把《玉屏侗族自治县促进油茶产业发展条例》列为2022年立法计划。向贵州省人大常委会法制工作委员会提供5部法律修改意见建议26条。审查“一府一委两院”和各乡（镇、街道）人大规范性文件15件，均未发现违法性问题。

【财政经济（预算）委员会】 2022年，县人大财政经济（预算）委员会审查十届人大一次会议计划（草案）和预算（草案）报告，审查财政决算、审计工作、计划和预算执行情况、部门预算、预算调整报告。10月中旬，跟踪监督县农业农村局审计查出突出问题整改工作。专题调研国有资产管理、新型工业化、林业资源管理情况、政府债务及管理情况。

【监察和司法委员会】 2022年，县人大监察和司法委员会通过实地调研、查阅卷宗及资料、召开座谈会等方式，调研县人民政府开展社区矫正工作情况、县人民检察院开展刑事执行检察工作情况、县人民法院开展立案工作情况，协助完成贵州省人大常委会调研组到玉屏侗族自治县开展民族区域自治“一法两规定”执法检查、铜仁市人大常委会调研组到玉屏侗族自治县开展行政执法监督调研。

【选举任免联络委员会】 2022年，县人大选举任免联络委员会初审人事任免议案26个，办理县人大常委会依法任免国家机关工作人员事宜，涉及国家机关工作人员90人次。加强人大代表培训，组织人大代表20人参加省、市两级人大代表履职培训，8月中旬协助县人大常委会组织县人大代表100余人在县委党校开展封闭式培训3天。指导田坪镇长冲坨村、罗家寨村分别与湖南省新晃侗族自治县晃州镇洞坡村、鱼市镇鱼市前锋联合村完成建立省际人大代表联络站工作。

【教育科学文化卫生委员会】 2022年，县人大教育科学文化卫生委员会组建执法检查组，开展执法检查、调研5次。检查玉屏侗族自治县实施《贵州省长征国家文化公园条例》情况。完成全县城乡居民基本医疗保险工作运行审议意见办理落实情况调研。到各乡（镇、街道）、部分村（社区）、学校、城区体育健身场（馆），采取实地查看、查阅资料、听取汇报、召开座谈会以及网上公开征求意见等方式，调研县文体广电旅游局“十三五”规划以来全民健身工作情况。开展全县旅游产业化工作推进情况调研。到部分乡（镇、街道）、县直属有关部门、部分学校和校外培训机构，开展全县减轻义务教育阶段学生作业负担和校外培训负担工作推进情况调研。对全民健身、旅游产业化、义务教育“双减”等方面提出强化教师队伍建设、建立经费保障机制及相关激励机制、补齐学校基础设施短板等建议18条。

【社会建设委员会】 2022年，县人大社会建设委员会开展《玉屏侗族自治县城乡规划建设管理条例》执行情况、殡葬改革推进情况、箫笛大道中间隔离护栏设置与管理专题调研，提出建议10条。

【农业与农村委员会】 2022年，县人大农业与农村委员会围绕农业农村、助力乡村振兴工作开展专题调研4次。开展玉屏㵲阳河湿地保护管理专题调研，提出健全工作机制、加大资金投入等建议10条。调研贵福菌业及乡（镇、街道）食用菌种植基地食用菌产业发展情况，提出壮大龙头、引领带动、健全机制、强化保障等建议10条，并对审议意见办理情况开展跟踪调研。对县农业农村局、部分乡（镇、街道）、农产品企业落实农产品质量安全监管工作审议意见办理情况开展跟踪督查，提出生产环节监管、农业规模化品牌化生产、追溯平台建设等方面建议。

【环境与资源保护委员会】 2022年，县人大环境与资源保护委员会开展专题调研3次。对2021年度全县环境状况和环境保护目标完成情况，县人民政府贯彻落实《中华人民共和国水污染防治法》《玉屏侗族自治县乡村生活垃圾和生活污水治理条例》工作情况开展调研，提出强化法定重点领域和重点问题治理等建议6条。专题调研殡葬改革工作，提出建议6条。 （黄志念）

综　述

2022年，县人民政府坚持以习近平新时代中国特色社会主义思想为指导，贯彻习近平总书记对贵州对铜仁工作的系列重要指示批示精神，学习贯彻党的二十大精神，落实中共中央、省委、市委及县委各项决策部署，坚持以高质量发展统揽全局，统筹经济社会发展，统筹发展和安全，产业体系不断优化、乡村振兴推进有序、生态环境有效改善、社会大局安定和谐、民生保障更加有力。全县地区生产总值105.85亿元，增长0.6%，排铜仁市第四位。其中，农林牧渔业总产值增长3.9%、规模以上工业增加值增长1.5%、服务业增加值下降0.7%、固定资产投资下降7.4%、一般公共预算地方本级收入（扣除留抵退税因素后）同口径增长9.38%、金融机构存贷款余额分别增长13.5%和27.1%，城镇居民人均可支配收入、农村居民人均可支配收入分别增长4.7%和6.6%，主要经济指标处于合理区间。玉屏侗族自治县被评为全国村庄清洁行动先进县、全国农业农村创业创新典型县、国家玉屏油茶产业示范园区、国家农村产业融合发展示范园。黔玉油茶公司被评为国家林业重点龙头企业，乡村振兴工作得到时任贵州省委副书记蓝绍敏肯定性批示。

产业发展。建成高标准农田1666.67公顷，整治撂荒耕地266.67公顷，完成粮食播种面积6500公顷、产量3.79万吨，比上年分别增长14.09%、35.32%。贵州省贵福菌业发展有限公司入选贵州省上市挂牌后备资源库名录，获第一届铜仁市市长质量奖提名奖，食用菌产业园项目（二期）竣工投产，建成贵州省食用菌产业示范基地，发展食用菌9370万棒，该县成为贵州省30个食用菌种植重点县之一；建成油茶研发中心实验室，油茶种植面积15633.33公顷，油茶鲜果产销6000吨；出栏生猪26万头。铜仁西南水泥有限公司、贵州粤鑫环保矿业有限公司等重大项目投入运营，贵州铭旌合金属制品有限公司、贵州北侗饮用水有限公司、贵州创梦联钙业有限公司项目（一期）建成投产，推进易地搬迁后续扶持创业创新产业园、创梦联钙业（二期）和贵州大龙经济开发区的重点项目。推进国家A级旅游景区提质突破和乡村旅游示范点升级改造，申报省、市两级乡村旅游重点镇2家、重点村4家，创建国家全域旅游示范区工作在省级初审排名全省第二。天穆研学营项目投入运营，接待学生2000余人。

城乡建设。完成县城区道路交通安全隐患治理一期工程，启动智慧停车位建设，完成3个村生活污水治理、1个村黑臭水体治理。实现农村生活垃圾收运处置体系行政村全覆盖，农村生活垃圾收运体系30户以上自然村寨全覆盖。实施老旧小区改造项目3个，覆盖2399户，背街小巷改造14条，社区综合整治520户，馆驿片区旧城改造项目（一期）封顶进入装修。改造供水、污水、燃气管网32.56千米。玉九公路、茅坪大桥、201省道朱家场至安坪公路段、观音山至小江口公路等建成通车，完成田

7月25日，玉屏侗族自治县市民在环㵲阳河健康步道锻炼身体（胡攀学　摄）

坪商业街、朱家场至黄母冲公路、杨柳至兴隆公路改扩建。新建环㵲阳河健康步道4778米。青山冲、芭蕉湾、大洋溪等水库加快建设，城镇公共供水普及率100%，县城污水处理厂正常运行，生活污水集中处理率超97%。新增停车位600余个，城镇化率57%。

民生保障和改善。县实验幼儿园申创为铜仁市唯一一所贵州省一类示范幼儿园（全省仅5所），县第三幼儿园投入使用，普惠性幼儿园覆盖率98.92%。完成黔东民族寄宿制中学运动场提质改造和学生食堂主体建设。建成县人民医院神经血管微创中心（导管室），结束全县心脑血管疾病无介入治疗技术的历史。建成特困对象失能半失能照护示范点，新增护理床位188张。创建省级慢性病综合防控示范县，县传染病医院投入使用。城市低保标准提高到每人每月660元、农村低保标准提高到每人每月440元，特困人员救助供养标准提高到每人每月1004元，残疾人补贴每人每月增加20元。

生态环境保护。县城空气质量平均优良天数比率96.2%，医疗废物无害化处置率、危险废物无害化处置率、一般工业固体废物综合利用率、县城集中式饮用水水源地和农村千人以上集中式饮用水水源地水质达标率、规模化畜禽养殖场粪污处理配套设施装备率100%。执行森林保护“六个严禁”，推进河长制、林长制和长江“十年禁渔”，㵲阳河特有鱼类国家级水产资源保护区水生生物资源系统养护与综合修复成果被评为长江水生生物保护修复“优秀”案例、贵州省生态修复典型案例。完成营造林693.33公顷。新增新能源汽车充电桩46台，更新新能源公交车和出租车118辆。

重大风险防范化解。推进“打非治违”专项行动，生产安全事故起数、死亡人数分别下降33%、50%。应对历史罕见的长周期干旱，保障人畜饮水安全和粮食稳产。防范化解债务风险，金融机构不良贷款率低于全市平均水平。化解“问题楼盘”7个，解决“无房住”问题140户，解决“住房办证难”问题1229户。化解信访积案，连续4年保持“两抢”案件“零发生”、命案25个月“零发生”，安全感、满意度测评排名贵州省前列、铜仁市第一。（罗心迪）

重要会议

【县人民政府常务会议】 2022年，县人民政府召开常务会议22次。

1月26日，县委副书记、县人民政府县长田兴国主持召开县人民政府第一次常务会议。审议集体经营性建设用地入市、农村集体经营性用地使用权入市、大学生士兵征集激励等相关事宜。

3月2日，县委副书记、县人民政府县长田兴国主持召开县人民政府第三次常务会议。审议平溪第二幼儿园扩建、印山民族小学综合楼建设、玉屏城墙遗址保护修缮等相关事宜。

3月15日，县委副书记、县人民政府县长田兴国主持召开县人民政府第四次常务会议。审议耕地撂荒和耕地“非粮化”问题排查整治、铜仁市育新学校改扩建、黔东民族寄宿制中学附属设施建设等相关事宜。

4月14日，县委副书记、县人民政府县长田兴国主持召开县人民政府第七次常务会议。审议皂角坪片区教师周转宿舍建设、玉屏民族中学迎接省级示范性普通高中复评等相关事宜。

4月28日，县委副书记、县人民政府县长田兴国主持召开县人民政府第八次常务会议。审议安坪路口人行天桥建设、飞凤幼儿园支路建设、田坪商业步行街路面修复等相关事宜。

7月8日，县委副书记、县人民政府县长田兴国主持召开县人民政府第十二次常务会议。审议县城区排水防涝应急预案、“十佳油茶种植基地”评选、市政领域安全隐患排查、县城市公共阅读空间建设、县中等职业学校消防隐患整改等相关事宜。

7月28日，县委副书记、县人民政府县长田兴国主持召开县人民政府第十三次常务会议。审议县中等职业技术学校学生寝室装修、青少年法治教育基地建设、县中医院搬迁等相关事宜。

8月24日，县委副书记、县人民政府县长田兴国主持召开县人民政府第十五次常务会议。审议全县高层建筑消防安全排查、黔玉油茶公司实体转型、县城主城区交通智能管理分流等相关事宜。

9月26日，县委副书记、县人民政府县长田兴国主持召开县人民政府第十七次常务会议。审议县城区抗旱应急储备供水设施建设、核酸检测能力提升、支持“保交楼”项目建设等相关事宜。

12月6日，县委副书记、县人民政府县长田兴国主持召开县人民政府第二十一次常务会议。审议平溪街道七里塘村管网延伸项目建设、印山民族小学综合楼项目建设、政府投资项目管理办法、建设项目管理办法、社会中介机构管理办法等相关事宜。

【县人民政府专题会议】 4月11日，县委常委、县人民政府副县长杨枫主持召开贵州铭旌合金科技（再生铝）项目推进现场办公会，现场研究讨论项目推进存在的问题和困难，明确各项工作牵头单位、责任人和完成时限。

10月21日，县委常委、县人民政府副县长杨枫主持召开审议《玉屏侗族自治县招商引资优惠政策暂行办法（讨论稿）》专题会，研究招商引资优惠政策相关事宜。 （刘洪滩）

重大施政

【三个“3个10”项目实施】 2022年，玉屏侗族自治县实施三个“3个10”项目，在产业类、城建及基础设施类、民生类分别谋划、开工、完工项目各10个，合计90个，总投资274.45亿元。其中，产业类项目30个，总投资111.79亿元；城建及基础设施类项目30个，总投资41.25亿元；民生类项目30个，总投资121.41亿元。至年末，项目完工21个，其中产业类项目7个、城建及基础设施类项目5个、民生类项目9个；开工建设项目24个，其中产业类项目7个、城建及基础设施类项目10个、民生类项目7个；谋划申报项目30个。

【重点民生实事】2022年，玉屏侗族自治县围绕基本民生实事，完成发放创业担保贷款2247万元，扶持创业117人，带动就业626人；完成平溪街道红花桥、田坪镇岩坳桥、新店镇两叉溪桥、新店镇龙断颈桥4座老旧桥改造；运营玉屏老城区、茅坪新区、双桥工业园、玉屏侗乡风情园景区、茶花泉景区、云起小镇6个电动汽车充电桩停车场项目；完成老司法局片区老旧小区改造项目和老检察院片区、小礼堂片区背街小巷改造项目；建成县人民医院神经血管微创中心（导管室）。 （罗心迪）

外事及港澳事务

【外事工作】 2022年，玉屏侗族自治县坚持问题导向、目标导向、效果导向，因时因势调整外事工作的重心和应对举措，推动外事工作有序进展。加强外事干部队伍建设，教育引导外事工作人员严守政治纪律和政治规矩，提升政治素质、国际视野和业务能力。实时关注、掌握境外玉屏侗族自治县企业及因公出国人员动态，化解各项不稳定因素，处置各项应急事件，确保玉屏侗族自治县在海外投资安全和生产经营人员人身、财务安全。强化疫情防控知识宣传，落实境外人员入黔疫情防控措施，保障人民群众生命财产安全。

【港澳事务】 2022年，玉屏侗族自治县把《中华人民共和国宪法》《中华人民共和国香港特别行政区基本法》列入政府学法计划，在县人民政府常务会议上学习传达并研究贯彻落实意见。加强赴港澳投资、就业、就学、旅游政策法规及相关文件精神宣传，发放宣传资料1万余份，流动播放广告10万余次，发送短信5000余条，涉及群众10万余人。做好涉港澳业务办理工作，县出入境管理部门接待办理港澳通行证6人次，成功办理率100%。 （杨竣淇）

政府综合事务

【文件办理】 2022年，玉屏侗族自治县人民政府规范办公室公文收、发各环节管理，按照公文轻重缓急分别呈送签批，保证急件不过夜、平件不过天。县人民政府发文505件,其中“玉府发”16件，“玉府函”489件；县政府办公室发文166件，其中“玉府办发”45件，“玉府办函”121件。县政府办公室印发错情通报12期、公文复核情况通报12期。

【电子政务管理】 2022年，玉屏侗族自治县加强县人民政府网站管理维护，明确专人负责实时更新网站内容。全年录入信息9343条，发布政策性文件7份，主动公开政府信息2265条，推送贵州省人民政府和铜仁市人民政府网站信息788条，内部刊发政务信息12期，获省级采用要情及约稿5篇，市级采用政务信息及约稿46篇。年内，举办政府网站、电子政务网培训1次，培训72人次。

【“放管服”改革】 2022年，玉屏侗族自治县围绕乡（镇、街道）履行主责主业需要和群众关心关注的重点事项，印发《玉屏侗族自治县人民政府关于做好省级赋权乡（镇、街道）部分县级行政管理权限工作的通知》，下放县级行政管理权限34项到乡（镇、街道）。印发《玉屏侗族自治县人民政府办公室关于印发有关行政许可事项清单（2022年版）的通知》。将政务服务事项全部纳入“一窗通办‘2+2’模式”综合受理范围。梳理公布依申请六类事项及公共服务事项2217项录入综合受理平台，并与34个进驻部门签订授权委托书。将服务大厅的窗口由66个缩减到30个，形成“综合大一窗”闭环管理的服务新模式，为企业、群众节约50%的办事时间。

【建议和提案办理】 2022年，县政府办公室督促办理落实县人大代表建议71件,其中办理33件，列入计划29件，因客观原因无法办理9件；政协委员提案81件，办理47件，列入计划32件，因客观原因不能解决2件，答复率和满意率均为100%。县政府办公室获“全县提案办理承办先进单位”称号。 （黄天竹）

政务服务

【概况】 2022年，玉屏侗族自治县受理办结事项119355件，本级依申请六类行政权力事项和公共服务事项网上可办率100%，政务服务事项100%纳入“一窗通办‘2 + 2’模式”综合受理范围，“零跑腿”占比91.25%，时限压缩率80.7%。在《贵州省人民政府办公厅关于2021年落实有关重大政策措施推动高质量发展真抓实干成效明显地方予以督查激励的通报》中，玉屏侗族自治县政务服务工作受到督查激励。在2022年度市县级政务服务中心能力和水平监测情况中，玉屏获得“高”等次。

【“跨省通办、区域联办”】 2022年，玉屏侗族自治县继续深化“跨省通办、区域联办”改革工作，与浙江省宁波市奉化区，湖北省恩施土家族苗族自治州咸丰县，江西省上饶市德兴市，广东省深圳市龙华区、佛山市三水区、惠州市惠城区，湖南省娄底市涟源市、怀化市麻阳苗族自治县等21个县（区、市）达成“跨省通办”合作共识,签订合作协议。同时，梳理全县外出务工人员信息，制作并发送含办理事项、办理窗口、联系电话等内容的跨省通办办事亲情卡，并设立两地之间“跨省通办”窗口，公布“跨省通办”事项402项。推进“跨省通办”向基层延伸,围绕教育、医疗、养老等与群众密切相关的异地办理需求，梳理服务“清单”，推动城乡居民养老保险费征缴、新型农村合作医疗费征缴、一孩生育证（办理）、二孩生育证（办理）等事项加快实现“跨省通办”。全年办理“跨省通办”业务1694件。

【“全省通办、一次办成”】 2022年，玉屏侗族自治县建立“全省通办”远程视频协助机制，提高异地收件精准度，避免企业、群众“来回跑”，让企业、群众“一次办成”。优化窗口设备配置，为“全省通办”窗口配备高拍仪、摄像头、耳麦、二维码扫描机、身份证读卡器等通办设备。通过宣传单、易拉宝、电子显示屏、宣传栏等方式，在县政务服务中心、乡（镇、街道）便民服务中心、村（居）便民服务站进行宣传。组织进驻县政务服务中心部门完成事项关联，关联“全省通办”事项1443项，全年办理“全省通办”业务49570件。

【“一证通办”】 2022年，玉屏侗族自治县通过优化流程、精简材料、共享数据等方式，梳理出全县第一批群众办理频次高、受众范围广的“一证通办”事项165项，并在政务服务网进行公布。纳入“一证通办”清单的事项，办事企业和群众仅凭身份证或营业执照即可办理。加强对涉及“一证通办”事项办理情况的督查，定期抽查实现“一证通办”事项的窗口办件情况，检验“一证通办”事项办理材料、流程是否与办事指南统一，倒逼“一证通办”工作的推进。

【“一窗通办‘2 + 2’模式”改革】 2022年，玉屏侗族自治县作为贵州省“一窗通办‘2+2’模式”改革试点单位，以打造“贵人服务·一视铜仁·玉事无忧”品牌，推动“一窗通办‘2 + 2’模式”改革工作落地落实。县人民政府加大对“一窗通办‘2 + 2’模式”改革工作资金投入，工作费用按45万元列入本级财政预算。解决公益性岗位5名。将前台窗口缩减为30个综合受理窗口，窗口前台人员由66人减少到30人。拓展“咨询+投诉”服务功能，依托贵州政务服务网“批前指导”“盯事在线”以及“12345”便民服务热线等线上处理群众诉求服务功能，线下同步配套设置投诉受理窗口、咨询辅导窗口，形成线上线下“咨询+投诉”服务联动机制。全年开展帮办、代办、陪办2100余次。县政务服务中心“一窗通办‘2+2’模式”改革工作被《贵州日报》报道。

【“一网通办”】 2022年，玉屏侗族自治县在贵州政务服务网公布并进驻办理行政权力事项和公共服务事项2275项，通过下发的全程网办标准化事项领取以及本部门梳理全程网办事项1568项，全程网办事项占比82.13%，全省排名第15，完成省级下达任务的70%。按照国家目录上传证照数59403项，全省排名第20，证照共享总量47237次，全省排名第7。推进电子印章在贵州政务服务网玉屏站点应用，电子印章使用51308次，全省排名第42。完成乡（镇、街道）关联事项228项，村级关联事项103项。推进住房公积金综合窗口、不动产综合窗口、公安综合窗口、医保社保综合窗口、税务综合窗口5个窗口完成行业部门业务融通，实现“综合大一窗”闭环管理的服务新模式。6月，企业在贵州政务服务网开办业务实现七个环节“一个平台、一表填报、即时办结”，不能即时办结的，0.5个工作日内均可办结。

【基层政务服务平台标准化建设】 2022年，玉屏侗族自治县在贵州政务服务网厅开通乡（镇、街道）级、村（社区）级站点，录入网厅站点6个，网厅覆盖率100%。在乡（镇、街道）便民服务中心推行“一窗一员”综合受理，在村（社区）实行“一村一员”服务模式。在乡（镇、街道）便民服务中心显著位置设立通办窗口，配备窗口人员，公开“全省通办”事项清单。对各乡（镇、街道）便民服务中心、村（社区）便民服务站及窗口工作人员进行业务、系统培训36次。9个村（社区）便民服务站通过政务服务标准化建设评估验收，创建率39%。

【满意度提升】 2022年，玉屏侗族自治县通过进一步完善《玉屏侗族自治县人民政府政务服务中心政务大厅窗口及窗口工作人员管理制度汇编》，建立对大厅“一日四次”巡察发现问题的清单台账，召集存在问题人员召开作风纪律整治会，对存在问题人员进行个别提醒谈话提升服务水平。县政务服务中心大厅窗口37人次被评选为月度“服务标兵”，

11月10日，在县政务服务大厅，事前辅导员给办事群众讲解办事流程　（胡攀学　摄）

21个部门窗口被评选为月度“红旗窗口”。回访企业、群众118人次，回访满意率100%，办事大厅群众参与“好差评”评价100339件，差评整改率100%。

【“12345”热线建设】 2022年，玉屏侗族自治县“12345”热线一体化平台接件2178件，按期办结2176件，按期办结率99.91%。4月，县政务服务中心建立“‘12345’工单满意率、问题解决率回访台账”，开展诉求人电话回访工作。回访“12345”热线平台诉求人1437人次，1400人次表示“满意”，满意率、解决率97.43%。

（田　娇）

人力资源管理

【概况】 2022年，玉屏侗族自治县调动事业单位人员、机关工勤人员114人，其中县内调动35人，调至县外20人，外县调入59人，完成事业单位工作人员（机关工勤人员）2021年度考核工作，3895人参加考核。年度核验劳务派遣公司6家。

【人才引进】 2022年，玉屏侗族自治县事业单位面向社会公开发布引进高层次及急需紧缺人才岗位40个，经过发布信息、报名及资格审查、考试、体检、考察、公示、聘用审批，录用卫生健康类、教育类、综合类人才27人。

【“优才卡”发放】 2022年，玉屏侗族自治县根据《玉屏侗族自

2022年玉屏侗族自治县“优才卡”获得者一览表

表4

姓名	工作单位及职务（全称）	行业领域	专业技术职务	学历学位	毕业院校、专业
李　锋	玉屏侗族自治县人民医院（援玉人才）	医疗	副主任医师	本科学士学位	广东医科大学临床医学
李　倩	玉屏侗族自治县人民医院妇科（援玉人才）	医疗	主治医师	本科学士学位	南方医科大学临床医学
何乃泉	玉屏侗族自治县中医院（援玉人才）	医疗	副主任医师	本科学士学位	广东医学院临床医学
王婷婷	玉屏侗族自治县妇幼保健院（援玉人才）	医疗	主治医师	本科学士学位	广东医科大学临床医学
陈　杰	玉屏侗族自治县龙江中学（挂职副校长，援玉人才）	教育	中学一级	本科	华南师范大学数学
张旭东	玉屏侗族自治县德龙小学（挂职副校长，援玉人才）	教育	小学一级	大专	广东省嘉应大学物理（师范）
邓爱萍	玉屏侗族自治县朱家场镇中心完小教师（挂职副校长，援玉人才）	教育	小学一级	中专	东莞师范学校（普师）
诸葛斌	玉屏黔东民族寄宿制中学（挂职副校长，援玉人才）	教育	中学高级	大专	鄂西大学中文

治县“优才卡”制度实施办法（试行）》，开展县级“优才卡”发放评选工作，“优才卡”持卡人凭卡可享受医疗待遇、子女入学、配偶安置、社会保险、岗位聘用、旅游服务、金融服务、政务服务等优惠便利政策。通过评选，发放县级“优才卡”8张。

【事业单位招聘】 2022年，玉屏侗族自治县面向社会公开招聘工作人员84人，经过发布信息、报名及资格审查、考试、体检、考察、公示，74人被录用。面向社会公开招聘安全监督及应急管理专业技术人才4人，经过发布信息、报名及资格审查、考试、体检、考察、公示等程序，2人被录用。

【“三支一扶”招募聘用】 2022年，玉屏侗族自治县公开招募聘用“三支一扶”工作人员11人。考核2年服务期满人员，合格5人。

【编外人员清理】 2022年，玉屏侗族自治县按照《关于印发〈玉屏侗族自治县机关事业单位编外人员聘用与管理暂行办法〉的通知》要求，对机关事业单位编外人员聘用程序和履职情况等进行排查。清理编外人员144人。

【大中专毕业生档案管理】 2022年，玉屏侗族自治县人才交流中心开具提档函、办理查询、政审、复印等业务390人次。接收大中专毕业生档案980份，转出大中专毕业生档案278份。年末，保管档案4709份。

【见习生管理】 2022年，玉屏侗族自治县完成募集见习岗位数135个，高校毕业见习生91人。

【事业单位人员工资】 2022年，玉屏侗族自治县机关工勤人员和事业单位工作人员正常晋升档次和薪级工资3702人；批准因岗位变动重新套改工资待遇24人；批准事业单位专业技术人员职称晋升提高工资福利待遇475人，批准事业单位工作人员任职提高工资待遇9人；批复到龄退休78人、因病提前退休1人，办理退休人员享受高龄津贴40人；明确新聘用人员工资待遇182人、特岗教师工资待遇52人；完成退役军人安置工作，批准转正定级人员工资待遇186人；特岗教师接转留用125人；发放一次性抚恤金39人、遗属生活困难补助费12人；批复因受处分变动工资9人。按月审批农村义务教育学校乡村教师生活补助工作，分学期完成教育系统奖励性绩效工资审核，完成机关事业单位的年终一次性奖金审核。

【事业单位人员职称评审】 2022年，经政策性审查、专家评审、学科评议、评审委员会评审等程序，全县50名中小学（幼儿园）教师通过评审。

2022年玉屏侗族自治县晋升副高以上职称人员一览表

表5

姓名	工作单位	职称	评定时间
向　丽	玉屏侗族自治县大龙街道第二幼儿园	高级教师	2022年1月
李丽娜	玉屏侗族自治县麻音塘街道一心山村幼儿园	高级教师	2022年1月
杨碧松	玉屏侗族自治县大龙中学	高级教师	2022年1月
张　琴	玉屏侗族自治县麻音塘中心完小	高级教师	2022年1月
杨　辉	玉屏侗族自治县麻音塘中心完小	高级教师	2022年1月
殷吉祥	玉屏侗族自治县麻音塘中心完小	高级教师	2022年1月
姚　勇	玉屏侗族自治县德龙小学	高级教师	2022年1月
肖四明	玉屏侗族自治县田坪镇迷路小学	高级教师	2022年1月
杨丽蓉	玉屏侗族自治县平溪街道	高级工程师	2022年1月
丁华元	玉屏侗族自治县交通运输局	专业技术七级	2022年3月
杨方四	玉屏侗族自治县中医院	主任医师	2022年4月

续表 5

姓名	工作单位	职称	评定时间
田　友	玉屏侗族自治县中医院	中医副主任医师	2022年4月
张　川	玉屏侗族自治县中医院	中医骨伤主任医师	2022年4月
赵贵萍	玉屏侗族自治县中医院	主任护师	2022年4月
刘翠珍	玉屏侗族自治县妇幼保健计划生育服务中心	副主任医师	2022年3月
张玉银	玉屏侗族自治县妇幼保健计划生育服务中心	副主任医师	2022年4月
彭　方	玉屏侗族自治县妇幼保健计划生育服务中心	副主任护师	2022年1月
王　艳	玉屏侗族自治县妇幼保健计划生育服务中心	副主任护师	2022年1月
龙　平	玉屏侗族自治县疾病预防控制中心	副主任医师	2022年3月
罗贵川	玉屏侗族自治县疾病预防控制中心	副主任医师	2022年1月
杨秀峰	新店镇卫生院	副主任医师	2022年2月

2022年玉屏侗族自治县晋升中级以上职称人员一览表

表 6

姓名	工作单位	职称	评定时间
刘　莉	玉屏侗族自治县平溪中心幼儿园	一级教师	2022年1月
李慧玲	玉屏侗族自治县朱家场镇中心幼儿园	一级教师	2022年3月
姚　瑶	玉屏侗族自治县田坪镇庆寨山村幼儿园	一级教师	2022年1月
吴姣姣	玉屏侗族自治县亚鱼乡中心幼儿园	一级教师	2022年1月
吴小云	玉屏侗族自治县大龙第二幼儿园	一级教师	2022年1月
杨晓梅	玉屏侗族自治县大龙第二幼儿园	一级教师	2022年1月
龙　敏	玉屏侗族自治县大龙第二幼儿园	一级教师	2022年1月
冯　涵	玉屏侗族自治县大龙第三幼儿园	一级教师	2022年1月
杨丽银	玉屏侗族自治县大龙第三幼儿园	一级教师	2022年1月
胡荣启	玉屏民族中学	一级教师	2022年1月
黄　露	玉屏民族中学	一级教师	2022年1月
陈宽宽	玉屏民族中学	一级教师	2022年1月
陆应江	玉屏民族中学	一级教师	2022年1月
毛胜梅	玉屏民族中学	一级教师	2022年1月
唐碧蓉	玉屏民族中学	一级教师	2022年1月
谢惠英	玉屏民族中学	一级教师	2022年1月
徐　娇	玉屏民族中学	一级教师	2022年1月
姚本福	玉屏民族中学	一级教师	2022年1月
游文慧	玉屏民族中学	一级教师	2022年1月
郑倩月	玉屏民族中学	一级教师	2022年1月
周　海	玉屏民族中学	一级教师	2022年1月
周丽蓉	玉屏民族中学	一级教师	2022年1月
吴超群	玉屏侗族自治县第一中学	一级教师	2022年1月
陈　念	玉屏侗族自治县第一中学	一级教师	2022年1月
景玉娟	玉屏侗族自治县第一中学	一级教师	2022年1月
杨　毅	玉屏侗族自治县第一中学	一级教师	2022年1月
张常娥	玉屏侗族自治县第一中学	一级教师	2022年1月
姚　慧	玉屏侗族自治县第一中学	一级教师	2022年1月
杨丙艳	玉屏侗族自治县第一中学	一级教师	2022年1月
邓小辉	玉屏侗族自治县黔东民族寄宿制中学	一级教师	2022年1月

续表 6

姓名	工作单位	职称	评定时间
杨朝秀	玉屏侗族自治县大龙中学	一级教师	2022年1月
向琼燕	玉屏侗族自治县大龙中学	一级教师	2022年1月
李志刚	玉屏侗族自治县龙江中学	一级教师	2022年1月
邓丽平	玉屏侗族自治县皂角坪中心完小	一级教师	2022年1月
杨　吉	玉屏侗族自治县皂角坪中心完小	一级教师	2022年1月
秦　鹏	玉屏侗族自治县麻音塘中心完小	一级教师	2022年1月
代　雪	玉屏侗族自治县麻音塘中心完小	一级教师	2022年1月
蒲秋环	玉屏侗族自治县麻音塘中心完小	一级教师	2022年1月
罗　多	玉屏侗族自治县自然资源局	工程师	2022年1月
严　静	亚鱼乡卫生院	护师	2022年1月

【事业单位管理岗位职级晋升】 2022 年，玉屏侗族自治县按照《玉屏侗族自治县事业单位管理岗位职员等级晋升制度工作实施方案》要求，开展首批事业单位管理岗位职员等级晋升工作，事业单位管理岗位职员等级首批晋升 287 人。其中，七级职员晋升六级职员 6 人，八级职员晋升七级职员 57 人，九级职员晋升八级职员 169 人，十级职员晋升九级职员 55 人。

【事业单位人事档案复审】 2022 年，玉屏侗族自治县落实《铜仁市干部人事档案专项审核复查工作实施要求》，由县人力资源社会保障局实施全县事业单位人事档案复审工作。全年审核完成人事档案 264 卷，调出人事档案 86 卷，接收人事档案 178 卷，接收个人和单位报送补充材料 450 余人次，认定出生时间和参加工作时间 12 人，接待档案查阅人员 300 余人次。

【劳动工资抽样调查数据统计】 2022 年，玉屏侗族自治县 5 个行业 11 家样本单位完成各自一、二、三季度劳动工资抽样调查数据上报工作。劳动工资数据统计结果显示，卫生和社会工作行业比上年增长 5.05%；水利、环境和公共设施管理业下降 16.2%；公共管理、社会保障和社会组织类下降 8%；教育行业下降 6.4%；科学研究和技术服务业下降 29.47%。

（罗　维）

机关事务管理

【办公用房管理】 2022 年，玉屏侗族自治县开展县直各部门、各乡（镇、街道）办公用房检查 41 家次，对存在超标准使用办公用房的部门，现场开具整改通知书，各单位均于限期内完成整改。对列入固定资产的办公用房进行安全风险大排查，查处存在安全隐患的办公用房 1 处，已完成风险点清除。依申请审批调拨国有资产 3 次，办理办公用房调剂 12 批次。常态化开展县政务服务中心各设备用房、行政中心建筑主体等关键点位安全隐患排查，坚持“每日巡查检、每周一小检、每月一大检、节假日前专检，重大隐患整治不过夜”原则，开展各类维护维修和更换设备 2606 次；对行政中心零星维修维护工程开展不定期抽查。

【公务用车管理】 2022 年，玉屏侗族自治县贯彻落实《铜仁市党政机关公务用车管理办法实施细则》控制车辆编制，严格车辆购置、报废、调剂审批程序，新购更换公务用车 5 辆，处置报废公务用车 4 辆，调剂公务用车 6 辆。

【机关后勤保障】 2022 年，玉屏侗族自治县为县级重要会议、活动提供公务用车、餐饮、住宿、会务等后勤保障服务工作。提供会议服务 142 次、4122 人次，服务到玉屏侗族自治县宾客 298 批次、3709 人次。（杨　尧）

中国人民政治协商会议
玉屏侗族自治县委员会

中 国 箫 笛 之 乡 · 中 国 油 茶 之 乡 · 侗 族 文 化 艺 术 之 乡 · 中 国 黄 桃 之 乡

综 述

2022年，县政协及其常委会履行政治协商、民主监督、参政议政职能，参与乡村振兴、安全生产、生态环保、创建全国文明城市及巩固提升国家卫生城市创建成果、三个“3个10”重点项目、优化营商环境等各项工作。3月，县委批复同意将乡（镇、街道）政协联络组名称调整为“政协玉屏侗族自治县委员会某某乡（镇、街道）联络委员会”。7月，县委常委会会议决定，设立中共玉屏侗族自治县政协机关党组。8月，县直机关工委批复，撤销中共玉屏侗族自治县政协支部委员会，成立中共玉屏侗族自治县政协机关支部委员会、中共玉屏侗族自治县政协退休支部委员会。

政协专门委员会（委员）构成。3月，经报县委批复，县政协下设提案法制委员会、经济专门委员会、农业和农村委员会、人口资源环境委员会、教科卫体委员会、文化文史和民族宗教委员会，各专门委员会设主任（专职副主任）1名、委员6名，共计42名。十届县政协有委员134人，其中中共界17人、特邀无党派界19人、经济界17人、工商界16人、科教卫体界22人、农业界18人、工青妇和文艺民宗界25人。

智力支边。发挥各民主党派、工商联、无党派人士作用，联合开展捐资助学、扶贫帮困、乡村振兴等工作，开展“情系教育·筑梦远航”等多项捐资助学活动，发放爱心助学捐款60余万元；开展化肥助农、慰问高龄老人和困难群众等活动，捐赠物资价值500余万元；开展义诊活动20余场次。

模范机关创建。创建“五型三范”（学习型、服务型、创新型、和谐型、廉洁型，规范、示范、模范）模范机关，出台《县政协机关开展“五型三范机关”创建工作实施方案》《政协玉屏侗族自治县委员会议事工作规则》《政协玉屏侗族自治县委员会办公室工作规则（试行）》等8项工作制度。成立以主席为组长、班子成员为副组长、各专门委员会（办公室）主任为成员的领导小组，每月一调度。县政协“五型三范”模范机关创建工作被县委纳入“全县2022年度改革专题”，被铜仁市政协作为亮点品牌案例推选作品选送到贵州省政协，《贵州日报》、“天眼新闻”、《铜仁日报》相继报道。

文史工作。加大文史资料征集、编纂力度，通过挖掘玉屏箫笛的发展历史、制作技艺，搜集举办的重大活动、传承人与箫笛的故事、演奏名家与箫笛的情缘等史料，收录史料55篇约30万字，采用图片104幅，编撰出版《平箫玉笛慰乡愁》文史专辑。向铜仁市政协报送脱贫攻坚、疫情防控等史料133篇。（刘露露）

重要会议

【县政协常委会会议】 2022年，县政协召开常委会会议4次。

3月23日，政协常委会第一次会议召开。会议围绕农业现代化主题进行协商议政，研究相关机构调整和人事任免事项，颁发十届县政协常委当选证书，讨论《政协玉屏侗族自治县委员会2022年工作要点》《政协玉屏侗族自治县委员会2022年度协商计划》，审议通过有关工作制度和规则。

6月27日，政协常委会第二次会议召开。会议听取并协商讨论全县新型城镇化工作报告，研究通过相关人事任免事项。

9月15日，政协常委会第三次会议召开。传达学习铜仁市政协系统党风廉政建设、意识形态工作会议精神，听取并协商讨论全县上半年经济社会发展工作情况、全县平安建设工作开展情况、全县新型工业化建设推进情况的通报，讨论通过《政协玉屏侗族自治县委员会提案工作条例》，研究通过相关人事任免事项。

12月15日，政协常委会第四次会议召开。集中学习党的二十大精神、习近平总书记在中共中央党外人士座谈会上的重要讲话精神、中共贵州省委十三届二次全会精神以及《中共铜仁市委办公室关于印发〈关于进一步加强和改进市县政协工作的实施方案〉的通知》文件精神；听取并协商讨论全县旅游产业化工作情况通报及提案办理情况通报，研究通过相关事项。

【县政协主席会议】 2022年，县政协召开主席会议17次，协商讨论2022年协商计划、委派委员担任职能部门监督员试点工作、共助玉屏·大龙高质量发展、社情民意信息员、“院坝协商”、《平箫玉笛慰乡愁》文史书籍出版等事项。

2月24日，县政协第二次主席会议召开。学习贯彻《中央办公厅印发〈关于加强和改进新时代市县政协工作的意见〉的通知》精神，讨论完善县政协工作要点和协商计划，安排部署全年工作任务。

5月9日，县政协第五次主席会议召开。协商讨论全县农业现代化工作调研报告、共助玉屏·大龙高质量发展调研报告等事宜。

6月7日，县政协第六次主席会议召开。研究讨论《政协第十届玉屏侗族自治县委员会关于进一步加强反映社情民意信息工作的实施方案》《关于提升全县基层医疗卫生服务能力的调研报告》等相关事宜。

7月11日，县政协第七次主席会议召开。听取县政协“院坝协商”工作推进情况、县政协“小切口大民生”专题协商工作推进情况、县政协机关“五型三范”模范机关创建工作情况、县政协各专委会（办）半年工作总结及下半年工作安排汇报。

9月8日，县政协第九次主席会议召开。传达学习省、市、县疫情防控相关文件精神及机关支部委员会选举结果批复文件精神，协商讨论《政协玉屏侗族自治县委员会提案工作条例（征求意见稿）》《玉屏·大龙高质量发展暨“园区协商”工作会议方案（讨论稿）》、十届县政协第三次常委会会议议程、党风廉政建设、“院坝协商”及其他事项。

12月12日，县政协第十三次主席会议召开。审议通过《政协玉屏侗族自治县委员会提案审查工作细则》，安排部署十届县政协第四次常委会会议相关工作，研究有关委员调整事宜。

（刘露露）

协商议政

【概况】 2022年，县政协履行政治协商、民主监督、参政议政职能，围绕“四新”主攻“四化”等重点工作，组织召开协商议政会议4次，形成专项调研报告、协商报告40份，到村开展“院坝协商”12场，在全市率先探索开展“园区协商”，聚焦民生领域开展专项调研。

【协商议政会】 2022年，县政协围绕全县新型工业化、农业现代化、新型城镇化、旅游产业化等主题进行协商议政，研究相关机构调整和人事任免事项，结合政协常委会召开协商议政会4次，提升职能部门办理实效。

【建言献策】 2022年，县政协向政协第三届铜仁市委员会第一次会议提交《关于快速推进玉屏·大龙同城化发展的建议》，组织驻玉屏侗族自治县的铜仁市政协委员提交《关于推进国家政务服务平台数据共享工作的建议》《关于加快天然气建设及使用工作的建议》等提案，为玉屏侗族自治县争取更多重大政策落地实施、推动重大项目落地建设。提案得到市直属相关部门肯定性答复。

【专题协商】 2022年，县政协围绕“四新”主攻“四化”和县委中心工作，开展0—3岁托幼教育发展、推动住宅小区物业管理、公立社区卫生服务站建设等24项专项重点协商，县政协常委会会议专题听取工作专班推进情况报告，向县委、县人民政府报送调研报告、协商报告40份。多项调研报告、协商报告得到县委主要领导肯定性批示，助推《玉屏侗族自治县促进3岁以下婴幼儿照护服务发展实施细则（试行）》《玉屏侗族自治县示范性家庭农场扶持奖励暂行办法（试行）》等文件出台。《关于玉屏侗族自治县家庭农场发展情况的调查与思考》在“铜仁论坛”刊发。

【院坝协商】 2022年，县政协以平溪街道康华社区、皂角坪街道瓮阳村、麻音塘街道胜利村、朱家场镇桐木村、新店镇洞坪村、亚鱼乡郭家湾村为“试点，推进‘院坝协商’”。在乡（镇、街道）设置政协委员工作室8个、议事室92个，106名政协委员到所有乡（镇、街道）、村（社区），以“建立村集体经济教育激励机制，助推乡村振兴”“村自来水网接入镇自来水管网，推动城乡一体化”等协商议题为抓手，引导群众围绕“三件事”（党政关注的要事、民生改善的实事、社会治理的难事），开展“院坝协商”12场，解决群众难题438件，群众好评率100%。《玉屏县三举措推动“院坝协商”见实效》在《贵州改革工作动态》刊发。

【园区协商】 2022年，县政协在铜仁市率先探索开展“园区协商”模式，邀请全国政协委员、铜仁市政协一级巡视员王能军现场指导，组织相关负责人参加“园区协商”活动2次。协商围绕园区规划、产业发展、招商引资、要素保障、社会事务发展等重点工作开展，在发展规划同城设计、基础设施同城布局、产业发展同城谋划、招商引资同城推进、民生事业同城统筹等方面达成共识。建立玉屏·大龙开发区信息互通、产业互补、资源互享工作机制，助力贵州大龙经济开发区争创国家级开发区，推动玉屏·大龙开发区高质量发展。

【民主监督】 2022年，县政协开展对县检察机关法律监督工作的专项调研。围绕民生实事，对教育、卫生等部门开展民生监督，开展提升基层医疗卫生服务水平、城乡环境基础设施建设、城市公共阅读空间建设等调研，对县农业农村局工作开展民主评议。印发《关于向县直部门委派民主监督员工作方案》，向县乡村振兴局、县民政局、县工业和商务局委派6名民生监督员，多名政协委员被聘为特邀检察官助理、听证员、人民监督员、特约监察员。（刘露露）

9月2日，县政协到朱家场镇桐木村召开“建立村集体经济教育激励机制　助推乡村振兴”院坝协商会　（县政协办公室　供图）

提案与社情民意

【概况】 2022年，县政协把提案办理作为服务民生的履职方式，首次开展闭会期间提案征集工作，首次书面答复不立案提案委员，首次召开县政协领导督办领办重点提案工作推进会，首次在“玉屏微政协”设立专栏“晒提案”。县委书记杨启明对提案办理工作多次批示，并领衔督办《关于进一步提升“箫笛名都·侗听玉屏”城市形象的提案》，县委副书记、县人民政府县长田兴国出席政协提案交办会并提出明确要求。通过政协委员专题视察，联合县委办公室、县政府办公室跟踪问效，促进提案办理工作得到落实，立案的84件提案办复率100%。《贵州政协报》报道玉屏侗族自治县委员提案办理工作8次。表扬优秀政协委员10人，优秀政协提案12件，先进承办单位12个。全年报送社情民意12条，其中《关于解决县人民医院、县中医院住院部患者及陪护热水淋浴的建议》获县委书记签批。县政协聘任社情民

6月14日，县政协反映社情民意工作会议召开

（县政协办公室　供图）

意信息员13名。6月，召开的反映社情民意工作会议，表扬优秀社情民意员4人。

【提升"箫笛名都·侗听玉屏"城市形象提案】2022年，政协委员洪德余、冉芳提交《关于进一步提升"箫笛名都·侗听玉屏"城市形象的提案》，建议坚持规划引领、完善城市视听系统、科学合理设置文化符号。随后，玉屏侗族自治县编制全县国土空间规划、"十四五"文化广电旅游体育发展规划，结合新型城镇化建设，特别是"六个一"项目的实施，逐步配套完善视听系统，加强旅游品牌形象、文创产品设计，完善景区旅游标识标牌，在景区元素设计中融入侗族文化特色，进一步提升"箫笛名都·侗听玉屏"城市形象。

【修缮县城"拱宸门"提案】玉屏侗族自治县县城"拱宸门"，即原平溪卫古城北门，2022年，杨锋等5名政协委员为保护古迹，向县政协提交《关于尽快修缮县城"拱宸门"的提案》。根据提案，玉屏侗族自治县编制《玉屏城墙遗址保护修缮工程设计方案》，争取贵州省财政厅、贵州省文化和旅游厅玉屏城墙遗址修缮专项资金100万元。工程于7月启动，11月底完成修缮。

【解决县人民医院、县中医院住院部热水淋浴的建议】2022年，政协委员熊水英向县政协提交《关于解决县人民医院、县中医院住院部患者及陪护热水淋浴的建议》，以解决县人民医院、县中医院住院部无热水淋浴问题，方便患者及陪护人员。县人民医院、县中医院投入20余万元进行热水淋浴改造，县人民医院购买安装净水设施，热水改造工程开工建设。（刘露露）

视察调研

【概况】2022年，县政协常委会围绕新型工业化、农业现代化、新型城镇化、旅游产业化开展调研视察4次，围绕法律监督、营商环境、基层卫生服务水平等开展专题调研8次，形成调研报告12篇。多项调研报告得到县委主要领导肯定性批示，助推《玉屏侗族自治县促进3岁以下婴幼儿照护服务发展实施细则（试行）》《玉屏侗族自治县示范性家庭农场扶持奖励暂行办法（试行）》出台，一批建言成果转化为县委、县人民政府的决策部署和工作举措。

【部分重点提案办理专项视察】10月25日，县政协视察组视察县政协十届一次会议部分重点提案办理工作。视察组到全民健身中心、印山民族小学、屏山公园门球场网球场、黔东民族寄宿制中学和朱家场镇谢桥村垃圾中转站、水田村、桐木村、甘龙村等地，就关于加强玉屏侗族自治县公共体育场地设施建设、加强对校园周边环境治理、加强全县农村人居环境整治提升、关于构建农业全程服务体系开展土地托管服务等重点提案办理过程中存在的主要问题进行视察，听取提案办理相关情况。视察组对重点提案办理工作给予肯定。

【玉屏·大龙协同发展专项调研】3月2日，县政协调研组到贵州大龙经济开发区开展玉屏·大龙协同发展专题调研。实地走访大龙贵州重力科技环保有限公司、贵州红星发展大龙锰业有限公司、贵州众康玻璃有限公司，调研产业布局、招商引资、强链补链、民生事务等情况。调研组建议，县政协及各位政协委员应围绕中心、服务大局、勇于担当、认真履职，搭建玉屏侗族自治县、贵州大龙经济开发区协调发展的桥梁，实现共识、共建、共享、共赢。

【法律监督专项调研】4月7—14日，县政协调研组到县人民检察院、县人民法院、县公安局、县司法局、贵州玉屏经济开发区等部门，就玉屏侗族自治县贯彻落实监察机关法律监督工作开展专题调研。调研组认为，全县在刑事检察监督、民事行政检察监督和公益诉讼检察方面取得成效。（刘露露）

重要活动

【委员培训与学习】2022年，县政协通过组织政协委员参加省、市两级政协委员能力培训班，邀请广东省东莞市政协派员到玉屏侗族自治县举办讲座等方式，加强政协委员学习培训，培训委员300余人次。年内，

6月29日，县政协组织开展全民阅读暨“书香政协”读书界别活动（县政协办公室 供图）

持续开展全民阅读暨“书香政协”读书活动，“玉屏微政协”持续推出“书香政协”栏目，举行“书香政协”读书分享活动4次。组织政协委员和政协干部到朱家场镇乡舍新时代文明实践基地开展“诵读红色经典·弘扬爱国精神”读书活动，并参观县警示教育基地，到铜仁市印江土家族苗族自治县木黄镇、江口县木根坡红军会师旧址开展红色教育等活动。

【联谊交流】2022年，县政协加强与兄弟县（区）政协的沟通联系、联谊交往，协同各地政协开展调研10余批、120余人次。深化拓展系统联动，应邀出席湘鄂渝黔政协助推红色旅游发展张家界桑植联席会议，推介玉屏侗族自治县红色文化。经常性开展非公有制经济人士走访工作，广泛开展联谊活动，凝聚共识。（刘露露）

政协专门委员会工作

【提案法制委员会】2022年，县政协提案法制委员会制定县政协《提案工作条例》《提案审查工作细则》。首次开展闭会期间提案征集，首次书面答复不立案提案委员。立案的84件提案全部交由27个单位和部门主办。县领导领办督办重点提案22件。首次召开县政协领导领办督办重点提案工作推进会，围绕麻音塘街道、县农业农村局等单位承办提案开展提案办理协商。7月、11月，联合县委督查室和县政府督查室对提案办理落实情况进行全覆盖联合督办。10月，县政协主席会议成员专题视察提案办理工作。首次在“玉屏微政协”设立专栏“晒提案”。开展玉屏侗族自治县新时代检察机关法律监督工作专题调研，以及推动城

区沿河步道建设、保障县城区住宅小区消防通道畅通与管理、推动城区内流入㵲阳河小溪流治理专项重点协商。

【经济委员会】 2022年，县政协经济委员会完成协商共助玉屏·大龙开发区高质量发展调研活动，创新探索玉屏·大龙开发区"园区协商"工作。牵头对接协调县委、县人民政府、贵州玉屏经济开发区、贵州大龙经济开发区分别于4月、9月召开"园区协商"座谈会2次，共商玉屏·大龙一体化高质量发展。开展新型工业化调研视察，贯彻落实《国务院关于支持贵州在新时代西部大开发上闯新路的意见》调研，数字经济发展调研和老旧小区改造、城区人行天桥建设、康华花园农贸市场建设启用专项协商工作。开展推进优化营商环境、服务市场主体工作。

【农业和农村委员会】 2022年，县政协农业和农村委员会围绕县政协创建"五型三范"模范机关，结合"院坝协商"平台建设、"我为群众办实事"活动，发挥政治协商作用。对全县农业现代化情况、家庭农场高质量发展情况、林下经济产业发展助推乡村振兴情况开展专题调研，助推《玉屏侗族自治县家庭农场扶持奖励办法（试行）》出台；对推动"梵净山珍·健康养生"系列产品和基地发展、全县乡村振兴产业带业态发展、特色农产品市场销路问题、县城区社会适老化改进工作开展专项协商。组织部分县政协委员对县农业农村局农业综合行政执法工作进行民主评议，提出整改意见3条。

【人口资源环境委员会】 2022年，县政协人口资源环境委员会开展玉屏侗族自治县城乡环境基础设施建设专题调研和推动全县公交站台规范设置专题协商，协同完成印江县政协到玉屏考察农贸市场经营管理和仁怀市政协来玉屏考察农村面源污染治理等工作。做好疫情防控、委员走访联络、环保督察等中心工作。

【教科卫体委员会】 2022年，县政协教科卫体委员会围绕教育高质量发展、提升全县基层医疗卫生服务能力的主题开展专题调研。开展推动公立社区卫生服务站建设、0—3岁托幼教育发展、推动老干部方便快捷体检就医、城区公立幼儿园建设和中小学课后延时服务质量提升、全县公共体育场地设施建设5项专项协商，助推《玉屏侗族自治县促进3岁以下婴幼儿照护服务发展实施细则（试行）》等文件印发。围绕"在县第二小学和县第二幼儿园路段设置斑马线及交通标志标识""在康华社区舞阳移民点外设置公交候车亭及交通标识标志"主题，在平溪街道康华社区组织开展"社区协商"2场，有效推动基层社会治理。

【文化文史和民族宗教委员会】 2022年，县政协文化文史和民族宗教委员会完成市县联动的旅游产业化发展、箫笛文化产业调研工作。协助县侗学会完成2022年会刊编辑出版工作；协助县民宗局、县侗学会完成《玉屏年俗》的征稿工作，文稿工作基本完成；协助铜仁职业技术学院完成《铜仁文化图典》中的玉屏箫笛篇撰稿工作；协助铜仁市政协完成《梵净山珍·健康养生》《新世纪20年》《脱贫攻坚》《疫情防控》4本文史专辑的征稿任务，共计125篇20万余字。协助铜仁西南水泥公司完成《峥嵘岁月》一书修改审订工作。牵头组建编撰团队，编纂出版《平箫玉笛慰乡愁》，填补贵州省无箫笛文史专辑的空白。（刘露露）

中国共产党玉屏侗族自治县纪律检查委员会
玉屏侗族自治县监察委员会

中国箫笛之乡 · 中国油茶之乡 · 侗族文化艺术之乡 · 中国黄桃之乡

综 述

2022年，玉屏侗族自治县纪检监察机关发挥监督保障执行、促进完善发展作用，以高质量纪检监察工作服务保障全县高质量发展。2022年贵州省党风廉政建设社会民意抽样调查结果显示，玉屏侗族自治县人民群众对党风廉政建设和反腐败工作的总体评价持续上升，综合分值列全市第二位。

纪检监察制度建设。制定《县纪委监委领导班子落实全面从严治党主体责任清单》，修订完善《县纪委工作规则》《县纪委常委会议事决策规则》，加强内部监督管理。印发《玉屏侗族自治县村（居）务监督委员会主任管理制度（试行）》等制度规则，加强对村（居）务监督工作的业务指导和管理考核。

纪检监察干部队伍建设。以铜仁市纪检监察系统“提质增效年”活动为载体，通过以案代训、干部上讲堂等方式开展业务培训11场次。制定《玉屏侗族自治县纪检监察（巡察）干部工作成效正负清单》，对纪检监察干部实行积分制管理，细化加减分事项24项，集中评议并通报个人积分情况，表彰先进集体7个、先进个人18人，约谈提醒干部5人。

县监察委员会第二届特约监察员聘请。5月10日，玉屏侗族自治县监察委员会第二届特约监察员聘请会议召开，经组织推荐，县监委优选聘请6名县党代表、县人大代表、县政协委员担任第二届特约监察员，聘期与本届监察委员会领导班子任期相同。（杨胜全）

重要会议

【十四届县纪委二次全会】 2月16日，中国共产党玉屏侗族自治县第十四届纪律检查委员会第二次全体会议召开。会议以习近平新时代中国特色社会主义思想为指导，全面贯彻中共十九大、中共十九届历次全会和十九届中央纪委六次全会精神，贯彻落实中共贵州省第十二届纪律检查委员会第六次全体会议、中共铜仁市第三届纪律检查委员会第二次全体会议工作要求，回顾2021年全县纪检监察工作，安排部署2022年工作任务。县委书记杨启明出席会议并讲话。会议听取并审议通过县纪委常委会工作报告。

【县纪委常委会会议】 2022年，召开县纪委常委会会议28次。

1月27日，县委常委、县纪委书记、县监委主任赵艳华主持召开第二次县纪委常委会会议。传达学习习近平总书记在十九届中央纪委六次全会上的重要讲话精神、习近平总书记在省部级主要领导干部学习贯彻党的十九届六中全会精神专题研讨班开班式上的重要讲话精神，研究贯彻落实意见。

3月17日，县委常委、县纪委书记、县监委主任赵艳华主持召开第五次县纪委常委会会议。研究同意聘请龙军、钟莉、姚瑜、姚磊、姚李丹、刘远康为县监察委员会第二届特约监察员。

5月19日，县委常委、县纪委书记、县监委主任赵艳华主持召开第十次县纪委常委会会议。传达学习《2022年贵州省改进作风狠抓落实工作要点》精神。会议强调，提升作风治理效能，纪检监察机关必须先硬思想、硬本领、硬作风、硬纪律，坚决整治“慢”“怕”“散”等问题，以真抓实干的优良作风监督保障省第十三次党代会各项决策部署落地见效。

6月27日，县委常委、县纪委书记、县监委主任赵艳华主持召开第十四次县纪委常委会会议。传达学习习近平总书记在中共中央政治局第四十次集体学习时的重要讲话精神。会议指出，纪检监察机关要主动应对反腐败斗争新形势新挑战，深化对管党治党规律、反腐败斗争规律的认识，不断提高工作能力和水平，主动接受党内和社会各方面的监督，以自我革命精神坚决防止“灯下黑”。

7月13日，县委常委、县纪委书记、县监委主任赵艳华主持召开第十五次县纪委常委会会议。传达学习《纪检监察机关派驻机构工作规则》精神，省委书记、省人大常委会主任谌贻琴到铜仁市、到玉屏侗族自治县调研讲话精神。会议强调，要深刻理解制定《纪检监察机关派驻机构工作规则》的重要意义，深入推进党风廉政建设和反腐败斗争，引导广大党员干部争做发展“干将”、改革“闯将”、攻坚“猛将”，以风清气正的政治生态推动高质量发展。

11月10日，县委常委、县纪委书记、县监委主任赵艳华主持召开第二十四次县纪委常委会会议。传达学习党的二十大报告和十九届中央纪律检查委员会向中国共产党第二十次全国代表大会的工作报告精神，中国共产党第二十次全国代表大会关于《中国共产党章程（修正案）》的决议。会议强调，要聚焦贯彻落实党的二十大明确的目标任务，推进政治监督具体化精准化常态化。（杨胜金）

纪律检查

【政治监督】 2022年，县纪委监委围绕“第一政治要件”加强政治监督，开展习近平总书记重要指示批示精神贯彻落实情况“回头看”，督促整改问题6个。常态化开展新冠疫情防控监督，督促整改问题64个，党纪政务处分5人、谈话提醒1人、批评教育2人。开展营商环境专项整治，督促整改问题37个，监督有关部门完成招商引资专项巡视涉及玉屏侗族自治县17个问题整改工作。强化安全生产领域监督检查，督促整改问题62个。对第二轮中央生态环境保护督察报告反馈问题跟进监督，督促整改问题12个。

【专项监督】 2022年，县纪委监委以贯彻落实围绕“四新”主攻“四化”、《国务院关于支持贵州在新时代西部大开发上闯新路的意见》实施、防范化解政府债务风险、巩固拓展脱贫攻坚成果同乡村振兴有效衔接和贯彻落实中央八项规定精神等5个专项监督为重点，强化监督执纪，督促整改问题54个，形成问题线索4条，立案4件，推动政策落地、责任落实。开展统计造假不收敛不收手问题专项监督，督促整改问题1个。

【日常监督】 2022年，县纪委监委将8个派驻纪检监察组调整至组长任班子成员的驻在单位集中办公，参加驻在单位“三重一大”会议523次，开展日常监督发现问题67个，发出纪检监察建议书9份，发现问题线索28条，立案3件。完成68家单位2021年度政治生态分析研判。其中，研判等次为“向上向好”39家，占57.3%；“总体良好”28家，占41.2%；“逐步净化”1家，占1.5%。反馈问题674个，全部整改完毕。

【纠治“四风”】 2022年，县纪委监委查处思想懈怠、工作不深不细的形式主义、官僚主义问题1起，政务处分1人。严查违规公款吃喝、违规收送名贵特产和礼品礼金、违规发放津补贴或福利、公车私用等享乐主义、奢靡之风问题5起，党纪政务处分5人。

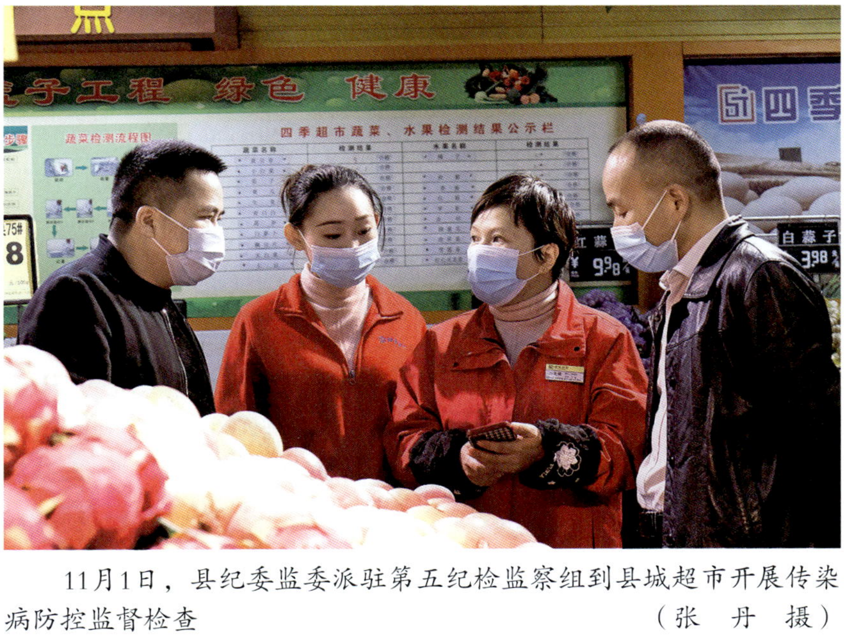

11月1日，县纪委监委派驻第五纪检监察组到县城超市开展传染病防控监督检查　　（张　丹　摄）

【群众身边腐败和不正之风整治】 2022年，县纪委监委对全县实施的22个乡村振兴重点项目、重大民生项目开展“访村寨、重监督、助振兴”专项行动，督促整改问题18个。从教育医疗、养老社保、食品药品安全3个重点领域6个方面重点内容开展专项整治，整治群众身边腐败和作风问题，查处群众身边腐败和不正之风问题13起，党纪政务处分13人。

【专项整治】 2022年，县纪委监委持续开展党员干部和公职人员酒驾醉驾问题集中整治，立案审查调查案件18件，结案14件，党纪政务处分12人，深挖酒驾醉驾背后“四风”问题1个。开展公安系统“小金库”问题集中整治，发现问题5个，诫勉谈话1人，谈话提醒1人。开展党政机关和企事业单位长期租赁社会车辆专项清理，督促整改问题19个。

【提级监督试点工作】 2022年，县纪委监委从全县各乡（镇、街道）分别选取1个村集体“三资”（资金、资产、资源）达到一定规模的村（社区）作为提级监督试点，组织试点村开展集体资产清理等工作，监督发现对集体“三资”底数不清、执行财经纪律不严格、巡察反馈问题整改有差距、对党建工作不够重视等5个方面、12个问题，督促整改问题8个。（杨胜金）

审查执纪

【审查调查】 2022年，县纪委监委受理信访举报71件次（其中检举控告类49件次），处置问题线索173件，立案72件，结案65件，党纪政务处分61人（涉及“一把手”3人，乡科级干部22人），留置4人，移送检察机关3人，挽回经济损失285.64万元。

【执纪问责】 2022年，县纪委监委运用“四种形态”批评教育帮助和处理175人次。其中，运用第一种形态处理112人次，占比64%；运用第二种形态处理44人次，占比25%；运用第三种形态处理11人次，占比6%；运用第四种形态处理8人次，占比5%。坚持把回访教育作为监督执纪“全周期管理”中的重要一环，跟踪回访受处分干部37人次。

【案件查处】 2022年，县纪委监委注重查办有影响力的大案要案，严肃查处县农业农村局“小金库”案件、县财政局“小金库”案件、张某严重违法案等一批重大腐败案件。结合办案做好以案为鉴、以案促改、以案促治工作，对3起案件规范开展“一案一整改”，发出纪检监察建议9份，督促案发单位开展警示教育50余场。（杨胜金）

党风廉政建设

【廉政警示教育】 2022年，县纪委监委协助县委推进新时代清廉玉屏建设，组织党员干部现场旁听庭审1次，举办“家书传家风·家风连党风”红色家书分享会和“清风传家·廉润玉屏”家庭助廉警示教育活动，引导各级党员领导干部及配偶增强廉洁意识和纪法意识。依托县反腐倡廉警示教育基地，开展警示教育36场，接受警示教育1156人。组织乡（镇、街道）、村（社区）干部439人次观看2022年群众身边腐败和不正之风典型案例巡回展。

【党风廉政意见回复】 2022年，县纪委监委严把选人用人政治关、廉洁关，动态更新县管科级干部廉政档案743件，规范审慎回复党风廉政意见1168人次，其中对13人提出“暂缓”或否定性意见。

【廉洁文化建设】 2022年，县纪委监委在皂角坪街道枹木垅村、瓮阳村，新店镇老寨村等地创建6个廉洁文化示范点，打造主题文化长廊、宣传墙，推出漫画说纪“‘讲义气’的关关”“关关‘酒上头’闯关”系列。

【家庭助廉警示教育活动】 6月23日，玉屏侗族自治县人民政府各工作部门、国有平台公司、其他相关部门主要负责人及其配偶，各乡（镇、街道）党政主要负责人及其配偶，到铜仁市党风廉政教育基地开展“清风传家·廉润玉屏”家庭助廉警示教育活动，全体参会人员在铜仁市党风廉政教育基地集中接受警示教育。

【全县警示教育大会】 12月16日，玉屏侗族自治县警示教育大会在县文化艺术中心一楼召开，在职副县级以上领导，县直各部门、各乡（镇、街道）主要负责同志参加会议。会上，组织观看警示教育片，县委书记杨启明作讲话。会议强调，要深入学习贯彻党的二十大精神和习近平总书记关于全面从严治党重要论述，全面贯彻落实全省、全市警示教育大会精神，绷紧纪法之弦、筑牢自律之堤、担当应尽之责，筑牢拒腐防变的思想防线，营造风清气正的政治生态，在新的赶考之路上交出让党放心、让人民点赞的清廉答卷。（杨胜金）

12月16日，玉屏侗族自治县警示教育大会召开

（县融媒体中心　供图）

巡察工作

【概况】 2022年，县委巡察办与中共铜仁市委巡察机构联动开展十四届县委第一、第二、第三轮常规巡察，巡察党组织和群团部门42个，发现问题441个，移交问题线索8条，召开纪巡会商会议4次、巡察整改监督联席会2次，组织开展巡察组组长回访2次，巡察组纪律作风后评估3次，新建完善巡察工作制度16项。

【县委巡察工作领导小组会议】 2022年，中共玉屏侗族自治县委巡察工作领导小组召开会议7次，其中县委书记、县委巡察工作领导小组组长杨启明主持召开会议6次，传达学习习近平总书记关于巡视工作重要论述及指示批示精神，中共中央、省委、市委巡视巡察工作会议和相关文件精神，研究审议十四届县委第一、二、三轮巡察工作方案和授权任职决定，统筹谋划县委巡察工作。

【巡察工作部署】 2022年，玉屏侗族自治县印发《十四届县委巡察工作规划（2022—2026年）（试行）》，明确今后5年巡察工作的总体要求、目标任务和思路举措。县委巡察办按程序提请县委常务委员会会议传达学习、研究部署巡视巡察工作12次。

【县委第一轮巡察】 3月15日至5月19日，十四届县委第一轮巡察组建巡察组3个，常规巡察3个乡（镇、街道）及所辖的28个村（社区）党支部。制定《十四届玉屏侗族自治县委第一轮巡察工作方案》和《十四届玉屏侗族自治县委第一轮巡察组长授权任职及任务分工的决定》，报请十四届县委巡察工作领导小组第4次会议、十四届县委常务委员会第24次会议审议通过。印发《十四届县委第一轮巡察巡前通报协作函》至县纪委监委、县委组织部等20余家单位。巡察发现问题294个，召开纪巡会商会议3次，研判问题线索13条，县委巡察移交问题线索6条（移交县纪委监委4条、县委组织部1条、县公安局1条）。

【县委第二轮巡察】 8月15日至10月21日，十四届县委第二轮巡察组建巡察组3个，常规巡察县工商联（含县民间商会）、县文联、县红十字会、县计生协会、县科协、县残联、团县委、县妇联8家单位。制定《十四届玉屏侗族自治县委第二轮巡察工作方案》和《十四届玉屏侗族自治县委第二轮巡察组长授权任职及任务分工的决定》，报请十四届县委巡察工作领导小组第7次会议、十四届县委常务委员会第37次会议审议通过。印发《十四届县委第二轮巡察巡前通报协作函》《十四届县委第二轮巡察巡中协作函》至县纪委监委、县委组织部等12家单位。巡察发现问题102个，召开纪巡会商会议1次，研判问题线索2条，县委巡察组向县纪委监委移交问题线索2条。

【县委第三轮巡察】 12月1—30日，十四届县委第三轮巡察组建巡察组3个，常规巡察县委党史研究室、县老年大学、县直机关工委3家单位。印发《十四届玉屏侗族自治县委第三轮巡察工作方案》和《十四届玉屏侗族自治县委第三轮巡察组长授权任职及任务分工的决定》，报请十四届县委巡察工作领导小组第九次会议、十四届县委常务委员会第五十五次会议审议通过。印发《十四届县委第三轮巡察巡前通报协作函》《十四届县委第三轮巡察巡中协作函》至县纪委监委、县委组织部等10家单位。巡察发现问题45个，未发现问题线索。

【巡察整改】 2022年，县委巡察工作紧盯“关键少数”，倒逼责任落实。对十四届县委第一轮巡察中发现的平溪街道党工委上一轮巡察整改未到位问题，县委巡察工作领导小组常务副组长、副组长对平溪街道党工委书记进行提醒谈话；县纪委书记对十三届县委第十轮巡察反馈问题整改不到位的县交通运输局、县工业和商务局、县投资促进局党组书记进行提醒谈话，压紧压实巡察整改主体责任。针对巡察发现的违反中央八项规定及其实施细则、基层党组织建设薄弱、大额借款长期未归还等普遍性、突出性问题，梳理汇总后向县纪委监委、县委组织部、县财政局发函，发出专项整治函7份，移交问题197个。加强巡察整改日常监督，县纪委监委、县委组织部将巡察整改纳入日常监督重要内容，对十四届县委第一轮、第二轮巡察移交问题开展日常监督检查18次，“三方联审”巡察整改工作方案、情况报告4次，发现问题58个，全部反馈被巡察党组织整改。

【巡察工作成效】 2022年，县委巡察办与中共铜仁市委巡察机构上下联动开展3轮常规巡察，完成42个单位的政治巡察，占比28.4%。结合县委巡察工作实际，制定《巡前通报工作制度（试行）》《巡中协作工作制度（试行）》《中共玉屏侗族自治县委巡察工作领导小组工作规则、巡察组工作规则、巡察办工作规则》《关于建立健全县委巡察机构与县委宣传部协作配合机制的意见》等工作制度16项，印发《玉屏侗族自治县委巡察组组长回访工作方案》《十四届县委第一轮巡察复盘工作方案》等20余份文件，推广运用市级巡察机构在上下联动中更好发挥作用试点工作成果，推动县委巡察工作规范化、法治化、正规化进展。（杨燕娥）

民主党派　工商联

中国箫笛之乡 · 中国油茶之乡 · 侗族文化艺术之乡 · 中国黄桃之乡

中国民主建国会玉屏支部

【概况】 2022年，民建玉屏支部履行参加中国共产党领导的政治协商、参政议政、民主监督和社会服务等参政党职能，组织开展调研活动3次、提交提案11件，开展“思源佑华”移民班补助资金发放，为50名学生发放补助金10万元。

【组织建设】 2022年，民建玉屏支部会员总数29人，其中在职会员16人（在职高级专业技术职称会员9人）。民建玉屏支部换届选举产生新一届委员会。

【思想建设】 2022年，民建玉屏支部加强会员思想政治引导，召开委员会4次、会员大会1次，通过集中学习与自学相结合的方式学习贯彻习近平新时代中国特色社会主义思想，学习贯彻中共十九届历次全会精神和中共二十大精神、《国务院关于支持贵州在新时代西部大开发上闯新路的意见》，贯彻落实中共中央，中共贵州省委、中共铜仁市委、中共玉屏侗族自治县委及民建中央、民建省委的重要决策部署及重要会议、文件和指示精神。开展“矢志不渝跟党走、携手奋进新时代”政治交接主题教育，组织3名会员到江西井冈山参加主题教育暨履职能力提升培训班。

【参政议政】 2022年，民建玉屏支部参加县委、县人民政府就全市经济社会发展中重大问题召开的协商会、通报会、建言献策会。开展实地走访、座谈会等调研活动3次，围绕箫笛产业发展、㵲阳河流域治理、乡村振兴等方面主题开展课题调研，建言资政。提交提案11件，其中会员伍明祥提交市政协三届一次会议的《关于加强住宅小区物业管理的提案》被铜仁市政协评为“优秀提案奖”。

【社会服务】 2022年，民建玉屏支部组织贵州省贵福菌业发展有限公司等会员企业捐献物资，用于贵阳市新冠疫情防控、社区志愿服务等工作。贵州省贵福菌业发展有限公司、铜仁玉安建筑工程有限公司等会员企业参与“万企兴万村”战略活动，通过捐款建设供水管路、产业带动、捐资助学等方式，服务社会经济发展。

【支部换届】 12月30日，民建玉屏支部召开换届大会，大会选举产生民建玉屏支部新一届支部委员会，肖湘当选支部委员会主任委员，田静、黄黎明当选支部委员会副主任委员，邓重重、黄波当选支部委员。肖湘代表新一届支委班子作表态发言。

（朱小玲）

12月30日，中国民主建国会玉屏支部委员会换届选举大会召开

（民建玉屏支部 供图）

中国农工民主党玉屏支部

【概况】 2022年，农工党玉屏支部围绕思想建设、组织建设、参政议政、支部活动、社会服务等召开支部学习会议4次，组织开展社会服务活动8次，提交建议提案11篇、社情民意2篇。

【组织建设】 2022年，农工党玉屏支部有党员21人，其中大专以上学历20人，副处级领导1人，具有副高级以上专业技术职称10人，市人大代表1人，市政协委员1人，农工党铜仁市监督委员会委员1人，县人大代表1人，县政协委员8人（含县政协常委2人）。农工党玉屏支部完善支部制度建设、组织建设，成立"党员之家"。农工党玉屏支部在贵州省星级支部评比中被农工党贵州省委评为四星级支部，被农工党铜仁市委评为2022年度先进支部；8人获得表扬。

【思想建设】 2022年，农工党玉屏支部组织学习贯彻中共二十大、中共贵州省第十三届会议、中共铜仁市第三次代表大会精神及新时期统战理论政策，召开支部学习会议4次，开展组织生活5次、服务社会活动8次。

【参政议政】 2022年，农工党玉屏支部党员中的各级人大代表、政协委员提交建议提案11篇、社情民意2篇，其中9篇得到相关单位、部门回复。县政协委员、玉屏民族中学高级教师潘志撰写的《关于落实"双减"政策，提升教育质量的建议》被县政协作为优秀提案选登刊发。

【社会服务】 2022年，农工党玉屏支部围绕县委、县人民政府中心工作，组织支部医卫人员，在赶集时开展义诊义治，与相关部门联合开展"世界无烟日"、优生优育、健康知识、"6·5"世界环境日宣传活动，在校园举办"全国爱眼日"知识讲座。向县红十字会捐款3700元，支部党员舒兰平驰援毕节市织金县。

【支部换届】 6月16日，农工党玉屏支部组织学习暨换届选举会议召开。会议集体学习《中国共产党统一战线工作条例》《中国农工民主党章程》。大会选举产生新一届支部委员会，高敏续任支部主任委员，刘元刚、潘志、王尚蓉当选支部副主任委员，杨力宁、王润峰、赵文红当选支部委员。 （潘 志 王尚蓉）

1月26日，农工党玉屏支部传达贯彻农工党省委、市委宣传思想工作会议精神 （农工党玉屏支部 供图）

玉屏侗族自治县工商业联合会

【概况】 2022年，玉屏侗族自治县有商会2个，会员255人。其中，玉屏侗族自治县商会有会员62人，玉屏湖南商会有会员193人。县工商联加强民营经济法律服务、民营企业人才培育工作，引导民营企业参政议政、服务经济发展、服务社会。15家民营企业、商（协）会参与"万企兴万村"行动，捐赠"情系教育·筑梦远航"活动资金43.5万元。

【民营经济法律服务】 2022年，玉屏侗族自治县组织民营企业、商（协）会20余人参加全国工商业联合会法律服务部与国家市场监督管理总局（国家标准化管理委员会）标准创新管理司联合举办的2022年第一期民营企业标准化公益大讲堂，组织民营经济代表人士20余人参加全国工商联法律服务部举办的2022年度第二期劳动法进民企暨企业合规用工"云"讲堂活动，引导15家民营企业参加"民营经济人士守法诚信法律大讲堂"线上直播。

【民营经济调查研究】 2022年，玉屏侗族自治县围绕民营企业运行情况、民营企业信用体系建设、惠企纾困政策落地等问题开展调查研究，组织县住房城乡建设局及玉屏康华房地产开发有限公司、贵州辰泰房地产开发公司人员到铜仁市万山区考察调研，提出促进房地产业健康发展建议3条。

【服务民营经济发展】 2022年，玉屏侗族自治县设置服务民营经济高质量发展领导小组办公室（以下简称"领导小组办公室"），与县工商联合署办公，领导小组办公室召开服务民营经济发展工作会议2次，建立服务民营经济高质量发展领导小组成员单位联系商（协）会、企业制度。协调成员单位17个以政策服务、金融服务、法律服务为重点服务民营经济高质量发展。通过召开民营企业家代表座谈会，搭建民营企业"政策直通车"微信群等方式，协调解决民营企业的困难和问题。收集民营经济企业诉求18个，解决8个，通过解释获认可4个，尚在协调6个。召开全县房地产企业工作座谈会，10余家房地产企业代表参加会议，大会传达《关于做好当前金融支持房地产市场平稳健康发展工作的通知》，中国人行玉屏支行等相关职能部门、参会企业家代表围绕房地产企业如何平稳健康发展进行交流发言。组织商（协）会及有关民营企业20余人，线上观看全国工商联和中国出口信用保险公司共同举办的2022年第一期助力民营企业"走出去"微讲堂，指导民营企业合理规避风险；组织30余人收看全国工商联和北京新世纪跨国公司研究所共同举办的2022年第一期"合规月月谈"线上课程。引导民营企业20余家参加教育部与全国工商联联合录制播出的"民企高校携手促就业行动"启动会。

【民营经济人士培训教育】 2022年，玉屏侗族自治县组织民营经济人士到遵义市汇川区板桥镇娄山关参加全省民营经济人士理想信念教育培训班和学习贯彻党的二十大精神推动民营经济高质量发展专题培训班。加强民营经济组织人才队伍建设，组织贵州坤发建筑工程有限责任公司、铜仁玉安建筑工程有限公司等企业6名职工参加职称申报，全部通过政策性审查。

【民营经济人士参政议政】 2022年，县人大代表中有民营经济人士6人。县政协委员中有民营经济人士28人。玉屏康华房地产开发有限公司、贵州辰泰房地产开发有限公司提出"加大政策支持，刺激市场；深化人才支持，给力实体经济；加强监管监测，净化市场"3条促进全县房地产业健康发展的建议。县人大代表舒爱国、姚茂顺等提出《关于加强中小学生研学旅行和劳动教育的建议》《关于开设玉屏箫笛文化制作、演奏、营销人才培训班的建议》《关于建设"玉屏箫笛文化生态产业助力乡村振兴城乡融合示范园区"的建议》。

【民营经济服务社会】 2022年，玉屏侗族自治县发动非公有制经济人士通过产业带动、就业帮扶、公益帮扶等形式参与"万企兴万村"行动。15家民营企业、商（协）会结对帮扶15个村，投

7月12日，玉屏侗族自治县"万企兴万村"行动推进会召开

（县工商联　供图）

入资金 4927.46 万元。动员贵州巨向建筑工程有限公司、玉屏侗族自治县湖南商会等企业和商（协）会，到县环境卫生管理站、平溪第二幼儿园、田坪镇迷路村等开展走访慰问，捐赠资金 50 余万元。组织 16 家爱心企业及爱心商会开展“情系教育 · 筑梦远航”活动，捐赠资金 43.5 万元。9 月 19 日，县工商联与县市场监管局联合举行捐赠物资驰援贵阳新冠疫情防控仪式，19 家爱心企业和爱心人士，捐赠物资价值 10.36 万元。组织 300 余家次民营企业参与 2022 年全国工商联万家民营企业评营商环境工作、全省民营企业家评营商环境工作。

8月22日，“情系教育 · 筑梦远航”捐赠活动在玉屏民族中学举行 （县工商联 供图）

【民营经济高质量发展推进会】 6 月 28 日，玉屏侗族自治县召开民营经济高质量发展暨民营企业家座谈会召开。听取企业家就贯彻落实省、市关于民营经济工作各项决策部署的意见建议，会议就政企交流平台和问题诉求平台建设、“贵人服务 · 一视铜仁 · 玉事无忧”玉屏营商环境品牌建设、推动政银企协作、优势产业集群发展等工作作出安排部署。县党政主要领导为县工商联名誉主席张华、名誉副主席李复贵和潘小强颁发聘书。玉屏温氏畜牧有限公司、贵州超盛精工有限公司、玉屏康华房地产开发有限公司、贵州原乡生物质开发有限公司、玉屏双生源管理服务有限公司及县市场监管局、县工业和商务局、人民银行玉屏支行主要负责人作交流发言。

6月28日，玉屏侗族自治县民营经济高质量发展暨民营企业家座谈会召开 （县工商联 供图）

【“情系教育 · 筑梦远航”捐赠活动】 8 月 22 日，“情系教育 · 筑梦远航”捐赠活动在玉屏民族中学举行。16 家爱心企业及爱心商会捐赠资金 43.5 万元，其中 27.5 万元用于奖励 2022 届高三学生，16 万元用于奖励 2022 届高三教师。获奖励学生家长和教师代表分别发言。县直属各有关部门主要负责人参加活动。

（陈文勇）

群众团体

中 国 箫 笛 之 乡 · 中 国 油 茶 之 乡 · 侗 族 文 化 艺 术 之 乡 · 中 国 黄 桃 之 乡

玉屏侗族自治县总工会

【概况】 2022年，玉屏侗族自治县完成基层工会换届18家，新成立基层工会组织7家，吸纳会员298人，至年末，有基层工会组织218家，会员23082人。其中，货运行业、快递物流行业建立联合工会2家，实现货运、快递、外卖配送等21家新就业形态企业劳动者415人建会入会全覆盖。加强职工思想政治引领、职工群众文化建设，维护职工权益，巩固发展职工群众关爱阵地建设，构建和谐劳动关系。推荐贵州省“最美劳动者”50名，表彰玉屏侗族自治县第二届劳动模范和先进工作者59名。

【职工思想政治引领】 2022年，玉屏侗族自治县开展劳模（工匠）精神进企业、校园、社区宣讲16场，受众1000余人。6月30日，县总工会党支部、县烟草专卖局党支部、田坪镇白果村党支部联合组织30余名党员及入党积极分子到石阡县困牛山开展“踏寻先烈足迹 弘扬革命精神”红色教育活动。职工撰写学习心得45篇，在“职工之家”微信公众号上发布或转发新闻稿件41期，浏览、转发2000余次。

【产业工人队伍建设】 2022年，玉屏侗族自治县有产业工人队伍党组织企业81家，新成立产业工人工会组织7家，选树省、市、县劳模、先进集体及工作者等100余名。依托新时代文明实践中心、新时代农民（市民）讲习所等阵地和各类媒体，组织工会干部、劳模先进到企业宣传宣讲劳模精神、劳动精神、工匠精神，引领团结产业工人践行社会主义核心价值观。加强产业工人技能提升，开展县级技能竞赛活动5次。11月22日，召开新时期玉屏侗族自治县产业工人队伍建设改革工作领导小组会议，听取县委组织部、县人力资源社会保障局、县工业和商务局、县农业农村局、县总工会工作汇报。从聚焦“思想引领、建功立业、素质提升、地位提高、队伍壮大”五个方面安排部署新时期产业工人队伍建设改革工作，讨论通过《新时期玉屏侗族自治县产业工人队伍建设改革实施方案》。

【劳模（工匠）关爱服务】 2022年，玉屏侗族自治县向贵州省总工会推荐贵州省“最美劳动者”50名。4个集体、8名个人分别获铜仁市“五一劳动奖状、奖章、工人先锋号、五一巾帼标兵岗、标兵”荣誉和称号。对全国劳动模范吴清木、贵州省劳动模范姚茂清开展春节前慰问。

【职工群众文化建设】 2022年，玉屏侗族自治县投入5万元举办“信合杯”职工篮球赛，玉屏农商银行、教育系统等9支队伍分别获得各个组别冠军、亚军、季军。举办第十届象棋大众赛，比赛分老年组和中青年组进行，评出冠军、亚军、季军、鼓励奖获得者8名。

【和谐劳动关系创建】 2022年，玉屏侗族自治县落实在建工程农民工工资专户开设、实名制考勤、工资保证金、分账拨付、银行代发工资、签订劳动合同等制度，建立稳定、协调劳动关系，维护职工、企业合法权益。全年县劳动争议纠纷人民调解委员会，调解矛盾纠纷240件，成功调解170件，调解成功率70.83%。

【职工权益维护】 2022年，玉屏侗族自治县加强职工权益维护。强化县总工会与县人民法院、县劳动人事争议仲裁院等部门协调，引导职工通过合法渠道表达合理诉求。开展《贵州省女职工劳动保护特别规定》宣传活动2场，宣传引导党政机关、企事业单位女职工维护在怀孕、生育和哺乳期间享有各项权利。推进“母婴温馨小屋”建设工作，建成玉屏肆季超市有限公司、永盛超市、玉屏侗族自治县世纪华联超市等3家超市“母婴温馨小屋”。

【工会普惠服务】 2022年，玉屏侗族自治县新增工会会员卡特惠商家11家，合计有工会会员卡特惠商家67家，涉及餐饮、零售、建材、家电等行业。向全县工会会员发放工会会员优惠卡8287

张，工会会员可在工会会员卡特惠商家享受 50%—95% 折扣优惠。启动第七期职工医疗互助，参加职工医疗互助 5034 人，筹集资金 75.78 万元，发放医疗互助金 598 人次、84.08 万元。投入 3.5 万元，升级改造 14 个户外劳动者综合服务站，安装统一标识和设施，将投入使用且设备完善的 19 个户外劳动者综合服务站信息录入高德地图系统。推荐的田坪镇公路养护站户外劳动者综合服务站获“全国最美工会户外劳动者服务站点”称号。

【困难职工关爱帮扶】 2022 年，玉屏侗族自治县做好城市困难职工解困脱困工作，筹集资金 160 余万元，发放救助资金 165 人次、46.64 万元。其中，发放生活救助 150 人次、31.72 万元；助学救助 9 人次、6.48 万元；医疗救助 6 人次、8.44 万元。“两节”慰问困难职工 99 名。组织开展农民工返岗慰问活动，为 186 名返岗农民工提供“爱心大礼包”；开展疫情防控一线工作人员慰问，慰问物资价值 4.5 万元；开展“夏送清凉”慰问活动，慰问一线职工 65 名；开展“六一”国际儿童节慰问活动，慰问新就业形态劳动者子女和联系村留守儿童 45 人。

【劳动技能竞赛】 2022 年，玉屏侗族自治县开展劳动技能竞赛 5 次。其中，县总工会、县农业农村局工会、县卫生健康局工会联合开展插秧大比武、护士岗位劳动技能竞赛 2 次，县总工会指导铜仁西南水泥有限公司开展修机、电工、质量检测技能比赛 3 次。

【第二届劳动模范和先进工作者评选表彰】 2022 年，玉屏侗族自治县开展第二届劳动模范和先进工作者评选活动。4 月 29 日，召开会议，表彰劳动模范和先进工作者 59 名，其中劳动模范 35 名、先进工作者 24 名。

【护士岗位技能竞赛活动】 5 月 10 日，玉屏侗族自治县举办护士岗位技能竞赛活动，设穿脱防护服技术、经鼻 / 口腔吸痰技术、女患者留置导尿技术、气管切开伤口换药技术、呼吸功能锻炼技术、小儿静脉留置针穿刺技术 6 个项目。参赛护理人员 41 人，评选县级团体奖 4 名、乡（镇、街道）团体奖 1 名；县级单项一等奖 6 名、二等奖 12 名、三等奖 12 名；乡（镇、街道）单项一等奖 6 名、二等奖 3 名、三等奖 2 名。 （姜学武）

共青团玉屏侗族自治县委员会

【概况】 2022 年，玉屏侗族自治县开展思想政治引领、共青团改革、完善志愿者服务等工作。扩大“两新”组织、新兴青年群体团组织覆盖范围，新建团组织 58 个。动员团干部、团员、青年自觉参与“三区一县一中心”建设中，开展春晖暖心志愿服务活动 50 余次。

【团组织建设】 2022 年，玉屏侗族自治县有团支部 434 个，发展团员 2 批，发展团员 413 名，有团员 3933 人；有少先队大队 34 个，少先队中队 420 个，少先队员 17160 人。

【青少年思想政治引领】 2022 年，玉屏侗族自治县动员青年、团员、干部职工参与共青团知识学习 33 期，参与 8 万余人次，年均参学率 56.52%。在中国共产主义青年团成立 100 周年之际，开展“喜迎二十大、永远跟党走、奋进新征程”等主题教育实践活动，实现录入 100% 信息。开展以“青春长征”为载体的党史故事讲述、革命先烈祭奠等活动，各级团组织开展主题实践研学活动 30 余次。发挥县级红领巾巡讲团作用，开展党的二十大精神、“从小学党史、永远跟党走”主题教育、“不忘初心、牢记使命”主题教育等活动宣讲 50 场次。邀请青年讲师到学校开展心理健康辅导，受益师生 1300 余人。

【青年先进典型选树培育】 2022 年，玉屏侗族自治县开展“三优秀”（优秀少先队员、优秀少先队辅导员、优秀少先队集体）“两红两优”（五四红旗团委、五四红旗团支部；优秀共青团员、优秀共青团干部)“优秀春晖使者”等评选活动,评选出“三优秀”64人,“两红两优”58人。获贵州省“优秀春晖使者”称号1人,获铜仁市“优秀春晖使者”称号9人。

【新社会组织团建】 2022年,玉屏侗族自治县在美团外卖、快递、民办幼儿园、民办医院、房地产、美容美发等社会领域建立团组织58个。

【智慧团建】 2022年,玉屏侗族自治县印发《关于做好2022年玉屏侗族自治县团员发展工作的通知》,把思想政治考评优良、8小时团课学习合格、年度20小时志愿服务时长作为入团基本要求。出台《玉屏侗族自治县团员发展积分标准》,建立积分入团机制,实行积分入团,对积分未达要求的,暂缓入团继续进行培养;对存在违规、违纪、违法情况的,实行一票否决制。分两批次发展团员413名,其中初中领域280名、高中领域90名、县中等职业学校25名、社会领域18名。开展学校领域、社会领域团组织“三会两制一课”情况检查6次,将团组织开展“三会两制一课”情况作为年度考核及评先选优的核心内容。“智慧团建”同步跟踪记录率100%。

【青少年权益维护】 2022年,玉屏侗族自治县实施“全面构筑未成年人社会综合保护防线”专项工作,建立健全预防未成年人违法犯罪工作机制,印发《关于开展“平安玉屏·青少年零犯罪零受害村(社区)”试点创建工作的通知》《玉屏侗族自治县未成年学生法治宣传教育实施方案》。组建普法志愿服务队17支,开展“法治宣传进校园”30余次,发放宣传资料3万余份,覆盖全县各中小学、县中等职业学校。

【青年就业创业服务】 2022年,玉屏侗族自治县落实“青扶贷”“青惠贷”等青年创业金融扶持政策,发放青年创业贷款290万元。整合各级党政机关、企事业单位资源,开展“扬帆计划”“返家乡”等大学生社会实践活动,为大学生及毕业生提供实习、见习岗位134个,79名大学生入职实习。策划实施2022年青年“十件实事”,为青年提供服务和帮助。12月,召开中长期青年发展规划联席会议第三次全体会议,谋划推动《玉屏侗族自治县青年友好型成长型城市建设实施方案》落地落实。

【青年志愿服务】 2022年,玉屏侗族自治县选派大学生西部计划志愿者180余人,到各乡(镇、街道)从事服务“三农”、医疗卫生、基层社会管理等服务工作。增设公益性岗位临时聘用人员7人担任社区专职团干部。实施社会工作和志愿服务站项目,开展社会救助、养老、儿童3个领域的社会工作服务,覆盖青少年500余人。建立青年人才库,收纳青年人才100余人,跟踪培养青年骨干5人。举行西部志愿者团建活动2次、县级座谈交流会2次、走访慰问6次,完成优秀西部计划志愿者转岗乡(镇、街道)事业编制2人。规范化运行乡村振兴夜校,保障夜校志愿者人数在册162人,各乡(镇、街道)夜校实际人数均超30人。聘请讲师14人,培训群众88课时、1485人。依托县级志愿者服务联合会平台,健全完善各级志愿服务组织网络,吸纳社会各领域热心人士加入志愿者队伍,开展课后辅导、爱心陪伴、敬老助残、法律咨询、禁毒防毒、暖冬行动、爱国教育等志愿服务活动200余场次。组建青年突击队,在防汛抗旱、乡村综合治理等领域开展志愿服务行动60余次。

【“青年之家”建设】 2022年,玉屏侗族自治县建立“青年之家”7个,打造县级直属“青年之家”1个,“青年之家”覆盖率100%,“青年之家”活动录入率100%。

【学校共青团和少先队建设】 2022年,玉屏侗族自治县聘用县级少先队总辅导员1人,少先队辅导员421人,校外辅导员队伍20人。建设并挂牌市级少先队校外实践教育基地2个、县级少先队校外实践教育基地3个,成立张丹桂少先队名师工作室。评选县级“优秀少先队员”31人、“优秀少先队辅导员”19人、“优秀少先队集体”14个。5月，召开少先队工作委员会全体会议，安排部署少先队工作。开展中学（中等职业技术学校）共青团示范校创建工作，5所中学（县中等职业学校）学校全部纳入创建并完成创建指标要求。

【困境青少年帮扶】 2022年，玉屏侗族自治县开展“春晖心行·微爱传递”微心愿圆梦活动，向262名学生发放“六一”国际儿童节微心愿礼物。发起2022年活水计划“99公益日”——玉屏青少年关爱计划，党政机关、社会组织等各界8000余人次参与筹集善款24万余元。开展“希望工程1+1——幻方助学”“中国茅台·国之栋梁”“习酒·我的大学”等公益助学活动，发放助学金50万元，受助经济困难家庭学生250余人。推动“希望工程·陪伴行动”项目落实，开设“希望工程·陪伴行动”希望小课堂项目点5个，招募志愿者20余名，开展“爱心课堂”服务475次，服务青少年1万余人次。

【春晖行动】 2022年，玉屏侗族自治县推动“三类人群”（社会优秀人才、外出务工乡友、高校大学生）“春晖·乡村振兴智库”建设。摸排统计“三类人群”人才资源库7344人，邀请“春晖·乡村振兴智库”专家开展调研、主题讲座、结对帮扶活动3次，完成调研报告1篇，开展政策咨询、破解难题、政策倡导7次。建立“大学生春晖服务社”1个，向团市委报送优秀春晖使者事迹、春晖典型经验材料15篇。开展“春晖行动——我与家乡共发展”座谈会30余次，春晖暖心志愿服务活动50余次。募集春晖资金9万余元、社会爱心捐款22.7万元，帮扶困难群众300余人。新建新时代春晖社5个，在广东省深圳市挂牌建立“青乡友服务站”。实施“党团社”一体化，通过党建带团建、团建带社建的“党团社”一体化建设，探索新时代春晖社服务农业现代化发展新模式，培育新兴职业农民、农村专业服务人才。

9月1日，玉屏侗族自治县2022年活水计划“99公益日”联合行动动员会召开
（杨　倩　摄）

【团费制度改革】 2022年，玉屏侗族自治县推动团费制度改革落实，团费制度改革参与率72.9%，其中学校领域参与率88.6%，社会领域参与率67.9%。
（杨　倩）

玉屏侗族自治县妇女联合会

【概况】 2022年，玉屏侗族自治县组织各乡（镇、街道）妇联召开村（社区）妇女进“两委”和妇联换届工作推进会，配齐配强村（社区）妇联主席。召开“巾帼建功谋发展”女企业家座谈会1次，开展创业故事分享、敬老慰问、网络直播等活动5场次。探索推进家庭教育指导服务试点工作，率先在全市创建县级家庭教育指导服务中心1个、县级家长学校1个、家庭教育工作室2个、家庭教育指导服务示范站6个。县妇联获评“全国家庭工作先进集体”称号。

【妇女基层组织建设】 2022年，玉屏侗族自治县（不含大龙街道、麻音塘街道）有县直机关妇委会（妇工委）36个，乡（镇、街道）妇联6个，村（社区）妇联71个，两新组织妇联1个，女企业家协会1个。县妇联指导县人民法院妇委会、县人民检察院妇委会完成换届选举，督促指导乡（镇、街道）妇联开展换届工作。2月，完成村（社区）妇联换届工作，选举产生村（社区）妇联主席71名、副主席150名、执委1088名，村（社区）“两委”班子中均配备有女性，村（社区）妇联主席均进入村“两委”班子。

【妇女思想政治引领】 2022年，玉屏侗族自治县组建“巾帼宣讲队”，开展党的二十大精神、全国两会精神和习近平总书记系列重要讲话精神等宣讲。坚持典型引领，发动先进典型讲好巾帼故事，开展“寻找最美家庭”系列活动。坚持网上引领，组织单位主要负责人参加学习贯彻党的十九届六中全会和省委十二届十次全会精神网络专题研讨班、全市新时代基层干部主题培训行动计划专题培训班（基层治理类），组织单位干部职工参加全县城市基层干部党建引领基层治理主题网络培训班。

【家庭家教家风建设】 2022年，玉屏侗族自治县加强家庭文化建设，完善县级家庭教育指导服务中心功能，打造县第一中学“紫雅家”家庭教育品牌。各基层妇联组织利用妇女儿童之家、小桔灯亲子书屋、和妈妈（爸爸）共阅读书屋等阵地资源，常态化开展亲子阅读等家庭教育活动。县妇联组织开展“为爱而动·公益助农”农耕亲子体验、“萤火虫·幸福家21天亲子成长营”线上线下家庭教育集中活动、移民安置点亲子阅读暨赠书活动等系列亲子家庭教育活动6次。开展廉洁家风教育专题讲座、“5·20”“向幸福出发”、“清风传家·廉润玉屏”家庭助廉教育等幸福家家庭教育“七进”大讲堂活动9次，受教育495人次。5月11日，开展全国首个家庭教育宣传周集中宣传活动，发放宣传资料1800余份，服务群众咨询100余人次。在县妇联微信公众号设幸福家专栏，宣传“最美家庭”典型事迹，发布家庭教育相关知识17期。开展“寻找最美家庭”系列活动，获评省级“最美家庭”1户、省级“好妈妈”“好孩子”各1人、市级“平安家庭”9户、市级“最美家庭”9户及市级“好妈妈”“好爸爸”“好孩子”各4人。《玉屏“四建四强”探索家庭教育指导服务体系见实效》被《贵州改革工作动态》2022年第11期刊载。

5月20日，县妇联、县民政局联合开展“向幸福出发”系列活动。图为县民政局工作人员带领新婚夫妻宣誓　（杨惠敏　摄）

【妇女干部培训学习】 6月28—30日，玉屏侗族自治县举办新时代基层干部主题培训暨基层妇联干部能力提升培训班，各乡（镇、街道）妇联主席或专职副主席、各村（社区）妇联主席60余人参加培训。组织2人次到贵阳市、丹寨县参加贵州省“两规”工作培训班、贵州省妇女儿童工作委员会能力提升培训班；组织4人次参加铜仁市妇联干部综合能力提升专题培训班、铜仁市女企业家协会助力乡村振兴专题培训班。

【服务妇女创业创新】 2022年，贵州省山花手工艺发展有限公司创建为省级“巾帼就业车间”，

11月4日，玉屏侗族自治县2022年锦绣计划培训班开班仪式在皂角坪街道飞凤安置点举行　　（杨惠敏　摄）

在朱家场镇混寨村建立巾帼创业就业示范基地。在玉屏侗乡风情园打造巾帼创新创业示范基地玉屏锦绣馆，建立锦绣计划和黔货出山农产品综合展示展销平台。县妇联、朱家场镇妇联、县女企业家协会联合开展助力乡村振兴直播培训，朱家场镇各村、县女企业家协会部分会员30余人参加。举办2022年锦绣计划培训班，平溪街道、皂角坪街道各村（社区）妇女群众50余名参加。

【巾帼建功行动】 2022年，玉屏侗族自治县召开“巾帼建功谋发展”暨女企业家发展座谈会，开展“云集市·家的味道”年货节、“为爱而动·公益助农”直播，“铜播季·美好新生活·黔货进万家”联合直播带货、第六届土王戊赶坳直播等活动12场次。组织县女企业家协会会员企业到朱家场镇开展免费直播培训。组织县女企业家协会会员企业入驻田坪新街安置点不散的乡场。组织农业、医疗系统一线女科技工作者到田坪新街安置点开展巾帼科普宣传志愿服务活动。

【妇女儿童权益维护】 2022年，玉屏侗族自治县接待婚姻家庭矛盾纠纷来电来访20件次，有“民事转刑事”隐患问题2起。继续落实“家和工作室”周二值班制度。出台《进一步加强困境妇女司法救助工作的实施意见》，县妇联与县人民检察院等单位牵头成立未成年人法治工作站，招募家庭教育指导服务和心理咨询服务志愿者8名，对涉案未成年人及其监护人开展家庭教育指导。

【妇女主题宣传活动】 2022年，玉屏侗族自治县开展《中华人民共和国民法典》《中华人民共和国未成年人保护法》《中华人民共和国家庭教育促进法》《中华人民共和国反家庭暴力法》等法律法规进集市、进社区、进学校、进家庭、进网络宣传活动，组织巾帼志愿者开展法律法规、预防养老诈骗、节能减排、低碳生活等知识宣传，发放各类宣传资料1600余份。

【妇女儿童系列活动】 2022年，玉屏侗族自治县开展理论宣传宣讲、“三八”妇女维权周、座谈会、手工编织体验、调研参观、直播带货和农耕体验、健康关爱服务等活动。“三八”国际劳动妇女节期间，各基层妇联组织开展纪念活动和妇女体检。“六一”国际儿童节期间，动员各单位到联系村、安置点等开展走访慰问、“送法进万家”等活动，动员爱心妈妈（爸爸）参与圆梦微心愿活动，组织爱心妈妈慰问亚鱼乡瓮袍村儿童10名。

【妇联十届四次执委（扩大）会议】 12月30日，玉屏侗族自治县妇女联合会第十届四次执委（扩大）会议召开，补选县妇联执委、常委、副主席1名，听取县妇联年度工作情况汇报，安排部署2023年度工作。

【妇女儿童发展规划编印】 2022年，玉屏侗族自治县启动省级“两规”示范县申报创建工作。推进妇女发展规划（2021—2025年）、儿童发展规划（2021—2025年）编制工作，12月21日，县人民政府印发《玉屏侗族自治县妇女发展规划（2021—

2025年）》《玉屏侗族自治县儿童发展规划（2021—2025年）》。

（杨惠敏）

玉屏侗族自治县科学技术协会

【概况】 2022年，玉屏侗族自治县有科协及协会组织9个，分别为8个乡（镇、街道）科协、县人民医院科协。开展群众性、社会性主题科普活动，创建县级科普教育基础、示范基地12个。获2021—2022学年全国中小学信息技术创新与实践大赛三等奖2个，玉屏清洁热能科普展厅创建为“中国能源研究会能源科普教育基地”。

【科普项目资金争取】 2022年，玉屏侗族自治县争取科普项目资金29万元，其中中国科协“科普大篷车”车载资源更新指标项目18万元（贵州省3个获取单位之一）、市科协玉屏清洁热能科普基地建设资金10万元、贵州省油茶研发中心博士后工作站建设资金1万元。

【科普教育基地建设】 2022年，玉屏侗族自治县创建天穆研学营、混寨黄桃基地、乡舍中小学研学和涉及气象知识、中医药文化、青少年机器人等12个县级科普教育基地（单位）。玉屏清洁热能科普展厅创建为铜仁市科普教育基地、贵州省科普教育基地及中国能源研究会能源科普教育基地（全国仅授牌创建7家），展厅以绿色核能为核心理念，设置宣传视频、核安全、核利用、核电发展史、小堆项目原理及技术特点、人才培养和社会责任等展区，厅内安放CPR1000、华龙一号等核电堆型水晶模型、沙盘模型等，展现现代能源体系清洁低碳、安全高效的特点，全年接待县内外机关单位、企业和社会公众等参观人员12000余人次。

【群众性科普活动】 2022年，玉屏侗族自治县印发《玉屏侗族自治县全民科学素质行动规划纲要实施方案（2021—2035年）》，开展群众性、社会性主题科普活动15场，发放《日常科普》《食品安全知识》等科普资料1万余册及围裙、环保袋等科普宣传品4000余份；组织专家、科技人员到乡（镇、街道）、村（社区）、易地移民搬迁安置点开展油茶种植、杂交水稻、妇幼保健、家庭教育等科普讲座及培训10场次，培训人员600余人次。开展科普大篷车进校园活动3场次。6月30日，由铜仁市科协主办，县科协、田坪镇人民政府承办的铜仁市科协系统“三下乡”活动在田坪镇新街易地移民搬迁安置点举行。活动发放《科普知识读本》《公民科学素质200问》《食品安全生活指南》等宣传资料4000余份，发放围裙、袖套、手提袋等科普宣传品1500余件，免费发放价值2000余元的日常药品，为83名群众开展免费诊疗。创办“玉屏科协”微信公众号，推送各类科普文章、消息150余期，微信公众号粉丝数量1300余人。在全国科技活动周、全国科普活动日等时间节点，多部门联合开展核能科普宣传活动，在全市率先创作演出“三句半”《人逢喜事精神爽》、科普小品《绿色核能助双碳》，将核能

6月30日，铜仁市科协系统“三下乡”活动在玉屏侗族自治县田坪镇新街易地移民搬迁安置点举行 （县科协 供图）

知识以诙谐、幽默的方式普及到群众中,填补全省核能科普空白。

【青少年科技创新活动】 2022年，玉屏侗族自治县开展科普仪器展示等活动，组织青少年参加科技创新大赛。4月，在第十五届铜仁市青少年科技创新大赛中，获一等奖1个、二等奖1个、三等奖2个。6月，县科协组织3支队伍参加贵州省青少年机器人竞赛，获一等奖、二等奖、三等奖各1个。7月，县第一中学机器人科普教育基地选派4人、2支队伍参加2021—2022学年全国中小学信息技术创新与实践大赛，获三等奖2个。

【铜仁市绿色核能主题科普活动启动仪式在玉屏举行】 6月29日，铜仁市绿色核能主题科普活动启动仪式在玉屏侗族自治县举行。活动邀请核能专家、教授曹广玉作专题讲座，参会人员实地参观玉屏清洁热能科普展厅，在朱家场镇木弄村举行“‘核’携玉屏·筑梦美丽家园”主题文艺演出。铜仁市科协各部（室）、各区（县）科协主席、副主席及科普部、学会部、纲要工作负责人，玉屏侗族自治县全民科学素质工作领导小组成员单位负责人等200余人参加活动。（杨　波）

5月25日，县科协到县第一中学开展科普仪器展示活动

（县科协　供图）

玉屏侗族自治县文学艺术界联合会

【概况】 2022年，玉屏侗族自治县有县书法家协会、县作家协会、县美术家协会、县摄影家协会、县老年书画研究会、县诗词楹联学会、县音乐家舞蹈家协会7个文艺家协会。有国家级协会会员13人，省级协会会员49人，市级协会会员83人，县级协会会员600余人。《玉屏文学》刊发4期（累计84期），第四期诗歌板块开辟《箫笛诗会》专栏，组织诗词爱好者参与开展“诗歌接龙”。撰写特色宣讲小视频《宣讲二十大·匠心展风采》脚本，在县内各网络媒体传播。

【文化惠民】 1月,玉屏侗族自治县组织县书法家协会、县老年书画研究会和县诗词楹联学会20余人,在乡（镇、街道）、村（社区）开展为期5天的“我们的中国梦”——文化进万家2022年“翰墨书发展·春联送吉祥”义务写春联活动。7月，县文联联合县书法家协会、县美术家协会、玉屏伶美艺术教育有限公司联合举办书法、美术研习班，每周四晚上在玉屏伶美艺术教育有限公司进行免费书法、美术研习辅导，主要以学生临摹，教师提醒、点评方式，辅导青少年软笔书法。

【文化交流传播】 2022年，玉屏侗族自治县邀请贵州省作协创作组到玉屏侗乡风情园开展采风活动。组织县诗词楹联学会会员到印山民族小学采风，创作楹联作品12幅。邀请县书法家协会到县第一中学点评教职工毛笔、硬笔书法参赛作品。县诗词楹联学会、县摄影家协会多次到朱家场镇混寨村、亚鱼乡郭家湾村开展文化服务、采风创作活动，创作楹联作品6幅，命名亭名2个。县摄影家协会组织10名作者、200余件作品参加首届粤黔东西部协作美丽乡村摄影大赛。

【玉屏侗族自治县作协第六届会员代表大会】 3月5日，玉屏侗族自治县作协第六届会员代表大会召开，大会总结回顾玉屏第五届作协工作，选举产生新一届作家协会主席团成员。吴琼任主席，杨航、杨毅任副主席，杨航兼任秘书长，杨清博任副秘书长。

【玉屏创建全国文明城市摄影、小视频大赛】 2022年，玉屏侗族自治县举办“玉见·最美——文明玉屏·美丽侗乡”玉屏摄影、小视频大赛。3月16日，邀请市摄影家协会3名专家对参赛作品进行评审，评出一等奖作品2件、二等奖作品5件、三等奖作品10件、优秀奖作品20件。

（杨清博）

玉屏侗族自治县残疾人联合会

【概况】 2022年，玉屏侗族自治县有持证残疾人6071人，其中一级975人、二级1448人、三级1290人、四级2358人，分别为多重残疾540人、精神残疾603人、视力残疾475人、听力残疾458人、言语残疾88人、肢体残疾3413人、智力残疾494人。发放重度残疾人护理补贴168.77万元，开展残疾人培训168人次，申请示范点、示范户补助15万元，完成残疾人康复服务50人次、残疾人辅具适配216件。8月，选派1名残疾人参加第七届全省残疾人职业技能竞赛。10月28日，玉屏侗族自治县残疾人联合会第五次代表大会召开。

【残疾人就业服务】 2022年，玉屏侗族自治县申报市级乡村振兴残疾人工作示范点1个，补助资金5万元，申报市级残疾人自主创业示范户10户，补助资金3.1万元。

【残疾人技能培训】 2022年，玉屏侗族自治县开展以农作物植保员、竹藤编织工技能为主要内容的农村实用技术培训3期，组织残疾人到贵州省残联参加职业技能培训，参加培训人员168人次。

【扶残助残活动】 2022年，玉屏侗族自治县审核发放一、二级重度残疾人护理补贴168.77万元，发放残疾人生活困难救助金3.2万元。全额资助一、二级重度残疾人城乡居民医疗合作保险51.81万元，代缴部分基本养老保险5.59万元。发放残疾人大学新生“阳光助学金”3人，广播电视大学学历提升学费补贴1人。在第32次全国助残日，对村（社区）困难残疾人家庭开展慰问。

【残疾人康复服务】 2022年，玉屏侗族自治县在康复定点机构训练的残疾人儿童有50人，其中0—6周岁41人，7—14周岁9人，补助资金18.3万元。在“全国爱耳日”“全国助残日”“全国爱眼日”期间，开展残疾预防宣传、咨询、义诊及康复等活动。全年适配残疾人辅具216件，开展残疾人精准支持性基本康复服务723人次。11月，玉屏侗族自治县残疾人康复中心移交县人民医院投入使用，中心位于县人民医院内，2018年12月28日动工建设，2021年9月竣工验收。

10月19日，县残联组织开展残疾人职业技能培训

（县残联　供图）

【残疾人维权】 2022年，玉屏侗族自治县办理残疾人来信37件，协调解决个体残疾人就业资金扶持和生活困难救济。接待来访咨询51人次，涉及就业、康复、优惠政策、机动车燃油补贴等，均落实、答复到位。全县未出现残疾人集体上访事件。

【残疾人托养中心】 玉屏济康残疾人托养中心位于皂角坪街道飞凤产业园，设康养房、棋牌室、书画室、康复治疗室和医疗室，配备康养床位86个，主要开展运动治疗、理疗、生活技能训练等康复项目，2022年有寄宿托养对象80余名。（金媛媛）

玉屏侗族自治县红十字会

【概况】 2022年，玉屏侗族自治县围绕"三救三献"（应急救援、应急救护、人道救助，献血液、献造血干细胞、献人体器官组织）核心工作，开展应急救护知识宣传培训3次、防灾减灾知识宣传33次，发放捐资助学金53.69万元。

【应急救护宣传与培训】 2022年，玉屏侗族自治县加强应急救护宣传与培训，到学校、村（社区）、机关事业单位开展"减轻灾害风险，守护美好家园""早预警、早行动"防灾减灾主题活动和抗旱救灾帮扶暨健康义诊志愿服务活动4次。12月，在县城区开展以"共抗艾滋 共享健康"为主题的宣传活动。到黔东民族寄宿制中学、县第一中学、县实验幼儿园、皂角坪幼儿园、德龙小学、平溪街道康华社区等地开展心肺复苏、消防安全、意外损伤包扎等应急救护知识培训3次，受益群众400人次。

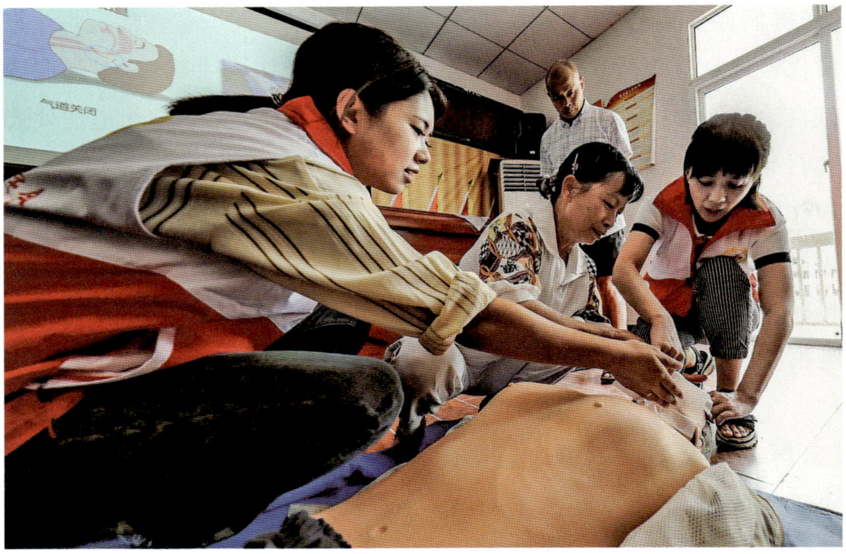

8月25日，县红十字会工作人员到新店镇丙溪村向村民传授心肺复苏急救技能 （县红十字会 供图）

【博爱送温暖】 2022年，玉屏侗族自治县集中开展"博爱送温暖活动"2次，于1月28日、1月30日到皂角坪街道皂角坪村、县敬老院开展走访慰问活动，发放价值5000余元的慰问物资。

【捐资助学】 2022年，玉屏侗族自治县开展"情系教育·筑梦远航"募捐活动，收到16家爱心企业捐助资金43.5万元。向2021年度成绩优异的家庭经济困难大学生发放救助金5万元，受助学生50人。铜仁南站派出所干警及县红十字会常务理事为2名家庭经济困难大学生提供生活救助金21875元。贵州巨向建筑工程有限公司向黔东民族寄宿制中学捐助教育教学资金3万元。

【筹资募捐助力乡村振兴】 2022年，玉屏侗族自治县动员社会各界力量，开展筹资募捐工作，助力乡村振兴。贵州电网有限责任公司铜仁供电局为朱家场镇大兴村捐赠30万元，用于修建猕猴桃基地提灌工程和肉牛养殖基地建设。从广东省东莞市常平镇、桥头镇、谢岗镇募集到东西部协作捐赠款、物价值249.13万元（其中捐赠资金173.11万元、捐赠物资价值76.02万元）。拨付朱家场镇人民政府与朱家场镇谢桥村、混寨村、大兴村乡村振兴工作经费189.36万元（系2021年东西部协作捐赠资金结余）。

6月20日，广东省东莞市常平镇向玉屏侗族自治县捐赠东西部协作物资　　（县乡村振兴局　供图）

发放平溪街道、田坪镇、朱家场镇、新店镇、黔东民族寄宿制中学、德龙小学、大龙中心完小东西部协作捐赠物资价值55.05万元。　（杨顺珍）

玉屏侗族自治县计划生育协会

【概况】 2022年，县计生协会实施完成0—3岁婴幼儿照护服务试点项目、“幸福保障—计生家庭意外伤害保险”项目、优生优育指导中心建设项目。开展乡（镇、街道）、村（社区）计生协会干部分级业务培训2次，发放各乡（镇、街道）、村（社区）计生协会工作经费6.88万元。慰问符合政策生育家庭975户。全县“健康知识进万家”整体覆盖率89.95%。

【优生优育指导服务】 2022年，市级项目玉屏侗族自治县优生优育指导中心落户县计划生育妇幼保健服务中心，项目资金1万元。项目实施后，组织开展亲子活动和公益课堂5次，新婚优生健康、孕前优生健康检查宣传活动23次，优生优育专题讲座及妇女保健知识讲座48次，发放宣传资料1万册。

【“健康知识进万家”试点工作】 2022年，玉屏侗族自治县推进“健康知识进万家”试点工作，健康知识整体覆盖率89.95%，超过“农村覆盖率75%以上，城市覆盖率85%以上”的“健康知识进万家”试点工作指标，提前超额完成试点任务。

【0—3岁婴幼儿照护服务试点项目实施】 2022年，贵州省计划生育协会0—3岁婴幼儿照护服务试点项目落户县真爱幼幼托育中心，投入项目资金10万元，增设托育教室1个，配置中心相关设备设施，并进行环境改造。市、县两级政协相关人员到县真爱幼幼托育中心调研指导0—3岁婴幼儿照护服务试点项目工作4次。县计生协会协助县真爱幼幼托育中心组织开展周末家校合作活动2次，30个家庭参加；开展公益亲子课堂、公益亲子活动、婴幼儿常见性疾病防治及优生优育讲座7次。　（吴红艳）

法 治

中 国 箫 笛 之 乡 · 中 国 油 茶 之 乡 · 侗 族 文 化 艺 术 之 乡 · 中 国 黄 桃 之 乡

政法委及综治

【概况】 2022年，玉屏侗族自治县持续维护国家政治安全稳定，开展国家安全、反邪教宣传72次，完成重大项目风险评估2个。开展“打击整治养老诈骗”“百日行动”、命案防控、涉法涉诉信访等专项行动，维护社会安全稳定。推进“一中心一张网十联户”治理机制，提升基层治理效能，促进市域社会治理现代化。推进常态化扫黑除恶斗争，深化巩固政法队伍教育整顿成果。全县社会大局总体安全稳定可控，安全感、满意度测评排名贵州省前列、铜仁市第一。

【平安建设】 2022年，玉屏侗族自治县开展“打击整治养老诈骗”“百日行动”、命案防控、涉法涉诉信访等专项行动，全县刑事立案下降8.87%，破案上升11.79%，治安案件发案下降1.06%。打击侵害财产类犯罪、网络诈骗犯罪、重刑率（盗窃判处5年以上）三项工作获全市第一，打击知识产权类案件全市第一，“百日行动”、夏季严打整治行动综合排名全市前列。危险化学品和民用爆炸物品未失管失控，未发生重特大亡人交通事故，监所安全管理“零事故”，保持连续4年“两抢”案件“零发生”。落实安全生产责任，铁路护路联防考核获全省一等奖。贯彻执行《铜仁市婚恋家庭纠纷排查化解“六项机制”》，开展和谐家庭建设，从源头上预防婚姻家庭纠纷、控制可防性命案。全县巩固和创建“和谐家庭”60户；排查各类婚恋家庭纠纷274起，化解268起；“民转刑”隐患14起，化解7起。对出院精神障碍患者运用“一历五单”工作机制，落实乡（镇、街道）、村（社区）、网格、联户四级跟踪包保服务责任，保持25个月命案“零发生”。立案侦办养老诈骗刑事案件16起、破案15起，追赃挽损7.89万元。立案办理养老诈骗行政案件6起，罚款5.71万元。开展行业整治。在信息整治领域，立案电信网络诈骗案105起，破获帮助信息网络犯罪活动罪案56起，抓获犯罪嫌疑人82人。在自然资源领域，组织开展县级巡察和检查65次、乡（镇、街道）级巡查160余次，检查矿山23次，摸排发现矿产资源领域违法行为线索8条。在交通运输领域，检查相关企业418家、渡口26道次、渡船26艘次，查处违法行为330起，行政处罚40.88万元。在工程建设领域，对建筑施工领域安全生产检查，到建筑施工企业排查115次。开展市容市貌专项整治134次，整治流动摊贩、占道经营4570余处。在教育领域，调整充实52名“法治副校长”和36名学校法治辅导员，开展《中华人民共和国反有组织犯罪法》等法治宣讲活动55场次。在金融放贷领域，对全县2家独立法人金融机构开展再贷款、再贴现检查。在市场流通领域，开展冷链食品、药品生产经营企业、医疗机构、医疗器械生产经营企业、农（集）贸市场、商场和超市、餐饮经营场所等各类检查3000余家次，立案调查27件。

【法治玉屏建设】 2022年，玉屏侗族自治县推进“114”（以坚持党对法学会的绝对领导为主线，健全一套运行高效组织体系为保障，抓实法学研究、法律服务、法治宣传、社会治理四项任务为重点）工作体系建设，规范建设法学会工作站市级试点2个、县级4个。开展诉源治理，万人成讼率下降21.3%，铜仁市排名第二。实施“八五”普法规划，巩固贵州省法治政府建设示范县创建成果，53家单位聘请法律顾问，31项司法行政审批事项实现“全省通办”。创建省级民主法治示范村4个，全县依法治乡（镇、街道）议事协调机构全覆盖。

【市域社会治理】 2022年，玉屏侗族自治县运用“一中心一张网十联户”和“党小组+网格员+联户长”铁三角治理机制，推动县、乡（镇、街道）、村（社区）三级同向发力，统筹调度命案防控、防诈骗、重大风险隐患排查、矛盾纠纷化解、安全生产等工作，收集社情民意2000余条，解决群众热点问题3000余件。

【“一中心一张网十联户”治理机制运行】 2022年，玉屏侗族自治县推进“一中心一张网十联户”治理机制，提升基层治理整体效能。“一中心”指县、乡（镇、街道）、村（社区）综合治理中心，“一张网”指城乡社区网格，“十联户”是按照“住户相邻、邻里守望”的原则，将相对集中居住的村（居）民按照十户左右标准划分联防联治服务单元。先后4期实施县委政法委书记包保乡（镇、街道）、县委政法委副书记包保村（社区），整体推进“一中心一张网十联户”落地见效，全覆盖6个乡（镇、街道）、71个村（社区）。通过“一中心一张网十联户”治理机制运行难点堵点32个，统筹调度命案防控、安全生产等工作。

【政法领域改革】 2022年，玉屏侗族自治县深化政法领域改革，常态化开展执法司法顽瘴痼疾排查整治。公安机关将便民服务全部纳入“一窗通办”“跨省通办”，推进城区“交巡警合一”机制改革，在县城区设置4个治安服务岗亭。检察机关在全市率先探索设立“未成年人法治工作站”“儿童保护站”，招募“益心为公”志愿者担任观察员，拓宽公益诉讼案件线索来源渠道，办理的督促保护耕地、涉老年人保健品虚假宣传行政公益诉讼案等案件入选全国检察机关“千案展示”案例。审判机关建立“法院+邮政”联动机制，建立网络法庭2个，升级改造智慧法庭配套6套。司法机关推动“执法权限下沉、执法力量下沉、培训指导下沉、执法机制下沉”四个创新，出台综合行政执法协调联动行政执法公示、执法全过程记录、重大执法决定法制审核等机制。

【巩固深化政法队伍教育整顿成果】 2022年，玉屏侗族自治县持续巩固深化政法队伍教育整顿成果、党史学习教育成果，落实“三个规定”，执行《新时代政法干警“十个严禁”》，深化政治督察和纪律作风督查巡查，落实关爱扶助政策和暖警爱警惠警措施，弘扬英模精神。10余名政法干警被省、市表彰（扬）为先进个人表彰（扬），玉屏侗族自治县打击整治养老诈骗专项行动办公室获“贵州省打击整治养老诈骗专项行动先进集体”，县拘留所获“全国优秀公安基层单位”称号。（*龙君凡　廖海英*）

法治政府建设

【概况】 2022年，玉屏侗族自治县推动政府转变职能提升效能，健全政府机构职能体系，依法履行政府职能。将政府工作纳入法治化轨道，法治政府建设进程持续推进。全县举办习近平法治思想专题研讨班1期，组织各单位各部门学习习近平法治思想220余次，通过事业单位招考面向社会公开招聘法治人才4名，率先在全省实现乡（镇、街道）法治建设工作议事协调机构全覆盖。

【法治营商环境优化】 2022年，玉屏侗族自治县深化“放管服”改革，优化营商环境，擦亮“贵人服务·一视铜仁·玉事无忧”营商环境品牌，加强民营企业权益保护，组织律师开展“法治体检”，为企业排忧解难，律师服务民营企业数16家，开展企业咨询50余人次，宣传法律政策6次，梳理涉及民营企业各类纠纷4起，为民营企业出具法律意见11份、审查合同20次、审查规章制度3份。

【合法性审查】 2022年，玉屏侗族自治县加强行政规范性文件指导监督，制定《玉屏侗族自治县行政规范性文件工作提示制度》《玉屏侗族自治县规范性文件工作急件登记制度》等7项管理制度，提升监督管理实效。推广运用贵州司法云备案平台，报送规范性文件备案6件，合法性审核率、备案审查合格率100%。行政规范性文件合法性审查20件，提出合法性审查意见304条。对省、市、县立法草案提出修改建议23件、113条。清理妨碍大市场和公平竞争政策、不利于民营企业经济、计划生育规范性文件4次。落实公开解读和备案制度，所有规范性文件均在县人民政府网站进行公开，并报县人大常委会及铜仁市人民政府备案，对重大行政决策事项执行目录清单管理，在县人民政府网站公示《玉屏侗族自治县人民政府2022年度重大行政决策事项目录》，严格过程管理。推进公职律师全覆盖工作，印发《玉屏侗族自治县深入推进公职律师工作方案》。摸底调查全县党政机关干部职工，党政机关通过法律职业资格考试54人（含县纪委监委、县人民检察院、县人民法院），2022年报考国家司法考试人数32人。持续推进法律顾问、公职律师工作，全县党政机关（含事业单位）配备法律顾问53家。印发《玉屏侗族自治县法律顾问评估工作方案》，县法律顾问事务服务中心审查合同协议（处理决定）等30份，提出各类法律审查意见建议106条；审查招商引资合同（协议）23份，提出审查意见建议93条。

【政务公开】 2022年，玉屏侗族自治县公布进驻的行政权力事项和公共服务事项（除法律法规另有规定或者涉及国家秘密外），全部纳入全国一体化政务服务平台2202项，并在贵州政务服务网公布。县级政务服务网上办结事项189587件，办结率100%；全程网办事项数997项，全程网办成效占比71.9%；政务服务窗口好评率99.7%；证照入库42325项，证照共享97274次，证照生成种类100类，电子证照与事项材料关联数1014项；电子印章使用70710次。县人民政府网站全年录入信息9343条，发布政策性文件7份，主动公开政府信息2265条。

【行政执法监督】 2022年，玉屏侗族自治县深化行政执法体制改革。推进乡（镇、街道）综合行政执法改革，赋权到乡（镇、街道）的县级行政管理权限34项。督促指导乡（镇、街道）执法证办理，申办发放执法证85人。组织各乡（镇、街道）开展执法业务培训2次，召开赋权乡（镇、街道）综合行政执法协调会议1次。加强对教育培训、自然资源、社会治安、农业农村、林业行政等重点领域执法。强化执法人员素质提升，组织开展行政执法人员“大学习大练兵大比武”活动，组织县级行政执法人员培训4次，参训300余人。深化普法依法治理，推动落实“谁执法谁普法”责任制，90家行业（部门）普法责任清单在县人民政府网公开。组织全县行政执法人员行政执法能力培训2期，参训人员200余人次。全年各行政执法单位申领行政执法证80个，审核换证14本，配备行政执法记录仪89台。县司法局配合铜仁市依法行政领导小组办公室到8个乡（镇、街道）进行乡（镇、街道）综合执法改革调研指导。

【行政复议与应诉】 2022年，玉屏侗族自治县实施行政复议体制改革，县司法局与县人民政府行政复议办公室合署办公，配备工作人员2人，负责依法承办由县人民政府管辖的行政复议案件审查、立案、审理工作。全年收到行政复议案件申请19件（含2021年申请3件），受理并办结18件，纠错1件，纠错率5.6%，无行政复议决定被人民法院纠错情况；收到行政诉讼一审案件57件（含2021年14件），办结46件，败诉8件，败诉率17.39%。

【法治督察】 2022年，玉屏侗族自治县持续推动法治督察与纪检监察协作配合机制落地落实。3月，县委全面依法治县委员会办公室、县纪委监委联合开展法治督察，组成6个督察组到60家单位开展综合法治督察，督促指导相关单位履行法治政府建设工作职责。（涂朝文）

公 安

【概况】 2022年，玉屏侗族自治县公安机关开展反恐防暴、维护公共安全、打击违法犯罪、服务群众企业等工作，维护全县政治治安大局持续稳定。全县各类刑事案件立案491起，比上年下降8.4%，治安案件受理597起，比上年下降3.24%，打击跨境违法犯罪专项行动综合排名全市第一、“百日行动”、夏季严打整治行动综合排名全市前列，保持连续4年“两抢”案件“零发生”、命案25个月“零发生”，群众安全感、满意度排名全市第一。

【刑事案件侦破】 2022年，县公安局以“春季攻势”“夏季严打”为抓手，开展“打非治违”“打击整治养老诈骗”专项行动。各类刑事案件立案491起，与上年同期536起相比，下降8.4%；破案285起，与上年同期252起相比，上升13.1%；抓获网上在逃人员44名，其中20年命案积案在逃人员1名、19年强奸案犯罪嫌疑人1名；受理治安案件597起，查处142起，查处违法人员233人，治安案件发案与上年同期617起相比，下降3.24%。

【经济犯罪侦查】 2022年，县公安局围绕“防范化解金融风险”“云端2022”与“猎狐”专项工作、数据化实战应用、“整治违规使用资金查控平台冻结手段攻坚战工作”4个方面开展经济犯罪侦查，破获经济犯罪案件6起，抓获犯罪嫌疑人8人，涉案金额1400万余元，挽回经济损失145万余元；联合相关部门化解经济金融领域风险9起（其中非法集资类4起，传销类5起）；核查“云端2022”线索40条，稳控云端线索关联人员150余人，未发生利益受损群体不稳定情况。

【重点单位安全保卫】 2022年，县公安局加强重点地区、重点部位排查整治，严厉打击涉黄涉赌违法犯罪行为。全年破获涉黄涉赌刑事案件25起，刑事处罚25人；查处涉黄涉赌行政案件58起，行政处罚227人。强化火灾防控，在学校、医疗、商场等10类重点场所推行消防安全标准化管理，开展专项检查200余家次，行政处罚旅馆6家，停业整顿1家。加强娱乐场所治安管理，防范治安隐患和堵塞管理漏洞，开展专项检查20余次。围绕平安校园、平安医院创建工作，开展校园及周边检查55次，发放安全隐患整改建议函7份，整改其他隐患21处。全县64所中小学、幼儿园全部安装有一键式紧急报警装置，视频监控系统与公安机关联网率100%，落实常态化“护学岗”，并形成制度化管理，全年未发生涉校重大案事件。

【危险化学品民用爆炸物品安全管控】 2022年，县公安局开展危险化学品、民用爆炸物品安全大检查，开展清查收缴行动98次，摸排线索100余次，收缴枪支2支。召开涉民用爆炸物品企业专题会2次，签订责任状3份。开展危险化学品、民用爆炸物品检查330余次，发现并整改各类安全隐患36处，销售黑火药11.5千克、销毁非法烟花爆竹250余件；查处违反爆破安全规程行政案件1起，罚款10万元。

【专项整治】 2022年，县公安局开展“打击整治养老诈骗”专项行动，破获电信网络诈骗案件56起，抓获82人；破获养老诈骗案件15起，抓获6人；冻结止付个人账户687个、资金1484.22万元，冻结止付对公账户37个、资金250余万元，冻结第三方支付平台账号35个、资金5万元，网络预警873次，电话预警229次，劝阻电信网络诈骗723起，避免群众被骗金额近700万元。6—9月，县公安

6月15日，县公安局民警在平溪街道开展易制爆危险化学品安全检查
（县公安局 供图）

局以寻衅滋事、电信诈骗、涉老年人诈骗、黄赌毒、“两抢一盗”等犯罪为重点，开展夏季严打整治“百日行动”。全县公安机关立刑事案件191起，破获139起，抓获犯罪嫌疑人98人、网上逃犯21人，提请逮捕44人，移送起诉111人；受理治安案件212起，查处212起，治安处罚298人。全县刑事发案率同比下降0.5%，破案率同比上升31.1%，其中“八类严重暴力犯罪”发案率同比下降25%、电信诈骗案件发案率同比下降13.6%；查处治安案件同比上升2.4%。

12月15日，新店派出所民警上门为新店镇朝阳村出行不便老人办理身份证 （县公安局 供图）

【道路交通安全管理】 2022年，县公安交通管理局推进“打非治违”专项整治行动，运用法治方式、科技手段和社会力量，健全道路交通安全监管模式，开展道路交通违法犯罪整治工作。全年开展各类交通秩序整治行动90余次，查处各类交通违法行为44542起。年内，全县发生道路交通事故800起，伤397人，死亡8人，财产损失641050元；排查整改道路安全隐患点23处，全县未发生重特大人员伤亡交通事故。

【户政管理】 2022年，玉屏侗族自治县推进落实“一窗通办”，改进和优化驾驶人考试、户籍身份证办理、出入境证件申办、网络安全管理等服务模式，根据规定简化程序，压缩审批时限。县户籍总户数56515户，户籍人口176180人。迁入1204人，迁出1686人。办理二代居民身份证10560张、临时身份证1053张。办理各类出境证照124人次、港澳通行证6人次，阻止、劝返办证30人次，办理法定不批准出境人员通报备案54人。办理涉外案件2起，打击处理2人。

【禁毒工作】 2022年，县公安局开展“清源断流”行动，加大物流寄递、涉毒资产查扣、涉毒洗钱等案件侦办力度，严厉打击毒枭、毒贩气焰，坚决查处吸毒人员。破获毒品刑事案件9起，打击处理13人，缴获毒品海洛因2720.9克，查获吸毒人员57人，其中强制隔离戒毒4人、罚款1人、拘留1人、拘留转社区戒毒5人、社区康复转社区戒毒46人。强制隔离戒毒率、社区戒毒社区康复执行率、戒毒措施落实管控率均为100%。玉屏侗族自治县禁毒教育基地被贵州省司法厅、贵州省法治宣传教育工作领导小组办公室命名为“贵州省法治教育示范基地”。

【森林公安执法】 2022年，县森林公安局健全行政执法与刑事司法衔接机制，开展“守护舌尖安全”、食品药品安全环节打假“昆仑”“利剑”等专项行动，加大食品药品安全环节联动体系化打击力度。破获生态环境类案件13起、危害野生动物类案件3起、食品知识产权类案件3起、销售伪劣产品案1起，抓获犯罪嫌疑人27人，捣毁生产销售伪劣产品槟榔加工窝点1家。相关部门组成联合执法队伍，在㵲阳河保护水域开展依法打击非法捕捞联合执法行动10次，现场劝导垂钓者100余人，收缴鱼竿60余支，协助林业部门救助野生动物2只。

【警务督察】 2022年，县公安局整治公安队伍管理突出问题，自

10月17日起在全县公安机关组织开展为期1个月的队伍纪律作风专项整治。专项整治期间，采取“夜晚集中学习＋日常自学”的方式，强化全体民、辅警思想政治和警规警纪学习教育，参加考试民警193人，全员考试达标，考试成绩90分以上占比87%，撰写心得体会160份。狠抓督察、严格执纪，开展现场督察70余次，专项督察12次，网上督察60余次，发现问题31件，现场整改29件，提出督察建议2条，下发督察通报5期。

【监所安全管理】 2022年，县公安局围绕“场所安全和队伍安全，整体工作继续走在前列”的总目标，以创建高等级监所为抓手，打造“智慧、精细、美丽”规范化管理样板，消除安全隐患，实现监所安全管理“零事故”的目标，确保监所绝对安全。县拘留所被公安部评为“全国优秀公安基层单位”。

【公安科技信息化建设】 2022年，县公安局全面提升“智慧法治中心”建设，初步形成“一站式”办案、合成化作战、智能化管理、全流程监督的闭环式执法办案管理。筹措资金推进智能化执法办案管理中心和执法装备配备，规范智能化执法办案管理中心使用，落实“三个一律”制度，对执法过程全流程记录。全年为一线执法民警增配4G执法记录仪56台、单机执法记录仪10台、对讲机200台、卫星电话2台、多功能防刺服60套、采集站8个。全年进入县公安局执法办案管理中心办理刑事案件563人次，办理行政案件274人次，标本采集915人次（其中78人仅进行标本采集），无安全事故发生。

【“110”接处警改革】 2022年，县公安局加强“110”接警中心硬件建设、数据系统建设、人员值班值守，实现警情统一接入、统一指挥调度。贵州省“110”服务中心、警务大数据平台、手机“110”、接警前端、公众微博、微信及布控监测报警、技防报警、互联网报警、有奖举报电话等警情信息全部统一接入“110”接警中心，集中统一受理全县“110”和网络报警，形成网上网下一体、先进技术支撑、高效管理保障的互联网接警模式。“110”接处警平台与执法办案系统对接，做到接处警、案件侦查、办理全程留痕、轨迹可溯。贵州省“110”接处警工作改革工作推进以后，县公安局转变接警模式、适应改革需求，群众拨打“110”报警电话直接转接至贵州省公安厅“110”报警服务中心，贵州省公安厅“110”服务中心对群众报警位置进行精准定位后，采取多方通话或网络接转的方式将警情直接派至一线辖区派出所值班民警，街面民警或派出所民警直接应答受理，变警情受理与处理分离为接处警一体化，减少信息流转层级，提升接处警工作质效。

【“135分钟”快速反应机制建设】 2022年，县公安局推进城区“交巡警合一”实战化运行改革，按照“135分钟”（在县城主城区，接报涉恐涉暴袭击和个人极端暴力犯罪等重特大警情时，1分钟快速反应；重点区域3分钟赶到现场处置；人员密集场所5分钟赶到现场处置）机制要求，在县城区㵲阳广场、街心花园、钟鼓楼广场设置治安服务岗亭，抽调特巡警、交警60余名到岗实体化运行，全面提升巡逻密度和频次，把巡逻向背街小巷延伸，最大限度提升见警率、管事率。年内，“135分钟”快速反应防控圈涵盖县城主城区大部分范围。

【派出所警务融合】 2022年，县公安局推动派出所警务融合，推进田坪·亚鱼“警务战区”实战化运行改革工作，成立田坪·亚鱼联合警务战区，在田坪派出所设立联合指挥部，设置联合指挥部指挥长、副指挥长，承担田坪派出所、亚鱼派出所日常警务工作，探索建立健全协同配合、战果评估、考核问效、支撑保障等运行机制，以高效的警务协作生成新的战斗合力。推进平溪·皂角坪派出所警务融合实战化运行改革，结合县域实际，整合平溪派出所、皂角坪派出所警力，探索融合派出所职能职责，推行综合情指室、社区警务队、案件侦办队“一室两队”勤务模式，建立岗位标准、业务流程和协作规范，推动派出所警力资源集约化管理。 （张文能 龙 涛）

检 察

【概况】 2022年，县人民检察院贯彻落实习近平法治思想和《中共中央关于加强新时代检察机关法律监督工作的意见》，能动履行刑事、民事、行政和公益诉讼“四大检察”职能。受理审查逮捕案件95件、157人，办理民事监督案件46件，办理行政检察案件78件，办理破坏生态环境类案件13件、17人。与县公安局挂牌成立“侦查监督与协作配合办公室”，提前介入案件161件，介入率68.19%。办理的“检察蓝”守护“夕阳红”老年人权益保护公益诉讼案，入选全国虚假宣传公益诉讼典型案例；办理的督促耕地保护行政公益诉讼案，入选全国检察机关“千案展示”，并在正义网发布。

【刑事检察】 2022年，县人民检察院受理审查逮捕案件95件、157人，批准逮捕72件、97人，受理审查起诉案件243件、425人，起诉163件、270人，无无罪判决案件。起诉故意伤害致人重伤、爆炸等严重暴力犯罪11件、17人，起诉盗窃、诈骗等多发性侵犯财产犯罪38件、65人，惩治“黄赌毒”犯罪起诉15件、20人。常态化开展扫黑除恶斗争，办理恶势力组织犯罪案件1件、5人。适用认罪认罚从宽制度办理225件、377人，适用率93.67%，律师见证及同步录音录像全覆盖，对98.71%的案件提出确定刑量刑建议，县人民法院采纳率99.13%。组建打击网络犯罪办案团队，通过提前介入引导侦查，加大电信网络诈骗犯罪捕诉力度，打击售卖公民个人信息、提供“两卡”（手机卡、个人银行卡）等犯罪，斩断电信网络诈骗犯罪“黑灰”产业链，依法批捕起诉涉“两卡”案件24件、70人，办理詹某某等8人跨境实施电信网络诈骗等有影响力案件。深挖彻查案件线索，对帮助掩饰受贿资金性质的袁某以洗钱罪提起公诉。严厉打击侵犯知识产权犯罪，办理左某某等人销售假“口味王”槟榔案，依法维护经营者和消费者合法权益。

【民事检察】 2022年，县人民检察院依法依规办理生效民事判决、裁定、调解监督案件。经监督，发出检察建议书后裁定再审改判率100%。防范打击虚假诉讼，办理民事监督案件46件，对诉讼、执行案件中存在的共性问题提出类案检察建议书。支持起诉工作，对追索劳动报酬、赡养费、精神损害赔偿等23起案件支持起诉。采取“支持起诉+检察建议+公开听证”的方式，支持农民工依法维权12件。

【行政检察】 2022年，县人民检察院发挥行政检察“一手托两家”作用，常态化开展行政争议实质性化解，将以“我管”促“都管”融入检察履职，办理行政检察案件78件。以类案监督促诉源治理，加大社会保障、公共卫生、征地拆迁、城市管理等民生领域行政检察办案力度。前移介入行政争议关口，对行政复议案件提供法律咨询意见，化解行政争议5件，通过“和解+听证”方式促进案结事了政和。将社会治理检察建议融入平安玉屏、法治玉屏建设，加强对行政违法行为的监督，促进行政机关依法行政，全年制发检察建议书73件，与相关部门建立工作机制3项。

【公益诉讼检察】 2022年，县人民检察院落实生态环境司法保护，在污染防治、耕地保护、农村人居环境整治等领域发挥检察监督作用。办理非法采矿、非法捕捞、非法占用农用地等破坏生态环境类案件13件、17人。坚持刑事打击与公益诉讼双管齐下，监督被告人修复受损环境，助力长江流域禁捕退捕决策落地生根。通过开展公益诉讼工作，推动补植树木15万余株、增殖放流鱼苗1.8万余尾。对饮用水水源地污染问题，跨区域协调治理，督促修复受损生态，改善水源地环境。开展文物、文化遗产、古树名木及中国传统村落保护公益诉讼专项行动，办理保护拱宸门、钟鼓楼、中国传统村落朝阳村与大湾村、田坪红军长征陈列馆等公益诉讼案件。主持召开“玉屏箫笛制作技艺”座谈会，推动形成玉屏箫笛制作技艺保护合力，鼓励非物质文化遗产代表性项目代表性传承人授徒传艺。开展打击市场经营主体虚假宣传、诱导老年人消费专项行动，制发检察建议书。

9月20日，田坪镇新华村儿童保护站挂牌成立

（县人民检察院　供图）

【职务犯罪检察】 2022年，县人民检察院规范职务犯罪案件提前介入、管辖、证据、刑事强制措施适用、认罪认罚从宽等工作，加强与县监察委员会的沟通，形成衔接有序的制度机制。开展司法工作人员职务犯罪案件线索的收集、排查工作，发挥监察、检察衔接配合作用，办理职务犯罪案件5件、5人，办理铜仁市人民检察院交办线索4件。追回赃款挽回损失，95件案件犯罪嫌疑人退赃退赔，挽回经济损失715万余元。

【未成年人检察】 2022年，县人民检察院以“四大检察”联动履职促进未成年人“六大保护”综合施策，为未成年人安全健康成长营造更有温度的司法环境。从严惩治侵害未成年人犯罪，全年批捕17件、23人，起诉19件、26人，对22名犯罪情节轻微、真诚悔罪的涉罪未成年人不捕、不诉。依法落实未成年人犯罪记录封存制度。对未成年被害人依法支持起诉，帮助追索精神损害赔偿、发放司法救助金15万元。对未成年人家庭监护不力的，全年制发督促监护令、家庭教育指导令47件，引导家长依法带娃。持续督促学校落实“一建议两制度”（“1号检察建议”和《侵害未成年人案件强制报告制度》《教职员工准入查询性侵违法犯罪信息制度》），开展专项督导检查及法治绘画、书法竞赛。引导行政部门加强对住宿、烟草等行业监管检查，对“法律明白人”、基层工作者开展强制报告制度培训，强化未成年人社会保护。制作未成年人家庭保护、社会保护主题微动漫2部，均获2022年度全省检察机关“三微”作品展播优秀奖。

【刑事执行检察】 2022年，县人民检察院办理看守所检察监督案件157件，发出纠正违法通知书20件，均已采纳纠正。依法办理重大案件侦查终结前讯问合法性核查案件7件，促进侦查讯问规范进行。开展暂予监外执行案件实质审查，办理暂予监外执行审查案件5件、5人，均出庭履职监督，邀请人民监督员旁听庭审。加大财产刑事执行检察监督，核查131人，总金额736万元，提出书面纠正意见5件。

【控告申诉检察】 2022年，县人民检察院畅通群众诉求表达渠道，受理群众来信来访71件次，7日内程序回复、3个月内办理结果答复率100%。把握“应听尽听”“如我在诉”疏解“法结心结”，听证范围实现“四大检察”“十大业务”全覆盖。开展听证21件次。办理铜仁市人民检察院交办案件3件、刑事申诉案件3件、控告案件22件。办理国家司法救助案件26件、29人，发放救助金20.35万元。年内，县人民检察院与湖南省新晃侗族自治县人民检察院联合对1起故意杀人案被害人家属启动司法救助，发放救助金6万元。

【检察监督】 2022年，县人民检察院与县公安局挂牌成立“侦查监督与协作配合办公室”，实质化提前介入，实现引导侦查与监督协作双同步，提前介入案件161件，介入率68.19%，同比提升37%。监督立案、撤案8件，纠正侦查、审判活动违法29件次，纠正漏捕漏诉12人。提出抗诉1件，铜仁市人民检察院支持抗诉2件（含2021年提出抗诉1件），均获采纳。办理社区矫正检察监督案件22件，针对社区矫正活动不当发出纠正违法通知书15件、检察建议书2件，均已采纳纠正。办理剥夺政治权利检察监督案件11件，发出纠正违法通知书10件，其中发现漏管5人、未依法宣布恢复政治权利5人。

【检察改革创新】 2022年，县人民检察院建立完善符合检察权运行规律的制度体系，深化司法责任制配套改革，完成三类人员业绩考核，聘任24名听证员和9名特邀检察官助理。深化“数字赋能监督，监督促进治理”的法律监督模式重塑性变革，筹措资金32万元，实现档案管理数字化。

【检务公开】 2022年，县人民检察院主动接受县人大监督，向县人大常委会专题报告刑事执行检察工作，抓好审议意见整改落实。配合县政协开展关于加强新时代检察机关法律监督工作调研，主动接受政协民主监督。深化检务公开，邀请代表、委员参加“两长”座谈、“检察开放日”，人民监督员参与案件评查，率先在全市组建“第三方案件质量评查委员会”，评查案件214件，“零距离”接受监督。构建检律良性互动关系，依法保障律师执业权利，为群众控告申诉、律师阅卷提供高效便捷的“一站式”服务，受理91件次。

【检务为民服务】 2022年，县人民检察院将检察工作与乡村振兴深度融合，办理危害农村秩序、侵害农民利益犯罪案件13件、26人，维护农村治安稳定。对拒不支付劳动报酬的现象，支持农民工起诉，帮助追回被拖欠工资，以司法办案服务保障乡村振兴。严防因案返贫，为29名经济困难的农村被害人发放司法救助金20万元，与县妇联共同建立困境妇女维权机制。选派2名干警长期驻村，帮扶联系村开展抗旱救灾、发展集体经济，提供经费7万元。走访17所乡、村中小学、幼儿园，排查安全隐患，联系交通部门协调解决就学交通安全问题。惩防并举关心、关爱留守儿童，在易地搬迁点、农村地区率先探索设立“未成年人法治工作站”“儿童保护站”。强化检察司法保护，全年起诉侵害民营企业合法权益犯罪案件9件、48人，对犯罪情节轻微的4家单位、16名企业负责人（直接责任人员）作出不起诉决定。与县工商联、县司法局等9个部门印发《涉案企业合规第三方监督评估机制实施办法》，成立管理委员会，公开选任74名专业人员组建人才库。在涉企案件中延伸监督职能，以检察建议推动专项治理，“以案促改”推动行政机关规范监管。对办理的某铁合金有限责任公司重大责任事故案开展调查，启动企业合规考察，就企业在生态环保、劳动保障、安全管理等方面存在的风险点提出合规建设意见。 （李海艳）

法　院

【概况】 2022年，县人民法院受理各类案件2683件，审结案件2464件，结案标的7亿余元。新收案件从2021年的3483件下降至2343件，比上年下降32.73%，法定审限内结案率100%，居全市第二位。人民群众对人民法院工作满意度居全省第十六位。

【刑事案件审判】 2022年，县人民法院审结各类刑事案件179件、302人。严厉打击盗窃等侵财类犯罪、强奸等暴力犯罪，维护人民生命财产安全，审结该类犯罪 36 件、68 人。坚持打早打小，审结九类案件 14 件、23 人。严惩电信网络诈骗犯罪，审结相关案件 20 件、60 人。维护群众出行安全，审结危险驾驶类案件 44 件、45 人，判处实刑 34 人。依法惩治腐败犯罪，审结职务犯罪 5 件、6 人。严厉打击毒品犯罪，审结毒品犯罪 8 件、12 人。强化人权司法保障，适用认罪认罚从宽制度审理 159 件、261 人。

【民事案件审判】 2022 年，县人民法院深化民商案件繁简分流，加大小额速裁适用力度，审结民商事案件 1178 件，其中合同类纠纷 626 件，标的额 2.57 亿元。慎审因疫情影响“弃房断供”和解除合同纠纷，诉前对接协调相关职能部门办理房产证 31 户，审结商品房买卖纠纷 51 件，审结物业服务纠纷 39 件。维护劳动者合法权益，审结劳务合同纠纷 59 件，为劳动者追索劳动报酬 167 万元。适用民法典裁判案件 309 件，审结虚假诉讼案件 2 件、4 人。

【审判管理】 2022 年，县人民法院加强审判管理，助推审判质效提升。明晰院长、庭长案件监督管理范围清单，强化对“四类案件”监督管理。完善二审改判、发回重审案件判后分析机制。制定实施严格落实审理期限制度的规定，规范民商事案件延长、扣除审限程序。发挥专业法官会议在解决案件疑难复杂问题、辅助办案决策等方面作用，召开专业法官会议 7 次，切实解决类案不类判问题。开展瑕疵案件专项整治行动，完成自查筛查案件 2263 件，对 13 件案件重点开展评查，未发现错误案件。加强司法鉴定案件管理，严把司法鉴定时限关，纳入审判管理考核内容。

【行政非诉审查】 2022 年，县人民法院参与政府重大决策、重大项目研究论证 32 次，针对涉及政府及融资平台公司等特殊主体纠纷，将相关机制和解纷措施主动前移，力促将纠纷化解在诉前，化解纠纷 5 件，涉及金额 16700 万元、涉房产 63 套。落实行政诉讼案件集中管辖工作要求，主动配合受理行政诉讼案件的人民法院开展工作，引导当事人理性开展行政诉讼，受理行政非诉案件 5 件，结案 5 件。

【案件执行】 2022 年，县人民法院执行结案 1093 件，执行到位 15900 万余元。全面推行“事务集约繁简分流”改革，打破“包案到底”传统办案模式，优化配置执行团队，实现提质增效。开展“黔山雷暴 · 玉屏在行动”专项执行行动 4 次，出动警力 230 人次，查封房产土地 70 万余平方米，扣押车辆 73 辆，执行到位 1800 万余元；依法实施信用惩戒机制，限制高消费失信被执行人 663 人次，纳入失信名单 234 人次，公布失信被执行人 5 期 316 人次。落实涉特殊主体案件与万山区人民法院交叉执行，按照“一案一策”制定化解工作方案，受理涉特殊主体案件 62 件，执行结案 60 件，执行到位 3900 万元。

【多元解纷和诉讼服务体系建设】 2022 年，县人民法院推进新时代“枫桥式人民法庭”创建，指导人民陪审员、人民调解员参与纠纷化解。组织人民调解员培训 15 场、500 余人次。开展典型案件巡回审理，把法庭搬进乡村、学校，面对面开展法治教育，以点带面促进乡村和谐。全年审理赡养纠纷 3 件、邻里纠纷 5 件，缓、减、免交诉讼费 4.16 万元。参与乡村综合治理，规范村规民约，引导群众以理性合法形式表达利益诉求。县人民法院创新“1264”诉讼服务团队新模式，疏通诉讼服务渠道，打造“法庭就在身边、法官就在身边”的诉讼服务网格，巡回审理案件 200 余件，为群众提供“家门口”的司法服务。建立“法院 + 邮政”联动机制，通过乡（镇、街道）、村（社区）邮政服务点立案 8 件；邮政集约送达中心送达完结 1760 件，送达完结率 100%，平均送达时长 1.85 天。配备专业导诉员，开设涉企业、涉老年人、涉贫困人员绿色通道，持续强化“一站式服务、一体化解决、一次性到位”便民服务。诉讼服务指导中心信息平台质效指标得分 96.5 分，位列全省第一，多月进入全国排名前十。

【诉源治理】 2022年，玉屏侗族自治县成立诉源治理领导小组，出台实施方案，打造共建共治新模式，诉源治理大格局初步形成。加大诉前调解力度，聘请12名特邀人民调解员入驻县人民法院，诉前调解案件1558件，调解成功1201件，调解成功率77.09%，9月诉前调解工作位居全省前十。县人民法院主动融入“一中心一张网十联户”基层社会治理体系，创建“无讼村”8个，重点打造法官工作站点26个，指导基层人民调解员化解矛盾纠纷23起。县人民法院新收民商事案件1020件，比上年下降21.52%，起诉率47.59/万人，比上年下降28.38%。

【人民法庭建设】 2022年，县人民法院有大龙人民法庭1个基层法庭、员额法官2名、工作人员8名。大龙人民法庭全年受理各类案件322件（含旧存32件），审结262件。大龙人民法庭加快推进法庭迁建项目建设，打造侗乡特色法庭。在大龙街道鲢鱼塘村、麻音塘街道祥云社区、田坪镇长岭村、亚鱼乡郭家湾村创建“无诉村居”示范点4个，邀请大龙街道人民调解委员会、麻音塘街道人民调解委员会、田坪镇人民调解委员会、亚鱼乡人民调解委员会入驻大龙人民法庭调解平台，辖区内人民法院调解平台覆盖率100%，为辖区内4个乡（镇、街道）200余名人民调解员开展以“诉源治理专题讲座——提升解纷能力”为主题的培训。在大龙人民法庭审理涉及企业案件90件，涉及标的额约5700万元。

【“智慧法院”建设】 2022年,县人民法院智慧法院建设应用，依托人民法院推进智慧诉讼服务的“三公开、律服平台”“微法院”“跨域立案”等平台，发挥“指尖诉讼、掌上办案”便利，全时空、全流程网上办理的智慧精准的现代化司法服务。疫情期间，网上立案146件，远程审理案件687件，电子送达1010件、7799次。全年新建网络法庭2个，升级改造智慧法庭配套6套。

5月25日，县人民法院大龙法庭法官到田坪镇塘合村村委会巡回审理一起赡养纠纷案 （县人民法院 供图）

【审判监督】 2022年，县人民法院主动接受县人大及其常委会、县政协和社会各界监督，向县人大代表发送审判信息2440条，办理政协委员提案2件，配合开展调研、座谈6次。支持配合监察、检察机关监督工作，邀请县纪委监委派驻第六组列席县人民法院党组会议23次，邀请县人民检察院检察长列席县人民法院审判委员会会议2次。向社会公开增选人民陪审员10名，参与审理案件数133件，参审率97.02%。通过“两微一端”发布工作信息665篇，公开裁判文书184份、庭审直播450件、观看量6.34万人次。

【审判助力经济社会发展】 2022年，县人民法院做好房地产、物业管理、金融领域、教育培训等重点领域风险的研判预警处置，召开涉物业矛盾纠纷协调会4次，发出司法建议书3份。开展“命案防控”工作，审结婚恋家庭纠纷案件156件，2件人身安全保护令案件入选贵州省高级人民法院典型案例，全年无“民事转刑事”案件发生。助力中小微企业发展，制定领导联系企业制度，县人民法院领导走访企业48次，当场解决问题32个。建立“一月一调度”机制，分析研判优化法治化营商环境事宜，助推司法服务保障提质增效。审结涉企业案件569件、涉及金额5.04亿元，执结涉企业案件654件，执行到位金额4.03亿元。开展“我为群众办实事”示范法院创建活动，走访一线干警267人次，走访群众1435户、村寨4个、社区6个、重点企业8个、学校7个，收集办结问题线索、意见建议104条。帮助企业和群众解决困难44个，为民办实事20件。（王雅丽）

司法行政

【概况】 2022年，县发挥司法行政部门“一个统筹、四大职能”（统筹协调全面依法治县，全面履行政府法律事务、行政执法协调监督、刑事执行和公共法律服务四大职能）作用，推进平安玉屏、法治玉屏建设。全县公共法律服务实体平台、网络平台实现全覆盖，公共法律服务平台受理法律援助案件115件，开展法治宣传教育活动390余次，司法行政工作2022年度群众满意度测评100%，排名位列全省、全市第一。

【社区矫正】 2022年，玉屏侗族自治县落实日常监管措施，加强教育帮扶。建设命名社区矫正帮扶教育基地、公益活动基地、就业基地10个。接收社区矫正对象56人。开展拟适用非监禁刑社会调查评估185人次。在册社区矫正对象60人，其中缓刑54人、假释3人、暂予监外执行3人，无脱管漏管情况发生。收到社区矫正对象赠送锦旗3面。衔接回归刑释解戒人员167人，其中刑满释放98人、解除矫正69人，重点帮教对象46人、一般帮教对象121人，加强走访，落实困难问题帮教措施，实现帮教率100%。持续推进“智慧矫正”中心建设，投入2.25万元购买“智慧矫正”中心考勤设备9台，与公、检、法信息化平台互联互通、信息共享，使社区矫正工作更加“规范化、精细化、智能化”。

【律师工作】 2022年，玉屏侗族自治县有3家律师事务所（贵州鸿丰律师事务所、贵州杰志律师事务所、贵州胜穹律师事务所），律师17名，其中专职律师9名、公职律师4名、公司律师3名、法律援助律师1名。律师受理各类案件251件，其中刑事辩护及代理29件、民事代理198件、行政案件24件、仲裁案件3件，解答法律咨询1208人次，签订常年法律顾问47家，实现业务收入212.62万元。（涂朝文）

【戒毒管理】 2022年，玉屏侗族自治县强制隔离戒毒执行率、社区戒毒执行率、社区康复执行率、落实戒毒措施率均100%。戒断三年未复吸人员与上年同期相比上升31.2%。落实戒毒措施率与上年同期75.77%相比上升24.23%。全县无毒乡（镇、街道）、无毒村（社区）创建率100%。禁毒工作满意度排名贵州省第三十九，比2021年提升2位。年内，拘留转社区戒毒5人，社区康复转社区戒毒46人。（唐　杰）

【法律援助】 2022年，玉屏侗族自治县建立健全工作机制，开展法律援助，实现应援尽援，优化便民服务措施，简化审查程序，开辟“绿色通道”“快速通道”，落实法律援助回访，法律援助律师全年值班工作，扩大法律援助覆盖面，提升法律援助质效。全年公共法律服务平台受理法律援助案件115件、代写法律文书118份、解答法律咨询683人次。玉屏侗族自治县公共法律服务中心收到受援群众赠送锦旗4面、感谢信2封。

【城乡公共法律服务体系建设】 2022年，玉屏侗族自治县推进公共法律服务实体平台、网络平台建设，实现公共法律服务实体平台、网络平台全覆盖。全年创建完善县级规范化公共法律服务中心1个，完成大龙街道、田坪镇、朱家场镇、新店镇公共法律服务工作站规范化建设。全县建立完善县、乡（镇、街道）、村（社区）三级公共法律服务实体平台114个，其中县级公共法律服务中心1个，玉屏侗族自治县、（大龙）工业园区公共法律服务工作室2个，乡（镇、街道）及万人以上易地扶贫安置点公共法律服务工作站11个，村（社区）及万人以下易地扶贫安置点公共法律服务工作室100个，覆盖率100%。8月，《贵州日报》刊发《玉屏为群众提供优质法律服务》新闻。

【人民调解】 2022年，玉屏侗族自治县坚持人民调解、行政调解、司法调解“三调联动”，强化人民调解组织和工作机制建设，将矛盾纠纷化解在基层、化解在萌芽状态，提升矛盾纠纷化解成功率，防止重大群体性事件和“民事转刑事”事件发生，加强命案防控。全县有人民调解委员会132个，其中乡（镇、街道）人民调解委员会8个、村（社区）基层人民调解委员会102个、行业性专业性人民调解委员会22个，人民调解员641人，其中专职人民调解员137人。出台《玉屏侗族自治县深入推进村（居）人民调解工作方案》，配备村（居）专职人民调解员85名，加强人民调解员培训管理，发挥其维护稳定第一道防线的作用。全县各级人民调解组织调解各类矛盾纠纷862件，调解成功853件，成功率98.96%。无民间纠纷引发自杀事件发生，无民间纠纷转化为刑事案件，无群体性上访和群体性械斗事件发生。

【公证服务】 2022年，玉屏侗族自治县公证处办理各类公证255件，开展延时服务35次，为老弱病残上门办理公证17次，公益服务公证19件，为当事人减免公证费2万余元。

【法治宣传教育】 2022年，玉屏侗族自治县组织开展法治宣传教育活动390余次，发放宣传资料27万余册（份）。针对行业（部门）服务对象开展有特色、具有针对性的宣传教育活动。贯彻落实国家机关工作人员学法用法制度，全县107个单位（含教育系统、卫生健康系统）4964名国家工作人员参与在线学法，年度学法考试参考率99.36%、及格率99.23%、平均分89.29分。强化法治教育基地阵地建设，完成县级青少年法治教育基地（田坪中学）建设并投入使用。通过线上线下加强农村（社区）“法律明白人”培养，全县102个村（社区）每村（社区）5人以上开展线上培训，534人完成学习测试并获得证书，颁发法律明白人证书和徽章。开展线下“县—乡—村”三级培训65次，培训“法律明白人”1600余人次。评选推荐贵州省农村学法用法示范户73户。

【民主法治示范村建设】 2022年，玉屏侗族自治县创建省级民主法治示范村（社区）4个，为皂角坪街道瓮阳村、平溪街道康华社区与田坪镇新街社区、田坪村。年末，全县创建民主法治示范村（社区）38个。其中，国家级2个，省级11个，市级34个（含国家级1个、省级9个），县级5个（含市级4个）。

（涂朝文）

5月31日，未成年人保护法治宣传活动在玉屏侗乡风情园举行

（黄志琴 摄）

军　事

县人民武装部

【概况】 2022年，县人民武装部坚持以习近平强军思想为指导，抓沉疴积弊整治，开展开训动员，参加应急救援，军训学生1200人，完成国防动员体制改革及征兵工作，加强基层人民武装部硬件建设，“八一爱民学校”在田坪镇中心完小揭牌。在民兵工作第一阶段检查考评中，县人民武装部代表铜仁军分区接受贵州省军区考核，获得全省第二名。玉屏侗族自治县民兵“四实”（兵员编实、干部配实、点验做实、备勤扎实）做法受到铜仁军分区肯定。

【战备建设】 2022年，县人民武装部召开开训动员大会，传达学习习近平主席开训动员令，开展“开训动员周”活动。定期开展军情研究，大抓战备形势教育。与驻地相关单位建立应急响应机制，常态执行各类应急救援任务，完成森林灭火任务。组织2022年度首长机关训练以及军地联演联训处置环境污染突发事件。完成2所学校1200名学生军训任务。组织基干民兵参加铜仁军分区群众性练兵比武，获得个人手榴弹投掷第一名和3000米跑第二名。

【征兵工作】 2022年，玉屏侗族自治县征兵办公室通过开展前置招聘、落实优抚金发放等方式提高参军热情。突出大学毕业生征集重点，严把体检、政治考核等标准，保证兵员质量。全年完成征集新兵任务，其中大学毕业生新兵人数较往年有较大幅度提升，“五率”（报名率、上站率、合格率、择优率、退兵率）考核排名全市第三，其中亚鱼乡征集新兵超额完成任务。对符合条件、拟批准入伍的应征青年，组织进行役前教育训练和集中封闭式管理。

【国防动员】 2022年，玉屏侗族自治县开展国防动员体制改革，下设国防动员办公室在县发展改革局。12月21日，中共玉屏侗族自治县委议军会议暨国动委全体会议召开，县国防动员办公室揭牌。年内，县人民武装部全面推进基层人民武装部“评星创特”工作，投资为贵州大龙经济开发区和平溪街道2个人民武装部购买物资。评选特色武装部1个（贵州大龙经济开发区人民武装部），五星级武装部1个（平溪街道人民武装部）。

【综合保障】 2022年，县人民武装部完成保障领域巡视巡察准备工作，开展后勤重点行业领域整肃治理攻坚活动。厘清对上级、对外往来账目问题，推进零余额账户开设，规范财务运行机制。推进资产可视化和资产积累性难题两年攻坚行动，清理核对盘亏和待报废资产台账，完成资产打码贴签工作。

【安全管理】 2022年，县人民武装部根据年度安全工作要求，持续开展安全大检查，常态落实自查、风险评估和形势研判，查找短板弱项，堵塞安全漏洞。结合“条令学习月”，坚持每月开展安全法规教育，坚决贯彻贵州省军区、铜仁军分区国庆节战备值

12月21日，2022年度中共玉屏侗族自治县委议军会议暨国动委全体会议召开
（县人民武装部　供图）

班讲评暨“百日安全活动”动员部署会议精神，按照“8+1”内容和7个步骤要求，制定县人民武装部贯彻落实措施，规范人员、车辆、营区管理秩序，细化责任分工，督促任务落实。

【“八一爱民学校”挂牌】 2022年，教育部、中央军委政治工作部、全国双拥工作领导小组办公室授予田坪镇中心完小“八一爱民学校”称号，为铜仁市4家“八一爱民学校”之一。9月27日，田坪镇中心完小举行“八一爱民学校”揭牌仪式，中国人民解放军某部队代表和县人武部政治委员共同揭牌，并召开座谈会，听取田坪镇中心完小基本情况以及“八一爱民学校”共建规划情况介绍。中国人民解放军某部队援建田坪镇中心完小，向学校捐赠资金30万元，为15名品学兼优的学生每人发放资助金2000元。

【国防教育活动】 2022年9月，县人民武装部在县城内开展“全民国防教育日”系列宣传活动，在机关、校园、社区、企业，通过设立国防教育宣传展架、发放宣传手册、现场讲解的方式开展宣传。在县城人民路3条商业街道路两侧，通过橱窗、展板、标语和显示屏宣传国防教育知识，打造特色国防宣传教育街。活动期间发送国防教育宣传短信1万条，贴挂横幅100余条，发放宣传手册5000份。（黄 婷）

武警玉屏中队

【概况】 2022年，武警玉屏中队围绕“凝心聚力夯实基础，砥砺前行争创先进”的总体目标，突出迎接党的二十大召开、学习贯彻党的二十大精神工作主线，抓好工作落实、练兵备战，官兵思想稳定、工作积极性高，按计划完成执勤、训练等各项年度任务。

【军事训练】 2022年，武警玉屏中队按照新修订的《军事训练大纲》《军事训练指导法》规定要求，依规依法抓训练。组织全体官兵学习“中央军委2022年开训动员令”，按照上级下发训练计划，持续开展“强基础、助提高”活动，针对个人体能差异，科学制定训练计划，采取“周检测、月评比、季考核”模式，检验部队战斗力。经过一年科学组训，武警玉屏中队在年底接受武警贵州总队考核中取得优异成绩，1名战士在武警铜仁支队五大技术比武中取得散打60—65公斤级第一名。

【执勤任务】 2022年，武警玉屏中队主要担负玉屏侗族自治县看守所看守任务及维护全县社会面的安全稳定。坚持以制度促正规，以正规促安全，以“四勤”“三班四哨两小时”为重点，常态抓好执勤制度规范，落实值班体系要求，常态组织拉动战备值班力量，强化应急反应能力。在春节、全国两会、国庆等时间节点组织应急演练，全面完成武装押解及驻地武装巡逻任务。（张 志）

人民防空

【概况】 2022年，玉屏侗族自治县人民防空办公室履行“战时防空、平时服务、应急支援”的职能使命，完成年度各项目标任务。4月26日，由贵州省人防工程质量监督站、贵州省人队工程平战结合管理中心（人防工程平战结合研究院）人员组成的检查组到玉屏侗族自治县开展人民防空工程安全生产检查。

【人民防空建设项目审批】 2022年，县政府办公室审批人民防空地下室易地建设项目1个，为幼儿园人民防空地下室易地建设项目。

【人民防空系统腐败问题专项整顿】 2022年，玉屏侗族自治县持续开展人民防空系统腐败问题专项整顿整改工作，全面整改党的十八大召开以后全县按法律规定应建设人民防空工程而未建设的建设项目，对不能补建人民防空工程的建设项目按照执法程序进行人民防空地下室易地建设费追缴，能够补建的项目，按照审批程序纳入建设规划并办理审批程序。（黄天竹）

经济管理

中 国 箫 笛 之 乡 · 中 国 油 茶 之 乡 · 侗 族 文 化 艺 术 之 乡 · 中 国 黄 桃 之 乡

宏观经济调控

【概况】 2022年，玉屏侗族自治县地区生产总值105.85亿元，占年计划114亿元的92.9%，比上年增长0.6%。农林牧渔业总产值23.7亿元，占年计划24.5亿元的96.7%,比上年增长3.9%。规模以上工业增加值比上年增长1.5%。服务业增加值47.54亿元，占年计划52.5亿元的90.6%，比上年下降0.7%。固定资产投资57.4亿元，占年计划66亿元的87%，比上年下降7.4%。一般公共预算地方本级收入，扣除留抵退税因素后同口径4.69亿元，比上年增长9.38%。社会消费品零售总额完成23.58亿元，占年计划25.5亿元的92.5%，比上年下降3.2%。城镇居民人均可支配收入3.94万元，占年计划4.14万元的95.2%，比上年增长4.7%。农村居民人均可支配收入1.63万元，占年计划1.71万元的95.3%，比上年增长6.6%。金融机构存款余额87.26亿元，占年计划81.5亿元的107.1%，比上年增长13.5%。金融机构贷款余额146.31亿元，占年计划135.8亿元的107.7%，比上年增长27.1%。碳达峰、碳中和指标达到国家和省、市要求。2022年高质量发展绩效年终评价在全省48个Ⅱ类县（区）中排名第11，较上年上升2位，连续2年获得“好”等次。

【产业协调发展】 2022年，玉屏侗族自治县三次产业协调发展，产业结构日趋优化。三次产业结构由2021年的12.89：41.95：45.16调整为2022年的12.91：42.18：44.91。全年新建和抚育油茶2000公顷，建成油茶研发中心实验室，油茶园区被评为“国家玉屏油茶产业示范园区”和“国家农村产业融合发展示范园”。年出栏生猪26万头。建设高标准黄桃基地266.67公顷，年产量3000余吨。食用菌种植9370万棒。新引进贵州省仲禾茶叶贸易有限公司、贵州蝶凤服饰科技有限公司、减速带项目建成投产，完成贵州玉屏湘盛化工有限公司处置项目建设，贵州创梦联钙业有限公司新型环保钙粉一期项目建成并投产。贵州玉屏中和石油库有限公司建设项目完工，进入开业准备阶段，贵州玉屏低温供热堆商业示范项目气象站开工建设。全年新增融合标杆项目2个，新增融合示范项目6个，融合带动企业18家。全年接待游客236.54万人次，游客人均消费863.47元。玉屏侗乡风情园网红水滑项目建成试运营。天穆研学营接待学生2000余人。玉屏侗乡风情园被评为贵州省景区体育旅游示范基地，田坪镇和田坪镇江口村分别被评为省级乡村旅游重点镇和重点村。

【固定资产投资】 2022年，玉屏侗族自治县把项目攻坚作为提升项目落地率、开工率、竣工率、转化率的首要任务。对项目开工、进度推进、项目入统、投资入库进行台账化管理，建立固定资产投资一月一监测、一月一分析调度机制。从固定资产投资分类来看，第一产业投资增长628.3%；第二产业投资下降21.8%；第三产业投资下降17.6%。动态充实项目库，谋划项目200余个、总投资300余亿元，争取各类项目60余个、资金15余亿元。

【重大项目建设】 2022年，玉屏侗族自治县坚持三个“3个10”重点项目联系制度，申报列为省、市重大工程和重点项目23个，总投资120.36亿元，完成投资26.93亿元，占年度任务的104%；开工建设项目64个（含贵州大龙经济开发区）。新增入库项目37个（不含贵州大龙经济开发区），总投资14.73亿元。印发《玉屏侗族自治县持续推进“五环节”构建项目大建设促城乡融合大发展试点工作方案》，建立月调度机制，成立国务院关于支持贵州在新时代西部大开发上闯新路的意见工作专班、县项目谋划建设专班，纳入市级盘子重大工程项目76个、试点事项5项、示范事项5项，争取到各类资金14.62亿元、比上年增长8.9%。

【社会项目争取】 2022年，玉屏侗族自治县向上争取社会发展资金，申报卫生、健康养老服务、服务平台、教育文化等社会发展项目。全年拟办有关单位来办的立项、核准批复项目 57 个，申报玉屏侗族自治县大健康产业集聚区并获得贵州省发展和改革委员会批复。玉屏侗族自治县其他营利性服务工作持续开展，全县其他营利性服务业增长 57.3%，增长率排名全市第一。

【价格管理】 2022 年，玉屏侗族自治县做好粮食、猪肉等重要生活必需品的保供稳价，确保市场秩序稳定、群众基本生活有保障。核定白岩河水库和谢家桥水库试行供水价格。县发展改革局与县财政局、县公安交通管理局、县市场监管局、县住房城乡建设局联合制定《玉屏侗族自治县机动车停放服务管理办法（试行）》。

（张雅淇）

自然资源管理

【概况】 2022 年，玉屏侗族自治县以保护资源和保障发展为重点，强化执法监察，深化自然资源确权登记。开展“招商用地地图”平台建设工作，将地块分为“立可供地”“次可供地”“待可供地”三类，明确各地块规划的容积率、绿地率、建筑密度等规划技术指标拟定《集体经营性建设用地入市细则》。推出“预约服务”“绿色通道”“无节假日服务”“全天服务”等便民措施，实现二手房转移登记与水、电、广电过户“配套服务”。全年化解因历史原因导致不动产登记办证难问题 1108 户。

【自然资源调查监测】 2022 年 2 月 28 日，玉屏侗族自治县公布“第三次全国国土调查”玉屏侗族自治县数据。全县有耕地 10889 公顷，林地 28016.16 公顷，草地 498.69 公顷，湿地 49.86 公顷，城镇村及工矿用地 3936.24 公顷，交通运输用地 2306.32 公顷，水域及水利设施用地 1307.25 公顷，石漠化耕地 1.1 公顷。第三次国土调查以 2019 年 12 月 31 日为标准时点汇总数据，执行国家统一的技术标准，采用优于 1 米分辨率的卫星遥感影像作为调查底图，应用移动互联网、云计算、无人机等新技术，运用“互联网 + 调查”机制，全流程实行村（社区）、乡（镇、街道）、县三级质量管控。历时 3 年，200 余名调查人员先后参与，调查 63910 个图斑数据，查清全县国土利用状况。

【自然资源确权登记】 2022 年，玉屏侗族自治县完成自然资源统一确权县级重点区域玉屏侗族自治县茅坡国有林场不动产登记发证。

【土地资源开发利用】 2022 年，玉屏侗族自治县强化国土空间规划实施管理，集约用地，严格土地用途管制，加强土地批后监管，增强土地利用。全年申请用地报件 13 个，获批报件 13 个，总面积 103.73 公顷，其中城镇批次 4 个，面积 33.51 公顷；工业批次 2 个，面积 45.91 公顷；单独选址 1 个（小江口至观音山），面积 5.72 公顷；农村批次 6 个，面积 18.59 公顷。完成贵州创梦联钙业有限公司、贵州天穆教育科技有限责任公司、小江口至观音山道路改扩建、碧湖山居二期、玉屏顺达驾校扩建及乡村振兴等重点项目用地需求保障工作。供地 50 宗，面积 90.06 公顷，其中挂牌出让 32 宗，出让面积 65.48 公顷，土地出让价款 77463 万元；划拨用地 12 宗，面积 19.1 公顷；集体经济产业用地 6 宗，面积 5.48 公顷。在全县土地动态监测监管系统中消化批而未供土地 246.68 公顷，处置闲置土地 121.58 公顷。收回紫气山广播电视大学片区及新店镇沙水坪片区国有建设用地，收回总面积 30.44 公顷，收回地块纳入县土地储备系统。

【自然资源执法监察】 2022 年，玉屏侗族自治县强化自然资源执法监察，立案查处违法用地采矿案件 40 起，下达处罚决定书 29 份。落实“长牙齿”的硬措施，完成卫片执法、农房整治、耕保和矿产督察下发图斑核查处置任务，推进土地违法违规问题和审计反馈问题整改工作。坚持抓好“大棚房”“违建别墅”专项整治工作，防止问题反弹。如期完成年度卫片执法工作，未超出省、市“双控”范围。全年违法占用耕地面积（含贵州大龙经济开发区）4.37公顷，合法占用耕地面积72.38公顷，扣除省级重点“能交水”工程占用耕地面积0.48公顷，剩余违法占用耕地面积2.85公顷，违法占耕比3.72%。推进上级反馈问题整改，全县农房图斑整改率排名长期保持全市第一方阵。贵州省农房办下发玉屏侗族自治县2021年度农房卫片图斑286个，监测面积83.55公顷，其中耕地面积44.8公顷，占用永久基本农田7.23公顷。至年末，已通过省级审核275个，未销号11个。

【自然资源纠纷处置】 2022年，县自然资源局承办行政诉讼4起、行政复议案件答复4起，承办信访事项8件，承办确权纠纷16件，下达处理决定6件。

【不动产登记报备】 2022年，玉屏侗族自治县受理各类不动产登记8910件，其中证书2518本、证明1720张、对外查询2338次、其他登记业务2334件。

【测绘管理】 2022年，玉屏侗族自治县有GPS（C）级控制点2个，GPS（E）级控制点5个，北斗卫星导航定位基准站1个。县自然资源局每季度对县域内的卫星导航定位基准站及测量标志点开展巡查工作，全年对县域内2家测绘公司开展4次测绘安全生产检查及2次测绘资质检查，为相关单位和来玉屏发展企业提供地图服务10余次。

【耕地保护】 玉屏侗族自治县2006—2020年规划期内耕地保有量指标任务为10309公顷，通过查询自然资源部下发的2021年度国土变更调查资料，全县2021年末耕地面积实有数量为10786.17公顷，完成上一轮规划期内耕地保有量目标任务。全年开展耕地保护动态巡查314次，发现问题9次，完成整改恢复2次。加强耕地保护日常监管，在全县33.33公顷坝区范围内，安装永久基本农田保护标志牌28块。

【矿产资源管理】 至2022年末，玉屏侗族自治县有持证采矿权8个，其中市级发证2个、县级发证6个。全年未办理采矿权新立、变更、延续登记等相关手续。2022年度收取采矿权使用费6000元。（宋志尧）

公共资源交易

【概况】 2022年，玉屏侗族自治县完成公共资源进场交易项目149项次，交易金额253122.43万元，节约资金2613.38万元，增加收入73221.71万元。组织政府采购活动62次，采购金额46690.1万元，节约资金1680.12万元。受理46个建设工程项目勘察、设计、监理、施工招投标入场交易，中标金额合计126381.5万元，节约资金933.26万元。组织土地（矿权）出让29宗，交易金额73046万元。协助财政部门完成国有资产处置拍卖会5次，交易金额6692.87万元，增加收入175.71万元。完成土地流转7宗，交易金额311.96万元。

【交易平台运行】 2022年，玉屏侗族自治县所有进场工程建设、政府采购、土地矿权交易项目实现全流程电子化运行。公共资源交易系统软件在全省统一网站平台上运行，确保交易平台统一、规范、公开、透明、服务高效。

【规范交易数据录入】 2022年，玉屏侗族自治县按照铜仁市公共资源交易中心公告（公示）标准模板审核交易公告（公示），确保信息准确无误。按照铜仁市公共资源交易中心标准要求，规范招标代理机构数据录入，提升数据质量，做到各类公共资源交易数据“应传尽传”，提升数据全面性、准确性、及时性。

【交易活动监管信息化】 2022年，玉屏侗族自治县运用电子招投标系统、视频监控系统，建立视频监控室，通过音视频监控对开标评标全过程进行数字化见证。7月，通过开评标见证系统实时提取开标过程信息，实时录入评标过程信息，评标结束系统生成完整的见证情况记录表，提升全县公共资源交易活动监管信息化程度。

【公共资源交易“一张网”建设】 2022年，玉屏侗族自治县投入项目资金50.96万元，对公共资源交易全流程电子化硬件监控系统和摄像头进行升级，添置开标评标设备，推进公共资源交易“一张网”建设，使开标评标规范化、标准化。10月10日，公共资源交易实现“不见面”开标。（廖志林）

国有资产监管

【国有资产资源清理】 8月，玉屏侗族自治县开展国有资产资源清理梳理工作。经清理梳理，全县有房屋门面类1243处（其中集体资产183处，主要为村活动室），面积163.84万平方米；土地资源类94处，面积155.08万平方米；在建工程类41处；林地类3处；水库类38处；股权投资类31处，其中县城投公司6处、县扶投公司14处、县文旅农投公司7处、永昇公司1处、县金鑫融资担保有限公司1处、县供销联社2处。（吴梦云）

【国有资产资源盘活】 2022年，根据《玉屏侗族自治县人民政府〈关于印发玉屏侗族自治县2022年纾企困稳市场促消费十五条措施的通知〉》，梳理全县20处行政事业单位国有资产对外出租经营情况，减免租金1.5万元，全年行政事业单位国有资产出租收入37万元。固定资产报损折旧收入1万元，比上年增加0.4万元。审批7家单位报废报损，国有资产处置收入2.6万元。完成国有资产再次摸底清理，完成拍卖所得717.05万元。所有收入执行“收支两条线”管理规定，缴入县财政国库。（杨　尧）

【县城投公司】 2022年，县城投公司主要下辖子公司有贵州省玉屏侗族自治县鑫源城乡建设开发有限公司、贵州省玉屏侗族自治县远达国有资产投资有限公司、贵州同盛房地产开发有限公司、玉屏侗族自治县鑫达汽车服务有限公司、玉屏侗族自治县永兴人力资源服务有限公司、玉屏宏远国有资产经营管理有限公司。5月20日，县城投公司全额出资的贵州鑫恒科技贸易有限责任公司挂牌成立。年内，县城投公司实现营业收入8777.37万元，其中销售商业混凝土收入2002万元、劳务派遣收入1060万元、租赁收入385.57万元（贵州省玉屏侗族自治县远达国有资产投资有限公司253万元，贵州同盛房地产开发有限公司9万元，玉屏宏远国有资产经营管理有限公司10.65万元，贵州省玉屏侗族自治县鑫源城乡建设开发有限公司112.92万元）、酒店收入104万元、汽车租赁及停车场收费收入102万元、贵州鑫恒科技贸易有限责任公司营业收入123.8万元、合资公司营业收入5000万元。完成县中医院迁建及医养中心建设项目上报，获中国农业发展银行铜仁市分行审批。完成玉屏职业教育扩容提质项目可行性研究报告编制等工作，向铜仁市教育局提交县中等职业技术学校申办报告。玉屏侗族自治县粮油综合仓储生产加工一体化项目完成投资人招标、土地接拍、可行性研究报告编制、概念性规划并通过专家评审、待报请铜仁市城市规划管理委员会审定。玉屏县酒店建设项目初步通过银行审核。完成玉屏侗族自治县新型城镇化建设循环经济静脉产业园PPP项目实施方案制定等工作。规划茅坪农贸市场提质增效建设项目与易地扶贫搬迁后续扶持建设项目2个闲置资产盘活项目，其中玉屏侗族自治县茅坪农贸市场提质增效建设项目报送省级审核，总投资7952万元，申请贷款6000万元。易地扶贫搬迁后续扶持建设项目暂定12375万元。完成县消防救援大队营区功能升级改造工程（一期）项目。馆驿片区旧城改造项目（一期）完成主体施工、副楼结构施工，进入水电安装、外立面装修、室外附属景观施工进程，完成产值约10000万元。皂角坪中心完小扩建项目及皂角坪中心幼儿园扩建项目投入使用，完成产值4400万元。国家储备林建设项目一期试点工作完成清表割灌100余公顷，进入开展示范点建设阶段。武警玉屏中队营区附属项目完成设计、前置审计及招标工作。玉屏县饮食服务中心建设项目完成设计，进入前置审计阶段。开展生态半岛实物安置点、江发安置房项目等结算审计工作。玉屏侗族自治县智慧停车项目通过竣工验收，进入实施运营筹备阶段。（洪　双）

10月，县文旅农投公司实施县消防救援大队绿化项目
（县文旅农投公司　供图）

【县文旅农投公司】 2022年，县文旅农投公司有县财政全额出资子公司7家，其中新成立5家，为贵州玉奚茶花泉现代农业有限责任公司、贵州玉景茶花泉商贸有限责任公司、玉屏箫笛文创广告传媒有限责任公司、玉屏侗族自治县资汇运营管理有限责任公司、贵州千禾工程劳务有限责任公司；与社会优质企业合作成立的混合所有制公司8家，其中新成立6家，实现营收约4500万元，比上年增长12.6%。融资到位5.9亿元，其中流动资金贷款2.93亿元、项目贷款2.97亿元。推进重点融资项目，玉屏侗族自治县油茶全产业链油茶精深加工厂项目获中国农业银行贷款批复0.95亿元，累计到位资金0.72亿元；玉屏县山水林田湖草沙一体化保护和修复·乡村振兴生态产业化示范项目与玉屏县2022年高标准农田建设项目评估报告报送中国农业发展银行贵州省分行初审。强化19公顷绿化基地管护工作，优化苗木造型，提升苗木价值。全年承接油茶精深加工厂、新店镇丙溪村云起小镇停车场寺庙旁和县消防救援大队3个绿化项目，工程费用192.93万元。持续推进玉屏侗乡风情园国家AAA级旅游景区升级改造项目建设，总产值11205.78万元，完成玉屏侗乡风情园基础配套设施建设工程、“不散的乡场”及小江口传统村落建设工程、景区标识标牌智能化系统建设工程（功能配套）建设。完成玉屏县2022年高标准农田建设项目高标准农田建设1140公顷，完成率68.4%。玉屏侗族自治县乡村振兴亚鱼整乡推进示范试点项目宜居民房改造182户，推进郭家湾村人居环境提升工程、农旅核心区、养牛场、康养核心区建设，完成总进度的73%。启动玉屏山水林田湖草沙一体化保护和修复·乡村振兴生态产业化示范项目（㵲阳河流域生态环境保护与修复工程一标段），完成一标段招标程序。按照新冠疫情隔离防控标准改建天穆研学营、贵州众鑫犇腾商贸服务有限公司、县中等职业学校、田坪春夏秋冬民宿、县委党校、骏怡精选酒店等6个防控隔离点。（张玉益）

【县扶投公司】 2022年，县扶投公司注册成立玉屏侗族自治县蓝博仕新能源有限公司、玉屏侗族自治县亨国利再生资源有限公司、玉屏侗族自治县合美物业管理有限公司、玉屏侗族自治县恒鑫项目管理有限公司、玉屏侗族自治县黔之煲食用菌有限公司、玉屏侗族自治县诚康食品有限公司、玉屏侗族自治县泰联农机服务有限公司、玉屏侗族自治县源泽汇水利综合开发利用有限公司、玉屏侗族自治县万顺办公设备有限公司、玉屏侗族自治县瑞优捷财务咨询有限公司、玉屏侗族自治县步胜广告服务有限公司、玉屏侗族自治县千业技能培

训有限公司12家公司。委托玉屏大宗汇商贸有限公司与江苏玉辉电子商务有限公司合作实施玉屏县农特产品大数据交易中心与直播电商基地项目，并成立合资公司贵州扶玉电子商务有限公司。实施玉屏县2022年茶叶产业一体化项目，财政衔接补助资金500万元，到位资金300万元，收到分红资金30万元。加强资产盘活利用，2017年易地扶贫搬迁安置点商业全部投入使用（含自营使用、公益使用、扶贫车间使用），为安置点培育商业主体30余家，为易地扶贫搬迁户提供就业岗位100余个；全县小型水库出租8座，收取2022年门面及水库租金60余万元。全年完成营业收入1025.87万元。县扶投公司配合县乡村振兴局对全县2014—2020年部分扶贫项目、涉农项目进行梳理，全县涉农整合资金、财政专项扶贫资金、东西部协作资金等投入项目1148个，总投资517118万元。按经营性资产、公益性资产、到户类资产三大类进行分类管理，部分资产移交县扶投公司或乡（镇、街道）扶贫投资公司代管，并对全县部分闲置资产公开招募承租方或合作伙伴。至年末，贵州省铜仁市玉屏侗族自治县云起小镇扶贫旅游开发建设项目（商业区配套基础设施完善工程）完成监控系统安装、鱼池、污水管网改造，投资893.9万元。该工程于2021年12月启动建设，总投资2173万元。完成玉屏县皂角坪街道新区安置点2017年易地扶贫搬迁工程基础设施配套及附属工程移交及玉屏县山地农机服务中心建设项目（设计、施工、设备采购及监理跟审）EPC总承包项目、玉屏侗族自治县生猪养殖场改造项目一期（设计、施工、设备采购及监理跟审）EPC总承包项目招投标工作。（殷　林）

【永昇公司】 2022年，永昇公司注册成立贵州建兴商砼有限公司、贵州汇宏建材有限公司、贵州美能环保有限公司和贵州大运物流有限公司4家公司。混合所有制子公司贵州中誉咨询管理有限公司和贵州众驰建设有限公司承接开展工程采购招标代理、项目跟踪审计、基础设施建设等业务项目28个，产值527.42万元。混合所有制子公司贵州北侗饮用水有限公司销售桶装水16万桶，产值88.3万元。贵州省经纬矿业有限公司完成田坪镇白果村冷风坳砂石场建设项目林评、环评、水保、安评等项目前置行政许可，完成矿山建设工程并取得安全生产许可证。完成安装年产100万吨砂碎石生产线1套及办公楼建设，投资1826万元，试运营实现销售收入200万元。与入驻玉屏创业创新扶贫产业园4号、7号标准厂房的贵州创联包装有限公司和贵州宏盛科技工具有限公司签订厂房租赁合同，营业产值131.54万元。接拍2021-YPCR-25号地块并完成土地不动产权证办理。完成玉屏创业创新扶贫产业园（一期）建设项目4号、7号标准厂房交付及不动产权证办理。负责4个重点项目工程建设，即玉屏创业创新扶贫产业园建设项目、玉屏县易地扶贫搬迁后续扶持创业创新产业园建设项目、贵州北侗饮用水建设项目、玉屏侗族自治县田坪镇白果村冷风坳砂石场建设项目。继续推进玉屏创业创新扶贫产业园建设项目，完成4号、7号标准厂房交付、3号标准厂房主体及部分道路附属设施建设，完成产值3200万元。玉屏县易地扶贫搬迁后续扶持创业创新产业园建设项目开工建设，完成1号、2号、3号、5号生产厂房部分主体建设，完成产值5400万元。县永昇公司增资扩股贵州北侗饮用水有限公司实施贵州北侗饮用水建设项目二期，完成2号厂房建设及瓶装水、一次性桶装水生产线设备安装，10月投产，完成总投资1526万元。永昇公司管理的贵州省经纬矿业有限公司实施的玉屏侗族自治县田坪镇白果村冷风坳砂石场建设，项目完成建设并通过验收，全年完成产值850万元。（黄　娅）

【县金鑫融资担保公司】 2022年，县金鑫融资担保公司总利润60.35万元，总资产18807.71万元，所有者权益15646.57万元。11月30日，县金鑫融资担保公司增资到15000万元，其中县财政局认缴新增资本5000万元。增资后，县财政局注资13500

万元、占股90%，贵州省融资担保有限责任公司注资1500万元、占股10%。县金鑫融资担保公司与贵阳银行玉屏支行、贵州银行玉屏支行、中国邮政储蓄银行玉屏支行、玉屏农商银行、玉屏长征村镇银行、中国工商银行玉屏支行6家银行签订合作协议，与贵州省农业信贷融资担保股份有限公司、铜仁市农业信贷担保有限责任公司签订业务合作协议，与贵州省融资再担保有限责任公司签订为期1年的再担保业务协议。年内，新增业务243笔，担保放大倍数5.05倍。至年末，县金鑫融资担保公司累计担保571笔，累计解保233笔，在保338笔。县金鑫融资担保公司除采用常规的抵押反担保外，设立以应收账款权利质押、股权质押、林权证质押、第三人保证担保等反担保措施，解决企业融资难、融资成本高的问题。自6月12日起，县金鑫融资担保公司担保费率由2%降为1%，同时为符合条件的企业提供融资增信支持，依法依约及时履行代偿责任，帮助企业续保续贷，缓解企业还款难度。（商燕会）

【黔玉油茶公司】 黔玉油茶公司成立于2017年9月，为县财政局全额出资组建，2022年9月升格为县属一级国有投资公司，从县文旅农投公司单列，注册资本6亿元。黔玉油茶公司内设综合部、财务计划部、投融资部、项目管理部（生产部）、市场营销部、法务及风险防控部6个部门。下辖贵州黔玉山茶油科技有限公司、贵州黔玉农产品销售有限公司、贵州黔玉苗木科技有限公司、贵州省油茶工程技术研究有限公司、贵州黔玉检验检测有限公司5家子公司。9月24日，黔玉油茶公司整体搬迁至贵州省油茶工程技术研究中心办公，地址位于朱家场镇谢桥村。12月，黔玉油茶公司工会成立。黔玉油茶公司先后获得贵州省科技进步二等奖、三等奖，拥有油茶种植及茶油加工发明专利2项，设有国家林业和草原局西南山地油茶资源创新利用中心、人力资源和社会保障部博士后科研工作站、贵州省油茶工程技术研究中心、大连民族大学油茶研发博士工作站等。黔玉油茶公司是中国木本油料协会副理事长单位、国家林业重点龙头企业、贵州省林业龙头企业、贵州省油茶产业协会常务副会长单位、贵州省林业产业联合会常务副会长单位、玉屏侗族自治县油茶行业协会会长单位。公司以发展油茶全产业链为主体，以中国林业科学研究院亚热带林业研究所、贵州大学、贵州省林业科学院、华南理工大学、大连民族大学、铜仁学院、铜仁市林业科学院等科研院校为科技支撑，进行油茶科学研究、油脂检测、良种选育、苗木培育、基地建设、茶油加工、有机肥生产、洗护用品生产等，统筹推动玉屏侗族自治县油茶产业标准化、规模化、市场化、全产业链发展。2021年，贵州省油茶工程技术研究中心、玉屏油茶精深加工厂建成并投入使用。至2022年末，黔玉油茶公司建成油茶良种采穗圃43.33公顷（采穗圃13.33公顷、良种繁育圃2公顷、种质资源收集区1.33公顷、示范区26.67公顷），油茶育苗基地20公顷，油茶高接换冠基地13.33公顷，油茶丰产林示范基地2120公顷，开发“黔玉山茶油”“黔玉山茶二酯油”“茶妍净洗护用品”等20余款产品。

2022年，黔玉油茶公司获得油茶良种苗木培育补助项目资金102万元，2022年林下经济种植项目专项资金400万元，中央财政衔接项目资金1628.7万元。实施的科研课题及项目共有油茶全产业链质效提升一体化示范项目、贵州省知识产权优势企业项目、油茶良种选育与丰产高效关键技术创新及应用，省级玉屏油茶标准化示范区建设项目，获得科研课题经费230万元。培育两年生油茶苗木56.47万株，产值77.9万元；管护两年生油茶苗木173.28万株，产值433万元；管护三年生以上油茶苗木30万株，产值120万元；销售油茶苗木145.62万株，销售金额309.8万元。油茶基地采收油茶鲜果112.54吨，农户土地入股选择分油茶鲜果4.23吨，选择分红24.03万元，销售油茶鲜果108.31吨，销售金额49.8万元；对外收购油茶鲜果374.92吨，价值97.4万元。生产茶油144.2

吨，产值2884万元；生产山茶二酯油34.6吨，产值1790万元；开发洗发水、沐浴露、护发素、除螨皂、精油、补水面膜、睡眠面膜、抗皱面膜8款油茶系列衍生产品，生产洗护用品2.8万支（瓶、盒），产值112万元。销售茶油65.8吨，销售金额1166万元；销售山茶二酯油5120瓶，销售金额133万元；销售洗护用品5200支（瓶、盒），销售金额20.8万元；总销售金额1319.8万元。（鲁廷红）

财 政

【一般公共预算收支】 2022年，玉屏侗族自治县公共财政预算收入366261万元，为调整预算的103.83%，比上年下降27.32%。其中，地方本级收入自然口径完成41663万元，为调整预算的100.39%，比上年下降0.69%，扣除留抵退税因素后，同口径46983万元，为调整预算的104.17%，比上年增长9.8%；上级转移支付收入181091万元，为调整预算的1104.37%，比上年增长29.11%；地方政府一般债券转贷收入96161万元（再融资债券转贷收入），比上年减少78770万元；调入政府性基金35505万元；调入国有资本经营收入2020万元；动用预算稳定调节基金9206万元；上年结余115万元。一般公共预算支出366261万元，为调整预算的103.83%，比上年下降27.32%。其中，地方本级支出258956万元，为调整预算的103.56%，比上年下降18.06%。上解支出6732万元，为调整预算的103.39%；地方政府一般债券还本支出96761万元，比上年减少74963万元，安排预算稳定调节基金1792万元，年终结余2020万元。全年财政一般公共预算总财力366261万元，全年总支出366261万元，收支平衡。

【财政资金管理】 2022年，玉屏侗族自治县落实国家减税降费及大规模增值税留抵退税政策，地方本级收入留抵退税5320万元。出台《玉屏侗族自治县2022年争资争项工作方案》，争取各类上级补助资金179299万元。对结余资金和连续两年未使用完的结转资金按规定收回统筹使用，盘活各类专户及财政结余资金27418万元。开展房屋、土地、停车场、矿产等资源专项清理，盘活资产资源收入446.15万元。完善年度国土出让收入计划，土地收入完成136002万元。

【改善民生保障】 2022年，玉屏侗族自治县做好惠民惠农财政补贴资金管理发放工作，通过一卡通系统发放涉农补贴、低保资金、特困人员供养金、孤儿基本生活费、医疗救助等各类惠民补贴资金6290.25万元。支持教育优先发展，教育支出资金45534万元，巩固义务教育经费保障机制改革。支持公共卫生体系建设，医疗卫生支出资金17532万元，推进医药卫生体制改革，支持疾病防控工作，拨付资金2472万元。加大公共文化事业投入力度，文化支出资金3223万元。持续推进涉农资金整合，全县涉农整合项目66个，整合资金9722.91万元，用于农村基础设施建设类项目资金1787.44万元，项目21个，占整合资金的18.38%；用于农业产业发展类项目资金7935.47万元，项目45个，占整合资金的81.62%。

【财政制度建设】 2022年，玉屏侗族自治县深化预算管理体制改革，实施“零基”预算，提高预算编制质量。完成财政预算一体化系统全覆盖任务，实现“一个部门、一本预算”，推进部门预算科学化、精细化，实行国库集中支付。向县人民代表大会及其常委会报告2022年财政预算草案及2021年度决算情况，在县人民代表大会批准后的预（决）算后20日内向社会公开全县67个预算单位的部门预（决）算，公开率100%。持续推进国库集中支付制度，完善大平台动态监控系统监控规则，国库支付中心完成直接支付17775笔，结算金额186185.06万元，授权支付18460笔，结算金额32936万元。

【财政监督管理】 2022年，玉屏侗族自治县对各部门资金实施预算绩效管理，预算编制与预算绩效同编制落实，优先保障“三保”支出，严控“三公”经费增长，做到先有预算后有支出、无预算不支出。持续开展财经秩序检查，从严落实减税降费、树牢过紧日子的要求、聚焦涉农重点领域、兜牢兜实“三保”底线、提升国库管理水平、规范资产管理、防范债务风险七个方面，开展财经秩序专项整治行动，对查出的问题对照整改。落实省、市预算一体化动态监控要求，对每笔资金纳入国库集中管理，实时动态监控，对违规支付的345笔资金进行预警并告知单位进行整改。组织开展会计信息质量监督检查，重点对16个部门单位及3个乡（镇、街道）农业、教育、社会保障、基础设施建设等事关民生的重点专项资金进行监督检查，促进财政资金安全规范使用。加强政府采购监督管理工作，实现采购电子卖场线上运行，67个行政事业单位实现线上采购。

【债务管控】 2022年，玉屏侗族自治县建立完善2022年政府性债务还本付息台账，拟定2022年融资项目清单，印发《玉屏侗族自治县2022年政府隐性债务化解方案》，明确化债措施、化债金额、还款时间、责任单位、责任人员，从组织领导、工作职责、议事程序、工作要求等方面予以明确。成立工作专班，统筹调度各单位、国有企业各项借款清收工作。通过召开调度会、发放催款通知书、排查借款明细、下发工作提示函、现场走访企业、谈判起诉等工作方式加大清欠整改力度。 （吴宗娟）

税　务

【税费收入】 2022年，玉屏侗族自治县完成税收收入26668万元，比上年下降5.79%，减收1638万元。其中，第一产业受油茶产业拉动，完成税收收入940万元，比上年增收598万元，上升174.85%；第二产业税收收入14085万元，比上年下降1.1%，减收155万元；第三产业受房地产业下滑影响，完成11643万元，比上年下降15.16%，减收2081万元。县级一般公共预算收入完成11548万元，比上年下降7.64%，减收955万元。另外，代征工会经费265万元，增长48.04%，增收86万元。

【减税降费】 2022年，玉屏侗族自治县落实减税降费政策，用好税收政策、发挥税收职能。减免税费收入超7000万元，新增减税降费超3000万元，累计办理退税金额超1亿元。

【社会保险费和非税收入】 2022年，玉屏侗族自治县做好社保和非税征管，征收社会保险费33189.4万元，其中养老保险18865.1万元、医疗保险10934.56万元、失业保险费347.31万元、工伤保险542.33万元、职业年金2500.08万元。社会保险费增收4974万元，增长17.63%。征收非税收入1888.85万元，减收888.48万元，下降31.94%，其中国家重大水利工程建设基金收入1.98万元、可再生能源发展基金33.44万元、教育费附加404.24万元、地方教育费附加269.49万元、残疾人就业保障金450.99万元、矿业权出让收益0.5万元、罚没收入39.78万元、水土保持补偿费入库197.96万元、城镇垃圾处理费入库100.77万元。

【纳税服务】 2022年，玉屏侗族自治县推进小微企业“春雨润苗”专项行动，落实“非接触式”办税要求，推出预约服务、容缺服务、延时服务、小微企业专项服务等特色服务，实现新办纳税人从信息补录到发票领用半小时办结，电子税务局待办事项当日办结，平均纳税时间压缩至53小时以内。策划“办税缴费服务体验日”专项行动，打造“贵人服务・一视铜仁・玉事无忧”税务营商环境品牌。创建“全流程闭环式税费服务”机制，通过厅内“套餐式”服务，厅外“跟踪式”服务，分局“日常式”服务，纪检“监督式”服务，帮助纳税人快速办结信息登记到发票领用、退税业务等纳税服务。以“法律援助惠民生，税法宣传共同行”为主题，成立“零距离”

12月2日，县税务局工作人员上门辅导企业涉税申报

（县税务局　供图）

法律援助工作室，面对面为纳税人、缴费人提供无偿法律咨询服务，并结合所得税汇算清缴、减税退税等重点工作，为纳税人提供涉税法律“事前提醒”和“事后服务”，全年走访企业625户次，收集意见15条，解决问题8个。

【征收管理】 2022年，玉屏侗族自治县持续推动税收征管改革，推行增值税专用票电子化。县税务局、县住房城乡建设局、县医保局、县自然资源局、县市场监管局等多个部门协作，配合铜仁市税务局稽查局升级管理举措，建立税收违法“黑名单”联合惩戒制度。落实行政执法制度，对35户纳税人实行“首违不罚”和不予处罚，轻微税收违法与上年同期相比降低33.1%，罚款降低35.73%。试点“说理式”执法，创新“帮扶式”自查执法，规避涉税争议纠纷，公布的2021年纳税信用等级参评户数较上年增加132户，A、B、M级信用纳税人占比85.53%，较上年增长6%。梳理全县留抵退税风险指标，验证风险模型73户次。推进项目化管理，26个重点项目全部纳入税收监管，并建立“一户一档”。（陈　伟　杨光荟）

金融监管

【银行业监管】 2022年，玉屏侗族自治县辖区银行业机构保持安全稳健运行，主要经营指标和风险指标处于合理区间，未发生各类风险事件和案件。铜仁银保监分局玉屏监管组开展监管走访20余次、监管会谈（座谈）9次；开展脱贫人口小额信贷大走访大排查工作1次，提出工作建议4条，新增贷款户32户，贷款金额161万元。关注银行业机构风险变化情况建立5个类别风险监测台账，对监测数据出现变动较大机构开展控制工作。按季度分析法人机构风险状况、提示风险情况，指导法人机构开展流动性风险、异地存款排查及流动性风险处置应急预案制定和演练工作。开展票据业务、转贴现业务风险核查、信贷资产质量现场检查，针对玉屏长征村镇银行普惠型小微企业贷款利率不降反升的问题，约谈“三长”及相关部门负责人2次。受理银行业机构信访投诉4件，系统性现场检查9家银行业机构15个网点营业场所、消防设施等管理情况，督促机构现场整改安全隐患5个。

【保险业监管】 2022年，玉屏侗族自治县辖区保险业机构平稳运行，新增农业保险业务品种2个。开展整治“代理退保”乱象，组织县辖保险机构开展自查自纠。铜仁银保监分局玉屏监管组受理保险业机构信访投诉7件，系统性现场检查辖区6家保险业机构8个网点营业场所、消防设施、合同纠纷等管理情况，督促机构现场整改安全隐患3个，并开展保险业机构人员消防设施使用培训。（张晓明）

【货币政策落实】 2022年，人行玉屏支行采用再贷款、再贴现政策工具指导地方金融机构金融支持小微企业。年末，全县再贷款、再贴现余额69800万元，围绕辖内中小微企业、涉农企业加大金融支持力度，运用优惠利率资金让利2500万元。向玉屏农商银行发放普惠小微贷款支持工具激励资金217.34万元，撬动玉屏农商银行2022年度新增普惠小微贷款15100万元。

【支付结算】 2022年，人行玉屏支行发生ACS业务607笔，实现连续3年业务办理无差错。开立银行结算账户259户，其中基本存款账户79户、专用存款账户165户、临时存款账户15户。完成县辖内支付服务减费让利督查工作，督查覆盖面100%。走访全县8个乡（镇、街道）助农取款点，指导银行机构履行助农取款点管理责任，按时完成普惠金融服务点整改工作，防范支付业务风险。推动黄桃、生猪、野生菌等特色农村产业移动支付场景建设。

【金融稳定维护】 2022年，人行玉屏支行加强金融管理，开展对辖区内金融机构综合评价、反洗钱、金融消费者权益保护评价工作，配合上级中国人民银行和地方政府防控县域金融风险，防止地方政府债务风险向金融领域扩散等风险问题。结合党史学习教育"我为群众办实事"实践活动，开展"蒲公英"志愿服务，普及金融知识。全年组织开展"蒲公英"志愿者宣传及实践活动21次，发放宣传册2000余份，解答群众咨询800余人次。

【征信管理】 2022年，人行玉屏支行紧扣征信工作重点，在"3·15"国际消费者权益日、"6·14"信用记录关爱日、"征信修复"乱象治理百日行动等重要宣传日开展征信宣传，普及信用和征信知识，引导社会公众通过合法途径维护自身权益。优化征信对外服务，保障信息主体合法权益。全年为企业征信查询397笔、个人征信查询10456笔，未发生投诉事件。

【反洗钱】 2022年，人行玉屏支行推动和指导法人金融机构开展洗钱风险自评估、非法人金融机构反洗钱分类评级自评，完成对县辖15家非法人金融机构和2家地方法人金融机构的反洗钱分类评级工作。组织县辖金融机构集中开展反洗钱、反电信诈骗等宣传活动3次，金融机构自行开展宣传活动30余次，覆盖全县8个乡（镇、街道）。

（罗　倩）

【非法集资防范】 2022年，玉屏侗族自治县统筹各乡（镇、街道）、县（处）非法集资领导小组成员单位，对全县各行业各领域可能存在的非法集资风险开展常态化风险排查50余次，排查企业、机构81家，监测相关广告22条。组织宣传防范非法集资活动50余次，发放宣传资料1.4万余份，悬挂横幅50余条，通过互联网刊发相关宣传信息24条。 （吴梦云）

审　计

【概况】 2022年，玉屏侗族自治县开展"审计质量提升年"行动，依法履行审计监督职责，召开县委审计委员会会议2次，听取县委审计委员会2021年度工作总结和2022年度工作要点及2021年度全县审计发现问题整改情况报告等，审议通过《2022年度审计项目计划（案）》《2021年度县级预算执行及其他财政收支情况审计工作报告（草案）》。向县委审计委员会报送本级预算执行审计工作情况、审计整改工作、年度审计项目计划（草案）等有关重大事项、重要文稿材料8件。完成审计项目8个，审计查出主要问题金额41412万元，其中违规金额24933万元、管理不规范金额16441万元，审计发现非金额计量问题25个。审计处理处罚金额24407万元。审计期间整改金额7984万元，挽回损失56.54万元。移送案件线索及处理事项9件，4件移送事项相关部门已调查完结并对相关责任人员进行处理，完善制度建设10项，县委、县人民政府主要领导批示审计要情7篇。提出审计建议23条，被采纳23条，审计结果公告1篇。

【财政资金审计】 2022年，玉屏侗族自治县以财政资金分配、拨付、使用、问效等方面为审计重点，组织实施 2021 年度本级预算执行情况审计；国家金库玉屏支库办理资金收纳、划分、留解情况审计；县自然资源局和县应急局 2021 年度预算执行情况审计及 2021 年度地方政府专项债券资金管理使用情况审计。审计发现占用应缴预算款、应收未收非税收入、应拨未拨预算专项资金、未按预算规定用途使用资金等主要问题 38 个，向县纪委监委移送案件线索 2 件。

【经济责任审计】 2022 年，玉屏侗族自治县围绕领导干部的“权力运行”和“责任落实”开展经济责任审计，完成县扶贫开发投资有限责任公司主要领导离任经济责任审计和平溪街道党政主要领导经济责任审计，查出主要问题金额 8541.77 万元，其中违规金额 87.77 万元，管理不规范金额 8454 万元。提出审计建议 6 条，挽回损失 56.54 万元，向有关部门移送案件线索及事项 4 件。

【政府资产投资审计】 2022 年，玉屏侗族自治县完成县城区污水处理厂搬迁工程竣工决算审计。审计发现建设单位审核把关不严，多办理工程结算价款 675.29 万元；建设单位监管不严，多付工程款 27.45 万元；审核把关不严，多计造价咨询费 12.48 万元等 7 个问题，避免损失 715.22 万元。移送案件线索及处理事项 3 件，提出审计建议 3 条，促进建立项目建设管理制度 2 项。

【内部审计检查】 2022 年，玉屏侗族自治县对县公安局和县教育局开展内部审计检查，主要检查县拘留所领导干部经济责任审计和县第二中学建设工程结算审核项目，重点检查年度审计项目计划制定及执行情况、审计项目质量情况、审计结果运用情况等。检查发现存在未制发审计通知书、未编制审计方案、未编制审计工作底稿、证据形式不规范等 13 个问题，提出检查意见，规范相关单位内部审计工作。

【参与上级审计机关工作】 2022 年，玉屏侗族自治县累计派出 13 人次分别参加上级审计机关组织开展的 2022 年地方党政主要领导经济责任审计、自然资源资产离任（任中）审计、全市学前教育专项审计调查、2022 年税收征管审计等审计工作。累计派出 6 人次参加市、县安排的巡察等监督检查工作。

【审计整改】 2022 年，玉屏侗族自治县出台《关于建立健全县委巡察机构与县审计局协作配合机制的意见》，将审计整改提请列入县委审计委员会会议重要议事日程，县委、县人民政府领导定期听取整改工作汇报，召开 3 次会议，专题研究部署督导整改工作。实行审计整改台账化管理，定期将审计报告反映的问题按照责任单位逐项分解，要求被审计单位制订工作方案，建立整改台账，明确整改措施。执行《贵州省审计机关审计查出问题分类整改实施暂行办法》，针对审计发现问题按分类整改的要求开展检查，通过发函和到被审计单位实地检查等方式开展整改情况“回头看”工作。

【“审计质量提升年”行动】 2022 年，玉屏侗族自治县印发《玉屏侗族自治县审计局“审计质量提升年”行动实施方案》《玉屏侗族自治县审计局 2022 年度审计业务培训学习计划》，明确实施步骤、工作要求及业务学习重点。出台《玉屏侗族自治县审计局复核审理制度》《玉屏侗族自治县审计局审计业务操作流程》，规范审计复核、审理工作。实行审计工作汇报制度，主要领导靠前指挥，及时指导审计组工作，对重点、难点问题进行研判。聘请 2 名专业人员参与投资项目审计，聘请有资质的专业机构对工程质量进行检测。开展审计质量及审计档案交叉检查，纠正审计报告、审计程序等方面不规范问题。开展审计项目总结会，总结审计项目取得的成绩，分析审计中存在问题的原因并提出解决方法。 （姚　群）

统　计

【概况】 2022 年，玉屏侗族自治县以提高统计数据质量为中心，坚持统计造假“零容忍”态度，完成国家统计督察反馈意见整改和各项统计调查任务。清理违反《中华人民共和国统计法》的文件和做法1次，开展违规统计调查项目清理2次，完成2021年至2022年一季度全县“四上”（规模以上工业企业、资质等级建筑业企业、限额以上批零住餐企业、国家重点服务业企业）入退库企业及固定资产投资项目核查。组织县直属相关部门和各乡（镇、街道）统计分管领导及统计工作人员30余人在县委党校开展为期3天的统计法律法规及统计专业知识专题培训。通过业务培训及实地走访等方式宣传统计法律法规540余人次。

【劳动力调查】 2022年，玉屏侗族自治县开展劳动力调查960户，调查人口信息3429条，录入劳动就业人口行职业编码2085条，对全县5个样本点的调查员进行“一对一”培训指导40余人次，张贴《中华人民共和国国家统计局关于开展劳动力调查的公告》80余张，发放致调查户的一封信近1000份，撰写数据评估说明12篇，核查分析数据1000余条。

【统计基层基础建设】 2022年，玉屏侗族自治县建立健全统计基层基础制度体系，制定《玉屏侗族自治县统计局统计违纪违法问题线索移送办法（试行）》，结合“统计服务下基层”开展统计业务调研指导320余人次。

5月9日，县统计局工作人员到亚鱼乡郭家湾村指导劳动力调查工作　（万　军　摄）

【统计服务】 2022年，玉屏侗族自治县编印《玉屏经济要情》11期，完成《玉屏侗族自治县2021年国民经济和社会发展统计公报》1篇，印制《2022年玉屏领导干部手册》500本，撰写统计监测快报11期，对外提供统计咨询187次。完成全县农业、工业、人才及乡村振兴等高质量发展规划的审核和征求意见工作，对全年各季度地区生产总值的核算及全县各主要经济指标运行全过程的监测、预警。

（杨　军）

市场监督管理

【概况】 2022年，玉屏侗族自治县坚持强化党建生命线、维护安全底线、服务发展主线“三线”工作法，做好食品、药品、特种设备、产品质量安全市场监管和服务工作，全年实现零事故、零伤亡。运用“互联网＋政务服务”，实现企业注册登记申请、受理等环节全程网上办理，登记流程“无纸化、无介质、无费用”。全县（不含贵州大龙经济开发区）新增市场主体4459户。开展民生领域案件查办“铁拳”行动，立案查处行政违法案件115件。推进企业质量标准化建设工作，贵州省贵福菌业发展有限公司获第一届铜仁市市长质量奖提名奖。做好市场公平竞争维护宣传，开展“中国公平竞争政策宣传周”活动，发放宣传资料100余份，张贴宣传海报15张，电子显示屏宣传20条。加强行政执法队伍建设，开展行政执法培训14期。

【企业登记注销】 2022年，玉屏侗族自治县持续推进“证照分离”改革，优化后置审批许可流程，按照直接取消审批、审批改为备案、实行告知承诺、优化准入服务四种方式，区分“证”“照”功能，解决“准入不准营”难题。推行企业名称自主申报改革，提高企业名称登记便利化服务水平和登记效率。推进落实简易注销登记改革，优化市场退出机制，对无债权债务和未开业的企业实行简易注销，简易注销公告期由原来的45天减少至20天，简易注销企业70余户。推行证明事项告知承诺制，实行告知承诺制的证明事项有8类、18项，400户企业通过告知承诺制完成企业设立、变更等登记。全县（不含贵州大龙经济开发区）新增市场主体4459户，其中企业377户、农民专业合作社21户、个体工商户4061户。

【市场监管执法】 2022年，玉屏侗族自治县立案查处行政违法案件115件（含简易程序案件29件），罚没款97.11万元，移送公安机关3件（商标侵权案1件、销售有毒有害食品案2件）。推行市场监管领域“双随机、一公开”监管，统筹23家执法部门创建抽查任务202次，随机抽取检查对象658家，全部完成检查并公示，公示率100%。检查发现违法行为51条，立案调查2件，并通过贵州省“双随机、一公开”监管平台进行公开。通过整合部门联合检查事项，实现进一次门查多项事，提高监管效率，实现监管事项100%覆盖。持续开展“长江禁捕打非断链”专项行动，对水产品交易市场、餐饮场所等市场主体非法销售、生产加工、交易、广告等捕捞渔获物开展执法检查，出动执法人员165人次，检查农贸市场14个次、餐饮单位114家次、商场超市11家次，监测电商平台（网站）40个次，开展集中宣传2次，发放宣传资料300余份。严格领导干部干预执法登记备案制度和重大行政执法备案以及行政执法案卷评查制度，明确查办案件立案、调查、核审、执行各环节的责任，形成互相制约和层层严密监督的执法环境。

【质量标准化建设】 2022年，玉屏侗族自治县持续开展企业对标达标提升专项行动和企业标准自我声明监督检查，鼓励、指导企业制定和实施标准，引导企业提升标准意识。贵州黔玉油茶开发有限公司申报建设玉屏油茶省级农业标准化示范区，通过省级检查验收评定结果为“优秀”；贵州黔玉油茶开发有限公司申报2022年贵州省知识产权优势企业项目，获得20万元资助资金；申报创建国家油茶一、二、三产融合标准化示范区项目建设并立项。组建专家帮扶组，到企业开展质量提升帮扶指导服务，推动企业建立健全质量管理体系。鼓励指导有条件企业申报市长质量奖、质量提升项目和省长质量奖、质量提升项目，并纳入上市后备企业资源库。贵州省贵福菌业发展有限公司获第一届铜仁市市长质量奖提名奖。

【消费维权】 2022年，玉屏侗族自治县开展主题为“共促消费公平”的“3·15”国际消费者权益日系列活动，通过微信公众号、户内外LED广告宣传20余条次，发放宣传资料500余份，向经营者发放线下无理由退换货倡议书20份；开展集中整治1次，对相关违法行为立案15起。全年受理全国“12315”平台消费投诉122件、调解成功107件，调解成功率95.54%，为消费者挽回经济损失5.87万元；核查举报38件、受理“12345”政务服务热线40件，受理电话和现场投诉15件，立案查处2件。

【食品安全监管】 2022年，玉屏侗族自治县围绕“四个最严”（最严谨的标准、最严格的监管、最严厉的处罚、最严肃的问责）标准，建立食品安全属地管理机制，筑牢食品安全防线。对重点场所、重点环节实行日常监管。围绕食品生产经营九大重点领域，持续开展食品安全“守底线、查隐患、保安全”专项行动，检查食品生产经营单位1988家次、餐饮单位800余家次，发现并整改隐患248条。开展食品安全约谈会及培训会16次，约谈和培训食品经营单位负责人700余人，培训各乡（镇、街道）食品药品安全站工作人员和农村“三员”（协管员、信息员、联络员）180余人，发布食品安全消费提示和预警16期。完成县

3月21日，县市场监管局开展春季校园及校园周边食品安全专项检查 （县市场监管局 供图）

级市场流通环节食用农产品抽检300批次、生产经营环节食品抽检189批次，“不合格”8批次，合格率98%，不合格产品处置率100%。全年立案查处食品案件65件（含简易程序案件29件），其中移送公安部门2件，罚款26.81万元。

【药品安全监管】 2022年，玉屏侗族自治县检查药品生产及零售企业200余家次，下达责令整改通知书9份，立案查处药品违法案件9件，罚没53.42万元。县市场监管局联合县卫生健康局和各乡（镇、街道），对7家县级医疗机构、5家乡（镇）卫生院、61家村卫生室、2家诊所进行全覆盖药品质量安全检查。全年完成药品抽检20批次。

【化妆品管理】 2022年，玉屏侗族自治县开展化妆品质量专项检查，检查化妆品零售店30余家次，立案查处化妆品违法案件1件，罚没1.2万元。

【医疗器械监管】 2022年，玉屏侗族自治县开展医疗器械质量安全专项检查，检查药品生产及零售企业200余家次，下达责令整改通知书6份，立案查处医疗器械违法案件3件，罚没4.85万元。对7家医疗机构、5家乡（镇）卫生院、61家村卫生室、2家诊所进行全覆盖医疗器械质量安全检查。

【产品质量监管】 2022年，玉屏侗族自治县对产品质量重点环节、重点行业进行质量监管。开展电气、消防、农资等重点工业产品专项整治，打击生产、销售“三无”农资、制假售假、价格欺诈等侵害农户权益违法行为。针对群众生活相关重点产品开展流通领域产品抽检153批次，“合格”113批次，“不合格”15批次，25批次在检测中，不合格产品均依法进行处理。全年立案查处产品质量案件17件，罚款2.88万元。

【价格监管】 2022年，玉屏侗族自治县持续推进价格监督检查与反垄断工作。开展旅游景区、酒店、洗车行等重点行业明码标价政策执行情况监督检查，以涉企违规收费、学校营养餐原料市场价格、二手车领域收费、秋粮收购价格重点商品价格等为重点，对价格违法行为进行监督管理。全年查处价格违法行为1起，立案1件，结案1起，罚款1.2万元。

【市场公平竞争维护】 2022年，玉屏侗族自治县组织召开全县公平竞争审查联席会议3次，部署开展公平竞争审查质量提升行动，对公平竞争审查工作进行督查考核。对新出台的涉及市场主体经济活动的政策措施进行审查清理，全年照清理标准审查规范性文件41件，审查其他政策文件9件。开展反不正当竞争执法宣传，打击假冒伪劣、囤积居奇、哄抬物价、虚假宣传、养老诈骗等违法行为。发放价格提醒告诫书1200余份，对明码标价不规范，价格宣传用语含糊其词的经营户发放责令改正通知书15份，查处反不正当竞争案件1件，罚款2000元。

【打击传销规范直销】 2022年，玉屏侗族自治县持续推行网格化监管的群防群控打传工作模式，开展行政执法与刑事司法衔接工作，落实“线上监测、线下实证、多措处置、稳妥善后”打击整治网络传销“四步工作法”，打击借“区块链”“大数据”等名义从事网络传销行为。开展重点对象排查300余次，调查举报涉嫌传销案件1起；开展打击传销宣传活动2次，制作宣传横幅2条，发放宣传资料500余份，利用微信公众号、微信朋友圈等新媒体平台发布警示信息4条次，微信朋友圈转发警示信息50余条次，开展涉传人员及其家庭宣传教育工作，发放宣传资料100余份。

（杨　雪）

知识产权管理

【概况】 玉屏侗族自治县推进玉屏黄桃团体标准制定，《地理标志产品　玉屏黄桃》8个系列团体标准公开发布实施。推进玉屏油茶省级农业标准化示范区建设，黔玉油茶公司通过《企业知识产权管理规范》认证，获得《知识产权管理体系认证证书》，全县知识产权贯标认证通过企业实现“零”突破。加强知识产权保护力度，开展“玉屏箫笛”驰名商标保护。全年获得专利授权73件，商标注册74件。

【专利管理】 2022年，玉屏侗族自治县获得专利授权73件，其中发明专利16件、实用新型专利55件、外观设计专利2件。全县有有效发明专利148件。全年查处假冒专利案件1件，结案1件，案值1400元，罚没款1100元。

【商标管理】 2022年，玉屏侗族自治县注册商标申请129件，商标注册74件，有效商标注册量750件。全年查处商标案8件，移交县公安局1件，其中商标侵权案7件，案值7600元，罚没款6300元。7月13日，就规范管理和使用“玉屏黄桃”地理标志证明商标对全县黄桃种植合作社开展面对面培训并答疑，参加培训20余人。

【知识产权保护】 2022年，玉屏侗族自治县排查清理非正常专利25件，撤回非正常专利24件，未撤回并上报铜仁市市场监督管理局1件，撤回率96%。开展知识产权保护执法行动，检查市场主体480余户，查处知识产权违法案件9件，向公安部门移送涉嫌销售侵犯注册商标罪案件1件（公安已立案），结案9件，罚款7400元，其中某女装店侵权奥林匹克标志案被贵州省市场监督管理局作为典型案例发布并推广学习。县市场监管局被贵州省政府知识产权办公会议办公室评为“2022年贵州省知识产权保护先进集体”。

【知识产权宣传周活动】 4月，玉屏侗族自治县开展以“全面开启知识产权强省　建设新征程”为主题的知识产权宣传周活动，通过线下集中到企业点对点宣传，线上播放宣传标语、视频等方式，利用电子显示屏、电子屏幕滚动播放宣传标语和知识产权宣传片，设立宣传展板、发放宣传资料、现场讲解，重点宣传《中华人民共和国商标法》《中华人

4月26日，县市场监管局开展“全面开启知识产权强省建设新征程”主题知识产权集中宣传活动　（县市场监管局　供图）

民共和国专利法》《奥林匹克标志保护条例》等法律法规和知识产权保护及专利、商标申报流程。活动开展集中宣传1次，播放宣传标语50条、视频3个、宣传资料6篇，发放宣传资料60余份，现场答疑13人次，开展知识产权集中培训1次，培训30余人。

【知识产权服务】 2022年，铜仁市知识产权维权援助分中心玉屏侗族自治县工作站成立，推动落实知识产权扶持政策，兑现铜仁市专利授权专利资助53件，资助资金7.7万元。开展特产及优势产品知识产权培育服务行动，调研了解企业经营发展、专利申请、商标运用、知识产权保护、知识产权质押融资情况。指导贵州省贵福菌业发展有限公司主导产品鹿茸菇开展知识产权保护，支持做强做大“蘑菇家”品牌，争取打造知识产权示范企业；指导黔玉油茶公司申报2022年贵州省知识产权优势企业项目，获资助资金20万元；指导玉屏黄桃协会申报并获地理标志资助资金2万元；指导贵州大龙健康油脂有限公司申报并获“玉屏茶油”地理标志保护产品专用标志。

【地理标志管理】 2022年，玉屏侗族自治县指导协助玉屏黄桃、玉屏箫笛在国家知识产权局网站申请地理标志矢量图，玉屏黄桃协会申请成功25家，玉屏箫笛协会申请成功10家。玉屏茶油地理标志标识申请使用企业5家。

【地理标志培育】 2022年，玉屏侗族自治县结合辖区特色产业，将玉屏鹿茸菇、马头田生姜、瓮阳梅香跑山猪作为地理标志保护产品重点培育对象。

玉屏侗族自治县于2017年引进贵州省贵福菌业发展有限公司，将鹿茸菇作为重要食用菌品种培育，采用自动化鹿茸菇袋栽生产线完成搅拌、装袋、灭菌、转运等栽培工序，通过封闭式保温菇房、大数据等设备设施，自动化调节菇房内温度、湿度、光照、空气中氧气和二氧化碳浓度等，创造出适合于鹿茸菇不同生长阶段的人工环境，实现周年四季栽培。2022年，全县生产玉屏鹿茸菇1亿余棒，产值超过2亿元。

平溪街道马头田村是玉屏侗族自治县生姜主产地，其土地资源非常适合生姜种植，以惊蛰到农历四月中旬为最佳种植时间。马头田生姜块大皮薄，做成的腌姜汁多渣少、肉质脆嫩、香辣爽口，是做腌姜的首选。2022年，马头田生姜种植户35户，其中种植大户12户，总产量5万余千克，产值超过150万元。

皂角坪街道瓮阳村梅香跑山猪是香猪与二代野猪（种猪）杂交繁殖品种，采用生态放养方式养殖。瓮阳村梅香跑山猪生长周期长，以玉米、红薯、米糠、麸皮等为饲料，喂养10个月以上方可出栏，最大可长至80千克。养殖基地总占地面积3.33公顷。2022年，基地养殖规模3000头，存栏1200头，销售1000余头，销售收入300余万元。（杨　雪）

皂角坪街道瓮阳村梅香跑山猪　　（瓮阳村委会　供图）

农 业

中国箫笛之乡 · 中国油茶之乡 · 侗族文化艺术之乡 · 中国黄桃之乡

综　述

2022年，玉屏侗族自治县有常用耕地面积5723公顷，其中田3858公顷，土1865公顷。建成高标准农田166.67公顷。完成粮食播种面积6500公顷，产量3.79万吨，分别比上年增长14.09％、35.32％。发展食用菌9370万棒，中药材种植面积833.33公顷，水产品产量2500余吨，黄桃产销3000余吨。全县农林牧渔业总值23.7亿元（可比价24.36亿元），比上年增长3.9%，居铜仁市第十位。农村居民人均可支配收入16315元，居铜仁市第二位；比上年增长6.6%，居铜仁市第七位。1月，玉屏侗族自治县被评为“全国村庄清洁行动先进县”。玉屏侗族自治县㵲阳河特有鱼类国家级水产资源保护区水生生物资源系统养护与综合修复成果被评为“2021年长江水生生物保护修复优秀案例”（贵州仅2个案例入选）；田坪种猪场、朱家场种猪场被评为“国家级生猪产能调控基地”“国家级动物疫病净化场”；县农业农村局获“铜仁市五一劳动奖状”。

农业执法检查。对辖区内的㵲阳河国家级特有鱼类水产种质资源保护区、长江流域重点水域、涉农涉牧市场等场所开展巡查和执法检查，发放农业相关法律法规宣传资料2298份，悬挂横幅8条，出动执法车辆278辆次、执法人员1390余人次。检查长江流域重点水域81场次，渔政联合执法12场次；检查农资经营户393家次；检查种植基地13个次；动物卫生监督执法检查21场次，清理私屠滥宰场所2处；督导农村乱占耕地建房26场次；农机执法检查14场次，查处并报废运输型拖拉机12辆；检查水生野生动物养殖场27家次，水产品销售经营店106家次。立案查处农业行政处罚案件34起，结案率100%。累计处罚金额21.86万元，没收违法所得0.18万元。

“三农”专家服务。围绕乡村振兴战略加快推进农业现代化，激励农技人员创新创业，组织“土专家”“农博士”到一线开展技术培训推广。参与创新创业农业技术人员101人，揭榜省内项目21个，开展服务1300余人次，技术培训750余人次，解决技术问题496个。

惠农政策兑现。发放种粮补贴资金111.17万元，发放率100%；发放耕地地力保护补贴22228户、754.95万元，发放率100.1%；发放农机购置补贴237户、30.32万元，发放率121.29%；发放水稻种子10吨、大豆种子19.46吨、玉米种子0.42吨、马铃薯种子164吨、油菜种子4.32吨、农药4.77吨、肥料1980吨。

农业技术推广。做好2022年水稻—油菜轮作、水稻绿色高产高效技术推广、大豆种植补贴、油菜绿色高质高效行动等项目工作，推广“水稻＋油菜”轮作技术覆盖全县2000公顷，水稻和“油菜、稻鱼共生＋优质品种＋无纺布（钵苗育秧、生态旱育秧）＋规范化栽培（宽窄行）＋配方肥＋绿色防控”技术覆盖全县333.33公顷，水稻、大豆、

6月14日，县农业农村局科技人员到朱家场镇大兴村开展大豆玉米带状复合种植病虫害防治现场培训　（县农业农村局　供图）

玉米带状复合种植技术覆盖全县333.33公顷，油菜“两高双低”集中育苗移栽技术覆盖全县333.33公顷。

植物检疫。加强辖区内产地检疫、调运检疫和市场巡回检查工作。在关键时期对水稻、玉米、马铃薯等粮食作物和水果、蔬菜重点作物及优质果蔬种子（薯、苗）基地及集散市场组织开展产地检疫、调运检疫检查。加强对种子种苗繁育基地、粮食和经济作物生产基地疫情检查和发生动态监测。检疫核查备案玉米种子20506千克，水稻种子18824千克，大豆种子1250千克。新开具产地检疫合格证2份，调运检疫证书73份，其中省间5份、省内68份。发放“玉屏县制种基地植物检疫告知书”2份，市场现场检疫果树苗木1万余株。组织开展市场检查，出动执法检查车辆50余辆次，执法检查人员200余人次，检查水稻制种企业1家、种子（种薯）经销商30家，现场复核60余次，未发现违法违规行为。推动水稻制种产地检疫工作，开展秧田期产地检疫1次、本田期2次。开展检疫宣传30余次，发放宣传材料3000余份。继续抓好稻水象甲、红火蚁、菜豆象等重大农业检疫性有害生物的普查调查及外来入侵生物加拿大一枝黄花调查。开展稻水象甲普查秧田期266.67公顷，大田2666.67公顷，8个乡（镇、街道）发现稻水象甲秧田期发生面积27.47公顷，发生程度1级。对发现的稻水象甲区域，开展防治培训6期，培训200余人次，发放价值9万余元的防控物资，防控面积80余公顷次，防治效果90%。经过普查，辖区内暂未发现菜豆象、葡萄根瘤蚜。铜仁高铁南站曾出现的红火蚁疫情，经防治和监测，未发现复发现象。

耕地质量监测与保护。印发《玉屏侗族自治县2022年主要粮油作物科学施肥实施方案》，结合党政领导示范田、种植坝区、大户基地等田块，取土样化验养分含量中间值，制定主要粮油作物施肥小配方40个，测土配方施肥技术覆盖率超90%；在田坪镇彰寨村、新店镇沙水坪村创办油菜“测土配方＋增施有机肥”示范面积26.67公顷，在朱家场镇黄桃基地实施化肥减量增效“三新”技术示范区200公顷。全年开展科学施肥技术培训4期，培训195人次，开展农户技术指导服务580人次，发放培训资料1000余份。完成取土样25个，土壤化验数量230项次，植株样7个，化验指标21项次。完成水稻新型肥料试验2个、农户农作物施肥调查数据录入16户，为科学制定施肥配方提供基础数据支持。

肥料监管。全县有肥料生产企业1家（贵州省贵福生态肥业有限公司），肥料经销户22家。县农业农村局指导贵州省贵福生态肥业有限公司开展肥料续展登记工作。利用“放心农资下乡进村宣传周”、“3·15”国际消费者权益日乡村赶集日开展宣传教育活动，发放并张贴宣传资料1000余份。每月对辖区肥料生产企业开展监督检查及安全生产技术指导，检查肥料经销户36户次，签订责任书23家，查处不合格肥料1起，查获不合格肥料（应当登记而未登记肥料产品）425千克，没收违法所得资金850元。（秦晓红）

7月5日，县农业农村局科技人员到朱家场镇查看水稻新型肥料试验情况（县农业农村局 供图）

种植业

【粮油种植】 2022年，玉屏侗族自治县印发《玉屏侗族自治县落实粮食安全暨耕地撂荒整治五条硬措施》，推动耕地保护工作，撂荒整治279.63公顷（不宜复耕撂荒地1.33公顷，可复耕撂荒地278.3公顷），完成整治278.3公顷，占可复耕撂荒地100%。完成粮食播种面积6500公顷，比上年增长40.9%，产量37885吨，比上年增长35.3%，粮食生产实现面积、产量“双增长”；油菜栽种面积2426.67公顷。

【蔬菜种植】 2022年，玉屏侗族自治县蔬菜种植5333.33公顷（含辣椒1339.33公顷），产量12.87万吨，产值4.07亿元。建成3.33公顷以上规模化蔬菜种植基地21个、229.67公顷，其中3.33—6.67公顷规模化蔬菜种植基地7个、30.67公顷，6.67—20公顷以上规模化蔬菜种植基地14个、199公顷。

【水果种植】 2022年，玉屏侗族自治县规模种植精品水果（含西甜瓜）2800余公顷，投产面积2666.67公顷，其中园林水果2533.33公顷，园林水果投产园2400公顷，产量5.2万吨，实现产值2.5亿元。黄桃规模种植面积1640公顷，投产面积1000余公顷，产量3000余吨，产值6000万元。

【中药材种植】 2022年，玉屏侗族自治县完成中药材种植837.33公顷、总产量4830吨、综合产值9250万元，分别占铜仁市下达任务数的114.24%、107.23%、100.29%。依托贵州黔绣生态农业发展有限公司，从安徽省亳州市引进中药材藏红花，在朱家场镇混寨村种植藏红花33.33公顷，实施一体化加工厂建设。

7月5日，县果蔬专班工作人员在田坪镇罗家寨村查看冬瓜基地建设情况
（县农业农村局　供图）

【食用菌种植】 2022年，玉屏侗族自治县食用菌产业以鹿茸菇、茶树菇、平菇、羊肚菌为主导品种，利用油茶林示范基地发展林下食用菌和特色羊肚菌示范种植，建成皂角坪街道野鸡坪村、新店镇丙溪村、新店镇洞坪村、田坪镇田坪村、朱家场镇谢桥村、亚鱼乡沙子坳村食用菌基地6个，其中1000万棒以上基地1个、10万—100万棒基地5个。全年种植9370万棒，产量4.06万吨，产值4.03亿元。

【农作物病虫害防治】 2022年，玉屏侗族自治县加强主要粮食作物病虫监测防控，建立主要农作物病虫监测点38个，其中水稻“两迁”（稻飞虱、稻纵卷叶螟）害虫测报站点1个、稻水象甲监测点10个（固定监测点）、玉米草地贪夜蛾性诱监测点21个（高空测报站点1个、固定监测点20个），黄桃潜叶蛾、食心虫等监测点6个，完成计划任务37个监测点的102.7%。针对水稻“两迁”害虫，县植保植检站于4月1日开灯监测。测报灯下见稻纵卷叶螟成虫时间为5月29日，较上年（4月20日）晚39天，测报灯下7月3—7日有一发蛾高峰期、峰期蛾量321头，峰日7月6日、蛾量113头；灯下见稻飞虱4月12日，较上年（3

8月1日，县农业农村局工作人员到2022年黄桃病虫害专业化绿色防控与统防统治融合示范项目基地查看设施防控效果

（县农业农村局　供图）

月14日）晚29天，有一迁入峰期5月31日至6月6日，峰日6月5日，见虫2000头。全年稻飞虱发生面积5113.33公顷次，较上年2612.67公顷次增加2500.67公顷次。稻纵卷叶螟虫发生面积5100公顷次，较2021年5273.33公顷次减少173.33公顷次。稻瘟病发生面积133.33公顷次，较2021年240公顷次减少106.67公顷次。纹枯病发生面积1433.33公顷次，较2021年200公顷次增加1233.33公顷次。新增水稻叶褐条斑病33.33公顷次、水稻细菌性心腐病100公顷次。4月28日，在新店镇洞坪村早玉米地发现草地贪夜蛾幼虫，较上年5月7日提早9天，全年未监测到草地贪夜蛾成虫。幼虫发生面积57.73公顷，较上年77.13公顷减少19.4公顷；草地贪夜蛾发生村21个，较上年发生村58个减少37个；虫口密度平均3.3头/百株，较上年4.5头/百株降低1.2头/百株；最高见虫海拔604米，较上年最高见虫海拔581米高23米；草地贪夜蛾越冬及田间普查面积800公顷次，较上年523.33公顷次增加276.67公顷次，未发现4龄以上的草地贪夜蛾幼虫。全年发布主要农作物重大病虫害预警预报24期、植保简报（动态）7期，分别完成计划任务23期、6期的104.35%、116.67%；利用QQ、微信群转发宣传预警信息40余次，开展病虫防治技术宣传培训60期次，培训人员1260人次，发放技术资料1万余份，现场指导农作物病虫防治50余次。年内，全县农作物病、虫、草、鼠、螺害总体中等偏重发生，发生面积36694.4公顷次，其中病虫发生面积27374.4公顷次、耕地草害发生面积8266.67公顷次、耕地鼠害发生面积866.67公顷次、农田螺害发生面积186.67公顷次。防治面积3万公顷次，其中病虫害防治面积2.46万公顷次、耕地草害防治面积4280公顷次、农田鼠害防治面积866.67公顷次、农田螺害防治200公顷次。通过防治挽回各种农作物产量损失12058.57吨，其中粮食5907.84吨、油料251.07吨、果树1244吨、蔬菜4537.57吨、油茶2.64吨、中药材等其他经济作物155.45吨。农作物总产量损失率6.89%，控制在计划总损失率10%以内；粮食作物产量损失率4.61%，控制在计划损失率5%以内。　（秦晓红）

林　业

【概况】 2022年，玉屏侗族自治县持续推动油茶优势产业发展，完成林业总产值18717万元，比上年增长9.4%。强化执法监督管理，严厉打击违法行为，推进森林资源开发培育。11月，县林业局被贵州省森林保护“六个严禁”执法专项行动联席会议办公室评为“全省2021年森林保护‘六个严禁’执法专项行动表现突出集体”。

【林业产业发展】 2022年，玉屏侗族自治县完成林地利用面积11584.8公顷，占年度任务完成率的100.97%；实现林下经济综合产值24840万元，占年度

任务完成率的96.65%，其中完成林下种植利用面积1326.07公顷，综合产值8850万元；完成林下养殖利用面积1358.73公顷，综合产值5410万元；完成林产品采集业利用面积1786.67公顷，综合产值3240万元；完成森林生态旅游康养业利用面积7113.33公顷，综合产值7340万元。争取省级林下经济项目1个，获得省级林业改革发展补助资金400万元。全年林下经济直接带动农户就业6550人，人均增收超1190元。

10月24日，县林业局开展玉屏侗族自治县2022年古树名木大树保护“1+1”项目宣传活动（县林业局　供图）

【林木苗木培育】 2022年，玉屏侗族自治县培育油茶苗木22公顷、1000余万株；造林绿化苗木133.33公顷、1200余万株。3月完成2022年林木良种补贴项目实施方案编制，5月完成2022年林木良种补贴项目建设规模3.33公顷，培育一年油茶轻基质苗木240万株。

【古大名木树种保护管理】 2022年，玉屏侗族自治县有古树622株，其中国家一级古树34株（樟23株，柏木4株，黄连木2株，枫香树、光叶石楠、青冈、榉树、银杏各1株），国家二级古树48株（以光叶石楠为主），国家三级古树540株。监测古大树104株，占全县古大名木树种总数的16.7%。将34株国家一级古树全部纳入监测，排查出古树大树名木安全隐患7处，消除安全隐患7处。抢救性复壮古大名木树种1株。利用“3·3”世界野生动植物日、2022年古树名木大树保护“1 + 1”项目活动、乡镇赶集日集中宣传等方式宣传古树大树名木保护工作，发放宣传册、宣传物品1200余份。

【林业有害生物防治】 2022年，玉屏侗族自治县森林资源病虫害防治2567.6公顷，分别为松褐天牛无公害防治1333.33公顷（挂放诱捕器100个，形成观测记录1000条，诱杀松褐天牛14692头）、油茶病虫害绿色防控167.6公顷、油茶软腐病防治面积1066.67公顷。完成松材线虫病春秋两季普查工作，对县域所有松林进行地毯式全面踏查，踏查面积6711.73公顷，马尾松小班2966个，发现枯死松树607株，清理枯死松树607株。完成2022年外来入侵物种普查工作，发现外来入侵动物3种、外来入侵植物76种。

【林政管理】 2022年，玉屏侗族自治县办理各类行政审批事项99件，其中林木采伐许可证73件（涉及采伐蓄积6471.5立方米）、植物检疫证书（省外、省内）21件、林草种子生产经营许可证5件。参与项目前期选址40余次，开展林业法律法规及政策业务知识宣传活动12次，发放各类宣传资料1万余份。

（鄢雪杨）

畜牧业

【概况】 2022年末，玉屏侗族自治县生猪存栏16.65万头，全年生猪出栏26.11万头，实现综合产值7.83亿元；肉牛存栏1.66

万头，肉牛出栏 1.05 万头；肉羊存栏 1.26 万只，肉羊出栏 1.33 万只，实现牛、羊综合产值 2.91 亿元；家禽存栏 48.08 万羽（其中蛋鸡存栏 18.84 万羽），累计家禽出栏 79.13 万羽，禽蛋产量 3542 吨，综合产值 1.01 亿元。

【生猪养殖】 2022 年，玉屏侗族自治县持续依托国家级重点龙头企业广东温氏食品集团股份有限公司，在全县范围内推行“公司 + 代养户（养殖小区）”一体化养殖发展的新模式，由公司统一提供猪苗、饲料、技术服务和生物保健。全县发展 300 头规模以上生猪代养户（小区）220 户，饲养规模 18.39 万头，全年出栏生猪 24.41 万头，产值 4.88 亿元；整合财政扶贫资金、省（市）产业子基金建成生猪扶贫产业养殖小区 25 个，饲养规模 5.35 万头，出栏生猪 6.32 万头，产值 1.26 亿元。

【畜禽标准化养殖】 2022 年，玉屏侗族自治县做好“公司 + 农户”生猪产业集群优势产业，持续推进畜禽标准化养殖。有生猪规模养殖场 243 家，饲养规模 18.39 万头，出栏 24.41 万头，规模化比重 87.63%；肉牛规模养殖场 15 家，出栏肉牛 0.35 万头，规模化比重 32.45%；蛋鸡规模养殖场 8 家，存栏蛋鸡 17.83 万羽，年禽蛋产量 2646 吨，规模化比重 94.64%。

【动物疫病防控】 2022 年，玉屏温氏畜牧有限公司申报玉屏种猪场、朱家场种猪场国家级动物疫病净化场建设工作。8 月通过国家级动物疫病净化专家组考核评估，获得“国家级动物疫病净化场”称号。10 月，通过贵州省动物疫病预防控制中心非洲猪瘟实验室检测能力比对实验。全县免疫生猪 69.57 万头次（其中口蹄疫 22.45 万头次、猪瘟 16.63 万头次、猪蓝耳病 20.57 万头次、伪狂犬 9.82 万头次）；免疫牛 2.58 万头次（其中口蹄疫 1.73 万头次、牛结节性皮肤病 0.85 万头次）；免疫羊 1.99 万只次（其中口蹄疫 1.02 万只次、小反刍兽疫 0.97 万只次）；免疫禽 69.31 万羽次（禽流感 41.04 万羽次、新城疫 28.27 万羽次）；口蹄疫、猪瘟、禽流感、鸡新城疫、小反刍兽疫等主要动物疫病做到应免尽免。猪肺疫、猪丹毒、牛出败、山羊痘、传染性胸膜肺炎等疫病因病设防。完成主要动物疫病血清学样品监测 3900 份，其中猪口蹄疫、猪瘟样品检测各 960 份，蓝耳病 780 份，牛口蹄疫样品检测 480 份，羊口蹄疫、小反刍兽疫样品检测各 360 份，禽流感、新城疫样品监测各 360 份。开展牛羊布病监测 840 份、禽流感病原学样品监测 120 份，全部为阴性。监测结果显示，主要动物疫病免疫抗体合格率超 70%，符合农业农村部免疫抗体合格标准；动物布病、禽流感病原学监测未出现阳性样品。执行屠宰检疫两项制度，开展屠宰企业“瘦肉精”自检 3978 份，屠宰检疫生猪 30607 头，检出病害动物及产品 104 头（包括三腺），均按照规定作无害化处理。以乡（镇、街道）为单位，依托全县 11 个动物产地检疫申报点开展动物产地检疫，开展面 100%，规模养殖场（大户）的产地检疫开展率 100%，散养户的产地检疫开展率 85% 以上。检疫畜类 469979 头（只），其中猪 462665 头（仔猪 350711 头）、牛 7295 头、羊 19 只，禽 84670 羽，鱼 877350 尾。

【兽药管理】 2022 年，玉屏侗族自治县有兽药经营企业（户）8 家（户），饲料经营企业（户）11 家（户），200 头（只）以上规模养殖场 234 家，其中肉牛规模养殖场 7 家、家禽规模养殖场 4 家、温氏生猪规模代养场 202 家、其他生猪规模养殖场 21 家。持续推进“减抗”（兽用抗菌药使用减量化行动）工作，对贵州利瑞农牧科技发展有限公司（肉牛养殖场）、玉屏赋源牧业专业合作社（肉牛养殖场）、玉屏县弘天盛家禽养殖场开展执法检查，打击违法添加“瘦肉精”行为。出动检测人员 62 人次、车辆 28 辆次；检测生猪养殖场（户）98 场次，开展“瘦肉精”快速检测 587 例，检测结果全部阴性；监测牛羊养殖场（户）56 场次，检测牛羊尿样 186 例，结果全部阴性。加大兽药饲料产品质量监测，协助铜仁市兽药饲料监察站（铜仁市饲料检测站）随机抽取玉屏温氏畜牧有限公司兽药样品3个批次、饲料样品2个批次，送贵州省兽药饲料检测所检验，结果合格；自检饲料10个批次、省级畜禽产品监测31个批次，其中猪肉3个、牛肉2个、鸡鸭肉10个、鸡蛋16个，检测结果全部合格；市畜产品监测31个批次，其中鸡肉13个、鸡蛋10个、牛肉3个、猪肉5个；县级定量检测32个批次，其中猪肉22个、鸡肉3个、鸡蛋7个，检测结果全部合格。开展兽药质量提升，检查兽药经营使用主体62家次，出动执法人员45人次，未发现经营使用违禁药物、人药兽用等行为。（秦晓红）

渔　业

【水产品养殖】 2022年，玉屏侗族自治县渔业养殖面积2195.33公顷，比上年增长1.76%，其中稻田生态养鱼1705.33公顷，水库养鱼227公顷，池塘养鱼237.73公顷，河沟养鱼25公顷，其他养鱼0.27公顷；水产品总产量完成2000吨，比上年增长1.94%，其中稻田生态养鱼509吨，水库养鱼155吨，池塘养鱼1294吨，河沟养鱼13吨，其他养鱼29吨；放养常规水花苗2700万尾，鲟鱼水花5万尾，投放各种规格鱼种85吨。培育各类常规鱼种96吨、鲟鱼种2吨，鱼种产量96吨；接待休闲垂钓14650人次，收入174万元；按市场价计算，渔业产值完成7179万元。

【渔业用品管理】 2022年，玉屏侗族自治县开展水生野生动物养殖场检查27家次，检查水产品销售经营店106家次，检查渔具销售店82家次，餐馆53家次。组织乡（镇、街道）清理“三无”船舶7艘，劝导和制止违规垂钓600余人次，收缴违规垂钓鱼竿400余根，销毁地笼1副、扎巢取卵鱼钩设备5套。

【非法捕捞整治】 2022年，玉屏侗族自治县发放渔业相关法律法规宣传资料1298份，悬挂横幅3条、宣传禁渔通告53次。出动执法车辆155辆次，出动执法人员782人次，检查长江流域重点水域93场次，检查水产品销售经营点102个次，未发现毒炸鱼等非法捕捞水产品行为。行政立案查处10起，结案10起，行政处罚金额1.01万元。刑事立案7起，结案7起。（秦晓红）

种　业

【制种基地管理】 2022年，玉屏侗族自治县有基地制种企业4家，分别是贵州友禾种业有限公司、贵州金农科技有限公司、深圳市兆农农业科技有限公司及重庆中一种业有限公司。贵州友禾种业有限公司、贵州金农科技有限公司、深圳市兆农农业科技有限公司由玉屏县绿星农业开发有限公司代制种，重庆中一种业有限公司由贵州省岑巩县烁橙农业科技有限公司代制种，制种面积135.47公顷，生产种子入库38万千克，制种组合19个，分布在朱家场镇、新店镇。县农业农村局开展制种基地监管、指导48场次，现场培训200余人次。

9月16日，县农业农村局、县统计局对新店镇省级科技特派员示范基地沙水坪高标准杂交水稻制种进行验收（县农业农村局　供图）

【新品种试验示范】 2022年，玉屏侗族自治县完成省级籼稻区域试验2组，为迟熟K组和优质稻C组；县级水稻新品种展示示范组1组，参试品种（组合）16个(包括对照)，“揭榜挂帅”——玉屏杂交水稻制种单产提升试验示范1个。杂交水稻新品种试制11个组。迟熟K组13个组合，为荃优929、玉龙优卓悦、农香42、两优829、蓉乡优舜禾、华湘明珠、泉优391、两优819、南晶香占、筑优219、贵丰优粤禾、丝香优丝苗、F优498（CK）；优质稻C组13个组合，为檀香优钰禾、兴两优685、德香优6150、华中优9367、泸香优1083、香两优388、泰丰优109、兴两优679、粮两优1790、贵优2117、玉龙优845、丝香优326、F优498（CK）；县级水稻新品种展示示范组16个组合，为和两优3323、华浙优210、泰优390、泰优808、奥富优287、又香优郁香、川优3727、宜优2108、川康优727、荃优华占、友香优668、秋乡优2号、旌优312、筑香19、亮两优332、兆优5455。在朱家场镇茅坡村开展“揭榜挂帅”——玉屏杂交水稻制种单产提升试验示范，制种组合为兆优6377（兆A/R6377），示范面积6.67公顷，核心面积0.2公顷。9月14日，经省级专家临田测产验收，单位产量每公顷3999.15千克，比对照（同组合、同生态）每公顷3639.45千克，单位产量增长9.88%，超过每公顷3900千克的目标产量及5%目标增产率。新店镇沙水坪村开展杂交水稻新品种试制试验，试制种组合11个，为泰丰A/R469、1316S/R1284、1150S/R1284、1372S/R1284、1316S/黑587、1316S/黑R571、1316S/糯IA、高45S/香恢550、泉香2A/香恢550、1150S/红恢522、886S/红恢522，面积0.34公顷。试制结果显示1316S/黑R571、1150S/红恢522两个组合花期相遇较好，且父母本开花习性较好，可进行大面积制种。

【畜禽品种保护与改良】 2022年，玉屏侗族自治县引进良种猪2152头，其中种公猪12头。推广良种三元杂交猪11.7万头，人工输配母猪1.78万头，人工输配母牛2242头，推广良种禽24.54万羽。

【种子市场监管】 2022年，玉屏侗族自治县加强农作物种子市场监督检查，出动执法车辆48辆次，执法人员143人次，检查种子市场48场次、种子经营户36户、农作物种子130种次。联合执法立案调查种子案件2件，涉案种子数量5千克、处罚金额2000元，责令种子经营户现场整改7户。（秦晓红）

农田水利

【概况】 2022年，玉屏侗族自治县推进项目谋划与建设、水行政执法、河长制、水资源管理、防汛抗旱等工作。向上对接水网工程、污水治理、水源建设、水土保持、病险水库治理等14个项目前期工作，推进水源工程、河道治理、污水处理、灌区配套、农村人饮等19个水利工程建设。

【重大水库项目建设】 芭蕉湾水库工程。至2022年末，芭蕉湾

芭蕉湾水库工程施工现场　　（县水务局　供图）

水库工程通过大坝基础开挖验收，进入大坝浇筑实施阶段，完成总形象进度的90%。该工程于2020年11月18日开工建设，批复总投资9449.8万元。

青山冲水库工程。至2022年末，青山冲水库工程主体建设基本完工，进入溢洪道、泵站、副厂房装饰工程及机电设备安装阶段，完成工程总形象进度的93%。该工程于2017年3月开工建设,批复总投资72087万元。

大洋溪水库工程。至2022年末，大洋溪水库工程通过大坝截流验收，进入大坝基础浇筑和管道安装阶段，完成工程总进度的45%。该工程于2020年11月28日开工建设，批复总投资16342.03万元。

【河道治理工程】 2022年，玉屏侗族自治县加快推进龙江河皂角坪街道段和田坪镇江口至长岭段2个河道生态综合治理工程，综合治理河道21千米，分别完成总进度的73%和95%。建设玉屏侗族自治县瓮阳河生态清洁小流域工程，综合治理水土流失面积10平方千米，完成总进度的80%。

【灌溉工程】 2022年，玉屏侗族自治县加快推进北部中型灌区续建配套与节水改造农田水利基础设施项目，改善恢复灌溉面积1066.67公顷，完成总进度的82%。该项目于2021年5月开工建设，总投资2535万元。

【农村供水饮水工程】 2022年，玉屏侗族自治县制定保障饮水安全“回头看”专项行动工作方案，动态掌握农村饮水安全现状。编制《农村供水管网建设规划》，谋划一批农村供水管网建设项目，惠及农村人口129249人。争取省级农村饮用水水源维修养护资金54万元。实施完成农村规模化供水工程7个，受益人口71034人。

【水利工程管理】 2022年，玉屏侗族自治县加强对全县36处建成运行水利工程、11处在建水利工程的监督管理，组织开展蓄水情况、汛前、汛中、汛后安全大检查，定期组织全县34名小型水库管理员进行线上专业技术培训，实行持证上岗，落实水库“三个责任人”制度，确保工程运行安全。完成水利系统、蓄水系统、全县电站农电系统、全国水库运行管理信息系统填报及7座电站生态流量监管工作。检查水库（水电站）及在建水利工程65次，查出隐患14条，完成整改14条，整改率100%。

（杨子益）

农业机械化

【概况】 2022年，玉屏侗族自治县农业机械总动力为16.2万千瓦，比上年增加1.94万千瓦，机械化率58.57%，比上年增长12.45%，主要农作物机械化率位居铜仁市第一，居贵州省上游水平（铜仁市2022年平均农业机械化率目标是50.57%，全省2022年平均农业机械化率目标是46%）。实施346.67公顷水稻全程机械化种植，单位产量12000千克，比常规种植单位产量每公顷增加3000千克。4月，玉屏侗族自治县供销社农机维修中心挂牌成立。

【农机实用技术推广与培训】 2022年，玉屏侗族自治县开展农机实用技术推广培训603人次，取得资质证书25人，补贴机具经销商开展购机现场培训376人次。10月，开展农机秋收大比武活动，推动群众对农业机械的认识和应用。

【农机购机补贴】 2022年，玉屏侗族自治县争取到中央农机购置补贴资金25万元，实际发放农机购置补贴258户，补贴资金31.03万元，超额完成发放任务。

【农机专业化合作组织建设】 2022年，玉屏侗族自治县有农机农民专业合作社9家，其中年内新增7家,实现乡（镇、街道）全覆盖。有各类耕作收获等农机具11046台（套）（含散户小型旋耕机），其中大中型耕种收农业机具80余台（套）。有职业农机手55人，农业机械总动力16.2万千瓦。年内，整合资金409万元购置耕地、育秧、插秧、收割、烘干等大型农用机具60余台(套)。玉屏县供农农机农民专业合作社被评为“贵州省农机协会副会长单位”“铜仁市农机协会会长单位”，其理事长姚林被评为“全国最美农机合作社理事长”。多名农机手参加省内外比赛，杜旭东获“贵州省农机技能大比武”第二名。 （秦晓红）

农业产业化经营

【高标准农田建设】 2022年，玉屏侗族自治县出台《玉屏侗族自治县高标准农田建设项目工程管护办法（试行）》，加强高标准农田建设项目管护工作，建成高标准农田1673.33公顷，其中高效节水灌溉面积133.33公顷，投资3750万元，涉及平溪街道、皂角坪街道、田坪镇、朱家场镇、新店镇5个乡（镇、街道）21个村。土地平整10.69公顷，新建机耕道27.04千米，灌溉沟渠2.01千米，蓄水池200立方米，提灌泵房3座，安装高效节水管道14.72千米，田间道路通达率100%，受益群众满意率100%。

【农产品加工】 2022年，玉屏侗族自治县利用油茶、生猪、精品水果（黄桃）、食用菌等“四+N”农产品产业优势，抓好产业结构调整，发展农产品加工。引进粤旺农业集团有限公司旗下的贵州玉屏粤旺农业科技有限公司在各乡（镇、街道）种植葛根。实施玉屏县粉葛全产业链建设项目及玉屏县食用菌产业园建设项目（二期），推进农产品加工转换，推动农业加工全产业链发展。2022年农产品加工转化率59%，比上年增长3%。

【家庭农场建设】 2022年，玉屏侗族自治县制定出台《玉屏侗族自治县示范性家庭农场扶持奖励办法（试行）》，对从事种植业、畜禽养殖、水产养殖、种养结合、休闲旅游农业、特色种植（或养殖）、农特产品加工7类示范性家庭农场符合奖励条件的按不同档次一次性给予2万元以上奖励，最高奖励不超过30万元（含30万元）。全县新增省级示范家庭农场8家、市级示范家庭农场15家。全县累计发展家庭农场311家，其中省级示范家庭农场16家、市级示范家庭农场40家。

【农业龙头企业培育】 2022年，玉屏侗族自治县组织开展农业产业化县级龙头企业认定工作，确定贵州利瑞农牧科技发展有限公司、玉屏赋源牧业专业合作社、贵州黔绣生态农业发展有限公司、玉屏田坪镇塘发香柚种植农民专业合作社、玉屏恒盛农业科技有限公司、玉屏润旺达畜牧养殖农民专业合作社、玉屏县犇鑫农场、贵州中义绿色食品科技有限责任公司、玉屏县宏进种植农民专业合作社、玉屏县柳源种植专业合作社、玉屏县惠田种植农民专业合作社、玉屏永玉家禽养殖农民专业合作社、玉屏稀优水果种植农民专业合作社、玉屏兴村种植农民专业合作社、贵州创实种植农民专业合作社、玉屏县供农农机农民专业合作社、玉屏县坤云黄桃种植农民专业合作社、玉屏县军军食用菌种植基地、玉屏县郭家湾田园种植农民专业合作社、贵州茶香蛋鸡养殖有限公司20家企业（合作社）为县级农业产业化重点龙头企业。至年末，全县培育县级以上农业产业化重点龙头企业77家，其中省级农业产业化重点龙头企业10家、市级农业产业化重点龙头企业17家、县级农业产业化重点龙头企业50家。

【农产品品牌培育与推广】 2022年，玉屏侗族自治县加强品牌培育，推荐企业参加各类农产品宣传推介活动。3月25日，在2022首届贵州农业龙头企业品牌展示推介大会暨“龙头企业·龙头品牌”遴选企业推介和展销活动上，贵州省贵福菌业发展有限公司“蘑菇家”品牌、贵州振兴米业有限公司“侗米坊”品牌、贵州兴顺农业发展有限公司“侗泉香米”品牌获2022首届贵州农业龙头企业品牌展示推介大会“龙头企业·龙头品牌”。6月28日，铜仁市“梵净山珍·健康养生”绿色农产品品牌展示大会上，贵州省贵福菌业发展有限公司、贵州振兴米业有限公司、贵州黔玉油茶有限公司、贵州谷州农业有限公司、玉屏兴顺农业有限公司、贵州洪涛米业有限公司、贵州大龙健康油脂有限公司、玉屏云雀米业有限公司、贵州明渝菜业食品有限公司9家企业农产品品牌获铜仁市“梵净山珍·健康养生”绿色农产品品牌称号。

2022年，贵州省贵福菌业发展有限公司建成贵州省食用菌示范基地。图为公司规模化生产的鹿茸菇　（郭秋月　摄）

【重点农业产业项目建设】 2022年，玉屏侗族自治县重点农业产业项目为亚鱼乡2022年农业产业强镇项目、2022年亚鱼乡郭家湾村农产品加工厂房建设项目、玉屏县食用菌产业园项目。6月22日，亚鱼乡2022年农业产业强镇项目获贵州省农业农村厅批复。该项目投资1252.5万元（中央资金300万元、企业自筹资金952.5万元），建设期限1年，主要为20公顷莲藕良种育种基地、700平方米分拣车间及莲藕清洗分拣设备、100公顷莲藕标准化生产基地莲藕加工生产线及配套设施建设等。2022年亚鱼乡郭家湾村农产品加工厂房建设项目完成亚鱼乡瓮袍村7.8公顷、新店镇洞坪村13.33公顷的莲藕良种繁育基地厂房建设，地面混凝土完成浇筑，进入厂房门窗安装阶段。该项目由县农业农村局在亚鱼乡郭家湾村实施，投入东西部协作资金340万元，主要建设加工厂房1000平方米、室外场地硬化800平方米及配套设施。年内，玉屏县食用菌产业园项目投入资金45000万余元，完成1—8号厂房及附属设施建设，建筑面积9万余平方米，完成日产20万袋食用菌工厂化生产线及配套初加工车间，含制棒车间、灭菌车间、冷却车间、接种车间、养菌车间、工厂化出菇车间、初加工车间及生产线附属设施。完成研发检验中心大楼、锅炉房等附属设施建设。实现日产20万棒工厂化生产，年产鲜菇4万吨，年产值3.5亿元。该项目由贵州省贵福菌业发展有限公司主导建设，项目总投资5亿元，占地12.4公顷，规划完成日产30万袋全自动菌棒生产线，日产25万袋鹿茸菇智能工厂化出菇车间，日生产加工、分拣、包装食用菌鲜菇50吨车间，年生产2000吨精深加工多糖、多肽及食用菌即时食品生产线，带动外围林下仿野生种植1333.33公顷基地，育种中心、培训中心、研发检验中心等建设。

【食用菌优势特色产业集群项目】 2022年，玉屏侗族自治县食用菌优势特色产业集群项目完成3万平方米工厂化出菇、养菌车间主体建设及主设备安装，部分投入使用，工程形象进度完成95%。该项目于2022年1月开工，总投资14815万元，申请中央财政资金400万元，自筹资金14415万元。主要建设3万平方米食用菌工厂化育种出菇车间，含育种房、出菇房、环境控制系统、电力控制系统建设。其中，中央财政部分用于工厂化育种出菇车间环境控制系统部分设备安装，包括蒸发式高效节能冷水机组2台，蒸发式高效节能变频冷水机组1台。　（秦晓红）

油茶之乡

综　述

2022年，玉屏侗族自治县持续推进油茶育苗基地建设。图为建成的道塘油茶育苗基地　（李　平　摄）

2022年，玉屏侗族自治县将油茶列为“一县一品”农业主导产业，推进油茶产品精深加工、标准化示范基地和“四旁”（村旁、路旁、水旁、宅旁）建设。9月，将贵州黔玉油茶公司升格为县管一类国有投资公司，强化龙头带动。受极端干旱灾害影响，全县油茶鲜果产量约6000吨，占上年的30%，产值约3000万元。《玉屏自治县“三大体系”抓实油茶产业》在《贵州改革情况交流》2022年第73期刊发。玉屏油茶产业示范园被国家林业和草原局认定命名为国家林业产业示范园区，“油茶一、二、三产融合标准化示范区”被国家标准化委员会批准为第11批国家农业标准化示范区项目，获贵州省林业局批准建立省级油茶种质资源库。

产业规划。启动完成《玉屏国家油茶产业示范园中长期发展规划》（2022—2030年）编制工作。以发展现代高效油茶产业、粮油加工、茶旅研学为基本目标，通过“油茶复合生产经营、油茶精深加工及设施配套、茶旅融合发展与服务配套”的综合建设，把示范园区建设成为集引进、科研、示范、推广于一体，生产、加工、交易、物流及观光、旅游、康养、自然教育综合发展的现代油茶产业发展体系，最终将示范园区建成一、二、三产融合发展，形成一级功能圈辐射全省及周边省市、二级功能圈辐射全国油茶产区，茶油及附属产品交易市场国际化的现代油茶产业发展总体目标。规划期内，示范园区发展油茶种植11026.67公顷，完善油茶产业各项基础配套设施和服务体系；新建油茶产业创新服务综合体1处，规划面积33.33公顷；提升改造科技研发中心、良种育苗基地，新建种质资源库、良种选择及丰产试验林基地建设；打造以茶旅融合发展、自然教育与康养研学相结合的油茶主题产业链。规划“一园一心两核两带六区多节点”的空间布局结构，“一园”是指以新建油茶精深加工厂为依托，结合便捷的交通和地理环境优势，建立玉屏侗族自治县油茶产业创新服务综合体，引领示范园区高质量发展；“一心”是指依托玉屏侗族自治县现有贵州省油茶工程技术研究中心，配备建设省级茶油质检中心、良种繁育基地和种质资源库，打造国家玉屏油茶产业示范园区科技研发推广与品比试验中心；“两核”是指依托朱家场、田坪2个镇油茶核心产区集中连片优势，打造国家玉屏油茶产业示范园区朱家场镇、田坪镇油茶丰产高效示范基地2个油茶发展核心区；“两带”是指结合玉屏“四旁”油茶种植，以㵲阳河和飞龙大道形成西南至东北“路旁”油茶种植示范带，打造茶旅一体、自然教育与康养研学主题观光带；以省道201线和县道669线形成南北“路旁”油茶种植示范带，打造自然教育径等观察体验带；“六区”是指除朱家场镇和田坪镇两大油茶种植核心区外其他乡（镇、街道）集中连片油茶产区和拟发展油茶片区；“多节点”是指以景区、景点、民族村落、康养基地、自然教育基地为核心的茶旅融合发展节点。

企业培育。截至2022年末，

全县引进培育油茶国家级企业1家、省级以上龙头企业5家、市级及县级油茶企业22家、500万元以上规模企业13家，培育村级油茶农民专业合作社16家、种植大户110余户。

示范基地创建。截至2022年末，全县建成高标准油茶示范基地1333.33公顷，6.67公顷以上示范点35个，26.67公顷以上示范点22个，示范村4个。

国家林业产业示范园区认定命名。1月29日，《国家林业和草原局办公室关于公布第二批认定命名国家林业产业示范园区名单的通知》下发，玉屏油茶产业园区被认定命名为国家林业产业示范园区，是贵州省两个被命名的园区之一。玉屏油茶产业示范园区是贵州省100个现代高效农业示范园区之一，也是全省100个重点旅游景区之一。园区核心面积2533.33公顷，涉及10个行政村，拓展区面积8960公顷，涉及18个行政村。园区交通便捷，电力、通信、网络全覆盖，路、水、电配套齐全。

获批国家级农业标准化示范区项目。12月30日，国家标准化管理委员会印发关于下达农业农村及新型城镇化领域标准化试点示范项目的通知，由玉屏侗族自治县人民政府、贵州黔玉油茶开发有限公司申报的国家油茶一、二、三产融合标准化示范区项目获批第11批国家农业标准化示范区项目。油茶标准化示范区建设，是以油茶产业为基本依托，通过产业联动、产业聚集、技术渗透、体制创新等方式，将油茶生产、农产品加工和销售、休闲旅游以及其他服务业有机整合，进一步优化区域布局，调整品种结构，全面推行标准化生产，促进油茶一、二、三产业紧密联系、协同发展。项目建设周期为3年，2025年6月完成试点示范项目建设任务。（刘四黑）

油茶种植

【概况】 2022年，玉屏侗族自治县建成油茶标准化丰产林示范基地2150公顷，油茶高接换冠基地13.33公顷，新造油茶基地127.75公顷，开展油茶退化林修复1233.33公顷，抚育改造油茶662公顷，嫁接油茶苗木50.84万株，管护一年生油茶苗木145万株、两年生油茶苗木180万株、三年生油茶苗木25万株、四年生油茶苗木3.5万株。全年出圃合格油茶苗木209.2万株。

【油茶育苗基地】 2022年，玉屏侗族自治县以贵州黔玉油茶研发有限公司为龙头带动，有贵州玉屏千林林业投资有限公司、玉屏悦侗园苗圃绿化工程有限公司、玉屏县舞阳林果苗木基地、玉屏县荣盛苗圃基地从事油茶良种苗木培育，建成油茶育苗基地20公顷，分布在平溪街道、朱家场镇、田坪镇，其中道塘油茶育苗基地为西南地区最大的现代化油茶育苗基地。

【油茶良种园】 至2022年末，玉屏侗族自治县建成油茶良种园43.33公顷，其中采穗圃13.33公顷、良种繁育圃2公顷、种质资源收集区1.33公顷、示范区26.67公顷。

【油茶品种培育】 至2022年末，玉屏侗族自治县筛选培育出适宜

2月1日，玉屏油茶育苗基地里，群众在移栽油茶苗（李　平　摄）

在铜仁市及周边地区大面积推广的长林、湘林和黔林等系列优良品种18个，获得国家发明专利5项，选育本地油茶良种4个。

【油茶套种】 2022年，玉屏侗族自治县持续推进“‘油茶＋套种’以短养长、长短结合”发展模式，在油茶林下套种适宜的农作物，实现林农合一，农林资源优势互补。套种太子参、丑八怪香瓜、黄豆、花生等矮农作物1393.33公顷。

【油茶“四旁”种植】 至2022年末，玉屏侗族自治县深化利用村旁、路旁、水旁、宅旁托种种植模式，完成油茶“四旁”种植80公顷。

【油茶病虫害绿色防控】 2022年，玉屏侗族自治县实施油茶病虫害绿色防控项目，防控面积167.4公顷。

【油茶产业基地建设奖补】 2022年，玉屏侗族自治县兑现油茶产业基地抚育管理补助，标准为每公顷4500元，总兑现面积1586.67公顷，总兑现金额714万元。

【2022年度“十佳油茶种植基地”评选】 2022年12月，玉屏侗族自治县组织开展“十佳油茶种植基地”评选工作，经综合评比，田坪镇金竹油茶基地、麻音塘街道九龙油茶基地、田坪镇塘合油茶种植基地、平溪街道舞阳油茶基地、平溪街道安坪油茶基地、麻音塘街道架枧油茶基地、朱家场镇龙眼油茶基地、朱家场镇水田油茶基地、朱家场镇谢桥油茶基地、田坪镇马家屯油茶基地获评玉屏侗族自治县2022年度“十佳油茶种植基地”。

【“金色振兴·油茶采摘”主题志愿服务活动】 10月26日，玉屏侗族自治县开展玉见·最美“金色振兴·油茶采摘”主题志愿活动，由65家单位职工组成的300余名志愿者在朱家场镇桐木油茶丰产基地，助力油茶采收，采摘油茶果1500千克。 （刘四黑）

项目建设

【概况】 2022年，玉屏侗族自治县实施油茶产业项目6个，其中乡村振兴衔接资金项目3个，分别为玉屏县朱家场镇桐木村2022年油茶项目、玉屏县2022年农村公路两旁油茶种植建设项

2022年度玉屏侗族自治县“十佳油茶种植基地”一览表

表7

序号	基地名称	种植模式	种植年度	种植面积（公顷）	种植地点
1	田坪镇金竹油茶基地	大户承包造林	2014	11.33	田坪镇金竹村
2	麻音塘街道九龙油茶基地	大户承包造林	2020	33.33	麻音塘街道九龙村、架枧村
3	田坪镇塘合油茶种植地	大户承包造林	2018	6.67	田坪镇塘合村
4	平溪街道舞阳油茶基地	大户承包造林	2020	4.67	平溪街道舞阳村
5	平溪街道安坪油茶基地	“3331”模式	2021	64.9	平溪街道安坪村
6	麻音塘街道架枧油茶基地	“3331”模式	2022	13.33	麻音塘街道架枧村
7	朱家场镇龙眼油茶基地	“3331”模式	2020	10	朱家场镇龙眼村
8	朱家场镇水田油茶基地	“3331”模式	2019	39.87	朱家场镇水田村
9	田坪镇马家屯油茶基地	“3331”模式	2019	38.67	田坪镇马家屯村
10	朱家场镇谢桥油茶基地	“3331”模式	2020	15.33	朱家场镇谢桥村

备注：“3331”模式为采取“县级国有公司出资建设，乡级国有公司施工建设与管理，农户用土地入股，村集体经济协助日常管理”的发展模式。实行资金分年度验收支付，油茶造林后第1—5年未有收益期，按每亩每年80元一次性支付给土地入股农户，作为保底分红。第六年开始产生收益后按“3331”比例分红，即县级国有公司30%、乡级国有投公司30%、农户30%、村集体经济10%。

目和玉屏县油茶产业精炼实验室建设项目；东西部协作2个，分别是玉屏县2022年油茶全产业链精深加工项目和玉屏县2022年朱家场至平溪油茶大苗带状种植项目；涉农整合项目1个，为玉屏县2022年调整树种结构提高森林质量项目（油茶退化林修复）。年末，乡村振兴衔接资金项目和东西部协作资金项目均已完工，玉屏县2022年调整树种结构提高森林质量项目（油茶退化林修复）完成546公顷。

11月26日，玉屏油茶精深加工厂新建成的灌装生产线投入使用。图为安装现场工人调试设备 （徐 雪 摄）

【朱家场镇桐木村2022年油茶项目】 2022年，玉屏侗族自治县实施朱家场镇桐木村2022年油茶项目。总投资83.47万元，建设内容为在朱家场镇桐木村栽植8年生以上油茶大苗7公顷，栽植株行距3米×4米。于6月完成公示并开始实施，一月建成。

【2022年农村公路两旁油茶种植建设项目】 2022年，玉屏侗族自治县实施2022年农村公路两旁油茶种植建设项目。总投资240万元，建设内容为在县内主要乡村公路两旁种植8年生以上带状培育油茶12600株，打造20公顷油茶产业带。于6月开始实施，年末完工。

【油茶产业精炼实验室建设项目】 2022年，玉屏侗族自治县实施油茶产业精炼实验室建设项目。总投资50万元，在朱家场镇谢桥村建设油茶研发中心配备相关设备、安装茶油精炼小试实验线1条、装修实验室（车间）1间。于6月实施，7月建成。

【2022年油茶全产业链精深加工项目】 2022年，玉屏侗族自治县实施2022年油茶全产业链精深加工项目。总投资1628.7万元，在朱家场镇桐木村建设油茶深加工厂，通过入股（债权）投资方式发展油茶全产业链精深加工。工厂总建筑面积8299.61平方米，主要包括爆蒲车间、压榨车间、精炼车间、装罐车间等。

【2022年朱家场至平溪油茶大苗带状种植项目】 2022年，玉屏侗族自治县实施朱家场至平溪油茶大苗带状种植项目。总投资100万元，在朱家场镇街上村、堰上村，麻音塘街道九龙村、双龙村、草坪村，大龙街道南宁村，平溪街道七里塘村农村公路两旁种植带状培育油茶5250株，打造8.33公顷油茶产业带。10月开始实施，年末完成。

【2022年调整树种结构提高森林质量项目】 2022年，玉屏侗族自治县实施调整树种结构提高森林质量项目。总投资1695万元，在平溪街道、皂角坪街道、大龙街道、麻音塘街道、朱家场镇、田坪镇、新店镇、亚鱼乡实施树种结构调整油茶造林，修复油茶退化林1233.33公顷，其中试点面积200公顷，非试点面积1033.33公顷。于7月招标实施，年末修复油茶退化林546公顷。

（刘四黑）

加工与销售

【油茶精深加工】 2022年，玉屏侗族自治县有油茶深加工厂1

贵州黔玉油茶开发有限公司茶油衍生产品　（徐　雪　摄）

个，油茶深加工实验室 1 个。推进朱家场镇桐木村油茶深加工厂建设，发展油茶全产业链精深加工。至年末，开发保健、日化、农特产等油茶系列产品 30 余个。深加工厂生产茶油 144.2 吨，产值 2884 万元；生产山茶二酯油 34.6 吨，产值 1790 万元；开发洗发水、沐浴露、护发素、除螨皂、精油、补水面膜、睡眠面膜、抗皱面膜等油茶衍生产品 8 款，生产洗护用品 2.8 万支（瓶、盒），产值 112 万元。

【茶油销售】 2022 年，玉屏侗族自治县加大对黔玉、金箫、御知康等玉屏茶油品牌宣传推介，油茶及相关产品销售额 3824 万元。其中，油茶苗木销售额 1200 万元；销售茶油 140 吨，销售金额 2552 万元；销售山茶二酯油 1200 瓶，销售金额 72 万元。8 月，玉屏融媒体中心联合贵州黔玉油茶开发有限公司在长华村开展多场直播助农活动，促进玉屏油茶销售。（刘四黑）

科研与人才

【产业链技术攻关团队建设】 2022 年，玉屏侗族自治县继续依托科研院校科研力量，组成油茶全产业链技术攻关团队，创新“优良无性系 + 高配合力 + 高异交传粉配置格局”丰产营林模式，推动基地油茶种植高产高效。6 月 18 日，县委书记杨启明通过线上视频对接的方式，会见广州市白云区复大化妆品厂总经理黄海波，就玉屏油茶护肤项目研发、设计、宣传和销售等事宜进行交流洽谈，达成初步合作意向。8 月 6 日，玉屏侗族自治县承担建设的贵州省油茶工程技术研究中心通过贵州省科技厅验收，中心位于朱家场镇谢桥村原茅坡油茶试验站。

【院校合作】 2022 年，玉屏侗族自治县以西南山地油茶资源创新利用中心为依托，抢抓东西部协作帮扶机遇，深化与中国林业科学研究院亚热带林业研究所、大连民族大学、贵州大学、铜仁市林业科学院等科研院校开展油茶培育、管护、功效等多领域合作研究。

【科研成果】 2022 年，玉屏侗族自治县实施油茶科研课题及项目 4 个，分别是油茶全产业链质效提升一体化示范项目、贵州省知识产权优势企业项目、油茶良种选育与丰产高效关键技术创新及应用项目、省级玉屏油茶标准化示范区建设项目，获得项目资金 230 万元。贵州黔玉油茶开发有限公司如期通过企业知识产权管理规范认证，获得知识产权管理体系认证证书。与广东粤善特医科技有限公司合作，利用华南理工大学食品科学与工程学院教授王永华领衔的科研团队研制的生物全酶法，将黔玉山茶油加工为黔玉山茶二酯油，将玉屏油茶的价值提升 5 倍。

【人才队伍建设】 2022 年，玉屏侗族自治县强化油茶人才政策支持，制定县管专家政策，将从事油茶产业发展的专业人才纳入县管专家进行管理。柔性引进贵州大学博士后科研工作站（玉屏）博士后 2 人，获评市级杰出人才 1 人。（刘四黑）

工 业

中 国 箫 笛 之 乡 · 中 国 油 茶 之 乡 · 侗 族 文 化 艺 术 之 乡 · 中 国 黄 桃 之 乡

综 述

2022年，玉屏侗族自治县坚持以高质量发展统揽全局，围绕“四新”主攻“四化”，推进新型工业化、商贸经济和大数据产业高质量发展。修订《玉屏侗族自治县“十四五”工业发展规划》，明确“十四五”规划期间工业发展的方向和路径。依托田坪镇碳酸钙资源优势，以铜仁西南水泥有限公司、贵州创梦联钙业有限公司为龙头，将新型建材产业作为工业重点发展产业，推进传统冶金、高端轻工、食品加工等产业协调发展，打造“1+N”产业集群发展新格局。形成以贵州玉屏有色冶金集团宏森工贸有限公司、贵州玉屏有色冶金集团三湘硅业有限公司为代表的冶金产业；以铜仁西南水泥有限公司、贵州创梦联钙业有限公司为代表的建材产业；以贵州省贵福菌业发展有限公司、贵州谷州农业有限公司为代表的食品加工产业；以贵州超盛精工科技有限公司、锦超服饰（贵州）有限公司、贵州金路鞋业有限公司为代表的

2022年玉屏侗族自治县规模工业企业分产业一览表

表8

产业类别	企业名称	企业生产类别	企业所在地
冶金产业（4家）	贵州玉屏有色冶金集团宏森工贸有限公司	高碳铬铁	皂角坪街道皂角坪村
	贵州玉屏有色冶金集团三湘硅业有限公司	高碳铬铁	新店镇狸狮坪村
	贵州玉屏有色冶金集团巨力硅业有限公司	高碳铬铁	新店镇狸狮坪村
	贵州玉屏有色金属冶金集团兴鑫炉料冶炼有限公司	高碳铬铁	朱家场镇茅坡村
建材产业（9家）	铜仁西南水泥有限公司	水泥	田坪镇江口村
	玉屏建安混凝土工程有限公司	混凝土	田坪镇江口村
	贵州玉屏海鸿混凝土有限公司	混凝土	新店镇狸狮坪村
	贵州航澜捷金属制品科技有限公司	消防通风管	双桥工业园区
	铜仁源塑科技发展有限公司	塑料管	双桥工业园区
	贵州宝瑞康建材有限公司	装饰漆类	双桥工业园区
	玉屏县永胜木业有限公司	生态板	田坪镇田冲村
	玉屏贵坤混凝土有限公司	混凝土	田坪镇田冲村
	贵州创梦联钙业有限公司	钙粉	田坪镇江口村
农副产品加工产业（7家）	贵州荣世食品有限公司	生猪屠宰与加工	双桥工业园区
	玉屏云雀米业有限公司	谷物加工	田坪镇五里桥村
	贵州振兴油业有限公司	食用植物油	田坪镇田冲村
	贵州振兴米业有限公司	谷物加工	田坪镇田冲村
	贵州谷州农业有限公司	谷物加工	亚鱼乡亚鱼村
	玉屏洪涛米业有限公司	谷物加工	朱家场镇街上村
	贵福菌业发展有限公司	食用菌	皂角坪街道野鸡坪村
轻工产业（3家）	贵福生态肥业有限公司	有机肥	双桥工业园区
	贵州华宇橡胶科技有限公司	再生胶	双桥工业园区
	贵州超盛精工科技有限公司	电子用微钻	双桥工业园区
纺织产业（2家）	贵州金路鞋业有限公司	鞋	双桥工业园区
	锦超服饰（贵州）有限公司	服装	双桥工业园区

贵州创梦联钙业有限公司生产车间　　（县融媒体中心　供图）

轻工产业等多个产业集群。全年新增规模以上工业企业3家，有规模以上工业企业25家。规模以上工业总产值11.9亿元，规模以上工业增加值增长1.5%，高出全市14.9个百分点，比上年增长率排全市第二。

重点项目建设。工业投资项目19个，累计完成投资9.33亿元。年末，玉屏县吨袋生产建设项目进入厂房装修阶段，白果沙场建设项目、创梦联钙业项目（二期）、高端鞋业生产项目等建设主体完工，进行设备入场安装调试。

新型工业化发展。成立新型工业化暨开发区高质量发展工作领导小组，开展新型工业化发展专题调研，制定《玉屏侗族自治县2022年新型工业化工作要点》。召开全县新型工业化暨开发区工作领导小组会议4次，统筹调度新型工业化高质量发展工作。开展企业融资服务工作，向企业推介金融支持企业发展政策措施及金融产品，拓宽企业融资渠道。促进"政银企"合作，促成6家银行与8家企业、7家银行与7家企业现场签订贷款协议，签约金额13960万元。

培育企业上规入统。指导4户工业企业（贵州玉屏有色冶金集团巨力硅业有限公司、玉屏贵坤混凝土有限公司、贵州玉屏有色冶金集团兴鑫炉料冶炼有限公司、贵州创梦联钙业有限公司）开展纳入规模以上工业企业统计工作。成立上市企业培育工作专班，制订培育工作方案，培育贵州省贵福菌业发展有限公司入选贵州省上市企业后备资源名录库。　　（熊万涛）

冶金工业

【概况】 2022年，玉屏侗族自治县冶金工业主要集中在传统铁合金企业，有规模以上冶金企业4家，完成工业产值4.11亿元，在工业产值中占比34.5%。主要生产产品为高碳铬铁，生产所用原材料为铬铁矿石、电力、石油焦、洗精煤、木柴等，原材料资源除铬矿依靠进口外，其他原材料均在国内采购，其中电力、石油焦、洗精煤为主要能源消耗材料。产品主要用于不锈钢原料及铸铁添加剂生产等，出口欧洲及美国、日本、韩国、印度等国家和地区。

【贵州玉屏有色冶金集团巨力硅业有限公司】 贵州玉屏有色冶金集团巨力硅业有限公司于2002年10月注册成立，并开工建设；2005年5月，贵州大龙铁合金集团成立，公司更名为贵州大龙铁合金集团巨力硅业有限公司；2011年8月，组建贵州玉屏有色冶金集团，公司更名为贵州玉屏有色冶金集团巨力硅业有限公司。公司地处新店镇狸狮坪村，占地面积2.67公顷，工业建筑面积8000平方米，有13200千伏安铬铁矿热炉2台，产品出口欧洲、美国、日本、韩国和印度等国家和地区。2022年，公司生产高碳铬铁2600吨，工业产值2300万元。

【贵州玉屏有色冶金集团宏森工贸有限公司】 贵州玉屏有色冶金集团宏森工贸有限公司于2007年10月24日成立，2011年9月加入贵州玉屏有色冶金集团，更名为贵州玉屏有色冶金集团宏森工贸有限公司。公司地处皂角坪街道皂角坪村，占地面积3.33公顷，工业建筑面积1万平方米，有13200千伏安矿热炉2台。2022年，公司采用先进的二次接炷方法，使渣铁分离，生产高碳铬铁、金属硅等工业炉料产品26488.5吨，工业产值2.05亿元。（吴吉超）

建材加工业

【概况】2022年，玉屏侗族自治县有建材产业规模以上工业企业9家，完成工业产值2.71亿元，在工业产值中占比22.7%。新型建材是玉屏侗族自治县主要产业发展方向，为重点发展的首位产业，主要依托田坪镇石灰石资源，以铜仁西南水泥有限公司、贵州创梦联钙业有限公司等重点龙头企业带动产业发展。建成铜仁西南水泥有限公司4000吨/日的熟料生产线，推进贵州创梦联钙业有限公司55万吨/年的新型环保钙粉建设项目及田坪新型建材产业园等重点项目建设。

【贵州创梦联钙业有限公司】贵州创梦联钙业有限公司于2020年3月成立，总投资3亿元，在田坪镇开工建设生产能力为每年55万吨钙粉的新型环保钙粉厂，工厂占地7.9公顷，总建筑面积31665.2平方米。公司主要生产产品有建筑用砂、石灰石、熟石灰、精炼石灰、灰钙粉、超细轻质碳酸钙、氧化钙、氢氧化钙、重钙、纳米活性钙等。2022年，公司一期项目投产，建成年开采石灰石100万吨矿山1个、年处理石灰石600万吨的石料加工场1个、年产10万吨重质碳酸钙生产线一条。二期项目主体工程完成80%，建设内容含年产10万吨氧化钙生产线2条、年产10万吨氢氧化钙生产线和年产5万吨轻质碳酸钙生产线各1条。

【铜仁西南水泥有限公司】铜仁西南水泥有限公司为世界500强企业中国建材集团旗下企业，隶属于贵州西南水泥有限公司，是贵州省工业和信息化厅新型建材12家龙头企业之一、贵州新型工业化建材示范企业。铜仁西南水泥有限公司产能置换项目于2020年5月开工建设，2021年5月28日点火试生产，8月获得生产许可。该项目为贵州省2020年重大工程和重点建设项目，将贵州省松桃高力水泥实业有限公司和贵州科特林水泥有限公司2家水泥生产企业进行产能置换，建设规模4000吨/日，水泥170万吨/年。厂区建设配套6千米长皮带廊、9000千瓦余热发电、100吨/日生活垃圾处理、100吨/日污泥处理系统，规划建设年300万吨智能化砂石骨料和200万立方米商品混凝土基地。2022年，铜仁西南水泥有限公司建成4000吨/日熟料生产线，实现年产值2.15亿元。（吴吉超）

农副产品加工业

【概况】2022年，玉屏侗族自治县有农副产品加工规模以上工业企业7家，其中大米加工企业4家，其他食品加工企业3家，完成工业产值2.1亿元，在工业产值中占比17.6%。有贵州省贵福

铜仁西南水泥有限公司厂区一角（县融媒体中心 供图）

菌业发展有限公司、贵州振兴米业有限公司、贵州谷州农业开发有限公司等代表性企业。贵州振兴米业有限公司的"'侗米坊'玉香贡米""田坪晚米""贵州籼米"等产品畅销广东、湖南、四川等地，带动50余户脱贫户增值创收；贵州谷州农业开发有限公司拥有"郭家湾贡米"国家农产品地理标志认证产品证书使用权；贵州省贵福菌业发展有限公司研发食用菌风味食品、即食品、调味品、保健药品等系列产品，延伸食用菌产业链。

【贵州省贵福菌业发展有限公司】 贵州省贵福菌业发展有限公司成立于2017年2月，是一家集食用菌研发、生产、深加工和贸易于一体的现代化高科技农业企业，累计申请国家专利67项，通过授权获得国家专利15项，有注册商标3个。2021年获贵州省农业产业化省级重点龙头企业称号，入选贵州省农产品品牌50强。2021年9月启动玉屏县食用菌产业园（二期）项目建设，总投资5亿元，建设内容包含日产能20万袋全自动菌棒生产线、日产能12万袋鹿茸菇智能工厂化出菇车间及日产能50吨食用菌鲜菇生产加工、分拣、包装车间、育种中心、培训中心、研发检验中心。2022年，公司资产总额4.5亿元，年产值1.1亿元。"蘑菇家"品牌获2022首届贵州农业龙头企业品牌展示推介大会"龙头企业·龙头品牌"。贵州省地方金融监督管理局将贵州省贵福菌业发展有限公司列入2023年度贵州省上市挂牌后备企业名单。

贵州省贵福菌业发展有限公司生产车间　（张定旭　摄）

【贵州振兴米业有限公司】 贵州振兴米业有限公司于2013年3月注册成立，注册资金1200万元，为民营股份制企业，采用"公司＋基地＋农户"经营模式。主要产品有"侗米坊"牌玉香贡米、田坪晚米、贵州软米，以及红米、黑米杂粮系列，主要销往贵州、湖南、四川、广东等地。公司总投资5150万元，建有年产5万吨的绿色优质大米生产线1条、1.5万吨的国家粮食储备库1座、绿色优质稻种植基地6666.67公顷。2022年，公司销售收入1110万元，"侗米坊"品牌获首届贵州农业龙头企业品牌展示推介大会"龙头企业·龙头品牌"、铜仁市"梵净山珍·健康养生"绿色农产品品牌。

【贵州谷州农业有限公司】 贵州谷州农业有限公司于2006年11月成立，总面积4500平方米，注册资金2000万元。主要经营粮食收购，大米、脱脂黄豆粉精加工、销售，植物油深加工及销售，中药材、水果、蔬菜种植及销售，家禽、家畜养殖及销售，预包装食品加工及销售一体化。2022年，公司完成产品销售额2930万元。　（吴吉超）

纺织工业

【概况】 2022年，玉屏侗族自治县有纺织业规模以上工业企业2家，工业产值0.79亿元，在工业产值中占比6.6%。代表性企业有贵州金路鞋业有限公司、锦超服饰（贵州）有限公司。

【锦超服饰（贵州）有限公司】 锦超服饰（贵州）有限公司于

2020年6月17日注册成立，注册资本为500万元。公司位于平溪街道双桥工业园区，为太仓·玉屏东西部扶贫协作重点项目。一期建筑面积9850平方米，可容纳工人近1000人，厂房占地7000余平方米。2020年9月23日正式投产，总投资6000万元。公司以生产、加工、销售服装、服饰、针纺织品、服装面辅材料为主，有国内先进的DP免烫车间及无缝车间和快速、智能的生产模式。2022年，公司完成工业产值2000万元，实现年销售收入2027万元。

【贵州金路鞋业有限公司】 贵州金路鞋业有限公司成立于2018年，2019年投产，占地面积10万平方米，建筑面积2万平方米，拥有员工300余人。建有制鞋面部流水线20条、月生产2000双的成型流水线5条、操作机位800余个，年生产能力200万双。主要生产各种男女式休闲鞋、皮鞋、雪靴、登山鞋、工作鞋、防水鞋、童鞋，产品主要出口欧洲、美洲及俄罗斯等国家和地区。2022年，公司完成工业产值5900万元，实现年销售收入5279万元。（吴吉超）

轻工业

【概况】 2022年，玉屏侗族自治县轻工业规模以上工业企业有3家，产值2.21亿元，在工业产值中占比18.57%。代表性企业有贵州超盛精工科技有限公司。

【贵州超盛精工科技有限公司】 贵州超盛精工科技有限公司原为2005年成立的东莞超盛精工科技有限公司。2015年3月，东莞超盛精工科技有限公司与玉屏侗族自治县人民政府签订《玉屏PCB微钻研发生产建设项目投资合同》，项目总投资3000万元。2015年4月23日，注册成立贵州超盛精工科技有限公司，7月投入生产。公司集精密刀具专业研发、生产、销售、服务为一体，专注PCB专用锣刀、钻咀、槽刀、铝基板锣刀。产品主要销往长江三角洲、珠江三角洲的大中型企业。公司获国家实用新型专利8项，拥有软件著作权4项，拥有注册商标。2019年，获贵州省高新技术企业证书；2021年6月，获评玉屏侗族自治县推动县域经济高质量发展优秀企业。2022年，公司完成工业产值2600万元，实现销售收入2623万元，获铜仁市科技型中小企业认证。（吴吉超）

电力工业

【火力发电】 2022年，玉屏侗族自治县有火力发电企业1家，即贵州华电大龙发电有限公司。全年公司发电量24.8亿千瓦时，累计输送蒸汽热能7240.11万吉焦。（孙应忠）

【水力发电】 2022年，玉屏侗族自治县有水力发电站4个，由贵州黔能企业有限责任公司玉屏分公司负责运营，发电量7547.27万千瓦时，其中贺家滩电站2472.84万千瓦时、罗家寨电站2248.04万千瓦时、马面坡

贵州超盛精工科技有限公司生产车间 （县融媒体中心 供图）

电站2324.19万千瓦时、新店电站502.2万千瓦时。（简忠香）

【电网运营】 2022年，玉屏供电局售电量24.89亿千瓦时，比上年增长18.97%。主营业务收入12.37亿元，比上年增长29.26%。电网固定资产投资2470万元。综合线损率1.4%。有损线损率4.23%，比上年增长0.23%。客户平均停电时间每户11.66小时，比上年上升5.3%。电费回收率100%。第三方客户满意度85分，全市排名第二。一流标杆评价指数83.9分。职创项目入库5个，申请专利2项。

【供电安全生产】 2022年，开展10千伏线路断线紧急抢险作业沙盘推演，自查发现问题21项，均按期整改。制定《保命教育培训实施方案》，开展登杆保命实操和保命教育理论知识培训6期。开展2022年春季暨迎峰度夏防风防汛安全生产大检查、秋冬季安全生产大检查暨防冰防火专项检查，发现问题49项，全部完成整改。开展线下违章纠察712场，发现违章159条；线上视频督查925场，发现违章115条，并督促整改到位。开展安全宣传活动，发放宣传手册1.2万份，赠送宣传小礼品4000余份。

【配网建设】 2022年，玉屏供电局完成“一县一可研”报告，优化《玉屏侗族自治县“十四五”配电网规划》，完成2022年配网项目69个（其中国债项目28个，自筹资金项目41个）、2021年紧急项目13个，完成投资2470万元，新建改造10千伏线路45.63千米，安装智能开关92台，基础开挖电杆组立890根。全年投运10千伏线路6条，智能开关投运58台，验收合格率100%。

2月22日，玉屏供电局党员先锋突击队抢修现场

（玉屏供电局　供图）

【设备运行维护】 2022年，玉屏供电局开展“电亮先锋·电力快车”“1+N风险管控”“高故障线路挂帮整治”“扫除涉电公共安全隐患”“5+5保供应控投诉”专项行动。召开月度风险管控协调专题会11次，纳入作业计划管控3962条，视频作业覆盖率100%。开展违章纠察832场，发现违章178条，平均违章率3.2%。完成11条高故障线路精益化巡视，编制“一线一策”“一图一表四清单”，发现缺陷780处，消缺率90.38%。涉电公共安全隐患排查发现隐患29项，完成整治19项，立项10项。推进“电亮先锋·联创联建心连心服务站”建设，解决农村零散客户用电报装、故障抢修等问题，服务站扩展至53个，业扩报装受理565件。服务贵州大龙经济开发区新材料产业集群，走访用户56次，上门义诊4次，协助抢修4次。

【供电服务】 2022年，玉屏供电局落实全网首次需求侧响应，完成需求侧响应33次，响应电量389万千瓦时。落实2022年北京冬季奥林匹克运动会和2022年北京冬季残疾人奥林匹克运动会、全国两会、党的二十大等重要节点保供电任务28次，投入人力1379人次、车辆309辆次、应急发电机（车）12台次。推进保电力供应稳电价，规范开展代理购电业务，完成市场化交易电量20.64亿千瓦时，减免小

3月30日，玉屏供电局党（团）员服务队走进贵州贵福菌业发展有限公司，开展供电服务宣传（玉屏供电局　供图）

微企业房租16.35万元。完成贵州省贵福菌业发展有限公司10千伏新线路的接入、建设、投运。贵州百思特新能源材料有限公司、贵州重力科技环保有限公司扩建项目接入方案通过上级审查。完成贵州中科星城石墨有限公司新线路建设投运及中伟新材料有限公司110千伏扩建项目、贵州凯金新能源科技有限公司、贵州嘉尚新能源材料有限公司、贵州玉屏山河智能挖掘机修理厂建设项目临时供电方案，保障大龙片区新型综合能源基地企业用电。业扩投资做到“应延尽延”，160千瓦及以下小微企业实现用电报装“零投资”。完成业扩延伸项目42个，为客户节省生产成本443万元。构建“基础+增值”服务体系，打造“CSR”（企业社会责任）暖心服务，完成增值服务订单14单，“CSR”暖心服务38次。优化“心连心微信服务群”综合服务功能，互联网统一服务平台业务办理率99.72%。解决客户急难愁盼问题，大龙供电所、新店供电所、朱家场供电所获用电客户赠送锦旗，全县供电所未发生“95598”升级投诉。实施精准降损，通过电费核算发现贵州玉屏有色冶金集团兴鑫炉料冶炼有限公司计量故障，追补电量528万千瓦时。开展高损供电所和高损台区线路治理工作，实现有损线损指标控制在7%以内，线路、台区未出现连续30天异常情况，实现节能降耗“降本增效”。建立政府部门按月拨付电费长效机制，执行三级催收工作要求，电费回收率100%。完成2022年电费实收对账重点任务，自动对账率99.98%。

【淹区用电秩序治理】 2022年8月，玉屏侗族自治县淹区用电秩序专项整治工作指挥部对田坪镇黄母冲村跳岩组开展用电秩序整治，改造10千伏线路85米、220伏线路1.4千米，更换150千伏安变压器2台，签订供用电协议63户，电费回收率100%。

（吴秋燕）

贵州玉屏经济开发区

中国箫笛之乡 · 中国油茶之乡 · 侗族文化艺术之乡 · 中国黄桃之乡

综 述

2022年，贵州玉屏经济开发区有规模以上工业企业23家、完成产值11.54亿元。工业固定资产投资4.7亿元，新签约项目13个，新开工项目10个，新投产项目9个。全年建成标准厂房1.7万余平方米，新增建设用地指标52.3公顷。依托碳酸钙资源及新型功能材料产业集聚优势，谋划项目30个。引进优强企业9家，工业资金10.41亿元，占比80.5%，重大项目占比7.14%。围绕"一区三园"规划布局编制的《贵州玉屏经济开发区用地范围调整论证报告》转呈贵州省人民政府审定。依托田坪镇碳酸钙资源，以铜仁西南水泥有限公司、贵州创梦联钙业有限公司为主的新型建材产业集聚形成；依靠田冲产业园毗邻"一核"优势，以新型功能材料原辅料等配套产业为发展重点的产业布局明晰；凭借双桥高端轻工产业园第一基础，引进契合双桥产业园发展规划的吨袋、高端鞋等轻工企业，与贵州大龙经济开发区功能互补、产业互补的发展格局初步建立。（冉华伟）

重点项目建设

【概况】 2022年，贵州玉屏经济开发区新签约项目13个，签约投资58.6亿元；新开工项目10个，投资4.05亿元；新投产项目9个，投资5.23亿元。

2022年贵州玉屏经济开发区重点项目建设情况一览表

表9

项目类型	项目数（个）	项目名称
签约项目	13	玉屏县瓶装矿泉水生产项目
		玉屏县碧湖春加油站建设项目
		玉屏县生态茶叶进出口精深加工建设项目
		玉屏县PCB微型钻咀建设项目
		玉屏县低温供热堆商业示范项目
		玉屏县吨袋生产建设项目
		玉屏县服装生产及销售项目
		玉屏县废旧轮胎橡胶再生利用制造交通设施产品等橡胶制品制造项目
		玉屏县新型环保钙粉建设项目（二期）
		玉屏县精细炭黑5万吨/年生产加工项目
		玉屏县豆皮粗加工项目
		玉屏县恒辉加油站项目
		玉屏县高端鞋生产建设项目
开工项目	10	贵州玉屏有色冶金集团巨力硅业有限公司矿热炉及环保设施技改升级项目
		玉屏县二甲醚充装建设项目
		玉屏县吨袋生产建设项目
		玉屏县橡胶减速带项目
		玉屏县瓶装矿泉水生产项目
		高端鞋生产建设项目
		玉屏侗族自治县田坪镇白果村冷风坳砂石场
		田坪商务酒店建设项目
		贵州创梦联钙业有限公司新型环保钙粉建设项目（二期）
		玉屏县PCB微型钻咀研发及智能化工厂建设项目

续表 9

项目类型	项目数（个）	项目名称
投产项目	9	贵州玉屏有色冶金集团巨力硅业有限公司矿热炉及环保设施技改升级项目
		贵州玉屏有色冶金集团三湘硅业有限公司矿热炉技改升级项目
		玉屏县吨袋生产建设项目
		玉屏县橡胶减速带项目
		玉屏县蝶风服饰科技有限公司加工厂建设项目
		玉屏县瓶装矿泉水生产项目
		铝废料回收治理及深加工有色金属制品加工项目
		玉屏侗族自治县田坪镇白果村冷风坳砂石场（新建）项目
		贵州创梦联钙业有限公司新型环保钙粉建设项目（一期）

【玉屏县易地扶贫搬迁后续扶持创业创新产业园建设项目】 2022年，玉屏县易地扶贫搬迁后续扶持创业创新产业园建设项目完成投资5400万元。项目总投资4.02亿元，规划用地10.13公顷，总建筑面积130902.6平方米，包含标准化厂房112455平方米、地下用房（仓库）17787.6平方米、动力中心630平方米、大门30平方米，停车位230个。配套建设区域内道路、绿化、给排水、供电、消防、环卫等工程设施，采购相关生产设备。项目分四个标段，至年末，一标段完成1号生产厂房主体的80%、2号生产厂房主体的70%、3号生产厂房主体的35%；二标段完成2号、3号平台土石方开挖施工，5号厂房主体完成10%，6号基础完成80%，2号平台挡墙完成75%。

【贵州创梦联钙业有限公司新型环保钙粉建设项目】 2022年，贵州创梦联钙业有限公司新型环保钙粉建设项目完成1号、2号石灰窑主体建设与上料设备安装，上料系统、环保系统建设完成90%，建设出料系统；3号、4号石灰窑升高20米。项目总投资3亿元，占地7.87公顷，生产线建设主要包括4座石灰窑，8座碳化塔等，并配备相关附属设施。

【玉屏县PCB微型钻咀研发及智能化工厂建设项目】 至2022年末，玉屏县PCB微型钻咀研发及智能化工厂建设项目完成厂房装修，环保评价、安全评价办理，技术人员培训，设备购买、安装和调试，进行项目试运行。项目总投资0.5亿元，建设8000万支/年PCB微钻电阻焊半成品加工生产线及销售。

【玉屏县二甲醚充装建设项目】 2022年，玉屏县二甲醚充装建设项目完成办公用房主体，消防水池修建，罐区围堰和地面浇注混凝土找平，充装区域主体支柱。订购储气罐、气管、充装泵、消防管道等主要设备，申报用地许可和规划等手续。项目总投资0.45亿元，占地4.76公顷，建设二甲醚储存及辅助配套设施。

【玉屏创业创新扶贫产业园建设项目】 2022年，玉屏创业创新扶贫产业园建设项目完成4号、7号标准厂房交付与3号标准厂房主体、园区部分道路附属设施建设，投资约3200万元。项目总投资5.1亿元，规划用地面积16.48公顷，其中商业用地2公顷，工业用地14.48公顷。规划建设标准化厂房14.48公顷（其中轻工及物流区6.58公顷，设备生产及培训区7.9公顷）。项目分三个部分，第一部分为创业创新综合楼建设，第二部分为标准化厂房（轻工及物流区）建设，第三部分为标准化厂房（设备生产及培训区）建设。

【玉屏县瓶装矿泉水生产项目】 2022年，玉屏县瓶装矿泉水生产项目完成大、小瓶水设备安装及调试，取得瓶样检测合格证，办理食品生产许可证、工业生产

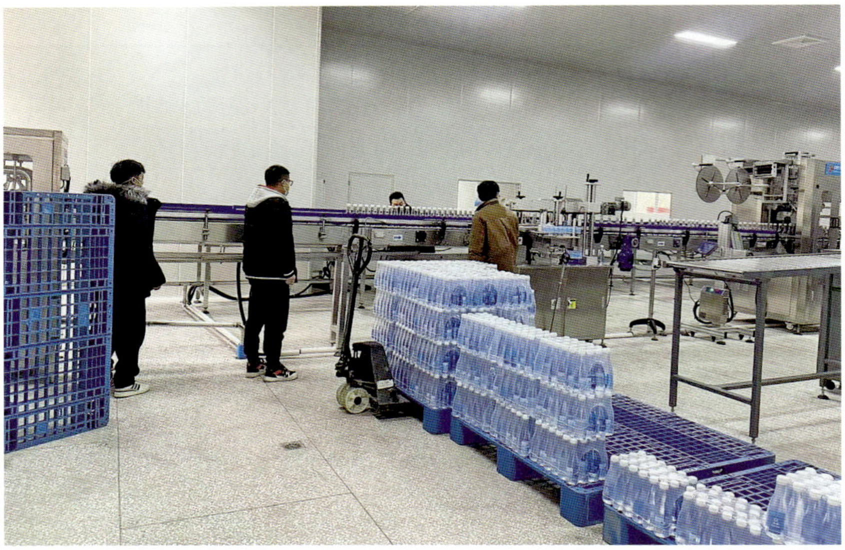

10月，玉屏县瓶装矿泉水生产项目投产。图为公司生产车间

（县永昇公司　供图）

许可证、食品生产许可证、工业生产许可证，并投产运营。项目总投资0.15亿元，规划建设生产线2条，年产0.5升瓶装水5.12万吨、5—10升桶装饮用水8.6万吨。（冉华伟）

企业服务与安全监管

【概况】 2022年，贵州玉屏经济开发区围绕优化营商环境、金融贷款、信访、安全监管、招工就业、优惠政策兑现等重点工作，形成由县级领导领衔、干部职工具体负责的企业包保服务机制，包保人员每月到企业走访服务1次以上，全年化解矛盾纠纷23起，解决企业问题63起。组织县直属相关部门、金融机构、企业开展政银企座谈会2次。协调帮助贵州铭旌合金属制品有限公司、贵州粤鑫环保矿业有限公司、贵州宏盛科技有限公司等新落地企业办理相关证件。宣传“贵商易”“贵州金服平台”惠企政策App并指导安装注册，注册企业及个体工商户90余家。

【资金帮扶】 2022年，贵州玉屏经济开发区组织召开政银企座谈会2次，协助贵州铭旌合金属制品有限公司、贵州粤鑫环保矿业有限公司、贵州金路鞋业有限公司、贵州超盛精工科技有限公司等企业融资2377万元。开展争资争项服务，协助华宇橡胶公司争取专项资金960万元，为贵州玉屏有色冶金集团巨力硅业有限公司、锦超服饰（贵州）有限公司、铜仁西南水泥有限公司3家新纳入规模以上工业企业统计的企业争取奖补资金各20万元；兑现锦超服饰（贵州）有限公司稳岗补贴30万元、贵州玉屏有色冶金集团宏森工贸有限公司电价补贴100万元。

【招工服务】 2022年，贵州玉屏经济开发区持续协助企业做好招工稳岗工作，选派1名副科级干部在企业蹲点服务，为锦超服饰（贵州）有限公司、伟建家庭用品（铜仁）有限公司、贵州超盛精工科技有限公司、贵州创联包装有限公司等企业招聘员工546人。与贵州轻工职业技术学院、贵阳市特殊教育学校、松桃苗族自治县中等职业学校、县中等职业学校联系对接，搭建校企合作人才输送平台，促进48名院校学生到园区企业实习就业。

【安全监管】 2022年，贵州玉屏经济开发区组织学习习近平总书记关于安全生产的重要论述和关于生态文明建设的重要论述10次，观看警示教育片3次。每季度召开专题会议推进重点时段、重要节假日期间安全生产和环境保护工作。4月，组织辖区企业主要负责人和安全管理人员60余人参加安全教育培训。6月，开展消防应急演练，辖区企业100余人参加演练和观摩。到企业开展隐患排查整治，检查企业91家次，发现问题387条，完成整改375条，因企业停产未整改12条。市、县两级“打非治违”检查反馈安全隐患问题157条，完成整改145条，因企业停产未整改12条。督促贵州安泰再生资源科技有限公司完成贵州省安全生产委员会办公室检查反馈的3条安全隐患整改工作。

（冉华伟）

商贸服务业

中国箫笛之乡 · 中国油茶之乡 · 侗族文化艺术之乡 · 中国黄桃之乡

综　述

2022年，玉屏侗族自治县完成社会消费品零售总额23.58亿元，比上年下降3.2%，排名全市第二。其中，批发业9.08亿元，比上年增长4.6%；零售业19.98亿元,比上年增长3.5%；住宿业0.54亿元，比上年下降8.5%；餐饮业3.8亿元，比上年下降0.6%。限额以上商贸入库企业2户，即大龙开发大道加油站、玉屏河鑫加油站。

重点商务项目建设。贵州玉屏中和石油库项目于5月验收并取得“危险化学品经营许可证”，玉屏河鑫加油站、玉屏中业加油站、玉屏恒辉加油站、玉屏碧湖春加油站建设项目完成项目立项、入库、报数、完工、固定资产投资项目结转和退库等工作，完成固定资产投资7300万元；引进江苏玉辉电子商务有限公司与玉屏大宗汇商贸有限公司（国有独资企业）成立贵州扶玉电子商务有限公司，主要经营电商直播及培训、进出口贸易、大数据信息平台等业务，项目总投资4000万元，第一期1000万元，招商引资到位资金150万元，完成直播基地装修。

进出口商贸。全县无直接进口商贸，有贵州金路鞋业有限公司从事出口业务。2022年，完成出口额788万美元（约人民币5319万元），比上年增长186.5%，超额完成全县开放型经济工作目标。

惠企纾困。到省、市工业和信息化、商务和大数据主管部门争取惠企纾困资金906.38万元。其中，省级大数据发展专项资金140万元（中和石油库项目80万元、贵州省贵福菌业发展有限公司智能化项目60万元）、省级企业上规入统奖补资金60万元、市级“黔货出山”奖补资金20万元、市级纾困解难促进消费资金155万元、2022年东西部消费协作奖补金额6.38万元、贵州省工业和信息化厅中小企业星光培训工程项目资金25万元，落实“贵州省中小企业信贷通”融贷500万元。

消费促进。印发《玉屏侗族自治县2022惠企纾困扩大消费专项行动方案》，组织企业举办第二届玉屏侗菜美食节系列活动，发放餐饮业促进补助资金5万元；8月，联合中国建设银行股份有限公司铜仁市分行通过“中国建设银行生活”App发放政府消费券100余万元，拉动市场消费近1000万元；9月，为6家社会消费品零售额年主营业务收入500万元以上的零售住宿新冠疫情常态化防控重点场所申请补助6万元。（熊万涛）

5月，贵州玉屏中和石油库有限公司油库建设项目竣工并完成营业前所有手续（县工业和商务局　供图）

电子商务

【概况】 2022年，玉屏侗族自治县印发《玉屏侗族自治县电子商务发展扶持奖励暂行办法》。争取农产品展销活动和农村经纪人培训经费10万元，重点支持电子商务企业、农产品生产加工企业、农产品种植（养殖）大户、农村经纪人等。鼓励线下农产品企业拓展农产品网上销售渠道，加强与“侗乡不散的乡场”“一码贵州”、拼多多等大型电商平台合作。完成网络零售额3653.25万元、农产品网络零售额1407.66万元。

【电商平台建设】 2022年，玉屏侗族自治县持续推进县级云仓（节点仓）体系建设，促成县域15家电商企业、55款产品入驻广州云仓贸电子商务科技有限公司，实现同仓共配，特色农产品销售金额814.78万元。

【电商促销活动】 2022年，玉屏侗族自治县通过“玉屏侗城平台”“黔玉油茶”微信公众号进行网上年货节直播销售和铜仁市网红“三胞胎”“杨西施”“唐总很皮”开展黄桃直播带货等方式推动电商促销活动，举行新春网上年货节活动2场、黄桃网红直播带货活动1场。利用线上带动线下模式拓宽玉屏茶油、食用菌、贡米、黄桃等销售渠道，年货节活动总观看4万人次，销售金额80余万元；黄桃直播观看人数17.6万人次，短视频播放量1119.2万人次，销售黄桃15万余千克。

【“黔货出山”行动】 2022年，玉屏侗族自治县持续推进“黔货出山”行动，推动东西部消费协作。引导企业通过线上带动线下的模式拓宽农产品销售渠道，新增广东省销售渠道2条，即贵州侗芗供应链管理有限公司与深圳市自然隆农业发展有限公司、广东凤源农业有限公司分别签订销售采购协议。新建农产品销售店铺4家，即玉屏县农特产品（工会会员）体验店、侗乡优选线下体验店、玉屏鸡蛋交易中心、鸿丰农产品展示中心。在对口帮扶（协作）城市开设玉屏农产品直销店6家。销售茶油、生猪、大米、食用菌、蔬菜等特色农产品5.02万吨，销售金额7亿万元。广东省采购、帮助销售农特产品0.81万吨、销售金额1.74亿元；江苏省采购、帮助销售农特产品766.44吨，销售金额1041.37万元。 （熊万涛）

大数据经济

【大数据重点项目】 2022年，玉屏侗族自治县完成大数据项目投资6910万元，入库贵州省大数据专项资金项目库4个，为贵州省贵福菌业发展有限公司食用菌工厂化车间大数据智能化升级改造项目、贵州玉屏中和石油库有限公司3万立方米成品油储备批发智能化项目、贵州粤鑫环保矿业有限公司150KT/a硫精砂制酸智能化改造项目、贵州北侗饮用水建设项目。其中，贵州省贵福菌业发展有限公司食用菌工厂化车间大数据智能化升级改造项目、贵州粤鑫环保矿业有限公司150KT/a硫精砂制酸智能化改造项目、贵州北侗饮用水建设项目纳入调度重点项目。

【大数据与实体经济融合发展】 2022年，玉屏侗族自治县完成软件和信息服务业收入565万元，占年度目标任务的111.3%，纳入调度企业1家（贵州昊宇自动化科技有限责任公司）；完成平台经济规模528.1万元，占年度目标任务的105.62%，纳入调度企业2家（贵州省耘上侗芗电子商务有限公司、贵州侗芗供应

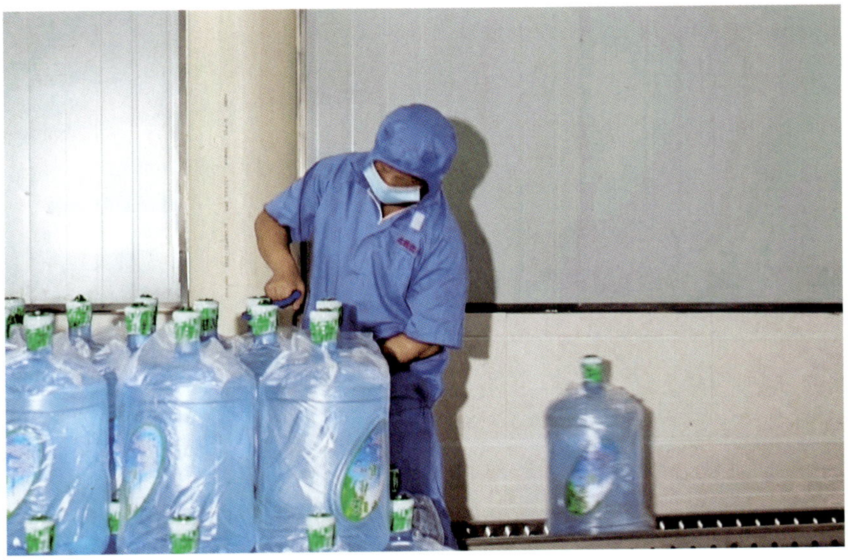

2022年，贵州北侗饮用水建设项目入库贵州省大数据专项资金项目库。图为公司生产车间 （姚 雪 摄）

链管理有限公司）。推动产业数字化建设，培育标杆项目2个（铜仁西南水泥有限公司“绿色工厂智能化、信息化、数字化制造管理项目”、玉屏县双生源商业综合体管理服务有限公司“玉屏侗乡风情园智能化系统项目”），占目标任务的200%；完成融合示范项目培育6个，占目标任务的100%，其中工业3个、电商1个、旅游业2个；融合带动企业18家，占目标任务的100%。工业7家、农业2家、服务业6家、电商1家、旅游业2家；新引进大数据企业4家（玉屏思睿捷网络科技有限公司、贵州扶玉电子商务有限公司、贵州千为网络科技有限公司、贵州巢麦电子商务有限公司），占目标任务的100%。围绕医疗健康、社会保障、民生服务、智慧社区、数字乡村等领域，谋划大数据场景应用5个，占目标任务的100%，其中贵州省贵福菌业发展有限公司贵福食用菌工厂化车间大数据智能化升级改造项目获2021年度省级标杆项目和铜仁市2022年十佳应用场景授牌。制定“一云一网一平台”建设方案，推动政务信息化及政务数据归集工作。摸底调研全县自建应用系统，自建应用系统全部“迁云”成功。通过“铜仁专区”支撑政府数据共享开放工作，为县直属部门创建数据管理员账号35个，数据目录57条。做好电信普遍服务试点工作，对信号弱覆盖村寨及行政村内较大规模人口聚居区、学校、卫生室、大型农业产业基地、景区、交通要道沿线等做好4G基站补建工作，新建5G基站161个，实现县城主城区5G网络全覆盖，全县84个行政村和30户以上自然村4G网络全覆盖。

（熊万涛）

招商引资

【概况】 2022年，玉屏侗族自治县引进产业项目28个，签约资金72.95亿元，完成到位资金24.25亿元。党政主要领导带队外出考察招商25次，引进优强企业14家，项目入园率100%。

【项目编制】 2022年，玉屏侗族自治县编制“四化”项目102个，编制项目投资额244.15亿元，其中新型工业化项目73个，编制资金178.31亿元；新型城镇化项目5个，编制资金24.58亿元；农业现代化项目16个，编制资金11.24亿元；旅游产业化（文旅）项目8个，编制资金30.02亿元。

【招商引资成效】 2022年，玉屏侗族自治县党政主要领导到广东、浙江、四川、海南、江西、江苏等地开展招商25次，引进东莞市黔盛新材料科技有限公司、深圳融合新创投资咨询有限公司、嵊州市顺发茶业有限公司等企业投资建成玉屏县PCB微型钻咀建设项目、玉屏县吨袋生产建设项目、玉屏县生态茶叶进出口精深加工建设等项目。选派驻粤招商工作队，走访企业及商协会120余家，邀请中领（深圳）文旅产业集团有限公司、国家电力投资集团有限公司海南分公司、浙江万江商业管理有限公司等32家企业到玉屏侗族自治县考察。引进玉屏县瓶装矿泉水生

6月18日，玉屏侗族自治县与广州市白云区复大化妆品厂线上招商洽谈会召开

（县融媒体中心　供图）

产项目、玉屏县废旧轮胎橡胶再生利用制造交通设施产品等橡胶制品制造项目等东西部协作项目6个，带动就业238人，其中带动脱贫人口就业25人。2022年驻粤招商工作考核在全省88个区（县）中排名第四，在铜仁市排名第一。

【营商环境优化】 2022年，玉屏侗族自治县印发优化营商环境2022年重点任务清单、营商环境指标优化提升工作方案、纾企困稳市场促消费十五条措施等文件，开展营商环境大提升专项行动，打造“贵人服务·一视铜仁·玉事无忧”营商环境品牌。建立重大招商引资项目服务机制，明确专人负责跟踪服务，实时跟进项目建设进度，全过程做好联系代办服务，推进重大招商引资项目落地投产。精简企业和群众办事环节、减少办事材料、压缩办结时限。落实联系包保服务企业工作机制，由96家行政事业单位人员对注册企业开展走访联系，建立“一企一表一台账”，张贴服务企业联系卡1451张。通过走访企业，听取企业意见，了解企业生产经营状况等方式宣传优化营商环境政策，帮助企业研究解决资金回笼问题，全年化解企业反馈问题20个。在县政务服务中心法人综合服务区设置惠企政策服务窗口，受理项目代办28个，申请代办事项112项，办结112项，办结率100%。（吴月芳）

批发零售业

【企业组成】 2022年，玉屏侗族自治县新注册批发零售企业8家，有批发零售注册企业61家。其中，大型超市4家（玉屏肆季超市有限公司、玉屏明元超市有限公司、贵州省永盛超市百货有限责任公司、玉屏德利购物广场），大型批发企业3家（大龙国磊工贸有限公司、贵州大龙华康有限责任公司、贵州大龙宏泰钢材贸易有限公司）。

（杨　雪　熊万涛）

【销售额】 2022年，玉屏侗族自治县批发零售业销售额29.06亿元，其中批发业9.08亿元，较上年增长4.6%；零售业19.98亿元，较上年增长3.5%。（熊万涛）

供销合作

【概况】 2022年，玉屏侗族自治县供销合作社联合社有基层社15个，为集体所有制企业，其中具有经营业务基层社14个，其他营业状态基层社1个。由县供销联合社系统领办的9家农民专业合作社主要涉及种植、养殖、现代山地农机服务、农产品销售，并进行台账备案管理。对基层供销合作社、农民专业合作社、股金服务部等开展安全生产监督检查20次。整合供销社改革发展资金16万元改造彰寨供销社。持续深化供销综合改革，围绕“谁来种地、地怎么种、如何增收”问题，创新开展土地全程托管“保姆式”、半程托管“订单式”及土地流转“甩手式”服务。县供销联社获评贵州省供销系先进集体。

【土地托管服务】 2022年，玉屏侗族自治县动员党员干部、“田秀才”“土专家”组成党员春耕服务小分队，为群众提供技术支持，指导群众规划产业发展地块，科学耕种。对闲置土地采取全程托管“保姆式”、半程托管“订单式”及土地流转“甩手式”服务，做到应耕尽耕、应种尽种。全程托管“保姆式”服务土地面积66.67公顷，半程托管“订单式”服务土地面积266.67公顷，土地流转“甩手式”服务面积66.67公顷。

【农资储备及供应】 2022年，玉屏侗族自治县围绕春耕农资储备，进行市场调查和分析预测，做好对种子、化肥、农药、农膜等农资调运储备。对农资市场开展集中式拉网检查10余次，打击制售假冒伪劣农资产品行为，查处假冒伪劣农资，净化农资市场。将农资供应作为重点工作，统一为群众采购农药、化肥、种子等生产资料。全年为群众购买种子1.9吨、肥料7907吨、农药3.6吨、农膜8吨。

【轮作模式推广】 2022年，玉屏侗族自治县在田坪镇庆寨村实行“西兰花套种马铃薯”模式8公顷，在田坪镇彰寨10公顷坝区、朱家场镇21.6公顷坝区实行“粮油轮作”，改变收割后田地荒芜的传统种植结构。在田坪五里桥坝区发展西兰花、麒麟西瓜等特色产业轮作种植，带动周边200余名群众就近务工就业，实现务工人员年人均增收2000元以上。

【特色农产品销售】 2022年，玉屏侗族自治县供销合作社联合社与贵州首杨农产品有限公司（贵州首杨企业管理有限公司）、贵州合力购物有限责任公司、贵州省华联玛客超市有限公司、贵州省永盛超市百货有限责任公司等10余家企业签订产销对接战略合作协议。组织全县2022年黄桃产业发展暨产销对接工作会，对玉屏黄桃实行统一管理、统一品牌、统一价格、统一包装、统一销售。加强与省内外商超、批发企业、电商企业合作，建立东西部消费协作特色农产品直销店6个。销售玉屏茶油、黄桃、食用菌、优质大米等玉屏特色农产品50186.28吨，销售额70014.56万元。

【资金项目争取】 2022年，玉屏侗族自治县向上级争取项目资金261.83万元，争取东西部协作资金200万元实施玉屏县2022年水稻产业全程机械化设备采购项目、玉屏县2022年“黔货出山”补贴项目。

【全市供销社农机专业合作社观摩培训会】 4月15日，铜仁市供销合作社农机专业合作社观摩培训会在玉屏侗族自治县召开，全市区（县）供销合作社主要负责人、相关科（股）室负责人参加。观摩培训会以现场观摩和培训座谈方式进行，县供农农机专业合作社负责人姚林带领参会人员参观供农农机专业合作社农机维修服务中心，介绍供农农机专业合作社发展历程、运营管理等情况。县供销联社理事会主任田永光交流县供销联社在农机合作社发展、为农服务等方面的经验。

（姚亚萍）

1月23日，县供销联社与贵州首杨企业管理有限公司签订农产品战略合作协议

（县供销联社　供图）

烟草专卖

【概况】 2022年，玉屏侗族自治县有持证卷烟零售户1182户，新办卷烟零售许可证26户，电子烟零售许可证1户，注销46户，延续28户，变更27户，停业5户，不予许可46户。

【卷烟营销】 2022年，玉屏侗族自治县卷烟销售7050箱，单箱均价36910元，有现代零售终端268户、“黔彩终端”20户、“黔彩便民终端”1户。网上订货率超99%。建立自律小组80个，开展自律小组活动50余次，参与比例超80%。

【烟草专卖管理】 2022年，玉屏侗族自治县烟草专卖局加强市场监管，检查卷烟零售户169户，清理辖区幼儿园周边30米范围内零售户4户。联合协作部门开展节假日卷烟市场专项打假行动4次，卷烟市场专项整治行动6次，法律法规宣传活动3次，出动550余人次。查获涉烟案件33起，其中假烟案件3起，5万

元以上案件3起，逮捕2人，查获真品卷烟27.3万支，假冒卷烟3.54万支，申报非法经营烟叶网络省标案件1起。（杨 红）

食盐营销

【概况】 2022年，玉屏侗族自治县有食盐批发企业1家，销售门店405家。食盐批发企业为贵州盐业（集团）铜仁有限责任公司玉屏分公司，公司销售食盐14种；购进食盐465.6吨，比上年减少109.7吨；销售食盐383.2吨，比上年减少275.8吨。

【食盐管理】 2022年，贵州盐业（集团）铜仁有限责任公司玉屏分公司落实食盐政府储备相关制度规定及要求，对储备食盐实行专库贮存，定时轮储，保持省级食盐储备库储备量年500吨以上。贵州盐业（集团）铜仁有限责任公司玉屏分公司联合县市场监管局，对全县经营盐市场进行监管，维护市场稳定，全年无哄抬食盐价格等情况发生。

（姚 丹）

成品油管理与销售

【加油站点建设】 2022年，玉屏侗族自治县增加规划布局加油站布点4个，贵州省商务厅批复3个，建设完成验收1个（玉屏河鑫加油站），在建2个（玉屏中业加油站、玉屏恒辉加油站）。至年末，全县有营业加油站17座。其中，中国石油天然气集团公司5家，中国石油化工集团有限公司5家，中国海洋石油集团有限公司1家，私营6家。在建加油站2家。在建成品石油库1座（中和石油库）。（熊万涛）

【成品油销售】 2022年，玉屏侗族自治县汽油销售11805.5吨，比上年增加98吨，增长0.8%；柴油销售9378.8吨，比上年增加113吨，增长1.2%。年内，发放2020年出租车行业油价补贴资金88.83万元。

（熊万涛 伍 艳）

【加油站安全管理】 2022年，玉屏侗族自治县对加油站安全、环境保护、商务经营、治安等方面，采用月检查、年检方式进行管理。全年检查加油站232次，发现问题86个，整改86个。17家加油站全部完成相关行业部门反馈问题整改销号，并通过2022年年检。

【3万立方米成品油储备批发智能化项目】 贵州玉屏中和石油库有限公司3万立方米成品油储备批发智能化项目为贵州省大数据专项资金项目库项目，总用地面积81820.3平方米，其中储存库用地面积7565.5平方米，工程设计油库总储量为3万立方米，属于二级油库。截至年末，完成前期建设和审批工作，进入开业筹备阶段。（熊万涛）

粮食购销

【概况】 2022年，玉屏侗族自治县有国有粮食储备收购企业1家，为政策性储备粮收购企业。有粮食生产加工企业5家，涉粮食生产加工小作坊19家。有涉粮食销售单位（主要为大米）500余家，其中粮食销售大中型超市9家。（杨 雪）

【粮食储备】 2022年，玉屏侗族自治县落实粮食安全责任制，持续开展粮食购销领域腐败问题专项整治工作，抓好粮食安全生产工作。做好粮食储备管理及轮换，储备粮油均达标。3月11日，《玉屏侗族自治县成品粮油储备管理办法》施行。7月17日，在县发展改革局加挂县粮食和物资储备局牌子。（张雅淇）

【粮食安全检查】 2022年，玉屏侗族自治县开展粮食流通领域、粮食计量、粮食市场价格、反垄断、粮食农资市场等方面专项治理行动。检查玉屏舞阳粮油购销储备有限责任公司5次，对玉屏舞阳粮油购销储备有限责任公司仓储的政策性稻谷及食用油进行全覆盖风险监测抽检，抽取稻谷样品6批次、食用油样品1批次，抽查结果均为合格。检查其他大

4月2日，县市场监管局工作人员到平溪街道粮油库开展稻谷、食用油安全检查　　（县市场监管局　供图）

米生产企业9家次、米粉加工小作坊30家次，食品超市、粮油经营店、食杂店等食品销售经营者262家次，未发现销售陈化粮或受污染粮食制成品，以及价格违法现象。抽样检测大米4批次、大米加工品7批次，合格率100%。办理粮食计量违法案件2件，罚款4000元。（杨　雪）

住宿餐饮业

【住宿】 2022年，玉屏侗族自治县有旅店120家，其中新注册7家，有限额以上住宿业法人企业数2个；旅游饭店2个，设客房201间、床位298张，从业人员83人；三星级酒店1家，为年内获批的金色侗乡大酒店；四星级旅游客栈4家，客房75间，床位146张。住宿业营业额5423.1万元，比上年下降8.5%，其中限额以上住宿业营业额1084.5万元。开展住宿业实名登记和治安检查专项检查1850余家次，行政处罚旅馆11家、11人。（龙　涛　吴文勇）

【餐饮】 2022年末，玉屏侗族自治县有注册餐饮企业562家。年内新注册23家，注销4家。餐饮业营业额3804.42万元，比上年下降0.6%。（杨　雪）

【金色侗乡大酒店获批三星级】 1月10日，经铜仁市旅游星级饭店评定委员会评定，玉屏侗族自治县金色侗乡大酒店被评定为三星级旅游饭店，为全县首家三星级旅游饭店。酒店位于田坪镇北侗风情特色小镇商业区3号、8号楼，酒店主楼3层、副楼3层，建筑面积3988平方米，于2019年8月开业。有豪华套房及高级客房等60间（套），车位100个，餐厅餐位140个（其中侗族特色设计风格豪华包厢2间），容纳100人会议室1个，在职员工80人。（吴文勇）

物业服务

【概况】 2022年，玉屏侗族自治县有物业服务注册企业15家，其中年度新注册1家。组建“红色”志愿服务队伍，开展《中华

1月10日，玉屏侗族自治县金色侗乡大酒店被评为三星级旅游饭店　　（梁丽霞　摄）

人民共和国民法典》《物业管理条例》等法律法规宣讲、文化进社区活动30余次。

【物业服务纠纷化解】 2022年，玉屏侗族自治县做好物业管理研判预警处置，召开涉物业矛盾纠纷协调会4次。县人民法院审结物业服务纠纷39件，发出司法建议书3份。

【“红色物业”示范小区建设】 2022年，玉屏侗族自治县印发推进“红色物业”示范小区建设工作实施方案，持续推进物业管理试点小区建设。健全街道和社区党组织主导、组织部门指导、行业主管部门监管的物业行业多重管理体制，在县住房城乡建设局组建县级物业服务行业联合党委，加强对物业服务企业党组织的管理和指导。健全社区管理服务机制，搭建“1+3+X”联动平台，形成以社区党组织为核心，以物业企业和业主委员会为主体，驻区单位、社区党员群众共同参与的物业党建联建工作模式。在党群服务中心（站点）内设立物业服务窗口，处理居民关于物业服务的各种问题和诉求。在15家物业公司成立物业公司党支部1个，选派党建指导员1名，开展物业公司党员培训6次。推行机关企事业单位党组织、在职党员到社区报到，全县建立社区网格59个，1000余名在职党员到社区开展志愿服务150余次，帮助群众解决困难问题200余个。（刘　超）

中介服务

【概况】 2022年，玉屏侗族自治县有中介服务注册企业161家，其中年度新注册12家。（杨　雪）

【《玉屏侗族自治县社会中介机构管理办法》通过县级审议】 12月6日，《玉屏侗族自治县社会中介机构管理办法》（以下简称《办法》）通过县人民政府2022年第二十一次常务会议审议。《办法》重点明确从事工程造价咨询服务类社会中介机构的委托流程、应履行的义务、监督管理以及对未切实履职处罚等，引导和规范中介机构和行业组织健康发展，依法确立中介机构和行业组织的法律地位及权利义务。（姚　群）

广告服务业

【广告企业】 2022年，玉屏侗族自治县有广告服务注册企业10家。

【公益广告】 2022年，玉屏侗族自治县设置公益广告314处，在玉铜高速公路、高铁铜仁南站、县城区主要路段制作高炮广告80余块，县广播电视台播出各类公益广告63245条次。

【虚假违法广告专项检查】 2022年，玉屏侗族自治县持续推进“互联网+监管”，加强广告动态监管。开展辖区虚假违法广告专项检查，拆除违规广告牌5块，发放宣传资料200余份。“12315”举报投诉平台收到广告举报线索3条，查处虚假违法广告案件5起，案值金额2.04万元，罚没款4.46万元，其中1起案件为不予处罚案件。（杨　雪）

【户外广告管理】 2022年，玉屏侗族自治县对城区悬挂商业横幅、缺损、破旧及不合时宜的广告进行持续整治，拆除存在安全隐患、不健康、过时、破损的门头牌匾80余块、户外广告设施60余处、违规横幅600余条。开展非法广告清理行动5次，清除各类非法广告400余处，取缔违规设置宣传点6处，制止并收缴违规散发广告宣传单行为11起。（刘　超）

邮政服务

【概况】 2022年，中国邮政玉屏分公司有邮政企业网点7个，报刊亭2个。业务总收入1561.86万元，完成年计划100.43%，比上年增长2.78%。其中，金融业务收入1050.03万元，完成年计划 100%，比上年增长 5.96%；函件业务收入 49.08 万元，完成年计划 101.2%，比上年下降 3.82%；寄递业务收入 198.5 万元，完成年计划 100.76%，比上年下降 12.92%；报刊业务收入 113.25 万元，完成年计划 101.11%，比上年增长 2.27%；集邮业务收入 34.66 万元，完成年计划 69.33%，比上年下降 32.05%；电子商务和代理业务收入 27.04 万元，完成年计划 100.16%，比上年增长 28.69%。

【邮政普遍业务】 2022 年，中国邮政玉屏分公司强化对党报党刊投递时限、质量的管控，以“全民阅读，书香玉屏”为主题，结合少儿阅读季，开展图书巡展活动，不断推进线上订阅，满足客户订阅习惯变化，持续推广“扫码订”，促进线上订阅提速提质，推进报刊收订 BSC（中国邮政企业微信）营销。报刊业务收入 113.25 万元。加强全县各支局普通包裹收寄工作力度，落实国家邮政管理局普遍服务标准，结合金融旺季，在网点摆摊设点，推进刮刮卡抽奖体验和销售。完成函件业务收入 49.08 万元。与全县各学校加强沟通对接，连续举行集邮文化进校园活动，宣传普及集邮文化常识。集邮业务收入 34.66 万元。

【寄递业务】 2022 年，中国邮政玉屏分公司寄递邮件 10907 件，比上年增长 445.35%，实现收入 11.84 万元，比上年增长 492%。持续打造黄桃寄递项目，为项目设计印制专用包装箱，实现“皇桃”品牌项目寄递 25 户，比上年增长 212%。实施揽收计划“到天、到段、到点、到人”模式，实行业绩“外包”模式，全年揽收 7.73 万元。新增协议客户 4 户，实现收入 1.88 万元。

（吴　鹏）

通信服务

【中国移动玉屏分公司】 2022 年，中国移动玉屏分公司有服务厅 34 个，移动通信基站 621 个，为玉屏侗族自治县最大的移动通信运营商。年内，新增客户 3400 户，总客户规模 9.87 万户，移动电话普及率 76%，经营业绩综合排名列全市前茅。年末，中国移动玉屏分公司建有 5G 基站 213 个，维护传输距离 5322 千米，家庭宽带端口总数 52381 个，实现 2G 网络全覆盖，4G 覆盖率超 98%，县城区及乡（镇、街道）5G 网络全覆盖，行政村和自然村 5G 网络覆盖率 45%。

（姚益波）

【中国联通玉屏分公司】 2022 年，中国联通玉屏分公司建设 5G/4G 基站 79 个，全县主城区、工业园区、景区、交通干线、乡（镇、街道）移动网络覆盖率 98%。新增宽带端口 1200 个，端口总数 2.76 万个，全县乡（镇、街道）及行政村 4G 网络全覆盖。投入经费 10 万元，完成城区主道光缆线路入地，5 个老旧小区“蜘蛛网”线路改造工作。落实网络安全保障，持续开展隐患排查整治，改善用户感知，实施核心区域重保并提升网络架构安全性，完成党的二十大会议期间属地网络通信保障。

（张春华）

7月1—3日，中国移动玉屏分公司在茶花泉景区烟花夜游节现场开展通信保障服务

（中国移动玉屏分公司　供图）

【中国电信玉屏分公司】 2022年，中国电信玉屏分公司经营收入3792万元，比上年增长8.41%。全年出账用户63532户，净增7138户；宽带用户出账用户29610户，净增3679户；ITV全量用户21876户，净增1250户；云电脑净增1030户。移动过网份额达36%。为2000余户建档立卡脱贫户给予套餐优惠，优惠额度150余万元。自筹资金500万元，新增H端口3200个。全县84个行政村光宽覆盖率100%。新建1.8G、5G基站62个。其中，1.8G基站2个、5G基站60个。持续实施光缆杆线、电源、机房、下户线整治，消除隐患、规范管理。完成田坪、朱家场接入网整治，完成长岭和彰寨机房直流屏、亚鱼机房和田坪机房电池更换工作，亚鱼、长岭246个PON口（宽带端口）由1G扩容至10G，移动基站补盲800米、1.8G3个，4G基站BBU集中整治32个。规范落实“网格外包经营”重点工作，划小网格，提升客户感知。结合“网格外包经营”渠道建设和异网策反，开展城区5家和农村16家网格商的建设工作。围绕“数字乡村”建设，推进“电信3000M”“装监控，到电信”品牌工作，选择20个村作为标杆村打造，通过“村委会出资”“村民共建”“村民自建”“帮扶单位出资”4种模式推动“数字乡村”建设规模发展。

（何通洋）

10月29日，中国电信玉屏分公司在皂角坪街道瓮阳村开展“数字乡村新时代 同心翼动展风采”活动（中国电信玉屏分公司 供图）

【贵州省广电网络公司玉屏分公司】 2022年，贵州省广电网络公司玉屏分公司营业额1585万元，总用户规模17193户，新增客户3127户，其中宽带用户1869户，广电5G推广1512户。年内，完成“大龙雪亮工程”项目收入确认，签约“珊瑚湾、舞阳公馆”四网合一新装项目、天穆教育办公网项目及麻音塘街道智慧门禁系统项目。到朱家场镇混寨村为群众送产品、送服务、送电影，开展大排查、大走访，走访农村用户99户。持续开展以“小区光改”（老旧小区光纤到户改造）为主题的营销推广活动，紫林小区新增宽带用户10户，发放IP机顶盒28户，续费用户15户。到各乡（镇、街道）村开展广电5G推广、停机召回、民族地区机顶盒置换下乡活动，实时解答用户咨询，提升5G业务知晓度。

（吴 微）

金融业

中国箫笛之乡 · 中国油茶之乡 · 侗族文化艺术之乡 · 中国黄桃之乡

综　述

2022年，玉屏侗族自治县有银行业机构9家，有保险业机构6家。全县金融机构平稳运行，各项存款余额87.26亿元，比上年增长13.5%；各项贷款余额146.31亿元，比上年增长27.09%，存贷款增幅分别居全市第二和第一。全县保险业机构原保费收入14963.77万元，赔付支出5429.71万元，累计提供各类风险保障5657.13亿元。

经理国库。玉屏侗族自治县支库办理国库业务16998笔，金额696303.33万元。其中，预算收入5292笔，金额241827.5万元；支出3342笔，金额390580.2万元；退库8344笔，金额63845.96万元；更正业务20笔，金额49.67万元。全年国库收入241827.5万元（其中玉屏侗族自治县支库110468.2万元、贵州大龙经济开发区支库131359.3万元），支出390580.2万元（其中玉屏侗族自治县支库242187.4万元、贵州大龙经济开发区支库148392.8万元）。落实留抵退税政策，完成电子化退税8344笔，金额63845.96万元。持续推动“国债下乡”工作开展，全年到乡（镇、街道）和银行机构开展“国债下乡”专项督导3次。

助企纾困。落实金融助企纾困政策，通过召开政银企座谈会议、组织金融机构到企业宣传政策等方式，收集梳理清单，向各金融机构推送企业11批、456户，融资对接成功354户。年内，全县金融机构新发放企业贷款824笔、贷款金额26.84亿元，占全部新增贷款的85%，惠及中小微企业等市场主体354户。持续做好金融支持个体工商户“五苗”（惠苗政策大集中、育苗产品进万家、助苗着床普知识、护苗成长促发展、扶苗诊疗解难题）行动，助力个体工商户纾困解难。向各金融机构推送个体经营主体名单，各金融机构应访遍访、应贷尽贷。年内，全县个体工商户贷款户数3955户，贷款余额10.01亿元，贷款余额较上年同期增加1.69亿元，比上年增长20.31%。收集整理辖内各银行机构特色信贷产品35个，汇编《2022年玉屏县金融支持乡村振兴、民营小微企业信贷产品手册》，发放企业500余份。

（罗　倩）

银行业

【中国农业发展银行玉屏支行】2022年，中国农业发展银行玉屏支行累计发放各项贷款110160.21万元，比上年增长44.75%，收回各项贷款17521.65万元。不良贷款继续保持零余额，无逾期贷款及欠息发生。年末，中国农业发展银行玉屏支行各项贷款余额260229.74万元，较年初增加92638.56万元，增幅55.28%，贷款增幅位于铜仁市中国农业发展银行系统第一；存款余额43472.86万元，较年初增加10279.73万元，日均存款53499.7万元，较年初增加30126.43万元，增幅128.89%，增幅名列铜仁市中国农业发展银行系统第一；账面利润893.08万元，比上年增加599.35万元，增幅204.05%，增幅名列铜仁市中国农业发展银行系统第一；FTP利润（商业银行内部奖金定向转移带来的利润）3491.63万元，增加2993.63万元，增幅601.13%，增幅名列铜仁市中国农业发展银行系统第一。全年向小微企业发放贷款3笔，金额1960万元，年末小微企业贷款余额1960万元，较年初净增500万元。做好贷款投放，跟踪监测项目建设情况，获批贵州大龙经济开发区“山水林田湖草综合治理·乡村振兴集成示范点建设”项目贷款26500万元，实现贷款投放14700万元；投放玉屏侗族自治县2021年高标准农田建设项目贷款1100万元；申报玉屏侗族自治县2022年高标准农田建设项目贷款23500万元；申报获批玉屏县山地农机服务中心建设项目贷款3500万元；申报获批贵州大龙经济开发区污水处理中心贷款25000万元，实现贷款投放5000万元。投放贷款40186万元，用于贵州大龙经济开发区新型功能材料产业集群建设项目；发放生态环境建设与保护贷款2000万元，用于㵲阳河狮子坡生态环境建设与保护项目；发放林业贷款7000万元，用于玉屏侗族自治县国储林项目建设。做好收贷收息工作，按时足额收回正常到期贷款17521.65万元。执行贷款展期相关政策，对符合条件的及时申报展期，全年办理贷款展期9笔，展期金额4333.6万元。督导信贷员定期开展企业走访，核查粮食库存、抵押物品、工程进度和财务状况，了解企业生产经营情况及风险隐患。（张正伟）

【中国工商银行玉屏支行】2022年，中国工商银行玉屏支行下辖对外营业网点2个。辖内设自助银行3个、ATM机10台、自助终端8台和网银自助设备3台，在县城内安装POS机100余台，提供预约叫号、大额取现、外汇业务、零辅币兑换、对公业务、个人业务、理财产品、罚款缴费、饮水服务、Wi-Fi、点验钞、老视镜、碎纸机等服务。年末，中国工商银行玉屏支行各项存款时点余额94300万元，较年初增加1600万元。其中，储蓄存款时点余额69800万元，较年初增加8200万元；公司存款时点余额17200万元，较年初下降4600万元；机构存款时点余额7300万元，较年初下降1900万元，各项存款均较好地完成年末控盘计划。各项贷款时点余额245200万元，较年初增加22100万元，其中公司贷款余额199700万元，较年初增加18800万元；个人贷款余额45500万元，较年初增加3300万元。全年中间业务收入700万元，拨备前利润7000万元。不良贷款余额220万元，比年初下降159万元，其中个人不良贷款余额220万元，不良率0.09%。储蓄存款余额69800万元，净增8200万元，储蓄存款余额及增量均为同业第一；个人有效客户67621户，净增2163户；日均金融资产1万元、5万元以上个人客户分别净增577户、432户；全年累计代发工资额51259万元，净增1231万元，代发工资额县域支行排名第一。对公客户结构优化持续向好，全年新开机构账户10户，日均5万元以上机构客户净增4户；新开对公账户330户。年末，各项贷款余额245200万元，较年初增加22000万元，累计投放贷款61600万元，贷款余额及增量同业占比排名第一。战略性新兴产业、制造业、民营企业贷款增量分别达21000万元、16000万元、19800万元，增量均列县域支行排名第一。普惠贷款较年初增加6734万元，全年任务完成率112%，客户数较年初新增72户。在全省工商银行系统内创新开发“油茶贷”，支持县域油茶种植企业8户，支持油茶产业1200万元。

（刘洪建）

4月13日，中国工商银行玉屏支行客服经理为客户拼接兑换残损人民币（刘洪建　摄）

【中国农业银行玉屏支行】2022年，中国农业银行玉屏支行净利润3198.2万元，较上年减少31.72万元。各项存款63229万元，较年初增加16254万元，其中对公存款18321万元，较年初增加8839万元；个人存款44839万元，较年初增加7515万元。各项贷款余额150683万元，较年初增加6178万元，其中法人贷款余额137225万元，较年初增加4555万元，个人贷款余额19638万元，较年初增加1623

12月18日，中国农业银行玉屏支行工作人员到贵州重力科技环保股份有限公司开展金融上门服务（中国农业银行玉屏支行　供图）

万元。中国农业银行玉屏支行贷款劣变率0.23%，在铜仁市中国农业银行县（区）支行排名第一。农户贷款劣变率0.55%，在全市中国农业银行县（区）支行排名第一；不良率0.16%，在全市中国农业银行县（区）支行排名第二。各项贷款（不含“信用卡卡透”）现金收回率、综合收回率均为99.72%，均在全市中国农业银行县（区）支行排名第一。农户不良贷款新增37.98万元，全市最少。贷款到期收回率99.51%，在全市中国农业银行县（区）支行排名第一。不良贷款清收处置核销收回额居全市中国农业银行县（区）支行第一位。加大对实体经济、乡村振兴与脱贫成果巩固的有效衔接、粮食安全生产的支持力度。投放贷款26600万元，支持贵州红星发展大龙锰业有限责任公司、贵州黔玉油茶开发有限公司、贵州谷州农业有限公司等30家实体企业的生产经营。其间，中国农业银行玉屏支行党委运用中国农业银行“乡村振兴e贷”、“惠农e贷”、“富民贷”等金融产品，开展金融助推乡村振兴工作，发放贷款7222.5万元。为贵州黔玉油茶开发有限公司、贵州省贵福生态肥业有限公司发放贷款资金9000万元。年末，服务乡村振兴贷款余额11181.46万元。普惠金融银保监口径完成计划108.43%。重点支持粮油稻谷加工、零售批发、制造业等行业。普惠小微企业法人余额较年初增加2603.98万元，“惠农e贷”余额较年初增加2275.29万元，为13家企业减费让利14.85万元。（黎　浪）

【中国建设银行玉屏支行】 2022年，中国建设银行玉屏支行一般性存款72362.8万元，比年初下降5590.18万元，其中对公存款29736.17万元，比年初下降9216.76万元；个人存款39651.75万元，比年初新增4644.26万元。各项自营性贷款余额177454.54万元，较年初新增59539.86万元，其中对公类贷款余额146301.22万元，比年初新增55704.14万元；个人类贷款余额31153.32万元，比年初新增3835.72万元。对小微企业实行普惠金融政策支持，对缴税客户实行以缴税额度放大倍数方式授信，贵州大龙经济开发区闽乐百货店、贵州大龙经济开发区开发大道加油站、贵州超盛精工科技有限公司等8家公司获得“云税贷”线上最高授信额度100万元，贵州省荣世食品有限公司获得“小微快贷”121万元，玉屏县弘天盛家禽养殖场获得“商户云贷”100万元。对个体工商户经营企业推出个体工商户经营性快贷，对使用中国建设银行收款码商户进行授信，推广“小微快贷”“云税贷”“商户云贷”“抵押快贷”“薪金云贷”等信贷产品，普惠金融战略口径贷款余额17250万元，比年初新增7055万元。持续开展“中国建设银行‘3·15’家装节”“中国建设银行‘6·18’家装节”“要装修　找中国建设银行”系列营销活动，持续挖掘玉屏、岑巩两县大型装修公司、汽车经销商、房地产开发公司、建材市场、家具市场等，以分期业务为抓手，同步拓展“小微快贷”、“代发工资”等业务，打造全新金融服务平台，整合优化客户资源。年内，专项分期交易额为2113.11万元，其中购车分期贷款300.74万元，家庭装修分期贷款242万元，“分期通”贷款1570.36万元。全量商户1347户，高贡献商户754户，单户一年收单超过2500万元。为贵州谷州农业有限公司发放贷款200万元，利率下调至3.7%。分批为贵州省贵福菌业发展有限公司、贵州凯金新能源科技有限公司、贵州超盛精工科技有限公司、铜仁贵江科技有限责任公司、中伟新材料股份有限公司等发放贷款11.24亿元。以卷烟零售户为中心，为县域农村地区百姓提供转账汇款、便民缴费等“金融下乡”服务，以“黔叶云贷＋商户＋裕农通”模式，践行普惠金融。打造“劳动者港湾”服务站，为社区环卫工人和户外劳动者发放矿泉水、便民购物袋等慰问品，为考生及考生家长设置“劳动者港湾”移动爱心助考服务点。（雷开敏）

【中国邮政储蓄银行玉屏支行】2022年，中国邮政储蓄银行玉屏支行累计发放各项贷款32273万元，各项贷款余额39229万元，较年初增加5707万元。全年发放普惠小微企业贷款3.06亿元，贷款余额1.84亿元，较年初增加0.33亿元，增长21.85%；普惠小微贷款结余户数392户，较年初增加52户。存款余额规模58476万元，其中自营规模6212万元、代理规模52264万元，整体较年初增加4235万元，新增储蓄存款增长7.81%，存贷比（存款总计／贷款总计）181%。健全专业化为农服务体系和线上线下有机融合服务模式，在玉屏侗族自治县建设信用村52个，新建信用村24个，累计发放贷款385笔，金额3620万元。选择性开发优质涉农企业及涉中国农业银行业客户，重点支持农林牧渔等重点产业发展，重点扶持稻谷种植、鸡饲养、生猪养殖、林木育苗、牛饲养等行业。年末，涉农贷款671笔，结余金额为18366万元。全年收回不良贷款1061.48万元，年末不良贷款结余339万元。

（田华 李洁）

【贵州银行玉屏支行】2022年，贵州银行玉屏支行各项存款余额103705万元，较年初增加35227万元，市场占比11.89%，同业排名第二位。其中，对公存款余额51292万元，较年初增长18622万元，市场占比21.84%，同业排名第一；个人存款余额52413万元，较年初增长16605万元，市场占比8.22%，同业排名第四。各项贷款余额89685万元，较年初增长13113万元，市场占比6.13%，同业排名第七。无不良贷款新增，贷款不良率为零。在大龙街道、田坪镇、亚鱼乡、新店镇、朱家场镇等乡（镇、街道）新增农村普惠金融服务站5个，全县普惠金融服务站累计13个，提供小额存取款、转账汇款、便民缴费等金融服务。

（朱大静）

【贵阳银行玉屏支行】2022年，贵阳银行玉屏支行各项存款余额7.76亿元，较年初增加2.18亿元，日均存款7.02亿元，较年初增长2.42亿元，其中储蓄存款余额3.96亿元，较年初增加0.31亿元；对公存款3.8亿元，较年初增加1.87亿元。各项贷款余额16.49亿元，较年初增加7.67亿元。其中，对公贷款余额9.83亿元，净增5.04亿元；银行承兑汇票余额13256.83万元，增量7357.54万元。通过传统抵押贷款及“442”贷款、“税源贷”“爽农诚意贷”等不需要抵押的多种方式，为全县小微企业发放各类普惠贷款129笔，投放金额23618.17万元，较年初新增6022.26万元。为企业办理贷款续贷、转表、调整还款计划5户，金额15710万元。在玉屏侗族自治县内设立可为农村用户提供小额存取款、查询、转账、便民缴费等服务功能的农村金融服务站28个，遍布全县8个乡（镇、街道）。在县城文水路和大龙街道大屯村新街、田坪镇设立3处离行式自助银行，打通乡村金融服务的“最后一公里”。（李婷）

【玉屏农商银行】2022年，玉屏农商银行资产总额44.53亿元，较年初增加0.81亿元，增长

1.86%。各项贷款余额34.6亿元，较年初增加3.03亿元，增长9.6%。负债总额40.74亿元，较年初增加0.59亿元，增长1.47%。各项存款余额32.54亿元，较年初增加1.62亿元，增长5.23%。存贷款均实现“双提升”，市场占比保持全县银行业机构首位。各项收入2.73亿元，较上年增加538万元，实现净利润3256万元，资本充足率12.58%，拨备覆盖率161.83%，流动性比例69.28%，不良贷款率3.31%。涉农贷款余额27.89亿元，较年初净增0.62亿元，涉农贷款占比80.62%；普惠型涉农贷款余额10.91亿元，较年初净增3.71亿元，增长51.49%；十二大农业特色优势产业贷款2280户、余额4.8亿元，较年初增长0.99亿元，增长25.9%。单列信贷资金7000万元，印发《贵州玉屏农村商业银行股份有限公司关于设置普惠型小微企业金融服务专项绩效考核指标的通知》，设置小微企业专项考核，将增量任务分解至各支行。年末，玉屏农商银行普惠型小微企业贷款余额12.49亿元，较年初增长1.57亿元，增长14.41%，高于各项贷款增长4.81个百分点；普惠型小微企业有贷户数3467户，较年初增长79户，不良率4.27%，较各项贷款不良率高0.96个百分点；普惠型小微企业贷款当年累放利率6.99%，较上年下降0.3个百分点，全面完成小微企业“两增两控”目标；普惠型小微企业贷款占比36.12%，较年初上升1.51个百分点；普惠型小微企业信用贷款占比41%，较年初上升2.76个百分点；小微企业贷款首贷户46户，完成当年增量目标153%；个体工商户贷款余额57151万元，较年初增长519万元，户数3279户，较年初增加30户；民营企业贷款余额7.07亿元，较年初增加0.79亿元。全年通过延期还本付息政策为市场主体纾困248户，延期金额37097万元；通过降低小微企业贷款利率、减免支付手续费实现为小微企业减费让利2536万元。针对辖内小微企业融资难点，配合贵州省农村信用社联合社推出“码上贷”贷款产品，对办理“黔农e付”的客户即可实现线上授信，扩宽小微企业申贷渠道。持续加强与县金鑫融资担保有限公司合作，对符合条件的住宿、餐饮、零售、文化、旅游、交通运输等困难行业中小微企业和个体工商户，推介县金鑫融资担保有限公司，提高市场主体申贷获得率。年末，玉屏农商银行发放“码上贷”支持县域市场主体33户，与县金鑫融资担保有限公司合作，发放小微企业融资担保贷款余额23616.19万元，较年初增加11201.9万元。拓展“黔农e付”等收单业务产品，为县域内商户提供支付结算服务。年内，累计推广小微商户1229户，特约商户1737户，行业商户3户。安装POS机终端数量579台，云音响2594台，累计交易笔数1040.87万笔，累计交易金额12.46亿元。（石廷沛）

【玉屏长征村镇银行】2022年，玉屏长征村镇银行资产总额42953.3万元，负债总额39549.27万元。各项存款31056.29万元，较年初增加5834.09万元，增长23.13%。其中，个人储蓄存款27089.74万元，单位对公存款3966.55万元，存款占全县市场份额的3.56%。各项贷款31279.13万元，较年初增加4420.98万元，增长16.46%，贷款占全县市场份额的2.14%。资本充足率12.01%，不良贷款率2.01%；拨备覆盖率150.23%。玉屏长征村镇银行重点支持油茶、生猪、精品水果、食用菌等产业群。年末，发放普惠型小微企业贷款541笔，金额15257.56万元，较年初增加5155.15万元，增长51.03%，占各项贷款的48.78%。涉农贷款1553笔，金额30645.22万元，较年初增加7866.9万元，增长34.54%，涉农贷款占比97.97%；农户贷款1462笔，金额22789.98万元，农户贷款占比72.86%。对普惠型小微企业贷款实施延期还本143户，延期本金3406.74万元。对普惠小微贷款实行阶段性减息，减息本金2000万元。全年向中国人民银行申请获得再贷款资金1000万元，累计7600万元。年内，对存贷款产品进行梳理，结合县域特色与

工作实际，新增“园丁贷”“天使贷”等贷款产品。（吴　思）

保险业

【人保财险玉屏支公司】 2022年，人保财险玉屏支公司保费收入2819.41万元，完成全年计划3048万元的92.5%。全年赔款支出1129万元，其中车险赔款支出809万余元，商业非车险赔款支出299万余元，农业保险赔款支出21万余元。（汪　露）

【中国人寿保险玉屏支公司】 2022年，中国人寿保险玉屏支公司总保费3885.03万元，其中首年期交保费333.9万元、长期险首年标保达成108.03万元、保障型（十年期及以上）达成58.5万元、大短险保费达成296.07万元；续期保费达成3551.13万元。（龙玉辉）

【太平洋财险玉屏支公司】 2022年，太平洋财险玉屏支公司保费收入944万元，赔付支出486.4万元，提供各类风险保障638231万元。承保全县所有中小学校校方责任保险及部分学校的学生人身意外伤害保险，收取校方责任保险费用32万余元，赔付支出65万元；收取学生意外伤害保险费用28万元，赔付支出24万元。承接由玉屏侗族自治县推出的“防贫保险”业务，赔付因病致贫、返贫人群防贫救助金37.8万元。年末，玉屏侗族自治县城乡居民人身意外伤害保险参保153850人，人身意外伤害保险基金规模1329万元。全年人身意外伤害县内就医住院符合报销规定1263人，产生住院费用总金额733万元，其中人身意外伤害保险补偿金额389万元。其中，玉屏侗族自治县人民医院补偿680人次，住院总费用339万元，补偿金额177万元；玉屏侗族自治县中医院补偿335人次，住院总费用239万元，补偿金额128万元；玉屏龙华湘骨伤科医院补偿248人次，住院总费用154万元，补偿金额83.5万元。（杨代能）

【平安财险玉屏支公司】 2022年，平安财险玉屏支公司保费收入1287.81万元，赔付支出614.98万元，提供风险保障496057.93万元。持续深化“科技＋金融”，科技驱动不断加码，人工智能、区块链、云计算、大数据等技术在平安财产保险前、中、后台多个业务节点应用落地。“平安好车主”App通过聚合广泛优质的汽车生态服务资源，为用户提供车保险、车服务、车生活“一站式”服务。平安财险玉屏支公司强化科技创新应用，深化“数据产险”转型，通过实现经营管理的全面线上化，搭建完整的数据生态体系，打造“智慧产险”。（吴重淼）

【人寿财险玉屏支公司】 2022年，人寿财险玉屏支公司保费收入0.37亿元。为机动车保险、农业保险、人身意外伤害险等提供保障171.53亿元。人寿财险玉屏支公司作为玉屏政策性农业保险遴选中选承保机构，开办农业保险险种16个，涉及中央政策性、中央奖补和地方特色等农业保险产品领域。全年累计为全县农户提供风险保障5.35万户次、11.3亿元。赔付农业保险案件2100余件，赔款0.13亿元，涉及农户3000户次、企业4家、农民专业合作社8个。（杨雪莲）

旅游业

中国箫笛之乡 · 中国油茶之乡 · 侗族文化艺术之乡 · 中国黄桃之乡

综 述

2022年，玉屏侗族自治县旅游业发展聚焦“两大提升”（提升过夜游客数量、提升人均花费），实施“四大行动”（市场推介引流行动、旅游市场主体培育行动、旅游服务质量提升行动、盘活闲置低效旅游项目攻坚行动），启动田坪镇、亚鱼乡省级旅游度假区创建工作。依托“箫笛名都·侗听玉屏”旅游市场定位，逐步形成“春赏花、夏避暑、秋研学、冬康养”的旅游发展新格局。全年接待游客351.13万人次，其中接待国内过夜游客27.43万人次。国内旅游收入30.32亿元，游客人均花费863.47元。接待外省进入贵州省旅游游客98.06万人次，旅游综合收入9.07亿元。全县有旅游市场主体单位2060家，新增486家。限额以上住宿业营业收入1084.5万元，限额以上餐饮营业收入900.4万元。

旅游规划修订。全年召开《玉屏侗族自治县“十四五”文体广电旅游产业发展规划》讨论会3次，向县直属有关部门、乡（镇、街道）征询意见2条，根据反馈意见对《玉屏侗族自治县“十四五”文体广电旅游产业发展规划》进行修改完善。

旅游项目申报。全年谋划省级旅游度假区项目、玉屏茶花泉景区国家AAA级旅游景区升级改造、玉屏侗乡风情园国家AAAA级旅游景区提质增效项目、贵州省铜仁市玉屏侗乡风情园体育公园等文化旅游项目43个。其中，纳入全省旅游产业化项目库4个，总投资4.9亿元；贵州省重大工程和重大项目2个，分别是玉屏侗族自治县天穆教育科技基地建设项目、玉屏侗族自治县乡村振兴亚鱼乡整乡推进试点示范项目。　（吴文勇）

旅游业态

【概况】 2022年，玉屏侗族自治县依托和挖掘自身资源，以打造“箫笛名都·侗听玉屏”全域旅游示范区为目标，实施旅游业态升级行动，构建形成以休闲观光、康养度假、民俗体验、美食品尝、赛事观赏、购物研学为一体的旅游产品体系。申报获批省、市级乡村旅游重点镇2个、重点村4个。

【乡村旅游】 2022年，玉屏侗族自治县以“农业+旅游”为重点，探索打造“一村一品”发展路径，发展乡村旅游。实施“县树（油茶树）”“县花（油茶花）”形象宣传，加大油茶树培育和种植，打造AAA级茶花泉景区，开展赏花、品果的乡村旅游活动。推出新店镇老寨村、亚鱼乡凉庭寨村、朱家场镇桐木寨村等具有浓郁地方特色的乡村旅游示范点。田坪镇被评为贵州省乡村旅游重点镇，田坪镇江口村被评为贵州省乡村旅游重点村，申报市级乡村旅游重点村3个。全县接待乡村旅游游客70.01万人次，实现旅游综合收入36700万元。

【红色旅游】 2022年，玉屏侗族自治县以朱家场红军驻地遗址、田心岩红军标语、革命烈士纪念塔、田心坪战斗遗址等红色资源，策划红色旅游线路，打造红色旅游产业链条，推动红色文化旅游高质量发展。全县有县级以上（含县级）红色文物保护单位7个，接待“红色旅游”游客6.6万人次，实现旅游综合收入800万元。

【体育旅游】 2022年，玉屏侗族自治县以茶花泉景区、玉屏侗乡风情园建设为核心，实施体育健身公园、全民健身中心、网球场、环㵲阳河健身步道、玉屏侗乡风情园户外运动基地等建设项目，挖掘整理侗族特色的体育项目。实现农体工程村级全覆盖，基本形成城区（社区）“15分钟健身生活圈”。12月8日，被评为贵州省体育旅游示范县。

【康养旅游】 2022年，玉屏侗族自治县康养旅游以“金色侗乡·康养田坪”田坪侗乡风情小镇为核心，以旅基康养为基础，融合观光、乡村旅游、民俗文化、商业综合运用等多种业态，形成完善的康养旅游体系。该小镇森

林覆盖率64%，负氧离子每立方米19500个。试运营网红水滑项目，天穆研学营接待学生2000余人。（吴文勇）

旅游宣传与推介

【概况】 2022年，玉屏侗族自治县在“微玉屏、微文化”等公众号宣传报道侗乡风情园和茶花泉游玩特色以及玉屏游玩攻略5篇，发布旅游线路5条。组织县文体广电旅游局人员到重庆市酉阳土家族苗族自治县、云南省昆明市等地考察文旅项目5次，对接企业6家，外地文旅企业到玉屏侗族自治县考察4家。

【“5·19”中国旅游日宣传】 5月19日，玉屏侗族自治县组织文化旅游志愿者在玉屏侗乡风情园景区、玉屏茶花泉景区开展以“感悟中华文化·享受美好旅程”为主题的“5·19”中国旅游日宣传活动。通过发放文明旅游手册、旅游宣传资料和悬挂宣传条幅等方式，向群众宣传国家旅游法律法规和全县特色旅游景区，倡导市民健康出游、绿色出游、文明旅游，现场发放旅游线路手册等宣传资料册400余份，解答咨询群众200余人。

【莞铜协作技术人才参与玉屏侗乡风情园宣传】 9月27日，广东省东莞市常平镇、桥头镇的（东）莞铜（仁）协作技术人才曾文灵、罗雪芬在玉屏侗族自治县开展技术人才交流活动期间，主动到玉屏侗乡风情园担当旅游宣传大使，身着侗族服饰录制小视频向社会各界推介国家AAAA级旅游景区——玉屏侗乡风情园，推介玉屏侗族传统文化风俗。（吴文勇）

旅游节庆活动

【概况】 2022年，玉屏侗族自治县挖掘传统节日和民俗活动蕴藏的文化内涵，围绕春节、端午节、中秋节、重阳节、赶坳等传统节日和民族节庆日，谋划开展文化旅游节庆系列活动。在玉屏茶花泉、玉屏侗乡风情园景区开展活动42场。举办第六届“土王戊”赶坳活动和朱家场美丽乡村文化旅游节。

【春节旅游节庆活动】 2月1—8日，在茶花泉景区举办主题为“鹿岛公园 & 侏罗纪恐龙世界”的春节假日活动，开展侏罗纪恐龙、樱花大道、萌宠动物园、风情油纸伞等主题活动，吸引大量游客观赏。2月5—7日在玉屏侗乡风情园景区举办“春节相亲会灯光网红美食节”活动，引进各类美食，举办灯光秀，开展相亲活动，吸引游客8.6万余人次，实现旅游综合收入4466.6万元。

【玉屏烟花夜游节】 7月1—3日，玉屏侗族自治县在国家AAA级旅游景区——茶花泉举行玉屏烟花夜游节，现场燃放大型烟花火焰，配以音乐与火光演绎，吸引数千名群众集中观看。

【第六届“土王戊”赶坳活动】 7月16日，玉屏侗族自治县在皂角坪街道铁家溪村禾梨坳举办以“中华民族一家亲·同心共铸中

2月1—8日，茶花泉景区开展鹿岛公园系列活动。图为游客在景区拍照打卡（赵潇泽　摄）

国梦”为主题的第六届“土王戊”赶坳活动。湖南省新晃侗族自治县、黔东南苗族侗族自治州岑巩县等周边地区的 19 支团体山歌队、44 支双人山歌队、8 支舞蹈队和斗鸡、斗鸟爱好者纷纷前来参加活动。

【朱家场美丽乡村旅游文化节】 8 月 27—28 日，首届朱家场美丽乡村旅游文化节在朱家场镇桐木村举行。旅游文化节设置拦门酒、鼙锣表演、国潮选秀比赛、乡村民谣音乐会、篝火晚会、摸鱼和抢鸭子比赛等活动，吸引 2 万余人次到现场观看，网上直播浏览 120 万余人次。（吴文勇）

旅游资源

【概况】 2022 年，玉屏侗族自治县旅游资源有 12 个大类、32 个亚类、107 个基本类型，有旅游资源单体 713 处，其中四级旅游资源 13 处、三级旅游资源 43 处、二级旅游资源 255 处、一级旅游资源 347 处、未上级旅游资源 55 处。全县有国家 AAAA 级旅游景区 1 个、国家 AAA 级旅游景区 1 个、国家级湿地公园 1 个、国家级乡村旅游示范村 1 个、国家级水利风景区 1 个、省级乡村旅游示范村 1 个、省级特色民族村寨 11 个、省级康养示范小镇 1 个、省级自行车运动基地 2 个。

玉屏侗乡风情园一角（徐 雪 摄）

【玉屏侗乡风情园】 2022 年，玉屏侗乡风情园景区内玉屏田坪商贸康养小镇运营管理 +EPC 采购合同考核完成，开展景区安全生产检查 4 次，推进县中医院“百草园”景区康养项目。在景区开展活动 36 场，新增景区旅游线路 6 条，接待游客 56.06 万人次，综合收入 2530.64 万元。

【茶花泉景区】 2022 年，茶花泉景区开展活动 6 场，完善景区应急预案 18 套，开展消防、服务、疫情防控、应急预案培训 7 次，全年接待游客 30 万人次，综合收入 152 万元。（吴文勇）

旅游管理与服务

【概况】 2022 年，玉屏侗族自治县实施旅游服务质量提升行动，推进玉屏侗乡风情园、茶花泉景区提质升级，建设旅游厕所 2 个，新增旅游项目 9 个，新增导游 4 名，天穆研学营开展研学旅行招生。加强旅游行业市场监督管理，开展行业安全执法检查 52 次，培训旅游从业人员 360 余人次。

【景区提质升级改造】 2022 年，玉屏侗族自治县印发旅游景区扩容提质和高质量精品旅游景区建设提升工作方案，推进茶花泉、玉屏侗乡风情园景区提质改造。玉屏侗乡风情园景区新增旅游娱乐项目 7 个；茶花泉景区新增网红沙滩车、萌宠动物旅游项目，举办烟花节提升景区效益。

【旅游厕所建设】 2022 年，玉屏侗族自治县申报旅游厕所 2 座，总投资 262 万元，其中天穆 2 号旅游厕所于 7 月 30 日建成开放，云起小镇旅游厕所于 10 月 1 日建成开放。

【旅行社及导游管理】 2022 年，玉屏侗族自治县有旅行社 7 家、导游人员13名，新增导游4名。将旅行社及导游人员纳入全国旅游监管服务平台统一管理。定期组织导游人员参与培训学习，加大旅行社检查力度，实行电子行程单备案管理。

【旅游服务技能培训】 2022年，玉屏侗族自治县开展旅游服务技能培训4场、360余人次。3月26—28日、6月17日、9月26日，在玉屏侗乡风情园景区、茶花泉景区，对景区、酒店、民宿从业者，乡村旅游带头人等涉旅人员，开展礼仪规范、个性服务、餐饮服务、客房服务、经营管理等培训。

【旅游安全管理】 2022年，玉屏侗族自治县召开旅游行业安全生产专项整治三年行动工作部署会1次，旅游市场专项整治工作部署会2次，意识形态、旅游食品、扫黑除恶工作培训会2次。对全县国家A级旅游景区、星级酒店、旅行社开展旅游安全检查52次，出动检查人员163人次，其中联合各部门检查4次，下发整改通知书1份。全年无旅游投诉。

（吴文勇）

旅游资源开发

【概况】 2022年，玉屏侗族自治县实施市场推介引流行动、盘活闲置低效旅游项目攻坚行动，推动重点旅游项目建设，推进国家全域旅游示范区创建。争取省级研学营专项资金40万元。推介旅游线路5条，文化旅游投资4.4亿元，完成天穆教育科研基地主体建设，对茶花泉景区、玉屏侗乡风情园实施提升改造。评定省、市、县三级乡村旅游重点镇3个，乡村旅游重点村10个，乙级和标准级乡村旅游村寨16个。

【文化旅游业招商】 2022年，玉屏侗族自治县组建文旅大健康招商专班，按月调度招商情况。全年外出招商考察6次，签约文化旅游项目3个。其中，玉屏老寨北侗原乡康养度假综合体森林康养民宿建设项目，总投资1000万元；玉屏侗族自治县旅游体验项目，总投资3000万元；天穆研学营项目，总投资40000万元，到位资金39400万元。

【新增旅游线路】 2022年，玉屏侗族自治县以“春赏花、夏避暑、秋研学、冬康养”为旅游定位，围绕玉屏侗乡风情园景区、茶花泉景区推出旅游线路5条，分别是“郭家湾—凉庭寨景区—侗乡风情园景区”“中国箫笛博物馆—瓮阳桃源谷—芸轩山庄—屏山公园—乡舍—茶花泉景区”“乡愁馆—箫笛博物馆分馆—侗乡奥特莱斯—茶花泉—乡舍—屏山公园”“铜仁南站高铁站或七里冲高速站—茶花泉道塘湿地公园—茶花泉—龙泉—科技馆—朱家场红军驻地遗址—铁柱山—铜仁南站高铁站或铜仁凤凰机场”“铜仁南站或七里冲高速站—钟鼓楼—玉屏箫笛博物馆—风雨桥—㵲阳河—屏山公园—北门廊桥—万卷书崖—铜仁南站高铁站或铜仁凤凰机场”。

【天穆教育科研基地项目建设】 2022年，玉屏侗族自治县以天穆教育科研基地为重点旅游建设项目。该项目投资1亿元，建成教学楼1栋、食堂1栋、宿舍楼3栋（学生宿舍楼2栋、职工宿

7月11日，天穆研学营基地迎来学生研学旅游　（徐　雪　摄）

舍楼1栋）、接待中心1栋、馆（室）3个（天文馆、木工馆、音乐教室）、营地5个（露营基地、森林研学、水上运动馆、勇气素质馆、烹饪营地）。项目主体建设基本完工。

【国家全域旅游示范区创建】 2022年，玉屏侗族自治县开展茶花泉景区国家AAA级旅游景区升级改造、玉屏侗乡风情园国家AAAA级旅游景区提质增效，推进国家全域旅游示范区建设。玉屏侗乡风情园引入七彩滑道、不锈钢旱滑、空中漂流等旅游新业态，启动田坪镇省级旅游度假区创建，提质升级景区道路。发展天穆、乡舍研学旅游，推进田坪旅游康养小镇建设。

2022年，新店镇大湾村获评乙级乡村旅游村寨、标准级乡村旅游村寨（杨　锋　摄）

【乡村旅游质量等级评定】 2022年，玉屏侗族自治县申报获评乡村旅游重点村镇29个。其中，贵州省乡村旅游重点镇1个，贵州省乡村旅游重点村1个，铜仁市乡村旅游重点村3个，县级乡村旅游重点镇2个，县级乡村旅游重点村6个，乙级乡村旅游村寨7个，标准级乡村旅游村寨9个。（吴文勇）

2022年玉屏侗族自治县获评乡村旅游重点村镇一览表

表10

序号	获评类别	数量（个）	获评村镇名称
1	贵州省乡村旅游重点镇	1	田坪镇
2	贵州省乡村旅游重点村	1	田坪镇江口村
3	铜仁市乡村旅游重点村	3	田坪镇江口村、亚鱼乡沙子坳村、新店镇老寨村
4	玉屏侗族自治县乡村旅游重点镇	2	田坪镇、亚鱼乡
5	玉屏侗族自治县乡村旅游重点村	6	田坪镇江口村、田坪镇白果村、亚鱼乡沙子坳村、新店镇老寨村、皂角坪街道枹木桄村、朱家场镇混寨村
6	乙级乡村旅游村寨	7	新店镇大湾村、新店镇洞坪村、新店镇河口村、新店镇沙水坪村、田坪镇庆寨村、田坪镇玉露村、朱家场镇混寨村
7	标准级乡村旅游村寨	9	新店镇大湾村、新店镇洞坪村、新店镇河口村、新店镇沙水坪村、田坪镇马家屯村、田坪镇庆寨村、田坪镇玉露村、朱家场镇谢桥村、朱家场镇混寨村

交 通

中国箫笛之乡 · 中国油茶之乡 · 侗族文化艺术之乡 · 中国黄桃之乡

路桥建设

【概况】 2022年，玉屏侗族自治县公路通车里程为1401.86千米，其中高速公路73.3千米。完成交通运输固定资产投资8433万元。建成田坪镇小江口至观音山公路、万山区鱼塘至亚鱼乡亚鱼公路，完成省道201线朱家场镇至平溪街道安坪二级公路改扩建工程、田坪镇白果路口至新晃路口公路路面修复工程及排水管网工程（田坪商业街），建设农村公路“生命安防”15.37千米，改造第一批危桥4座，开工建设第二批危桥改造工程、高速公路占用农村公路还建工程。

【省道201线朱家场至安坪二级公路改扩建通车】 12月15日，省道201线朱家场至安坪二级公路改扩建工程竣工通车。项目于2017年5月开工建设，总投资1.35亿元，路基宽度8.5米，路面宽度7.5米，全长13.36千米。工程起于朱家场镇与黔东南苗族侗族自治州岑巩县水尾镇猫猫坳交界处，经朱家场镇街上村、桐木村、水田村、茅坡村，麻音塘街道祥查村，平溪街道安坪村，于改建的国道320线安坪村小凤山处相接。

【高速公路占用农村公路还建】 11月28日，玉屏侗族自治县开工建设高速公路占用农村公路还建工程，项目总投资1120万元，全长16.54千米。其中，Y6A4线朱家场至前光公路长7.61千米，路基宽4.5米~6.5米；Y013线麻音塘至前龙公路长4.11千米，路基宽4.5米~6.5米；C043线田冲至黄母冲公路3.48千米，路基宽4.5米；支线崔家湾至猫冲公路长1.34千米，路基宽4.5米，路面类型为沥青混凝土。

【危桥改造】 2022年，玉屏侗族自治县实施2022年第一批4座危桥改造工程，总投资495.31万元，其中红花桥投资177.56万元、岩坳桥投资147.73万元、两岔溪桥投资88.03万元、龙断颈桥投资81.99万元。年末4座危桥改造完成。开工建设2022年第二批危桥改造工程，项目总投资1100万元。建设包含安坪桥、斜板桥、腊岩桥、罗家寨桥等6座桥梁拆除重建及附属项目工程。（伍　艳）

道路养护

【概况】 2022年，玉屏侗族自治县做好县境内国道、省道以及县、乡、村公路日常养护工作，国道242线优良率100%，省道305线优良率98.3%。县、乡道日常养护投入资金231.5万元，村道养护投入资金110万元，交通隐患治理投入资金80万元。完成农村公路县、乡、村道4座危桥改造建设及5条农村公路15.37千米“生命安防”工程建设。

（刘冬娜　杨子明）

【国道、省道养护】 2022年，玉屏侗族自治县做好县境内国道、省道路面保洁、边沟清理、桥涵养护等日常养护工作，清理边沟22.78千米，清洗波形护栏1.28千米，清除杂草22.78千米，清理涵洞43道，清理路肩杂物10214平方米，清理塌方175.6

改造后的岩坳桥　（县交通运输局　供图）

立方米，粉刷诱导标志 99 米，粉刷百米桩 27 个，清洗标志标牌 4 次，维护桥梁 8 座。修复省道 305 线右侧挡土墙 3 处，整治非公路标志标牌 2 处，砍伐沿线高危行道树 30 棵。整治省道 305 线农村公路搭接路口安全警示标识缺失 16 处，增设搭接路口安全警示 3 处，修复防撞护栏 2 处，整治边坡塌方 1 处，清理土石方 175.6 立方米。利用 BMH（一种羟基环烷烃类有机高分子聚合物组成的冷拌冷铺沥青混合料添加剂）冷拌冷铺技术修补坑槽，铺装 160 平方米。运用含砂网裂修复贴技术修复省道 305 线 K9+000 —K16+000 段，面积 1074 平方米，实施预防性养护比重 30.7%。实施防撞护栏夜视导流技术 1069.98 平方米、波形护栏立柱反光贴技术 3000 根。

（刘冬娜）

7月16日，县农村公路养护中心人员填补道路坑槽

（县农村公路养护中心　供图）

【县、乡、村公路养护】 2022 年，玉屏侗族自治县养护管理县道 19 条 152.31 千米，乡道 32 条 217.28 千米，村道 131 条 378.71 千米，“组组通”公路 477 千米，农村公路路网覆盖全县 8 个乡（镇、街道）、84 个行政村（社区）。建立“县为主体、行业指导、部门协作、社会参与”的养护工作机制。探索农村公路养护市场化改革，与 2 家养护企业合作，并签订养护承包合同，组织养护工对县、乡公路进行养护，日常养护每周不少于 6 天，每季度重点养护 1 次。指导督促各乡（镇、街道）交通管理站组织养护队伍对村道开展日常养护每月不少于 12 天。全年投入抢险人员 90 余人次、养护工 200 人次、各类抢险救援车辆及机械 40 台次，治理交通隐患 50 处。在巩固“四好农村路”国家级示范县管理养护成果基础上，创建“美丽农村路”40 千米，栽植油茶树 2000 余株，公路绿化率 100%，惠及 3 个乡（镇、街道）、9 个村。

（杨子明）

公路运输

【概况】 2022 年，玉屏侗族自治县公路客运、货运受各种因素影响，各运输单位客运量、货运量减少，客、货运收入大幅下滑。年客运量 460 万人次，旅客周转量 5.55 万人千米，年货运量 69.82 万吨。

【公路客运】 2022 年，玉屏侗族自治县城乡公交车日均发车 586 班次，年客运量 460 万人次，公交机动化出行分担率为 58%。公路旅客周转量 5.55 万人千米，比上年下降 30.23%。

【公路货运】 2022 年，玉屏侗族自治县有货运企业 7 家、货运车 87 辆，年货运量 69.82 万吨，货物周转量 1399.53 万吨公里。货场周转量比上年下降 7.23%。

（夏文勇）

道路执法

【概况】 2022 年，贵州省交通运输综合行政执法六支队三大队对玉屏侗族自治县辖区高速路段开展巡查，出动巡查车辆 836 辆次，辖区发生路赔案件 62 起，结案 62 起，结案率 100%。县公安交通管理局加强对辖区国道320线、省道201线、县城区及城乡节点道路的巡逻管控，查处各类交通违法案件44542起。

（严飞球　杨　幸）

【高速公路执法】 2022年，贵州省交通运输综合行政执法六支队三大队执行路政巡查制度，按要求对辖区高速路段开展巡查。在节假日、特殊天气及重大活动期间，联合“一路三方”实行错时巡查，增加巡查频次，确保24小时不间断巡查。出动巡查车辆836辆次、出动巡查人员1706人次，车巡里程83632千米；步巡49次，步巡里程98千米。开展公路沿线巡查，拆除违法建筑物4起，拆除面积676平方米；拆除广告牌7块，其中高速公路高炮广告牌1块，高速公路广告牌3块，横跨国道、省道主干道广告牌3块，面积318平方米。联合开展道路运输非法营运整治32次，查处客运车辆违法上下客案件16起。开展收费站入口超限超载联合专项整治行动17次。其中，在七里冲收费站、玉铜加油站、新晃服务区共核查大件运输车辆29辆次，检测货运车辆31750辆次，路警联合治超21次，流动治超29次，查处违法超限车辆38辆次，卸载转运1847.88吨。（严飞球）

【国道、省道及城区道路执法】 2022年，玉屏侗族自治县加强对辖区国道320线、省道201线、县城区及城乡节点道路的巡逻管控，开展道路交通安全专项整治行动，加强对两（三）轮摩托车（电动车）、“两客一危一货”（从事旅游的包车、三类以上班线客车，运输危险化学品、烟花爆竹、民用爆炸物品的道路专用车辆和重型货车）重点车辆以及其他各类车辆的检查，严查无牌无证、酒驾醉驾、“三超一疲劳”（超速、超员、超载和疲劳驾驶）等交通违法行为，辖区道路交通形势总体平稳。全年查处各类交通违法行为44542起。其中，无证驾驶272起，饮酒驾驶337起，醉酒驾驶6起，超速行驶2973起，客运超员536起，货运超载546起，违法停车8896起，违反标志标线819起，驾乘人员不系安全带6428起，驾乘人员不戴安全头盔4036起，电动车违法10488起，非法营运154起，其他交通违法行为9051起。

（杨　幸）

1月11日，县公安交通管理局交警在城区开展春节前交通违法夜查整治行动　　（陈万欣　摄）

交通运输管理

【概况】 2022年，玉屏侗族自治开展交通企业专项整治，检查机动车驾驶员培训学校20家次、客运企业76家次、维修企业118家次、普货运输企业32家次、危险货物运输企业11家次，检查公交、出租车企业92家次，发现一般隐患186处，整改186处。检查在建项目施工企业22家次，发现一般隐患37条，整改37条。检查水上在建项目安全7次、渡口29道次、船舶69艘次，发现一般隐患1项，整改1项。排查农村公路隐患31处，整改31处，其中修复路面坑槽破损6处、边坡垮塌4处、塌方3处、挡墙垮塌3处、其他类隐患15处。整治公路与铁路并行隐患2处、地质灾害治理1处，修建混凝土防护栏168米。

【交通安全宣传】 2022年，玉屏侗族自治县开展路政、安全生产等宣传76次，发放各类宣传资料6500余份，受教育群众1000人次。利用微博、微信发布安全提示信息200余条，开展“七进”及主题宣传工作70余次，印制并发放宣传资料2万余份，更新农村交通宣传展板160余块。

【汽车维修市场管理】 2022年，玉屏侗族自治县普查机动车维修企业每月不少于1次。开展车辆二级维护质量监督抽查，加强维护企业监管，禁止未达资质企业进行二级维护作业。全县有汽车维修企业一类2家、二类8家、三类3家，其中具备从事二级维护的汽车维修企业2家。全年维修车辆10043辆。 （伍 艳）

【车辆和驾驶人管理】 2022年，玉屏侗族自治县办理机动车业务15562辆，其中注册登记4614辆、转移登记2119辆、变更登记291辆、抵押登记1161辆、注销登记586辆、转入业务983辆、车辆年检3677辆、二手车异地登记7辆、其他业务2124辆；办理电动摩托车备案登记3342辆，其中电动二轮2744辆、电动三轮598辆；办理驾驶证业务10167笔，其中本地初领2660笔、外地初领682笔、增驾申领1952笔、转入550笔、换证3301笔、补证363笔、满分学习187笔、注销登记40笔、驾驶证转出14笔、其他业务418笔。

【事故处理和预防】 2022年，玉屏侗族自治县开展道路交通安全隐患排查治理工作，定期分析研判辖区事故并针对性安排部署，排查全县主干道，由县人民政府、县安全生产委员会办公室督促治理。按月到县客运站、出租车企业开展交通安全检查及宣传工作，排查辖区重点车辆、驾驶人违法情况，责令其限期整改。全年发生道路交通事故847起，伤415人，死亡8人，财产损失81.8万元，与上年同期相比分别下降3.09%、下降7.37%、下降20%、上升3.95%。排查道路隐患点、段23处，发出道路交通安全隐患点、隐患路段整改建议书23份，治理7处。（杨 幸）

【高速公路收费】 2022年，贵州高速公路集团有限公司铜仁营运管理中心玉屏收费站进出口车辆669952辆次，日均车流1835辆次，比上年下降42.98%。减免绿色通道通行车辆1099辆次，免费金额796178.04元。成立保畅先锋队、暖心服务队，为过往司乘人员提供信息服务300余次、赠送礼品100余份 （陆雪明）

【道路抢险保通】 2022年，玉屏侗族自治县储备物资，制定应急预案，做好抗凝保畅。高速公路方面，贵州省交通运输综合行政执法六支队三大队联合核实辖区养护站应急物资储备，现场检查试用撒布机、装载机、应急发电设备等设备运行情况；加强路面管控巡查，凝冻和春节期间联合“一路多方”开展保通保畅120余次，出动车辆599辆次，出动人员1336人次，撒布融雪剂1088.55吨；组织开展消防安全应急演练1次，督促辖区各高速公路经营单位组织开展消防安全应急演练3次。国道、省道方面，针对年初所辖国道242线、省道305线部分桥面雪凝出现多次交

2月22日，县农村公路养护中心抢险人员在凝雪天气抢救受困车辆 （县农村公路养护中心 供图）

通临时中断情况，由县公路管理段启动应急预案立即处置，投入防滑人员280人次，撒布环保型融雪剂15吨，出动巡查车辆240辆次、防滑机械设备4台次，投入资金8万余元；6月，处置省道305线危石滑落。县、乡、村道路方面，针对2月21日县、乡、村道路面积雪凝冻，6月4日长时间强降雨致平溪街道红花村小河水位骤涨，6月19日强降雨天气造成县、乡、村公路多处发生坍塌、树木倾倒和落石等水毁灾害情况，县农村公路养护中心启动抢险方案，组织人员赶到现场处置，出动应急管理人员40人、应急巡查车辆5辆，应急抢险600余人次，解救受困大型货车36辆45人、小车350余辆550余人，投入应急救灾车辆17辆，救灾物资价值100余万元，消耗融雪剂10吨，设置警示标志牌75块，破冰除雪60余千米，清理倒塌树木2棵、塌方4处300余立方米，抢通受阻公路2条。（刘冬娜　杨子明　严飞球）

【交通管理“放管服”改革】2022年，玉屏侗族自治县加大交通管理“放管服”改革力度，完善便民硬件设施建设。在车管所办证大厅设置查验棚、自助照相机、自助选号机、违法自助处理机、车驾管理业务自助办理机等自助设备，方便群众自助办理业务。对交通管理办理业务的法律依据、办事指南、办理流程、收费项目及“放管服”改革“10项+20项+6项+12项+12项+8项”便民措施进行公示。设置业务综合窗口4个，各项业务工作流程实现“一窗式”服务。

（杨　幸）

铁路运输

【概况】2022年，玉屏火车站客运与高铁铜仁南站客运受大环境影响，客运量、客运收入均有一定幅度下滑。全年完成新兵运输、物资供应保障等工作，未发生铁路安全事故。（赵元燕　任晓沛）

【火车客货运输】2022年，玉屏火车站落实各项安全措施，抓好行车、调车、客运、货运、消防、反恐防暴及路外安全等关键环节，确保运输安全。至年末，玉屏火车站实现安全生产无事故4542天。全年客运运输收入1015.28万元，输送旅客9.5万人次，与上年同期相比，客运收入减少50.7%；货运收入4864.9万元，装车数6878车，装车吨位42万吨，卸车数39263车，卸车吨位256.1万吨，与上年同期相比，货运收入增长106%。

（赵元燕）

【高铁运营】2022年，铜仁南站有旅客列车62趟，开行49趟，其中始发终到1对、折返列车7趟；上行33趟、下行16趟。全年输送旅客65.62万人次，日均输送旅客1798人次，比上年减少29.73万人次，下降31.2%。客运收入11105.76万元，比上年减少7053.27万元，下降38.8%。全年未发生旅客运输安全事件。（任晓沛）

2月17日，农民工在铜仁南站乘坐高铁外出务工（刘德军　摄）

城市建设

中国箫笛之乡 · 中国油茶之乡 · 侗族文化艺术之乡 · 中国黄桃之乡

城市规划

【城市规划编制】 2022年，玉屏侗族自治县全面启动县级国土空间规划编制工作，完成全县“三区三线”（生态空间、农业空间、城镇空间；永久基本农田控制线、生态保护红线、城镇开发边界线）三轮划定成果，成果通过自然资源部审查入库。

【规划审查审批】 2022年，玉屏侗族自治县核发《建设项目用地预审和选址意见书》4件、建设用地规划许可证18件、建设工程规划许可证16件、建设工程竣工认可证7件。召开全县城市规划委员会会议6次，审查《玉屏侗族自治县老城区控制性详细规划暨城市设计》《现代城4期修建性详细规划》《玉屏侗族自治县第四幼儿园修建性详细规划》等项目27个。其间，加强规划过程监督检查，对在建项目实行检查和公示制度。

（宋志尧）

城市更新

【项目申报】 2022年，玉屏侗族自治县申报城乡建设项目17个，获得各类补助资金7056.78万元。谋划2023年拟实施项目13个，总投资21935万元。

【城镇管网基础设施建设】 2022年，玉屏侗族自治县改造地下综合管网9.4千米，其中供水管网3.4千米、污水管网5.6千米、燃气管道0.4千米。

【背街小巷改造】 2022年，玉屏侗族自治县改造贵阳酒楼至老黔东医院小巷、小礼堂巷、县府路等背街小巷14条，总投资75万元。改造内容主要为雨污水管网改造、道路改造、线路改造、路面修复、路灯安装等。

【老旧小区改造】 2022年，玉屏侗族自治县实施完成文昌阁小区、老司法局片区、步行街片区3个老旧小区改造项目，涉及2399户，改造面积20.05万平方米，总投资约1650万元。改造内容包括雨污水管网、供排水、消防和弱电、道路、园林绿化等。

【棚户区改造】 2022年，玉屏侗族自治县实施完成老旧小区改造项目棚户区改造（综合整治）项目1个，涉及520户，总投资850万元。改造内容包括建筑外立面、屋顶防水、雨污水管网改造、道路改造、路面修复、管线改造、路灯安装等。（刘 超）

市政建设

【南环线二期建设】 2022年，玉屏侗族自治县推进南环线二期（飞凤公租房至中和石油库专用铁路）道路工程建设，道路全长1000米，宽20米，道路总面积23215.5平方米。完成工程量的79%，完成总投资7100万元。

【玉中至三角碑防洪排涝建设】 2022年，玉屏侗族自治县启动实施玉中至三角碑防洪排涝项目，分四阶段施工，雨水管线总长2728米，污水管总长1288米，总投资80万元。年内，实施第

皂角坪街道文昌阁小区改造后的停车场 （吴 娅 摄）

12月2日，县城人民路玉中至康乃馨蛋糕店段排水防涝项目路面铺设沥青现场 （县住房城乡建设局 供图）

一阶段玉中至康乃馨蛋糕店段长390米管线铺设工作，完工120米雨污管线铺设。

【安坪路口人行天桥建设】 2022年，玉屏侗族自治县启动建设安坪路口人行天桥，总投资326.33万元。项目完成前期手续办理，进入施工阶段。

【市政基础设施维护维修】 2022年，玉屏侗族自治县开展市政管理提升工作，修复体育馆周边、人民路及箫笛大道等重点路段破损路面850平方米。修复城市主次干道、广场及园林小道地砖900余平方米，新增或更换休闲座椅20余张，新增或更换沿河两岸安全防护栏500余平方米，改造无障碍通道20余处。改造人民路、街心花园等盲道10余处，修复盲道砖中断5处，清除盲道障碍物20余处，整改井盖、消火栓占用盲道20余处40余平方米。持续开展路灯等基础设施服务走进背街小巷，为风雨桥、野鸡坪村、红花村安装路灯30余盏、简易巷子灯80余盏，维修背街小巷路灯160余盏次，路灯亮化率95%。

【建设项目消防管理】 2022年，玉屏侗族自治县完成玉屏河鑫加油站建设工程、中国石油天然气股份有限公司贵州铜仁销售分公司新店加油站建设工程等14个项目的消防验收备案工作，完成贵州笛阳酒店改扩建工程、玉屏辰泰金融中心等15个项目的消防设计审查，组织多家部门开展联合消防检查。

【天然气管理】 2022年，玉屏侗族自治县对燃气行业开展专项检查55次，出动车辆65辆次，检查人员230人次。结合省、市帮扶督导，排查一般安全隐患320个，下发《限期整改通知书》51份，督促整改燃气安全隐患319条，暂扣违规气瓶275只，立案查处23起（其中普通程序3起），结案22起，罚款2.16万元。

【垃圾处理】 2022年，玉屏侗族自治县按照“户分类、村集中、乡转运、县处理”的生活垃圾处理模式，实施城乡生活垃圾收转运系统项目。利用省级开发建设的生活垃圾收运在线实时计量系统、数字化监测平台系统对全县生活垃圾产生量和垃圾收转运治理覆盖情况进行实时监控，做好垃圾收转运日常工作调度。对跟踪调查系统平台出现的异常数据、预警情况，及时对接、解除预警。督促环卫市场化第三方运营管理公司对城乡生活垃圾运输“即满即清、日产日清”。全年无害化处理城乡生活垃圾2.4万余吨，全县农村生活垃圾收运体系30户以上自然村寨覆盖率100%。

【工程建设项目审批制度改革】 2022年，玉屏侗族自治县持续推进工程建设项目审批制度改革。制定《玉屏侗族自治县深入推进工程建设项目审批制度改革暨优化营商环境办理建筑许可工作领导小组》《玉屏侗族自治县工程建设项目审批事项清单3.0（试行）及流程图》，压缩各投资项目审批时限，提高办事效率。合理划分项目阶段，推进并联审批，将工程建设项目审批流程划分为立项用地规划许可、工程建设许可、施工许可和竣工验收4个阶段，实行“一家牵头、并联审批、联合验收、限时办结”，其他行政许可、市政公用服务及备案等事项纳入相关阶段办理或与相关阶段并行推进。全年办理并联审批1件，办理联合验收1件。分类制定审批流程，细化项目审批流程，根据项目类型、投资类别等，将工程建设项目划分为一般社会投资项目、政府投资类房屋建筑工程项目和政府投资类市政基础设施工程项目、小型社会投资项目、带方案出让用地社会投资项目、简易低风险社会投资项目六大类，明确各类审批流程图的审批阶段、部门、事项和时限等内容，为企业办事提供清晰化指引。把强制性市政公用服务事项接入工程建设项目审批流程。全年在铜仁市工程建设项目审批系统办理通信报装1件、广播电视报装1件、用电报装2件、用水报装4件。推动工程建设项目审批制度改革全程网办，实现全流程电子化办公，涉及“放管服”改革的14个审批部门全部进驻。（刘　超）

市容管理

【市容市貌整治】 2022年，玉屏侗族自治县在城市综合整治管理工作中实行划片区管理制度。在日常管理基础上，严管门店经营、占道和流动摊贩，制定《市容秩序和环境卫生整治方案》及其他专项方案，对各路段定人、定责，实施网格化管理，使市容市貌管理常态化。全年开展集中整治行动30余次，夜间专项整治10次。整治出店经营、占道经营12000余起，其中依法取缔1000余起，劝导教育1万余起，清理乱堆乱放杂物20余车。在元旦、“五一”国际劳动节、国庆节等节假日期间开展市容市貌节前整治、节中保持、节后清理整治行动，实现城区市容市貌的整洁有序。在季节性水果大量上市时节，依据“疏堵结合”原则，在水果流动销售地点安排人员进行劝导，引导进入农贸市场内经营，在疏导基础上加大对主要街道流动摊贩整治力度，遏制流动摊贩乱设乱摆现象。

【“门前五包”更补】 2022年，玉屏侗族自治县对街道市容“门前五包”进行查缺补漏，到城区各经营门店、单位驻地，更新和新增“门前五包”责任牌500余块。

【违法建筑物查处】 2022年，玉屏侗族自治县加大对未经规划部门许可擅自建设的违法建筑物查处力度，依法强制拆除违法建筑。全年出动车辆520余辆次，出动2600人次，依法制止“两违”建筑43起，拆除“两违”建筑11起，拆除违法建筑面积290平方米。

【车辆停放管理】 2022年，玉屏侗族自治县开展城区车辆侵占人行道管理，建立长效巡查监管机制，对玉屏宾馆旁、现代城片区、县人民武装部旁、舞阳欣城等巷子内乱停乱放行为进行规范管理。全年查处违章停车2903辆次，罚款35.71万元。

【城市绿化建设】 2022年，玉屏侗族自治县做好各广场、道路绿

3月3日，县住房城乡建设局工作人员帮助商贩将菜篮子挑进农贸市场内售卖，规范市场秩序　（县住房城乡建设局　供图）

8月22日，玉屏侗族自治县园林绿化管理人员在行政中心开展城市绿化抗旱救护行动　　（县住房城乡建设局　供图）

地内缺株断档排查统计及补植补栽工作。组织绿化管护公司做好绿地清理、浇灌、枯枝清理等专项管护工作，确保绿化管护无盲点。对道路绿地内的花灌木、绿化带进行修剪整形，提升园林景观效果。加大日常监管力度，不定期督查各广场、道路绿化苗木日常管护，发现绿化管护不到位的及时跟踪落实整改。全年建成区绿地总面积483.33公顷，绿地率38.48%，人均公园绿地面积27.33平方米，城市公园绿地服务半径覆盖率80.03%，超过城市绿化基础标准要求。（刘　超）

新型城镇化建设

【城镇承载能力提升】 2022年，玉屏侗族自治县新建及续建新型城镇化项目37个，总投资17.92亿元。城镇化领域争取到中央和省预算内投资项目8个，总投资1.36亿元；争取新型城镇化专项补助资金项目2个，总投资809万元；争取产业大招商新型城镇项目5个，总投资55.3亿元。全县常住总人口180220人，城镇常住人口102633人，城镇化率57.38%，如期完成年初“城镇化率57%左右”的既定目标任务。

【城镇经济提升】 2022年，玉屏侗族自治县地区生产总值105.85亿元，社会消费品零售总额23.58亿元，居民人均可支配收入持续增加。新增融合标杆项目2个，新增融合示范项目6个，融合带动企业18家，谋划大数据应用场景6个，其中贵州省贵福业菌发展有限公司食用菌工厂化车间大数据智能化升级改造项目获评2021年贵州省大数据与实体经济融合标杆项目及铜仁市2022年十佳大数据应用场景。

【城镇品质提升】 2022年，玉屏侗族自治县城镇建成区内可售商业用房面积占29.96万平方米；玉九公路馆驿段、茅坪大桥改扩建、中华路改造建成通车，全县市政道路长14.22千米；玉屏侗族自治县通过贵州园林城市初步验收，城镇建成区绿化覆盖率38.48%以上。新改扩建玉屏侗族自治县第四幼儿园、平溪第二幼儿园等学校7所，提质改造黔东民族寄宿制中学等学校35所，新增学位750个，新增就餐座位1000个。全县义务教育巩固率115.25%（超过全省20.25个百分点），“三残”（智残、体残、肢残）儿童入学率96.5%（超过全省1.5个百分点），易地扶贫搬迁学生100%安置在公办学校入学，义务教育失学辍学学生实现动态清零，城镇劳动力人口平均受教育年限提高到9.5年以上。全县每千人拥有3岁以下婴幼儿托位数3.68个。空气质量优良天数比例96.4%。

【城镇治理提升】 2022年，玉屏侗族自治县开展天然气安全整治、立案查处23起。推进“一窗通办‘2+2’模式”改革工作。按照“前台综合受理、后台分类审批、综合窗口出件”服务模式，政务服务事项100%纳入“一窗通办‘2+2’模式”综合受理范围，“一网通办”政务服务网上可办率100%。完成食品抽样检查180批次，合格率100%，完成药品抽样检查20批次。

【城乡融合发展提升】 2022年，玉屏侗族自治县城镇居民人均可支配收入39388元，农村常住居民人均可支配收入16315元，城乡居民人均可支配收入之比缩小到2.42。通过统计测算，全县农产品加工转化率预测上报数62.01%。玉屏油茶康养小镇被纳入贵州省发展和改革委员会等十部门批复的特色小镇培育创建清单。（刘　超）

公共交通

【概况】 2022年，玉屏侗族自治县有公交企业1家，即玉屏荣群公共汽车运输有限公司，投入运营公交车63辆，其中新能源电动公交车61辆，新能源公交车占比为97.1%。

【公交监管】 2022年，在县交通运输局下设交通运输服务中心和交通运输综合行政执法大队，负责城乡公交的日常监管和执法监督。县公安交通管理局、县住房城乡建设局等部门依照各自职责，履行城市公共交通安全监管责任，定期组织安全检查。玉屏荣群公共汽车运输有限公司落实安全生产企业主体责任，按照安全生产标准化要求，严把车辆安全技关、从业人员准入关，落实各项安全生产管理工作。全县公共交通行业运行平稳，未发生安全事故。

【公交设施建设】 2022年，玉屏荣群公共汽车运输有限公司更新新能源电动公交车4辆，新建公共汽车停车保养场1个，公交站亭3个。全县有城乡公交停靠站（点）148个，建成区公交站点500米半径覆盖率98.5%，新能源电动车充电站5个、充电桩29台，其中公交专用充电站3个，高铁铜仁南站充电点1个、充电桩1台。使用2020年出租车退坡资金19.92万元，对客运站公交调度监控中心进行升级改造，纳入信息化管理系统，完善公交车动态监控数据无线传输、卫星定位、语音提示等功能。玉屏荣群公共汽车运输有限公司建立完善公交乘车网上支付系统，实现公交“移动支付”应用全覆盖，支持微信扫码、云闪付二维码、银联手机闪付、支付宝等移动支付方式乘公交。

【公交线路】 2022年，玉屏侗族自治县开通城乡公交线路25条，其中常规公交线路13条，即城内公交线路2条、城乡公交线路6条、县际公交线路2条、市际公交线路1条、省际公交线路2条，赶集公交线路12条。全县行政村公交通达率100%，城乡公交一体化格局基本形成。

（夏文勇）

【公交企业客运补助发放】 2022年，玉屏侗族自治县向相关公交企业发放农村客运补贴资金21.37万元，向玉屏荣群公共汽车运输有限公司发放2022年度公交公司老年人、军人免费乘坐公交车补贴32万元。（伍　艳）

【出租车管理】 2022年，玉屏侗族自治县有出租汽车公司4家，即玉屏县昕昕出租汽车有限公司、玉屏县笛乡出租车汽车有限公司、玉屏县箫乡出租汽车有限公司和玉屏祥发公交客运汽车有限责任公司，有出租车132辆，其中新能源出租汽车106辆，建有充电站1个，充电桩10台。规范企业经营行为，开展出租车市场监管执法，查处出租车经营者违法转让、乱收费、拒载等违法行为。

【出租车行业改革】 2022年，玉屏侗族自治县出台深化改革推进出租汽车行业健康发展工作方案，成立出租车行业改革工作领导小组，召开行政审批会议推进出租车改革工作，采取延长经营期限的方式，对一次性收取多年经营权有偿使用费的出租车公司进行经营权无偿化过渡。分别于5月、11月对经营权期限届满的玉屏县昕昕出租汽车有限公司、玉屏县笛乡出租车汽车有限公司、玉屏县箫乡出租汽车有限公司3家出租车公司经营权进行无偿化重新许可，许可运营出租车128辆，完成3家公司经营权无偿化平稳过渡。

【充电桩建设】 2022年，玉屏侗族自治县推进新能源汽车充电基础设施建设，提升城乡新能源汽车充电能力，投资420余万元，安装运营汽车充电桩46台，各乡（镇、街道）建设1—2个电动车集中充电桩,实现各乡（镇、街道）都有集中充电桩。严格按照省发改委峰谷电价执行充电站电费收费标准，高峰期0.97元一度，中谷期0.67元一度，低谷期0.5元一度收费。玉屏县昕昕出租汽车有限公司和玉屏县笛乡出租车汽车有限公司联合投资150万元，在平溪街道办事处办公楼后广场建设充电站1个、充电桩10台，可一次性同时启动20辆出租车充电，一次充电仅用40分钟；在七里塘村建设荣丰新能源充电站1个，充电桩10台。

8月21日，玉屏荣丰新能源充电站正式投运

（县交通运输局　供图）

【新能源出租车推广】 2022年，玉屏侗族自治县推广使用新能源出租车，更新新能源车106辆。其中，玉屏县昕昕出租汽车有限公司更新比亚迪秦EV450新能源出租汽车47辆，玉屏县笛乡出租汽车公司更新比亚迪秦EV450新能源出租汽车22辆，玉屏县箫乡出租汽车公司更新东风风神E70新能源出租汽车37辆。

【客运市场整治】 2022年，玉屏侗族自治县开展客运市场整治工作，制定《城市公共交通专项整治工作方案》，强化客运企业规范化管理，打击客运市场“非法营运”、拒载、甩客、乱收费等违法行为。全年查处非法营运车辆16辆次，罚款9.3万元；查处出租车异地经营5起，罚款0.5万元。（夏文勇）

城市供排水

【概况】 2022年，玉屏侗族自治县城市供排水由黔东水务公司运营。黔东水务公司下辖2座水厂，代理运营污水处理厂4座、污水处理站1座。有口径在Φ75以上145.27千米、Φ75口径以下490.67千米输、配供水管网，日制水能力2.5万立方米，供水人口5.2万人，总记录用户3.4万余户，供水普及率100%。年销售水量380万立方米，比上年同期下降7%；水费收入1062万元，比上年同期下降9%；各类安装收入438万元，比上年增长13%；污水处理费收入332万元。全年无安全生产责任事故。

【供水管网建设】 2022年，黔东水务公司累计安装各型管材9215.25米。在供水片区窨井普查编号井盖610个，对井口井盖完好状况、位置坐标、权属单位、水流走向、材质等详细基础信息进行采集，采集过程中对井盖分区域做标记。在开展窨井盖普查编号过程中发现问题井盖61块，对井盖损坏、沉降的老旧窨井设施进行维修更换。

【老旧管网改造】 2022年，黔东水务公司筹集资金12万元，对县城区域老旧小区供水设施实施提级改造，改造完成玉屏长征村镇银行门口至箫笛世家路口、水月庵至康华地产门口老旧管网改造。

【设施设备维修】 2022年，黔东水务公司维护保养各类制水设施设备58次，添加和更换消防设备27台，添加和更换设备14台，监控设施设备8组，应急物品1套，抗旱应急配水设备2套，清洗沉淀池、清水池26次。

【水质检测】 2022年，黔东水务公司水质检测准确率和出厂水检测率为100%。水厂水源水、出厂水11项常规指标检测365次，管网（末梢）水7项常规指标检测96次。对乡镇千人以下的农村饮水安全工程饮水点进行24项常规指标检测，检测338个点。3月，贵州优净水质检测有限公司取得检验检测机构资质认定证书，检验检测项目为27项常规指标。

【排水处理】 玉屏侗族自治县城区污水处理厂设计每日处理量为2万吨，采用“AAO+纤维滤网”处理工艺，排放标准为Ⅰ级A。2022年，完成污水处理365.23万吨，生产污泥及外运三方建材商利用719.45吨，消耗药品聚合氯化铝67吨、聚丙烯酰胺1.2吨、生石灰30吨，处理废液2.45吨，处理污水各项指标均达到国家规定排放标准。全年用电量197.14万千瓦时，投入使用主要机电设备89台，设备完好率98%。设备大修4次，中小型设备维修、维护94次。

【直饮水业务】 2022年，黔东水务公司持续拓展直饮水业务，全县有直饮水项目71个。其中，小区项目5个（运营2个、在建3个）；非小区项目48个（运营企事业单位14个、医院5个、学校21个，在建8个），售水站项目18个完成总投资1070.22万元，县区域内大型医疗场所100%覆盖，300人以上幼儿园、小学、初高中90%覆盖，售水站基本实现城市区域全覆盖。水费收入122.6万元。黔东水务公司直饮水业务拓展实施“走出去”战略，于4月在铜仁市投资成立铜仁心泉管道直饮水有限公司，在铜仁创新发展直饮水业务。

（皮　浩）

4月20日，玉屏侗族自治县步行街直饮水机站投入使用

（黔东水务公司　供图）

建筑业管理

【建筑业发展】 2022年，玉屏侗族自治县注册地总专包企业总产值（建筑业产值）目标任务为8.53亿元，比上年增长8%。年内，全县产值6亿元、比上年增长41.9%，排全市第二位，全年建筑业产值完成8.73亿元，比上年增长10.96%。

【重点建筑业企业培育】 2022年，玉屏侗族自治县有建筑企业9家，其中二级建筑企业6家、三级建筑企业3家。制定重点建筑业企业培育措施，推动建筑企业健康稳定发展。到贵州昌昊建设有限责任公司、贵州巨向建筑工程有限公司等建筑企业指导6次，帮助企业明确发展目标和方向，提高市场竞争力。指导建筑企业建立健全人才培养系统，提升人才引进培养重视度，助力企业技术和管理水平提升。鼓励企业建立薪酬激励、晋升机制、奖励制度等内部激励机制，提高员工的工作动力和参与度。

【建筑施工监管】 2022年，玉屏侗族自治县对11个在建工地开展建筑施工检查100余次，发现问题隐患240条，均整改完毕，整改率100%。停业整顿3家，行政处罚4起，处罚金额42.58万元。下发限期整改通知书60份、停工整改通知书12份。开展安全生产宣传30余次，组织开展安全生产培训5次，发放安全生产资料1000余份，悬挂、刊播安全宣传标语120条。

（刘　超）

11月15日，县住房城乡建设局住房保障股工作人员到田坪镇宣传购房惠民政策　（县住房城乡建设局　供图）

房地产业管理

【房地产投资】 2022年，玉屏侗族自治县房地产完成投资66329万元，比上年下降48.85%。有房地产建设项目10个，总投资66329万元。其中，玉屏辰泰金融中心项目，投资1680万元；玉屏县馆驿片区旧城改造项目，投资15100万元；玉屏侗族自治县万象城棚户区改造项目（一期），投资11700万元；玉屏黔东商业物流中心康华花园竹苑项目，投资2284万元；京泰商城项目，投资400万元；玉屏侗族自治县箫笛一品棚户区改造项目，投资12880万元；盛鼎㵲阳河畔建设项目，投资8701万元；飞凤家园（玉屏未来城）项目，投资8970万元；玉屏商业步行街项目，投资181万元；珊瑚湾项目，投资4433万元。

【商品房销售】 2022年，玉屏侗族自治县销售商品房325套，比上年增长185%，销售商品房面积64822平方米，增速全市排第六，比上年下降17.57%。

【房地产监管】 2022年，玉屏侗族自治县办理商品房预售许可证5件，预售商品房建筑总面积187953.71平方米，办理现售2件。开展“双随机、一公开”检查4次，日常检查5次。出台刺激房地产市场消费政策，开展房地产市场乱象排查整治5次，稳控房地产市场健康发展申报保交楼项目3个。

【房地产市场健康发展措施实施】 9月30日，玉屏侗族自治县出台《玉屏侗族自治县促进房地产平稳健康发展惠民十条措施》（以下简称《措施》），有效期为下发之日起至2023年3月1日，对符合规定的购房人给予相应购房补贴优惠，对房地产企业可享受减免相应税费、办理优惠等政策。自《措施》实施至年底销售商品房95套，比上年同期增长78%，获安居园房1号楼、珊瑚湾1号楼、飞凤家园（玉屏未来城）保交楼专项借款1700万元。

（刘　超）

乡村振兴

中国箫笛之乡 · 中国油茶之乡 · 侗族文化艺术之乡 · 中国黄桃之乡

综 述

2022年，玉屏侗族自治县有脱贫人口11392户、46157人，人均纯收入15476.24元，较2021年增长15.73%。全年收集线上、线下预警线索6320条，均按省、市要求进行处置。全县“防贫保”救助对象32户、33人，兑现救助资金37.82万元。聚焦农户“一达标两不愁三保障”指标，对因病、因学、因灾等存在返贫致贫特殊群体，设置防贫保障线和预警线。审核救助因病、因灾、突发困难对象38户、39人，兑现救助资金49.84万元。创建亚鱼乡郭家湾村省级特色田园乡村·乡村振兴集成示范试点和桐木、老寨、瓮阳、洞坪4个市级特色田园乡村·乡村振兴集成示范试点村，5个试点村规划项目86个，计划投入资金16573.97万元。全年启动项目86个，完成投资年度任务的100%。开展易地扶贫搬迁劳动力人口职业技能培训528人次，举办线上线下专场招聘会5场，实现易地扶贫搬迁有劳动力家庭一户一人以上就业。拓展与广东省东莞市常平组团交流协作，两地召开联席会议4次，党政主要领导到常平组团互访交流2次，常平镇领导到玉屏侗族自治县开展互访交流1次，常平组团5家医院结对帮扶全县3家医院，学校结对6所。东部企业入驻园区3个，到位投资额4164万元，吸纳农村劳动力就业90人（含脱贫劳动力18人）。

乡村振兴战略部署。印发全面推进乡村振兴重点工作实施方案、巩固拓展脱贫攻坚成果同乡村振兴有效衔接工作要点、盘活乡村振兴领域“三资”化解债务五个专项行动方案等文件。抽调8人充实县乡村振兴指挥中心力量，开展巩固拓展脱贫攻坚成果同乡村振兴有效衔接工作。保持县级领导包乡联村、部门联建帮村、干部包组包户的帮扶机制，压实乡（镇、街道）、行业部门、帮扶单位、各级干部责任，抓实脱贫摘帽后续工作。实施专家人才服务“三农”行动，选派农技专家103名，开展技术服务500余次，培训600人次，解决问题60余个，以技术力量助力乡村振兴产业发展。纵深推进“五个一批”工程，持续选派大专以上学生到村充实村干部队伍，实现“一村一大”全覆盖。加强驻村工作队建设。研判、筛查第一书记和驻村干部，对符合条件需要调整的严格按照程序报送市委组织部审批，全年调整第一书记和驻村干部23人。

7月8日，市级特色田园乡村·乡村振兴集成示范点——新店镇洞坪村村民在村口议事（欧秀灯　摄）

巩固拓展脱贫攻坚成果同乡村振兴有效衔接问题整改。完成国家、省级2021年度成效考核考评反馈问题22类、81个，市级各类业务检查、督导、调研涉及玉屏侗族自治县问题118个的整改销号工作；整改全县围绕巩固拓展脱贫攻坚成果同乡村振兴有效衔接开展的各项检查、督导中发现的问题200余个。

（田孝轩）

农村改革

【宜居农房改造“3322”筹资模式探索】 2022年，玉屏侗族自治县在宜居农房改造过程中，探索实施宜居农房改造“3322”筹资模式，即以户为单位，总资金原则上不超过5万元，政府负责奖补建设费用的30%；通过发展贡米、荸荠、黄桃等产业壮大村级集体经济，按五年期每年拿出一部分资金实行积分制分红，用于抵扣建设费用的30%；农户采取现金方式筹集建设费用的20%；由村级通过组织群众投工投劳、盘活闲置资源资产、土地入股等方式折资解决剩余的20%。通过宜居农房改造“3322”筹资模式，解决家居农房建设资金不足问题。全县通过宜居农房改造“3322”筹资模式完成宜居农房改造277户。

【“村社合一”改革】 2022年，按照《玉屏侗族自治县推广“村社合一”模式持续推动全县村级集体经济高质量发展的实施意见》，14个“村社合一”试点村实施“村社合一”标准化样板建设，非试点村同步开展“村社合一”培育工作，构建“县级主导、部门推动、乡村落实”的工作格局。“村社合一”改革坚持“一村一策、一村一案”，因地制宜发展村集体经济，构建油茶、食用菌、精品水果（黄桃）、生猪养殖现代农业产业体系。成立村集体农民专业合作社，由村党支部书记任农民专业合作社理事长，做大集体经济。年底，每个乡（镇、街）均有1—2个特色优势产业。

【土地托管、流转新模式创新】 2022年，玉屏侗族自治县以县供农农机农民专业合作社为载体，整合全县9家农机专业合作社资源，探索出农村承包土地全程托管“保姆式”、半程托管“订单式”及土地流转“甩手式”服务等农村承包土地流转新模式。全县开展土地托管服务3866.67公顷次，带动农户200余人就业，实现经济效益558万元。按照每公顷10500元的服务价格，利用先进的农业机械与种植技术为外出务工农民、缺乏劳动力的农户、农民专业合作社提供产前、产中、产后全程农业机械化托管服务，降低农业生产成本。建立“专业合作社＋基地＋农户”引领带动模式，与农民签订土地托管服务协议，土地所有收入归农户所有，农机专业合作社以提前收取劳务费或收割后同等价值产品为报酬。全年开展全程托管“保姆式”服务66.67公顷次。围绕耕、种、管、收、加、销等关键环节，农户根据需要选取一项或多项服务，将农业生产过程中某个时段的劳务项目委托给农机专业合作社，签订土地托管订单式服务协议，农机专业合作社按服务项目获取相应报酬，土地收入归农户、农民专业合作社。全年开展半程托管“订单式”服务3666.67公顷次。为推进农业产业化进程、加快农村富余劳动力转移，引导农民将土地流转出来，农户到产业基地或外出务工，获得土地流转与基本务工双收入。全年开展土地流转“甩手式”服务133.33公顷次，建设高标准农田1666.67公顷。 （田孝轩）

乡村治理

【依法治村】 2022年，玉屏侗族自治县推进基层普法队伍建设，

2022年，玉屏侗族自治县利用先进的农业机械与种植技术为有需求的农户提供全程农业机械化托管服务 （县供销联社 供图）

不断深化乡村“法律明白人”培育工程，提升村（社区）干部的依法治理能力。采取县、乡（镇、街道）、村（社区）三级培训模式，村级534人完成“法宣在线”线上学习测试，颁发“法律明白人”证书和徽章，“县—乡（镇、街道）—村（社区）”三级线下培训65次1600余人。开展农村广播普法宣传，制作宪法、民法典、妇女权益保障法、预防未成年人犯罪法等法律法规宣传音频，在村级广播平台播放。完善屏山法治公园、田坪新区法治广场、郭家湾村法治文化广场建设，创建瓮阳村法治文化阵地，打造一批法治文化墙、法治长廊等乡村法治主题阵地。深化民主法治示范村（社区）创建，统筹抓好“民主法治示范村（社区）”提质增量双提升。创建4个省级“民主法治示范村（社区）”，重点打造田园乡村·乡村振兴集成示范点、农业项目重点村瓮阳村精品“民主法治示范村（社区）”，对38个获各级命名的民主法治示范村（社区）进行督导。推进农村学法用法示范户创评，评选推荐出贵州省“农村学法用法示范户”73户。（涂朝文）

【平安护村】2022年，玉屏侗族自治县落实《关于进一步加强和改进人民调解委员会建设推进矛盾纠纷化解在基层的实施意见》，配备专兼职人民调解委员641人，其中村（社区）专职人民调解员85人，调解各类矛盾纠纷862件，调解成功853件。县持续推进“一中心一张网十联户”和“党小组＋网格员＋联户长”铁三角治理机制，全县6个乡（镇、街道）、71个村（社区）实现全覆盖。开展“公安机关管理重点人员”“市域社会治理重点关注人员”“弱势群体关注对象”三类重点人群管理与服务工作，确保全县城乡生产生活平稳有序。

【德治润村】2022年，玉屏侗族自治县开展身边好人、好媳妇、好儿女、好公婆等时代新人选树活动，在各村建立积德榜进行展示。全年选树“玉屏好人”25人，入选“中国好人”1人、“贵州好人”4人、“铜仁好人”9人、“铜城仁者”年度人物1人。

（张盛桐）

“四安”家园建设

【基本公共服务】2022年，玉屏侗族自治县整合各类资源，持续创建居安、业安、身安、心安的“四安”家园。全年完成旧房拆除863户、3726人，兑现易地扶贫搬迁复垦复绿补助资金1117.8万元，拆除率、兑现率均为100%。9个安置点全部配套幼儿园和小学，初中、高中按全县教育资源配置全部实现共享，县内搬迁对象秋季就学1217人，未出现因搬迁而失学辍学现象。实现城镇低保转接，易地扶贫搬迁群众享受养老、残疾补贴补助不变。2022年易地扶贫搬迁城镇低保惠及410户、1200人，农村低保17户、51人，享受养老保险916人，领取残疾人补助191人、15.5万元。利用现有医疗卫生资源，实现全县9个安置点共享医疗卫生机构6所，医务人员配备充足。结合各安置点地理位置及安置人数，全县易地扶贫搬迁安置点医疗卫生服务机构配备医务人员113人（其中在岗人员中卫生技术人员102人、编制人员78人、乡村医生5人）。保障易地扶贫搬迁安置点后续医疗服务，满足易地扶贫搬迁群众常见病、多发病和慢性疾病的基本诊疗及健康服务需求。

【搬迁群众就业保障】2022年，玉屏侗族自治县有搬迁对象劳动力人口1362户、3004人，就业劳动力人口1362户、2872人。全县搬迁群众实现有劳动力家庭至少1人就业，就业率95.61%。

【搬迁社区治理】2022年，玉屏侗族自治县将9个易地扶贫搬迁安置点划分成5个管理单元，以所在乡（镇、街道）作为管理主体进行管理，并设便民服务中心为搬迁群众提供“一站式”服务。建成易地扶贫搬迁综治中心5个，建立首问责任、情况报告、督查考核等12项工作制度，赋予乡（镇、街道）社会治安综合治理中心指挥调度、人事建议、督查考核等6项权力，完善乡（镇、街道）社会治安综合治理中心接访、诉讼、调解、劳动监察仲裁、行政复议、公共法律服务、心理疏导等服务功能。划分网格9个，细化网格点17个，划分“十联户”单元2037个，配备联户长149名，组建网格党小组11个，形成“党小组＋网格员＋十联户”网格治理“铁三角”。拓展延伸“天网工程”“雪亮工程”“智能平安小区”建设在安置点小区的应用，做好小区视频监控、门禁、人脸识别等智能防控网格，提高预测、预警、预防各类安全隐患和违法犯罪的能力。

【水利水电移民】 2022年，玉屏侗族自治县完成大洋溪水库建设征地，征用各类土地32.71公顷，主要涉及新店镇、皂角坪街道的4个村11个村民小组，其中永久征收20.91公顷，临时征用11.8公顷；搬迁拆除各类房屋79.81平方米（均为私房）、通村公路2条、通信设施2处；迁移坟墓3座。11月，完成大洋溪水库工程截流阶段水库淹没处理及移民安置专项验收。12月，完成青山冲水库下闸蓄水阶段水库淹没处理及移民安置专项验收。

【水库移民后期扶持】 2022年，玉屏侗族自治县建设水库移民后期扶持项目17个，总投资456.33万元。完成项目15个，在建项目2个。申报并批复大中型水库移民后期扶持优势产业项目资金1300万元。完成2023年度水库移民后期扶持项目申报工作，申报项目计划资金671万元。发放2022年度水库移民后期扶持人口直补资金102.9万元，受益人口1715人。发放水库移民后期扶持素质提升补助资金8.92万元，受益人口29人。（田孝轩）

乡村建设

【镇村规划编制】 2022年，玉屏侗族自治县启动田坪镇国土空间规划；启动茅坡、沙子坳（亚鱼）、马头田（红花）、枹木垅、长岭、马溪（江口）、朝阳（大湾）等7个村庄规划编制单元，覆盖11个行政村，通过县城规划委员会专家咨询会审查。（宋志尧）

【农村危房改造】 2022年，玉屏侗族自治县对农村住房安全开展动态监测，全年实施农村危房改造24户，兑付补助资金24万元。

【饮水安全】 2022年，玉屏侗族自治县落实县级运行管理经费“三项制度”，调整压实农村饮水安全县、乡（镇、街道）两级人民政府主体责任、行业部门监管责任、运行单位管理责任“三个责任”，建立常态化农村饮水安全保障排查机制，实时保障全县12.92万名农村人口的饮水安全。

【农村人居环境整治】 2022年，玉屏侗族自治县推进“厕所革命”“垃圾革命”“污水革命”，提高农村人居环境质量。全县计划农村户厕整改、新（改）建470户，完成改建716户，超额完成246户。实现农村生活垃圾收运体系行政村全覆盖，30户以上自然村全覆盖。创建为全省垃圾治理示范县。全年污水处理量为326万立方米，污水处理率

美丽宜居村庄——平溪街道安坪村 （胡攀学 摄）

97.3%。完成亚鱼乡亚鱼村，朱家场镇大兴村、桐木村生活污水治理及1个村黑臭水体治理。依托贵州省玉屏县（非畜牧大县）畜禽粪污资源化利用整县推进项目（二期），将农业养殖废弃物进行集中处理，产生的沼气并入南方电网用于发电，沼渣用于生产有机肥，沼液用于基地、周边农民有机蔬菜施肥。

【全国村庄清洁行动先进县创建】 1月26日，《农业农村部 国家乡村振兴局关于通报表扬2021年全国村庄清洁行动先进县的通知》发布，玉屏侗族自治县获评"2021年全国村庄清洁行动先进县"。自2018年12月中央农村工作领导小组办公室、农业农村部等18个部门联合印发《农村人居环境整治村庄清洁行动方案》以后，全县推进农村人居环境整治提升五年行动和村庄清洁行动，开展"最美庭院"创建和"美丽宜居村庄"建设，推进花园、果园、菜园建设，编制并宣传引导村民选用《玉屏侗族自治县农村自建房指导图集》建房，打造"四在农家·美丽乡村"升级版。加大农村生活污水治理和黑臭水体治理力度，健全农村生活垃圾收运处置体系。开展农村人居环境整治，重点发动群众开展"三清一改"（清理农村生活垃圾、村内塘沟、畜禽养殖粪污等农业生产废弃物，改变影响农村人居环境的不良习惯），解决村庄环境脏乱差问题。（田孝轩）

乡村振兴示范建设

【乡村振兴示范乡镇创建】 2022年，玉屏侗族自治县以亚鱼乡整乡推进乡村振兴示范乡镇建设为试点，按照"乡级抓全盘，县级专班抓业务，村级工作队和干部全力以赴抓落实"的要求，召开乡村振兴专题调度会19次，郭家湾村特色田园乡村集成示范试点建设调度会25次，研究解决乡村振兴重难点问题53个。全年亚鱼乡领取养老金1316人，医疗保险和养老保险参保率100%；发放低保资金15.21万元。42户、42人纳入特困供养范围，发放资金3.86万元；救助41户，发放救助资金11.29万元，发放冬春救助资金1.73万元，保障115人。实施公共卫生服务和家庭医生签约服务，完善计划生育优质服务制度。实施《亚鱼乡郭家湾村积分制管理助推乡村治理实施办法（试行）》，建立15条正向激励清单和10条负面约束清单，实行差异化管理。以"一中心一张网十联户"为载体，以村（社区）党组织为中心，采取地域网格化和组织网格化两种方式，划分网格60个，配备网格员60名、联户长152人，组建网格党小组7个，统筹推进村级党建、社会治理、应急管理、民生服务4类22项全要素"一张网"管理，实现基层管理"多网融合、一网管理"。

【乡村振兴示范村创建】 4月19日，玉屏侗族自治县组建以县级领导任组长，乡（镇、街道）主要领导任副组长，抽调业务骨干为成员的省级、市级特色田园乡村·乡村振兴集成示范试点工作专班，推进郭家湾村省级特色田园乡村·乡村振兴集成示范试点建设。规划建设项目12个，项目总投资10200万元，开工项目12个，完工11个。其中，投资280万元对郭家湾核心和周边村组进行人居环境改造，完成标识标牌建设、"三园"（"美丽家园"工程、"绿色田园"工程和"幸福乐园"工程）、路灯维修、创客中心改造等项目建设；完成340万元藕粉厂、200万元贡米加工厂的投资建设工作。桐木村、瓮阳村、老寨村、洞坪村4个市级特色田园乡村·乡村振兴集成示范试点村规划建设项目76个，开工项目76个，完工项目76个。其中，基础设施和公共服务项目规划建设39个，开工39个，完工39个。建设项目计划总投资11118.97万元，其中财政投资8058.05万元，社会投资2988万元，农户投资（农户出资、投劳折资、投材料折资）72.92万元，完成投资率100%。基础设施和公共服务项目计划总投资2223.4万元，完成投资2223.4万元。5月8日，玉屏侗族自治县下发《关于印发分类分级推进乡村振兴2022年工作任务清单的通知》，对铁家溪村、朝阳村等10个夯实基础村及郭家湾、洞坪等9个乡村振兴引领示范村分别从巩固脱贫攻坚成果、基础设施和产业服务、产业项目和产业配套设施、人居环境整治及生态环境改善、乡风文明、乡村治理等项目方面进行分类分级推进。

【全面推进乡村振兴现场观摩会】 7月20日，玉屏侗族自治县召开全面推进乡村振兴现场观摩会。县委书记杨启明、县政协主席黎滨江率第一观摩组，县人大常委会主任刘洪斌、县委副书记代志华率第二观摩组，采取“看、听、问、评、讲”等方式对郭家湾村、洞坪村、瓮阳村、老寨村、田冲村等8个示范试点进行观摩。通过看成效、找差距、增见识，以比促学、以比促干，推进全年乡村振兴示范各项工作。（田孝轩）

7月20日，玉屏侗族自治县全面推进乡村振兴现场观摩会第一观摩组观摩平溪街道杨柳村（覃嵩松 摄）

脱贫成果巩固提升

【防贫监测帮扶机制】 2022年，玉屏侗族自治县完善防贫动态监测和帮扶机制，围绕农户收入支出、“一达标两不愁三保障”及饮水安全状况开展动态监测工作。常态化开展县、乡（镇、街道）、村（社区）三级走访摸排，开展返贫致贫风险人口排查筛查工作，全年收集线上线下预警线索6320条，均按省、市要求进行整改。运用农户自主申报、基层干部排查、部门筛查预警等方式，拓宽风险预警渠道，全年新识别监测对象163户、624人，按照“缺什么补什么”落实帮扶措施。对农户突发性、临时性生活困难，落实“民生保”“防贫保”等救助措施。全县“民生保”救助对象6户、6人，兑现救助资金12.02万元，“防贫保”救助对象32户、33人，兑现救助资金37.82万元。

【东西部区域协作发展长效机制建设】 2022年，玉屏侗族自治县与广东省东莞市常平镇、桥头镇、谢岗镇3镇签订《共建乡村振兴现代农业产业园框架协议》，完善东西部协作工作管理机制。建立领导小组联席会议制度，两地召开联席会议4次，党政主要领导到常平组团东莞3镇考察调研3次，召开县委常委会会议2次、县人民政府常务会会议1次、领导小组联席会议3次、工作推进会8次，研究部署东西部区域协作相关工作。常平组团东莞3镇向玉屏侗族自治县选派挂职干部2人，开展技术支持和业务指导27人；玉屏侗族自治县向东部选派挂职交流1人，跟岗学习19人。举办乡村振兴干部培训6期，培训人员310人；举办乡村振兴专业技术人才培训14期，培训学员907人。产业协作新增引导落地投产企业6个，到位投资额2.6亿元，较上年增加1.77亿元，入园企业到位投资额增加0.26亿元，吸纳农村劳动力就业238人。对接融入粤港澳大湾区建设，持续深化常平组团·玉屏侗族自治县合作共建“一县一园”建设，建成现代农业产业园和工业产业园各1个，2个产业园规划面积覆盖全县8个乡（镇、街道）。围绕共建示范村建设和巩固脱贫成果，玉屏侗族自治县3个乡（镇）、3家医院、6所学校、16个村分别与常平组团东莞3镇、医院、学校、村（企、社会组织）结对，实现双方优势资源共享。全年争取常平组团东莞 3 镇社会帮扶资金、物资价值 378.8 万元。

【项目库建设及资金管理】 2022 年，玉屏侗族自治县根据国家、省、市项目库建设要求，提前动态调整项目库建设，涉及产业发展、生产生活、人居环境、基础设施、移民后扶等类别，入库项目 270 个，入库项目资金 6.34 亿元。县财政衔接资金到位 0.81 亿元，完成实施项目 53 个，“四率”（备案率、开工率、竣工率、报账率）为 100%。东西部协作资金到位 0.41 亿元，实施乡村振兴项目 26 个。清查、核对 2013 年以后扶贫资产，厘清纳入扶贫资金管理的年度、资金量、资金来源、实施项目、资产状况、所有者等关键信息，更新县级、行业部门和乡村明细台账，厘清权属关系。摸排 2013 年以后扶贫资金 53.27 亿元。2013 年以后形成的资产，按照到户类资产、公益性资产、经营性资产分类，到户类资产 18.89 亿元（含易地搬迁房资产），涉及项目 57 个；公益性资产 27.88 亿元（含水库资产），涉及项目 567 个；经营性资产 3.35 亿元，涉及项目 238 个。（田孝轩）

【帮扶队伍建设】 2022 年，玉屏侗族自治县坚持有序衔接、平稳过渡，在落实“四个不摘”要求基础上，调整选派范围、优化驻村力量、拓展工作内容，逐步推进乡村振兴。全县选派驻村第一书记 49 人，驻村干部 98 人，调整第一书记和驻村干部 23 人。

【村集体经济发展】 2022 年，玉屏侗族自治县下发《深化“六共”机制分类推进村级集体经济实施方案》，根据村级集体经济产业发展实际，将 61 个村（除大龙街道、麻音塘街道）划分为综合示范村、专项示范村、巩固提升村、基础夯实村四大类，明确 2022—2025 年发展目标，依托乡（镇、街道）包村领导、各定点帮扶单位和驻村工作队研究制定各村集体经济产业年度发展方案，统筹整合政策、资金、项目、人才等资源进行分类推进。年末，全县 61 个村（社区）集体经济村均收入 72.6 万元，村（社区）年均经营性收入 42.6 万元。

（钟　铁）

【教育扶贫成效巩固】 2022 年，玉屏侗族自治县落实教育扶贫有关政策，拨付学前教育和义务教育学生营养改善计划专项资金 2076.5 万元，惠及学生 46430 人次，覆盖校（园）92 所。累计投入各类教育资助资金 2492.13 万元，惠及学生 24940 人次。其中，实施学前教育困难幼儿资助 2718 人次、71.7 万元，实施义务教育寄宿生生活补贴 12798 人次、491.91 万元，发放普通高中国家助学金 2003 人次、224.8 万元，实施普通高中国家免学费 1314 人次、118.26 万元，实施中职免学费 1915 人次、191.5 万元，发放中职国家助学金 1310 人次、131.18 万元，发放中职奖学金 1 人次、6000 元，办理国家生源地助学贷款 1054 人次、1013.7 万元，实施精准扶贫专项助学金 1827 人次、248.48 万元。

（杨明华）

2022年，亚鱼乡沙子坳村因地制宜发展黄桃、葡萄等精品水果，带动村集体经济发展。图为9月5日，果农采摘成熟的阳光玫瑰葡萄（胡攀学　摄）

【医疗防返贫帮扶】 2022年，玉屏侗族自治县发动县、乡（镇、街道）、村三级力量扩大新农合参保政策宣传，防止因病致贫因病返贫现象发生。全县有脱贫人口46157人，完成参保44524人，合理化未参保1633人；有监测对象1543人，完成参保1506人，合理化未参保37人；有特困供养人员564人，完成参保564人；有农村低保对象4923人，完成参保4880人，合理化未参保43人，实现参保全覆盖。扩大动态参保特殊群体管理范围，除脱贫人口外，新增最低生活保障家庭成员，低收入家庭中的老年人、未成年人、重度残疾人和重病患者，边缘人口，易地搬迁人口（原易地扶贫搬迁移民）等四类困难群体（以下简称特殊困难人群）实行全年动态参保。资助特困人员、孤儿、低保人员（含城市、农村）、农村“计生两户”（独生子女户、二女绝育户）、事实无人抚养儿童、建档立卡人员等各类人员医保5.46万人，资助金额87.59万元，其中资助特困人员4867人、15.58万元；资助孤儿28人、0.9万元；资助事实无人抚养儿童139人、4.45万元。资助低保人员（含城镇、农村）2283人、31.96万元；资助农村计划生育“两户”2514人、80.45万元；省、市、县各级财政资助建档立卡人员46202人、646.83万元。落实脱贫人口、低保对象三重医疗保障待遇政策，大病保险起付线降低50%，报销比例提高5个百分点。全县建档立卡脱贫人口及低保等特殊困难人群门诊就医12.04万人次，产生医疗总费用1574.43万元，保内费用1453.46万元，经三重医疗保障报销1038.68万元，政策内实际补偿比71.46%，住院就诊12437人次，产生医疗总费用6002.18万元，保内费用5339.06万元，经三重医疗保障报销4835.44万元，政策内实际补偿比90.56%。组建由县、乡（镇、街道）、村（社区）三级医疗保健机构292名医生、141名护士、88名乡村医生组成的服务团队108个。全县建档立卡脱贫户11558户、46777人（含三类监测户和易地搬迁），签约43709人，做到应签尽签。其中，建档立卡脱贫人口4类慢病患者（原发性高血压、2型糖尿病、肺结核、严重精神障碍）3788人，签约3781人，外出不能实施签约7人，完成随访服务15124人次。全县9家公立医疗保健机构对农村脱贫人口试点实施“先诊疗后付费”和“一站式”即时结算服务，全年服务群众9443人次，累计垫付住院金额2388.77万元。大病专项救治病种范围扩大到30种，全年建档立卡人口纳入大病专项救治管理417人，救治率100%。对特困人员、低保对象、脱贫人口的慢性病、医保门诊特殊病种门诊和住院单次自付超过4000元、年度累计自付超过6700元作为因病返贫预警监测标准，将普通人员慢特病门诊和住院单次自付、年度累计自付超过1万元作为因病致贫预警监测标准，实行动态监测。全年发现预警线索数据开展排查1449人次，因病纳入防贫预警监测74人。（姚　伦　龙慧敏）

9月9日，朱家场镇詹家坳村驻村工作队队员到建档立卡脱贫户家中宣传新农合参保政策（吴　娅　摄）

【社会救助】 2022年，玉屏侗族自治县构建特困供养、临时困难救助保障一批、城乡低保兜底一批的社会救助体系。发放农村低保金 1837.89 万元、城镇低保金 3058.2 万元、特困人员救助供养金 734.33 万元；发放临时救助资金 192.91 万元，惠及城乡困难家庭 855 户、2322 人。实施农村低保季节性缺粮户粮食救助，发放救助资金 24.71 万元；发放城乡低保、特困对象、低保边缘人口等价格临时补贴 49.91 万元；发放城乡低保、特困对象一次性生活补贴 116.19 万元。

2月17日，玉屏侗族自治县2022年东西部劳务协作返岗复工专列发车仪式（刘恒摄）

【消费帮扶】 2022 年，玉屏侗族自治县深化产销对接，做大农特产品直供基地，做优贡米、茶油、箫笛等玉屏地理标志产品生产营销。支持 9 家扶贫经营主体申报扶贫产品 15 款，通过国家扶贫产品认证 53 款（含 2021 年待认证 38 款）；安排 40 余万元专项资金用于"黔货出山"产销对接补贴，借助广东省东莞市常平组团优势，以"黔货出山"政策为依托，实现采购、帮助销售全县农产品（食用油、大米等）金额 1.71 亿元。

【脱贫小额信贷】 2022 年，玉屏侗族自治县办理脱贫人口小额信贷 81 户，贷款金额 393.6 万元。新增贷款 32 户，贷款金额 161 万元。脱贫人口小额信贷采用政府贴息的形式，解决脱贫人口发展再生产的资金短缺问题。

【创业致富带头人培养】 2022 年，玉屏侗族自治县开展扶贫扶志（智）综合素质提升培训和实用技术培训，培训内容主要以习近平新时代中国特色社会主义思想、乡村振兴与产业发展、农村集体经济发展等为主题。全年培训致富带头人 79 人，占市级下达任务 73 人的 108%。

【转移就业】 2022 年，玉屏侗族自治县做好就业帮扶车间认定管理工作，完善东西部协作劳务协作机制，举办劳务协作培训班 6 期，培训农村劳动力 246 人次；举办"铜往东莞　就在云聘"线上线下招聘会 9 场，提供岗位 49835 个。帮助当地农村劳动力到广东省就业 909 人（脱贫人口 678 人），省内就近就业劳动力 2221 人（脱贫劳动力 1673 人），其他地区就业劳动力 958 人（脱贫劳动力 524 人）。促进劳动力实现就近就地就业，投入资金 20 万元，用于完善安置点设施建设，援助易地搬迁集中安置区帮扶车间 3 个，帮助安置点劳动力实现就业 418 人。全县帮助农村劳动力实现就业 4088 人。（田孝轩）

生态环境保护

环境质量

【水环境质量】 2022年，玉屏侗族自治县城镇集中式饮用水源地、6个乡（镇）以上集中式饮用水源地、农村千人以上集中式饮用水源地水质达标率100%，国家《水污染防治行动计划》地表水考核断面、出境断面优良率100%，主要河流地表水水质优良率100%。

【环境空气质量】 2022年，玉屏侗族自治县城区环境空气质量有效监测天数365天，其中优223天、良128天、轻度污染14天，优良天数比例96.2%，达《环境空气质量标准》（GB3095-2012）二级标准。

【城区声环境质量】 2022年，玉屏侗族自治县城区环境噪声昼间平均等效56.4分贝，总体为“三级”，评价等级为“一般”。县城道路交通环境噪声昼间平均等效声级66.6分贝，总体为“一级”，评价等级为“好”。

【土壤环境质量】 2022年，玉屏侗族自治县无专门的土壤环境监督点，通过朱家场镇长华村地下水国控监测点位水质情况监测土壤环境。全年国控监测点水质保持稳定，未出现水质恶化情况，未发生疑似污染地块被开发利用情况。（蒋　业）

污染防治

【大气污染防治】 2022年，玉屏侗族自治县持续开展蓝天保卫战，召开大气联席会议4次，发布在县城规划区禁止燃放烟花爆竹通告，加强春节期间环境空气质量管控、夏季臭氧污染防治、秋冬季环境空气质量管控工作。开展第二轮中央生态环境保护督察交办涉及贵州安泰再生资源科技有限公司臭气扰民生态环境问题信访件专项治理，制定优化调整方案，按时序推进问题整改；申请中央大气污染防治专项资金975万元，用于环保设施升级。对未采取有效措施防治扬尘污染的违法行为立案处罚1起，处罚金额3万元。

【水污染防治】 2022年，玉屏侗族自治县打好碧水保卫战。按照5年一个滚动周期全覆盖监测要求，监测58个农村千人以下饮用水水质，监测结果全部达标。开展集中式饮用水源保护区、重点河流、水库环境安全隐患排查，现场日常巡查84次。

【城区噪声污染防治】 2022年，玉屏侗族自治县重点对商业店铺使用大功率音响招揽顾客、广场舞、装修、夜市等群众信访投诉热点开展专项宣传引导，惠及群众500人次，劝导制止噪音扰民23起。开展中考、高考静音联合执法，在考点以及考生住宿酒店方圆500米内，原则上禁止机动车辆鸣笛等6项产生噪声污染的行为及事项。

【土壤污染防治】 2022年，玉屏侗族自治县重点打好净土保卫战。启动肥水一体化综合利用项目，新建生态循环沼液灌溉基地3个，推动农业废弃物再生资源利用。全年秸秆综合利用量29040.27吨、农膜回收总量492吨，推进农膜、秸秆回收综合利用。申报并获得中央土壤污染防治专项资金1198万元，用于受污染耕地治理。

【固体废弃物治理】 2022年，玉屏侗族自治县持续开展固体废弃物治理，处置废矿物油、废活性炭、废铅酸电池等危险废物62.08吨，处置率100%；一般工业固体废弃物综合利用71847.47吨，综合利用率100%。建成日收集130吨的城镇生活垃圾收集系统和日转运110吨的生活垃圾转运系统，建立乡（镇、街道）水平压缩式垃圾转运站7座，配备垃圾运输车、收集车、槽车53辆，移动式垃圾收集箱922个，PVC垃圾桶3758只，实现乡村垃圾100%集中收集无害化处理。

【医疗废物无害化治理】 2022年，玉屏侗族自治县辖区内医疗废物无害化处置实现县、乡（镇、街道）、村（社区）三级医疗卫生机构全覆盖，处置医疗废物155.77吨，处置率100%。

（蒋　业）

【死亡畜禽及畜禽粪污处理】2022年，玉屏侗族自治县依托玉屏县华朗农业资源循环科学处理有限公司对病死畜禽实施无害化集中处理，主要采取将病死畜禽彻底灭菌、烘干脱水、压榨脱脂、粉碎等处理工艺程序完全分解为动物油脂和肉骨渣。公司有病死畜禽综合处理生产线1条，处理能力每日20吨，全年累计处理病死生猪90480头。全县畜禽规模养殖场采取雨污分流、清污分离，配套干湿分离机，建设集粪池、沼气池，引入第三方治理等方式集中收集处理畜禽养殖粪污。依托贵州耕泽农业科技有限公司收集处理粪污12.56万立方米，全县规模养殖场粪污处理设施装备配套率100%，粪污资源化利用率87.83%。（秦晓红）

【城区环境整治】2022年，玉屏侗族自治县加强施工车辆带泥上路源头管理，采取“控制源头，事前防范”的主动管理方式，将关口前移。加强与施工现场的沟通联系，督促各工地施工方硬化工地进出口通道，清除占道施工作业。城区工地进出口通道硬化率100%，按要求配备冲洗设备和专门清洗人员，执行进入县城区货运车辆限行制度，控制货运车辆驶入县城区。开展工地出入口专项检查30余次，检查施工项目11个、渣土车300余辆，查处渣土运输车辆沿途抛撒、带泥上路等违规违法行为9起。专项巡查规范建筑工地出入口27次，查处未硬化进出口、未安装冲洗设施行为5起，下达整改通知书5份，处罚金额3万余元。检查餐饮经营企业、个体工商经营户、夜市餐饮区等产生油烟的餐饮单位300家，发现未安装油烟净化设施27家，下达整改通知书27份，处理餐饮油烟污染投诉8件，其中网上投诉4件、电话投诉4件，均在县住房城乡建设局监督下完成整改。

（刘　超）

11月24日，县住房城乡建设局工作人员到舞阳公馆项目查看出入口道路硬化及沉淀池修建情况　（县住房城乡建设局　供图）

环境监管

【环境执法】2022年，玉屏侗族自治县持续开展“守护多彩贵州·严打环境犯罪”“绿盾行动”等执法专项行动，出动执法人员382人次，检查企业177家次，行政处罚128万余元。

【生态环境保护督察整改】2022年，玉屏侗族自治县印发《玉屏侗族自治县生态环境保护委员会2022年工作要点》《玉屏侗族自治县生态环境保护“党政同责，一岗双责”责任制考核实施办法》，压紧压实各级各部门生态环境保护职责。印发《玉屏侗族自治县贯彻落实第二轮中央生态环境保护督察报告整改方案》，拟定整改措施40条，按时序推进中央第二轮生态环境保护督察反馈涉及的环保问题整改。

【环保宣传】2022年，玉屏侗族自治县在“6·5”世界环境日、“6·17”全国低碳日、“6·18”贵州生态日、“节能宣传周”、“12·4”国家宪法日等重要时间点，组织开展生态环保宣传进机关、乡（镇、街道）、社区、村寨、企业、家庭、学校、景区、宾馆、超市“十进”活动。发放各类生态环境保护宣传资料1.9万余份、展出各类生态环境保护宣传展板54块。

【大气环境监管】 2022年，玉屏侗族自治县对县城环境空气质量实行日监测日发布，有效监测天数365天；设置专人专职负责跟踪环境空气质量，根据空气污染情况发布预警信息30余条，气象信息40余条。出动生态环境保护执法人员20余人次，开展烟花爆竹禁燃管控、生活面源污染防治、道路移动源污染治理、道路扬尘治理等专项行动，劝导无证零售经营烟花爆竹行为3起、劝阻离店离柜流动经营烟花爆竹等行为13起、制止违规燃放烟花爆竹1起、制止垃圾焚烧4起。

【水资源环境监管】 2022年，玉屏侗族自治县落实河长巡河制，设立县级河长、乡（镇、街道）级河长、村（社区）级河长1520名，实现县、乡（镇、街道）、村（社区）三级河长全覆盖。全年县级河长巡河63次，乡（镇、街道）级河长巡河360次，村（社区）级河长巡河2478次，实现河道巡河常态化。规范化建设田坪镇白沙井农村千人以上集中式饮用水水源地。开工建设国家水土保持重点工程皂角坪街道瓮阳河生态清洁小流域项目，综合治理水土流失面积10平方千米。

【噪声监管】 2022年，玉屏侗族自治县城区划分声功能区18.6平方千米，其中1类声功能区0.48平方千米，2类声功能区15.17平方千米，3类声功能区0.62平方千米，4a类声功能区1.7平方千米，4b类声功能区0.63平方千米，设置区域噪声监测点位138个，每年监测一次，于2022年10月开展连续24小时监测，监测结果均达到规定等级要求。县城规划区设置声环境功能区噪声监测点位7个，每季度开展一次噪声监测，及时发布监测数据。

【土壤环境监管】 2022年，玉屏侗族自治县加强土壤污染状况调查，加大对农村地区土壤污染的监察力度，完成地块土壤环境状况调查6个。对贵州玉屏有色冶金集团湘黔锰业有限公司渣库持续开展巡查检查，建立检查台账。完成贵州玉屏湘黔锰业有限公司的尾矿库土壤污染调查评估，与贵州红星发展大龙锰业有限责任公司签订渗滤液处置协议，转移处置渗滤液86.68吨。

【固体废弃物监管】 2022年，玉屏侗族自治县无害化处理城乡生活垃圾2.4万余吨，农村生活垃圾收运处置体系行政村覆盖率100%，农村生活垃圾收运体系30户以上自然村寨覆盖率100%。实现生活垃圾减量化、资源化、无害化处理。在2022年省级危险废物规范化管理评估工作中，贵州省绿成环保资源服务有限公司评估结果为达标。

【化学品污染监管】 2022年，玉屏侗族自治县将化学品生产重点单位贵州粤鑫环保矿业有限公司列入重点排污单位进行监管，定期对其开展生态环境安全隐患排查，督促指导企业落实安全生产责任制。开展巡查检查8次，未发生涉及化学品生态环境安全事故。

田坪镇江口村垃圾分类回收站（吴　群　摄）

【核与辐射安全监管】 2022年，玉屏侗族自治县辖区13家核与辐射利用单位生态环境保护执法检查实现全覆盖，无辐射泄漏事故发生。屏山公园辐射监测工作开展顺利，监测结果达合格等次。

（蒋　业）

【农药监督管理】 2022年，玉屏侗族自治县制定《玉屏侗族自治县2022年农药监管及化学农药减量化行动方案》《玉屏侗族自治县农药包装废弃物回收处理工作方案》，统筹部署农药监督管理，健全农药监管系统。利用农业农村部农药数字监督管理平台，加强农药生产经营许可办理，农药生产、经营、使用电子台账规范，农药从生产到使用和包装废弃物回收全程追溯，网上监管农药经营户26户。构建农药包装废弃物回收处理体系，降低农业面源污染。依托农村人居环境整治和农村垃圾回收处置体系，建立县级集中存放点及处置点1个，乡（镇）转运点9个，村级暂存点84个，农药经营户回收点26个，种植基地暂存点45个，实现农药包装废弃物回收处理全覆盖。加强对农作物种植基地、农民专业合作社常态化监管，监督检查县域内农民专业合作社、基地30余次，在基地、农药经营门店张贴《禁限用农药名录》100张，签订《农药安全经营承诺书》26份。通过日常督促指导方式，指导各农药使用者安全用药、科学用药、减量用药，督促各农药使用者切实履行回收主体责任，召开专题培训15期，培训625人次，发放《农药包装废弃物回收倡议书》500余张、宣传资料5000余份。（秦晓红）

生态系统保护

【耕地资源保护】 2022年，玉屏侗族自治县耕地保有量11380公顷，永久基本农田8013.33公顷。在全县33.33公顷以上耕地坝区上安装永久基本农田保护标志牌28块，通过移动短信推送有关耕地保护方面提示8811条。开展动态巡察120次，立案查处破坏耕地案件15起，实现新增农村乱占耕地建房问题动态清零。利用卫片执法科技手段，对165个卫片遥感监测图斑开展内外业核查工作，查处初步认定违法的图斑20个，整改6个，其余正在采取拆除复耕和补办用地手续等措施实施整改。

【矿山地质环境恢复治理】 2022年，玉屏侗族自治县加大矿山地质环境整治工作，督促企业提计矿山地质环境修复基金83.28万元。在落实禁止开采区的基础上，开展矿山地质环境治理，实施2021年关闭矿山治理修复，修复矿山10处，总面积39.4公顷。完成玉屏侗族自治县铁观洞水泥用石灰岩矿贵州省绿色矿山建设。

【山水林田湖草沙生态修复项目】 4月22日，玉屏侗族自治县山水林田湖草沙一体化保护和修复项目规划设计方案县级审查会召开。会上，西南能矿建设工程有限公司规划设计相关人员介绍武陵山片区山水林田湖草沙项目规划设计方案编制情况。与会单位人员针对方案展开交流和讨论，提出相关审查意见和建设性建议。玉屏侗族自治县武陵山片区山水林田湖草沙一体化保护和修复·乡村振兴生态产业化示范项目（㵲阳河流域生态环境保护与修复工程一标段）总投资1.8亿元，年末，结束一标段招标程序。

（宋志尧）

森林资源保护

【森林资源管理】 2022年，玉屏侗族自治县完成自然保护地整合优化三个阶段工作，并提交阶段成果至贵州省、铜仁市两级自然保护地整合优化工作领导小组办公室。开展“绿盾”行动，排查整治自然保护地生态环境问题，全年未发生破坏自然保护地生态环境问题。推进森林巡查，保护森林资源，各级林长加大重点林区巡护巡查，开展巡林巡查活动8100余人次。持续开展野生动植物、古树名木保护工作，在重点林区树立林长公示牌96块，明确巡林巡查包保责任区域。开展集体林权制度改革，组织调解林地承包经营纠纷1起，落实生态公益林和天然林保护措施，编制完成2022年森林管护实施方案。完成全县林权登记信息在国家林权管理平台导入工作。为全县18040公顷商品林政策性保险投保，投入保费72.27万元，保险金额24954.45万元。为全县11626.67公顷公益林森林保险投保，投入保费43.8万元，保险金额18250万元。兑现生态效益补偿资金275.35万元。

【森林保护宣传】 2022年，玉屏侗族自治县在“3·3”世界野生动植物日、“6·5”世界环境日等重要时段，广泛宣传保护野生动植物。全年组织大型宣传活动4次，流动宣传15次。

【涉林案件查处】 2022年，玉屏侗族自治县持续开展涉林违法行为日常巡查，办理涉林行政案件21起，收缴林业行政罚款约6万元，其中违法占用林地案件2起、违规野外用火案件16起、滥伐林木案件2起、非法捕猎野生动物案件1起。移送县公安局涉林刑事案件4起，其中违法占用林地案件2起、滥伐林木案件1起、违规野外用火案件1起。

【野生动物保护】 2022年，玉屏侗族自治县组织开展代号为“清风行动”的打击野生动物非法贸易联合行动，对野生动物重要栖息地、农贸市场、餐饮、“农家乐”等地开展检查，出动执法车辆10车次、执法人员50余人次，监督检查栖息地3处、人工繁育基地1处、经营利用场所5处、餐饮业5处、农贸市场2处，未发现破坏野生动物资源违法犯罪行为。持续做好野猪非洲猪瘟的野外巡护工作，开展巡护179945人次，县域内未发现野猪及其他野生动物异常死亡情况。救护陆生野生动物10余次，救助猫头鹰、翠鸟等国家级重点保护动物10余只，并护送至铜仁市梵净山野生动物救护中心接受救治。（鄢雪杨）

水资源保护

【概况】 2022年，玉屏侗族自治县把水资源、水生态、水环境承载能力作为刚性约束，实施水资源消耗总量和强度双控行动，严格水资源“三条红线”管理。推行“河长制+”有机融合模式，推进河长制工作。聘请108名脱贫户、边缘户为河道管理员，开展河湖“清四乱”活动，对㵲阳河、车坝河、野鸡河等主要河流进行常态化巡查。核查农村饮用水水源地324处，划分并建成农村千人以下饮用水水源地保护区310个。县城饮用水水源地新增水源地隔离网4千米，竖立界碑界桩警示牌及宣传牌200块。开展水资源保护宣传，发放宣传折页1200余份、宣传挂图200余张、宣传用品500余份。

【河长制】 2022年，玉屏侗族自治县设置县级河长30名、乡（镇、街道）级河长190名、村（社区）级河长1300名，聘请水库巡察员34名，招募民间义务监督员63名，压实22家县级河湖长制责任单位责任。加大现代高科技

3月23日，县水务局联合皂角坪街道办事处、平溪街道办事处，在县城中国工商银行玉屏支行门口开展“世界水日”“中国水周”主题水资源保护宣传活动（县融媒体中心 供图）

支撑河湖长制巡河工作，采取无人机空中巡、河艇水中巡、巡河志愿小分队沿岸巡等方式，打造“天、空、地、人”立体化监管网络，掌握河湖水量、水质、水生态和水域面积变化情况、岸线开发利用状况、河道违建管理情况，为河湖智慧化管理提供支撑。安装沿河监控摄像头 41 个，出动执法检查人员 80 余人次。

【节约用水】 2022 年，玉屏侗族自治县完成全县取水工程（设施）核查整改建设、㵲阳河重点中型灌区节水配套改造工程，开展节水型社会、节水型企业建设，推动用水方式向节约集约转变，实现从水源地到水龙头的全过程监管。创建节水单位 52 家、节水小区 12 个、节水型企业 5 家、节水型学校 1 家。

【涉水违法整治及水行政规费征收】 2022 年，玉屏侗族自治县开展河道日常巡查 36 次、巡河 85 千米、出动人员 72 人，责令改正水事违法行为 8 起、责令停止水事违法行为 5 起，全部完成整改。其间，开展“双随机、一公开”监督检查，监督检查取用水单位取用水节约用水情况、排水户排水情况、城镇污水集中处理设施运营情况及违章建筑占用河道和可能引起水土流失的工程项目情况等 4 次。加大行政规费征收力度，执行国家、省、市规定的征收范围和标准，依法征收水资源费 42.93 万元、水土保持补偿费 568.93 万元（含大龙税务局征收 486 万元）。

【地表水污染防治】 2022 年，玉屏侗族自治县争取中央、省生态环境保护资金 5000 余万元，对农村生活污水和生活垃圾、城乡饮用水水源保护等方面进行综合治理。投入 2700 万元建成城乡生活垃圾清运系统，建设污水一体化处理设施 2 座，实施㵲阳河流域水污染综合治理一期工程，建设马头田村、田冲村、郭家湾村等 9 个村污水处理工程，新增污水日处理能力 2.63 万吨，实现建制镇污水处理设施全覆盖。

（杨子益）

玉屏㵲阳河国家湿地公园管理

【概况】 2022 年，玉屏㵲阳河国家湿地公园是玉屏侗族自治县唯一的湿地公园，规划总面积 860.3 公顷，其中湿地总面积 704.9 公顷，湿地率 81.94%。主要包括县境内㵲阳河干流及龙江河、车坝河、野鸡河、安坪河 4 条主要支流。起于㵲阳河新店镇与黔东南苗族侗族自治州镇远县接壤处，止于㵲阳河自然生态岸线至玉屏侗族自治县与湖南省新晃侗族自治县交界处，全长 46.6 千米。涉及永久性河流、洪泛平原湿地和库塘等 3 个湿地型。划为保育区、恢复重建区、宣教展示区、合理利用区和管理服务区 5 个功能区，其中保育区规划面积 759.8 公顷，占比 88.32%；恢复重建区规划面积 37 公顷，占比 4.3%；宣教展示区规划面积 20.1 公顷，占比 2.34%；合理利用区规划面积 42.7 公顷，占比 4.96%。

【项目建设】 2022 年，玉屏侗族自治县继续做好 2020 年湿地植被恢复项目管护工作，完善湿地公园内基础设施，加大湿地专业

玉屏㵲阳河国家湿地公园县城区段河中“岛屿”（胡攀学 摄）

技术、国家湿地公园管理等培训力度，提高㵲阳河国家湿地公园的建设管理能力。贵州玉屏舞阳河国家湿地公园管理局参与项目建设选址6次，发出要求相关单位、企业等业主方办理对贵州玉屏㵲阳河国家湿地公园生态影响评估的工作函4件。

【湿地保护】 2022年，玉屏侗族自治县采取人工巡护与电子监控、乡（镇、街道）协同巡护机制相结合方式，加强公园保育区管理巡护工作，开展室内监控及外业巡护巡查60余次，更换标识标牌60块。增设野外监控设备覆盖范围，增强线上巡护力度。加强部门联合执法力度，严厉打击破坏㵲阳河湿地生态违法行为。

【湿地保护宣传】 2022年，玉屏侗族自治县以开展“2·2”世界湿地日、“贵州省爱鸟周”、“贵州省湿地宣传周”、“6·5”世界环境日、“6·18”贵州省生态日等活动为契机，组织开展湿地保护法律法规宣传。到乡（镇、街道）、村寨社区、学校开展湿地宣传教育活动10余次，发放宣传雨伞1100余把、宣传资料1万余份、环保袋3000余个，制作湿地流动展板80块。

【生物多样性监测】 2022年，玉屏侗族自治县与贵州省生物研究所合作，联合开展㵲阳河湿地公园生物多样性监测，将国家湿地公园生态监测指标17个大项68个指标中涉及河流型（库塘型）国家湿地公园生态监测指标的11个大项49个指标纳入监测范围。与贵州省生物研究所联合开展植物多样性、鸟类、两栖动物、爬行动物、鱼类等监测指标的监测。通过在㵲阳河国家湿地公园增设监测点（新店镇沙水坪鸟类鱼类监测点、平溪街道康华转盘监测点、大龙2号主干道监测点），每年开展监测不少于2次。1—12月，㵲阳河玉屏断面水质、抚溪江断面总体水质均达到二类以上水质标准，㵲阳河水生动植物呈上升趋势。

4月15日，玉屏侗族自治县与贵州省生物研究所联合开展生物多样性监测工作　　（贵州玉屏舞阳河国家湿地公园管理局　供图）

【《贵州玉屏㵲阳河国家湿地公园管理办法》修订】 2022年，玉屏侗族自治县根据县人大常委会《关于对我县㵲阳河湿地保护管理工作进行调研的通知》要求，组织修订《贵州玉屏㵲阳河国家湿地公园管理办法》。征求县直属部门及乡（镇、街道）31个单位意见，反馈意见31份，其中无意见17份、反馈意见14份。对部分成员单位职能职责调整进行修订，明确职能职责、厘清管理思路。（冉　雄）

节能减排

【概况】 2022年，玉屏侗族自治县稳妥推进碳达峰、碳中和工作，加快推进贵州玉屏低温供热堆商业示范项目，实施绿色制造专项行动和能源产业绿色低碳转型行动，推动重点领域节能减排降碳增效。加快能源基础设施网络建设和新能源应用，安装运营汽车充电站46台，推广使用新能源汽车充电桩、新能源公交和出租车。推进节约型机关创建，创建节约型机关单位14家。6月13—19日，

在县城街心花园开展以“绿色低碳、节能先行”为主题的全国节能宣传周活动。（韦明榜）

【主要污染减排】 2022年，玉屏侗族自治县废水排放总量19282吨，较2021年排放总量下降2524吨，化学需氧量下降0.01吨、氨氮下降0.01吨、总氮下降0.02吨。（蒋　业）

【公共机构能耗】 2022年，玉屏侗族自治县加强公共机构能耗核查，涉及公共机构74家，其中党政机关66家、卫生医疗机构4家、教育类机构4家。人均综合能耗要求下降5%的有12个，占比16.21%；人均综合能耗要求下降3%的有16个，占比21.62%；人均综合能耗指标不变的有18个，占比24.32%。人均综合耗能指标上升2%的有28个，占比37.83%。单位建筑面积能耗要求下降5%的有7个，占比9.45%；单位建筑面积能耗要求下降3%的有11个，占比14.86%；单位建筑面积能耗指标不变的有25个，占比33.78%；单位建筑面积能耗要求上升2%的有31个，占比41.89%。

【规上工业企业能耗】 2022年，玉屏侗族自治县规上工业企业74家，年能耗962454.45吨标准煤，较2021年978981.91吨减少16527.46吨，减少1.69%。

2022年，玉屏侗族自治县增加新能源公交和出租车118辆。图为玉屏县箫乡出租汽车有限公司新能源车（吴　娅　摄）

【能源项目推进】 2022年，玉屏侗族自治县推进能源项目建设，铜仁市“县县通”天然气工程玉屏段线路31千米全部完工；全境城镇天然气管道全部建成，共70千米。总投资150亿元的玉屏低温供热堆商业示范项目（一期）核准前置25项支持性文件完成17项，气象站开工建设。全年投资420余万元安装运营46台汽车充电桩，新增能源公交和出租车118辆。全县有新能源汽车200辆。

【贵州玉屏低温供热堆商业示范项目】 2022年，玉屏侗族自治县做好贵州玉屏低温供热堆商业示范项目服务工作，该项目支持性批文共25项，已完成17项，正在办理8项，贵州玉屏核能产业园概念性规划通过专家会审查。2月14日，召开贵州玉屏低温供热堆商业示范项目专题调度会，听取项目推进情况汇报，强调要优化调整关键时间，提升服务保障水平，加大对上沟通协调力度，加快推进项目前期工作进度。贵州玉屏低温供热堆商业示范项目建设地址在朱家场镇，规划建设NHR200-Ⅱ型低温供热堆机组6台，一期工程建设2台，一期工程总投资52亿元，建成后可有效解决贵州大龙经济开发区及周边工业的热源需求，促进工业可持续发展和能源结构优化。2020年12月31日，中国广核集团投资与发展中心向中广核工程有限公司发出启动开展贵州玉屏低温供热堆商业示范项目重大技术方案及可研阶段相关专题研究工作的函，正式委托中广核工程有限公司开展项目可行性研究工作。2021年4月，中广核贵州玉屏清洁热能有限公司成立，统筹负责项目核准申报、工程建设及运营管理等工作。

（韦明榜）

科学技术

中国箫笛之乡·中国油茶之乡·侗族文化艺术之乡·中国黄桃之乡

综　述

2022年，玉屏侗族自治县实施科技强县战略，加大科技投入力度和科技成果转化应用，加强高新技术企业、科技型企业主体培育和科技院校合作，增加科技创新能力。

科技创新持续发力。抓好创新引领、创新驱动、创新发展工作，以高新技术改造传统产业为切入点，以发展节能环保、新材料、制造业等产业为重点，加快构建以政府为引导、企业为主体、市场为导向、产学研相结合的创新体系，推动创新驱动向纵深发展。培育认定高薪技术企业9家，组织实施科技项目2项，企业主体与高校科研院所签订合作协议8份。

气象科技水平进一步提高。全县建立自动气象监测站28个，玉屏国家气象观测站视频智能观测自动化运行。加强灾害性天气监测预警工作，通过气象平台发布预警信息226条，预警服务28万人次。针对干旱少雨天气，开展人工防雹增雨作业9次，发射增雨火箭弹200余枚。强化气象安全，开展防雷安全检查24次，检查企业65家次。

（吴　娟　廖洪敏）

科技管理

【科技人才培养与储备】 2022年，玉屏侗族自治县有贵州省科技特派员6人、铜仁市科技特派员5人。利用贵州省、铜仁市两级科技特派员下基层开展科技服务契机，从全县“土专家”人才库中择优推荐选派上进心强的青年技术人才12人，与贵州省、铜仁市两级科技特派员“1+1+2”“结对子”，系统学习种植和田间管理技术。

【科技项目申报实施】 2022年，玉屏侗族自治县组织实施各类科技计划项目21项，其中贵州省科技项目11项、铜仁市科技项目10项，获批铜仁市科技重大项目1项，组织申报的贵州省科技一般成果转化项目2项及贵州省科技支撑项目2项通过专家评审待立项，获批资金470万元。

【社会研发经费归集】 2022年，玉屏侗族自治县有“三上”企业（规模以上工业企业、限额以上批发零售住宿餐饮企业、资质内建筑业企业和房地产开发企业）79家,其中有研发活动企业9家，占比11.39%。9家企业研发活动经费支出45011万元，比上年18615万元增长141.8%。

（吴　娟）

科技创新

【科技创新平台】 至2022年，玉屏侗族自治县有科技创新平台2个，即贵州省油茶工程技术研究中心和玉屏县创新创业孵化器，均为省级平台。贵州省油茶工程技术研究中心位于朱家场镇谢桥村原茅坡油茶试验站内，占地面积12亩，建筑面积1320平方，有油茶功能研究室4个、油茶工程化良种繁育基地1个，致力于

6月8日，贵州省科技特派员顾昌华对贵州省贵福菌业发展有限公司企业人才开展“人才日”科技技能培训（县农业农村局　供图）

2022年玉屏侗族自治县新认定科技企业一览表

表 11

序号	企业名称	认定类别
1	贵州华宇橡胶科技有限公司	铜仁市科技型中小企业
2	贵州超盛精工科技有限公司	
3	贵州弘邦电子科技有限公司	
4	贵州华宇橡胶科技有限公司	高新技术企业
5	贵州省贵福生态肥业有限公司	
6	贵州重力科技环保有限公司	
7	贵州百思特新能源材料有限公司	
8	贵州能矿锰业集团有限公司	
9	中伟新材料股份有限公司	
10	贵州中伟资源循环产业发展有限公司	

油茶品种选育、培育、种植、管护、采收、加工、销售、科研、品牌创建等研究，于8月6日通过贵州省科技厅验收。玉屏县创新创业孵化器位于双桥工业园，孵化基地面积约5公顷，拓展孵化基地面积约2.25公顷，孵化管理办公室面积0.12公顷，有管理人员56人，在孵企业21家，已毕业企业累计11家，在孵企业就业人员161人。

【科技创新主体培育】 2022年，玉屏侗族自治县搭建科技认证平台，强化创新主体培育，建立高新技术企业培育库。促进中小科技企业加速成长，申报获评铜仁市科技型中小企业3家。筛选、培育、申报高新技术企业8家，获企业认定7家。至年末，全县有高新技术企业9家。

【科技示范基地建设】 2022年，玉屏侗族自治县建设科技示范基地1个，即沙水坪高标准杂交水稻制种基地。基地位于新店镇沙水坪村，总投资42.1万元，其中市级投资12万元、企业投资30.1万元。利用农业机械化技术，实施20公顷杂交水稻制种，打造高产、高效、优质、环保型高标准杂交水稻制种基地，示范带动周边农户1000余户。

【企业技术合同登记】 2022年，玉屏侗族自治县辖区企业与高校科研院所登记技术合同16项，技术合同成交额10710万元。

（吴　娟）

科技普及

【科技特派员技术指导】 2022年，玉屏侗族自治县组织贵州省、铜仁市选派的11名科技特派员到44个贫困村，围绕油茶、黄桃、食用菌、生猪四大农业主导产业，采取现场讲解、集中授课、示范指导、发放资料等形式，为农民开展农业适用技术指导培训。开展大型集中技术培训8次，培训农民529人次，发放资料3000余份。

【科技活动周宣传活动】 5月22—30日，玉屏侗族自治县25个部门和各乡（镇、街道）开展以“走进科技　你我同行”为主题的科技活动周科普宣传活动，通过“科技一条街”“科技进社区、进农村、进园区、进校园”等活动形式宣传科技知识。举办科普讲座2期，科普125人次，义诊350人次，开办科普专栏12期次。中小学生参加学校科普活动820人次，接受咨询450余人次，发放宣传资料6200余份。

（吴　娟）

科技合作交流

【院企合作】 2022年，玉屏侗族自治县拓宽院企科技合作渠道，推动跨领域、跨行业、跨企业协同创新，逐步建立以科技人才为主体，高校和科研院校所为支撑的开放型科技合作机制。贵州超盛精工科技有限公司、黔玉油茶公司、贵州华宇橡胶科技有限公司、贵州省贵福菌业发展有限公司等企业与贵州大学、中南林业科技大学、湖南湘之璟贸易有限公司等高校科研院所签订合作协议 8 份。

【精品水果品种引进及配套技术建设项目】 6 月，江苏省太仓市科学技术局委托玉屏侗族自治县科学技术服务中心验收太仓市农业科技创新工程后补助项目——玉屏县精品水果品种引进及配套技术建设项目。此项目由县农业农村局承担实施，总投资 309.13 万元，新增总产值 190.46 万元，投入产出比 61%。

（吴 娟）

气象监测与预报

【气象观测站网建设】 2022 年，玉屏侗族自治县加强公共气象服务能力建设，建成区域气象观测站网，建立自动气象监测站 28 个（国家级观测站 1 个、土壤水分监测站 1 个，六要素站 3 个、五要素站 5 个、四要素站 1 个，单要素站 17 个）。玉屏国家气象观测站视频智能观测自动化运行，实现雪深、电线结冰等天气现象自动化观测。地面气象观测自动化业务运行稳定，气象观测质量管理体系应用良好。

【气象服务】 2022 年，玉屏侗族自治县出现雷雨、强风、冰雹、暴雨等天气过程 9 次，制作报送《重要气象信息专报》1 期、《气象信息报告》101 期、《气象信息快报》71 期、《专题气象信息报告》64 期。通过“国家突发事件预警信息发布系统”及“贵州省气象局短临预报预警一体化平台”发布预警信息 226 条，预警服务 28 万人次。组织召开灾害性天气多部门会商 2 次，开展“三个叫应”（根据气象监测，强降水将要发生或已经发生，有可能造成灾害性结果，气象部门相关人员通过电话叫应县党政领导、相关责任单位应急责任人、强降水发生地的应急责任人，提醒防范灾害的行为）185 次。制定《为农气象服务周年方案》，在关键农时季节联合开展专题气象服务干旱调查，针对不同的特色农作物提供专业气象为农服务。年内，开展人工防雹增雨作业 9 次，发射增雨火箭弹 200 余枚。修订印发《玉屏侗族自治县气象灾害综合风险普查实施方案》，开展各项普查工作，完成 8 种气象灾害致灾因子数据汇交，做好普查成果应用。

【防雷安全】 2022 年，玉屏侗族自治县强化气象安全生产工作，更新《防雷安全监管重点名录库》，开展“双随机、一公开”检查 11 次，抽查企业 30 家，开展“打非治违”检查 13 次，检查企业 35 家，实现 35 家重点单位防雷安全监管全覆盖。对不合格的易燃易爆场所防雷设施要求限期整改。全年无易燃易爆场所雷击事故发生。（廖洪敏）

8月15日，县气象局、县农业农村局、县水务局联合开展旱情调查

（县水务局 供图）

教　育

综 述

2022年，玉屏侗族自治县有各级各类学校106所（公办97所，民办9所），其中幼儿园68所（公办59所，民办9所），小学30所（含教学点1个），初级中学5所，专门学校1所，高级中学1所，中等职业教育学校1所。与上年度相比，新增学校2所（公办专门学校：县第六中学；公办幼儿园：县第三幼儿园），撤销学校13所（公办教学点4所：朱家场镇混寨小学、朱家场镇大兴小学、新店镇沙水坪小学、亚鱼乡沙子坳小学；公办山村幼儿园6所：皂角坪街道铁家溪村山村幼儿园、皂角坪街道野鸡坪村山村幼儿园、朱家场镇长华村山村幼儿园、田坪镇黄母冲村山村幼儿园、田坪镇玉露村山村幼儿园、新店镇沙水坪村山村幼儿园；民办幼儿园3所：玉屏红日双语幼儿园、田坪康乐幼儿园、大龙小太阳幼儿园）。全县有在校学生33898人，其中在园幼儿6203人（公办4703人，民办1500人），小学生15693人，初中生6966人，高中生2938人，中等职业学校学生2098人（非全日制1033人）；学前三年毛入园率91.27%，公办在园儿童占比75.81%，小学适龄儿童入学率100%，义务教育九年巩固率115.25%，高中阶段毛入学率95.52%。全县有教职工3125人（在编教职工1832人），其中专任教师2245人（在编教师1800人），行政、教学辅助人员66人，保育员236人，工勤人员544人，卫生保健人员18人，外聘教师16人（县中等职业学校），退休教师625人。

*校园意识形态正面引导。*以"我们的节日"等主题教育为载体，持续深化未成年人思想道德教育。强化全县中小学生社会主义核心价值观教育，贯彻落实意识形态工作责任制实施细则和意识形态主体责任清单、任务清单和制度清单，强化教育系统信息网站、微信公众号等平台管理，严格信息发布审核。全年开展意识形态专题讲座27次，受训干部职工2763人次。

*教育公共资源供给。*全县学校固定资产总值194445.33万元，其中学前阶段固定资产总值32399.61万元，小学固定资产总值76384.31万元，初级中学固定资产总值51090.18万元，高级中学固定资产总值29980.13万元，中等职业学校固定资产总值4591.1万元。全县学校占地面积1183691.01平方米，生均36.02平方米；学校校舍面积594296.93平方米，生均18.08平方米；学校教学辅助面积260320.69平方米，生均7.92平方米；学校运动场面积470737.45平方米，生均14.32平方米；学校宿舍面积115216.87平方米。全县学校教学仪器设备资产值12480.96万元，其中幼儿园教学仪器设备资产值2618.63万元、小学教学仪器设备资产值3663.36万元、初级中学教学仪器设备资产值2192.58万元、高级中学教学仪器设备资产值2166.35万元、中等职业学校教学仪器设备资产值1840.04万元。全县学校有计算机4820台、"班班通"719套。全县学校有图书994055册，生均30.25册。

*教学设备升级。*全县投入资金316万元，用于县第六中学办公设备、学生机房、学生食堂、学校监控、校园广播等设施设备采购；投入资金147万元，开展82所学生营养餐学校（园）"明厨亮灶"监控覆盖项目设备采购。

*基础教育集团化办学改革。*深化基础教育集团化办学，印发《玉屏侗族自治县全面深化基础教育集团化办学实施方案》，推进全县基础教育综合改革，构建幼儿园、小学、初中、高中一体化基础教育贯通培养模式。全县设有教育联盟（集团）6个，成员校（园）106所，实现全县学校（园）全覆盖。其中，幼儿教育集团1个，集团总园为县实验幼儿园，成员单位为全县所有公办幼儿园（含山村幼教点）；小学教育联盟4个，第一小学教育联盟总校为印山民族小学，成员单位有田坪镇7所小学，亚鱼乡2所小学；第二小学教育联盟总校为县第二小学，成员单位有大龙街道9所小学；第三小学教

育联盟总校为平溪中心完小，成员单位有平溪街道 1 所小学，朱家场镇 4 所小学；第四小学教育联盟总校为皂角坪中心完小，成员单位有皂角坪街道 1 所小学，新店镇 2 所小学；初中教育联盟 1 个，联盟总校为县第一中学，成员单位为全县 4 所初级中学。

（杨明华）

教育管理

【社会教育培训机构监管】 2022 年，玉屏侗族自治县有校外培训机构 11 所（其中学科类培训机构 1 所，非学科类培训机构 10 所），涉及从事教学人员 62 人，学生 923 人。召开专题会议 3 次，开展部门联合专项治理行动 20 次，未发现“超纲教学”“提前教学”“强化应试”“培训结果与招生入学挂钩”等现象。

【无证办学与违规办学治理】 2022 年，玉屏侗族自治县开展无证办学与违规办学治理部门联合检查 5 次，现场通知整改 3 家，对发现无证办学及违规办学现象下发关停通知书及整改通知书。

【校园周边环境综合治理】 9 月 20 日，玉屏侗族自治县校园周边环境治理工作调度会在县教育局会议室召开，安排部署校园及校园周边环境综合治理整治工作。治理工作从 9 月 21 日开始，多部门联合在校园及校园周边开展为期一个月的环境综合治理，结合实际不定期在皂角坪街道和平溪街道开展集中整治，重点整顿校园周边无证经营、占道摆摊、乱停乱放、消防通道堵塞、车辆违规接送学生等，并开展宣传教育。

【教育督导】 2022 年，玉屏侗族自治县对乡（镇、街道）开展“控辍保学”专项督导 2 次，提出工作整改建议 11 条；联合对乡（镇、街道）和相关部门开展“防范中小学生溺水事故”专项督导 1 次，提出整改工作建议 12 条；对全县中小学、幼儿园开展常规督导 8 次，发现问题 306 条，提出督导建议 154 条；开展学前教

2022年玉屏侗族自治县社会教育培训机构一览表

表 12

序号	培训机构名称	培训机构详细地址	举办者	培训范围
1	玉屏县印山青禾艺术培训有限公司	玉屏侗族自治县现代城E栋301、302	肖刘哲	美术、书法
2	玉屏县酷贝体育培训有限公司	玉屏侗族自治县廊桥二楼	梁远山	少儿体育适能训练
3	玉屏县育英教育培训有限公司	玉屏侗族自治县平溪街道商贸大厦二楼	唐梦春	舞蹈、美术、口才
4	贵州大龙飞越体育发展有限公司	玉屏侗族自治县大龙街道大龙堡村大界板	钟 跃	篮球
5	玉屏侗族自治县芳之舞艺术培训有限公司	玉屏侗族自治县皂角坪街道名流水岸3楼	杨 伦	舞蹈、绘画、口才
6	玉屏鹏宇体育发展有限公司	玉屏侗族自治县体育馆	黄 鹏	篮球
7	玉屏县星耀东宸教育有限公司	玉屏侗族自治县商贸大厦三楼	周美灵	舞蹈、模特、口才、美术、跆拳道
8	玉屏侗族自治县辰聚教育培训学校	玉屏侗族自治县中华路印山学府二楼	程桂娥	作文、语文、数学、英语
9	玉屏雪艺梦舞蹈培训有限公司	玉屏侗族自治县现代城C栋3楼	钟 萍	舞蹈、美术、口才
10	玉屏伶美艺术教育有限公司	玉屏侗族自治县中华路印山学府三楼	邱长彬	美术、音乐、书法、箫笛、口才
11	玉屏侗族自治县书香源艺术教育培训有限公司	玉屏侗族自治县中华路印山学府三楼	景 梅	美术、书法、音乐、舞蹈

2022年玉屏侗族自治县民办学校一览表

表13

幼儿园名称	负责人	批准文号	办学许可证编号	办班规模		类别	地址
				班额	招生人数		
玉屏侗族自治县小红帽幼儿园	邓雪晴	玉教复〔2013〕13号	No.20190196875	9个班	270人	普惠性民办园	玉屏城南大道紫气路82号
玉屏侗族自治县小太阳幼儿园	田蓉晖	玉教复〔2007〕4号	No.20190183984	5个班	150人	普惠性民办园	玉屏侗族自治县蒋家田农贸市场小区内
玉屏侗族自治县梯田幼儿园	杨冬梅	玉教复〔2014〕2号	No.20190178127	12个班	360人	普惠性民办园	玉屏侗族自治县茅坪新区七鳌路
玉屏侗族自治县小博士幼儿园	姚巧云	玉教复〔2007〕1号	No.20190178124	4个班	120人	普惠性民办园	玉屏侗族自治县箫笛大道29号
玉屏侗族自治县群艺幼儿园	阳圆圆	玉教复〔2007〕10号	No.20190183985	5个班	150人	普惠性民办园	玉屏侗族自治县城南大道紫林小区西段
玉屏侗族自治县大龙街道阳光幼儿园	姚满银	玉教复〔2009〕6号	No.20190178125	4个班	120人		玉屏侗族自治县大龙大屯新街大屯小学旁
玉屏侗族自治县大龙起点幼儿园	刘加华	玉教复〔2011〕1号	No.20190183986	5个班	150人	普惠性民办园	玉屏侗族自治县大龙宝鼎物流公司内
玉屏侗族自治县童乐幼儿园	罗菊芳	玉教复〔2018〕22号	No.20190196878	9个班	270人	普惠性民办园	玉屏侗族自治县平溪街道屏山巷
玉屏侗族自治县爱立方幼儿园	陈　渊	玉教复〔2018〕02号	No.20190196841	5个班	150人	普惠性民办园	玉屏侗族自治县人民路434号

育普及普惠专项督导2次，“双减”专项督导2次，“五项管理”督导4次，联合开展校外培训机构办学行为督导3次；完成铜仁市人民政府教育督导委员会办公室对2021年县人民政府履行教育职责督导评估考核；组织召开质量监测问题整改工作会议，制定整改方案，落实整改责任，并完成整改。

【教育科研】 2022年，玉屏侗族自治县教育系统获得贵州省专项课题立项4项、铜仁市课题立项13项，通过贵州省课题结题3项、铜仁市课题结题21项。立项评审县级微型课题57项，立项25项，通过结题35项。教学成果获奖4个，其中铜仁市一等奖2个、二等奖2个。科研成果获奖2个，其中铜仁市二等奖1个、三等奖1个。开展全县中小学（幼儿园）21个学科优质课评选暨观摩交流活动，评选一等奖61人、二等奖76人、三等奖59人。参加铜仁市优质课评选12门学科29人，获一等奖7人、二等奖18人、三等奖4人，县教研室获组织奖6个。

【教育经费投入】 2022年，玉屏侗族自治县财政投入教育经费50414.72万元，其中城乡义务教育公用经费（含县级配套）1808.5万元（中央资金1446.91万元、贵州省资金289.38万元、铜仁市资金36.18万元、县级配套36.03万元），项目资金投入10052万元，营养膳食补助资金投入2076.5万元，各类教育资助投入1487.5万元。

【教育交流合作】 8月，广东省东莞市常平、桥头、谢岗3镇选派4名优秀教师，开启第二轮为期1年的援助支教工作。为打造共建示范性校园，4名支教教师在大龙街道德龙小学进行帮扶工作，开展乡村振兴教育专题讲座6次，参与培训教师590余人次，将东莞市的先进教育理念和做法融入到学校管理和建设中，转变玉屏教育管理者和教师教育理念，提升教育教学质量。其间，

2022年，常平镇民办教育协会捐资援建的大龙街道德龙小学多功能会议室竣工验收　　（县乡村振兴局　供图）

玉屏侗族自治县选派1名学校优秀中层干部到东莞市司马中学跟岗交流学习3个月，3名学校优秀中层干部到东莞市参加为期1周的党政干部培训，4名乡村教师到东莞市进行为期1周的培训，4名骨干教师到东莞市进行为期半年的跟岗学习。常平、桥头、谢岗3镇投入东西部协作专项资金350万元，用于德龙小学功能室及黔东民族寄宿制中学运动场建设。

【教育资助】 2022年，玉屏侗族自治县开设高中经济困难家庭学生入学“绿色通道”，实施普通高中免学费1314人次、118.26万元，实施中等职业学校免学费1915人次、191.5万元；发放学前教育资助2718人次、71.7万元，发放义务教育贫困学生生活补助12798人次、491.91万元，发放普通高中国家助学金2003人次、224.8万元，发放中等职业学校国家助学金1310人次、131.18万元，发放中等职业学校奖学金1人、0.6万元；实施贵州教育精准扶贫资助1827人次、248.48万元；办理国家生源地助学贷款1054人、1013.7万元。

（杨明华）

教师队伍建设

【概况】 2022年，玉屏侗族自治县教育系统有编制1920名，教职工1970人（含特岗教师138人）；高级专业技术职称464人，中级专业技术职称819人，初级专业技术职称363人，未定级265人（含特岗教师），高级讲师26人，讲师25人，助理讲师8人。全县教育系统调整、转任、提任干部99名，其中提任校级领导干部30名、提任中层干部48名、免去中层以上干部21名。新增教师62人（含52名特岗教师），招募幼教志愿者416名。

【教师培训】 2022年，玉屏侗族自治县教育系统开展迎接党的二十大“强国复兴有我”群众性主题宣传教育活动300余次，专题学习220余次，专题宣讲50余次，受教育群众2000余人。全年完成国培、省培、市培线下专项培训及线上网络新媒体新技术培训1000余人。建立教育系统后备干部人才库，开展县内后备干部培训8期。继续开展校本培训、新教师（特岗教师）培训、园长岗位培训、保育员及转岗教师培训、小学数学教师能力提升等培训。开展“三名”（名校长、名班主任、名师）工作室、家庭教育工作室等培训活动24次，成立舒忠艳、廖艳芬、李仕奎3个县级名师工作室和罗海燕市级名师工作室。全县各类学校专任教师接受继续教育培训20880人次，累计167040学时。其中，幼儿园专任教师接受继续教育培训4270人次，累计34160学时；小学专任教师接受继续教育培训8507人次，累计68056学时；初中专任教师接受继续教育培训4984人次，累计39872学时；高中专任教师接受继续教育培训2312人次，累计18496学时；中等职业学校专任教师接受继续教育培训807人次，累计6456学时。

【教师资格认定】 2022年，玉屏侗族自治县开展教师资格认定3

批次、102人。其中，上半年2次，认定92人；下半年1次，认定10人。

【教师职称评聘】 2022年，玉屏侗族自治县中小学教师系列（含幼儿园）评定职称191人，其中社会副高42人，基层副高7人，中级职称90人，初级职称52人。

【贵州省政府30年教龄证书申办】 2022年，玉屏侗族自治县申请办理贵州省政府颁发的教育系统30年荣誉证书19人。其中，幼儿园教师1人、小学教师9人、初级中学教师5人、高级中学教师4人。

【教师表彰】 9月8日，玉屏民族中学、皂角坪中心完小、县实验幼儿园3所学校及姚婷、徐倩、舒忠艳、郭红、张妮、杨明华、郭群英、黄春花、刘永琴、吉玲10位教师受到中共铜仁市委、铜仁市人民政府通报表扬。9月9日，为庆祝第38个教师节，县委、县人民政府决定，授予玉屏民族中学等10所学校“先进集体”荣誉称号，授予杨锐忠等10人“优秀校（园）长”荣誉称号，授予姚小丽等59人“优秀班主任”荣誉称号，授予伍洪勇等49人“优秀教师”荣誉称号，授予洪丹等18人“优秀教育工作者”荣誉称号，授予詹建国等12人“优秀山村教师”荣誉称号，授予姚玉岑等8人“优秀特岗教师”荣誉称号，授予邓一燕等10人“优秀幼教志愿者”荣誉称号，授予吴祥林等10人“师德模范”荣誉称号，授予张金菊等15人“尊师重教先进个人”荣誉称号。 （杨明华）

学前教育

【概况】 2022年，玉屏侗族自治县有幼儿园68所（公办幼儿园59所，民办幼儿园9所）。全年幼儿园新增1所，撤销9所（公办6所，民办9所），取缔民办幼儿园办学1所。在园幼儿6203人（公办幼儿园4703人，民办幼儿园1500人），公办幼儿园幼儿占比75.81%；教学班数227个（公办幼儿园174个，民办幼儿园53个），平均班额27.3人，学前三年毛入园率91.27%；普惠性幼儿园67所（民办幼儿园8所），普惠性幼儿园覆盖率98.92%；有教职工953人（民办幼儿园205人），园长24人，专任教师499人，保育员236人，保健医生24人；师生比1∶12。

2022年玉屏侗族自治县幼儿园一览表

表14

序号	学校名称	学校类别	所属乡镇（街道）	办学规模	学校性质	教职工数（人）	幼儿人数（人）
1	玉屏侗族自治县实验幼儿园	省级一类示范幼儿园	皂角坪街道	12个班	公办	61	381
2	玉屏侗族自治县第二幼儿园	市级示范幼儿园	平溪街道	12个班	公办	51	376
3	玉屏侗族自治县第三幼儿园	基本达标幼儿园	皂角坪街道	12个班	公办	32	168
4	玉屏侗族自治县平溪中心幼儿园	市级示范幼儿园	平溪街道	6个班	公办	29	197
5	玉屏侗族自治县平溪第二幼儿园	市级示范幼儿园	平溪街道	9个班	公办	41	274
6	玉屏侗族自治县皂角坪中心幼儿园	市级示范幼儿园	皂角坪街道	12个班	公办	55	375
7	玉屏侗族自治县大龙中心幼儿园	市级示范幼儿园	大龙街道	6个班	公办	29	176
8	玉屏侗族自治县大龙第二幼儿园	县级示范幼儿园	大龙街道	12个班	公办	44	273
9	玉屏侗族自治县大龙第三幼儿园	市级示范幼儿园	大龙街道	12个班	公办	32	184

续表 14

序号	学校名称	学校类别	所属乡镇（街道）	办学规模	学校性质	教职工数（人）	幼儿人数（人）
10	玉屏侗族自治县麻音塘中心幼儿园	市级示范幼儿园	麻音塘街道	12个班	公办	42	295
11	玉屏侗族自治县田坪镇中心幼儿园	市级示范幼儿园	田坪镇	6个班	公办	28	165
12	玉屏侗族自治县田坪镇第二幼儿园	市级示范幼儿园	田坪镇	12个班	公办	39	266
13	玉屏侗族自治县新店乡中心幼儿园	市级示范幼儿园	新店镇	3个班	公办	17	81
14	玉屏侗族自治县亚鱼乡中心幼儿园	县级示范幼儿园	亚鱼乡	12个班	公办	17	86
15	玉屏侗族自治县朱家场镇中心幼儿园	市级示范幼儿园	朱家场镇	6个班	公办	19	109
16	南宁村山村幼儿园	山村幼儿园	大龙街道	1个班	公办	4	20
17	麻音塘山村幼儿园	山村幼儿园（县级示范园）	麻音塘街道	3个班	公办	13	78
18	九龙村山村幼儿园	山村幼儿园	麻音塘街道	2个班	公办	6	41
19	祥查村山村幼儿园	山村幼儿园	麻音塘街道	1个班	公办	4	27
20	抚溪村山村幼儿园	山村幼儿园	麻音塘街道	1个班	公办	3	13
21	一心村山村幼儿园	山村幼儿园	麻音塘街道	2个班	公办	6	30
22	蔡溪村山村幼儿园	山村幼儿园	麻音塘街道	2个班	公办	5	34
23	杨柳村山村幼儿园	山村幼儿园	平溪街道	2个班	公办	6	44
24	七里塘村山村幼儿园	山村幼儿园	平溪街道	2个班	公办	7	47
25	安坪村山村幼儿园	山村幼儿园	平溪街道	2个班	公办	7	50
26	罗家寨村山村幼儿园	山村幼儿园	田坪镇	1个班	公办	3	16
27	南门村山村幼儿园	山村幼儿园	田坪镇	1个班	公办	3	17
28	马溪村山村幼儿园	山村幼儿园	田坪镇	1个班	公办	4	22
29	新华村山村幼儿园	山村幼儿园	田坪镇	2个班	公办	6	41
30	彰寨村山村幼儿园	山村幼儿园	田坪镇	1个班	公办	5	32
31	金竹村山村幼儿园	山村幼儿园	田坪镇	3个班	公办	10	69
32	田冲村山村幼儿园	山村幼儿园	田坪镇	1个班	公办	3	12
33	长岭村山村幼儿园	山村幼儿园	田坪镇	1个班	公办	4	25
34	迷路村山村幼儿园	山村幼儿园	田坪镇	2个班	公办	4	27
35	岩屋口村山村幼儿园	山村幼儿园	田坪镇	1个班	公办	3	12
36	庆寨村山村幼儿园	山村幼儿园	田坪镇	1个班	公办	4	19
37	马家屯村山村幼儿园	山村幼儿园	田坪镇	1个班	公办	3	14
38	老寨村山村幼儿园	山村幼儿园	新店镇	1个班	公办	3	16
39	沙水坪村山村幼儿园	山村幼儿园	新店镇	2个班	公办	4	27

续表 14

序号	学校名称	学校类别	所属乡镇（街道）	办学规模	学校性质	教职工数（人）	幼儿人数（人）
40	河口村山村幼儿园	山村幼儿园	新店镇	1个班	公办	4	22
41	丙溪村山村幼儿园	山村幼儿园	新店镇	2个班	公办	9	64
42	洞坪村山村幼儿园	山村幼儿园	新店镇	1个班	公办	3	12
43	郭家湾村山村幼儿园	山村幼儿园	亚鱼乡	1个班	公办	3	11
44	沙子坳村山村幼儿园	山村幼儿园	亚鱼乡	1个班	公办	3	18
45	瓮袍村山村幼儿园	山村幼儿园	亚鱼乡	1个班	公办	3	18
46	瓮阳村山村幼儿园	山村幼儿园	皂角坪街道	2个班	公办	4	24
47	枹木垅村山村幼儿园	山村幼儿园	皂角坪街道	1个班	公办	3	16
48	茅坪村山村幼儿园	山村幼儿园	皂角坪街道	2个班	公办	8	53
49	大兴村山村幼儿园	山村幼儿园	朱家场镇	1个班	公办	3	13
50	洪家湾村山村幼儿园	山村幼儿园	朱家场镇	1个班	公办	3	18
51	木弄村山村幼儿园	山村幼儿园	朱家场镇	1个班	公办	4	28
52	混寨村山村幼儿园	山村幼儿园	朱家场镇	1个班	公办	3	18
53	詹家坳村山村幼儿园	山村幼儿园	朱家场镇	1个班	公办	3	12
54	兴隆村山村幼儿园	山村幼儿园	朱家场镇	2个班	公办	9	62
55	鱼塘村山村幼儿园	山村幼儿园	朱家场镇	2个班	公办	5	37
56	前光村山村幼儿园	山村幼儿园	朱家场镇	1个班	公办	3	18
57	堰上村山村幼儿园	山村幼儿园	朱家场镇	1个班	公办	3	13
58	龙眼村山村幼儿园	山村幼儿园	朱家场镇	1个班	公办	4	20
59	茅坡村山村幼儿园	山村幼儿园	朱家场镇	3个班	公办	12	87
60	玉屏侗族自治县大龙街道阳光幼儿园	民办幼儿园	大龙街道	3个班	民办	10	67
61	玉屏侗族自治县大龙起点幼儿园	普惠性民办园	大龙街道	3个班	民办	12	79
62	玉屏侗族自治县小博士幼儿园	普惠性民办园	平溪街道	4个班	民办	14	120
63	玉屏侗族自治县小太阳幼儿园	普惠性民办园	平溪街道	9个班	民办	37	266
64	玉屏侗族自治县群艺幼儿园	普惠性民办园	皂角坪街道	7个班	民办	26	195
65	玉屏侗族自治县梯田幼儿园	普惠性民办园	皂角坪街道	9个班	民办	34	236
66	玉屏侗族自治县童乐幼儿园	普惠性民办园	平溪街道	9个班	民办	36	290
67	玉屏侗族自治县小红帽幼儿园	普惠性民办园	皂角坪街道	4个班	民办	16	110
68	玉屏县爱立方幼儿园	普惠性民办园	皂角坪街道	5个班	民办	20	137

【幼小衔接全覆盖】 2022年，根据教育部《关于大力推进幼儿园与小学科学衔接的指导意见》文件精神，玉屏侗族自治县推行幼儿园与小学科学衔接工作，制定幼小衔接攻坚行动实施总方案和小学与幼儿园双向衔接教研工作制度，建立幼小联盟13个，将各校园落实制度情况纳入年度考核考评。通过多种形式的教研，把幼小科学衔接与课程建设、教学改革等工作紧密结合。5月，县第二幼儿园、平溪第二幼儿园与县第二小学建立幼小衔接共同体经验做法入选贵州省幼小衔接先进典型。

【示范幼儿园建设】 2022年，玉屏侗族自治县有省级示范幼儿园1所，市级示范幼儿园11所，县级示范幼儿园2所，未定级幼儿园1所（县第三幼儿园）。年内，县实验幼儿园成为贵州省一类示范幼儿园（全省仅5所），麻音塘中心幼儿园、田坪镇第二幼儿园通过市级评估，田坪镇中心幼儿园通过市级复评。全年开展集团帮扶指导12次。

【县实验幼儿园获评省级一类示范幼儿园】 8月1日，贵州省教育厅下发《关于公布2022年上半年省级示范幼儿园评估及复查升类结果的通知》，县实验幼儿园通过省级示范幼儿园复查升类评估，提升为铜仁市唯一一所省级一类示范幼儿园，贵州省仅有5所。县实验幼儿园创办于1943年7月，2002年由平溪街道蒋家田迁至解放路145号，2007年被评为省级示范三类幼儿园，2010年被评为省级示范二类幼儿园。2022年6月16—18日，贵州省示范幼儿园评估专家，对县实验幼儿园进行省级示范幼儿园复查暨升类评估，玉屏侗族自治县对照专家组提出的意见和建议，成立提质升级工作专班加强整改，推进省级一类示范幼儿园创建工作。2022年，县实验幼儿园有教职工61人，开设小、中、大12个班，有幼儿381人。

县实验幼儿园提升为省级一类示范幼儿园　　（姚　瑶　摄）

【县第三幼儿园投入使用】 2022年，县第三幼儿园建成投入使用。9月，县第三幼儿园正式开学，招生171人，其中小班109人、中班29人、大班33人。县第三幼儿园位于玉屏侗族自治县飞凤家园（未来城）小区内，由

2022年，县第三幼儿园投入使用。图为11月30日，该园开展“乐享农动　健康成长”为主题的运动会　（县第三幼儿园　供图）

贵州宏科房地产开发有限公司负责配套建设，规划建设规模 12 个班（贵州宏科房地产开发有限公司规划配套 9 个班，县人民政府出资购买 3 个班），总建筑面积4080平方米，新增学位360个，总投资 2189 万元，其中贵州宏科房地产开发有限公司配建资金 1480 万元，县人民政府购买学位资金 270 万元、采购相关附属设施及设施设备 439 万元。

【县第四幼儿园建设】 县第四幼儿园规划建设规模 18 个班，总用地面积 16656 平方米，总建筑面积 9506.12 平方米，规划总投资 4300 万元，新增学位 540 个。2022 年 5 月，启动项目一期建设，建设规模 12 个班，建筑面积 5776.84 平方米，规划投资 2596 万元，建成后新增学位 360 个。至年底，完成行政综合楼及 1 栋教学楼主体建设，其他 3 栋教学楼完成 2 层主体框架施工。

（杨明华）

义务教育

【概况】 2022 年，玉屏侗族自治县有义务教育学校 35 所，在校学生 22659 人，专任教师 1451 人，教学班数 549 个。其中，小学 30 所（二类及以上小学 13 所、农村完全小学 16 所、教学点 1 个），在校学生 15693 人（与上学年初 15876 人相比呈下降趋势），专任教师 920 人，教学班数 402 个，小学入学率 100%；初级中学 5 所，在校学生 6966 人（与上学年初 6652 人相比呈上升趋势），专任教师 531 人，教学班数 147 个，初中入学率 100%。

【中小学德育教育】 2022 年，玉屏侗族自治县开展“请党放心，强国有我”“童心向党”“扣好人生第一粒扣子”及“七一”建党节、国庆节等时间节点系列主题教育，增强学生爱党爱国情感，加强中小学生社会主义核心价值观教育，深化未成年人思想道德建设。以“贵青杯”系列活动为抓手，推进“4+2”特色教育开展。举办校园足球联赛和中小学生篮球赛等活动，开展“新时代好少年”“玉见 · 最美”评选活动、身边好人推荐学习宣传活动，县第二小学学生夏子轩被评为市级“新时代好少年”。开展“环保小雷锋”“学习雷锋好榜样”“劳动小能手”“光盘接力·爱的谷粒”等系列志愿服务活动，强化“健康促进学校”“无烟校园”“绿色学校”“文明校园”创建，不断提升学生文明素养。开展“学宪法讲宪法”活动，评选学科教学渗透法治教育教学设计 225 篇，推送市级 90 篇，获奖 47 篇。开展法治教育进校园活动，聘任法治副校长 52 人、法治辅导员 52 人，举办法治教育讲座 60 余场。

2022年玉屏侗族自治县小学一览表

表 15

序号	机构名称	学校地址	办学类型	举办者类型	在校生数（人）	班级数（个）	教职工数（人）	占地面积（平方米）	校舍建筑面积（平方米）
1	玉屏侗族自治县印山民族小学	玉屏侗族自治县平溪镇中华路112号	小学	公办	2509	54	137	31216	7287
2	玉屏侗族自治县第二小学	玉屏侗族自治县康华社区康华花园组	小学	公办	2538	52	164	30093	17854
3	玉屏侗族自治县平溪中心完小	玉屏侗族自治县红花路81号	小学	公办	1508	32	100	19119	10096
4	玉屏侗族自治县皂角坪中心完小	玉屏侗族自治县皂角坪街道办事处对面	小学	公办	1229	26	84	33430	12885
5	玉屏侗族自治县平溪街道七里塘小学	玉屏侗族自治县平溪街道七里塘村	小学	公办	92	6	11	4500	1154

续表 15

序号	机构名称	学校地址	办学类型	举办者类型	在校生数（人）	班级数（个）	教职工数（人）	占地面积（平方米）	校舍建筑面积（平方米）
6	玉屏侗族自治县皂角坪街道瓮阳小学	玉屏侗族自治县皂角坪街道瓮阳村瓮阳铺组	小学	公办	79	6	14	3335	1181
7	玉屏侗族自治县大龙中心完小	玉屏侗族自治县大龙街道街上	小学	公办	1269	27	91	17400	9810
8	玉屏侗族自治县大屯小学	玉屏侗族自治县大龙街道大屯村	小学	公办	506	12	41	15944	4092
9	玉屏侗族自治县德龙小学	玉屏侗族自治县大龙街道鲢鱼塘村胡家组	小学	公办	727	18	57	33991	18478
10	玉屏侗族自治县麻音塘中心完小	玉屏侗族自治县麻音塘街道龙江新区正对面5号楼旁	小学	公办	975	22	69	65060	38698
11	玉屏侗族自治县麻音塘街道麻音塘小学	玉屏侗族自治县麻音塘街道麻音塘村羊庄组	小学	公办	234	6	17	7802	2424
12	玉屏侗族自治县麻音塘街道九龙小学	玉屏侗族自治县麻音塘街道九龙村老寨组	小学	公办	134	6	12	3215	1429
13	玉屏侗族自治县麻音塘街道岩下小学	玉屏侗族自治县麻音塘街道蔡溪村岩下组	小学	公办	102	6	10	3100	990
14	玉屏侗族自治县麻音塘街道松林寺小学	玉屏侗族自治县麻音塘街道祥查村祥查组	小学	公办	23	3	7	5000	737
15	玉屏侗族自治县麻音塘街道抚溪江小学	玉屏侗族自治县麻音塘街道抚溪村抚上组	小学	公办	99	6	12	6400	1181
16	玉屏侗族自治县田坪镇中心完小	玉屏侗族自治县田坪镇田坪村下街组	小学	公办	1228	27	85	60066	31039
17	玉屏侗族自治县田坪镇迷路小学	玉屏侗族自治县田坪镇迷路村下岩坝组	小学	公办	80	6	10	5307	1909
18	玉屏侗族自治县田坪镇金竹小学	玉屏侗族自治县田坪镇金竹村学校边组	小学	公办	127	6	11	3830	1375
19	玉屏侗族自治县田坪镇河东小学	玉屏侗族自治县田坪镇罗家寨村罗家寨组	小学	公办	111	6	9	2456	1734
20	玉屏侗族自治县田坪镇新华小学	玉屏侗族自治县田坪镇新华村星斗坡组	小学	公办	86	6	11	10725	1497
21	玉屏侗族自治县彰寨民族小学	玉屏侗族自治县田坪镇彰寨村屠夫店组	小学	公办	74	6	11	7810	3401
22	玉屏侗族自治县长岭小学	玉屏侗族自治县田坪镇长岭村大屋组	小学	公办	141	6	16	13411	5560
23	玉屏侗族自治县朱家场镇中心完小	玉屏侗族自治县朱家场镇街上村	小学	公办	369	10	36	13000	5445
24	黄佩球茅坡希望小学	玉屏侗族自治县朱家场镇茅坡村茆家组	小学	公办	160	6	16	7750	3318
25	玉屏侗族自治县朱家场镇木弄小学	玉屏侗族自治县木弄村上木弄一组	小学	公办	89	6	12	5200	1962
26	玉屏侗族自治县兴隆小学	玉屏侗族自治县朱家场镇兴隆村街上组	小学	公办	255	7	31	12000	3274

续表 15

序号	机构名称	学校地址	办学类型	举办者类型	在校生数（人）	班级数（个）	教职工数（人）	占地面积（平方米）	校舍建筑面积（平方米）
27	玉屏侗族自治县新店小学	玉屏侗族自治县新店镇街上组	小学	公办	326	9	37	13450	6304
28	玉屏侗族自治县新店镇丙溪小学	玉屏侗族自治县新店镇丙溪村两河组	小学	公办	146	6	17	5840	1523
29	玉屏侗族自治县亚鱼中心完小	玉屏侗族自治县亚鱼乡亚鱼村街上组	小学	公办	464	12	44	10955	6621
30	玉屏侗族自治县瓮袍小学	玉屏侗族自治县亚鱼乡瓮袍村	小学教学点	公办	13	1	2	2646	564

2022年玉屏侗族自治县初级中学一览表

表 16

序号	机构名称	学校地址	办学类型	举办者类型	在校生数（人）	班级数（个）	教职工数（人）	占地面积（平方米）	校舍建筑面积（平方米）
1	玉屏侗族自治县第一中学	玉屏侗族自治县皂角坪街道紫气路81号	初中	公办	2136	44	185	59384	47479
2	玉屏侗族自治县黔东民族寄宿制中学	玉屏侗族自治县平溪街道红花村红花路101号	初中	公办	2226	45	193	48600	32179
3	玉屏侗族自治县大龙中学	玉屏侗族自治县大龙街道街上村	初中	公办	993	22	110	57327	19381
4	玉屏侗族自治县龙江中学	玉屏侗族自治县麻音塘街道龙江新区	初中	公办	655	15	85	73347	38675
5	玉屏侗族自治县田坪中学	玉屏侗族自治县田坪镇下街	初中	公办	956	21	100	28328	13266

【义务教育“双减”】 2022 年，玉屏侗族自治县成立“双减”（有效减轻义务教育阶段学生过重作业负担和校外培训负担）工作领导小组，建立 13 个部门联动的“双减”专门协调机制，印发“双减”工作方案。按照“一校一案”要求，印发《关于进一步加强落实“五项管理”工作实施方案》，加强“五项管理”相关政策学习，建立“五项管理”工作制度、实施细则。执行国家课程计划，开齐课程，开足课时，二类以上中小学音乐、体育、美术学科教师实行专职任课。注重学生劳动教育，印山民族小学、皂角坪中心完小利用劳动基地的劳动成果开展义卖活动，所得资金用于贫困山区学校帮扶。开展课后服务，细化和丰富课后服务内容，开展社团活动，学生参与率 91.3%。严格课后服务收费，落实《铜仁市中小学课后服务资金管理办法》要求，规范资金管理。落实考试规定要求，小学一年级、二年级不进行纸笔考试，三年级至六年级由学校每学期组织一次期末考试，初中年级从不同学科的实际出发，安排一次期中考试。加强校外培训机构综合治理，按照学科类与非学科类两大类培训机构分类管理，学科类培训机构不得在节假日、双休日、寒暑假开展学科培训，周一至周五培训时间不得晚于 20：30，相关部门开展联合专项治理行动 20 次。

【义务教育控辍保学】 2022 年，玉屏侗族自治县落实控辍保学

“双线”（行政线、教育线）责任制和“七长”［县长、乡（镇、街道）长、村长、校长、家长、师长］负责制，统筹整合乡（镇、街道）干部、包村干部（帮扶责任人）和学校教师三方力量，对义务教育阶段适龄儿童少年入学情况进行动态监测，确保每一个学生不失学辍学，继续保持全县义务教育阶段控辍保学动态清零。

【义务教育招生考试】 2022 年，玉屏侗族自治县制定出台《玉屏侗族自治县 2022 年中小学划片招生工作方案》，坚持相对就近、免试入学划片招生，推进依法行政、依法办学，促进教育公平和均衡协调发展。全县中考报名 2015 人（应届 2005 人，往届 10 人），500 分以上 161 人；铜仁第一中学录取 60 人，玉屏民族中学录取 908 人。

【黔东民族寄宿制中学提质改造】 2022 年，玉屏侗族自治县实施黔东民族寄宿制中学提质改造项目，建设内容为新建运动场和改扩建学生食堂，规划总投资 1701.6 万元。其中，运动场部分主要建设内容为新建 400 米标准跑道、11 人制足球场 1 个，标准篮球场 2 个及相关附属设施，总投资 908.71 万元，项目于 5 月开工建设，10 月建成并投入使用；学生食堂改扩建部分，建设面积 2556.03 平方米（新建 1191.63 平方米），总投资 792.89 万元，项目于 10 月开工建设。

【央视新闻关注县第一中学学生社会实践】 1 月 23 日，中央电视台综合频道与新闻频道并机直播的《朝闻天下》栏目播出《各地中小学生寒假生活陆续开启·鼓励孩子走出家门 积极参与社会实践》，通过采访学生、教师的方式，重点报道县第一中学学生在学校教师的引导和鼓励下，利用寒假时间，聚焦校园霸凌、防火安全、电信诈骗等多样化的热点话题，自导自拍《法制小卫士》法治宣传片，进行社会实践的新闻。 （杨明华）

10月，黔东民族寄宿制中学运动场建成并投入使用（叶 辉 摄）

普通高中教育

【概况】 2022 年，玉屏侗族自治县有普通高中 1 所（玉屏民族中学），在校学生 2938 人（与上学年初 2956 人相比呈下降趋势），其中少数民族 2619 人；有教学班数 55 个，平均班额 53.42 人，高中阶段毛入学率 95.52%；有教职工 229 人，行政人员 3 人，专任教师 220 人，教辅人员 6 人；专任教师中研究生学历 16 人，本科学历 204 人，学历合格率 100%。师生比 1∶13.35。

【高考升学考试】 2022 年，玉屏侗族自治县高考报名 1223 人，实际参考 806 人，其中文史类（含艺体文）348 人，理工类（含艺体理）458 人；应届 761 人，往届 45 人；少数民族考生 694 人，符合政策加分 694 人（其中加 15 分 676 人，加 10 分 13 人，加 5 分 5 人）。高考 600 分以上 3 人（文科），一本上线 121 人，上线率 15.01%；本科上线 458 人（含艺术、体育），上线率 56.82%；专科上线 292 人，上线率 36.23%。全县累计录取 701 人，录取率 86.97%，其中“985”院校 4 人，“211”院校

2022年，玉屏侗族自治县参加高考806人。图为6月8日，高考考生结束考试后走出玉屏民族中学考点　　（胡攀学　摄）

27 人，一本院校 82 人，二本院校 296 人，专科院校 292 人。

【玉屏民族中学迎接省级二类示范性普通高中复查评估】 12 月 2—4 日，贵州省评估专家组对玉屏民族中学开展省级二类示范性普通高中复查评估，采取查阅资料、听取汇报、实地查证、听课、访谈、测试、交流指导、评估反馈等方式进行。县委书记杨启明，铜仁市教育局副局长兰显亮及相关县领导出席反馈会。反馈会上，专家组反馈复查评估情况，对改善办学条件、提升教育教学质量、增强学校文化内涵等给予肯定。　（杨明华）

职业教育

【概况】 2022 年，玉屏侗族自县有职业学校 1 所（县中等职业学校）。县中等职业学校组建于 1983 年，是省级重点公办学校，有校区 2 个，分别承担中等职业教育和社会技能培训任务，总占地面积 47286 平方米，建筑面积 41147 平方米。有中职学生 2098 人，其中非全日制 1033 人。有教职工 96 人，其中“双师型”教师（同时具备教师资格和职业资质，从事职业教育工作的教师）32 人，专任教师 75 人，行政工勤人员 5 人，外聘教师 16 人。有实训室 38 间，实训设备总价值 1085 万元。开设汽车运用与维修、城市轨道交通运营服务、服装设计与工艺等 12 个专业。

【职业教学成果】 2022 年，玉屏侗族自治县中职升高职分类考试录取 144 人。参加第一届贵州技能大赛铜仁市选拔赛，获金牌 2 枚、银牌 3 枚、铜牌 5 枚，参加第一届贵州省职业技能大赛，获优胜奖 1 个。

【中职学校招生】 2022 年，玉屏侗族自治县组织召开中等职业学校招生工作推进会暨中职教育宣传工作会议，制定《玉屏侗族自治县中等职业学校招生工作方案》，县直相关部门、乡（镇、街道）和初级中学三级联动，开展招生宣传 3 轮。市级下达全日制学生招生任务 650 人，实际招生 354 人。

【中职学生就业】 玉屏侗族自治县 2022 届中职毕业学生 238 人，参加分类考试录取 144 人。中职学生就业 72 人（包括录取学生），自主择业 54 人。

【中职学校培训】 2022 年，玉屏侗族自治县成立技能等级鉴定机构，实现鉴定工种与学校开设专业配套，推进“双证书”（学历文凭和职业资格证书）制度落实。在职业技能培训方面，开展电工、汽车维修工、车工、铣工、服装制版师四级及五级考证培训 280 人，鉴定合格 250 人。在服务乡村振兴方面，开展村干部“学历＋技能提升”培训 247 人，培训周期为 3 年。其间，对 15—59 岁未上过学的村民开展职业技能、学历“双提升”培训 482 人。

【第九届“鲁班杯”学生技能大赛】 5 月 18—20 日，玉屏侗族自治县举办以“技能让生活更美好”为主题的玉屏侗族自治县 2022 年职业教育活动周暨玉屏侗族自治县中等职业学校第九届“鲁班杯”学生技能大赛。此次

5月18日，玉屏侗族自治县2022年职业教育活动周暨县中等职业学校第九届“鲁班杯”学生技能大赛在县中等职业学校开幕（付碧桃 摄）

技能竞赛涵盖专业12个、比赛项目24个，参赛选手320人次，评选出一等奖28项、二等奖61项、三等奖91项。其间，县中等职业学校结合学校办学特点和学生专业技能竞赛设置技能展示项目，通过数控车加工、数控铣加工、车工加工技术、中餐摆台、焊接技术、服装设计工艺、机电一体化设备安装与调试、装配钳工、机械CAD制图、电子电路装调与应用、计算机操作、车身修复、汽车二级维护、发动机拆装、汽车故障诊断、汽车喷涂、汽车营销等专业技能展示，展现县中等职业学校专业特色、职业技能水平和教学成果。（杨明华）

特殊教育与继续教育

【特殊教育】 2022年，玉屏侗族自治县无特殊教育学校。8月，印发《玉屏侗族自治县2022年重度残疾及因病不能入学儿童少年“送教上门”的工作方案》，县教育局、县民政局、县残联、各乡（镇、街道）和学校联合开展适龄残疾儿童摸底调查，对因病、因残疾等特殊适龄学生采取随班就读和送教上门方式，保障特殊适龄儿童少年接受教育的权利。全县39名因病、因残疾不能到校上课学生，均采取“送教上门”的方式接受义务教育。

【广播电视大学教学】 2022年，县广播电视大学招收学员168人（春季招生91人，秋季招生77人），推送铜仁广播电视大学47人（春季23人，秋季24人），超额224%完成市级下达的招生指标任务数。有在职学员284人。5月，县广播电视大学工作站作为唯一县级工作站在全省电大教育工作会议上进行交流发言。

（杨明华）

老年教育

【教育教学管理】 2022年，玉屏侗族自治县老年教育围绕“学乐结合”，突出老年教育的娱乐性。开设时事政治、卫生保健、普法教育、音乐、合唱、舞蹈、书法、美术、摄影、手工剪纸、山歌、箫、笛子、二胡、葫芦丝、手机计算机、交谊舞、手杖操、曲艺、劳动、国学经典诵读等21个专业课程。3月22日春季学期至12月31日秋季学期共有教学班级22个，艺术团队3个（三友艺术团、金钱棍团队、合唱团），校外班5个（广场舞、太极拳剑、旗袍走秀、乒乓球、柔力球）。

【教师队伍建设】 2022年，玉屏侗族自治县老年教育教师实行聘任制，实施动态管理，依托县老年教育工作领导小组成员单位和基层组织中的优秀人力资源，夯实以教育、卫生、文化、司法等部门业务骨干为主体的教师队伍建设，全年聘请教师20人，建立完善后备教师人才库。

【政治建校】 2022年，玉屏侗族自治县在县老年大学成立“智慧助老”志愿者、生态文明建设志愿者、“银龄志愿”服务队志愿者队伍3支及班委会1个、妇女委员会1个。全年组织开展理论（时政）宣讲20余场次、干部职工学习会31次、专题研讨

9月1日，县老年大学举行2022—2023学年度第一学期开学典礼
（县老年大学　供图）

5次，撰写心得体会23篇。以县老年大学教学平台为依托，让各类活动与思想政治理论课同向同行。1月28日，县老年大学、县文联、贵州铜仁华睿养老服务有限公司玉屏分公司联合组织开展2022年"'我的中国梦'——文化进万家"乡村振兴志愿者服务活动。3月12日，县老年大学组织劳动班学员和妇女委员会成员20余人到㵲阳河滩劳动班基地开展以"感党恩　赞侗乡　美屏山　艳河滩"为主题的志愿活动。4月20日，县老年大学合唱团开展游学活动。6月26日，县老年大学组织老年学员在玉屏侗乡风情园开展"喜迎二十大·舞动新时代"主题游学活动。7月1日，县委组织部、县老年大学共同举行"桑榆展风采·喜迎二十大"教学成果展示文艺会演活动，县老年大学学员、退休老干部及群众等200余人参加活动。7月3日，县老年大学舞韵旗袍队参加江口县主办的"喜迎二十大·永远跟党走"游客群艺大赛，荣获一等奖。9月30日，县老年大学组织部分"银龄志愿"服务队志愿者到新店镇狸狮坪村老年学校开展"九九重阳节　浓浓敬老情"志愿服务活动。11月17日，县老年大学举办"喜庆二十大　银龄添风采"——学习贯彻党的二十大精神主题演讲赛，16名选手参赛。

【校园文化建设】 2022年，玉屏侗族自治县组织县老年大学学员在校区内制作各类宣传展板20块，丰富文化宣传栏和书画作品展览厅内容，其中文化宣传栏照片60张，展览厅摄影、剪纸、书画作品100余幅。推进校园文化建设，将社会主义核心价值观融入老年教学活动，培育优良校风、教风、学风、班风。通过文艺演出、编写宣传材料等，开展送文化进社区、送党的惠民政策进村组活动，宣传党的路线、方针、政策。组织学员参加禁毒宣传和防范养老诈骗宣传视频录制活动。开展游学活动，把第二课堂搬进景区。

【实践性办学】 2月5日，玉屏侗族自治县组织县老年大学书法班教师和学员到平溪街道康华社区易地扶贫搬迁安置点，义务写春联120余副。3月26日，劳动班学员在茶花泉景区，义务栽植美人蕉和鸢尾花花苗500株。3月27日，劳动班任课教师带领10余名学员志愿者在㵲阳河河滩，开展义务植绿护绿志愿活动。12月3日，县老年大学志愿者及舞蹈教师到平溪街道康华社区易地扶贫搬迁安置点老年学校，开展"智慧助老"及义务送教活动。

【老年教育宣传】 2022年，玉屏侗族自治县加强防范养老诈骗宣传教育，在全县老年大学学员中开展为期半年的打击整治养老诈骗专项行动。利用学校教师班干部微信工作群和各班级学员学习微信群宣传平台，转发上级部署专项行动、"涉老反诈"知识、反诈骗典型案例等，其中微信工作群转发信息100余条，微信朋友圈转发信息500余条。组织县老年教育工作领导小组成员单位、干部职工、老年学员、"银龄志愿"服务队志愿者开展"涉老反诈"宣传进校园、进社区、进联系村、进超市、进公园、进广场、进家庭等现场活动。向铜仁市老年教育办公室报送美术作品2幅、摄影作品4幅。

【老年游学探索】 2022年，玉屏侗族自治县依托红色文化、民族风情、乡村产业、绿色生态等资源，因地制宜建立老年游学基地和游学线路，开设老年游学课程，开展系列老年游学活动。年内，成立玉屏侗乡风情园、茶花泉景区2个老年游学基地，将皂角坪街道瓮阳村至朱家场镇混寨村作为老年游学特色线路，组织老年学员在玉屏侗乡风情园开展“喜迎二十大·舞动新时代”等主题游学活动。县老年大学获铜仁市老年游学大赛三等奖。

【乡（镇、街道）老年学校建设】 2022年，玉屏侗族自治县指导乡（镇、街道）老年学校新建村（社区）老年学校7所，其中易地扶贫搬迁安置点1所，即朱家场镇街上村新易地扶贫搬迁安置点老年学校；社区老年学校2所，分别是平溪街道红花社区老年学校和皂角坪街道北门社区老年学校；村老年学校5所，分别是朱家场镇桐木村老年学校、田坪镇江口村老年学校、白果村老年学校、亚鱼乡沙子坳村老年学校、新店镇沙水坪村老年学校。贵州铜仁华睿养老服务有限公司玉屏分公司挂牌成立1个教学点。

（卢静纯）

民族教育

【概况】 2022年，玉屏侗族自治县印发加强新时代民族教育和民族团结进步工作实施方案、巩固提升全国民族团结进步示范创建成果工作方案、开展2022民族团结进步宣传月活动的通知，推进教育系统民族团结进步教育工作开展。抓好铸牢中华民族共同体意识工作。全面落实国家教育方针和民族政策，统筹推进各类学校铸牢中华民族共同体意识教育工作，在各级各类学校开展铸牢中华民族共同体意识“五旗、五徽、五认同”主题教育。印发《关于做好初中民族团结进步教育教材选用使用工作的通知》，加强对各初中学校教学业务指导，提升任课教师对铸牢中华民族共同体意识教育的认识以及课堂教学水平。抓好民族学校创建、师资培养、特色课程开发、教学质量提升等重点工作。

4月20日，县老年大学合唱团在新店镇河口村开展游学活动

（县老年大学 供图）

【民族地区基础教育质量提升项目建设】 2022年，玉屏侗族自治县推进贵州省民族地区基础教育质量提升行动计划（2021—2025年）项目建设，争取资金400余万元，用于黔东民族寄宿制中学、印山民族小学、新店民族寄宿制学校等6所学校的民族地区基础教育质量提升。

【校园民族文化教育】 2022年，玉屏侗族自治县将民族团结教育纳入课堂教学。在中小学开设“民族常识”教育课程，利用地方课教学，让学生了解国家民族政策、民族构成、民族地区变化。中小学开设“箫笛课”“侗语课”“民族舞蹈课”“民族体育活动课”，使各族学生融为一体，增强民族自尊心和民族自豪感。

探索提炼具有侗族特色课堂教学新模式，自主创编的《玉屏箫笛》地方教材在小学3—6年级、初中7—8年级、高中1年级全面铺开。出台《玉屏侗族自治县箫笛人才培训基地箫笛人才引进方案》，采取与高校联合办学的方式，利用寒暑假，加大箫笛艺术师资培训工作，加强中小学箫笛艺术教育普及力度，把箫笛艺术作为玉屏校园民族文化的重要内容。

4月7日，玉屏侗族自治县皂角坪幼儿园开展“侗乡三月三　侗娃齐欢乐”主题活动　（胡攀学　摄）

【侗族民俗文化教育】 2022年，玉屏侗族自治县挖掘侗族文化潜力，将民间文化、箫笛、侗歌、打陀螺等融入学校地方课、美术课、体育教学。成立“玉屏民俗文化展览馆”，馆内收集玉屏侗族自治县侗族人民生产、生活、劳动的工具、器具和民间文化艺术工艺品等500余件。开办的具有地方特色的代表性民俗文化教育活动有兴隆小学龙灯文化、印山民族小学千人箫笛、田坪小学薹锣文化、皂角坪中心幼儿园侗年文化及侗家“三月三”活动、新店小学侗族文化、亚鱼小学金钱杆、彰寨民族小学轮滑溜冰。

县第一中学侗族歌舞社团　（县教育局　供图）

【皂角坪幼儿园“侗乡三月三　侗娃齐欢乐”主题活动】 4月7日，皂角坪幼儿园开展“侗乡三月三　侗娃齐欢乐”主题活动。身穿侗族服装的小朋友和老师们通过唱侗歌、做绣球、缝香包、抢花炮、做游戏，制作三月粑、荠菜饺子、香包、社饭等侗家美食等形式，欢庆侗族“三月三”民俗文化节，感受侗乡民俗文化。

（杨明华）

文化

中国箫笛之乡 · 中国油茶之乡 · 侗族文化艺术之乡 · 中国黄桃之乡

综　述

2022年，玉屏侗族自治县完善公共文化服务体系，开展群众文化活动，加强文化艺术创作，做好文化产业发展。

推进文化服务建设。建设公共服务体系，完善图书馆设施设备，新建农村电影公益放映固定放映点。麻音塘街道综合文化站申报为贵州省示范性综合文化站，田坪镇新街居委会申报为贵州省易地扶贫搬迁综合性文化服务示范点。

丰富文化活动。实施文化惠民工程，在所有行政村（社区）开展"晒文化"活动，全年开展文艺巡演、群众文化活动28场次，开展文化志愿服务、流动图书服务、流动博物展36次，开展农村公益放映活动995场。举办2022年春节期间线上培训和暑期少儿公益培训班。

加强文化传承。推进文化文字载体编撰出版，编撰出版《平箫玉笛慰乡愁》《明代平溪卫历史文化研究》《玉屏年鉴（2022）》，印刷发行《玉屏检察志》，在编乡镇志村志等地方志16部，刊发《玉屏报》49期，印刷发行《玉屏文学》4期。加强档案保护和管理，县档案馆接收档案80卷、9196件，数字化馆藏档案317万页。加强文化遗产保护，划定文物保护范围和建设控制地带24处，修缮城墙遗址，新增县级"非遗"代表性项目及代表性传承人2批，认定第一批县级"非遗"工坊2家。

加大文化宣传。启动实施民族音乐剧《平箫玉笛》剧本创作编排，用诗歌、散文、书画、摄影等文艺作品开展文化宣传。在县级融媒体平台刊播稿件1.6万余篇，在电视新闻、市级媒体平台播出稿件610余条，发行《玉屏报》245万份。　（张诗悦）

公共文化

【公共文化服务体系建设】　2022年，玉屏侗族自治县有乡（镇、街道）综合文化站8个。申报并纳入全省易地扶贫搬迁综合性文化服务示范点项目1个，申报并纳入全省基层综合文化站（中心）示范项目1个，均通过贵州省文化和旅游厅示范点建设实地验收工作。

【综合性文化服务中心建设】　2022年，玉屏侗族自治县完成村（社区）综合性文化服务中心挂牌94个，制定《玉屏侗族自治县综合性文化服务中心管理制度》《玉屏侗族自治县基层综合性文化服务中心基本服务项目目录》，整合资源推进基层综合性文化服务中心建设工作。全县7个易地扶贫搬迁安置点综合性文化服务中心开展文艺演出7场次、文艺辅导10余次。

【文化馆建设】　2022年，县文化馆创办第一支馆办团队，吸纳英姿舞蹈队、古韵文艺队、三友艺术团等6支团队新生力。全年开展文艺巡演28场次、文化志愿服务活动21次。

【图书馆建设】　2022年，县图书馆启动城市阅读空间工作，推进"书香玉屏"建设，新增智慧书柜、VR蛋椅、朗读亭、智慧书法桌等智慧图书设施设备。建立个人捐赠区、地方图书专区、箫笛图书专区，接受捐赠图书1000余册。新增图书6000册，挂牌3个"城市阅读空间"，完成全国第七次县级以上图书馆评估定级考核。

【喜马拉雅朗读亭落地县图书馆】　12月3日，喜马拉雅朗读亭落地玉屏侗族自治县图书馆数字阅读体验区，成为县图书馆打造新型朗读空间的新起点。喜马拉雅朗读亭空间内有各种数字化设备、麦克风、耳机、触控机、高清显示屏、高保真音响、桌椅和吧台等设备。朗读亭可为读者录制各类作品，并上传至个人喜马拉雅账号，为阅读爱好者提供自助朗读体验。

【郭家湾村综合性文化服务中心获全国先进集体】　4月，中央宣传部、国家文化和旅游部、国家广播电视总局公布第九届全国服务农民、服务基层文化建设先进集体名单，亚鱼乡郭家湾村综合性文化服务中心获县级文化馆、图书馆、乡（镇、街道）综合文化站、村（社区）综合性文化服务中心先进集体，贵州仅2个单位获此类别先进集体称号。郭家湾村综合性文化服务中心于2017年11月21日对外开放，投资25万元，占地面积80平方米，是集图书馆、妇女儿童活动中心、老年人活动中心为一体的综合性文化活动场所。

【麻音塘街道综合文化站通过省级示范点验收】 10月15日，麻音塘街道综合文化站通过验收，创建为省级示范文化站。麻音塘街道综合文化站位于龙江新区安置点内，于4月入选2022年度贵州省基层综合文化站（中心）示范项目名单。站内设有图书室、电子阅览室、四点半课堂、志愿者之家、舞蹈排练厅、器乐室等多功能活动室，配备投影仪、钢琴、音响、二胡、箫笛、锣鼓等文化设备。1名专职人员、2名文化志愿者为日常免费开放管理人员，定期组织开展文化辅导培训等。有文体队伍10余支，文化和旅游志愿者200余人。

（张诗悦）

3月17日，玉屏侗族自治县在田坪镇新街居委会开展"我们的中国梦"——"乡村振兴·文化有约"志愿者服务活动 （鲁若晶 摄）

群众文化

【概况】 2022年，玉屏侗族自治县组织开展"我们的中国梦"——文化进万家暨"戏曲进乡村"文艺巡演25场次、"我们的节日"群众文化活动3场、"乡村振兴·文化有约"文化志愿服务21次、流动图书服务7次、流动博物展8次。组建代表队参加铜仁市青少年儿童舞蹈大赛获二等奖，铜仁市广场舞比赛获一等奖。

【"晒文化"活动】 2022年，玉屏侗族自治县创新"晒文化"工作模式，组织文化志愿者以舞蹈、小品、歌曲、快板、民族器乐等表演形式，在村级文艺队伍之间展示自编自导的文艺节目、本土文艺队员才艺，文化交流与培训等。在全县所有行政村（社区）乡村大舞台、欢乐院坝、田间地头开展"我们的节日""文化下乡""戏曲巡演""百姓大舞台"等主题文化活动。玉屏"晒文化"活动通过志愿贵州、中国文化和旅游志愿服务平台、贵州省文化和旅游志愿服务平台、多彩贵州文化云、微玉屏、志愿玉屏、玉屏微文化等互联网及公众号平台定期发布文化志愿服务项目，招募文化志愿者宣传推广活动，新华社（新华网）贵州频道、《贵州日报》（天眼新闻）、贵州文明网、"学习强国"学习平台、《铜仁日报》、铜仁新闻网等省、市级媒体进行关注和报道。玉屏侗族自治县"晒文化"志愿服务项目入选2022年度全省学雷锋志愿服务先进典型（最佳志愿服务项目）。

（滕 媛 钟远宏 陈艺园）

【全民阅读】 2022年，玉屏侗族自治县印发"全民阅读·书香玉屏"工作方案，组织开展"护苗·绿书签"活动，张贴绿书签海报100份，发放绿书签2000余份。教育引导学生购买正版、拒绝盗版。利用流动图书车开展送文化下乡活动7次，将科学文化知识传播到易地扶贫搬迁点及偏远地区。各农家书屋

4月23日，县实验幼儿园小朋友到县图书馆开展世界读书日活动
（县融媒体中心　供图）

组织学生、群众开展阅读活动400余次。（罗　伟　张诗悦）

【“世界读书日”活动】 4月，玉屏侗族自治县举行系列活动，迎接第27个“世界读书日”，推进全民阅读。县图书馆举办“4·23”世界读书日阅读活动，皂角坪中心幼儿园、平溪幼儿园幼儿参观县图书馆少儿阅览室、多功能厅，并参加问题抢答活动。在麻音塘街道综合文化站、田坪镇新街居委会等文化站，举行形式多样的阅读活动。（张盛桐）

文艺创作

【诗歌散文】 2022年，玉屏侗族自治县诗词楹联学会开展《放歌二十大》诗词创作，创作诗词12首。玉屏侗族自治县作协杨清博创作的诗词《沁园春·欣闻贵阳开通中欧班列》获“国都杯”全国诗书画印交流大赛银奖。汪兴主编的散文集《侗寨风韵——铜仁侗族的文化密码》出版。散文《山光桥影㵲阳河》《云水思南》《平箫玉笛曲悠扬》在《贵州日报》天眼新闻刊载，《登天地秘境梵净山》在《贵州全域旅游》杂志刊载，《榕江：时光打磨的明珠》在《贵州政协报》刊载，《圣湖风月属情痴》入选《中国最美游记》2022卷，《夜阑肇兴，诗意的栖居》入选2022年出版发行的《2021年度全国文学精品选》，《成都，一条鱼游出了心之外》获“风雅杯”新时代诗词美文笔会三等奖，《青城旷古幽》获“四海杯”海内外诗联书画邀请赛铜奖。
（杨清博）

【书画摄影】 2022年，杨小兵创作《亚鱼乡郭家湾村油菜花组图》《古城之春》《靓丽马拉松赛道》《锦江之畔》《㵲阳之滨》《抗疫记录》等美术作品。杨明松创作的《直播时代》入选铜仁市“中南门杯”美术作品展。9月15日，开展“喜迎二十大·礼赞我家乡”中小学生书法美术大赛，收到美术作品102幅、书法作品75幅，评出美术、书法中学组，小学高年级组，小学低年级组获奖作品93幅。举办“玉见·最美——文明玉屏·美丽侗乡”玉屏摄影、小视频大赛，组织10名作者、200余件作品参加“首届粤黔东西部协作美丽乡村摄影大赛”。小视频《黄桃熟了》被铜仁市乡村振兴局推送参加贵州省“巩固拓展脱贫成果，全面推进乡村振兴”主题作品征集评审。李昌伦创作的《建能源仓》入选第14届贵州省摄影艺术展（记录类）。在贵州省职工书画摄影展中，李昌伦的摄影作品《电焊之光》获银奖，吴泽良的书法作品《田起图秋兴亭》获优秀奖。
（张诗悦　杨清博）

【民间工艺美术】 2022年，玉屏侗族自治县培育箫笛、编织、刺绣、木匠、石匠等乡村工匠100余人。做强玉屏民族工艺产品，培育箫笛制作人才，制作设计箫笛工艺样品12件，开展传统工艺高质量传承发展重点县试点，玉屏璞韵箫笛文化发展有限公司申报民族传统手工艺企业示范项目。贵州省山花手工艺发展有限公司潘菊仙获贵州省“三八”红

12月17日，在铜仁市"茅台王子杯"全国广场舞大赛上，玉屏侗族自治县代表队表演的《侗寨也疯狂》获得一等奖

（县文体广电旅游局　供图）

旗手、2022年最美贵州绣娘等称号。　　（张诗悦　杨清博）

【舞蹈曲艺快板】 2022年，玉屏侗族自治县创作舞蹈《京韵》《中国节拍》《侗寨也疯狂》、曲艺"三句半"《党的二十大精神传天下》《爱我侗乡爱我家》《养老诈骗多提防》《人民信访为人民》《乡村振兴靠大家》、小品《人逢喜事精神爽》《黄桃熟了》、快板《我们是光荣的文艺轻骑兵》《度国庆·抗疫情》。《侗寨也疯狂》获铜仁市"茅台王子杯"广场舞大赛一等奖。　　（张诗悦）

文化遗产保护

【概况】 2022年，玉屏侗族自治县有省、市、县三级文物保护单位和尚未核定公布为文物保护单位的不可移动文物85处，其中省级文物保护单位1处、市级文物保护单位10处、县级文物保护单位14处、未定级文物点60处。全县有非物质文化遗产代表性项目51个，其中国家级非物质文化遗产代表性项目1个、省级非物质文化遗产代表性项目2个、市级非物质文化遗产代表性项目1个、县级非物质文化遗产代表性项目47个。新增县级非物质文化遗产代表性项目4个，其中第五批1个、第六批3个。

【文物保护】 2022年，玉屏侗族自治县文化遗产保护工作执行省级文物保护单位每周巡查1次、市（县）级文物保护单位半月巡查1次、未定级的不可移动文物1年巡查1次的日常巡查和检测制度，检查省、市、县定级文物及未定级文物85次，发现整改问题隐患22处。对朱家场镇红军驻地遗址、田心岩红军标语、玉屏红军陈列馆等红色革命文物点上的史料及文字进行现场实地排查，保护红色文物。县文体广电旅游局与各乡（镇、街道）签订《2022年度文物安全责任书》，在重要时间节点定期或不定期开展文物安全巡查检查，建立工作台账。划定24处县级以上文物保护单位保护范围和建设控制地带，开展25处县级以上文物保护单位、60处未定级文物点的文物保护直接责任人梳理及公示牌安装验收，修缮保护市级文物保护单位1处。

【城墙遗址修复】 7月25日，玉屏侗族自治县开工建设市级文物保护单位县城墙遗址修缮工程，按照修旧如旧方式进行修缮和保护。年底，工程完工并通过县级验收。　　（张诗悦）

【非物质文化遗产代表性项目代表性传承人】 2022年，玉屏箫笛制作技艺有各级非物质文化遗产代表性项目代表性传承人13人。其中，国家级2人，省级2人，市级4人，县级5人。玉屏罐罐油茶制作技艺有非物质文化遗产代表性项目代表性传承人6人。其中，市级1人，县级5人。"赶坳"是群体性、包容性项目，无代表性传承人。北荫神祭祀有市级非物质文化遗产代表性项目代表性传承人1人。县级非物质文化遗产项目曲艺、传统美术、传统技艺、传统医药及民俗类别中

2022年玉屏侗族自治县新增县级非物质文化遗产项目一览表

表 17

序号	项目类别	项目名称	分布区域	项目推荐单位	批次	新增时间
1	传统医药	田氏徒手正骨整脊疗法	玉屏侗族自治县及铜仁市两城区	县卫生健康局	第五批	5月24日
2	传统医药	侗医药·栀龙贴	玉屏侗族自治县城	县文化遗产保护中心	第六批	12月31日
3	传统医药	侗医药·杨氏赤掌疗法	新店镇河口村	县文化遗产保护中心	第六批	12月31日
4	传统技艺	千层底制作技艺（玉屏）	各乡镇街道	县文化遗产保护中心	第六批	12月31日

2022年玉屏侗族自治县新增县级非物质文化遗产代表性项目代表性传承人一览表

表 18

序号	姓名	性别	项目类别	项目名称	申报单位或地区	批次	新增时间
1	田　蓉	女	传统医药	田氏徒手正骨整脊疗法	县卫生健康局	第六批	5月24日
2	孙　飓	男	传统医药	孤楼子药（接骨水）	县卫生健康局	第六批	5月24日
3	吴先贵	男	传统技艺	罐罐油茶制作技艺	皂角坪街道	第六批	5月24日
4	舒忠义	男	传统技艺	侗家古法苞谷粉制作技艺	麻音塘街道	第六批	5月24日
5	王　鑫	男	传统医药	侗医药·栀龙贴	县文化遗产保护中心	第七批	12月31日
6	杨　跃	男	传统医药	侗医药·杨氏赤掌疗法	县文化遗产保护中心	第七批	12月31日
7	舒厚礼	男	传统技艺	玉屏箫笛制作技艺	县文化遗产保护中心	第七批	12月31日
8	殷炳六	男	曲艺	丧堂歌	县文化遗产保护中心	第七批	12月31日

有县级代表性传承人13人。年内，新增县级代表性传承人8人，其中第六批4人、第七批4人。

【非物质文化遗产保护】 2022年，玉屏侗族自治县召开非物质文化遗产工作专家会2次，审议拟新增县级非物质文化遗产项目和拟认定县级非物质文化遗产代表性项目代表性传承人名单。召开非物质文化遗产工作座谈会1次。数字化采集省级非物质文化遗产代表性项目罐罐油茶制作技艺，12月通过省级验收。县文体广电旅游局、县人力资源社会保障局、县乡村振兴局联合认定竹韵箫笛工坊、侗家手工苞谷粉条工坊为县级第一批“非遗”工坊，推荐省级“非遗”工坊2家。调查朝阳村、大湾村、老寨村等6个中国传统村落及少数民族特色村寨的非物质文化遗产资源。开展罐罐油茶制作技艺宣传培训1期、“赶坳”民俗活动1次。

（喻睿明　蒋　毅）

广播影视

【广播电视传输网络建设】 2022年，玉屏侗族自治县各乡（镇、街道）广播电视传输网络全覆盖。有直播卫星“村村通”“户户通”接收设备广播节目47套、电视节目50套；有无线数字电视节目16套，无线广播3套；有线数字电视基本频道节目和标准高清电视节目71套、高清节目电视34套、广播12套。全县广播综合覆盖率100%，电视综合覆盖率100%。年内，全县广播电视安全播出和网络信息安全零事故。

（杨科元）

【广播电视管理】 2022年，玉屏侗族自治县制定安全播出相关制度与应急预案。保障广播电视安全播出、网络安全和设施安全，播出机房落实24小时值班制度，强化重要节假日期间及重要会议期间安全检查，检修存在安全隐患的内部通电线路，组织相关工作人员开展安全演练。全年开展安全播出大检查、应急演练20余次。报送国家广电统计网络直报系统2021年报和2022年季

10月9日，玉屏侗族自治县组织开展安全播出应急演练

（县文体广电旅游局　供图）

度季报。完成全年重要保障期全县广播电视安全播出零报告。全县全面开通广电5G，完成广播电视发射台700兆赫频率迁移。开展全县非法电视接收专项整治工作。（赵潇泽　杨科元）

【电影放映】 2022年，玉屏侗族自治县有电影院1家，即康华电影院。全年营业收入83.35万元，观众18700人次。在田坪镇田坪村新建贵州省农村电影公益放映固定放映点。全年开展农村电影公益放映活动995场，惠及群众29850人次。（罗　伟）

【电视节目】 2022年，玉屏侗族自治县广播电视台播出电视剧27部、各类纪录片1220次、动画片365次，播出栏目《健康面对面》52期、《每周文娱》52期、《万家灯火》365期、《情满人间》365期、《都市开奖啦》365期、《全民运动汇》52期、各类公益广告63245条（次）、《全国侗语新闻》26期、《天气预报》365期、《玉屏新闻》250期。（赵潇泽）

新闻出版

【出版物管理】 2022年，玉屏侗族自治县有出版物经营单位25家，新增出版物经营单位6家（玉屏县点博文具店、玉屏县敏香副食店、玉屏县菊桥便利店、玉屏县宋黔香副食店、玉屏博瑞文体有限公司、玉屏德利购物广场）。推进“正道”“新风”两大集中统一行动，加大对书店、打字复印店、印刷厂、校园周边等重点部位检查力度，强化执法监管，出动执法人员92人次，检查经营场所106家次，查处案件12起。

【图书出版】 2022年，玉屏侗族自治县公开出版图书3部（《玉屏年鉴（2022）》《平箫玉笛慰乡愁》《明代平溪卫历史文化研究》）。出版内部性资料出版物《玉屏文学》4期。

【《明代平溪卫历史文化研究》出版】 10月，汪兴、郭征帆合著的《明代平溪卫历史文化研究》由贵州人民出版社出版发行。全书30万字，主要内容包括平溪置卫的源流、平溪卫的设置及地域演变、平溪卫军的来源与籍贯、平溪卫的屯与堡、平溪卫的文化事项、平溪卫学的兴起与发展、平溪卫的经济发展、平溪卫地理感知与侗族文明演进。（罗　伟）

【《玉屏报》刊发】 2022年，玉屏侗族自治县编排《玉屏报》49期，刊登稿件1370条。开设时政、社会、民生等版面，发行245万份，设置“四新四化蹲点采访”“乡村振兴看玉屏”“‘千人百进’蹲点采访”“深入学习贯彻党的二十大精神”“人才工作”“禁毒”等专栏，策划喜迎二十大、践行嘱托十年间、我们的获得感等专题版面，推出“10年10个家庭变迁”“非凡十年”等系列报道。（赵潇泽）

融媒体

【概况】 2022年，玉屏侗族自治县融媒体工作围绕宣讲党的二十

大精神、中国共产党贵州省第十三次代表大会精神、中国共产党铜仁市第三次代表大会精神及中国共产党玉屏侗族自治县第十四次代表大会精神，在党组织建设、全媒体队伍建设、平台建设上继续发力，建好管好新闻宣传和舆论阵地。全年在《玉屏新闻》《玉屏报》等平台刊播稿件1.6万余篇，其中《玉屏新闻》播出稿件1100余篇（不含新闻快讯和摘编）、《玉屏报》刊登稿件1370条、微玉屏刊登稿件2091条、玉屏网发布稿件5600余篇、秀美玉屏发布稿件5600余篇、微玉屏视频号（抖音号）刊发短视频250余条。电视新闻在市级媒体平台播出稿件610余条，市级广播新闻发稿量全市第二，其中《铜仁新闻联播》240余条、《今晚六点半》100余条、《平安时空》50余条、《党建直播间》20余条、《铜仁新闻联播广播》200余条；在省级媒体平台播出稿件40余条；在中央级媒体平台播出稿件11条。在《铜仁日报》《贵州日报》等刊发稿件92条，在人民网、多彩贵州网、梵净云天等网络媒体刊发315条。

6月10日，县融媒体中心记者到新店拍摄罐罐油茶制作《传统村落》宣传片

（县融媒体中心　供图）

【新闻选题报道】 2022年，玉屏侗族自治县做好党的二十大、乡村振兴、安全生产、生态文明、创建全国文明城市等新闻选题策划。推出“喜迎二十大”“牢记嘱托闯新路　满怀信心向未来·党的二十大特别报道”“深入学习贯彻党的二十大精神”“二十大时光”“我们的获得感”“践行嘱托十年间”等特别报道，通过展现玉屏侗族自治县十年变化、群众谈收获、党员干部谈反响等，学习宣传贯彻党的二十大精神。在党的二十大召开期间，推出《非凡十年》系列报道36篇、《10年10个家庭变迁》系列报道30篇。开展乡村振兴中的经验典型、农村产业发展、乡村变化报道，推出《走进乡村看振兴》《在希望的田野上》《振兴路上新农人》等系列报道。围绕社会民生，推出《在玉屏》系列报道10余篇。拍摄制作《玉屏人才风采》《县林业局油茶纪实专题片》《百端贵州》《创建省级文明城市专题片》《传统村落》《玉屏侗族自治县巩固拓展脱贫攻坚成果同乡村振兴有效衔接工作汇报片》《创建省级健康示范县汇报片》《慢作为比腐败更可怕》等35部宣传片、MV、广告、警示教育片。围绕学习贯彻落实党的二十大精神，策划“千人百进蹲点采访”系列报道，所属媒体平台刊发稿件37条，推出《“千人百进　蹲点采访”玉屏混寨400亩油茶花开》《“千人百进　蹲点采访”玉屏油茶精深加工厂新上1条灌装线》等稿件10余篇。

【融媒体产品】 2022年，玉屏侗族自治县融媒体工作按照“一次采集、多种生成、多元传播、全方位覆盖”的模式，推出《一眼，看玉屏十年》《一图读懂县委十四届四次全会精神》《一图读懂全县半年经济工作会议精神》等图解系列报道。推出SVG互动作品《玉屏非凡十年，一触即知》、漫画作品《Hi！我是玉屏黄桃》、H5《国潮、乡创、民谣……8月27日，相约玉屏桐木，首届乡村旅游文化节》。对玉屏“骅辉杯”足球联赛、玉屏“信合杯”职工篮球赛、朱家场首届乡村旅游节进行直播。推出抖音系列短视频《喜迎二十大　看玉屏变化》6期、《牢记嘱托闯新路　满怀信心向未来》38期、《玉屏那些事》23期，总浏览量超18万人次，转发量1.1万余人次，点赞量超8000人次，其他短视频106条。推出展现玉屏人生活变化的“在玉屏”系列报道、展现玉屏群众奋进新时代的“强国复兴有我”主题报道、展现玉屏学习宣传贯彻党的二十大精神的“千人百进”蹲点采访系列报道。

【“玉屏网”网站】 2022年，玉屏侗族自治县在玉屏网网站发布稿件5600余篇，阅读量累计超95万人次；在秀美玉屏发布稿件5600余篇。

【“微玉屏”微信公众号】 2022年，玉屏侗族自治县在微玉屏微信公众号发布信息358期，刊登稿件2091条，总浏览量超247.59万次，点好看量7277次，2500余人留言评论，点赞量超2.11万人次。

【“微玉屏”视频号】 2022年，玉屏侗族自治县在“微玉屏”视频号（抖音号）发布短视频250余条，转发量超5万人次，点赞量超50万人次。开设“玉屏那些事”“喜迎二十大　看玉屏变化”“牢记嘱托闯新路　满怀信心向未来”等专栏。

（赵潇泽　季佩佩）

档　案

【概况】 2022年，玉屏侗族自治县依法管理档案，加强档案规范化、信息化建设，做好档案指导、收集、保管、利用工作。县档案馆馆藏档案190个全宗、62963卷、102637件，资料6278册，印章611枚，照片4029张，音像档案76件，毛泽东主席像1尊，锦旗1面，奖牌33块，箫笛86支。

【档案接收】 2022年，县档案馆接收原县卫生局、原县人口与计划生育局、县卫生健康局和县委党史学习教育领导小组等4个全宗单位和7个国有企业单位退休人员档案移交进馆，接收档案80卷、9196件。

【档案保管】 2022年，县档案馆做好档案保管“八防”（防高温、防火、防潮、防虫、防霉、防光、防盗、防尘）工作，执行档案安全保管制度，明确专人管理档案库房，落实非库房管理人员进出库房登记制度和档案进出库登记制度。健全档案安全体系，在档案接收室、楼道等部位新增监控摄像头14个。每日巡查档案库房、机房、图书资料库房、消防控制室、数字化室等重点部位。年内，开展消防安全知识培训及演练2次，消杀档案有害物19次、36个全宗。

【档案数字化】 2022年，玉屏侗族自治县持续推进县档案馆馆藏永久档案数字化项目，数字化125个全宗单位、23602卷、20569件、317万页档案，馆藏档案数字化率提高至50%。

【档案利用服务】 2022年，玉屏侗族自治县升级改造县档案馆档案查询利用系统软件，新

10月26日，县档案馆工作人员检查档案库房除湿设备

（县档案馆　供图）

增服务器、不间断电源、高拍仪、可视化展示屏，替换、更新原有设备，查询利用系统更加安全、简捷、高效。全年服务查阅利用档案单位、群众1198人次，查阅档案2708卷（件），复印11497页，为志书编纂、土地林权确认、退伍军人信息查阅、民族识别、婚姻证件补办、职工退休等方面提供服务。（江　军）

【档案法治宣传】 6月2日，玉屏侗族自治县在县城街心花园开展第15个“6·9”国际档案日系列宣传活动，制作展板、宣传册宣传《档案法》，发放宣传用品200余份、宣传资料100余份。

【档案业务指导】 2022年，玉屏侗族自治县举办专（兼）职档案员分批培训班11次，参训部门78个，现场指导56个部门2021年文书档案整理工作。到8个县直属企事业单位指导档案业务工作15次，开展12个单位到期档案进馆移交前业务指导工作。

（姚欣然）

地方志

【概况】 2022年，玉屏侗族自治县重点开展地方志、年鉴编纂与地方志信息化工作，编制印发地方志工作“十四五”规划。编纂出版年鉴1部，在编传统村落志及乡镇志、村志16部，审核部门志1部。报送《铜仁年鉴（2022）》《贵州年鉴（2022）》玉屏侗族自治县资料。推进玉屏志书数字化及玉屏旧志加印工作。截至年底，县地方志办有志书225部，其中辖区志书26部；年鉴225部，其中辖区年鉴10部；地情资料221部。

【传统村落志完成初稿编纂】 3月，玉屏侗族自治县启动传统村落志编纂工作，即《玉屏侗族自治县传统村落志·朝阳村志》《玉屏侗族自治县传统村落志·大湾村志》，初设基本村情、村民生活、文物胜迹、侗寨建设、风土民情、侗族文化、艺文杂记、村落保护、人物、大事纪略、附录11个类目。10月，完成初稿编纂。12月，送铜仁市地方志办审核。

【乡镇志、村志编纂全面启动】 2022年，玉屏侗族自治县启动《田坪镇志》《朱家场镇志》《田坪镇田坪村志》《朱家场镇桐木村志》编纂，计划的6部乡镇志、8部村志编纂工作全部启动。乡镇志、村志编纂经费获批纳入县财政预算，每部20万元，共280万元。年内，《新店镇志》《皂角坪街道枹木垅村志》初稿形成，其他乡镇志、村志编纂部分章节。

【《玉屏检察志》编审完成】 12月，县人民检察院编纂的《玉屏检察志》编审完成，主编苏维。《玉屏检察志》设8章35节，收录彩页图片133幅，全书约50万字。记述上限起于1953年玉屏县成立人民检察署，下限记述至2020年12月，重点记述1978年检察机关恢复重建后县人民检察院发展概况。志首设序言、凡例、概述、大事记，志末附人物、附录、编后记。《玉屏检察志》全面记述县人民检察院机构沿革、刑事检察、职务犯罪检察和预防、刑事执行检察、控告申诉检察、民事行政检察、行政管理、队伍建设及其他综合业务的发展历程。

【《玉屏年鉴（2022）》出版】 11月，县地方志办编纂的《玉屏年鉴（2022）》由云南出版集团、云南人民出版社出版，主编李竹梅。《玉屏年鉴（2022）》设专记、大事记、县情概述、中共玉屏侗族自治县委员会、玉屏侗族自治县人民代表大会、玉屏侗族自治县人民政府、中国人民政治协商会议玉屏侗族自治县委员会、纪检监察、民主党派·工商联、群众团体、法治、军事、综合经济管理、农业、乡村振兴、工业商务、城乡建设、生态环境、应急管理、交通物流、邮政·通信、金融、科学技术、教育、体育、文化·旅游、卫生健康、新冠肺炎疫情防控、社会民生、乡（镇、街道）、人物·荣誉、附录32个类目。卷首彩页分别设“印象玉屏”及“年度视窗”板块，增设“数字玉屏2021”彩页版面。《玉屏年鉴（2021）》收录彩页图片

87 幅、随文插图 305 幅、表格 31 个、条目 1100 个，全面记述 2021 年度玉屏侗族自治县经济建设、政治建设、文化建设、社会建设、生态文明建设的历史进程。全书 82 万字，彩色印刷，内页三栏排版。

【地方志信息化】 2022 年，玉屏侗族自治县数字化玉屏旧志、县级部门志书、县级专业志书 26 部、29 册、5921 页。整合历年来玉屏地方志数字化资源，将数据挂接至县档案馆数字化档案查询系统 37 部、10028 页。

（吴　群）

文化市场管理

【概况】 2022 年，玉屏侗族自治县（含贵州大龙经济开发区）有网吧 8 家，分别为网谷网吧、北屿网吧、楠山网、古典网吧、沸点电竞、东方网吧、偶遇网吧、纪梵西网吧；KTV13 家，分别为钰景隆庭、汇众源、荣庭、最秀、糖果靓、大乐门、盛世豪门、龙都会、零 856、君临国际、想唱就唱、好歌声、君悦坊 KTV。

【文化市场监督检查】 2022 年，玉屏侗族自治县出动执法人员 1185 人次，检查网吧、娱乐场所、出版物市场等场所 435 家次，责令现场整改 76 条、行政警告 9 家次、行政立案 13 家次。开展 2 省 4 县“扫黄打非”联合执法检查 2 次，“扫黄打非”联合检查 8 次，联合开展校园周边环境整治 5 次、娱乐场所专项整治行动 2 次。组织督导各 KTV、网吧开展安全生产检查 100 余家次。

9月6日，县文化市场综合执法大队检查娱乐场所（陈　鹏　摄）

【文化工作培训】 2022 年，玉屏侗族自治县组织召开文化市场经营业主安全生产暨疫情防控、普法、禁毒、扫黑除恶等工作培训会 6 次，培训人员 190 余人次。举办全县文化市场经营业主安全生产、疫情防控、普法、禁毒、扫黑除恶等工作会 4 次，参训培训 200 余人次。县委宣传部、县公安局、县市场监管局、县文体广电旅游局等部门联合开展“扫黄打非”、扫黑除恶、噪音振动、校园周边环境、娱乐场所等专项整治行动 8 次，根据各自职权范围对营业存在问题提出整改意见，达到共同监管目的。

【全国文化市场技术监管与服务平台运用】 2022 年，玉屏侗族自治县运用全国文化市场技术监管与服务平台开展行政审批 11 件，其中歌舞娱乐场所经营活动延续 7 件、歌舞娱乐场所变更法人 1 件、歌舞娱乐场所经营许可注销 2 件、演出场所经营单位备案注销 1 件。通过全国文化市场技术监管与服务平台开展“双随机、一公开”抽查市场主体 90 家次，参加抽查执法人员 266 人次，其中抽查歌舞娱乐场所 16 家次，参加抽查执法人员 48 人次；抽查互联网上网服务营业场所 47 家次，参加抽查执法人员 142 人次；抽查音像制品经营单位 7 家次，参加抽查执法人员 19 人次；抽查印刷企业 10 家次，参加抽查执法人员 29 人次；抽查出版物经营单位 10 家次，参加抽查执法人员 28 人次，均未发现违规经营市场主体。

（陈　鹏）

箫笛名都

中国箫笛之乡 · 中国油茶之乡 · 侗族文化艺术之乡 · 中国黄桃之乡

综 述

2022年，玉屏侗族自治县以“箫笛名都·侗听玉屏”为城市形象定位，将箫笛文化作为玉屏“四张名片”（中国箫笛之乡、中国油茶之乡、侗族文化艺术之乡、中国黄桃之乡）之首来抓，提升“箫笛名都”形象。

推进箫笛发展机制运行。依据《玉屏侗族自治县箫笛文化保护传承与产业发展工作实施方案》，配足人员力量，明确目标任务。推进《玉屏侗族自治县箫笛文化保护传承与产业发展扶持和奖励办法（试行）》运行，扶持和奖励箫笛制作、演奏、曲目创作、竹材种植等项目。

促进箫笛文化传承。挖掘培养箫笛文化传承人，建立师带徒“牵手”工作机制，通过荣誉表彰、奖励扶持，加强技能技术传承发展和专业人才培养培育。强化专业引领，激发箫笛协会、学会、社团等人才队伍内生动力，壮大箫笛演奏人才队伍。年内，箫笛演奏人才蒋毅获评第五批县管专家，箫笛制作技艺非物质文化遗产项目市级代表性传承人张志学获全县首批名家工作室，新增舒厚礼为箫笛制作技艺非物质文化遗产项目县级代表性传承人。年末，全县有箫笛制作技艺非物质文化遗产项目代表性传承人12人，《玉屏箫笛》课程覆盖学生3万余人。编纂出版历史文献书籍《平箫玉笛慰乡愁》，创作编排箫笛音乐剧《平箫玉笛》。

建强箫笛竹林基地。把箫笛基地建设作为推进文化传承保护和促进群众增收致富的重要抓手，贯彻落实《玉屏侗族自治县箫笛竹林基地建设三年（2021–2023）行动实施方案》，推动竹林基地建设。邀请省内竹产业专家到竹林基地指导，分享护竹经验、传授护竹方法。年末，全县有竹林基地65.33公顷。

推进箫笛产业发展。强化箫笛产业主体培育，加强玉屏箫笛研发中心入驻企业玉屏璞韵箫笛发展有限公司、贵州玉屏凤来仪箫笛乐器有限公司、玉屏竹韵箫笛发展有限公司扶持，支持企业人员研究玉屏箫笛制作与雕刻技艺，传承玉屏箫笛文化。年内，全县箫笛年产量11万余支，箫笛总销售额1500余万元。玉屏箫笛亮相北京冬奥会中国工艺美术馆、中国非物质文化遗产馆、中国国际服务贸易交易会。

（姚　雪）

坐落在屏山山顶的箫笛雕塑　（吴　群　摄）

名都发展

【玉屏箫笛】 玉屏箫笛，以玉屏当地竹子做成笛，称“玉笛”，将箫与笛配对，称“平箫玉笛”。因箫笛上多有雕刻精美的龙凤图案，又称“龙箫凤笛”。1915年，玉屏箫笛在美国旧金山为纪念巴拿马运河开通而设的太平洋博览会上获得金奖。1990年，文化部授予玉屏侗族自治县“中国箫笛之乡”称号。

【制作技艺】 玉屏箫笛制作始于明代万历年间，曾作为贡品进献朝廷。2006年，玉屏箫笛制作技艺被列入国家级非物质文化遗产保护名录。2008年，获全国文化艺术产品首个原产地证明商标。2009年，在国家工商行政管理总局注册，成为全国首个获得地理标志类证明商标的乐器。玉屏箫笛用料讲究，做工精细，外形美观，音质纯正，音色清脆，音韵悠远。制作箫笛，采用手工制法，须经制坯、雕刻、成品3个工艺流程。制作箫有24道工序、一般笛有22道工序、调音笛有38道工序。须以长在阴山溪旁少见阳光的竹子为材料，其竹身长且圆，竹节平顺，直径不大。早期箫笛以玉屏水竹制作，后引进紫竹、苦竹，现制箫多以紫竹、制笛多以苦竹为原材料。笛的制坯分成刨外节、去皮、选料、下料、通内节、打平子、烘烤、校直、弹中线、滚横线、打音孔、水磨、修眼等工艺。调音笛还须增加焊铜圈、做内套管、校音等工序。箫的制作须增加开叫口、开花窗两道工序，制坯工艺中，以传统扁箫中的夹扁竹和开叫口最为关键。常在箫笛表面雕刻诗词歌赋、名人佳句、山水花草、龙飞凤舞图案，使箫笛既为高雅的乐器，亦为精美的工艺美术品。箫笛雕刻有刻字和刻图。刻字用单刀，行、草、篆书为阴雕，隶书为阳刻，传统雕刻按“永字八法”归纳为擞、戮、划、剔、凿、挑、剜、拓8种刀法。刻图，初用单刀，后改为双刀，后有盘龙浮雕。成品经烘烤上镪水、水磨洗涤、填色、揩去颜色、上漆等工艺，以打磨工艺为主。

【箫笛品类】 玉屏箫笛历经数代箫笛制作工匠精心钻研发展到100余个品种。箫从大类分有平箫、洞箫、竹埙箫3种，其中洞箫有六孔洞箫、七孔洞箫、小尺八3种。笛从大类可分为定调笛、一般笛、竖笛、调节笛4种，其中定调笛包括语音笛、紫竹笛、特制笛、套笛4种；一般笛分特、甲级玉笛，特、甲级玉屏短笛以及曲笛、梆笛、普笛；竖笛有口笛和牧童笛。截至2022年底，箫笛品类增加了斑竹精品对箫、藏品佛经南箫、金竹洞箫、香妃精品洞箫四个品种。

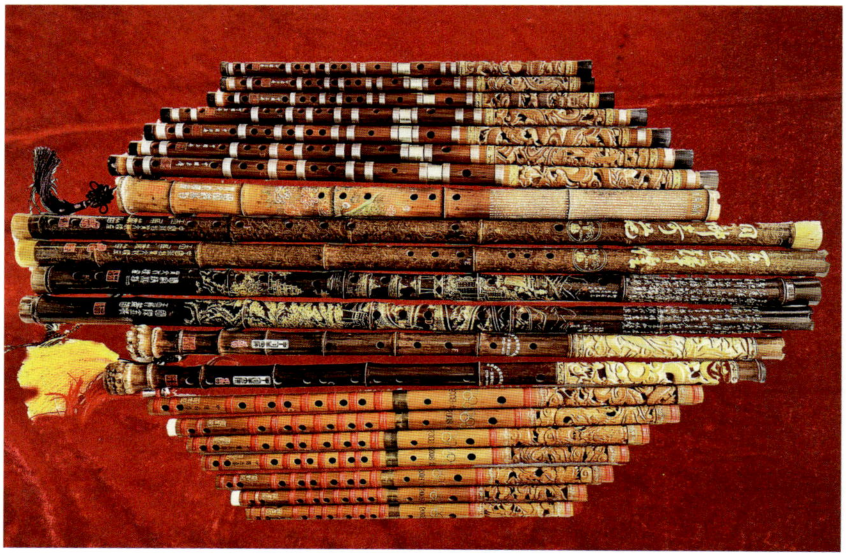

薛群杰制作的箫笛　　（县政协办公室　供图）

【箫笛名都创意及发展】 2020年，玉屏侗族自治县在承办铜仁市第九届旅发大会时，邀请智纲智库专家策划全域旅游发展突破战略。智纲智库依据中国箫笛之乡、侗族文化艺术之乡2张名片，提出以“箫笛名都·侗听玉屏”为形象定位。2020年9月20日，在第37次县委常委会上提出，要擦亮“箫笛名都·侗听玉屏”文化旅游新名片。随后，举行“箫笛名都·侗听玉屏”箫笛制作工匠、箫笛演奏人才评选大赛暨箫笛文创产品创意设计大赛，“箫笛名都·侗听玉屏”新时代文明实践文化旅游志愿服务活动暨广场舞大赛等一系列箫笛文化活动。2020年12月26日，在《中共玉屏侗族自治县委关于制定玉屏侗族自治县国民经济和社会发展第十四个五年规划和二〇三五年远景目标的建议》中提出：“十四五”时期是展现“箫笛名都·侗听玉屏”新形象的关键五年。自此，全县建立箫笛文化保护传承与产业发展扶持奖励机制，发展箫笛研发生产和竹材原料基地，开展箫笛文创产品研发，打造箫笛研发、成品展示、

7月19日，玉屏侗族自治县开设“花儿向阳·童心向党”2022年暑期少儿公益培训班，将箫笛吹奏纳入课程　　（张金芳　摄）

人才培养、技术交流的一体平台，做优箫笛文化品牌。2022年，与贵州博睿广告等7家文创企业合作，设计研发独具地方特色和箫笛元素的文创产品12款，同时融入箫笛元素设计玉屏LOGO。加强箫笛宣传和推荐，玉屏箫笛亮相北京冬奥会中国工艺美术馆、中国非物质文化遗产馆、中国国际服务贸易交易会。搭建销售平台，开展“线上＋线下＋箫笛”销售模式，借助东西部协作平台，京东、淘宝、拼多多等APP商城销售渠道，将民族文化资源优势转化为经济发展新优势。

【文化内涵提升】 2022年，玉屏侗族自治县挖掘箫笛、鼟锣、赶坳、油茶、馆驿等地域特色文化，开展“箫笛名都·侗听玉屏”群众文化系列活动，重点凸显箫笛制作、演奏和本土原创歌曲演唱，擦亮箫笛文化品牌。开展“喜迎二十大·匠心展风采”箫笛制作活动，制作箫、笛各10支，开展以“弘扬箫笛文化 品味笛韵箫声”为主题的箫笛文化进机关知识讲座，出版发行箫笛文史专辑，创排箫笛音乐剧《平箫玉笛》。　（姚　雪）

箫笛文化传承

【概况】 2022年，玉屏侗族自治县开展箫笛文化艺术活动，提升“箫笛名都·侗听玉屏”城市形象和文化内涵。开展可征集文物寻访、调查及征集工作，将箫笛吹奏纳入暑期少儿公益培训。全县有箫笛制作人才50人、演奏人才19人，箫笛学会、箫笛行业协会、箫笛乐团各1个。

【制作人才培养】 2022年，玉屏侗族自治县开展箫笛演奏、制作拔尖人才评选奖励，邀请箫笛传承人面对面向大众交谈心得、传授技艺，建立师带徒“牵手”工作机制，储蓄箫笛文化产业和传承发展人才。全县有箫笛制作人才50人（雕刻人才8人），其中国家级非物质文化遗产代表性项目代表性传承人2人（刘泽松、姚茂禄）、省级非物质文化遗产代表性项目代表性传承人2人（吴继红、顾国富）、市级非物质文化遗产代表性项目代表性传承人4人（姚茂顺、舒厚槐、张志学、吴阁灵）、县级非物质文化遗产代表性项目代表性传承人5人（龙为军、舒厚奎、郑俊、曹俊、舒厚礼），新增县级代表性传承人1人（舒厚礼）。

【演奏人才培养】 2022年，玉屏侗族自治县开展箫笛演奏专业人才培养和引进工作，与上海音乐学院达成战略合作协议，对玉屏箫笛乐团、中小学音乐老师和箫笛爱好者定期开展培训，提升箫笛演奏水平。全县有专业箫笛演奏人才19人，其中文体广电旅游局4人，县教育系统15人。

【箫笛文化进校园】 2022年，玉屏侗族自治县推进箫笛文化进校园，开设《玉屏箫笛》特色教学课程，小学三年级至六年级每学期不少于10课时，初高中及职校阶段每学期不少于8课时。年末，全县开设箫笛课中小学18所，教授万余名学生学习箫笛。以印山民族小学为玉屏箫笛示范学校和教学基地，定期开展箫笛文化艺术节及千人箫笛演奏大课间等活动。开展手工制作箫笛、绘画、演奏等活动，激发青少年学生兴趣爱好，展现箫笛文化特色。

【竹韵箫笛工坊被认定为县级第一批“非遗”工坊】 2022年，经过公示、评选等程序，县文体广电旅游局、县人力资源社会保障局、县乡村振兴局联合认定竹韵箫笛工坊为县级第一批“非遗”工坊，推荐上报为省级“非遗”工坊。

【“箫笛名都·侗听玉屏”品牌文化内涵提升座谈会】 8月5日，玉屏侗族自治县召开“箫笛名都·侗听玉屏”品牌文化内涵提升座谈会，讨论城市形象设计方案、形象歌曲、中华经学文化馆展览陈列大纲，审议《“箫笛名都·侗听玉屏”群众文化系列活动工作方案》，与会人员围绕“箫笛名都·侗听玉屏”品牌作交流发言。

【箫笛制作技艺座谈会】 8月30日，玉屏侗族自治县召开保护玉屏箫笛制作技艺座谈会，部分县级人大代表、政协委员，县直部门和玉屏箫笛制作技艺非物质文化遗产项目代表性传承人代表及箫笛爱好者参加会议。县文体广电旅游局陈述保护玉屏箫笛制作技艺履职情况，各级玉屏箫笛制作技艺非物质文化遗产项目代表性传承人介绍箫笛制作、雕刻技艺、存在困难，县人民检察院就强化玉屏箫笛制作技艺的保护与传承提出建议。

8月30日，玉屏侗族自治县保护玉屏箫笛制作技艺座谈会召开
（县人民检察院　供图）

【上海音乐学院专家调研指导箫笛艺术】 8月23日，上海音乐学院唐俊乔、刘旺、沈辛怡、葛灏、王晶、罗楚然一行人到玉屏侗族自治县指导当代箫笛艺术与美育教育发展，实地考察调研玉屏箫笛研发中心、玉屏箫笛博物馆、郑金城箫笛博物馆。召开座谈会，与会人员分别交流发言，玉屏箫笛乐团进行现场汇报演出。

【传统工艺高质量传承发展试点】 10月19日，贵州省文化和旅游厅印发《贵州省开展“推进传统工艺高质量传承发展”试点工作的实施方案》，玉屏侗族自治县被列为传统工艺高质量传承发展重点县试点，支持玉屏箫笛以县域为单位开展传统工艺高质量传承发展。

【“喜迎二十大·匠心展风采”箫笛制作】 10月19日，玉屏侗族自治县组织玉屏箫笛制作技艺非物质文化遗产项目代表性传承人开展“喜迎二十大·匠心展风采”箫笛制作活动，制作箫、笛各10支，在箫笛博物馆开设专栏展陈。10支笛雕刻文字以党的二十大精神节选内容为文本。笛音阶定位C调，对应中国共产党的英文缩写“CPC”的首字母“C”。10支箫主要雕刻习近平总书记在党的二十大上的报告中金句，并且在箫身雕刻代表玉屏特色的图片。（姚　雪）

箫笛文化推广展示

【概况】 2022年，玉屏侗族自治县有玉屏箫笛博物馆、玉屏箫笛博物馆分馆、郑金城箫笛博物馆展陈箫笛，其中郑金城箫笛博物馆为私人博物馆。以丰富箫笛文化内涵、提升箫笛产品品质为抓手，组织玉屏箫笛企业及箫笛乐团参加国内外展出活动，推广宣传箫笛文化品牌。举办箫笛文化活动，出版发行箫笛历史文献书籍，开展箫笛文化进校园、进机关、进企业、进社区、进乡村“五进”活动，推动玉屏箫笛制作技艺传承发展。引进文创企业，以箫笛为重要元素设计玉屏LOGO，将箫笛元素融入县内活动广场、公交站台、护栏、路灯等。

【箫曲《侗听》登上中央电视台】 4月26日，原创箫曲音乐片《侗听》在CCTV-15音乐频道《风华国乐》栏目播出。青年箫笛演奏家孟晓洁了解侗箫的历史文化、制作工艺后，为玉屏侗箫量身谱写《侗听》。2021年7月，由孟晓洁、玉屏箫笛制作技艺非物质文化遗产代表性项目代表性传承人姚茂顺及当地村民出演的玉屏箫笛音乐片发布。

【箫笛博物馆活动】 2022年，玉屏箫笛博物馆收藏箫笛及相关物品247件，各种图片、图表、说明259张（幅）。在“5·18”国际博物馆日、文化和自然遗产日、“119”消防安全宣传日开展玉屏箫笛制作技艺研学活动及“弘扬箫笛文化·品味笛韵箫声”箫笛文化进机关知识讲座。开展流动博物馆进校园、乡村、街道、社区等服务活动。全年接待游客54680人次，其中未成年人游客11341人次，发放宣传册及参观门票1600余份。7月，省级专家团队实地指导玉屏箫笛博物馆展陈提升工作并召开座谈会，展陈大纲和设计方案通过省级评审。8月23日，启动实施展陈提升工作。

【郑金城箫笛博物馆】 郑金城箫笛博物馆为私人小型箫笛展馆，于2016年开始建设，2019年建成，由箫笛收藏爱好者郑金城个人建设，位于县城郊㵲阳移民新区服务大楼内。占地面积300余平方米，馆内分设明清平箫厅、民国“群山竞秀”厅、玉屏合作社沿革厅等9个展厅，收藏箫笛实物展品360余件。

【箫笛文化活动】 2022年，玉屏侗族自治县组织玉屏箫笛企业及箫笛乐团参加第九届中国苏州文化创意设计产业交易博览会暨“云上创博会”、第十八届中国（深圳）国际文化产业博览交易会，展示玉屏箫笛制作工艺及演奏技艺。玉屏箫笛亮相北京冬奥会中国工艺美术馆、中国非物质文化遗产馆。持续开展箫笛文化进机关活动，宣传讲解箫笛文化历史沿革、形成与发展及弘扬箫笛文化。印发开展“箫笛名都·侗听玉屏”2022年箫笛文化活动的通知文件，计划开展“箫笛之韵”“箫笛之技”“箫笛之彩”系列活动，部分活动未能如期开展。印山民族小学举办第五届箫笛艺术节活动。

【参加贵州省2022年“文化和自然遗产日”活动】 6月11日，玉屏侗族自治县组织玉屏箫笛制作技艺非物质文化遗产代表性项目代表性传承人刘泽松、张志学及玉屏箫笛乐团，参加在铜仁市中南门历史文化旅游区举行的贵州省2022年“文化和自然遗产日”暨“非遗购物节”开幕式，

11月10日，郑金诚向参观郑金诚博物馆的客人介绍玉屏箫笛（胡攀学　摄）

玉屏箫笛乐团在开幕式上进行非物质文化遗产展示演奏。玉屏自治县刘昆山箫笛社、玉屏璞韵箫笛文化发展有限公司、贵州中义绿色食品科技有限公司携带箫笛产品参加主会场演出展示展销活动。

【玉屏箫笛亮相中国国际服务贸易交易会】 8月31日至9月5日，2022年中国国际服务贸易交易会在北京市国际会展中心举行，玉屏箫笛作为贵州省唯一文化信物亮相交易会，传播玉屏文化、展示贵州形象。玉屏箫笛乐团成员蒋毅、曹俊参加推介演出，展示玉屏箫笛制作工艺，帮助企业开拓国内外市场。

【印山民族小学第五届箫笛艺术节】 10月24—31日，印山民族小学举办第五届箫笛艺术节系列活动。活动以“传承侗乡文化　领略箫笛风采”为主题，包含研学、经典诵读、课本剧表演、书法、绘画、笛子演奏等项目。在二年级组，举办“书香校园、诗韵飘香”经典诵读比赛；在三年级组，举办“爱我中队·亮我风采”少先队基础礼仪比赛；在四年级组，举办竹笛合奏比赛，并进行箫笛研学活动；在五年级组，举办“品读书香、演绎经典”课本剧比赛；在一年级至六年级，举办第十届竹笛个人演奏比赛，及以“童心向未来”为主题的现场绘画、书法比赛。

（姚　雪）

作品创作

【《平箫玉笛》音乐剧创排】 3月28日，玉屏侗族自治县启动《平箫玉笛》音乐剧剧本创作工作。全年组织召开箫笛舞台剧剧本创作座谈会2次，修改剧本4次，集中排练2个月。《平箫玉笛》音乐剧以“戏中戏”表现手法，讲述玉屏箫笛制作技艺五百年的发展历程及1915年参加巴拿马万国博览会获得金质奖章的故事，展现玉屏人民对国家级非物质文化遗产玉屏箫笛的保护和传承，剧中穿插20余首侗乡音乐，剧长约120分钟。

【《平箫玉笛慰乡愁》出版】 11月，《平箫玉笛慰乡愁》文史专辑由中国文史出版社出版，于12月20日举行首发式。《平箫玉笛慰乡愁》由县政协编写，是玉屏唯一一部箫笛文史专辑，设源远流长、精湛技艺、文化盛事、名家印象、传承弘扬5个栏目。涉及玉屏箫笛的发展历史、制作技艺的演变、重大活动的举办、传承人与箫笛的情缘、名家与玉屏箫笛等内容。全书30万字，收录史料55篇，采用图片104幅。

【箫笛文创产品合作研发】 2022年，玉屏侗族自治县与贵州博睿广告、铜仁大有文化公司等7家文创企业合作，设计研发具地方特色和箫笛元素的文创产品12款，设计定稿12件，制作样品12件。

（姚　雪）

产业发展

【概况】 2022年，玉屏侗族自治县以“中国箫笛之乡”为名片推

12月20日，《平箫玉笛慰乡愁》由中国文史出版社公开出版发行

（吴　群　摄）

动箫笛文化产业“三大”基地建设申报“玉屏箫笛国家级文化产业示范基地”“贵州省文化旅游商品基地”项目，推进竹林基地建设，扩大箫笛竹林种植面积。全年实施完成2个6.67公顷以上箫笛竹产业示范基地建设。全县有箫笛企业18家，箫笛年产量11万支。

【箫笛生产】 2022年，玉屏侗族自治县有箫笛生产企业作坊18家，其中工厂企业5家（玉屏璞韵箫笛、玉屏箫笛厂、玉屏竹韵箫笛乐器、玉屏县骏贤乐器、舒厚礼箫笛）、家庭作坊13家，从业人员50余人，年产箫笛11万余支。

【箫笛销售】 2022年，玉屏侗族自治县拓展线上销售渠道，开展“线上＋线下＋箫笛”销售模式。以东西部协作展销及京东、淘宝、拼多多等App商城为销售渠道，开拓箫笛新渠道。全县有箫笛世家、刘昆山箫笛行、紫气山箫笛行、玉屏箫笛行4家箫笛销售门店，通过淘宝、天猫、微信、抖音等直播开展线上销售，全年箫笛销售额1500余万元。

【箫笛行业管理】 2022年，玉屏侗族自治县有箫笛行业组织3个。箫笛行业协会成立于2007年5月12日，会长姚茂顺，有企业会员13家。协会致力于以箫笛学术交流、文化传播促进箫笛事业发展。箫笛学会成立于2018年5月14日，会长郑金城，会员从成立时的16人发展至100余人，成立后组织开展箫笛学术交流活动20余次。箫笛乐团成立于2017年3月31日，12位成员通过现场考核评选产生，是玉屏侗族自治县首支箫笛专业乐团，也是向外界展示“中国箫笛之乡”文化形象、领略箫笛文化魅力的窗口。与杭州市、成都市、贵阳市、岑巩县等地箫笛文化爱好者开展雅集活动。

【产业基地建设】 2022年，玉屏侗族自治县有箫笛产业示范基地1个，箫笛研发生产基地1个。箫笛产业示范基地位于平溪街道双桥工业园区，引进苦竹制笛竹材品种试栽，扩大箫笛竹林种植面积，申报玉屏箫笛国家级文化产业示范基地。箫笛研发生产基地位于双桥工业园电商园区，占地面积5000平方米，投资1亿元，包括箫笛生产车间、新产品研发中心、成品展示区、演奏大师工作室、“非遗”传习所等，由县级国有平台公司下属的玉屏璞韵箫笛发展有限公司管理，基地内有贵州玉屏凤来仪箫笛乐器有限公司、玉屏竹韵箫笛发展有限公司、电子商务物流分拣等配套企业。中心主要研究玉屏箫笛制作与雕刻，研发民族文化特色产品，利用线上和线下多渠道销售平台，推进玉屏箫笛产业产品品牌化、市场化。

【省林业科学院专家调研玉屏箫笛竹产业】 5月19—20日，玉屏侗族自治县邀请贵州省林业科学院竹产业专家团队到玉屏紫竹原料林基地实地调研，查看紫竹开花情况，并提出相应对策。玉屏紫竹原料林基地栽植的三年紫竹母，于2010年从浙江省湖州市安吉县引种栽植，2022年开花。 （姚　雪）

5月19—20日，贵州省林业科学院竹产业专家团队到玉屏紫竹原料林基地实地调研
（张　喜　摄）

卫生健康

中国箫笛之乡 · 中国油茶之乡 · 侗族文化艺术之乡 · 中国黄桃之乡

综 述

2022 年，玉屏侗族自治县有各级各类医疗卫生机构 119 家，其中县直属医疗机构 2 家（县人民医院、县中医院）、民营医疗机构 4 家、乡（镇、街道）卫生院（社区卫生服务中心）7 家、社区卫生服务站 1 家（紫气山社区卫生服务站）、村级卫生室 80 家、门诊部 1 家、诊所（医务室、卫生所）21 家、专业公共卫生机构 3 家（县疾病预防控制中心、县妇幼保健院、县卫生健康综合行政执法大队）。编制床位数 1096 张，实有床位数 1328 张，每千人拥有床位 9.05 张。各级各类卫生技术人员 1375 人，其中县级医疗机构（含民营医院）824 人、基层医疗机构 404 人、专业公共卫生机构 147 人；执业（助理）医师 433 人，注册护士 604 人，全科医师 118 人。全年门急诊就诊 679861 人次，县域就诊率 92.5%；基层医疗机构门急诊就诊 343014 人次，就诊率 50.45%；公立医院医疗收入 16500 万元。

11月10日，常平·玉屏东西部医疗协作共建示范医院工作座谈会在玉屏侗族自治县召开　（县卫健局　供图）

莞铜医疗卫生协作。全县 3 家医疗机构与东莞市 5 家医疗机构签订结对帮扶协议。其中，县人民医院与东莞市东部中心医院、常安医院结对帮扶，县中医院与东莞市中西医结合医院、谢岗镇谢岗医院结对帮扶，县妇幼保健院与桥头镇桥头医院结对帮扶。田坪镇中心卫生院与桥头镇桥头医院签订结对帮扶协议。东莞市选派 11 名医疗专业技术人员到玉屏开展驻地帮扶工作，组织参加疑难病例讨论 92 次，完成手术 2100 台，教学查房 1500 余人次，接诊 7000 余人次。开展培训 80 余场，培训 1350 余人；开展新技术 4 项，填补技术空白 9 项，其中 4 人获县级“优秀医师”称号。选派 7 名医疗专业技术人员到东莞市东部中心医院、东莞市谢岗医院学习。县人民医院与对口帮扶东莞市东部中心医院共同制定眼科中心发展规划、产后盆底康复中心建设、消化内镜微创治疗中心建设实施方案。11 月 10 日，常平镇捐赠县人民医院 80 万元用于共建消化内镜微创治疗中心综合服务能力建设。年末，县人民医院眼科中心投入使用。

医院项目建设。全县卫生健康系统获上级财政投资 620 万元，融资 1568 万元。持续推进县人民医院眼科设备采购项目、田坪镇中心卫生院县域医疗次中心建设项目。玉屏传染病医院和县人民医院神经血管微创中心建成并投入使用。　（龙慧敏）

疾病预防控制

【概况】 2022 年，县疾控中心实验室有仪器设备 130 余台，备案二级生物实验室 2 个，备案一级微生物实验室 1 个，实验室检测能力 72 项。年内，县疾控中心引进 1 名专业技术人员从事实验室检验监测工作。　（杨湘梅）

【新冠疫情防控】 2022 年，玉屏侗族自治县定期分析疫情防控工作形势，常态化开展防控工作。12 月 27 日，国务院联防联控机制召开新闻发布会宣布自 2023

年1月8日起对新冠疫情实行“乙类乙管”防控政策后，适时调整优化防控策略和防控措施，推进医疗资源统筹建设等“乙类乙管”前期各项工作任务。全县开展工作督查260余次，形成督查专报14期，印发《督促与检查》1期、《工作提示函》5期，市、县两级督查组发现问题310余条，均整改完成。设置发热门诊（诊室）18个，床位数由1058张增加到1539张。选派20批次174人次，驰援上海市、贵阳市、毕节市和万山区抗击新冠疫情。接受社会各界爱心款物捐赠价值864万元，省红十字会捐助抗原检测试剂2000人份，县慈善总会捐赠一次性医用口罩20万只。支付各类防控资金1857.04万元。

（田　浩　汪　琴）

【传染病防控】 2022年，玉屏侗族自治县依法对传染病进行监测与防治，无甲类传染病报告，报告乙、丙类传染病12种710例，发病率476.18/10万，死亡率16.76/10万。发生未分级突发公共卫生事件2起（水痘1起、大龙街道新冠肺炎聚集性疫情1起），水痘聚集性疫情14起，手足口病聚集性疫情9起，流感聚集性疫情1起，食物中毒6起，未发现死亡病例。传染病发病率呈现波折。

【重点疾病防治】 2022年，玉屏侗族自治县通过扩大检测、加强病例随访管理、抗病毒治疗等干预措施，将艾滋病疫情控制在低流行水平。抗病毒治疗率95.8%，治疗有效率96.17%。常住人口HIV抗体筛查50588人次，筛查率33.61%。戒毒药物维持治疗门诊HIV、HCV及梅毒三项检测率分别为93.94%、100%、91.93%。报告肺结核患者165例，重报57例，住院4例，应追踪104例，追踪未到位3例，到位101例，追踪到位率95.45%。经上级定点医疗机构确诊并通知基层医疗卫生机构管理的结核病患者89例，管理88例，管理率98.88%。上年同期已完成治疗肺结核患者76例，规则服药75例，规则服药率98.68%，高危人群耐多药筛查率100%。发现麻风病病人74例，登记在册75例（迁入1例）。麻风症状监测任务45例，完成100%；线索任务10例，完成100%；愈后随访19人。未发现新感染麻风病人。

【慢性病防控治疗】 2022年，玉屏侗族自治县推进省级慢性病综合防控示范县创建工作，做好高血压、糖尿病防治工作和慢性病患者的筛查、干预和管理工作；以减盐、健康口腔为重点，开展以“三减三健”（减盐、减油、减糖、健康口腔、健康体重、健康骨骼）为重点的全民健康生活方式行动。发现恶性肿瘤370例，发病率245.91/10万，死亡226例，死亡率150.21/10万，死亡发病比0.61。报告心脑血管事件患者1100例，心脑血管事件报告当年发病率731.09/10万，录入及时率95.03%。开展心血管病高危人群早期筛查与综合干预长期随访1114人，其中面对面随访555人，电话随访559人，失访135人。建立居民健康纸质档案150457份、电子档案150457份，建档率100%。居民健康档案动态使用27981份，动态使用率18.59%。高血压累计管理11831

5月26日，县疾控中心艾滋病防治科工作人员进行HIV初筛实验

（县疾控中心　供图）

人，规范管理10446人，规范管理率88.29%，最后一次血压控制人数10380人，血压控制率87.7%；糖尿病累计管理2878人，规范管理2409人，规范管理率83.29%，最后一次血糖控制人数2396人，血糖控制率83.25%。全县严重精神障碍检出率和规范管理率均有提高，严重精神障碍患者发现867人，死亡98人，在册766人，管理732人，检出率5.11‰，规范管理率95.56%。

【监测检验】 2022年，县疾控中心完成水质微生物或理化检测142份，其中常规检测80份，合格率100%；丰水期、枯水期水质检测60份，合格54份，合格率90%；其他水质检测2份，合格2份，合格率100%。完成碘缺乏病检测尿碘300份（学生尿碘200份、孕妇尿碘100份）及碘盐300份（学生碘盐样本200份、孕妇碘盐样本100份）检测任务，报告食源性疾病42例，其中县人民医院23例、县中医院8例、县妇幼保健院7例、平溪社区卫生服务中心1例、朱家场镇卫生院1例、大龙社区卫生服务中心1例、亚鱼乡1例，均未收到异常病例、异常健康事件报告。

【免疫规划】 2022年，玉屏侗族自治县免疫规划疫苗接种率达到目标要求，常规免疫疫苗报告接种率95%以上，继续维持无脊灰状态，AFP（甲胎蛋白）监测指标均达到要求。各乡（镇、街道）按日（周）开展常规免疫工作，完成常规冷链运转工作12次，运转疫苗报告接种率均达95%以上，全年未发现AFP、新生儿破伤风、流脑、乙脑等病例，报告疑似麻疹病例3例，按要求进行报告、个案调查、标本采集送检等工作，经实验室确诊排除麻疹和风疹。全县报告疑似预防接种异常反应报告24例(其中平溪街道16例、朱家场镇2例，大龙街道3例、田坪镇1例、新店镇1例、亚鱼乡1例），均为一般反应。 （杨湘梅）

妇幼保健

【孕产妇保健管理】 2022年，玉屏侗族自治县幼儿活产1447人（比2021年同期减少100人，同比减少6.46%）。产妇1426人，全部为住院分娩，住院分娩率100%，其中剖宫产818人，剖宫产率56.53%。孕产妇早孕建册1350人，早孕建册率93.3%；产后访视1373人，产后访视率94.89%；系统管理1348人，系统管理率93.16%；产妇孕产期血红蛋白检测贫血77人，孕产妇孕产期贫血患病率5.4%，其中中重度贫血17人，中重度贫血患病率1.19%；孕产妇产前筛查1182人，产前筛查率82.89%，其中筛出高危孕妇92人，高危孕妇筛查率7.78%。低出生体重儿76人，低出生体重发生率5.25%，其中足月低出生体重儿16人，足月低出生体重儿发生率1.11%；巨大儿56人，巨大儿发生率3.87%；死胎死产4人，早期新生儿死亡4人，围产儿死亡率5.51%。全年无孕产妇死亡。

【儿童保健管理】 2022年，玉屏侗族自治县7岁以下儿童有12611人，实施健康管理12254人，健康管理率97.17%；3岁以下儿童有4499人，系统管理4210人,系统管理率93.58%。0—36月龄儿童中医药管理3853人，中医药管理率85.64%。全县出生活产1447人，新生儿访视1387人，新生儿访视率95.85%；5岁以下儿童死亡7人，死亡率4.84‰；婴儿死亡7人，死亡率4.84‰；新生儿死亡6人，死亡率4.15‰。6个月内母乳喂养调查1446人，纯母乳喂养1174人，纯母乳喂养率81.19%;5岁以下儿童身高(长）体重检查8570人。营养评价“低体重”71人，低体重率0.83%；“生长迟缓”129人，生长迟缓率1.51%；“消瘦”22人，消瘦率0.26%；“超重”42人，超重率0.49%；“肥胖”10人，肥胖率0.12%。5岁以下儿童血红蛋白检测6192人，贫血患病120人，贫血患病率1.94%，其中中重度贫血患病25人，中重度贫血患病率0.4%。0—6岁儿童眼保健和视力检查 12254 人，检查覆盖率 97.71%；6 岁儿童视力检查 1102 人，视力不良检出 17 人，视力不良检出率 1.54%。

【妇女“两癌”检查】 2022 年，玉屏侗族自治县检查妇女宫颈癌、乳腺癌 3021 人，任务完成率 100.7%，其中脱贫户妇女检查 492 人，检查覆盖率 11.23%。宫颈癌、乳腺癌检查结案 3021 人，结案率 100%；查出宫颈浸润性癌（鳞癌）Ib2 期 1 人，宫颈（CIN2/CINIII 级）高级别病变 11 人，乳腺导管内原位癌 1 人，查出患者均接受规范治疗。

【增补叶酸预防神经管缺陷】 2022 年，玉屏侗族自治县增补叶酸任务数 1900 人。适龄妇女孕前和孕早期叶酸新增应服用 2974 人，新增服用叶酸 2931 人，完成任务数的 154.26%，叶酸服用率 98.55%。发生死胎 4 例，无神经管缺陷发生，无高风险新增叶酸服用人数。新增服用叶酸依从 2752 人，叶酸服用依从率 93.89%；增补叶酸知识调查 2658 人，叶酸知晓人数 2591 人，增补叶酸知晓率 97.48%。

【国家免费孕前优生检查】 2022 年，玉屏侗族自治县国家免费孕前优生检查任务数 700 对、1400 人，建档检查 705 对、1410 人，完成任务数的 100.71%。对 599 例具有风险因素人群提供个性化咨询指导和跟踪服务，风险人群比例 42.48%，优生咨询指导率 100%。早孕随访已孕 212 人次，妊娠结局随访已妊娠 206 人次。1 年妊娠率 30.07%，正常活产 178 例，其他不良妊娠结局 18 例。

【婚前医学检查】 2022 年，玉屏侗族自治县民政婚姻登记处结婚登记 559 对夫妇 1118 人，其中婚前医学检查（含孕前优生检查）新婚夫妇 728 人，检查率 65.11%。

【孕产妇妊娠风险筛查及评估】 2022 年，玉屏侗族自治县新增孕产妇 1508 人，妊娠风险筛查 1508 人，筛查率 100%。筛查阳性 1037 人，筛查阳性率 68.77%。风险评估 1094 人次（含颜色变化增评 57 人次），风险评估率 100%。评估黄色 707 人（其中绿转黄 25 人）、橙色 375 人（其中绿转橙 8 人，黄转橙 20 人，紫转橙 1 人）、红色 4 人（黄转红 1 人，橙转红 2 人）、紫色 57 人（重橙色 15 人，重黄色 34 人）。橙色分娩 350 人，红色全部分娩，橙色和红色结案率分别是 93.33%、100%。

【“三网”监测工作及出生缺陷防治】 2022 年，玉屏侗族自治县开展“三网”监测（孕产妇死亡监测、儿童死亡监测和新生儿出生缺陷监测）工作，并上报相关监测信息。0—6 岁儿童花名册按季度进行监测，按规定上报 5 岁以下儿童死亡信息。县直属医疗单位及时上报出生缺陷卡片，按出生缺陷监测工作要求进行相关登记和标识。县直属医疗单位上报出生缺陷卡 12 例，出生缺陷发生率 0.83%。

【新生儿疾病筛查】 2022 年，玉屏侗族自治县活产 1447 人，医疗机构住院分娩活产 1117 人，新生儿疾病筛查 1115 人（含地中海贫血症筛查 536 人），住院分娩筛查率 99.82%；采集合格血片 1108 张，血片采集合格率 99.37%。医疗机构住院新生儿听力筛查 1108 人，院内听力筛查率 99.28%。确诊 G69D（葡萄糖 -6- 磷酸脱氢梅缺乏症）6 例，A 型地中海贫血 1 例，无听力障碍确诊病例。多种遗传代谢病免费筛查 118 例，筛查“阳性”6 例，均召回复查，无确诊病例。

【预防艾滋病、梅毒、乙肝母婴传播】 2022 年，玉屏侗族自治县助产机构分娩产妇数 1113 人，艾（滋病）梅（毒）乙（肝）咨询检测人数 1113 人，其中孕早期检测 957 人，艾（滋病）梅（毒）乙（肝）孕期咨询检测率 100%，孕早期检测率 85.98%。艾滋病阳性孕产妇及所生儿童应服药 1 人，实际服药 1 人，服药率 100%；梅毒阳性产妇应治疗 6 人，实际用药治疗 6 人，治疗率 100%，规范用药 5 人，规范治疗率 83.33%，所生儿童全部实行预防性治疗，预防性治疗率 100%；乙肝表面抗原阳性产妇

38人，所生活产婴儿数38人，乙肝免疫球蛋白注射38人，注射率100%，首剂乙肝疫苗及时接种率100%。

【托幼机构管理】 2022年，玉屏侗族自治县有托育机构11家，其中通过备案3家。可供托位590个，收托人数223人，每千人托位数3.89个，比上级下达责任目标高出1.59个百分点。5—6月，县妇幼保健院到学前教育机构及0—3岁托幼机构开展儿童健康知识宣传培训，培训老师、家长1000余人。开展托育机构卫生评价6家，评价合格5家、不合格1家。对30%的托幼机构开展现场督导1次。

【儿童营养改善】 2022年，玉屏侗族自治县儿童营养改善试点任务数为2300人，收到营养包2批次31500盒。乡（镇、街道）、村（社区）两级发放营养包32277盒，平均发放2690盒/月，任务发放完成率116.95%。年度项目适龄应领取儿童36817人次，实际发放32277人次，营养包人群覆盖率87.67%。营养包有效服用调查32358人次，有效服用31191人次，有效服用率96.39%。脱贫户家庭儿童数应发放7461人次，实际发放6225人次，发放率83.43%。

【婴儿出生医学证明签发】 2022年，玉屏侗族自治县机构内分娩活产1115人，救护车护送途中分娩2人。实际使用出生医学证明1137本，出生医学证明当年出生当年签发1094人，当年出生当年签发率96.22%；换证3本，补发5人，机构外出生首次签发7人，废证3本，废证率0.26%。 （杨天琦）

健康促进

【概况】 2022年，玉屏侗族自治县将省级健康县创建与全国文明城市创建、国家卫生县城成果巩固、慢性病综合防控示范县创建等有机结合，建立健康主题公园，建造集健康知识、运动、休闲、娱乐于一体的健康步道2条，建设面积500米以上健康教育广场2个，长度500米以上健康教育一条街1条。

【健康宣传活动】 2022年，玉屏侗族自治县组织对口帮扶医务人员17名到铜仁西南水泥有限公司开展科普知识暨健康知识进企业义诊活动，健康咨询60余人，义诊40余人。开展“健康中国 母亲行动”主题宣传月妇女健康知识宣传活动，邀请铜仁市妇幼保健院到县妇幼保健院开展以“关注围绝经期”为主题的关爱女性健康专题讲座，各行业妇女80余人参加。

【“健康细胞”建设】 2022年，玉屏侗族自治县抓好“健康细胞”建设，4个健康机关、3家医院、11家学校、3家企业、48个村（社区）、240个健康家庭达到健康县创建标准。健康促进机关覆盖达标率30%，健康医院覆盖达标率70%，健康学校覆盖达标率50%，健康企业覆盖达标率20%，健康促进村（社区）覆盖达标率30.6%，居民健康素养水平29.6%。

【健康家庭建设】 2022年，玉屏侗族自治县制定健康家庭建设工作方案，在全县范围内开展健康家庭评选活动。组织53997户家庭参加健康家庭评选活动，达标健康家庭13514户，达标率25%，评选示范健康家庭100户。 （蒋　珣）

爱国卫生运动

【概况】 2022年，玉屏侗族自治县开展爱国卫生运动，做好健康知识进万家工作，普及健康知识。围绕健康素养66条、病媒防治、控烟知识、传染病防控、合理膳食等健康知识，制作健康教育宣传内容4期。多形式开展爱国卫生月宣传活动。在全县创建全国文明城市90个网格区域、机关单位、学校、医院等场所设置健康教育宣传栏，每季度更换1次健康教育宣传内容。健康知识进万家绑定健康明白人47883人，覆盖率89.95%。

【病媒生物防制】 2022年，玉屏侗族自治县开展病媒生物防治工作，做好除“四害”，打造健康环境。全县新投、补投毒饵站3000个，补投鼠药400余千克，投放溴敌隆蜡块4465包。

【控烟工作开展】 2022年，玉屏侗族自治县开展无烟单位创建，把控烟工作纳入单位发展规划和各项管理规定，制定控烟考核奖罚制度，落实控烟措施。12月，县疾控中心、县人民医院、县妇幼保健院、县人民法院、县人民检察院等11家单位成立控烟领导小组，制定考核措施，张贴标识标牌50余块。

【爱国卫生月宣传】 4月21日，玉屏侗族自治县爱国卫生运动委员会办公室、县住房城乡建设局、县工业和商务局、县交通运输局、县农业农村局和县属医疗卫生等单位，开展第34个爱国卫生月宣传活动，弘扬爱国卫生运动优良传统，倡导文明健康绿色环保生活方式。活动期间，发放宣传品3000余份，开展义诊80余人次，惠及群众600余人。

（蒋　珣）

中医药服务

【概况】 2022年，玉屏侗族自治县有各级各类中医药机构15家，其中中医医院1家、中医门诊11家、诊所3家。启动县中医院搬迁工作，加强中医特色重点医院建设。促进中医药和侗医等民族医药传承和创新发展，开展中医资源遍访，新增中医侗医县级非物质文化遗产代表性项目代表性传承人4人，颁发“无偿献方献技”证书5本，拜师学习中医10人。

【中医药服务体系建设】 2022年，玉屏侗族自治县开展中医药服务体系建设，实施省级示范中医馆工程，完成大龙街道社区卫生服务中心省级示范中医馆创建工作。开展县中医院对口帮扶乡（镇）卫生院（社区卫生服务中心）中医药工作，所有乡（镇）卫生院（社区卫生服务中心）中医馆正常运转。

【中医药传承】 2022年，玉屏侗族自治县将中医药事业传承创新纳入全县提升卫生健康水平“十大专项”行动，印发促进中医药传承创新发展实施方案，推进中医药传承创新发展。在县中医院设立玉屏侗族自治县侗医药研究所，开展传统中医药及侗医、侗药挖掘、收集整理工作。在全县82个行政村开展中医传统医药资源遍访，挖掘收集到有价值侗医药方剂及治疗方法10余种。中央广播电视总台央视中文国际频道《了不起的中医》探寻采访和宣传报道玉屏侗族自治县传统侗医侗药。新增为田氏徒手正骨整脊疗法、孙飓为孤楼子药（接骨水）、王鑫为侗医药·栀龙贴、杨跃为侗医药·杨氏赤掌疗法县级非物质文化遗产代表性项目代表性传承人。开展全县乡村医生中医药适宜技术培训，组织20名医、护、技人员到6个乡（镇、街道）卫生院坐诊，指导基层医疗机构开展中医药工作。开设歧黄大讲堂，讲解传授中医理论知识和中医适宜技术。

5月18日，玉屏侗族自治县开展传统民间中医无偿献方献技表扬暨拜师活动

（县中医院　供图）

【无偿献方献技表扬】 5月18日，玉屏侗族自治县在县中医院召开传统民间中医无偿献方献技表扬大会暨拜师活动。会上，宣读《玉屏侗族自治县促进中医药传承创新发展实施方案》，为龚永久、罗仁岩、田代刚、张泳仙、赵清章5名无偿献方献技人员颁发“无偿献方献技”荣誉证书，10名中医师现场拜师深造医术。（蒋　珣）

医政药政管理

【医政管理】 2022年，玉屏侗族自治县统筹推进2022年医政重点工作，优化发热患者就诊流程,保障人民群众基本医疗服务。全县设置发热门诊（诊室）18个，其中二级医疗机构4个、乡（镇）卫生院（社区卫生服务中心）14个。县人民医院有开放床位678张,综合ICU床位14张，配置呼吸机34台，配备重症医护人员21人，日均床位使用率71%。全年组织开展无偿献血13次，参与无偿献血1056人次，采集全血总量306100毫升。开展分级诊疗工作，转诊患者243人次，其中基层上转县级医院就诊169人次，县级医院下转基层医院康复治疗74人次。组织开展医疗机构日常监管和打击非法行医，未发现医师出租出借或转让医师执业证书、过度治疗等行为，未发现涉黑涉恶线索。

【药政管理】 2022年，玉屏侗族自治县制定2022年国家基本药物制度实施方案、国家基本药物制度工作方案。7家乡（镇）卫生院（社区卫生服务中心）和85家村卫生室（社区卫生服务站）全部配备和使用基本药物，实行零差率销售，基本药物制度在基层医疗卫生机构覆盖率100%。按季度拨付村卫生室实施国家基本药物制度补助资金95.48万元，拨付率100%。县人民医院、县妇幼保健院、县中医院、基层医疗卫生机构基本药物品种占比分别为53.36%、65.06%、63.98%、85%，基层医疗机构基本药物销售占比分别为52.72%、51.51%、56.96%、83.75%。村卫生室配备使用80种以上的基本药物，均高于省级规定配备和使用比例，推进各级医疗机构形成以基本药物为主导的“1+X”用药模式，提高基本药物可及性。

【卫生人才队伍建设】 2022年，玉屏侗族自治县采取外邀内派、对口帮扶等多种模式实施卫生健康人才培养。对卫生健康系统干部职工进行全覆盖政治理论及业务知识培训学习6023人次，引进人才16人，公开招聘事业单位人员11人，安置农村订单定向医学生8人，返聘高职称专业技术人才2人。县属各医疗卫生单位参与铜仁市五届医师节“优秀医师”和“优秀护士”评选活动，4家医疗机构和12名医务人员受到表彰。全县卫生健康系统聘用专业技术人员72人，其中岗位晋升34人、执业医师（含助理医师）12人；晋升副高级专业技术职称18人，正高级专业技术职称8人，中、初级专业技术职称39人。（蒋　珣）

医疗技术

【重点专科建设】 2022年，玉屏侗族自治县强化临床重点专科建设，打造医院核心竞争力。县中医院针灸科、消渴病科创建为省级中医重点专科，县中医院骨伤科、肛肠科通过中期评估验收，县人民医院普外科列入省级临床重点专科建设项目。

【医疗新技术新项目】 2022年，县人民医院申报新技术、新项目33项，开展单孔腹腔镜下卵巢囊肿剔除术、腹腔淋巴管瘤切除术、腹腔镜下全胃切除术、巨大内淋巴瘤切除术等大型高难度综合手术，完成心包穿刺置管术、内镜下内痔治疗术、乳腺微创旋切术、电子直肠肛门镜、肛周疾病手术术后穴位贴+艾灸治疗等多发病、常见病诊疗技术。县中医院开展新技术12项，填补技术空白12项。

【医疗信息化建设】 2022年，县中医院推出微信公众号预约核酸缴费，建成县域糖尿病（消渴病）

信息化管理中心，实现全县糖尿病患者信息集中管理。县妇幼保健院开通微信公众号网上预约挂号、缴费功能。县人民医院在全市县级医院中率先实现诊间扫码支付和“银医通”线上医保结算。完善“一站式”服务、陪检、床边结算、“先诊疗后付费”和“一站式”结算等便民利民惠民服务工作，升级改造 SPD（物资管理）与 HIS（医院信息管理）系统三级库，强化物资“进、销、存”管控。（龙慧敏）

基层医疗卫生

【概况】 2022 年，玉屏侗族自治县有基层卫生健康服务单位 88 家。其中，乡（镇）卫生院（社区卫生服务中心）7 家，社区卫生服务站 1 家（紫气山社区卫生服务站），村级卫生室 80 家。安置农村订单定向医学生 8 名。基层医疗机构有各级各类专业医疗技术人员 404 人。召开第五个“中国医师节”表扬大会授予 10 人“最美村医”称号。

【基本公共卫生服务】 2022 年，玉屏侗族自治县加强传染病监测与防治工作，传染病发病率呈现波折，总体为下降趋势且发病率均控制在省、市要求的 550/10 万以下。落实免疫规划，全年无重大疾病发生。常规免疫疫苗接种率均超 95%，未发生新生儿破伤风、流脑、乙脑、麻疹、脊灰等病例。做好高血压、2 型糖尿病、严重精神障碍、肺结核患者健康管理服务，管理高血压患者 11831 人，规范管理 10446 人；管理糖尿病患者 2878 人，规范管理 2409 人；管理肺结核患者 87 人，按规则服务的肺结核患者 74 人重点人群得到控制。

【乡村医生培训】 2022 年，县人民医院举办乡村医生短期培训班 1 期，培训 39 人。11 月，县中医院与东莞市中西医结合医院联合主办乡村医生中医药适宜技术培训班 1 期，为期 6 天培训 40 人。

【基层卫生基础设施建设】 2022 年，玉屏侗族自治县持续推进投资 560 万元的田坪镇中心卫生院县域医疗次中心建设项目建设。建设内容包括手术室（麻醉科）、口腔科建设，发热诊室、急诊室、外科、妇科、儿科门诊改扩建及设备购置等。（蒋　珣）

卫生监督

【概况】 2022 年，玉屏侗族自治县加大卫生健康综合执法力度，开展打击非法行医、非法从事医疗美容工作。加强医疗机构、公共场所、职业卫生、学校卫生监督检查，监督覆盖率 100%。查办卫生违法案件 101 件，罚没款 17.73 万元。查处医疗废物相关行政处罚案件 12 件，罚款 1.5 万元。

【医疗乱象专项整治】 2022 年，玉屏侗族自治县调处医疗纠纷 7 起（经县医疗纠纷人民调解委员会调解 3 起、自愿协商处理 2 起、移交鉴定 2 起）。监督检查出动车辆 81 辆次、卫生监督员 265 人次，检查各级医疗机构 371 家

3月18日，县卫生健康局、县公安局、县市场监管局、县人民检察院联合开展打击非法行医专项行动　　（县市场监管局　供图）

次，查办卫生违法案件101件，其中公共场所卫生63件、医疗卫生34件、职业卫生（含放射卫生）1件、保健用品生产企业1件、学校卫生2件。

【医疗废物废水处置监督】 2022年，玉屏侗族自治县开展医疗机构医疗废物、医疗污水整治工作，排查卫生健康系统生态环保问题。查处医疗废物相关行政处罚案件12件，罚款金额1.5万元。未出现因处置不规范、监管不力造成医疗废物泄漏或生态危害现象。（蒋　珣）

主要医疗机构简介

【县人民医院】 2022年，县人民医院占地面积30328.09平方米，建筑面积55736平方米。有1.5T核磁共振（MRI）、64排128层螺旋CT、飞利浦数字化血管减影造影系统、DR及CR数字成像系统、电子腹腔镜、电子胃肠镜、钬激光腔内碎石系统、等离子电切镜、关节镜等130件大中型医疗设备。投入1700余万元，建成神经血管微创介入中心；（东）莞铜（仁）东西部协作常平组团玉屏共建消化内科微创治疗中心、眼科中心、产后盆底康复中心动工建设；原妇产科分设为妇科、产科；原五官科分设为口腔科、眼耳喉鼻科；血液改扩建透析室床位增加至22张；消化内科范钧先工作室获评市级名医工作室；外一科被批准立项，开展省级临床重点专科建设，并通过市级临床重点专科验收，获批成立县级名医工作室。编制床位348张，实际开放床位678张。设有临床科室21个，门诊科室24个、医技科室5个。有专业技术人员475人，其中高级专业技术职称51人、中级专业技术职称108人、初级专业技术职称256人、其他专业技业人员6人。引进（招聘）医生14人，护士36人，医技5人，其他工作人员8人。晋升聘任“正高级”专业技术职称4人、“副高级”专业技术职称9人、初（中）级专业技术职称23人。开展院内业务培训54次，医疗业务讲座75次，培训4000人次。外派16名业务骨干外出进修学习。实习带教大专院校临床、药学33人，护理105人。基层卫生人才能力提升培训16人。先后选派95人次驰援上海市、贵阳市、毕节市、万山区。12月，加购呼吸机、排痰机、心电监护仪等医疗设备，做好药品储备保障，启用感染楼、急诊楼、第二住院楼六楼，将医院床位扩增至678张。全院收入15145万元，比上年增长14.25%，其中医疗收入12253万元，比上年增长15.57%。全年门（急）诊接诊患者185282人次（不含便民门诊、健康体检人次），比上年增长20%；出院患者19070人次，比上年增长27.1%；完成各类手术6930台，比上年增长34.6%，其中三、四类手术1984人次，比上年增长26.9%；出院患者平均住院日6.9天，比上年下降0.6天。抗菌药物使用强度36.2DDD，比上年下降3.5DDD。（陈　波）

【县中医院】 2022年，县中医院职工263人，其中在编职工103人、聘用160人。在编人员中，非卫生技术专业人员3人，卫生专业技术人员100人，其中中医类别43人（高级6人）、西医类别16人（高级4人）、护理类别16人（高级5人）、药剂类别5人、医技类别11人。引进高校毕业生3人，招聘编外人才21人。外派进修学习9人，学习培训83人次。东莞市向县中医院选派医务人员3名，铜仁市人民医院选派医务人员2名。将中医药诊疗技术在临床推广应用情况作为考核指标，建立体现中医药特色的绩效考核机制，鼓励各临床科室开展中医药特色技术项目及中药处方开单，提高中医药临床应用的绩效分配比例。制订常见病、重点病种、中医优势病种中医诊疗方案，定期对方案实施情况进行分析、总结及评估，分析中医治疗的难点，提出解决难点的思路和措施优化诊疗方案。9月，推出多学科联合查房方案，每周三下午院内副高级职称以上人员分别前往不同的临床科室进行业务查房，通过教学互动提升医师水平。11月18日，县中医院中医特色护理门诊开诊，开设督脉灸、任脉灸、雷火灸、火龙罐、平衡火罐、虎符铜砭刮痧、温通刮痧、耳穴压豆、穴位贴敷、热奄包等。12月1日，“岐黄大讲堂”第一期开讲，由经验丰富的医师、护师传授讲解中医理论和中医适宜技术操作。派出117名技术骨干驰援贵阳市、毕节市、思南县、万山区、贵州大龙经济开发区等地开展疫情防控。县中医院在门诊大厅外设置“免费新冠预防中药汤剂”领取点。全年门诊就诊136081人次，较上年增长32.6%，其中中医21886人次、西医114195人次，平均日诊疗373人次；入院病人8744人次，较上年增长21.6%；出院病人8611人次，其中治愈好转8430人次、治愈好转率97.9%，其他173人次、未愈率2.1%，死亡8人次、死亡率0.1%。出院病人平均住院日7.7天，抢救危重病人84人次，抢救成功76人次、成功率90%。手术955台，较上年增加207台。（姚艳玲）

8月4日，县妇幼保健院邀请铜仁市妇幼保健院林远鑑开展“关爱女性健康”专题讲座　（县妇幼保健院　供图）

【县妇幼保健院】 2022年，县妇幼保健院总收入2346万元，比上年增加345万元，增长17.24%。其中，财政补助收入1116万元，比上年增加119万元，增长11.94%，财政补助收入占总收入的47.57%。医疗业务收入1208万元，比上年增加224万元，增长22.76%。全年业务总支出2289万元，业务收支结余57万元。全年接诊41582人次，出院病人1859人次。年内，开展各类培训86次、1748人次，其中院内培训1350人次，远程培训398人次。组织“三基”（基本理论、基本知识、基本技能）考试4次，派出9人到省内外三级甲等医院进修，参加省内外短期培训32人次。参加执业医师考试2人。参加继续医学教育学习80人，78人合格，合格率98%。举办孕产妇危急重症处理、成人心肺复苏、儿科适宜技术专题技术培训班3期。开展各类义诊宣传活动27次，发放各类宣传材料1.9万余份，免费咨询5000余人，免费发放药品价值5000余元。开展健康教育知识知晓率调查360人，收回有效答卷360份，知晓率92.88%。开展主题义诊活动28期、知识讲座2期。借助对口帮扶资源，组织干部职工到帮扶单位交流学习，邀请对口帮扶单位派遣医疗保健专家到县妇幼保健院开展技术指导。加强与铜仁市妇幼保健院合作，签订产前筛查诊断合作协议，5月，铜仁市妇幼保健院专家到县妇幼保健院开展技术、理论指导。（杨天琦）

体 育

体育设施

【概况】 2022年，玉屏侗族自治县有各类体育场地738个，乡（镇、街道）级农体工程8个，覆盖率100%。体育场地总面积346895平方米，人均体育场地面积2.12平方米。新增环㵲阳河建设健康步道10千米。开展体育安全生产常态化检查，排查整改安全隐患21条。全县体育行业安全生产事故零发生。有体育彩票销售终端21台（含渠道），销售总额3623.73万元。

【健身设施项目申报】 2022年，玉屏侗族自治县申报体育类项目30个，获贵州省体育局批复项目26个，其中农体工程20个（平溪街道舞阳村，皂角坪街道枹木垅村，大龙街道大龙堡村、南宁村，麻音塘街道草坪村、抚溪村、蔡溪村，田坪镇白果村、罗家寨村、新华村、江口村，朱家场镇詹家坳村、洪家湾村、水田村、谢桥村、龙眼村、桐木村、长华村、茅坡村，新店镇老寨村），健身路径工程6个（平溪街道康华社区汇金国际小区广场，皂角坪街道原房产局小区广场、舞阳欣城小区、水月庵小区广场，大龙街道社区第一居委会、钟家湾廉租房），项目资金80万元。7月26日，县体育馆、紫气山社区足球场建成智慧体育场馆。

【全民健身中心建设】 12月，玉屏侗族自治县全民健身中心主体建设完成。项目于2021年5月开工建设，总投资1500万元，建筑面积2268.93平方米，含三层综合体育馆、室外七人制足球场1个、篮球场1个、羽毛球场3个及室外绿地2021.45平方米。三层综合体育馆内设健身房、乒乓球馆、击剑馆、羽毛球馆、办公设施用房等。 （李典振）

10月16日，朱家场镇詹家坳村农体工程完工 （黄开文 摄）

全民健身

【概况】 2022年，玉屏侗族自治县印发《玉屏侗族自治县2021—2025全民健身实施计划》，加强群众健身运动引导，发展壮大各级体育社会组织，推动全民健身与全民健康深度融合。组织开展全民健身赛事活动，2月，举办2022年迎新登高暨红红火火过大年击剑比赛、篮球比赛、足球比赛；4月，县象棋协会举办康华杯象棋比赛、箫笛长跑俱乐部承办铜仁市全民健身长跑玉屏分会场比赛；6月，举办县第三届中学生篮球赛、箫笛长跑俱乐部承办毛铺苦荞酒铜仁地区聚跑比赛玉屏站赛事；7月，举办首届“骅辉杯”足球超级联赛；8月，举办职工篮球赛；12月，举办象棋赛、围棋赛；全年组织参加湘黔边区乒乓球“双月赛”；县象棋协会开展与福泉市、铜仁市及湖南省新晃侗族自治县等对外交流赛事活动11次。

【体育健身组织】 2022年，玉屏侗族自治县登记注册单项体育协会、体育俱乐部6个（玉屏侗族自治县羽毛球协会、玉屏侗族自治县自行车协会、玉屏县东辰体育俱乐部、玉屏侗族自治县玉城足球俱乐部、玉屏侗族自治县康华乒乓球俱乐部、北侗斗牛协会），未注册持续开展群众体育工作的协会俱乐部11个（玉屏侗族自治县足球协会、乒乓球协会、体育舞蹈暨国标舞协会、太极柔力球协会、象棋协会、围棋协会、龙舟协会、钓鱼协会、玉屏侗族自治县鹏宇篮球俱乐部、大龙飞越篮球俱乐部、玉屏侗族自治县箫笛跑团）。各乡（镇、街道）均建有文体综合服务站点。

【体育健身指导队伍建设】 2022年，玉屏侗族自治县全民健身指导员和志愿服务队伍不断扩大，有各类社会体育指导员451人，举办2022年贵州省柔力球技能培训班（玉屏侗族自治县）及全县社会体育指导员培训，推荐4名体育骨干到铜仁市体育局参加2022年一级社会体育指导员培训。

【玉屏自行车运动队成立】 10月16日，玉屏侗族自治县自行车运动队成立。有教练4名，青少年运动员13名，成年运动员15名。

【全县第十届象棋大众赛】 6月18—19日，由县总工会、县老年人体育协会主办，县象棋协会承办的玉屏侗族自治县第十届象棋大众赛举行。来自各社区象棋爱好者、机关单位在职职工及离退休职工46人参赛。经过2天7轮的博弈比拼，北门社区退休工人刘月明获老年组冠军，张舰、杨昌平分获亚军及季军；大龙街道刘德林获中青年组冠军，余小

6月18—19日，由县总工会、县老年人体育协会主办的玉屏侗族自治县第十届象棋大众赛举行　　（县总工会　供图）

华、张毅分获亚军及季军；11岁的詹峰、10岁的陆浩然获鼓励奖。

【全县第九届“康华杯”棋王赛】 12月17日，玉屏侗族自治县第九届“康华杯”棋王赛在平溪街道康华花园举行。比赛由平溪街道和县老年人体育协会象棋分会组织，象棋爱好者42人参赛。赛事前三名分别是谭林杰、刘月明、刘德林。　　（李典振）

竞技体育

【概况】 2022年，玉屏侗族自治县围绕贵州省竞技体育发展战略和《中国贵州山地户外运动大省专项建设规划》，以击剑和自行车项目为突破口，发展山地户外运动，加强业余训练基地建设，提升竞技体育水平。举办篮球竞技赛3次、足球竞技赛2次。组队参加贵州省第十一届运动会，荣获金牌1枚、银牌2枚、铜牌2枚。U12篮球代表队获“全民健身日”主题活动暨2022年贵州省小篮球联赛（中国小篮球系列活动·贵州）总决赛亚军。

【中小学生第四届校园足球联赛】 5月27—29日，玉屏侗族自治县中小学生第四届校园足球联赛举行，24支代表队参加。玉屏民族中学获高中组男子、女子冠军，县第一中学获初中男子甲组、乙组冠军，大屯小学获小学混合组冠军，朱家场小学获小学男子甲组冠军，县第二小学获小学男子乙组冠军。

【参加贵州省第十一届运动会】 2022年，贵州省第十一届运动会在六盘水市举行。玉屏侗族自治县自行车、击剑、柔力球代表队代表铜仁市参赛，派出运动员

7月21—23日，黄丽、姚豪分别获贵州省第十一届运动会山地自行车赛奥林匹克越野赛女子甲组亚军、男子甲组季军

（县文体广电旅游局　供图）

100余名。6月16日，玉屏侗族自治县运动员代表铜仁市参加贵州省第十一届运动会柔力球竞赛，获花式项目集体全能套路第二名，刘卫获花式项目单人自编套路第三名，何祖喜、侯智英获网式项目混合双打第一名。7月21—23日，玉屏侗族自治县黄丽、姚豪、杨浩铭代表铜仁市参加贵州省第十一届运动会山地自行车赛。黄丽获奥林匹克越野赛女子甲组亚军及个人速度赛亚军。姚豪获奥林匹克越野赛男子甲组季军，并获赛事体育道德风尚奖。8月14日，玉屏侗族自治县代表队代表铜仁市参加贵州省第十一届运动会击剑项目比赛，获得金牌、银牌各1枚，获女子佩剑甲组团体冠军、女子佩剑甲组个人第七名。在女子佩剑甲组团体决赛中，由聂力、洪诗艺、安可希、杨子怡组成的击剑队代表，获得女子佩剑甲组团体赛金牌。

【U12篮球代表队获省级决赛亚军】 7月31日，“全民健身日”主题活动暨2022年贵州省小篮球联赛（中国小篮球系列活动·贵州）总决赛在贵定县开赛，从全省各分赛中选拔出的75支代表队、670余名运动员和教练员参赛。玉屏侗族自治县U12篮球代表队获比赛亚军。

【“骅辉杯”足球联赛】 8月1—8日，玉屏侗族自治县首届“骅辉杯”足球联赛在县第一中学开赛。赛事由玉屏东宸体育文化传媒有限公司主办，玉屏融媒体抖音号全程同步直播。国企联队、致腾汽修、老男孩、东宸体育4支足球队参赛。国企联队获得比赛冠军，老男孩队获得比赛亚军。

【“信合杯”职工篮球赛】 8月8—28日，玉屏侗族自治县2022年“信合杯”职工篮球赛举行，31支代表队参赛。赛事采取分组单循环赛和交叉淘汰赛方式进行。玉屏农村商业银行、贵州大龙经济开发区、教育系统代表队分别获男子甲组冠军、亚军、季军，教育系统A队、教育系统B队、党群系统代表队分别获男子乙组冠军、亚军、季军，教育系统、宣传文化系统、工贸系统代表队分别获女子组冠军、亚军、季军。

（李典振）

8月8—28日，玉屏侗族自治县“信合杯”职工篮球赛举行

（姚　磊　摄）

社会生活

人口家庭

【概况】 2022年末，玉屏侗族自治县户籍总数56515户，户籍人口17.62万人，户籍人口中男女性别比110.7，比上年上升0.09。年内，全县迁入人口1204人，迁出人口1686人。

（张文能　龙　涛）

【人口监测】 2022年末，玉屏侗族自治县常住人口14.67万人。常住人口出生1396人（其中一孩出生510人，二孩出生518人，多孩出生368人），出生率8.01‰，下降0.4个千分点；死亡人口1018人，死亡率5.84‰，上升0.77个千分点；自然增长率2.17‰，下降1.17个千分点。

（龙慧敏）

【婚姻和收养登记】 2022年，玉屏侗族自治县办理结婚登记922对，离婚登记358对，补发结婚登记139对，补发离婚登记32对，办理收养登记2件，离婚调解570对。开展婚姻家庭矛盾调解750对，调和371对。

（杨文斌）

【生育支持政策落实】 2022年，玉屏侗族自治县印发《促进3岁以下婴幼儿照护服务发展实施细则（试行）》，提高0—3岁婴幼儿托管服务水平。加大资金支持力度，对举办非营利性婴幼儿照护服务机构托位补贴纳入财政预算一体化系统管理，强化儿童早期发展中心重点专科建设。加大“三孩”政策宣传，提升服务水平，保障妇女儿童合法权益。取消生育证审核制度，推行网上生育登记服务工作。（龙慧敏）

【生育帮扶慰问】 2022年，玉屏侗族自治县持续开展“仁义之城·生育关怀送爱心——三送慰问”活动，为每户生育家庭赠送宝宝装1套、鸡蛋60个、卫生健康知识宣传品1份。全年慰问符合政策生育家庭975户，慰问物资价值7.33万元。开展“幸福保障——计生家庭意外伤害保险”项目，投入资金5.97万元，为2619户农村独生子女户、“两女”结扎户及城镇独生子女低保家庭和计划生育失独家庭购买意外伤害保险。全年理赔6人、理赔金额1.7万元，理赔率28.47%。实施失独家庭住院护理补贴保险工作，投入资金0.64万元，为全县29户43人（每人150元）失独家庭购买住院护理补贴保险，理赔16人，理赔金额2.38万元，理赔率368.22%，解决失独家庭住院无人照护困难。持续实施“人口福利·生育关怀基金”项目，为全县31户计划生育困难家庭、基层计生工作者实施一次性扶助，救助金额7.42万元。开展“暖心行动”，走访慰问计划生育失独家庭5次。在元旦、春节期间，开展“生育关怀·送温暖”走访慰问活动，走访慰问计划生育困难家庭、失独家庭及留守老人，为53户家庭发放价值1.2万元的慰问物资及宣传资料。

【生育宣传服务】 2022年，玉屏侗族自治县举办“5·29”会员活动日、“7·11”世界人口日、“10·28”男性健康日宣传服务活动，联合相关部门举办“健康知识进万家”“青春健康知识进校园”“爱眼护眼讲座”宣传活动。发放宣传资料3.12万份，宣传品0.38万份，开展义诊活动30余次2800人，政策和健康咨询1400人次，更换宣传栏58个，张贴宣传标语30条。

（吴红艳）

2022年玉屏侗族自治县户籍人口一览表

表19

2022年末总户数（户）	2022年末总人口数（人）	城镇人口（人）	乡村人口（人）	性别		0—17岁（人）	18—34岁（人）	35—59岁（人）	60岁及以上（人）
				男（人）	女（人）				
56515	176180	85467	90713	92562	83618	42581	41488	64143	27968

【殡葬管理】 2022年，玉屏侗族自治县火化遗体334具，申领一次性丧葬补贴236人，发放资金129.92万元，做好“三区三线”殡葬项目划定工作及大龙街道、麻音塘街道农村公益性公墓选址工作。（杨文斌）

劳动就业

【概况】 2022年，玉屏侗族自治县16岁—59岁劳动力人口就业51088人，其中省内就业34937人、省外就业16151人。脱贫户劳动力外出务工10949人，其中省外务工3777人、省内县外务工842人、县内务工6330人。

【就业创业政策资金扶持】 2022年，玉屏侗族自治县争取到各类就业创业资金2217.38万元。其中，中央财政就业补助资金1306万元，省级公益性岗位补助资金37万元，省级社会保障及就业补助资金20万元，省级就业补助资金36.08万元，中央第一批财政衔接乡村振兴补助资金338.3万元，东西部协作资金380万元，县级匹配资金100万元。

【创业担保贷款】 2022年，玉屏侗族自治县落实贴息贷款政策支持创业带动就业。以创业担保贷款扶持城乡劳动者自主创业。全年发放创业担保贷款2247万元，扶持创业117人，带动就业626人。

【人力资源市场化配置】 2022年，玉屏侗族自治县创新开展线上网络招聘会活动，收集岗位信息43865个。开展线上招聘会12场、线下招聘会3场，参与企业659家，其中本地企业558家，外地企业101家，提供就业岗位6万余个，达成就业意向805人。全年有组织劳务输出劳动力到省外务工5576人，新增到省外务工农村劳动力和返岗到省外务工农村劳动力7638人，组织化程度占比73%。春节期间采取包大巴车、包专列等形式开展“点对点”劳务输出，帮助农村剩余劳动力到广东省、上海市等沿海省市就业224人。

【重点群体就业】 2022年，玉屏侗族自治县通过前期摸排数据对比未就业劳动力信息，向其提供用工信息推荐就业，推进高校毕业生、退役军人、农民工等重点群体就业。全年开发城镇公益性岗位，帮助就业困难群体就业370人，其中安置易地扶贫搬迁劳动力就业74人、残疾人劳动力就业8人、高校毕业生就业32人。

【大学生就业创业】 2022年，玉屏侗族自治县出台系列政策，促进高校毕业生就业。建立高校毕业生就业服务台账，提供社区职业指导268人次，高校毕业生创业38人，见习生安置就业91人。

【公益性岗位就业】 2022年，玉屏侗族自治县帮助就业困难群体实现乡村公益性岗位就业416人。其中，脱贫劳动力人口安置就业254人，易地扶贫搬迁劳动力人口安置就业133人。

【就业帮扶车间】 2022年，玉屏侗族自治县加强就业帮扶载体建

2月23日，东莞市常平、桥头、谢岗3个镇与玉屏侗族自治县联合举办“铜往东莞　就在云聘”2022年常平（组团）·玉屏劳务协作远程招聘会（县人力资源社会保障局　供图）

11月，贵州贵福菌业发展有限公司被县人力资源社会保障局认定为就业帮扶车间　　（县乡村振兴局　供图）

设。新认定就业帮扶车间3个，吸纳就业395人，其中脱贫人口86人、易地扶贫搬迁劳动力20人。正常运营车间9个（不含贵州大龙经济开发区），就业帮扶车间累计吸纳就业933人，其中脱贫人口226人。

【转移就业】 2022年，玉屏侗族自治县拓展与广东省东莞市常平（组团）交流协作，建立驻常平（组团）东西部劳务协作站，输出农村劳动力外出就业。年内，通过东西部协作机制帮助农村劳动力人口转移就业4088人，其中含脱贫劳动力人口2875人。

【根治欠薪专项行动】 2022年，玉屏侗族自治县开展根治欠薪专项行动，排查上报欠薪项目17个，欠薪金额1229.69万元，涉及689人。其中，政府性投资项目12个，欠薪金额871.01万元，涉及465人；非政府性投资项目5个，欠薪金额358.68万元，涉及224人，于8月31日全部化解完毕。

【工伤认定】 2022年，玉屏侗族自治县收到工伤认定申请74件，受理74件，认定62件（含2021年12月受理，2022年1月认定9件），单位（或个人）撤回6件，调查待认定15件。

【在建工程“六项制度”落实】 2022年，玉屏侗族自治县落实在建工程“六项制度”（农民工工资专户开设制度、实名制考勤制度、工资保证金制度、分账拨付制度、银行代发工资制度、签订劳动合同制度），全县入库在建工程项目22个，落实在建工程“六项制度”22个。

【劳动监察执法】 2022年，玉屏侗族自治县开展用人单位日常巡查57户，涉及劳动者2643人次。开展用人单位劳动保障监察书面审查1户，涉及10人。追讨农民工工资899.9万元，涉及801人。其中，拒不支付劳动报酬犯罪移送公安机关案件1件，重大劳动违法行为1起，非法使用童工案1件。全年收到全国欠薪平台转办欠薪线索167条，办结167条，办结率100%；收到信访案件7条，办结7条，办结率100%；收到国务院“互联网+督察”6条，办结6条，办结率100%；收到“12345”热线169条，办结169条，办结率100%。

【劳动争议调解仲裁】 2022年，玉屏侗族自治县处理劳动争议案件209件，其中立案受理仲裁案件65件，办结47件，时限内案件结案率为100%，累计涉案金额261万元；处理案外调解案件65件（含“互联网+调解”案件6件），其中调解成功61件，涉案金额341.1万元；办理不予立案案件19件；协助处理紧急案件2件，涉及劳动者113人；接待处理来信来访案件58件，涉及劳动者61人。　（罗　维）

收入消费

【居民收入】 2022年，玉屏侗族自治县城镇居民人均可支配收入39388元，比上年增长4.7%。其中，工资性收入28749元，增长

9.9%；经营净收入6848元，下降3.9%；财产净收入2681元，下降8.5%；转移净收入1110元，下降20.2%。全县农村居民人均可支配收入16315元，比上年增长6.6%。其中，工资性收入7981元，增长8.1%；经营净收入5444元，下降1.5%；财产净收入95元，增长18.3%；转移净收入2795元，增长20.4%。

【居民消费】 2022年，玉屏侗族自治县城镇居民人均消费支出21993元，比上年下降6.4%。其中，食品烟酒支出6571元，下降5.8%；衣着支出1873元，下降7.5%；居住支出3846元，下降21.6%；生活用品及服务支出1466元，增长9.6%；交通通信支出3336元，下降5.1%；教育文化娱乐支出3020元，增长11.4%；医疗保健支出1581元，增长7.2%；其他用品和服务支出301元，下降46%。农村居民人均消费支出12442元，比上年下降7.6%。其中，食品烟酒支出4172元，下降8.1%；衣着支出619元，下降14.5%；居住支出2514元，下降11.1%；生活用品及服务支出616元，下降23%；交通通信支出1615元，下降24.8%；教育文化娱乐支出1627元，增长19.4%；医疗保健支出1093元，增长21.2%；其他用品和服务支出185元，增长18.6%。

【市场物价】 2022年，玉屏侗族自治县居民消费价格总指数为101%，比上年增长1%。其中，食品烟酒下降0.5%、衣着上涨1.9%、居住下降1%、生活用品及服务增长1%、交通和通信增长6%、教育文化和娱乐增长0.7%、医疗保健增长1.1%、其他用品和服务增长1%。（吴祥华）

社会保险

【概况】 2022年，玉屏侗族自治县社会保险参保人数115595人，其中城镇企业职工养老保险参保人数11028人，机关事业单位养老保险参保人数7071人，城乡居民养老保险参保人数49438人，工伤保险参保人数20155人，失业保险参保人数6843人。全县持有社会保障卡123120人，各项社会保险基金待遇兑现2.49亿元。全县企业职工基本养老保险单位部分缴费比例为16%，个人部分缴费比例为8%，无雇工的城镇个体工商户和灵活就业人员缴费比例为20%。失业保险单位缴费比例0.7%，个人缴费比例0.3%。工伤保险征缴比例按行业一类至八类基准费率分别为0.4%、0.5%、0.9%、1%、1.1%、1.6%、2.2%、3%。

【养老保险】 2022年，玉屏侗族自治县城乡居民养老保险特殊人群代缴2475人，县级代缴金额16.17万元；农村计划生育“两户”代缴957人，代缴金额9.57万元。县人力资源社会保障局审批企业职工退休144人，其中正常退休128人、特殊工种退休13人、因病退休3人。县人力资源社会保障局会同县农业农村局、县自然资源局审核批复被征地农民社会保障对象390户、1145人，其中办理养老保险待遇342人。办理被征地农民养老保险待遇596人，发放养老金495.89万元。易地扶贫搬迁增发养老金742人，补发金额27.01万元。全县退捕渔民15人，其中参加城乡居民养老保险并领取待遇1人，参加企业职工养老保险14人，均通过城乡养老系统落实补贴到位。城镇企业职工基本养老保险待遇兑现9758万元，机关事业单位基本养老保险待遇兑现10939万元，城乡居民基本养老保险待遇兑现2536万元。

【工伤保险】 2022年，玉屏侗族自治县工伤保险参保人数20155人，完成全年目标任务16000人的125.97%；工伤保险基金支出278起、780万元。

【失业保险】 2022年，玉屏侗族自治县失业保险参保6843人，待遇兑现447万元（另发放稳岗返还资金121.53万元，惠及企业162户、职工2790人）。

（罗　维）

【生育保险】 2022年，玉屏侗族自治县生育保险参保21060人，

全年报销634人次，生育保险基金支付437.29万元。（姚　伦）

【社会保险经办】 2022年，玉屏侗族自治县社会保险业务经办服务实行线上线下同步、窗口网上同质服务。大厅及窗口推行综合柜员制服务，逐步实现“一窗受理、全省通办”。经办服务流程逐步实现业务分级审核、业务财务一体化、全程风险控制、业务档案电子化。

【社会保险基金资金监管】 2022年，玉屏侗族自治县拟定社会保险基金管理提升年行动实施方案，开展“社会保险基金管理提升年”行动。社会保险监管系统发生预警信息77条，办结77条，预警信息每周清零。稽核接收核查整改数据34条，其中存在4人死亡，家人冒领城乡养老保险金额1556.94元，追回金额1556.94元；跨省重复领取城乡居民基本养老保险2条，追回重复领取金额12564元；不属实数据28条。相关乡（镇、街道）针对疑点数据开展核查整改。9月30日，2个乡（镇、街道）冒领死亡人员养老金2438.49元，足额追缴到位。（罗　维）

医疗保障

【概况】 2022年，玉屏侗族自治县有各类定点医药机构159家，其中县直属定点医疗机构3家、乡（镇、街道）定点医疗机构7家、民营定点医疗机构5家、定点村级卫生室79个、定点药店56家、定点诊所9家。全县参保人口门诊就医496933人次，产生医疗费用5655.96万元，保内费用5105.2万元，经三重医疗保障报销3158.58万元，政策内实际补偿比61.87%；住院就诊39390人次，产生医疗费用18522.32万元，保内费用16153.74万元，经三重医疗保障报销费用11947.53万元，政策内实际补偿比73.96%。推动“医保惠民药店改革试点”工作落地，开通职工医保代缴家人城乡居民医疗保险业务。

【城乡居民医保】 2022年，玉屏侗族自治县城乡居民医保参保任务数为148700人，实际参保153853人，筹集资金13846.77万元（含国家、省、市配套资金），参保率103.47%。

【职工医保】 2022年，玉屏侗自治县职工医保参保21060人，筹集资金9813.32万元。住院报销5480人次，住院总费用3419.73万元，报销费用2400.05万元（其中基本医疗支付2119.21万元，大额支付280.84万元）。门诊大病（慢性病、门诊特种病）报销8644人次，总费用545.96万元，报销费用437.17万元（其中基本医疗支付费用345.86万元，大额支付费用91.31万元）。生育保险全年报销634人次，生育保险基金支付金额437.29万元。离休干部报销11人次、报销金额16.7万元；伤残军人住院报销3人次，报销金额3.5万元。

【农村医疗服务保障】 2022年，玉屏侗族自治县有医疗卫生机构119家，其中社区卫生服务站1家（紫气山社区卫生服务站）、村级卫生室79家，配备村级卫生人员163人。其中，村医85人，从乡（镇）卫生院（社区卫生服务中心）下派医生至村卫生室执业3人，村保健员75人。全县基层定点医疗机构门诊就诊178088人次，住院6085人次，总费用2149.77万元，符合医保报销政策费用报销1533.05万元。

【特殊困难人群医疗保障】 2022年，玉屏侗族自治县建档立卡脱贫人口及低保等特殊困难人群门诊就医120359人次，产生医疗费用1574.43万元，保内费用1453.46万元，经三重医疗保障报销费用1038.68万元，政策内实际补偿比71.46%；住院就诊12437人次，产生医疗费用6002.18万元，保内费用5339.06万元，经三重医疗保障报销费用4835.44万元，政策内实际补偿比90.56%。

【医保基金监管】 2022年，玉屏侗族自治县加强医保基金监管，由县医保局与80家定点医药机构签订《铜仁市定点医药机构服

10月23日，玉屏侗族自治县2023年城乡居民基本医疗保险征缴工作部署推进会暨电子医保凭证激活推进会召开（县医保局　供图）

务协议》，召开打击欺诈骗保联席会议和医疗机构负责人警示教育会2次，约谈24家医疗机构。聘请义务监督员3名，其参与督导检查2次，督导定点医药机构5家。开展日常督导12次、专项督导10次、自查自纠1次、专项治理2次，督导定点医药机构176家次，检查覆盖率110.69%。查出违规定点医药机构74家，处理定点医药机构74家，暂停定点医疗机构1家，拒付定点医药机构74家，追回医保资金440.92万元（医保本金308.55万元、违约金132.37万元）。

【医保信息化建设】 2022年，玉屏侗族自治县推广医保电子凭证应用，个人激活率82.67%，医药机构使用率44.46%，定点医疗机构开通率100%。配齐15家医保专网村卫生室电子凭证扫码盒，实现医保电子凭证县、乡（镇、街道）、村（社区）三级全覆盖，县人民医院成为全市第一家开通医保电子凭证移动支付的医疗机构。升级更换医保政务服务窗口电脑设施设备，对医保、社保融通办理软硬件进行调试，优化线下报销程序，取消省内住院转诊报备制度，推行电子、电话、网上转诊备案。开通省内定点医疗机构特殊困难人群住院基本医疗、大病保险、医疗救助三重医疗保障一站式即时结算业务。

【医药服务管理】 2022年，玉屏侗族自治县组织县内公立医疗机构填报药品医用耗材预采购量22次，开展国家药品集中采购4批次、省级联盟医用耗材集中采购2批次。按月监测药品医用耗材集中采购进度，发布通报5期、约谈2次，督促医疗机构常态化抓好集中带量采购工作。开展国家组织集中带量采购药品医保资金结余留用考核2次，拨付奖励金7.81万元。监管药款结算支付，召开全县药品货款结算工作部署会2次，定期通报超期付款情况，保障药款及时支付。做好“双通道药品”在县人民医院、县中医院申报落地工作，开展“医保惠民药店改革试点”工作，推动2家“惠民药店”落地。

【医疗保险补充】 2022年，玉屏侗族自治县补报补充医疗保险1146人次，补充报销金额194.53万元，补充保险参保7077人。

【县域医疗卫生服务共同体建设】 2022年，玉屏侗族自治县建立“医共体管委会—医共体管委会办公室—医共体理事会”三级医共体管理模式，出台紧密型县域医疗卫生共同体权责清单。落实医共体医保基金打包付费政策，规范医疗机构诊疗行为。

【职工医疗共济政策实施】 2022年，玉屏侗族自治县开始建立健全普通门诊统筹保障机制，将职工医保参保人员普通门诊医疗费用纳入统筹基金支付范围，个人账户金额可以家庭共济使用，年度起付标准150元。政策实施后，职工在医保定点医疗机构就诊，每人每年普通门诊可报销额度2000元，设置梯度支付比例，一级及以下、二级、三级医疗机构分别报销70%、60%、50%，退休人员分别提高5%。　（姚　伦）

住房保障

【农村住房保障】 2022年，玉屏侗族自治县开展农村住房安全动态监测，每月按期报送监测调度情况。全县动态新增农村危房户24户，全部按程序纳入农村危房改造补助对象。整合农村住房保障资金300万元用于宜居农房试点建设，郭家湾村申报宜居农房建设省级试点，实施“农房功能优化提升、房屋风貌靓化提升、农房环境美化提升”三项工程，试点改造农房181户。

【住房租赁补贴发放】 2022年，玉屏侗族自治县发放住房租赁补贴941户、1963人、41.81万元。其中，第一季度发放241户、504人、10.74万元；第二季度发放237户、494人、10.54万元；第三季度发放234户、489人、10.43万元；第四季度发放229户、476人、10.1万元。

【人才公寓管理】 2022年，玉屏侗族自治县规范人才公寓使用和管理，按照“统筹安排、动态管理、只租不售、周转使用”的原则，面向全县各类优秀人才提供过渡性住房。全年签订人才公寓入住协议153户，收纳租金26.43万元。（刘　超）

【住房公积金管理】 2022年，玉屏侗族自治县归集住房公积金20245.97万元（其中年度结息转归集828.25万元），完成归集总额年计划数的119.09%，比上年增长9.29%。全县住房公积金归集总额154317.57万元。全县有缴存单位243个，缴存职工15368人，其中新增非公有制企业16家，缴存人数1281人，全年非公有制企业归集金额124.38万元。全年办理提取业务25950笔、11777.7万元，提取总额比上年增长16.15%，其中购买住房提取219人次、2020.75万元，占提取总额的17.16%；偿还购房贷款本息提取23813人次、5179.33万元，占提取总额的43.98%；建造、翻建、大修住房提取1人次、14.5万元，占提取总额的0.12%；大病医疗提取7人次、34.5万元，占提取总额的0.29%；租房超出家庭工资收入规定比例提取721人次、493.35万元，占提取总额的4.18%；人民法院执行部分提取9人次、31.28万元，占提取总额的0.27%；离休、退休提取169人次、2394.75万元，占提取总额的20.33%；辞职提取831人次、1383.68万元，占提取总额的11.75%；死亡提取8人次、47.63万元，占提取总额的0.4%；外部转出住房公积金171人次、177.33万元，占提取总额的1.51%；因家庭生活严重困难提取1人次、6000元，占提取总额的0.01%。累计提取111704笔、80511.41万元。全年发放公积金贷款195笔、6509.6万元。支持职工购房、建房、房屋大修等住房面积2.65万平方米。期末累计贷款3282笔，个人贷款总额71140.51万元。全年开展延时服务45次，预约服务3次，容缺服务2次，上门服务1次。推动全县住房公积金归集扩面，辖区内各民办幼儿园办理住房公积金缴存登记，办理职工住房公积金账户设立手续，全年新增公积金缴存民办幼儿园5家。（杨　柯）

【城乡自建房安全专项整治】 2022年，玉屏侗族自治县城乡自建房安全专项整治信息归集平台排查录入房屋36983栋，录入率100%。其中，经营性自建房2000栋，排查录入率100%；非经营性自建房34983栋，排查录入率100%。按照三管三必须、谁审批谁负责原则，落实一户一栋一策，排查发现存在一般及以上安全隐患房屋48栋。年内，采取工程加固措施方式整治4栋，采取拆除重建方式整治2栋，采取纳入贵州省2022年农村危房改造整治8栋，采取管理措施整治34栋。

【农村自建房指导图集完善推广】 2022年，玉屏侗族自治县修订完善《玉屏侗族自治县农村自建房指导图集》。持续实施推进农村人居环境整治提升五年行动和村庄清洁行动，开展“最美庭院”创建和“美丽宜居村庄”建设，推进花园、果园、菜园建设，引导村民选用《玉屏侗族自治县农村自建房指导图集》建房。图集编制工作于2021年6月启动，以县内农村房屋风貌为特色，设计1—3层、户型各异的新农村民居参考样式，村民可根据人口、面积选择适合样式。（刘　超）

社会救助

【概况】 2022年，玉屏侗族自治县发放农村低保1837.89万元，城镇低保3058.2万元，季节性缺粮补贴24.71万元，特困人员供养金734.33万元，特困人员护理费94.25万元，临时救助资金192.91万元，重度残疾人护理补贴168.77万元，20世纪60年代精简退职老职工生活补助62.48万元，高龄补贴179.93万元，殡葬惠民补贴129.92万元，城乡最低生活保障、特困对象和低保边缘人口等临时补贴49.91万元，城乡低保、特困对象一次性生活补贴116.19万元。

【城乡低保】 2022年，玉屏侗族自治县城市低保标准提高到660元每人每月，农村低保标准提高到440元每人每月。全县有城镇低保户1892户、6171人，发放城镇低保金3058.2万元；有农村低保户2124户、4923人，发放农村低保金1837.89万元。

【特困人员供养】 2022年，玉屏侗族自治县有特困供养对象536户、564人，其中分散供养466户、493人，集中供养70户、71人。救助供养标准提高到1004元每人每月，发放特困供养金734.33万元、护理费94.25万元。

【困境儿童救助】 2022年，玉屏侗族自治县有孤儿30人，发放孤儿基本生活金40.34万元；有事实无人抚养儿童145人，发放事实无人抚养儿童基本生活金195.18万元；“福彩圆梦·孤儿助学工程”资助孤儿24人，发放资助金6万元；救助困境儿童421人次，发放困境儿童救助金19.01万元。（杨文斌）

【困难残疾人家庭救助】 2022年，玉屏侗族自治县实施困难残疾人家庭救助24户，发放救助金3.2万元。（金媛媛）

【流浪乞讨人员救助】 2022年，玉屏侗族自治县接待救助流浪乞讨、务工不着、寻亲不遇、遗失钱财、被盗被抢、被骗、拾荒、生活困难、走失等各类求助人员63人，其中未成年人7人，支出流浪乞讨人员救助金8.8万元。

【临时救助】 2022年，玉屏侗族自治县实施临时救助855户，发放资金192.91万元，解决城乡困难群众突发性、紧迫性和临时性基本生活困难。（杨文斌）

【受灾人员救助】 2022年，玉屏侗族自治县发放帐篷166顶、棉被862床、棉衣450件、毛毯200张、折叠床150张、烤火炉4台、“四件套”172套，用于低温冷冻、风雹等自然灾害救助工作。发放冬春救助资金17万元，涉及8个乡（镇、街道）229户、875人。（龚定伟　袁一贵）

【医疗救助】 2022年，玉屏侗族自治县资助特困人员、20世纪

1月24日，县妇联携手县女企业家协会开展困难人员走访慰问（杨惠敏　摄）

60年代精简退职人员、孤儿、低保人员（城镇低保人员、农村低保人员）、优抚人员、农村计划生育“两户”、残疾人、事实无人抚养儿童、肇事肇祸精神障碍患者、建档立卡脱贫人口医疗救助54644人次，救助金额875.88万元。（姚　伦）

【慈善救助】 2022年，玉屏侗族自治县接收捐赠资金7.87万元。开展“慈善金秋助学”活动，资助经济困难家庭大学生10人，发放助学金5万元。发放广东维美工程设计有限公司资助经济困难家庭学生助学金10万元。（杨文斌）

社会福利

【妇女儿童福利】 2022年，玉屏侗族自治县组织开展妇女儿童权益理论宣传宣讲、“三八”妇女维权、座谈、手工编织体验、调研参观、直播带货、农耕体验、健康服务等妇女儿童关爱活动。为亚鱼乡瓮袍村5户困难妇女儿童发放慰问金2500元。开展爱心妈妈（爸爸）参与圆梦“微心愿”活动，慰问亚鱼乡瓮袍村儿童10名。为4名家庭经济困难、品学兼优的女大学生发放“花蜜助学金”1.2万元。组织开展“花蜜行动”“99公益日”“春蕾计划”活动，募集爱心资金2.3万元。组织县女企业家协会会员为28户困境妇女、留守儿童、患病困难妇女送去每户500元慰问金，发放价值2.48万元慰问品。动员适龄妇女参加“两癌”筛查，为4名低收入家庭“两癌”妇女送上每人1万元的救助资金。（杨惠敏）

【老年人福利】 2022年，玉屏侗族自治县有高龄老人2727人，发放高龄补贴32356人次、179.93万元。整合敬老院资源，对特困老人实施集中供养，多余养老床位向社会老人开放。实施县老年公寓提质改造项目，提升硬件服务功能。（杨文斌）

【残疾人福利】 2022年，县残联做好残疾人两项补贴标准调整和发放工作，“两项补贴”在上年基础上每人每月提高20元。审核发放一级、二级重度残疾人护理补贴168.77万元。全额资助1633名一级、二级重度残疾人城乡居民医疗基本保险保费51.81万元。投入资金9.59万元为100名重度残疾人代缴全部或部分城乡居民医疗基本养老保险保费。（金媛媛）

【社会福利彩票发行】 2022年，玉屏侗族自治县销售福利彩票1297.63万元，比上年增长28.88%。其中，电脑彩票销售1199.88万元，增长26.91%；即开票销售97.75万元，增长59.15%。（杨文斌）

基层治理

【概况】 2022年，玉屏侗族自治县以25个村（社区）为试点，鼓励村级组织因地制宜探索建立特色清单，推动自治、法治、德治“三治”有机结合的乡村治理体系。各乡（镇、街道）完成第十一届村（社区）“两委”换届选举后续工作，完善归档换届选举资料。依法补选村（居）民委员会成员6人，成立公共卫生委员会102个。举办第十一届村（社区）“两委”干部高质量专题培训班，对村（社区）“两委”主要负责人105人开展为期7天的集中培训。全县4个街道（含大龙、麻音塘街道）3个镇1个乡，辖80个村、22个社区，有委员会人员362人（党员197人），其中村民委员会252人、居民委员会110人。（杨文斌）

【基层党组织建设】 2022年，玉屏侗族自治县所辖3个镇1个乡2个街道（不含大龙街道、麻音塘街道）61个村、1个农村社区、9个城市社区，有党支部71个。通过组织召开和参与市县专题培训，实现村（社区）干部培训全覆盖。结合第十一届村（社区）“两委”换届，按照每个村至少储备2名35岁以下大专以上学历后备力量要求，全县71个村（社区）储备村级后备力量151人。（钟　轶）

【村规民约修订】 2022年，玉屏侗族自治县各乡（镇、街道）102个村（社区）（含大龙街道和麻音塘街道）修订村规民约（居民公约），把“推进移风易俗　树立文明乡风工作”纳入其中，作为群众自我管理、自我教育、自我服务、自我监督的自治机制。

【社区建设】 2022年，玉屏侗族自治县投入30万建设大龙街道、麻音塘街道社会工作和志愿服务中心，开展易地扶贫搬迁安置点困难群众社会融入、社会救助、养老服务、儿童福利、基层社会治理及社会事务等工作。投入5万元提升田坪镇新街居委会综合服务站功能，投入1万元建设平溪街道康华社区志愿服务示范站点。全县社会工作直接服务884人次，间接服务1673人次，链接社会资源物资折合资金0.93万元。

【区划地名管理】 2022年，玉屏侗族自治县完成中国地名信息库数据质量建设录入工作，编纂完成《中华人民共和国标准地名词典》（2—8部分）及《中华人民共和国标准地名志》玉屏侗族自治县资料，完成湖南省与贵州省行政区划第四轮联检玉屏侗族自治县部分工作。委托第三方公司，结束全县地名普查，完成《玉屏侗族自治县行政区划图》的绘制和审批。

（杨文斌）

社会组织管理

【概况】 2022年，玉屏侗族自治县有社会组织48家，其中社会团体28家、民办非企业单位20家。新成立3家、注销7家、变更名称3家、变更业务范围2家、变更法人3家。

【社会组织年度检查】 3—6月，玉屏侗族自治县开展社会组织年度检查，应年检48家，实际年检45家，年检率94%。

【社会组织监管】 2022年，玉屏侗族自治县利用“双随机、一公开”监管平台开展监督管理。抽查社会组织4家。开展教育类专项民办非营利性监管工作，抽查社会组织5家。开展社团分支机构专项检查，排查社会组织29家。开展行业协会商会乱收费专项检查，抽查社会组织4家。

【社区社会组织培育】 2022年，玉屏侗族自治县培育备案社区社会组织668个，超额完成《省民政厅关于印发〈贵州省培育发展社区社会组织行动方案（2021—2023）〉的通知》3年计划培育数量。

【社会组织孵化中心打造】 5月，玉屏侗族自治县社会组织孵化中心挂牌成立。该中心是为初创期和成立登记时间不长、人员经费场地不足、管理服务经验欠缺但社会需求度高、发展前景好、服务潜力大的公益性社会组织提供成长支持的公益项目。规范企业入驻，为入驻社会组织提供办公场地及办公桌椅、沙发、电脑等设施设备，初步具备孵化功能。

（杨文斌）

养老服务

【概况】 2022年，玉屏侗族自治县有敬老院3个，分别为县敬老院、大龙城市中心敬老院、田坪镇敬老院。供养老人85人，配备院长及工作人员21人。全县有日间照料中心5个，对外开放1个。依托资源优势，打造“金色侗乡，康养田坪”品牌，推动康养服务发展。

【县敬老院】 2022年，玉屏侗族自治县敬老院（县老年公寓）供养老人50人，其中特困老人49人、低保老人1人，配备工作人员14人。供养老人房间配备空调、坐便马桶、衣柜、桌子等基本设施，院内设有医务室、按摩室、娱乐室、棋牌室、临终关怀室、羽毛球房、小公园等，配备乒乓球桌、图书室、原地单车等老人娱乐设施和健身器材。

【大龙城市中心敬老院】 2022年，大龙城市中心敬老院供养老人22人，其中特困对象11人、低保老人 1 人，配备工作人员 4 人、床位 30 张（普通床位 27 张、护理型床位 3 张）。供养老人房间基本设施配备齐全，建设有老人娱乐设施和健身器材。

【田坪镇敬老院】 2022 年，田坪镇敬老院供养老人 13 人，配备院长及工作人员共 3 人。供养老人房间基本设施、老人娱乐设施和健身器材配备齐全。

【日间照料中心】 2022 年，玉屏侗族自治县有日间照料中心 5 个，日间照料中心设有棋牌室、娱乐室、休息室，休息室配备空调、衣柜、桌子等基本设施，配备老人娱乐设施和健身器材。平溪街道文水社区老年人日间照料中心有工作人员 2 名，每天接待老人 25 人次。皂角坪街道茅坪社区日间照料中心、皂角坪社区日间照料中心、紫气山社区日间照料中心、北门社区日间照料中心暂未开放。（姚　杰）

【康养服务】 2022 年，玉屏侗族自治县围绕“康养旅居”定位，打造田坪侗族特色小镇“金色侗乡，康养田坪”品牌，提供慢病调理、健康保健、营养膳食、文化娱乐、精神慰藉、生活关爱等康养服务。田坪镇辖区金色侗乡大酒店获评三星级酒店，有 60 套房、120 张床位。玉屏侗乡风情园景区有似水流年、松林月舍、春夏秋冬等民宿，有房间 339 间、床位 562 张。康养小镇有高级养生经营师 2 名、高级养生保健师 6 名、内培养生管家 23 名。

（张诗悦）

关心下一代工作

【概况】 2022 年，玉屏侗族自治县在全县各学校开展“老少同声颂党恩，喜迎党的二十大”主题宣讲、“关爱明天·普法先行”法治教育活动，受教育师生 3 万余人次。开展“向未来，助成长”关爱活动、“六一”国际儿童节慰问活动。为品学兼优的 50 名学生送上学习礼包，捐赠各类爱国主义题材书籍 720 本，以 300 元每人的标准慰问 142 名品学兼优的困境学生。在平溪街道文水社区、康华社区开设 2 个暑期学校班级，解决 100 余名留守儿童暑期学习问题。联合贵州贵福菌业有限责任公司资助 66 名品学兼优的经济困难家庭学生，资助金额 12 万元。

【国家安全日宣教活动】 4 月 15 日，玉屏侗族自治县各级关心下一代工作委员会以“树牢总体国家安全观，感悟新时代国家安全成就，为迎接党的二十大胜利召开营造良好氛围”为主题，采取知识讲解、现场演示、法律咨询、主题班会、校园广播等形式，在 34 所校园组织开展国家安全宣教活动 256 场次，受教育师生 3 万余人次。邀请政法工作者、志愿者到村（社区）开展宣传活动 6 场次，设立展板 12 块，发放各类宣传资料 3000 余份。

【“大手牵小手·共度愉快暑假”暑期学校】 7 月 25 日至 8 月 19 日，玉屏侗族自治县开设新时代“双阳”工程——“大手牵小手·共度愉快暑假”暑期学校。暑期学校在平溪街道文水社区、

4月15日，玉屏侗族自治县实验幼儿园开展“4·15”全民国家安全教育日活动

（县委组织部　供图）

康华社区开设班级2个，解决100余名留守未成年人暑期学习问题。授课老师由“五老”人员与返玉大学生志愿者组成，“五老”人员主要向学生开展思想道德宣讲，大学生志愿者聚焦文体活动、文化课程辅导。开设“四史三情”教育、经典诵读、安全知识、思想道德教育、法治教育、文明礼仪、书法绘画、“我是父母小帮手”、文体活动等课程。

（钟　轶）

退役军人事务

【概况】 2022年，玉屏侗族自治县抓好退役军人接收安置、就业创业服务，符合政府安排工作退役军人，安置在市直属部门和县直属部门，安置率100%。首次发放退役军人和其他优抚对象优待证，常态化开展新征入伍士兵家庭悬挂光荣牌。创建完成平溪街道北门社区、教场坝社区，大龙街道大龙街上社区3个“百人以上”村（社区）全国示范型退役军人服务中心（站），申报创建“双拥模范乡（镇、街道）”2个、“双拥模范村（社区）”6个。发放优抚补助资金425.24万元。8月23日，《贵州省人民政府办公厅关于对2022年落实有关重大政策措施推动高质量发展真抓实干成效明显地方予以督查激励的通报》发布，通报表扬玉屏侗族自治县退役军人工作。

【退役军人常态化服务保障体系建设】 2022年，玉屏侗族自治县学习推广新时代“枫桥经验”，按照创建退役军人标准化和示范型服务体系建设的实施要求，创建全国示范型退役军人服务中心（站），打造县、乡（镇、街道）、村（社区）三级退役军人服务保障体系，做好政治氛围营造、工作制度上墙、工作台账建立、办公人员入驻并实体化运行。做好“就业创业扶持、走访慰问、帮扶解困、信访接待、权益保障”五项任务，玉屏退役军人工作按照法治化、规范化、信息化、精准化、人文化、实体化开展。创新整合党建、基层组织、党史学习教育、志愿服务、巩固拓展脱贫攻坚成果同乡村振兴有效衔接、防洪抗旱等丰富题材，分功能分区域分条块设计服务中心（站），结合场地实际和现有条件营造“军”文化、体现“军”的特色，用心建设“退役军人之家”。

8月31日，县退役军人局工作人员到田坪镇迷路村指导双拥模范创建工作　（县退役军人局　供图）

【退役军人就业创业服务】 2022年，玉屏侗族自治县鼓励退役士兵自主就业，开展退役军人就业技能培训和驾驶培训。组织退役军人参加市、县两级专场招聘会3场，签订就业意向性协议30份。与贵州省贵福菌业发展有限公司、中伟新材料股份有限公司、贵州军创实力集团有限责任公司、贵州超盛精工科技有限公司等10余家公司签订战略合作协议，推荐退役军人上岗就业，部分退役军人到海外就业，全县有退役军人领办企业40余家，解决退役军人就业岗位50余个。

【优抚政策落实】 2022年，玉屏侗族自治县做好优抚资金兑现、帮扶解困工作。开展春节、“八一”建军节走访慰问，发放慰问金、慰问品价值110.02万元。按时足额发放“三金”（应征入伍士兵以及入伍大学生发放义务兵家庭优待金、艰苦边远补贴和大学生士兵一次性奖励金）119.31万元。在铜仁市党管武装工作年度检查中，玉屏名列前茅。通过省、市级援助关爱基金援助退役军人生活困难资金5.7万元，县级援助关爱基金解决退役军人生活困难资金4.7万元。解决退役军人及其他优抚对象医疗困难资金31.19万元，解决退役军人及其他优抚对象医疗参保及门诊费50.42万元，发放优抚补助资金425.24万元。

【退役军人志愿服务】 2022年，玉屏侗族自治县组建成立县、乡（镇、街道）、村（社区）三级退役军人志愿服务队111支，成立以退役军人为首的蓝天救援队玉屏中队。志愿服务队在抗旱保收、创建全国文明城市等各项重点工作中开展志愿服务和捐款、捐物。

【退役军人和其他优抚对象优待证发放】 4月12日，玉屏侗族自治县退役军人、其他优抚对象优待证申领制发工作启动仪式举行，开始申领制发退役军人优待证。年内，退役军人优待证申领率98%，制证率92.8%。

【社会化拥军工作】 2022年，玉屏侗族自治县与拥军企业对接，与59家企业、社会组织和商店签订社会化拥军协议，涵盖餐饮、电影、购药、购房、购车、加油、建筑等领域，完善优待目录6项。

【“双拥模范乡（镇、街道）”“双拥模范村（社区）”申创】 2022年，玉屏侗族自治县申报创建“双拥模范乡（镇、街道）”2个，分别为朱家场镇、田坪镇；“双拥模范村（社区）”6个，分别为皂角坪街道瓮阳村、新店镇河口村、田坪镇马溪村、田坪镇迷路村、田坪镇田冲村、朱家场镇鱼塘村，按照创建指标完成初审推荐。 （罗家桥）

民族事务

【概况】 2022年，玉屏侗族自治县辖1个乡3个镇4个街道（含大龙街道、麻音塘街道），80个村、22个社区，总人口17.62万人，有汉族、侗族、苗族等31个民族。其中，侗族人口占全县总人口的69.52%。

【民族政策宣传】 2022年，玉屏侗族自治县开展“七进+N”活动。将促进民族团结进步宣传纳入县委党校培训教育课程，在县委党校中青班、党外干部培训班、宗教“四员”（市级督导员、乡级联络员、村居信息员、场所协管员）培训班开展主题培训3次。重点打造县中医院、平溪街道康华社区、贵州省贵福菌业发展有限公司等“七进”示范点8个。统筹各媒体平台开设民族团结进步宣传专栏，发布稿件76条。在民族团结宣传月开展民族团结教育活动，开展志愿服务53次，印发宣传资料1万余份、宣传手提袋2000余份、宣传围裙2000余份。

【城市民族工作】 2022年，玉屏侗族自治县将易地扶贫搬迁社区民族工作和城市民族工作有机结合，开展“四帮”（帮搬迁、帮融合、帮就业、帮解困）服务体系和易地扶贫搬迁社区少数民族流动人口服务管理体系建设，少数民族流动人口服务管理机制逐步健全。平溪街道康华社区搭建“四点半课堂”“微工厂”“微田园”就业生活平台，增强各族搬迁群众之间的交往交流交融。田坪新街移民安置点依托玉屏侗族风情园、乡愁馆、“不散的乡场”独特民族文化资源优势，组织少数民族群众参观游览，直观感受侗族传统乡土文化，鼓励少数民族群众传承发扬侗族文化。

【民族文化传承】 2022年，玉屏侗族自治县支持印山民族小学、县第一中学、县实验幼儿园、皂角坪幼儿园实施校园民族传统文化传承工作。加强民族文化传承项目申报，申报县第一中学中华民族优秀文化进校园项目、田坪镇为全省民族团结进步示范镇、玉屏璞韵箫笛文化发展有限公司民族传统手工艺企业示范项目、贵州黔玉山茶油科技有限公司和姚茂顺箫笛厂2家企业为民族特需商品生产企业。

【少数民族发展资金使用】 2022年，玉屏侗族自治县争取少数民族发展资金400万元。其中，200万元用于亚鱼乡郭家湾村贡米产业加工项目，100万元投入全县2022年农村公路两旁油茶种植建设项目，40万元投入朱家场镇2022年村级配套设施建设项目，60万元投入新店镇沙水坪村2022年农旅融合建设项目。对2022年度整合项目进行跟踪监管，加强项目进度、质量、资金使用等指导检查。

【少数民族特色村寨示范村保护】 2022年，玉屏侗族自治县有公益性侗族建筑物鼓楼16座、风雨桥15座、长廊65座、亭子121座、大门13个、木楼50幢、乡愁馆6处、大舞台3个。落实少数民族特色村寨消防安全标准管理工作制度，对村寨是否建立健全消防管理制度、消防安全知识宣传等情况进行检查。

【第二届玉屏侗菜美食节暨“玉厨争霸”厨艺大比拼活动】 8月16日，以“传承玉屏侗菜文化，促进乡村旅游产业发展”为主题的第二届玉屏侗菜美食节暨“玉厨争霸”厨艺大比拼活动在玉屏侗乡风情园举行。来自玉屏侗族自治县各家特色餐馆、“农家乐”、私房菜馆等餐馆的21名民间烹饪高手和美食爱好者参加比

8月15日，第二届玉屏侗菜美食节暨“玉厨争霸”厨艺大比拼活动在玉屏侗乡风情园举行。图为侗菜美食论坛会场 （蔡 林 摄）

赛，制作出精美菜肴30余道。冯兴才获“侗乡玉厨奖”。贵州黔玉油茶开发有限公司、玉屏背篓人家、玉屏芸轩山庄、玉屏金色侗乡大酒店分别以特色菜品“侗家茶油鸡”“侗乡红烧肉”“侗家酸菜蹄膀”“金丝豆腐丸子”获得“玉屏优秀厨师”“技术能手奖”。赛后召开玉屏侗菜美食论坛。 （姚红霞）

宗教事务

【宗教政策及法规宣传引导】 2022年，玉屏侗族自治县以“宗教政策法规学习月”“宗教界代表人士座谈会”“宗教界人士走访”“送法进宗教场所”等活动为载体，向宗教界人士宣传党的二十大精神和习近平总书记关于宗教工作的重要论述，讲解宗教事务要旨、党的宗教政策，教育引导宗教界人士学习国家宗教政策法规，增强各宗教团体、宗教界人士的爱国意识和持戒守法意识，依法开展宗教活动。

【宗教活动场所及人员管理】 2022年，玉屏侗族自治县协助宗教场所完善各项规章制度，引导其在国家法律允许的范围内开展宗教活动。指导县基督教“两会”（基督教“三自”爱国运动委员会和基督教协会）加强团体班子建设，帮助完善日常管理、财务公开、消防安全等“八有”规章制度。支持爱国宗教团体加强自身建设。

【宗教“四员”队伍建设】 2022年，玉屏侗族自治县调整充实县级督导员、乡级联络员、村居信息员、场所协管员宗教“四员”队伍，明确“四员”队伍工作职责，完善考核激励机制。有县级督导员8人、乡级联络员8人、

村级信息员 102 人、场所协管员 7 人。通过“以会代训”形式对各乡（镇、街道）联络员及具体工作人员、村级信息员、场所协管员、场所负责人进行业务培训 1 次。（姚红霞）

精神文明建设

【乡风文明建设】 2022 年，玉屏侗族自治县加强制度建设，推动乡村治理清单制规范运行，将倡导移风易俗，革除婚丧嫁娶中的陈规陋习，深化文明节俭操办婚丧喜庆事宜等内容纳入基层群众性自治组织依法自治事项清单。完成 21 个行政村村级事务清单。完成 61 个行政村村规民约修订和村级红白理事会建立运行。建立健全宴席报备等制度，通过教育、规劝、批评、奖惩等方式推动婚丧礼俗倡导性标准的执行力度。组织餐饮行业经营者、家政（酒席承办）行业经营者签订承诺书 217 份，公开承诺不承办违规酒席。在开展结婚证颁证服务同时，鼓励办理结婚登记新人签署《婚俗礼仪公约》317 份，抵制大操大办、天价彩礼、低俗婚闹等陋习。加强宣传引导，在乡村公共空间广泛设置宣传标语、宣传画，设置公益广告 314 处，各类媒体开展宣传报道 136 条。在全县 21 个行政村开设“文明兑换超市”，鼓励群众以文明行动换积分、以文明积分换奖品，引导群众参与乡风文明自治，推动乡村“大文明”。

【“创文巩卫”工作机制建立】 2022 年，玉屏侗族自治县制定印发《玉屏侗族自治县 2022 年“创文巩卫”“周调度、月评比、季排名、年考核”工作方案（试行）》，按照“周调度、月评比、季排名、年考核”方式开展“文明在行动·满意在玉屏”活动。以县城区 7 个社区及城乡接合部 6 个行政村为基础，划分为 14 个大网格、90 个小网格，由县委常委、四大班子分管领导任大网格组长，各单位、部门负责小网格包保，通过条块结合，以块为主，明确领导管理部门及包保部门工作职责。印发《玉屏侗族自治县创建全国文明城市责任追究办法（试行）》《督查工作制度》《交办督办工作制度》，对在创建全国文明城市工作中存在失职、渎职、破坏创文工作环境，不履行职责，导致测评丢分、失分、扣分、罚分不良影响和后果的单位和个人进行追责问责。

【“玉见·最美”文明创建活动】 2022 年，玉屏侗族自治县印发《玉屏侗族自治县 2022 年创建全国文明城市“文明在行动·满意在玉屏”活动暨“玉见·最美”工作方案》，从“玉见·最美”文明同行、“玉见·最美”共创文明、“玉见·最美”细胞创建、“玉见·最美”整治治理等 29 个方面立体式推进“玉见·最美”品牌创建。开展“美丽宜居村庄”“最美庭院”“最美一条街”“最美背街小巷”等“玉见·最美”系列文明创建活动。举行“玉见·最美”之“文明玉屏·美丽侗乡”玉屏创建全国文明城市摄影、小视频大赛，策划“玉见·最美”之交通文明、“玉见·最美”

3月20日，2022年玉屏侗族自治县新时代文明实践“玉见最美·共创文明”志愿服务活动启动仪式在㵲阳广场举行，图为启动仪式现场

（县融媒体中心　供图）

之最美庭院等主题，从不同领域挖掘发现“玉见·最美”，打响品牌效应。至年末，摄影“玉见·最美”图片展示展播7期，含图片120余张、视频8个，“玉见·最美”文明村镇实现全覆盖。创建“玉见·最美”文明家庭1500户、“玉见·最美”文明校园19个、“玉见·最美”文明单位36个、“玉见·最美”文明窗口40个、“玉见·最美”志愿服务队10支、“玉见·最美”志愿者50人、“玉见·最美”网格15个、“玉见·最美”社区小区4个、“玉见·最美”背街小巷5条、“玉见·最美”身边好人223人、“玉见·最美”道德模范94人。

2022年，玉屏侗族自治县评选“最美庭院”2035户。图为郭家湾村“最美庭院”（亚鱼乡　供图）

【“最美庭院”创建】 2022年，玉屏侗族自治县按照“以点示范、带动扩面”的创建思路，持续推广家和、室净、庭绿、人美的最美庭院创建标准，推动乡风文明建设，把遵守村规民约，孝老爱亲、和睦团结，无厚葬薄养、铺张浪费、封建迷信等乡风文明作为“最美庭院”创建标准之一。探索“最美庭院”“群众自治”“志愿服务”三项机制，出台“美丽宜居村庄”“最美庭院”创建活动方案，通过户申报、村推荐、镇审核、县验收四级创评机制，推动文明创建向基层延伸。全县评选“最美庭院”2035户。

【新时代文明实践阵地全覆盖】 2022年，玉屏侗族自治县建成县级文明实践中心1个、乡（镇、街道）文明实践所6个、村（社区）文明实践站71个，实现新时代文明实践阵地全覆盖。以社会主义核心价值观主题广场、文化长廊及广播推进社会主义核心价值观宣传，依托新时代文明实践所（站），围绕服务老、养育小、让中青年发展好等群众最现实关切的问题，开展各种志愿服务活动，引导市民培育并践行社会主义核心价值观。全县有志愿队伍201支、志愿者24216名，开展各类文明创建志愿服务活动922起，培育志愿服务项目30个。

【道德模范和身边好人评选宣传】 2022年，玉屏侗族自治县开展“文明家庭”、好妈妈（好爸爸）、“最美庭院”、好孩子评选活动，评选文明家庭567个，多个家庭、多人被评为县级以上好妈妈（好爸爸）、好孩子。通过新时代农民讲习所、微玉屏、玉屏网、《玉屏报》等媒体，对身边道德模范平凡生活中的不平凡事迹进行持续不间断宣传。（张盛桐）

应急管理

中国箫笛之乡 · 中国油茶之乡 · 侗族文化艺术之乡 · 中国黄桃之乡

综 述

2022年，玉屏侗族自治县以“两委四部”（突发事件应急委员会、安全生产委员会、防汛防旱防风指挥部、森林防灭火指挥部、抗震救灾指挥部、地质灾害应急指挥部）为工作主线，完善工作制度、健全管理机制、优化服务保障，推进安全生产、应急救援、防灾减灾救灾、防汛抗旱、森林防火等各项工作。

应急预案编制。聘请省级相关专家20余名，组织修订《地震应急预案》《低温雨雪凝冻灾害应急预案》《自然灾害应急预案》《非煤矿山生产安全事故应急预案》《烟花爆竹事故应急预案》《生产安全事故应急预案》《危险化学品事故应急预案》《突发事件总体应急预案》《防汛抗旱应急预案》《森林草原防灭火应急预案》各类专项应急预案10个。

应急演练。结合应急预案组织干部群众开展特种机械设备、危险化学品安全、地质灾害、防凝冻防汛抗旱、消防安全、高空坠落等各类应急演练200余场次。

应急安全知识宣传。组织各乡（镇、街道）和有关部门，结合“安全生产月”“国际减灾日”“消防日”“法治宣传日”“科技活动周”等主题活动进乡村、进社区、进学校、进机关、进企业开展应急科普宣教，发放宣传资料、专项应急知识手册8万余份。（袁一贵）

安全生产监督管理

【概况】2022年，玉屏侗族自治县组织召开危险化学品、烟花爆竹、非煤矿山、冶金工贸企业安全生产工作会议4次，安排部署安全生产专项督查、综合督查等重点工作。构建“政府主导、企业主体、社会协同、公众参与、齐抓共管”的责任体系，细化监管领域。出台《玉屏侗族自治县购买安全生产第三方技术服务实施办法（试行）》《玉屏侗族自治县安全生产举报奖励办法（试行）》。“互联网＋执法”系统应用，录入“双控”系统监管企业72家。制订全县非煤矿山、危险化学品和烟花爆竹、冶金工贸行业2022年工作要点及安全生产监督检查计划，明确工作要点和监督检查频次，压紧压实企业主体责任。

6月27日，玉屏侗族自治县应急预案评审会议在贵阳市召开
（县应急局 供图）

【安全生产监管执法检查】2022年，玉屏侗族自治县开展安全生产监管执法检查132家次，发现安全隐患427条，现场整改417条，限期整改10条，立案16起，行政处罚21.28万元。没收烟花爆竹129件，注销烟花爆竹零售许可证1家。检查非煤矿山企业20家次，发现安全隐患82条，整改79条，限期整改3条，立案3家，处罚7万元；检查危险化学品企业86家次，发现安全隐患243条，整改239条，限期整改4条，立案4家，处罚6.28万元；检查冶金工贸行业26家次，发现安全隐患102条，整改99条，限期整改3条。立案4家，处罚8万元。聘请贵州朗洲安全科技有限公司为62家危险化学品、烟花爆竹、非煤矿山、冶金

工贸行业企业进行检查，排查安全隐患1106条，将安全隐患以执法文书形式下发相关企业，督促企业整改落实国务院安全生产委员会督导帮扶组督导检查1次，反馈问题隐患36条，整改36条。铜仁市督导组督导检查5次，反馈问题隐患245条（其中重大隐患10条），整改完成245条。

【安全生产事故监察】 2022年，玉屏侗族自治县发生生产安全事故2起，造成2人死亡。事故起数比上年下降33.4%，死亡人数比上年下降50%，未发生“较大”以上生产安全事故。1月15日9时，皂角坪街道野鸡坪飞凤园区贵州省贵福菌业发展有限公司工地（玉屏食用菌产业园二期项目土建部分）发生1起物体打击事故，造成1人死亡，1人受伤，直接经济损失118万元。3月10日1时10分，亚鱼乡亚鱼村天鲇线（天星坡—鲇鱼铺）136千米+800米进入长坳姚家“组组通”200米处发生1起1人死亡的道路运输事故，事故调查组查明事故发生经过和原因，认定事故性质。县公安交通管理局依据《中华人民共和国道路交通安全法》等法律法规进行责任追究，对相关单位及责任人进行行政处罚。

【重点行业企业安全责任险参险】 2022年，玉屏侗族自治县做好重点行业企业参加安全责任险工作。至年末，38家重点行业企业中参保企业35家，重点行业企业投保率89%。亚鱼乡桐木坡砖瓦用砂矿、田坪镇白果村冷风坳砂石厂、贵州玉屏中和石油库有限公司未参保。

【安全生产专项整治三年行动完成】 2022年，玉屏侗族自治县安全生产专项整治三年行动结束。专项行动于2021年开展，为期3年。全县成立13个专项整治组和其他单位专项整治组，成立4个检查组。督导检查16次，检查单位648家次，督导问题21个，排查出安全隐患2346条，整改2342条，整改率99%。其中，消防方面行政处罚27次，罚款24.26万元；火灾隐患挂牌督办1起，已销案摘牌。烟花爆竹方面行政处罚5次，罚款5000元，查处非法经营行为1起；道路交通方面，发现道路运输企业一般隐患20项，县、乡农村公路隐患3项。建立问题隐患清单、整改清单、整改责任清单“三张清单”，扫除盲区死角。全县85家重点行业领域生产经营单位建立“三张清单”，整改问题2340项，整改率95.8%。三季度量化考核中玉屏侗族自治县位居铜仁市第三。

【“打非治违”大排查大整治】 2022年，玉屏侗族自治县开展各类专项整治暨安全生产“打非治违”大排查大整治工作。至年末，国务院安全生产委员会督导帮扶组反馈问题隐患62条（一般问题隐患53条、重大问题隐患9条），全部完成整改；省级督导反馈问题隐患53条（一般问题隐患37条、重大问题隐患16条），全部完成整改；铜仁市第十督导组反馈问题隐患1082条，整改991条，整改率91%（一般问题隐患1055条，整改967条，整改中88条；重大问题隐患27条，整改24条，整改中3条），查处违法行为48起，整改32起，

7月21日，玉屏侗族自治县在贵州创梦联钙业有限公司督导安全生产
（郭秋月　摄）

整改中16起；县级14个行业领域“打非治违”专项组排查问题隐患3478条（一般问题隐患3477条，整改3438条，整改中39条；重大问题隐患1条，完成整改）查处非法违法行为5762起，无证照176家，吊销证照33个，停业整顿15家，拒不执行监管（监察）指令2家次，联合惩戒64家次。全年立案调查235起，行政拘留31人，行政处罚323.17万元，其中建筑施工42.58万元、交通运输84万元、城镇燃气0.15万元、非煤矿山7万元、消防15.91万元、危险化学品和烟花爆竹4.28万元、民用爆炸物品10万元、旅游0.2万元、生态环境101.9万元、工贸8万元、森林防火0.64万元、农业农村21.5万元、市场监管27万元。（袁一贵）

【特种设备安全监管】 2022年，玉屏侗族自治县围绕元旦、春节、两会、“五一”国际劳动节、国庆节等重要节点，运用特种设备信息化监管平台，将分类监管、动态监管和现场监察相结合，开展专项整治10余次，监管城镇燃气、危险化学品、旅游、工贸行业领域特种设备。建立工业气瓶信息化管理台账，检查特种设备生产、经营、使用单位129家次，排查问题隐患180条，完成整改176条。下达特种设备安全监察指令书36份，查封设备17台，责令停止使用5台，立案查处特种设备案件8件，罚没10.7万元。（杨　雪）

【校园安全监管】 2022年，玉屏侗族自治县完善学校安全制度，强化检查排除安全隐患。开展教育系统校园安全管理及“打非治违”专项督查45次，检查学校105所，发现问题52条，整改52条，投入整改资金200余万元。开展校园及校园周边环境综合集中治理10余次，检查校园周边摊点100余家，取缔占道经营摊点20余家，宣传教育群众500余人，发放宣传资料3000余份；全县36所中小学投入10万余元用于安装临空窗户限位器、窗户开合拉链、视频监控、防护网等，完善校园安全防护设施加装工作。开展道路交通、食品卫生、消防、防溺水、心理健康、防灾减灾、禁毒防艾、防校园欺凌、防性侵、传染病防控、非法校园贷、网络诈骗、网络博彩等重点内容宣传教育1000余次，开展各项安全应急演练200余次，涉及师生3.5万人次。（杨明华）

【水上交通安全监管】 2022年，玉屏侗族自治县开展渡口渡船检查24次，发现问题隐患4起，整治4起，投入整改资金0.75万元。联合开展自用船舶清理和长江流域退捕禁捕专项行动5次，清理无牌无证自用船舶11艘，没收违法捕捞工具渔网153张。（伍　艳）

危险化学品监督管理

【概况】 2022年，玉屏侗族自治县有危险化学品生产经营企业4家，加油站20家（正常经营17家、建设中3家），未生产经营石油库1家。

【危险化学品安全监管】 2022年，玉屏侗族自治县开展危险化学品企业检查86家次，发现安全隐患243条，整改239条，限

11月12日，县应急局在中海油兴隆加油站开展岁末年初安全生产工作督导检查（县应急局　供图）

期整改4条，立案4家，罚款6.28万元。（袁一贵）

防灾减灾救灾

【防灾减灾宣传】2022年，玉屏侗族自治县利用“5·12”全国防灾减灾日及“10·13”国际防灾减灾日开展宣传活动，组织全县减灾委员会成员单位在县城中国工商银行玉屏支行门口开展集中宣传。悬挂抗震防震科普宣传横幅40余条、展板15块，接受现场咨询0.13万次。张贴森林防火宣传标语0.2万余份，发放宣传资料3.5万余份，悬挂宣传横幅10余条。出动森林防火宣传车辆360辆次，受教育群众3.5万余人次。（袁一贵　鄢雪杨）

【灾情信息报送】2022年，玉屏侗族自治县对全县灾害信息员进行调整充实，实现各级灾害信息员A、B角。对8个乡（镇、街道）及县减灾委员会有关成员单位226名灾害信息员进行业务培训。全年未发生较大以上自然灾害，各乡（镇、街道）受自然灾害雪灾1次、低温冷冻1次、洪涝2次、风雹2次、干旱灾害1次。8个乡（镇、街道）8096人不同程度受灾，其中农房受灾31户、51间，受灾农作物面积135.53公顷，因灾受损公路0.3千米，直接经济损失881.55万元。（袁一贵）

【地质灾害防治】2022年，玉屏侗族自治县印发汛前地质灾害隐患大排查、地质灾害防治方案，在汛期前对全县地质灾害点开展排查。全年获批省级地质灾害防治工程项目2个，分别为皂角坪街道、平溪街道、田坪镇滑坡地质灾害防治工程项目及县第二幼儿园东侧斜坡应急治理工程，总投资493.67万元。建立地质灾害数智指挥中心，在各地质灾害隐患点安装视频监控及喇叭。用“数字平台+‘云监测’+‘云播’”对地质灾害点实行24小时监控监测及预警。推出地质灾害隐患点“一点一码”工作机制，扫描二维码了解地质灾害隐患点基本情况。实现全县地质灾害隐患点演练全覆盖，全年开展演练32处，950人参加演练。（宋志尧）

【森林防火】2022年，玉屏侗族自治县调整充实森林防火指挥部成员单位，组织相关成员单位召开会议研究部署森林防火工作。组织开展森林防火督导检查，出动560余人次，制止违规用火行为80余起，印发森林防火督导通报7期，宣传教育200人。县林业局组建36人义务扑火队，各乡（镇、街道）分别组建森林防火应急分队。全县未发生重特大森林火灾，森林火灾受害率为零。（袁一贵　鄢雪杨）

【防汛抗旱】2022年，玉屏侗族自治县修订《防汛抗旱应急预案》，指导各乡（镇、街道）及相关部门根据实际情况制定度汛预案。核查登记防汛物资储备、物资数量、品种及分布情况，重点对全县河道、水库水电站、山洪危险区、学校、企业等重点部位进行检查，对检查出的问题隐患实行闭环管理，消除隐患。县应急局、县气象局、县交通运输局等单位联合建立工作群，每天发布当日天气情况。全年发布天气预警短信35条，覆盖1.08万人次。8月19日至10月9日，受旱灾影响供水工程34个，影响人口6031人。通过发放抗旱物资、开展人工增雨作业、抗旱保收志愿服务等形式，利用抽水机、潜水泵等灌溉设备抽水灌溉，保障人畜饮水，降低旱情损失。

【防震减灾】2022年，玉屏侗族自治县印发防震减灾（抗震救灾）工作要点、防范化解地震灾害风险实施方案等文件，明确防震减灾工作任务，将抗震设防监管纳入基本建设程序，对县域内建设工程抗震质量进行管理。每月安排专人对地震监测台（站）运行环境进行检查，包括台站附近施工现场围蔽工程与周边水、电、网络运行环境等。全年台站数据接收正常，实现地质灾害零伤亡。（袁一贵）

【公路自然灾害风险点普查】2022年，玉屏侗族自治县按照全国第一次自然灾害综合风险普查工作要求，对全县公路自然灾害风险点开展普查，采集灾害点

251个，录入国道、省道自然灾害风险点8个。（伍 艳）

【政策性农房投保】 2022年，玉屏侗族自治县为26688户农房投保，投保金额8.54万元。督促承保保险公司为46户因灾受损农房给予理赔，理赔金额8.83万元。（袁一贵）

8月25日，皂角坪街道志愿者通过引水入田、提水灌溉等多种方式助力铁家溪村抗旱保收（吴进军 摄）

应急救援

【防汛抗旱应急响应】 8—12月，玉屏侗族自治县出现持续少雨干旱天气，10月旱情达到峰值，除亚鱼乡为“重旱”外，其余乡（镇、街道）达到“特重旱”。其间，县防汛防旱防风指挥部先后启动防汛抗旱应急响应4次，组织开展水库、山洪灾害防御应急演练28次，发布天气预警短信35条、覆盖1.08万人次。

【人畜饮水保障】 8月19日至10月9日，玉屏侗族自治县受旱灾影响供水工程34个，影响人口6031人，其中人、畜饮水困难1765人（皂角坪街道枹木坨村1467人，平溪街道七里塘村青屯村民小组121人、七里塘村下塘村民小组90人，田坪镇彰寨村老娃林村民小组8人、大田湾村民小组4人，田坪镇金竹林村民小组12人、田坪镇岩屋口村包家坨村民小组30人、黄土坨村民小组16人、独岩洞村民小组13人，新店镇大湾村洞上村民小组4人）。发放各类型防汛抗旱应急物资潜水泵46台。采购60万元抗旱应急物资，解决4266名群众用水困难。采取县城管网延伸，拉水送水方式为14个工程1765人供水，保障人畜用水安全。其间，组织志愿者开展系列抗旱志愿活动，帮助受灾严重村寨村民解决生活、生产用水。（杨子益）

【人工增雨作业】 8月以后，玉屏侗族自治县旱情加重，县气象局联合万山区气象局在田坪镇、朱家场镇等地开展人工增雨作业8天、15次。8月25日，在朱家场镇、田坪镇开展人工增雨作业，作业区域普降小到中雨。10月27日00：00至28日18：00，在朱家场镇、田坪镇、亚鱼乡等地开展人工增雨作业，全县普降中雨，局部地区大雨，最大降水32.3毫米。（廖洪敏）

【应急救援队伍】 2022年，玉屏侗族自治县有救援队伍2支，救援人员64人，其中县消防救援大队35人、铜仁市蓝天救援队玉屏中队29人。

【铜仁市蓝天救援队玉屏中队】 2022年，铜仁市蓝天救援队玉屏中队开展山地搜救、寻失、水域打捞、救援知识宣讲等志愿服务活动。其中，开展找寻走失人员1次、疫情防控消杀6次，驰援上海疫情防控消杀1次，开展水域打捞5次、队内救援技能培训4次、救援知识宣讲2次。出勤19次，出队人员180余人次，工作时长500余小时。中队于2021年10月成立，主要从事水域救援、城市搜救、道路救援等社会公益救援服务，为社区、学校、企事业单位提供减灾防灾、应急安全教育宣传等非营利性服务及完成政府安排的各项任务。（袁一贵）

消防救援

【概况】 2022年，玉屏侗族自治县开展学校消防安全专题教育培训、防灾减灾应急疏散演练和灭火救援演练。组织约谈辖区重点单位，培训消防安全负责人。到社会单位开展消防安全教育培训，到医院、养老院开展消防安全知识培训及演练。推进乡（镇、街道）专职消防站筹建工作。消防监督检查执法人员贯彻落实《中华人民共和国消防法》《贵州省消防条例》及相关文件精神，开展消防监督检查工作，完成《2022年目标责任书》目标任务。全年处置各类灾害事故399起。

【消防安全执法】 2022年，玉屏侗族自治县对辖区高层建筑、商场市场、宾馆饭店、文物建筑、医院学校、小型经营性场所、公共娱乐等人员密集场所和高层地下建筑、自建房建筑、工业园区、易地扶贫搬迁安置点，对安全责任制落实、建筑消防设施器材完好有效、自动灭火系统和自动火灾报警系统是否正常使用、控制室值班人员是否持证上岗及“四个能力”“一懂三会”建设情况等方面进行全面检查。全年检查社会单位1373家，发现火灾隐患、消防违法行为3375处次，督促整改火灾隐患或违法行为3363处。下发责令改正通知书1109份、行政处罚决定书33份、临时查封决定书15份。责令“三停”单位8家，罚款19.2万元。

8月8日，县消防救援大队队员救援脚被自行车后轮卡住4岁小男孩　（周崇兴　摄）

【消防宣传】 2022年，玉屏侗族自治县组织全县消防安全重点单位、人员密集场所和娱乐场所开展消防安全教育和警示约谈10次。依托重点单位、日常检查、宣传培训等形式，在辖区广泛推荐使用“全民消防学习”平台，在元旦、春节、清明节、国庆节等重要时间节点集中开展消防宣传，发放宣传册3万余份。利用户外LED、微信、微博、短信、电视台等媒介或平台推送消防安全提示和播放公益广告1.5万条次。

【消防培训】 2022年，玉屏侗族自治县部署开展“119”消防宣传月系列活动，结合“防灾减灾周”“安全生产月”等活动，开展消防安全知识普及，举办宣传培训活动40场次，开放消防站24次，培养“消防安全明白人”1万余人。

【消防演练】 2022年，玉屏侗族自治县组织开展水域救援训练工作，开展综合救援演练和大型消防综合演练20次，修订完善各类预案100余份，开展大队级演练30次，中队级“六熟悉”演练100余次。组建快速反应小分队，构建辖区消防队伍快速反应机制，形成辖区内一点接警、快速调度、及时响应的指挥调度体系。

【消防救援出警】 2022年，玉屏侗族自治县应对处置各类灾害事故399起，其中火灾95起，出动车辆465辆次、消防员2503人次，抢救被困群众80人，疏散被困人员280余人，抢救财产价值1197.8万元。　（姚　敏）

街道乡镇

中 国 箫 笛 之 乡 · 中 国 油 茶 之 乡 · 侗 族 文 化 艺 术 之 乡 · 中 国 黄 桃 之 乡

平溪街道

【概况】 平溪街道地处县城商贸中心，东邻大龙街道，南与湖南省怀化市新晃侗族自治县凉伞镇接壤，西接皂角坪街道，北至朱家场镇，辖区面积46.44平方千米，森林覆盖面积2036.51公顷，耕地面积854.41公顷。2022年，平溪街道辖6个社区、4个行政村，110个村（居）民小组，9369户、26228人。辖区常住人口3.4万余人，暂住人口1.5万余人。全年整治撂荒土地15.26公顷，新增种植精品水果59.33公顷，油茶166.67公顷。生猪、肉牛、羊年存栏量5510头（只）、蛋鸡年存栏5.6万羽。修建产业路30.58千米，带动6000余名群众就业增收。

【党建工作】 2022年，平溪街道党工委学习贯彻党的二十大精神、习近平总书记视察贵州重要讲话精神、《国务院关于支持贵州在新时代西部大开发上闯新路的意见》、中国共产党贵州省第十三次代表大会精神，开展宣讲活动40余次，召开党工委理论学习中心组学习会12次，其中专题研讨4次。专题研究意识形态工作2次，开展风险研判4次。利用“三会一课”开展学习培训240余次，覆盖党员591人、群众3000余人。专题研究全面从严治党工作4次，开展分级约谈34人。处置问题线索8件，谈话提醒5人，签订拒绝酒驾承诺书800余份。形成“街道党工委＋社区党支部＋网格党支部＋楼（栋）党小组＋党员联系户”的党组织体系。成立网格党支部30个、楼（栋）党小组38个，779名在职党员向社区报到，参与各类志愿服务70余次，为群众解决急难愁盼问题230件，为居民办实事150余件。调整3名业务骨干到村（社区）一线开展脱产驻村帮扶，每个村（社区）按照不少于2名后备力量进行储备、培养。

【乡村振兴】 2022年，平溪街道持续推进易地扶贫搬迁后续扶持扶贫车间项目，投入资金286.24万元，建设车间1431.22平方米；争取东西部协作项目资金1000万元，用于贵州茶香蛋鸡养殖场二期项目建设及杨柳村人居环境改造工程项目；争取财政公益性补助资金78.32万元,用于七里塘村、舞阳社区基础设施及文化广场建设；争取涉农整合资金341.15万元，用于舞阳社区杉木坳产业路、马头田村架枧组溢洪道建设。纳入监测对象11户、40人，申报防贫基金6户、民生保障基金7户。救助困难群众204户，累计发放各类济困补贴资金154.63万元。有16—60岁农村劳动力人口7153人，就业人员7009人；易地搬迁户893户、3636人（含街道搬迁户83户、355人），其中有劳动能力838户、1789人，就业838户、1651人，实现1户至少1人就业。联合各级主管部门开展电工、中式烹调师、手工藤椅、种植养殖、家政、挖掘机等培训847人次，其中脱贫户343人次。创建“美丽宜居村庄”6个（平溪社区、舞阳村、杨柳村、马头田村、安坪村、七里塘村）。新修建公厕2座，完成七里塘村新建户厕53户。拆除杨柳村2处、红花村1处乱搭乱建。

【产业发展】 2022年，平溪街道发展油茶种植4公顷，大苗种植6.67公顷，林下经济套种90公顷。种植水稻186.67公顷（其中全程机械化插秧23公顷）、玉米60.2公顷、红薯6.67公顷、大豆27.43公顷、马铃薯46.67公顷、花生60.33公顷、杂粮杂豆3.82公顷、油菜100公顷、其他粮食1.8公顷。杨柳村建设黄桃基地29.33公顷、猕猴桃基地3.33公顷、桃李子基地8公顷；红花村建设柚子、李子基地22公顷；安坪村种植西瓜、香瓜38.4公顷。建成生猪规模养殖场15户、23栋圈舍，年末存栏3户、1769头，散养户存栏1249头；肉牛规模养殖场2户、存栏214头，散养户存栏437头；羊养殖存栏505只；家禽规模养殖场2户、5500羽。出栏生猪4940头、肉牛178头、羊338只。建成扶贫车间产业及茶叶贸易项目，购置扶贫车间1431.22平方米，完成茶叶贸易入股300万元。安坪村蛋鸡养殖项目建设完成，总投资900万元，其中东西部协作援助资金700万元、衔接资金200万元，建成鸡舍1575平方米，中央集蛋房903平方米，购置一体化自动养殖设备1套。

【社会民生】 2022年，平溪街道有城乡低保497户、1276人，其中农村低保187户、445人，月发放金额14.23万元；城市低保310户、831人，月发放金额36.6万元。农村低保新增3户、8人（整户），取消7户、15人，调整4户、4人；城市低保新增4户、7人（整户），取消11户、26人，调整18户、26人。有特困供养对象43户、45人，其中分散供养40户、42人，集中供养3户、3人，月发放供养资金和护理补贴4.92万元。有孤儿7人，月发放孤儿生活补贴0.72万元；事实孤儿12人，月发放生活补贴1.44万元。全年救助困难群众143户，发放生活困难临时救助款41.53万元。发放残疾人“两项补贴”（残疾人困难生活补贴和护理补贴）242人次、1.9万元。

【社会治安综合治理】 2022年，平溪街道调处各类矛盾纠纷及信访案件218件，调解成功213件，成功率97.71%。开展督查、安全生产检查30余次，排查学校、幼儿园和其他教育培训机构、小餐饮、饭店、烧烤店等200余户，发放各类安全生产宣传单2000余份。开展河道及周边环境卫生巡查200余人次，出动森林防火宣传车135次，发放宣传资料1万余份。

【生态环境】 2022年，平溪街道加强对㵲阳河（街道辖区12.5千米，途经红花村、舞阳村、七里塘村、安坪村）及其支流（瓮阳河、安坪河、挂榜河、混寨河、宋寨河、七里塘河）和山塘水库白色垃圾、建筑垃圾、污水、违章建筑等治理，清理建筑垃圾9起、10吨。9月22日，马头田村村民李某某未办理林木采伐许可证，私自请2名工人砍伐树木22株，街道综合行政执法大队根据相关规定对违法行为人李某某给予行政处罚，责令其于2023年3月31日前在原地补种树木66株。

【全国文明城市创建工作】 2022年，平溪街道组织铲除野广告1800余处，收缴纸质广告3000余张，清理各类垃圾86吨，新（改）建农村户厕53户。创建“美丽宜居村庄”6个、各级文明村8个，修订完善“村规民约”10件次，开展志愿活动40余次。发动群众1000余人次参加农村生活垃圾污水治理、“最美庭院”打造、沟渠河湖生态环境集中整治等行动，清除“五堆”（柴堆、草堆、粪堆、土石堆、垃圾堆）221处。排查自建房6273栋，其中经营性自建房560栋，非经营性自建房5713栋。

（姚　敏）

皂角坪街道

【概况】 皂角坪街道位于玉屏侗族自治县中部，东与平溪街道相连，南与湖南省怀化市新晃侗族自治县凉伞镇接壤，西毗邻新店镇，北与平溪街道及黔东南苗族侗族自治州岑巩县大有镇相邻，辖区面积35.37平方千米，辖3个社区、6个村，84个村（居）民小组，8127户、22373人，沪昆高铁、沪昆高速公路、湘黔铁路（珠六复线铁路）、国道320线穿境而过。有全国文明村镇2个（野鸡坪村、瓮阳村），国家级少数民族特色村寨1个（野鸡坪村）、省级少数民族特色村寨1个（铁家溪村）。

【党建工作】 2022年，皂角坪街道党工委聚焦党建主体责任，把党建工作纳入总体工作布局。组织学习党的二十大精神，制定《学习贯彻党的二十大精神宣讲工作方案》，组建2人互动宣讲组，开展宣讲10余次，覆盖1200余人。开展党内活动，按照组织程序新发展党员15人。开展党风廉政建设和反腐败斗争，组织召开警示教育会议8次，向全体干部通报违纪案件查处情况。街道党工委会议专题研究党风廉政建设和反腐败工作4次，街道党工委书记对村（社区）支部书记集中廉政谈话2次、常态化约谈40人次。开展整治党员干部酒驾醉驾、上班工作纪律、不担当不作为等突出问题监督检查20次，开展学习教育5次，党员干部签订拒绝酒驾醉驾承诺书、不参与不违规操办酒席承诺书98人，提醒谈话4人，通报批评13人，谈话提醒6人。重点对瓮阳村“三资”管理情况、枹木垅村集体养殖场、群众土地流转金发放、低保资金等项目领域进行检查,办理问题线索5件，立案3件、3人，党内警告处分1人，留党察看处分2人，批评教育1人，谈话提醒1人，追回违纪资金退还村集体1.27万元。

【乡村振兴】 2022年，皂角坪街道有建档立卡贫困户452户、1633人，监测对象16户、51人。研判预警线索631条，识别监测对象7户、23人，结合风险类型和发展需求因人因户精准落实帮扶措施。实施项目5个，财政衔接资金项目4个（其中以工代赈资金项目1个），东西部协作资金项目1个，总投资333万元。争取东西部扶贫协作资金20万元，实施飞凤新区安置点“微田园”及充电桩建设项目。发动全域全民参与，推进卫生整治，整治房前屋后卫生260余户、拆除乱搭乱建钢架棚5处，重点整治乱堆乱放80余处，创建县级“最美庭院”184户。以瓮阳村为试点，开展人居环境提升工程，按照规划设计有序推进建设工作。推动枹木垅村申报省级人居环境改善助推乡村振兴建设示范点工作。开展“村规民约”示范村创建，编撰瓮阳村村规民约“十要”“十不”“十好”。以新时代文明实践站为主要载体，持续开展五星农户评选，引导村民移风易俗。

【产业发展】 2022年，皂角坪街道规划建设项目13个，开工13个，完工13个。建设项目计划总投资1261.7万元，其中财政衔接资金357.8万元，东西部协作资金172.9万元，社会投资675万元，农户投资56万元。完成投资1261.7万元，完成投资率100%。兑现2022年度耕地地力补贴32.78万元，惠及农户1525户。申报病死猪无害化处理补贴6.42万元，惠及规模养殖户8户。发放油菜种子180千克，肥料60吨，惠及农户590户。整治撂荒耕地26.61公顷，完成水稻参保76.55公顷，覆盖农户601户。实施高标准农田项目2个，其中：枹木垅村建设面积55.12公顷,田块整治工程0.03公顷、新建取水堰1座、输水管道258米、灌溉渠437米、排涝渠1322米、生产路1392米、桥涵3座、农田修复2处；铁家溪村建设面积23公顷，建设灌溉渠160米、田间渠100米、田间路1165米、生产路752米。铁家溪村产业以跑山猪为重心，与“贵州云、中国联通”公司达成线上销售新模式。茅坪村利用“合作社+基地+农户”发展模式，发展葛根种植8公顷。实施茅坪村集体经济农旅综合项目，总投资100万元修建特色休闲山庄，建筑面积1800平方米，运营后收益覆盖建档立卡贫困53户、153人。投资195万元，在茅坪村实施油茶产业路（以工代赈）建设项目。

【社会民生】 2022年，皂角坪街道城乡新型农村合作医疗保险参保16862人。建档立卡脱贫人口全额代缴参保630人，部分代缴参保1809人，全部落实财政代缴部分医疗保险政策，合理化未参保28人（参加城镇职工医疗保险）。办理城乡居民养老保险新参保40人。审核群众医疗救助申请资格，向县医保局递交符合条件的申办材料17人次。激活电子医保13795人次，发放医疗保障政策宣传资料2200份。缴纳城乡居民养老保险730人，通知合理参保60岁到龄人员办理养老保险待遇领取手续126人。有农村低保247户、522人，发放农村低保待遇金151.44万元；城镇低保116户、205人，发放城镇低保金待遇119.84万元。救助城乡困难群众60户、169人，其中因学10户、33人，因病29户、92人，因刑满释放8户、8人，因其他原因12户、34人，因残疾1户、2人，解决14.4万元。临时救助79户、213人，发放救助金17.99万元。特困供养户31户、35人，其中集中供养6户、6人（县敬老院），分散供养25户、29人；

发放特困人员供养金34.45万元，发放残疾人护理补贴9.07万元。7—9月，向93户、169人发放5850千克大米，解决季节性缺粮救助问题。有20世纪60年代精简退职人员13人，发放定补资金5.28万元。留守儿童37人、困境儿童14人，发放资金1.42万元；孤儿5人，发放资金5.18万元；事实孤儿4人，发放资金3.15万元。按时足额发放优抚对象、伤残军人等人员优抚资金。推进铁家溪村中寨村民小组人饮提升工程，建设40立方米蓄水池，搭建饮水管道1200米、供水管道1000米，解决75户群众饮水问题。实施枹木坨村接城区自来水人饮工程，工程覆盖8个村民小组327户、1633人，养殖厩舍18栋、6900头牲畜，51公顷耕地。排查辖区人饮点26处，每月巡查1次，发现解决问题10余个。投入抗旱物资水管4000余米、抽水管3050米、水泵17台、汽油发电机3台、水带8盘、水带卡扣1袋、电线500米、铁丝2卷，投入抗旱经费2万余元，用于枹木坨村、瓮阳村、茅坪村、铁家溪村的人饮及灌溉。联合开展辖区14所学校安全检查及周边环境整治10余次，重要节假日到学校门口维护学生放学秩序30次。到辖区网吧、宾馆、KTV、学校、书店、游泳池开展检查249次。配合县文体广电旅游局及相关单位组织开展群众性文艺活动10次。申报安装“健身路径”3套，推荐辖区2家箫笛制作厂申请“非遗”工坊认定。辖区有各级文物保护单位8处，其中省级1处、市级6处、县级1处，另有尚未定级文物4处。开发森林生态旅游面积960公顷，建成生态旅游景点1个（瓮阳村），辖区14家“农家乐”获评三星级餐饮经营户，其中7家获评四星级餐饮经营户。打造茅坪油茶公园，规划建设自行车骑行环线。

【社会治安综合治理】 2022年，皂角坪街道成立入村寨进社区走企业访群众大走访活动领导小组，走访290余人次，走访村（社区）89次，走访群众210余户，收集群众意见建议20条。结合“一中心一张网十联户”，辖区3个社区、6个村建立网格89个，配备网格员89名，建立联户单元651个，配备“联户长”651名。接待来访群众225批、284人次，受理各类矛盾纠纷281起，调解处理281起，调解处理率100%，成功化解268起，持续化解稳控13起。涉及婚恋纠纷71起，化解63起。组织铁路安全宣传13次，发放铁路护路安全资料6800余份，覆盖辖区群众8800人次。加强特殊人员服务，强化铁路沿线大型牲畜管控，开展铁路护路巡逻25次，发现整改问题隐患8处。持续推送打击整治养老诈骗宣传知识，发放防范养老诈骗宣传册8000余份，张贴宣传海报100余张，LED宣传屏2处，动员群众安装注册“国家反诈中心”App。开展“法律明白人”培训11次、“法律进乡村”“进校园”等各类法治宣传活动18次，发放各类宣传资料8500余份，受教育群众1.8万余人。组织送法上门8场次，举办法治讲座2场次，为村民解答法律咨询180余人次。全年开展安全生产检查1136家次。检查加油站42家次，畜牧农业企业8家次，非煤矿山12家次，建筑工地90家次，冶金企业15家次，铁路护路36处次，山塘、水库、河道116次，学校、宾馆、酒店、娱乐场所（KTV）500家次，餐饮（包括学校食堂）、副食店141家次，木材加工厂24家次，地质灾害点152处次。发现整改一般隐患130个。开展安全宣讲21场次，受教育人数300余人。开展“今冬明春”、春节、国庆节等重点时段及日常道路安全检查，排查清理道路隐患18处，开展道路交通安全路检路查32次，出动人员60余人次，执法小分队上路检查211天次，PDA（警务移动执法终端）处罚1505起。对各村（社区）交通安全工作进行督查考核，全年辖区内未发生重特大交通事故。督促各村（社区）完成道路交通云平台信息录入工作，录入信息4280条。开展道路交通安全宣传270余次，劝导教育1909人，发放道路交通安全及高速公路交通安全知识宣传资料13270余份。

【生态环境】 2022年，皂角坪街道班子会议安排部署环保问题8次、召开环保专题会议8次，研判生态环境保护领域重大风险30余次。入村、入社区、入学校发放环保知识手册、宣传单300余册，环保购物袋200余个，环保围裙200余个。对畜禽养殖场、饮用水水源保护区、建筑工地等重点监管区域出动环保巡查40余次。对养殖场和饮用水水源地每月开展1次以上的环境污染巡查。对辖区24户、35栋标准化畜禽规模养殖场养殖数量、粪污处理情况进行动态监测，处理粪污污染群众上访事件1起。兑现生态公益林补偿资金1528人次、37.69万元（其中国家公益林26.67万元，地方公益林11.02万元）。对重点水源地竖立水源保护公示牌，检查沿河两岸排污源，协助县水务局整改野鸡河管网。重点巡查养殖场排污情况，协助县水质检测中心对饮水水质进行全面检测。制定河长制工作方案、调整街道及村（社区）及河长名录及管理范围。每月开展各村（社区）河道、人饮工程、水利设施、山塘水库（电站）等巡查工作。

【美丽乡村建设】 2022年，皂角坪街道建立农村住房安全动态监测、实时预警、快速处置机制。压实农村住房安全保障责任，对6个行政村、1948栋农村房屋进行安全排查和数据摸排，实施以村级履行第一报告人职责。召开国土空间规划委员会会议11次，对辖区范围内建筑施工开展安全生产检查100余次。受理城镇建房申请、审批9户，拆除乱搭乱建4处（其中群众自拆2处）；实施危房改造4户，完成4户；受理农村建房申请33宗，驳回8宗，审批25宗；开展乱占耕地巡查84次，发现制止违法用地8起。在铁家溪村、野鸡坪村、四眼塘社区、北门桥社区的6个地质灾害隐患点开展地质灾害演练活动，对辖区各个村进行非煤矿山巡查，宣传《中华人民共和国矿产资源法》《防治地质灾害条例》。汛期巡查地质灾害点96次，巡查非煤矿山24次，发现安全隐患5起，监督相关责任单位在期限内完成整改。

【全国文明城市创建工作】 2022年，皂角坪街道制定全国文明城市创建工作月考评方案，分数计入各村（社区）年度考核成绩。组织街道志愿者开展环境卫生集中整治，清理成堆白色垃圾、乱涂乱画、乱拉乱挂横幅、破旧标识标牌，拆除乱搭乱建，清理破损广告、野广告，劝阻乱停乱放，发放规范停车温馨提示600余张。投入30余万元，用于三角道进口沿线新修花池及绿植栽种，维修花池400余米，新修花池300余米，围墙180米，补植绿植400余株。制作健康教育宣传栏13块，发放“十要十不要”宣传册4000余份，完成网格点问卷测评500余份。整治房前屋后卫生260余户，创建县级“最美庭院”150户。

【特色田园乡村·乡村振兴集成示范点创建】 2022年，皂角坪街道组建瓮阳村、枹木垅村2个乡村振兴示范创建工作专班，对示范村工作实行半月一调度，一月一专报工作机制。以“街道有主导产业支撑、村村有特色产业

4月27日，市级特色田园乡村·乡村振兴集成示范点——皂角坪街道瓮阳村樱桃喜获丰收

（胡攀学 摄）

覆盖、户户有稳定增收渠道”为发展目标，发展油茶、生猪养殖、精品水果、食用菌四大农业产业。瓮阳村采取“村委会+合作社+农户（贫困户）”的发展模式，与农户进行利益链接，全年黄桃销售收入99.78万元，梅香跑山猪（含腊肉）销售收入210余万元，草莓、樱桃、油桃等精品销售收入30余万元。枹木垅养殖生猪1万余头，种植猕猴桃26.67公顷、产量10万千克。

（曹玉南）

6月23日，大龙街道组织全体党员干部开展“我为群众办实事”活动，帮助村民插秧 （大龙街道办事处 供图）

大龙街道

【概况】 大龙街道位于玉屏侗族自治县东部，东邻湖南省怀化市新晃侗族自治县林冲镇、鱼市镇，西连麻音塘街道，南接平溪街道，北与田坪镇接壤。总人口3万余人，辖大龙堡村、大屯村、清水塘村、鲢鱼塘村、南宁村、街上居委会、大龙社区第一居委会、大龙社区第二居委会、大龙社区第三居委会、德龙第一社区、德龙第二社区、德龙第三社区。2022年，大龙街道农作物播种面积260.6公顷，其中粮食作物种植面积163.33公顷、产量884吨，全部为秋粮；蔬菜及食用菌90.27公顷、产量421吨；其它农作物7公顷。年末，生猪存栏1944头，出栏1021头；羊存栏63只，出栏44只；家禽存栏5674羽，出栏3331羽。辖区交通发达，湘黔铁路、沪昆高铁、国道320线、玉铜高等级公路穿行其间。

【党建工作】 2022年，大龙街道组织省、市两级党代表，“五老”人员到各支部、村（社区）、网格开展集中学习大宣讲40余次。召开街道党工委理论学习中心组集中学习4次、街道党工委会议学习18次，开展“我为群众办实事”747次。街道微信公众号推出《喜迎党的二十大·青春献给党》《学报告·谈心得》等专栏，发布20余期主题内容。各支部召开支委会144次、党员大会53次、上党课52次。街道党工委专题研究党建工作12次，发布党建工作提示12期，召开党建工作调度会4次，意识形态专题会4次，驻村述职评议会4次，支部书记抓党建述职评议会1次。街道党工委组织召开专题民主生活会1次，专题干部职工大会2次。制定出台《内部管理条例》，落实党风廉政“一岗双责”和分级约谈制度，提拔干部2人，事业晋升10人，处罚违纪违规干部职工、村（社区）干部、普通党员33人。选优配齐9个村（社区）基层党组织队伍，开展换届后“回头看”和农村软弱涣散党组织识别整顿提升工作。完成15名社区工作者首次认定和薪酬套改。审批预备党员转正5名、预备党员6名、发展入党发展对象18名、入党积极分子21名。利用“新时代学习大讲堂”开展培训1500余人次，组织开展入党积极分子培训班1期培训23人。创建省级示范支部1个、市级示范支部2个、开发区级示范支部6个。推进清水塘村和德龙第一社区“六共”机制试点建设提质增效。

【乡村振兴】 2022年，大龙街道抓好项目谋划和推进，实施财政衔接项目4个、总投入资金805万元；东西部协作项目大屯村加工厂项目1个、投资150万元。申报2023年财政衔接资金项目7个，申请项目资金820万元；申报2023年东西部协作项目2个，申请项目资金230万元。纳入防贫预警监测易地扶贫搬迁户18户、77人，就业培训300余人，推荐务工就业200余人，解决城镇公益性岗位22个，乡村公益性岗位80个。突出“文明实践”创建，探索推出大龙街道“54321”、大龙堡村“五度五心”等党建品牌典型，强化新时代文明实践工作力量，服务群众1.5万余人次。引导教育辖区群众树新风、讲文明，举办“最美家庭”“平安之星”评比活动，15户家庭、136人获评。大龙堡村获评贵州大龙经济开发区“美丽家园·美丽庭院”模范乡村示范点，获“五净四美”家庭30户；获评市级“平安家庭”2户。

12月21日，大龙街道举行2022年“最美家庭”“平安之星”颁奖仪式

（大龙街道办事处　供图）

【社会民生】 2022年，大龙街道有城镇低保875户、3015人，农村低保151户、316人。解决临时救助65户、14.84万元，发放救灾救济款0.95万元、粮食9750余千克、棉被63床、食用油396桶，涉及286户、900余人。春节对辖区重点优抚对象及现役军人家属发放慰问金5.05万元。解决“三难”（重点优抚对象的生活困难、医疗困难和住房困难）临时救助0.8万元。除建档立卡户“一站式”结算外，兑现一般户医疗救助金10人次、8.44万元。建立完善留守困境儿童名单，有事实无人抚养儿童32人，孤儿7人，困境儿童57人，持续开展留守困境儿童救助工作。

【社会治安综合治理】 2022年，大龙街道党工委班子实行平安建设实绩考核制，建立个人实绩档案。成立平安建设工作领导小组，领导带头抓平安综治工作。明确目标任务，对各村（社区）、各部门层层签订目标管理责任书。聘用专干、抽调专人办公，各村（社区）均按要求完善治安巡防队、人民调解委员会等工作人员。预算30万元，用于平安综治工作。兑现化解矛盾纠纷个案补贴资金1.3万元，每年划拨3万—5万元工作经费到辖区派出所。召开工作推进会、调度会10余次，专题整改会议2次，综治例会9次，对派出所“一分析三报告”和当前社会治安形势分析研判16次，听取包村领导抓乡村治理工作情况报告8次。对辖区各村（社区）开展平安建设工作督导检查工作12次。加强各村（社区）综治中心规范化建设，通过“一中心一张网十联户”，优化网格131个（其中专属网格16个）、选配网格员131名、选配“联户长”452名，网格党小组覆盖辖区所有网格。组织网格长、网格员开展培训7次。各村（社区）组织“联户长”培训3次以上。在各类活动场所持续开展法律法规及“八五”普法知识宣传，举行群众会等集中宣传28场次，开展法治宣传进校园活动5场，悬挂标语15条，张贴各类海报200余张，发放各类宣传手册和资料2万余份，覆盖群众2万余人次。各村（社区）建立完善治安巡防队9支，每周开展2—3次村级治安日常巡防，易地扶贫搬迁安置点特聘28名保安对社区治安进行日常巡防。集中开展铁路护路专项巡防6次，日常治安巡防80余次。检查安全生产154次，出动检查人员322人。集中开展矛盾纠纷排查42次，走访农户1200余户，排查化解各类矛盾纠纷172起。按照婚恋纠纷“八单一表”工作机制，重点围绕家庭成员关系、家庭暴力、“婚外情”等纠纷情况进行及时化解处置，排查涉及此类矛盾纠纷25起。组织派出所等相关职能部门联动出击，对重点场所、重点区域、重点部位开展违法犯罪线索摸排打击5次。集中开展校园周边环境治安整治活动4次。落实“包保领导、联系站所、片区民警、村（社区）干部、网格员、‘联户长’”五级包保责任，走访特殊人群280人次。开展防范电信网络诈骗、防范养老诈骗宣传活动10次，发放宣传资料1.2万余份，群众咨询人数400余人，开展排查12次。（马　琼）

麻音塘街道

【概况】 麻音塘街道地处玉屏侗族自治县东北部，东与大龙街道相接，南与湖南省新晃侗族自治县毗邻，西与朱家场镇接壤，北与黔东南苗族侗族自治县岑巩县水尾镇交界。街道办事处驻地距县城12千米，交通区位优越，株六复线、铜大高速公路、国道320线、沪昆高铁、江玉高速公路均贯穿全境。是贵州大龙经济开发区项目建设的主阵地。辖区有工业企业374家，其中规模以上工业企业51家、上市企业1家、上市后备企业5家。2022年总户数8933户，总人口33647人，辖14个村和5个社区。

【党建工作】 2022年，麻音塘街道加强组织建设，结合农村（社区）产业发展和基层治理需要，建立联村党组织，合理设置党支部、划分党小组，推动党的基层组织设置与网格化管理有机结合。按照“控制总量、优化结构、提高质量、发挥作用”的总要求，高质量完成2022年发展党员指导性计划；贯彻落实党员教育管理工作条例和党员教育培训工作规划，配合做好市级重点培训、贵州大龙经济开发区与县级普遍培训、基层兜底培训，按照农村综合改革人才培训三年行动计划，抓实农村综合改革人才培训；贯彻落实好党内功勋荣誉表彰条例及省、市实施办法、党内关怀帮扶办法，加大对重大任务中因公殉职和牺牲党员家庭、生活困难党员、老党员等群体的关怀帮扶力度，引导广大党员发挥先锋模范作用。

【乡村振兴】 2022年，麻音塘街道实施扶贫项目8个。持续做实跨区域易地扶贫搬迁“后半篇文章”，确保群众安居乐业。围绕“五个体系”建设，以“新时代文明实践中心”为抓手，打造“四安家园”，强化组织建设，抓好就业培训，引导扶持创业，加强法治宣传，着力化解矛盾，引导移风易俗，丰富群众生活。按照“一村一品”的工作要求，发展特色产业。围绕生态宜居补基础抓提升。以农村“厕所革命”、公用“四园”、庭院“五美”建设为抓手，开展人居环境整治。以“两美三星”（最美家庭、最美庭院，孝老之星、勤劳之星、致富之星）评选为抓手，组织街道干部和人大代表开展“最美庭院·扮靓家园”互助活动；把人居环境整治、乡风文明改善与乡村振兴建设有机结合，以环境美促进生态美、乡村美，逐步激发群众内生动力和活力。评选“两美三星”36名。完善产业利益联结机制，开展抗旱救灾，在严守耕地红线基础上，确保粮食安全。

【社会民生】 2022年，麻音塘街道有城乡低保人员2614人，发放低保生活保障金997万元。临时救助群众96户，发放救助金18.5万元、粮食40吨、棉被108床、食用油2596桶、棉衣105件。依托贵州大龙经济开发区工业基础和园区优势，解决群众就业5346人；安置建档立卡户中的下岗失业人员和未就业大学生35人在公益性岗位就业；安置农村“五员”235人，发放工资95万元。开展校园周边环境安全隐患排查42次，发现隐患1起并整改。走访厌学学生59人次。城乡居民合作医疗参保 25096 人，大额患者医疗救助 26 人次，发放救助金 19.35 万元。协助办理慢性病证明 79 人次。解决易地扶贫搬迁群众就业人数 4929 人、村（社区）就业 6067 人。协助上级部门举办专场招聘会 3 场，组织 68 个用人单位进场招聘，提供普工、行政专员、电工等就业岗位 9900 余个。

【社会治安综合治理】 2022 年，麻音塘街道排查矛盾纠纷 113 件，化解 88 件，化解率 77.8%。推进“一中心一张网十联户”治理机制建设，推动党小组网格全覆盖，落实“党小组 + 网格员 + ‘联户长’”铁三角机制。在 19 个村（社区）划分网格 76 个、联户单位 497 个。网格员、“联户长”常态化开展矛盾纠纷排查，发动村（社区）法律顾问、网格员、“联户长”等力量参与矛盾纠纷调处化解。利用宣传标语、宣传车、微信群等方式对群众开展安全感满意度宣传，引导群众配合和客观应答民意调查电话。组织社会治安综合治理工作人员、派出所干警走村入户发放宣传资料 1.2 万余份，悬挂标语 30 余条，出动宣传车 300 余辆次。

【项目建设】 2022 年，麻音塘街道有工业企业 374 家（民营企业 200 余家），完成规模以上工业总产值 246.59 亿元。贵州重力科技环保有限公司、贵州大龙汇成新材料有限公司完成上市前股份制改造工作。全年招商引资项目 19 个，签约资金 88.91 亿元，到位资金 49.08 亿元。凯金一期、凯金二期、中伟循环三期、山河智能、嘉尚等 10 个项目快速推进。

【跨区域搬迁后续服务】 2022 年，麻音塘街道将所辖大德新区、龙江新区 2 个移民安置点划分为大德、同心、和谐、腾龙、翔云 5 个社区。承接德江县、石阡县跨区域易地扶贫搬迁群众 2716 户、13073 人。结合新型城镇化、东西部协作帮扶和乡村振兴战略，完善提升教育、医疗、社区服务中心、综合文化场所、农贸市场等公共服务基础设施，提供“一站式”公共服务，切实满足搬迁群众就医、就学、生活便利等高质量公共服务需求。强化组织建设，抓好就业培训，引导扶持创业，加强法治宣传，着力化解矛盾，引导移风易俗，丰富群众生活。 （杨冬冬）

朱家场镇

【概况】 朱家场镇位于玉屏侗族自治县北部，东与贵州大龙经济开发区相接，南与平溪街道、皂角坪街道毗邻，西与岑巩县大有乡接壤，北与岑巩县水尾镇交界。是红军长征过境地。境内有历史比较悠久的集贸市场，牛市场被列为贵州省三大牛市之一。全镇面积 111.57 平方千米，辖 18 个行政村，155 个村民小组、6805 户、22866 人。辖区耕地面积 2867.02 公顷，山林 6733.33 公顷，森林覆盖率 42.1%，通村路、通组路硬化率 100%。2022 年，朱家场镇基本形成油茶、生态畜牧养殖、精品果蔬种植、中药材种植四大农业特色产业，全镇油茶栽种面积 3440 公顷。牛羊交易市场年交易成交牲畜量达 5 万余头（只）。

2022年，朱家场镇油茶种植面积3440公顷。图为道塘湿地油茶育苗基地
（贵州黔玉油茶公司 供图）

【党建工作】 2022年，朱家场镇加强干部队伍培养，组织召开青年干部座谈会1次，“新农人”培育2场次，培育家庭农场71家，落实村级39人后备力量“2+1”帮扶培养机制。落实“三会一课”、谈心谈话、民主评议党员等制度。加强对软弱涣散村级整治，开展警示教育7次、“分级约谈”36人次。推动基层党建质量提升，打造桐木村“党建领航·五彩凝心”、谢桥村“茶花飘香·乡愁谢桥”、茅坡村“支部领办合作社”、混寨村“阳光雨”4个党建品牌示范点。打造“六共”组织共建、阵地共享、党员共管、服务工商、文化共融、发展共谈机制示范，创建谢桥、桐木、鱼塘“六共”机制市级示范点3个；利用省级财政扶持壮大村集体经济，打造茅坡村18.67公顷水稻制种、油菜种植“六共”机制集体经济示范基地1个。

【乡村振兴】 2022年，朱家场镇对69户、227人进行动态防贫预警监测。新建人饮工程水池5口，新铺饮水管网20.1千米，解决207户、819人饮水安全问题。在7个村实施高标准农田建设项目，建成高标准农田562.37公顷。摸排农村户厕问题4934户，整改农村户厕411户。持续推进农村移风易俗，开展高价彩礼、人情攀比、铺张浪费、封建迷信等大排查，签订“禁止滥办酒席承诺书”4000余份。建成以油茶精深加工为特色的产业集群，促进一、二、三产业融合发展。推进贵州玉屏清洁热能项目。推进“油茶康养小镇”和特色村寨建设，将朱家场镇打造成为农旅研学为主导的油茶小镇。探索农村土地“三变”改革，引进先正达集团现代农业玉屏服务中心发展智慧农业，高效管护精品水果助收。打造谢桥村“一花居”民宿、大自然亲子农场示范基地，举办首届乡村文化旅游节，促进农旅一体发展，进一步完善乡舍拓展研学基础设施。

【经济建设】 2022年，朱家场镇围绕“三区一县一中心”总体布局和镇级“一景两轴三园四产”发展规划，完成葛根种植项目、混寨村家庭农场示范项目、小额信贷贴息项目、村级配套设施建设项目，涉及资金293.2万元。完成东西部扶贫协作资金项目4个，即混寨村共建示范村建设项目、茅坡村手工作坊项目、桐木村基础设施建设项目、桐木村乡村振兴产业发展项目，涉及资金740万元。整合实施涉农项目6个，总投资371.7万元。有油茶林3333.33公顷（老油茶林1600公顷、油茶马尾松混交林1733.33公顷），其中高产油茶林666.67公顷，2022年新植油茶基地28公顷，油茶抚育管护740.67公顷。有油茶县级示范基地1个，镇级示范基地31个，示范村寨8个，示范农民专业合作社10个。发展林下经济面积4000公顷，产值6000余万元，带动就业4600人次。林下种植中药材、马铃薯、辣椒等多种植物4800公顷，实现产值5260万元。林下养殖牛、羊、鸡、蜜蜂，实现产值895万元。合理开发利用竹笋、野生中药材、野生菌等产品，形成采集、加工、销售流水线工作模式，实现产值650余万元。开发森林生态旅游康养胜地乡舍、谢桥、茅坡、铁柱山4个观景点，占地面积2000公顷，产值1100万元。有生猪养殖场87户，生猪存栏43800头，出栏38000头；肉牛养殖户64户，存栏6763头，出栏3178头；肉羊养殖户10户，存栏3858只，出栏4155只；禽类养殖场10户，存栏4.45万羽，肉禽累计出栏1.4万羽。盘活甘龙村肉牛养殖圈2个。粮食播种面积1783.4公顷，粮食产量10208吨。

【社会民生】 2022年，朱家场镇实现乡村公益性岗位就业77人，城镇公益性岗位就业27人，见习生岗位就业10人。开展“三类人员”培训，组织培训37场、157人次，通过“企业+脱贫户”模式建立扶贫车间1家。有农村低保303户、734人，发放农村低保金254.5万元，发放农村低保户季节性缺粮9.42吨；城镇低保28户、86人，发放城镇低保金38.1万元；特困供养92户、100人，发放特困供养金44.65万元；临时救助困难家庭67户、194人，发放临时救助金

16.73万元。发放社保养老保险金3659人、500余万元；城乡特困群众医疗救助11人，发放医疗救助金6.47万元。2022年度建档立卡户未“一站式”住院医疗救助补发27人，发放医疗救助金5.56万元。发放高龄补贴527人、30.8万元；发放残疾人生活“两项补贴”299人、21.57万元。实施农村义务教育阶段学生“营养午餐计划”，保障学生生活补助全覆盖，覆盖中学1所、小学4所，中心幼儿园1所，乡村幼儿教学点14个。协助完成县第六中学建设并投入运营。

【社会治安综合治理】 2022年，朱家场镇推进“一中心一张网十联户”社会治理机制，有网格员148名，“联户长”380名。组织网格员、“联户长”开展工作排查36次，排查各类矛盾纠纷29件。在春节、省两会期间开展矛盾纠纷排查38次，化解矛盾纠纷29起。日常排查各类矛盾纠纷89起，接待群众89批次、100余人次，调解各类纠纷86起，调解成功率96.6%。开展禁种铲毒踏查活动、禁毒进校园讲座、禁毒宣传进村寨21次，发放禁毒资料2000余份；开展禁毒宣传活动进校园4次，进企业8次；开展警示宣传教育进机关3次，进社区6次，进家庭2000余户；开展精神病药品、麻醉药品及含麻黄碱类复方制剂药品专项检查行动4次；组织各村开展禁种铲毒、易制毒窝点整治排查5次，开展“喜迎党的二十大，扫除毒害保平安”主题宣传活动2次；开展警示教育1次，利用群众会、“坝坝会”开展禁毒宣传18次。在赶集日开展重大风险防范化解宣传活动，发放宣传资料1000余份，现场接受群众咨询200余人次。

【生态环境】 2022年，朱家场镇持续巩固深化“林长制”，配备护林员115人，落实护林员一对一“包保山头”责任，实现森林保护全覆盖。开发公益性岗位保洁员110人，实行划区块责任到人开展环境卫生常态化整治。完善城乡垃圾一体化运行机制，配备垃圾清运车12辆，修建垃圾中转站1个，摆放垃圾箱200个、垃圾桶500只，覆盖18个村、152个村民小组。落实“河长制”，定期不定期排查72个集中式饮用水水源，每半年开展1次监测，定期消毒，水质达标率达100%。实施完成9个村、15个村民小组污水处理项目，维修人饮水安全工程15处，新修建人饮水池4口。

【基础设施建设】 2022年，朱家场镇实施长华村、混寨村等7个村562.4公顷高标准农田基础设施建设。新修建茅坡村、大兴村、柴冲村、水田村、兴隆村人饮工程水池5口，总投资25万元。投资85万元，修建水田村伍家寨上寨山塘、桐木村螺蛳湾山塘，投资230万元，完成黄旗坳高效节能灌区建设。解决人饮管道3646米，维修检修人饮工程20余次，新铺设饮水管网20.1千米，总投资57.8万元。完善兴隆村街上道路硬化600米，完成前光村、大兴村高速道路环建工程，路段由朱家场镇延长至贵州大龙经济开发区，约15千米。完成省道201线朱家场至安坪段二级公路改扩建工程，全长13.37千米，总投资约1.35亿元。开展农村住房排查3次，排查农户5115户、10001栋房屋，改造农村危房9户，投入资金23.5万元。

【特色田园乡村·乡村振兴集成示范点建设】 2022年，朱家场镇推进桐木村全市乡村振兴集成示范试点、混寨村东西部协作乡村振兴集成示范点、谢桥村、茅坡村乡村振兴示范村建设，夯实大兴村、柴冲村基础短板，打造“一村一品”。分类分级推进桐木村特色田园乡村·乡村振兴集成示范试点实施方案，编制实施项目27个，总投资5643.79万元。争取财政衔接资金300万元，用于4.67公顷山茶花育苗基地建设、6.67公顷中药材（金鸡菊、天人菊）种植、6公顷向日葵套种和2公顷玉米种植。争取东西部协作帮扶资金300万元，用于建设果蔬深加工厂房及设施设备采购和基础设施建设。混寨村以打造“玉屏黄桃”特色优势品牌为重点，依托贵州黔秀生态农业发展有限公司、玉屏凯瑞林果种植农民专业合作社、玉屏农歌水果种植农民专业合作社等市场主体，借助“黔货出山”“玉货出山”政策，完善果品市场营销体系，创建混寨村80公顷、柴冲村53.33公顷、街上村53.33公顷等精品黄桃示范基地6个，发展以黄桃为主，猕猴桃、黄金梨为辅的精品水果种植666.67公顷。在混寨村实施改造优质黄桃基地6.67公顷，建成高效优质的数字农业示范基地。实施乡村振兴项目带动脱贫人口就业200余人，利益联结覆盖四类人群72户、233人。（罗　婧）

田坪镇

【概况】田坪镇位于玉屏侗族自治县东北部，东与大龙街道、湖南省新晃侗族自治县鱼市镇相望，西与黔东南苗族侗族自治州岑巩县水尾镇毗邻，北与亚鱼乡相连。距县城35千米，辖21个行政村（居委会）、247个村民小组，9957户、33595人，辖区面积152.87平方千米。2022年，田坪镇实施高标准农田建设720公顷，播种水稻、玉米等粮食作物种植面积1593.33公顷，油茶种植面积33.33公顷、林下套种鹿茸菇2公顷，出栏肉猪57365头、肉牛2469头、肉羊2125只、家禽92654羽。有规模以上工业企业7家，工业生产总产值4亿元，固定资产投资2.8亿元，税收2000万元。

【党建工作】2022年，田坪镇加强基层组织建设，巩固提升党支部标准化规范化建设成果，在全镇2个市级示范点和5个县级示范点建立“蓝牌”“黄牌”“红牌”预警台账，新成立的君宜瑞丰汽贸有限公司党支部达标创建并通过县级验收。将意识形态工作与中心工作同安排、同部署，召开意识形态联席会议1次，研判意识形态领域形势2次。制定出台党风廉政建设及反腐败工作计划，安排部署党风廉政建设和反腐败工作。落实“两个责任”分级约谈，开展党风廉政建设“两个责任”分级约谈1次，约谈53人次。开展警示教育10次、廉政提醒谈话6次，主动约谈69人次。推进作风建设工作，开展常态化督促检查102次，通报13期、32人次。

【乡村振兴】2022年，田坪镇有“三类”监测户110户、422人，消除风险57户、239人，强化防返贫监测和精准帮扶。制订易地扶贫搬迁安置点网格化管理方案，采取“一中心一张网十联户”社区管理模式，实现安置区网格化、精细化管理。做好“微田园”“微工厂”后续工作，解决搬迁群众“餐桌”和家门口就业问题。借助“双联双促”“村社合一”契机，因地制宜发展玉露村稻蛙养殖，长岭村吊瓜、白果村蔬菜种植等一批村集体产业。田冲村（稻米）入选第十二批全国“一村一品”示范村镇。

【产业发展】2022年，田坪镇辖区内铜仁西南水泥有限公司、贵州粤鑫环保矿业有限公司正式投入运营。投资2000万元的坤宇矿业、投资2.3亿元的贵州创梦联钙业有限公司一期生产项目相继建成投产。投资1.5亿元的固体废弃物再生资源综合利用项目、物流园选址落户田冲村。五里桥村、白果村被评为“2022年贵州省森林村寨”，江口村获评省级乡村旅游重点村、市级乡村旅游村寨，申报星级乡村旅游经营户12家。天穆研学营接待学生2000余人，玉屏侗乡风情园网红水滑项目建成投入运营。

【社会民生】2022年，田坪镇发放低保资金527.27万元、临时救助22.6万元、特困供养金160.86万元、优抚对象“三难”（生活难、看病难、住房难）临时救助和关爱基金5万元。新增城镇就业250人，再就业50人，脱贫人口及监测对象省外务工2321人，省内务工2454人，就业安置率100%。落实“控辍保学”行动，田坪镇中心完小授牌为“八一”爱民学校，适龄儿童入学率100%。城乡居民基本医疗保险参保率97.02%，脱贫户、监测户参保率100%。开展“文明家庭”“最美庭院”等评比创建活动，创建“文明家庭”129户、“文明户”41户，获评“最美庭院”244户、“美丽宜居村庄”1个。在各村（社区）组建志愿服务队，开展志愿服务280余次。

投入抗旱农机具50台，清理沟渠3千米，浇灌面积200公顷。消防车运水1221.5吨，缓解群众生产生活用水困难。

【社会治安综合治理】 2022年，田坪镇抓好道路交通、食品药品、非煤矿山、农村自建房、消防等各领域安全。检查企业单位354家，查出并督促整改落实隐患227处。开展道路交通安全劝导1135次，拆除三轮车、摩托车等非法改装车辆173辆，实现重特大安全事故零发生。抓好矛盾纠纷化解、社会维稳、重大风险防范、打击各类违法犯罪等重点工作，受理解决群众反映的热点难点问题186件。

【生态环境】 2022年，田坪镇筑牢全域生态安全屏障，坚定践行“绿水青山就是金山银山”理念，推动人与自然和谐发展，推进农村“厕所革命”农村小型污水处理设施建设。落实森林保护“六个严禁”、林长制工作要求，常态化开展河湖清乱行动，加大巡河力度，严守生态保护红线。田坪镇获“贵州省园林小城镇”称号。

【特色田园乡村·乡村振兴集成示范试点工作】 2022年，田坪镇田冲村因势利导、因地制宜，创新党建引领、产业发展、环境提升、乡村治理，探索生产、生活、生态有机融合发展模式。全村有12个村民小组，485户、2241人，人均收入从2016年的9498元提高到2022年的15120元，村集体经济收入从0元增到121万元。采取“党支部+合作社+大户+群众”模式，由村党支部书记领办村集体合作社，鼓励创办农民专业合作社。田冲村有农民专业合作社、公司等经济组织45家。鼓励村民通过土地入股和资金入股的方式，参与村集体产业建设，实现抱团发展。全村发展油茶53.33公顷、枇杷80公顷、辣椒8.67公顷、葛根3.33公顷，建设水产养殖基地1.73公顷，带动100名群众实现村内务工增收，实现村集体经济收入121万元。采取“党支部+合作社+企业+群众”模式，整合民心党建基金及扶贫资金100万元入股贵州振兴米业有限公司，每年固定分红10%，涉及21户建档立卡贫困户、67人受益，实现收入10万元。投资玉屏县海源木业厂，固定年收入1万元，实现5人务工收入2500元以上，全村实现村企合作收入11万元。统筹各类资金2000余万元完善村内路、水、电、通信、广场、停车场等基础设施和建立农村垃圾、污水治理系统。（岳　云）

新店镇

【概况】 新店镇位于玉屏侗族自治县西南部，东邻皂角坪街道，西南接岑巩县㵲水街道、镇远县羊坪镇和湖南省新晃侗族自治县凉伞镇，北与黔东南苗族侗族自治州岑巩县大有乡相连，株六复线、国道320线、玉三高速公路、㵲水河、龙江河穿境而过，是“脚跨三县，肩挑两城”之地，交通区位优势明显。辖区面积57.96平方千米，林地面积3634.7公顷，耕地面积768.85公顷，其中田415.03公顷，土353.82公顷。辖9个行政村、66个村民小组，有户籍人口3852户、13147人，常住人口12337人。辖区内有汉族、侗族、苗族等民族，侗族占96%。

【党建工作】 2022年，新店镇党委将基层党建工作完成情况纳入镇级工作清单日常监测11次，召开会议专题研究党建工作2次、调度党建工作30余次。开展党的二十大精神和中国共产党贵州省第十三次代表大会精神宣讲100余场次。创新开展“新店镇新时代文明实践小课堂”视频课程，推出“新店镇新时代文明实践小课堂”视频4期。运用镇党委党校、新时代文明实践所“周四大讲堂”，开展教育培训14期。开展镇党委理论学习中心组理论学习18次，集中研讨4次。开展党史学习教育宣讲60余次，完成“我为群众办实事”实践活动100余次。

【乡村振兴】 2022年，新店镇召开镇党委会议、镇乡村振兴领导小组会议24次，研究巩固拓展脱贫攻坚成果同乡村振兴有效衔接相关工作。推进脱贫人口就业，务工717人，公益性岗位就业41人。组织召开防贫预警监测研判会12次，研判预警线索409条，新增纳入防贫预警监测对象6户、24人。受理27户建房申请，审批24户。改造农村户厕159户，开展“三清一改”行动40余次，完成老寨村7条沟渠清理和古楼步道维修工作。改造宜居农房26户，农户签订宜居农房改造协议69户。完成农村“厕所革命”问题整改提升96户，新（改）建整村推进洞坪村、老寨村及其他村部分村民组提级改造63户。整治“乱搭乱建”14处、乱堆乱放21起，设置“红黑榜”66块，所有村民小组全覆盖。创建县级“最美庭院”155户，省级“绿色生态家庭”1户。利用积分“小超市”带动乡村“大文明”，兑换6000余分。开展“文明家庭”“身边好人”“最美家庭”“最美庭院”等评先创优活动，获评省级“好妈妈”1人、省级“最美绿色生态家庭”1户、市级2022年第四季度“好人榜”1人、市级“好妈妈”1人、市级“平安家庭示范户”2户、市级“最美绿色生态家庭”2户、市级“三八红旗集体”1个。

【社会民生】 2022年，新店镇完成农村低保202户、483人，城镇低保52户、135人，特困供养人员73户、78人低保提标核查及动态调整工作。有脱贫人口544户、1846人，脱贫人口年人均收入1.68万元。城乡居民基本医疗保险参保率98%，其中建档立卡贫困户参保率100%。养老保险参保1560人，特殊人群398人，参保率45.88%。医疗救助20人，发放救助金5.75万元。临时救助42人，发放救助金93.48万元。高龄人员304人，发放高龄补贴18.22万元。享受重度残疾人护理补贴132人，发放护理补贴10.56万元。发放5人事实无人抚养儿童救助金6.9万元、77户153人季节性缺粮12840千克。城镇新增就业160人，其中新增城镇公益性岗位就业4人，新增乡村公益性岗位就业19人，公益性岗位就业115人。16—59岁劳动力人口5509人，其中脱贫劳动力人口930人，省外务工307人，省内县外务工107人，县内务工405人，在家务农111人，参加就业培训86人。

【社会治安综合治理】 2022年，新店镇化解矛盾纠纷28起，接待群众来信来访42起，信访件5起，重复信访件1起。推进禁毒“大扫除”专项行动、“平安关爱”行动、社区戒毒社区康复人员服务、无毒安置点创建活动以及禁种铲毒工作。常态化开展扫黑除恶工作，学习扫黑除恶斗争会议精神9次，制作扫黑除恶举报箱10个并定期开箱，向辖区厂矿企业发放征集线索宣传资料140余份。举办各类普法活动22场次、上法治课5场，受教育2500余人次。开党委会议、党政联席会议、安全生产专题会议、干部职工会议80余次。开展安全隐患检查排查526次，发现安全隐患139个，完成整治136个，限期整治3个。开展道路交通专项整治，PDA处罚780起，电动摩托车专项整治，处罚739起。开展应急演练7处，播放地质灾害宣传片3场，观看150余人次，发放地质灾害宣传材料400余份。

【生态环境】 2022年，新店镇强化生态环境保护“网格化”监管和闭环管理，到辖区畜禽养殖场、木材厂、商品混凝土企业等开展生态环保及安全生产排查17次，检查企业111家，发现生态环保问题10个，并进行整改。组织各村村干部、护林员开展森林防火宣传排查90余次。落实“河长制”常态化巡河制度及“林长制”护林职责。开展企业环保管理工作，对辖区2家小水电站、38家各类企业、10家餐馆、1所卫生院、8所学校走访排查。加强对辖区硬化道路的卫生、渣土运输过程中的扬尘污染、秸秆焚烧污染的防治。开展文明祭祀、减少烟花爆竹燃放宣传，引导群众减少传统节日祭祀品焚烧、烟花爆竹燃放。

【特色田园乡村·乡村振兴集成示范点建设】 2022年，新店镇开展特色田园乡村·乡村振兴集

7月8日，市级特色田园乡村·乡村振兴集成示范点——新店镇老寨村村民在鼓楼里休闲（欧秀灯 摄）

成示范点建设，谋划特色田园乡村建设项目39个，其中基础设施和公共服务项目规划建设16个，总投资4553.5万元，完成投资3487万元，完成工程量的76.58%。推进洞坪村农业综合开发长江绿色生态廊道项目，引进贵州黔山舞水农业发展有限公司和贵州大龙合德生态农业有限公司发展莲藕、生姜、蔬菜种植。与外县种植户合作在洞坪坝区建设3.33公顷精品葡萄采摘园，培育辖区水果种植、蔬菜种植经营主体3个。洞坪村“龙江河畔农庄”建设完成全屋改造，投入使用。扩大洞坪蛋鸡养殖场养殖规模，利用原闲置猪场翻修建设成为蛋鸡养殖场，完成新采购设备安装，实现村集体年增收8万元。打造洞坪村下寨组文化广场，建成90平方米文化舞台1座、20米生态长廊。推进老寨示范村建设，引进县内经营主体，在老寨村坝区种植鹿茸菇8公顷。推进农耕地小道建设，开展路面硬化铺油工作，完成工程总进度的95%。推进自来水厂项目建设，厂房、管理房及配套基础设施建设完工。推进老寨村特色农副产品加工坊建设，完成土地平整、厂房改造、外墙粉刷、室内硬化、地板及水电安装工作，完成工程总进度的95%。完成老寨鼓楼广场篮球场平整铺油。（廖晓梅）

亚鱼乡

【概况】 亚鱼乡位于玉屏侗族自治县东北角，距县城42千米，西北毗邻万山区鱼塘乡、茶店镇，东北与万山区高楼坪乡相连，南与田坪镇相邻。辖区面积33.37平方千米，下辖4个行政村、58个村民小组，3002户、9433人。2022年，粮食播种面积744.42公顷、食用菌种植600万棒、水果种植面积（含西甜瓜）218.13公顷、蔬菜种植20.73公顷。

【党建工作】 2022年，亚鱼乡党委强化农村党员队伍建设，吸收入党积极分子19名，发展入党发展对象10名，发展预备党员5名，转正党员5名。完成4个村党支部标准化规范化建设，加强村干部队伍管理，整合各村党员群众政务服务中心、便民服务中心2个服务阵地，推进以贡米、黄桃、生猪与肉牛养殖、油茶种植为主导产业的村集体经济发展格局。统筹推进扶持壮大村集体经济项目建设，推行“党组织+合作社+公司+农户”的发展模式。4个行政村集体经济收入累计达20万元3个，50万元以上1个。瓮袍村获评市级、县级党支部标准化规范化建设示范点。

【乡村振兴】 2022年，亚鱼乡制定打造新时代乡村振兴样板乡战略，成立巩固脱贫攻坚成果、产业发展、人居环境整治、乡风文明、乡村治理5个工作组，推进全乡乡村振兴战略实施。通过成立产业工作专班，组建农业专家队伍，以示范基地为抓手，增大产业设备投资及提质改造，探索“农户入股、村级参与、企业主打、政府搭台”的四级联动模式，升级原有联动模式创新打造“农户出资入股+合作社参与收购+公司包装销售+政府牵线搭桥”的链接机制，推动精品水果、贡米等种植产业发展，壮大生猪、肉牛等养殖产业。全乡有肉牛养殖户16户，可饲养肉牛1000头，完成油茶“四旁”种植33.07公顷。创新环境整治乡村组户“周二四级联动”模式，推进“五清三建一改”农村人居环境整治行动。以村文明实践站为平台，以“村村响”广播、宣传单、微信群等为载体，围绕政策宣传、劳动技能培训、文艺表演、家庭教育指导服务、爱心助学活动、人居环境卫生整治、移风易俗等内容开展志愿服务活动。

【社会民生】 2022年，亚鱼乡有农村低保户172户、409人、发放低保资金138.1万元。城镇低保3户、3人，发放低保资金2.72万元。将符合特困供养人员条件的42户、42人纳入特困供养范围，集中供养在县养老院7户、7人，分散供养35户、35人，其中半失能3户、3人，全失能2户、2人，发放资金34.57万元。发放困难群众救助资金27户、0.74万元，发放一、二级残疾人护理补贴396人、8.74万元。有高龄人员220人，其中80—89岁193人，90岁以上27人，发放高龄补贴10.8万元。

【社会治安综合治理】 2022年，亚鱼乡党委会专题研究解决“一中心一张网十联户”工作经费和重大事项10余次、专项督导40次，负责领导调研100余次，乡级统筹调度200余次，解决问题200余件。建成乡级平安办公室1个、乡社会治安综合治理中心1个，村级社会治安综合治理中心4个。统筹推进村党建、社会治理、应急管理、民生服务4类、22项全要素“一张网”管理，划分网格60个，配备网格员60名、“联户长”157人、组建网格党小组32个，建立专职治安巡防队伍1支、义务巡逻队4支，开展各项检查100余次，成功调解各类矛盾纠纷55件、信访案件11件。开展禁毒“大扫除”专项行动，发放宣传资料6000余份，接待群众咨询1700余人次。开展扫黑除恶斗争工作，召开村民代表大会4场次，宣传覆盖人群1000余人次。

【生态环境】 2022年，亚鱼乡持续推进人居环境整治大提升，探索创新将新时代文明实践所（站）与乡风文明积分兑换超市相结合，组织党员先锋、生态环保、青年突击等志愿服务队开展农村人居环境整村推进“百人大会战”行动，重点整治国道242线、进村主干道、村庄沿线、房前屋后零星垃圾、脏乱沟渠、临搭围挡等“六乱”现象。开展环境卫生大整治行动50余次，清理生活垃圾、小广告、卫生死角192次，清理沟渠7.3千米，清运生活垃圾2415车。组织开展“最美庭院”评选活动3次，乡级评比验收100户。加大对畜禽养殖小区规范化管理、重点水源管控、大气污染环境综合治理、生态护林员的管控及督查力度，升级改造饮用水水源点，排查整改畜禽养殖问题4起。

【特色田园乡村·乡村振兴集成示范试点建设】 2022年，亚鱼乡探索形成宜居农房建设“3322”模式，产业发展“4321”模式，乡风文明“12345”改革经验，推进郭家湾村省级示范试点建设。改造宜居农房172户，完成第一阶段全部任务，投入资金500余万元，其中自筹资金14.8万元。围绕贡米产业发展，投入资金880万元，扩建贵州谷州农业有限公司厂区和升级设备，发展贡米产业102.47公顷、油菜100公顷，村级集体经济收入增加100万元以上，户均增收0.3万元。郭家湾村规划建设项目12个，开工项目12个，完工项目11个，建设项目计划总投资10244万元，其中财政投资3535万元，社会投资1080万元，金融投资4789万元，农户投资（农户出资、投劳折资、投材料折资）840万元。完成投资9544万元，其中财政投资3535万元，社会投资1080万元，金融投资4089万元，农户投资840万元。

（代文爽　舒三洪）

人物　荣誉

中国箫笛之乡 · 中国油茶之乡 · 侗族文化艺术之乡 · 中国黄桃之乡

获省部级表彰个人简介

杨先进 男，侗族，中共党员，1984年8月出生，2008年7月参加工作，现任县委办公室副主任、县委政法委副书记、县信访局局长。2018年11月任县信访局局长以后，累计协调解决各类信访事项900余件。2020年，国家信访局授予玉屏侗族自治县信访工作“三无”县称号。2022年5月，国家信访局授予杨先进“全国信访系统优秀信访局长”称号。

张著蓉 女，土家族，1972年7月出生，1994年毕业于铜仁高等师范专科学校数学专业，同年7月分配至田坪中学任教，2002年调至县民政局工作，2017年任玉屏侗族自治县社会救助局（县农村居民最低生活保障局）局长，现任玉屏侗族自治县社会工作服务中心主任。2022年11月30日，张著蓉被民政部表彰为“全国社会救助工作先进个人”。

先进集体

2022年玉屏侗族自治县获省（部、委）表彰集体一览表

表20

获奖单位	荣誉称号	授奖单位	授奖时间
玉屏侗族自治县	2021年全国村庄清洁行动先进县	农业农村部、国家乡村振兴局	2022年1月26日
玉屏侗族自治县人民检察院	2016-2020年全国依法治理创建活动先进单位	中共中央宣传部、司法部、全国普及法律常识办公室	2022年1月
玉屏侗族自治县公安局拘留所	全国优秀公安基层单位	公安部	2022年5月25日
玉屏侗族自治县第二小学	全国青少年校园足球特色学校	教育部	2022年3月25日
玉屏侗族自治县农业农村局	《㵲阳河特有鱼类国家级水产资源保护区水生生物资源系统养护与综合修复》获2021年长江水生生物保护修复优秀案例	农业农村部长江流域渔政监督管理办公室	2022年1月7日
中共玉屏侗族自治县委办公室	全国第二批节约型机关	国家机关事务管理局、中共中央直属机关事务管理局、国家发展和改革委员会、财政部	2022年10月25日
共青团玉屏侗族自治县委员会	全国第二批节约型机关	国家机关事务管理局、中共中央直属机关事务管理局、国家发展和改革委员会、财政部	2022年10月25日

续表20

获奖单位	荣誉称号	授奖单位	授奖时间
玉屏侗族自治县政务服务中心	全国第二批节约型机关	国家机关事务管理局、中共中央直属机关事务管理局、国家发展和改革委员会、财政部	2022年10月25日
田坪镇公路养护站户外劳动者综合服务站	2022年全国“最美工会户外劳动者服务站点”	中华全国总工会办公厅	2022年12月12日
玉屏侗族自治县妇女联合会	第十三届全国家庭工作先进集体	全国妇联	2022年5月15日
玉屏侗族自治县信访局	贵州省信访工作先进集体	中共贵州省委员会、贵州省人民政府	2022年7月11日

2022年玉屏侗族自治县获市（厅）级表彰集体一览表

表21

获奖单位	荣誉称号	授奖单位	授奖时间
玉屏侗族自治县	传统工艺高质量传承发展重点县试点	贵州省文化和旅游厅	2022年10月19日
玉屏侗族自治县	贵州省体育旅游示范县	贵州省体育局	2022年12月8日
玉屏侗族自治县	2022年度全省铁路护路联防工作年度考核“一等奖”	贵州省铁路护路联防小组办公室	2022年12月20日
中共玉屏侗族自治县委员会	党的二十大维稳安保工作先进集体	中共贵州省委办公厅、贵州省人民政府办公厅	2022年12月30日
玉屏侗族自治县信访局	党的二十大维稳安保工作先进集体	中共贵州省委办公厅、贵州省人民政府办公厅	2022年12月30日
玉屏侗族自治县农业农村局	开展农村“厕所革命”成效明显	贵州省人民政府办公厅	2022年8月23日
玉屏侗族自治县退役军人事务局	退役军人工作成效明显	贵州省人民政府办公厅	2022年8月26日
玉屏侗族自治县田坪镇	2022年度贵州省民族团结进步示范区	贵州省委宣传部、贵州省委统战部、贵州省民族宗教事务委员会	2022年11月24日
玉屏侗族自治县公安局禁毒大队	成绩突出集体	贵州省公安厅、贵州省总工会	2022年4月20日
玉屏侗族自治县公安局皂角坪派出所	集体三等功	贵州省公安厅	2022年9月
玉屏侗族自治县公安局警务保障室	后勤服务改革示范单位	贵州省公安厅	2022年10月15日
玉屏侗族自治县人民检察院	2022年度全省检察机关微电影微视频微动漫作品展播微动漫作品“优秀”奖	贵州省人民检察院	2022年9月
玉屏侗族自治县第一中学	全省学校国防教育和学生军训工作先进单位	贵州省教育厅	2022年5月31日
玉屏侗族自治县实验幼儿园	省级示范幼儿园（一类）	贵州省教育厅	2022年8月1日
玉屏侗族自治县平溪中心完小	贵州省大中小学劳动教育示范学校	贵州省教育厅	2022年8月19日
玉屏侗族自治县供销合作社联合社	全省供销合作社系统先进集体	贵州省人力资源和社会保障厅、贵州省供销合作社联合社	2022年2月
玉屏侗族自治县信访局	2017—2020年度平安贵州建设先进集体	中共贵州省委平安建设领导小组办公室、贵州省人力资源和社会保障厅	2022年5月20日

续表 21

获奖单位	荣誉称号	授奖单位	授奖时间
玉屏侗族自治县融媒体中心	贵州广播电视奖（2021年度）电视消息类三等奖	贵州省广播电视局、贵州省广播电视协会	2022年8月5日
玉屏侗族自治县气象局	《暴雨致灾的类型》获2022年贵州省首届“名家讲科普”全国气象科普短视频征集活动“优秀”奖（推荐到中国气象局气象宣传与科普中心展播）	贵州省气象局	2022年8月11日
贵州省玉屏公路管理段党支部	2021年度省公路局系统标准化规范化建设示范党支部	贵州省公路局党委	2022年3月21日
玉屏侗族自治县政务服务中心	贵州省“一窗办”“2+2”改革试点	贵州省推进政府职能转变和“放管服”改革协调小组办公室	2022年1月
玉屏侗族自治县政务服务中心	全省党支部标准化规范化建设示范点	中共贵州省委党的建设工作领导小组	2022年7月
玉屏侗族自治县打击整治养老诈骗专项行动办公室	贵州省养老诈骗专项行动先进集体	中共贵州省委平安贵州建设领导小组	2022年10月14日
玉屏侗族自治县市场监督管理局	2022年贵州省知识产权保护先进集体	贵州省政府知识产权办公会议办公室	2022年10月26日
玉屏侗族自治县退役军人事务局	党的二十大期间全省退役军人事务领域信访安全稳定工作突出贡献单位	中共贵州省委退役军人事务工作领导小组办公室	2022年11月23日
玉屏侗族自治县林业局	贵州省2021年森林保护“六个严禁”执法专项行动表现突出集体	贵州省森林保护“六个严禁”执法专项行动联席会议办公室	2022年11月30日
玉屏侗族自治县政务服务中心	2021年度贵州省政务服务“十佳政务服务宣传作品”	贵州省公共管理学会	2022年1月
玉屏侗族自治县气象局	《暴雨和地灾》获2022年贵州省地质灾害防治科普作品征集大赛文学作品类二等奖	贵州省地质灾害防治指挥部办公室	2022年5月12日
贵州省贵福菌业发展有限公司	“蘑菇家”品牌获2022首届贵州农业龙头企业品牌展示推介大会龙头企业·龙头品牌	贵州省农业产业化龙头企业协会、贵州省兴黔生态农业研究院	2022年3月25日
贵州振兴米业有限公司	“侗米坊”品牌获2022首届贵州农业龙头企业品牌展示推介大会龙头企业·龙头品牌	贵州省农业产业化龙头企业协会、贵州省兴黔生态农业研究院	2022年3月25日
贵州兴顺农业发展有限公司	“侗泉香米”品牌获2022首届贵州农业龙头企业品牌展示推介大会龙头企业·龙头品牌	贵州省农业产业化龙头企业协会、贵州省兴黔生态农业研究院	2022年3月25日
玉屏供电局	贵州电网公司2021年度优秀乡村振兴帮扶单位	贵州电网有限责任公司	2022年3月3日
玉屏供电局配电中心配电一班	贵州电网公司四星班站所	贵州电网有限责任公司	2022年3月15日
玉屏供电局	贵州电网公司2021年度电力可靠性管理先进集体	贵州电网有限责任公司	2022年4月25日
玉屏供电局新店供电所	贵州电网公司2021年工人先锋号	贵州电网有限责任公司	2022年5月7日
玉屏侗族自治县卫生健康综合行政执法大队	2022年铜仁市卫生健康先进集体	中共铜仁市委员会、铜仁市人民政府	2022年8月13日
大龙街道社区卫生服务中心	2022年铜仁市卫生健康先进集体	中共铜仁市委员会、铜仁市人民政府	2022年8月13日
朱家场镇中心卫生院	2022年铜仁市卫生健康先进集体	中共铜仁市委员会、铜仁市人民政府	2022年8月13日

续表 21

获奖单位	荣誉称号	授奖单位	授奖时间
亚鱼乡卫生院	2022年铜仁市卫生健康先进集体	中共铜仁市委员会、铜仁市人民政府	2022年8月13日
玉屏民族中学	2022年铜仁市教育工作先进集体	中共铜仁市委员会、铜仁市人民政府	2022年9月8日
玉屏侗族自治县皂角坪中心完小	2022年铜仁市教育工作先进集体	中共铜仁市委员会、铜仁市人民政府	2022年9月8日
玉屏侗族自治县实验幼儿园	2022年铜仁市教育工作先进集体	中共铜仁市委员会、铜仁市人民政府	2022年9月8日
皂角坪街道	涉农乡（镇、街道）“优秀”等次	铜仁市人民政府	2022年1月10日
朱家场镇武装部	2021年铜仁市征兵工作先进单位	铜仁市人民政府	2022年1月19日
中国人民银行玉屏侗族自治县支行	贵州省中国人民银行系统2021年度优秀志愿服务集体	中国人民银行贵阳市中心支行	2022年3月
中国人民银行玉屏侗族自治县支行	2018—2020年度中国人民银行贵阳中心支行级文明单位	中国人民银行贵阳市中心支行	2022年6月
中国工商银行股份有限公司玉屏大龙支行	工银成就集体奖（网点竞争力提升）	中国工商银行贵州省分行	2022年8月22日
贵州玉屏农村商业银行股份有限公司党支部	贵州省农村信用社系统企业标准化规范化建设示范党支部	贵州省农村信用社联合社党委	2022年5月

2022年玉屏侗族自治县获县（处）级部门表彰集体一览表

表 22

获奖单位	荣誉称号	授奖单位	授奖时间
玉屏侗族自治县公安交通管理局	成绩突出集体	铜仁市公安局	2022年10月13日
玉屏侗族自治县人民检察院	铜仁首届检察官、律师辩论赛团体二等奖	铜仁市人民检察院	2022年6月
玉屏侗族自治县人民检察院	全市检察理论研究年会“组织奖”	铜仁市人民检察院	2022年12月
新店镇老寨村妇女联合会	2020—2021年度铜仁市三八红旗集体	铜仁市妇女联合会、铜仁市人力资源和社会保障局	2022年3月1日
玉屏侗族自治县中医院肛肠科	2020—2021年度铜仁市三八红旗集体	铜仁市妇女联合会、铜仁市人力资源和社会保障局	2022年3月1日
玉屏侗族自治县平溪中心幼儿园	2020—2021年度铜仁市三八红旗集体	铜仁市妇女联合会、铜仁市人力资源和社会保障局	2022年3月1日
平溪街道康华社区	2022年度市级充分就业社区	铜仁市人力资源和社会保障局	2022年12月
贵州省贵福菌业发展有限公司	“蘑菇家”鹿茸菇获评2022年铜仁市“梵净山珍·健康养生”绿色农产品品牌	铜仁市农业农村局、铜仁市农业产业化联席会议办公室	2022年6月
玉屏侗族自治县金色侗乡大酒店	三星级旅游饭店	铜仁市旅游星级饭店评定委员会	2022年1月10日
玉屏侗族自治县文化馆	“奋进新征程　舞动新时代　强国复兴有我”2022年铜仁市广场舞大赛一等奖	铜仁市文体广电旅游局	2022年12月
皂角坪街道	铜仁市生态文明建设示范乡（镇、街道）	铜仁市生态环境局	2022年6月30日

续表 22

获奖单位	荣誉称号	授奖单位	授奖时间
皂角坪街道茅坪村	铜仁市生态文明建设示范村	铜仁市生态环境局	2022年6月30日
玉屏侗族自治县农村商业银行平溪支行	2022年铜仁市工人先锋号	铜仁市总工会	2022年4月29日
玉屏侗族自治县文旅农投资有限责任公司黔玉油茶生产部	2022年铜仁市工人先锋号	铜仁市总工会	2022年4月29日
玉屏侗族自治县疾病预防控制中心慢病科	2022年铜仁市五一巾帼标兵岗	铜仁市总工会	2022年4月29日
玉屏侗族自治县农业农村局	2022年铜仁市五一劳动奖状	铜仁市总工会	2022年4月29日
中国人民银行玉屏侗族自治县支行	2021年度铜仁市级五四红旗团支部	共青团铜仁市委	2022年5月
新店镇	铜仁市无毒乡镇	铜仁市禁毒委员会	2022年2月28日
皂角坪街道	铜仁市无毒乡镇	铜仁市禁毒委员会	2022年2月28日
玉屏侗族自治县农村公路养护中心	全市农村公路达标奖	铜仁市公路处	2022年3月2日
玉屏侗族自治县烟草专卖局	2021年度安全生产工作优秀单位	铜仁市烟草专卖局	2022年3月
玉屏侗族自治县文旅农投资有限责任公司党支部	全市党支部标准化规范化建设示范点	中共铜仁市委党的建设工作领导小组	2022年5月12日
玉屏侗族自治县烟草专卖局党支部	全市党支部标准化规范化建设示范点	中共铜仁市委党的建设工作领导小组	2022年5月12日
玉屏侗族自治县税务局第三党支部	全市党支部标准化规范化建设示范点	中共铜仁市委党的建设工作领导小组	2022年5月12日
大龙街道街上社区居委会党支部	全市党支部标准化规范化建设示范点	中共铜仁市委党的建设工作领导小组	2022年5月12日
玉屏侗族自治县皂角坪中心完小党支部	全市党支部标准化规范化建设示范点	中共铜仁市委党的建设工作领导小组	2022年5月12日
亚鱼乡瓮袍村党支部	全市党支部标准化规范化建设示范点	中共铜仁市委党的建设工作领导小组	2022年5月12日
鲁若晶工作室	鲁若晶名家工作室	中共铜仁市委人才工作领导小组	2022年6月
贵州省贵福菌业发展有限公司（铜仁市贵福食用菌研发基地）	铜仁市人才基地	中共铜仁市委人才工作领导小组	2022年6月
玉屏侗族自治县城乡开发投资有限责任公司党支部	2021年度铜仁市国有企业样板党支部	中共铜仁市委国有企业工作委员会	2022年1月
贵州省贵福菌业有限公司	2022年度铜仁市大数据“十佳应用场景”	铜仁市大数据发展领导小组	2022年5月
皂角坪街道	县（区）政法委员会书记包乡（镇、街道）整体推进“一中心一张网十联户”落地见效验收评为“优秀”等次	中共铜仁市委平安建设领导小组办公室	2022年7月5日

续表 22

获奖单位	荣誉称号	授奖单位	授奖时间
贵州省广播电视信息网络股份有限公司玉屏县分公司党支部	服务型党组织	中共贵州省广播电视信息网络股份有限公司铜仁市分公司委员会	2022年7月
中共国家税务总局玉屏侗族自治县税务局第一支部委员会	先进基层党组织	中共国家税务总局铜仁市税务局委员会	2022年7月
玉屏供电局新店供电所	铜仁供电局2021年度标杆供电所	铜仁供电局	2022年1月25日
玉屏供电局城区供电所	铜仁供电局2021年度标杆供电所	铜仁供电局	2022年1月25日
玉屏供电局大龙供电所	铜仁供电局2021年度市场营销先进集体	铜仁供电局	2022年2月17日
玉屏供电局	铜仁供电局2021年度人力资源管理先进集体	铜仁供电局	2022年5月5日
玉屏供电局	铜仁供电局2021年度计划建设先进集体	铜仁供电局	2022年5月7日
贵州省贵福菌业有限公司	2022年度铜仁市大数据“十佳应用场景”	铜仁市大数据发展领导小组	2022年5月
贵州省广播电视信息网络股份有限公司玉屏县分公司党支部	服务型党组织	中共贵州省广播电视信息网络股份有限公司铜仁市分公司委员会	2022年7月
中共国家税务总局玉屏侗族自治县税务局第一支部委员会	先进基层党组织	中共国家税务总局铜仁市税务局委员会	2022年7月

先进个人

2022年玉屏侗族自治县获省（部、委）表彰人员一览表

表 23

姓名	工作单位	荣誉称号	授奖单位	授奖时间
杨先进	玉屏侗族自治县信访局	全国信访系统优秀信访局长	国家信访局	2022年5月20日
张著蓉	玉屏侗族自治县民政局	全国社会救助工作先进个人	民政部	2022年11月30日
曹湘威	玉屏侗族自治县黔东民族寄宿制中学	2022年度全国优秀少先队员	共青团中央、教育部、全国少先队工作委员会	2022年12月30日
吴秋燕	玉屏供电局	2020—2021年度南方电网公司先进个人（办公系统档案类）	中国南方电网有限责任公司	2022年4月11日
欧道堂	玉屏侗族自治县人民医院	新时代最可爱的人	中共上海市委员、上海市人民政府	2022年5月

2022年玉屏侗族自治县获市（厅）级表彰人员一览表

表 24

姓名	工作单位	荣誉称号	授奖单位	授奖时间
毛权民	中共玉屏侗族自治县委政法委	党的二十大维稳安保工作先进个人	中共贵州省委办公厅、贵州省人民政府办公室	2022年12月31日
韩建利	中共玉屏侗族自治县委办公室	第二届贵州省“最美劳动者”	贵州省总工会、中共贵州省委宣传部、贵州省人力资源和社会保障厅、共青团贵州省委员会、贵州省妇女联合会	2022年11月27日
姚长江	玉屏侗族自治县委巡察工作领导小组办公室	第二届贵州省“最美劳动者”	贵州省总工会、中共贵州省委宣传部、贵州省人力资源和社会保障厅、共青团贵州省委员会、贵州省妇女联合会	2022年11月27日
杨燕妮	中共玉屏侗族自治县委机构编制委员会办公室	第二届贵州省“最美劳动者”	贵州省总工会、中共贵州省委宣传部、贵州省人力资源和社会保障厅、共青团贵州省委员会、贵州省妇女联合会	2022年11月27日
陈玉珍	玉屏侗族自治县退役军人事务局	第二届贵州省“最美劳动者”	贵州省总工会、中共贵州省委宣传部、贵州省人力资源和社会保障厅、共青团贵州省委员会、贵州省妇女联合会	2022年11月27日
黄仕灯	玉屏侗族自治县消防救援大队冲龙路消防救援站	第二届贵州省“最美劳动者”	贵州省总工会、中共贵州省委宣传部、贵州省人力资源和社会保障厅、共青团贵州省委员会、贵州省妇女联合会	2022年11月27日
吴　琼	中共玉屏侗族自治县委宣传部	第二届贵州省“最美劳动者”	贵州省总工会、中共贵州省委宣传部、贵州省人力资源和社会保障厅、共青团贵州省委员会、贵州省妇女联合会	2022年11月27日
陈　吉	中共玉屏侗族自治县委统战部	第二届贵州省“最美劳动者”	贵州省总工会、中共贵州省委宣传部、贵州省人力资源和社会保障厅、共青团贵州省委员会、贵州省妇女联合会	2022年11月27日
吴玲玲	玉屏侗族自治县黔东民族寄宿制中学	第二届贵州省“最美劳动者”	贵州省总工会、中共贵州省委宣传部、贵州省人力资源和社会保障厅、共青团贵州省委员会、贵州省妇女联合会	2022年11月27日
唐　霞	玉屏侗族自治县第二幼儿园	第二届贵州省“最美劳动者”	贵州省总工会、中共贵州省委宣传部、贵州省人力资源和社会保障厅、共青团贵州省委员会、贵州省妇女联合会	2022年11月27日
严守林	玉屏侗族自治县皂角坪中心完小	第二届贵州省“最美劳动者”	贵州省总工会、中共贵州省委宣传部、贵州省人力资源和社会保障厅、共青团贵州省委员会、贵州省妇女联合会	2022年11月27日
张　波	玉屏侗族自治县第一中学	第二届贵州省“最美劳动者”	贵州省总工会、中共贵州省委宣传部、贵州省人力资源和社会保障厅、共青团贵州省委员会、贵州省妇女联合会	2022年11月27日
曹振华	玉屏侗族自治县税务局第二税务分局	第二届贵州省“最美劳动者”	贵州省总工会、中共贵州省委宣传部、贵州省人力资源和社会保障厅、共青团贵州省委员会、贵州省妇女联合会	2022年11月27日
杨春英	中共玉屏侗族自治县委政法委	第二届贵州省“最美劳动者”	贵州省总工会、中共贵州省委宣传部、贵州省人力资源和社会保障厅、共青团贵州省委员会、贵州省妇女联合会	2022年11月27日
洪　伟	玉屏侗族自治县人民法院	第二届贵州省“最美劳动者”	贵州省总工会、中共贵州省委宣传部、贵州省人力资源和社会保障厅、共青团贵州省委员会、贵州省妇女联合会	2022年11月27日
杨　刚	玉屏侗族自治县人民检察院	第二届贵州省“最美劳动者”	贵州省总工会、中共贵州省委宣传部、贵州省人力资源和社会保障厅、共青团贵州省委员会、贵州省妇女联合会	2022年11月27日
龙　涛	玉屏侗族自治县公安局	第二届贵州省“最美劳动者”	贵州省总工会、中共贵州省委宣传部、贵州省人力资源和社会保障厅、共青团贵州省委员会、贵州省妇女联合会	2022年11月27日

续表 24

姓名	工作单位	荣誉称号	授奖单位	授奖时间
李　陶	玉屏侗族自治县公安交通管理局	第二届贵州省“最美劳动者”	贵州省总工会、中共贵州省委宣传部、贵州省人力资源和社会保障厅、共青团贵州省委员会、贵州省妇女联合会	2022年11月27日
郑永立	玉屏侗族自治县信访局群众工作中心	第二届贵州省“最美劳动者”	贵州省总工会、中共贵州省委宣传部、贵州省人力资源和社会保障厅、共青团贵州省委员会、贵州省妇女联合会	2022年11月27日
王江芹	玉屏侗族自治县司法局	第二届贵州省“最美劳动者”	贵州省总工会、中共贵州省委宣传部、贵州省人力资源和社会保障厅、共青团贵州省委员会、贵州省妇女联合会	2022年11月27日
姚　君	玉屏侗族自治县水务局	第二届贵州省“最美劳动者”	贵州省总工会、中共贵州省委宣传部、贵州省人力资源和社会保障厅、共青团贵州省委员会、贵州省妇女联合会	2022年11月27日
邓越敏	玉屏温氏畜牧有限公司	第二届贵州省“最美劳动者”	贵州省总工会、中共贵州省委宣传部、贵州省人力资源和社会保障厅、共青团贵州省委员会、贵州省妇女联合会	2022年11月27日
张新平	玉屏农歌农民水果种植专业合作社	第二届贵州省“最美劳动者”	贵州省总工会、中共贵州省委宣传部、贵州省人力资源和社会保障厅、共青团贵州省委员会、贵州省妇女联合会	2022年11月27日
杨　凯	贵州黔玉油茶开发有限公司	第二届贵州省“最美劳动者”	贵州省总工会、中共贵州省委宣传部、贵州省人力资源和社会保障厅、共青团贵州省委员会、贵州省妇女联合会	2022年11月27日
李　威	贵州省贵福菌业发展有限公司	第二届贵州省“最美劳动者”	贵州省总工会、中共贵州省委宣传部、贵州省人力资源和社会保障厅、共青团贵州省委员会、贵州省妇女联合会	2022年11月27日
姚析洪	玉屏荣群公共汽车运输有限公司	第二届贵州省“最美劳动者”	贵州省总工会、中共贵州省委宣传部、贵州省人力资源和社会保障厅、共青团贵州省委员会、贵州省妇女联合会	2022年11月27日
孙林勇	玉屏侗族自治县住房和城乡建设局城市管理综合行政执法大队	第二届贵州省“最美劳动者”	贵州省总工会、中共贵州省委宣传部、贵州省人力资源和社会保障厅、共青团贵州省委员会、贵州省妇女联合会	2022年11月27日
李复凤	玉屏县昆仑环境事业发展有限公司	第二届贵州省“最美劳动者”	贵州省总工会、中共贵州省委宣传部、贵州省人力资源和社会保障厅、共青团贵州省委员会、贵州省妇女联合会	2022年11月27日
郑　珊	玉屏侗族自治县人民医院	第二届贵州省“最美劳动者”	贵州省总工会、中共贵州省委宣传部、贵州省人力资源和社会保障厅、共青团贵州省委员会、贵州省妇女联合会	2022年11月27日
欧道堂	玉屏侗族自治县人民医院	第二届贵州省“最美劳动者”	贵州省总工会、中共贵州省委宣传部、贵州省人力资源和社会保障厅、共青团贵州省委员会、贵州省妇女联合会	2022年11月27日
赵　双	玉屏侗族自治县中医院	第二届贵州省“最美劳动者”	贵州省总工会、中共贵州省委宣传部、贵州省人力资源和社会保障厅、共青团贵州省委员会、贵州省妇女联合会	2022年11月27日
许吉胜	玉屏侗族自治县医疗保障局	第二届贵州省“最美劳动者”	贵州省总工会、中共贵州省委宣传部、贵州省人力资源和社会保障厅、共青团贵州省委员会、贵州省妇女联合会	2022年11月27日
刘晓艳	玉屏侗族自治县工业和商务局中小企业服务中心	第二届贵州省“最美劳动者”	贵州省总工会、中共贵州省委宣传部、贵州省人力资源和社会保障厅、共青团贵州省委员会、贵州省妇女联合会	2022年11月27日

续表 24

姓名	工作单位	荣誉称号	授奖单位	授奖时间
方永发	铜仁西南水泥有限公司	第二届贵州省“最美劳动者”	贵州省总工会、中共贵州省委宣传部、贵州省人力资源和社会保障厅、共青团贵州省委员会、贵州省妇女联合会	2022年11月27日
娄兴意	中国电信股份有限公司玉屏分公司	第二届贵州省“最美劳动者”	贵州省总工会、中共贵州省委宣传部、贵州省人力资源和社会保障厅、共青团贵州省委员会、贵州省妇女联合会	2022年11月27日
易丽媛	贵州玉屏有色冶金集团宏森工贸有限公司	第二届贵州省“最美劳动者”	贵州省总工会、中共贵州省委宣传部、贵州省人力资源和社会保障厅、共青团贵州省委员会、贵州省妇女联合会	2022年11月27日
邱艳玲	玉屏县圆韵申电子商务服务有限公司	第二届贵州省“最美劳动者”	贵州省总工会、中共贵州省委宣传部、贵州省人力资源和社会保障厅、共青团贵州省委员会、贵州省妇女联合会	2022年11月27日
谢鹏飞	玉屏供电局新店供电所	第二届贵州省“最美劳动者”	贵州省总工会、中共贵州省委宣传部、贵州省人力资源和社会保障厅、共青团贵州省委员会、贵州省妇女联合会	2022年11月27日
向　波	玉屏永昇国有资产投资管理有限公司	第二届贵州省“最美劳动者”	贵州省总工会、中共贵州省委宣传部、贵州省人力资源和社会保障厅、共青团贵州省委员会、贵州省妇女联合会	2022年11月27日
罗　娟	玉屏侗族自治县扶贫开发投资有限责任公司	第二届贵州省“最美劳动者”	贵州省总工会、中共贵州省委宣传部、贵州省人力资源和社会保障厅、共青团贵州省委员会、贵州省妇女联合会	2022年11月27日
刘小梅	平溪街道杨柳村	第二届贵州省“最美劳动者”	贵州省总工会、中共贵州省委宣传部、贵州省人力资源和社会保障厅、共青团贵州省委员会、贵州省妇女联合会	2022年11月27日
杜　娓	皂角坪街道办事处	第二届贵州省“最美劳动者”	贵州省总工会、中共贵州省委宣传部、贵州省人力资源和社会保障厅、共青团贵州省委员会、贵州省妇女联合会	2022年11月27日
岳　云	田坪镇人民政府	第二届贵州省“最美劳动者”	贵州省总工会、中共贵州省委宣传部、贵州省人力资源和社会保障厅、共青团贵州省委员会、贵州省妇女联合会	2022年11月27日
凡　玲	田坪镇人民政府	第二届贵州省“最美劳动者”	贵州省总工会、中共贵州省委宣传部、贵州省人力资源和社会保障厅、共青团贵州省委员会、贵州省妇女联合会	2022年11月27日
陆洪日	朱家场镇人民政府	第二届贵州省“最美劳动者”	贵州省总工会、中共贵州省委宣传部、贵州省人力资源和社会保障厅、共青团贵州省委员会、贵州省妇女联合会	2022年11月27日
韩土焱	朱家场镇人民政府	第二届贵州省“最美劳动者”	贵州省总工会、中共贵州省委宣传部、贵州省人力资源和社会保障厅、共青团贵州省委员会、贵州省妇女联合会	2022年11月27日
阮忠艾	新店镇人民政府	第二届贵州省“最美劳动者”	贵州省总工会、中共贵州省委宣传部、贵州省人力资源和社会保障厅、共青团贵州省委员会、贵州省妇女联合会	2022年11月27日
刘海平	亚鱼乡人民政府	第二届贵州省“最美劳动者”	贵州省总工会、中共贵州省委宣传部、贵州省人力资源和社会保障厅、共青团贵州省委员会、贵州省妇女联合会	2022年11月27日
刘大平	贵州省玉屏公路管理段田坪养护站	第二届贵州省“最美劳动者”	贵州省总工会、中共贵州省委宣传部、贵州省人力资源和社会保障厅、共青团贵州省委员会、贵州省妇女联合会	2022年11月27日

续表 24

姓名	工作单位	荣誉称号	授奖单位	授奖时间
黄　祥	玉屏农村商业银行大龙管理中心	第二届贵州省“最美劳动者”	贵州省总工会、中共贵州省委宣传部、贵州省人力资源和社会保障厅、共青团贵州省委员会、贵州省妇女联合会	2022年11月27日
刘海梅	玉屏县昆仑环境事业发展有限公司	第二届贵州省“最美劳动者”	贵州省总工会、中共贵州省委宣传部、贵州省人力资源和社会保障厅、共青团贵州省委员会、贵州省妇女联合会	2022年11月27日
任印红	玉屏侗族自治县人民医院	贵州省第四届百名优秀护士	中共贵州省委宣传部、贵州省卫生健康委员会	2022年8月
杨进波	玉屏侗族自治县公安局	个人二等功	贵州省公安厅	2022年1月19日
李添添	玉屏侗族自治县公安局	成绩突出个人	贵州省公安厅、共青团贵州省委员会	2022年4月20日
戴术力	玉屏侗族自治县公安局	成绩突出个人	贵州省公安厅、贵州省总工会	2022年4月20日
彭　红	玉屏侗族自治县公安局	成绩突出个人	贵州省公安厅	2022年4月20日
戴术力	玉屏侗族自治县公安局	贵州省优秀人民警察	贵州省公安厅、贵州省人力资源和社会保障厅	2022年5月30日
张巍巍	玉屏侗族自治县公安局	个人三等功	贵州省公安厅	2022年9月29日
宋　楷	玉屏侗族自治县人民法院	全省法院瑕疵案件专项治理活动先进个人	贵州省高级人民法院	2022年1月14日
许　莎	玉屏侗族自治县人民法院	全省法院涉诉信访专项治理活动先进个人	贵州省高级人民法院	2022年1月14日
余　毅	玉屏侗族自治县人民法院	2021年全省法院新形势大练兵先进个人	贵州省高级人民法院	2022年2月10日
钟金和	玉屏侗族自治县人民法院	2021年全省法院新形势大练兵先进个人	贵州省高级人民法院	2022年2月10日
李山英	玉屏侗族自治县人民法院	2021年全省法院新形势大练兵先进个人	贵州省高级人民法院	2022年2月10日
付　燕	玉屏侗族自治县人民法院	2021年全省法院新形势大练兵先进个人	贵州省高级人民法院	2022年2月10日
孟　瑶	玉屏侗族自治县人民法院	2021年度全省法院新闻宣传和网评工作先进个人	贵州省高级人民法院	2022年4月6日
姚红艳	玉屏侗族自治县平溪中心完小	贵州省大中小学劳动教育优秀教学案例	贵州省教育厅	2022年8月19日
姚明亮	玉屏侗族自治县第一中学	贵州省大中小学劳动教育优秀教学案例	贵州省教育厅	2022年8月19日
周书美	玉屏侗族自治县平溪中心完小	黔灵名师	贵州省教育厅	2022年8月25日
杨　敏	玉屏侗族自治县印山民族小学	贵州省级骨干教师	贵州省教育厅	2022年8月25日
黄伟华	玉屏侗族自治县平溪中心完小	贵州省级骨干教师	贵州省教育厅	2022年8月25日
陈　红	玉屏侗族自治县印山民族小学	贵州省级骨干教师	贵州省教育厅	2022年8月25日
詹丽荣	玉屏民族中学	贵州省级骨干教师	贵州省教育厅	2022年8月25日
舒忠艳	玉屏侗族自治县平溪中心完小	贵州省级骨干教师	贵州省教育厅	2022年8月25日
吴　娟	玉屏侗族自治县农业农村局	贵州省蔬菜产业先进个人	贵州省农业农村厅	2022年3月25日

续表 24

姓名	工作单位	荣誉称号	授奖单位	授奖时间
杨　奇	玉屏侗族自治县农业农村局	贵州省辣椒产业先进个人	贵州省农业农村厅	2022年5月16日
吴　娟	玉屏侗族自治县农业农村局	贵州省食用菌产业优秀工作者	贵州省农业农村厅	2022年7月5日
杨　奇	玉屏侗族自治县农业农村局	贵州省食用菌产业优秀工作者	贵州省农业农村厅	2022年7月5日
黄　亮	玉屏侗族自治县林业局	2021年林草生态综合监测评价工作优秀个人	贵州省林业局	2022年5月26日
熊　勉	玉屏侗族自治县卫生健康综合行政执法大队	2022年贵州省卫生健康监督执法技能竞赛职业卫生组二等奖	贵州省卫生健康委、贵州省总工会	2022年12月5日
胡　强	贵州黔东水务有限公司	贵州省五一劳动奖章	贵州省总工会	2022年4月29日
罗　敏	玉屏侗族自治县卫生健康局	2016–2020年度贵州省实施妇女儿童发展规划先进个人	贵州省妇女儿童工作委员会、贵州省人力资源和社会保障厅	2022年8月
潘菊仙	贵州省山花手工艺发展有限公司	贵州省三八红旗手	贵州省妇联、贵州省人力资源和社会保障厅	2022年3月1日
潘菊仙	贵州省山花手工艺发展有限公司	2022年最美贵州绣娘	贵州省妇联、贵州省民族宗教事务委员会	2022年10月31日
郑　钢	玉屏侗族自治县公安局	2017–2020年度平安贵州建设先进个人	贵州省平安贵州建设领导小组、贵州省人力资源和社会保障厅	2022年5月20日
文运桃	新店镇朝阳村	贵州省2022年度“好妈妈”	贵州省妇联	2022年5月12日
杨小盈	亚鱼乡郭家湾村	贵州省2022年度“好孩子”	贵州省妇联	2022年5月12日
夏文锦家庭	新店镇洞坪村	贵州省2022年度最美绿色生态家庭	贵州省妇联	2022年5月12日
李　青	中共玉屏侗族自治县委组织部	2021年度全省老干部工作优秀宣传员	中共贵州省委老干部局	2022年1月
杨　芳	玉屏侗族自治县工商业联合会	2022年全省工商联系统先进工作者	贵州省工商联	2022年8月30日
王红军	国家税务总局玉屏侗族自治县税务局	优秀共产党员	中共国家税务总局贵州省税务局委员会	2022年6月
尹晓平	田坪镇马家屯村	2021—2022年度先进会员	中国农村卫生协会	2022年6月20日
廖洪敏	玉屏侗族自治县气象局	湘鄂渝黔四省市边界协作区第33届气象学术交流会优秀论文三等奖	湘鄂渝黔四省市边区气象学术交流会	2022年12月15日
唐　波	玉屏侗族自治县自然资源局	贵州省第三次全国国土调查工作表现突出个人	贵州省第三次全国国土调查领导小组办公室	2022年7月13日
廖维圣	玉屏供电局	贵州电网公司2021年技术（业务）能手	贵州电网有限责任公司	2022年1月15日
巨方仁	玉屏供电局	贵州电网公司2021年度市场营销先进个人	贵州电网有限责任公司	2022年2月28日
张　映	玉屏供电局	贵州电网公司2021年度人力资源先进个人	贵州电网有限责任公司	2022年4月19日
姚茂艳	中国工商银行股份有限公司玉屏支行	工银成就个人奖（反洗钱专业）	中国工商银行贵州省分行	2022年3月8日
周　瑾	中国工商银行股份有限公司玉屏支行营业室	青年岗位明星	中国工商银行贵州省分行	2022年3月11日

续表24

姓名	工作单位	荣誉称号	授奖单位	授奖时间
周　杏	中国工商银行股份有限公司玉屏支行	“扬青年之声　颂百年华诞”微党课暨青年金牌讲师评选大赛青年金牌讲师二等奖	中国工商银行贵州省分行	2022年3月11日
黄怡然	中国工商银行股份有限公司玉屏支行	优秀合规经理	中国工商银行贵州省分行	2022年4月2日
尹　勇	中国工商银行股份有限公司玉屏支行	工银成就个人奖（第一个人金融银行）	中国工商银行贵州省分行	2022年5月9日
李　茜	中国工商银行股份有限公司玉屏支行	贵州省分行新三年规划学习竞赛二等奖	中国工商银行贵州省分行	2022年5月16日
周　禹	中国工商银行股份有限公司玉屏大龙支行	工银成就个人奖（网点竞争力提升）	中国工商银行贵州省分行	2022年8月22日
周　瑾	中国工商银行股份有限公司玉屏支行营业室	工银成就个人奖（银行卡业务）	中国工商银行贵州省分行	2022年7月7日
谢谦荣	中国建设银行股份有限公司玉屏支行	贵州省分行2021年度支持保障突出贡献先进个人	中国建设银行股份有限公司贵州省分行	2022年3月8日
阳建林	玉屏农村商业银行资金运营中心	先进个人	贵州省农村信用合作社联合社	2022年2月
吴承凡	玉屏农村商业银行新店支行	新时代优秀标兵	贵州省农村信用合作社联合社	2022年4月
舒大保	玉屏农村商业银行亚鱼支行	优秀驻村人员	贵州省农村信用合作社联合社	2022年6月
饶津玮	玉屏农村商业银行平溪支行	2022年贵州农信岗位技术能手	贵州省农村信用合作社联合社	2022年11月
刘四黑	玉屏侗族自治县林业局油茶研发中心	“铜仁杰出人才奖”提名	中共铜仁市委员会、铜仁市人民政府	2022年1月5日
殷　俊	玉屏侗族自治县人民医院	铜仁市卫生健康工作先进个人(优秀医务人员)	中共铜仁市委员会、铜仁市人民政府	2022年8月17日
张　艳	玉屏侗族自治县人民医院	铜仁市卫生健康工作先进个人(优秀医务人员)	中共铜仁市委员会、铜仁市人民政府	2022年8月17日
杨秀华	玉屏侗族自治县人民医院	铜仁市卫生健康工作先进个人(优秀医务人员)	中共铜仁市委员会、铜仁市人民政府	2022年8月17日
陈广红	玉屏侗族自治县人民医院	铜仁市卫生健康工作先进个人（优秀医务人员）	中共铜仁市委员会、铜仁市人民政府	2022年8月17日
易　燕	玉屏侗族自治县疾病预防控制中心	铜仁市卫生健康工作先进个人(优秀医务人员)	中共铜仁市委员会、铜仁市人民政府	2022年8月17日
姚茂华	玉屏侗族自治县中医院	铜仁市卫生健康工作先进个人(优秀医务人员)	中共铜仁市委员会、铜仁市人民政府	2022年8月17日
段周文	玉屏侗族自治县中医院	铜仁市卫生健康工作先进个人(优秀医务人员)	中共铜仁市委员会、铜仁市人民政府	2022年8月17日
冉光霞	玉屏侗族自治县中医院	铜仁市卫生健康工作先进个人(优秀医务人员)	中共铜仁市委员会、铜仁市人民政府	2022年8月17日
舒召弟	玉屏侗族自治县妇幼保健院	铜仁市卫生健康工作先进个人(优秀医务人员)	中共铜仁市委员会、铜仁市人民政府	2022年8月17日
郑　芸	玉屏侗族自治县妇幼保健院	铜仁市卫生健康工作先进个人(优秀医务人员)	中共铜仁市委员会、铜仁市人民政府	2022年8月17日
杨崇贵	皂角坪街道社区卫生服务中心	铜仁市卫生健康工作先进个人(优秀医务人员)	中共铜仁市委员会、铜仁市人民政府	2022年8月17日
张玉香	田坪镇中心卫生院	铜仁市卫生健康工作先进个人(优秀医务人员)	中共铜仁市委员会、铜仁市人民政府	2022年8月17日
许　楠	大龙街道社区卫生服务中心	铜仁市卫生健康工作先进个人(优秀医务人员)	中共铜仁市委员会、铜仁市人民政府	2022年8月17日

续表 24

姓名	工作单位	荣誉称号	授奖单位	授奖时间
田淑园	大龙街道社区卫生服务中心	铜仁市卫生健康工作先进个人(优秀医务人员)	中共铜仁市委员会、铜仁市人民政府	2022年8月17日
李　锋	玉屏侗族自治县人民医院	铜仁市卫生健康工作先进个人（东莞帮扶医务人员）	中共铜仁市委员会、铜仁市人民政府	2022年8月17日
李　倩	玉屏侗族自治县人民医院	铜仁市卫生健康工作先进个人（东莞帮扶医务人员）	中共铜仁市委员会、铜仁市人民政府	2022年8月17日
何乃泉	玉屏侗族自治县中医院	铜仁市卫生健康工作先进个人（东莞帮扶医务人员）	中共铜仁市委员会、铜仁市人民政府	2022年8月17日
王婷婷	玉屏侗族自治县妇幼保健院	铜仁市卫生健康工作先进个人（东莞帮扶医务人员）	中共铜仁市委员会、铜仁市人民政府	2022年8月17日
林　浩	大龙街道社区卫生服务中心	第五个“中国医师节”优秀医师	中共铜仁市委员会、铜仁市人民政府	2022年8月19日
田淑园	大龙街道社区卫生服务中心	第五个“中国医师节”优秀医师	中共铜仁市委员会、铜仁市人民政府	2022年8月19日
张玉香	田坪镇中心卫生院	第五个“中国医师节”优秀医师	中共铜仁市委员会、铜仁市人民政府	2022年8月19日
姚茂华	玉屏侗族自治县中医院外科	第五个“中国医师节”优秀医师	中共铜仁市委员会、铜仁市人民政府	2022年08月19日
左　莎	大龙街道社区卫生服务中心	第五个“中国医师节”优秀护士	中共铜仁市委员会、铜仁市人民政府	2022年8月19日
冉光霞	玉屏侗族自治县中医院肛肠科	第五个“中国医师节”优秀护士	中共铜仁市委员会、铜仁市人民政府	2022年08月19日
姚　婷	玉屏侗族自治县实验幼儿园	2022年铜仁市优秀校（园）长	中共铜仁市委员会、铜仁市人民政府	2022年9月8日
徐　倩	玉屏侗族自治县第一中学	2022年铜仁市优秀教师	中共铜仁市委员会、铜仁市人民政府	2022年9月8日
舒忠艳	玉屏侗族自治县平溪中心完小	2022年铜仁市优秀教师	中共铜仁市委员会、铜仁市人民政府	2022年9月8日
郭　红	玉屏侗族自治县黔东民族寄宿制中学	2022年铜仁市优秀教师	中共铜仁市委员会、铜仁市人民政府	2022年9月8日
张　妮	玉屏侗族自治县印山民族小学	2022年铜仁市优秀班主任	中共铜仁市委员会、铜仁市人民政府	2022年9月8日
杨明华	玉屏侗族自治县教育局	2022年铜仁市优秀教育工作者	中共铜仁市委员会、铜仁市人民政府	2022年9月8日
郭群英	玉屏侗族自治县皂角坪中心完小	2022年铜仁市优秀教育工作者	中共铜仁市委员会、铜仁市人民政府	2022年9月8日
黄春花	玉屏侗族自治县田坪镇中心完小	2022年铜仁市优秀山村教师	中共铜仁市委员会、铜仁市人民政府	2022年9月8日
刘永琴	玉屏侗族自治县麻音塘街道九龙小学	2022年铜仁市优秀特岗教师	中共铜仁市委员会、铜仁市人民政府	2022年9月8日
吉　玲	玉屏民族中学	2022年铜仁市师德楷模	中共铜仁市委员会、铜仁市人民政府	2022年9月8日
刘　毅	玉屏侗族自治县卫生健康局	2022年铜仁市尊师重教先进个人	中共铜仁市委员会、铜仁市人民政府	2022年9月8日
向珍萍	玉屏侗族自治县人民医院	2021年铜仁市征兵工作先进个人	铜仁市人民政府	2022年1月19日
姚长江	玉屏侗族自治县巡察工作领导小组办公室	第五届铜仁市“见义勇为”先进个人	铜仁市人民政府	2022年5月

2022年玉屏侗族自治县获县（处）级部门表彰人员一览表

表 25

姓名	工作单位	荣誉称号	授奖单位	授奖时间
王俊杰	中共玉屏侗族自治县委办公室	铜仁市第三次党代会暨市三届人大一次会议市政协三届一次会议先进个人	中共铜仁市委办公室	2022年2月
潘彩虹	中共玉屏侗族自治县委办公室	铜仁市第三次党代会暨市三届人大一次会议市政协三届一次会议先进个人	中共铜仁市委办公室	2022年2月
杨　幸	玉屏侗族自治县公安局	先进个人	铜仁市公安局	2022年3月21日
黄　翔	玉屏侗族自治县公安局	先进个人	铜仁市公安局	2022年3月21日
姚　伟	玉屏侗族自治县公安局	个人嘉奖	铜仁市公安局	2022年5月13日
舒玉海	玉屏侗族自治县公安局	优秀个人	铜仁市公安局	2022年6月14日
杨进波	玉屏侗族自治县公安局	个人嘉奖	铜仁市公安局	2022年9月27日
杨秀鹏	玉屏侗族自治县公安局	个人嘉奖	铜仁市公安局	2022年10月10日
张文能	玉屏侗族自治县公安局	成绩突出个人	铜仁市公安局	2022年10月13日
杨　启	玉屏侗族自治县公安局	个人嘉奖	铜仁市公安局	2022年10月13日
安常仁	贵州省贵福菌业发展有限公司	2022年铜仁市“五一劳动奖章”	铜仁市总工会	2022年4月29日
杨礼光	玉屏侗族自治县黄佩球茅坡希望小学	2022年铜仁市“五一劳动奖章”	铜仁市总工会	2022年4月29日
杨建立	铜仁西南水泥有限公司	2022年铜仁市“五一劳动奖章”	铜仁市总工会	2022年4月29日
张　芳	玉屏县昆仑环境事业发展有限公司	2022年铜仁市“五一劳动奖章”	铜仁市总工会	2022年4月29日
易为祥	锦超服饰（贵州）有限公司	2022年铜仁市“五一劳动奖章”	铜仁市总工会	2022年4月29日
罗　华	玉屏侗族自治县总工会	2022年铜仁市“五一劳动奖章”	铜仁市总工会	2022年4月29日
夏文勇	玉屏侗族自治县交通运输局	2022年铜仁市“五一劳动奖章”	铜仁市总工会	2022年4月29日
罗　惠	田坪镇人民政府	2022年铜仁市“五一巾帼标兵”	铜仁市总工会	2022年4月29日
牛璟祎	玉屏侗族自治县融媒体中心	2021年贵州省旅游“两会”优秀志愿者	共青团铜仁市委、铜仁市教育局	2022年1月4日
杨　涛	玉屏侗族自治县人民检察院	铜仁市三八红旗手	铜仁市妇联、铜仁市人力资源和社会保障局	2022年3月1日
张　静	玉屏侗族自治县财政局	铜仁市三八红旗手	铜仁市妇联、铜仁市人力资源和社会保障局	2022年3月1日
刘小梅	平溪街道杨柳村	铜仁市三八红旗手	铜仁市妇联、铜仁市人力资源和社会保障局	2022年3月1日

续表25

姓名	工作单位	荣誉称号	授奖单位	授奖时间
陈定华家庭	亚鱼乡郭家湾村	铜仁市2022年“最美乡村振兴家庭”	铜仁市妇女联合会	2022年3月23日
夏文锦家庭	新店镇洞坪村	铜仁市2022年“最美绿色生态家庭”	铜仁市妇女联合会	2022年3月23日
高芳银家庭	新店镇丙溪村	铜仁市2022年“最美绿色生态家庭”	铜仁市妇女联合会	2022年3月23日
姚元屏家庭	玉屏侗族自治县人民检察院	铜仁市2022年“最美清风廉政家庭”	铜仁市妇女联合会	2022年3月23日
李忠和家庭	亚鱼乡瓮袍村	铜仁市2022年“最美书香润德家庭”	铜仁市妇女联合会	2022年3月23日
刘水波家庭	玉屏侗族自治县公安局	铜仁市2022年“最美书香润德家庭”	铜仁市妇女联合会	2022年3月23日
吴在宾家庭	皂角坪街道北门社区	铜仁市2022年“最美书香润德家庭”	铜仁市妇女联合会	2022年3月23日
蒋翠菊家庭	田坪镇田冲村	铜仁市2022年“最美孝老爱亲家庭”	铜仁市妇女联合会	2022年3月23日
蒋鸿家庭	皂角坪街道紫气山社区	铜仁市2022年“最美孝老爱亲家庭”	铜仁市妇女联合会	2022年3月23日
文运桃	新店镇朝阳村	铜仁市2022年“好妈妈”	铜仁市妇女联合会	2022年3月
彭风英	平溪街道康华社区	铜仁市2022年“好妈妈”	铜仁市妇女联合会	2022年3月
何小艳	平溪街道平溪社区	铜仁市2022年“好妈妈”	铜仁市妇女联合会	2022年3月
张香萍	玉屏侗族自治县工业和商务局	铜仁市2022年“好妈妈”	铜仁市妇女联合会	2022年3月
舒启军	玉屏侗族自治县林业局	铜仁市2022年“好爸爸”	铜仁市妇女联合会	2022年3月
姚开发	田坪镇长岭村	铜仁市2022年“好爸爸”	铜仁市妇女联合会	2022年3月
万　波	玉屏侗族自治县中等职业学校	铜仁市2022年“好爸爸”	铜仁市妇女联合会	2022年3月
姚　伟	田坪镇白果村	铜仁市2022年“好爸爸”	铜仁市妇女联合会	2022年3月
杨小盈	亚鱼乡郭家湾村	铜仁市2022年“好孩子”	铜仁市妇女联合会	2022年3月
姚　璇	平溪街道平溪社区	铜仁市2022年“好孩子”	铜仁市妇女联合会	2022年3月
李妙辰	玉屏侗族自治县实验幼儿园	铜仁市2022年“好孩子”	铜仁市妇女联合会	2022年3月
於继祯	玉屏侗族自治县疾病预防控制中心	铜仁市2022年“好孩子”	铜仁市妇女联合会	2022年3月
黄开跃	玉屏侗族自治县信访局	2021年度涉京信访维稳工作先进个人	铜仁市人民政府驻北京联络处	2022年1月

附 录

组织机构与负责人名录

中共玉屏侗族自治县第十四届委员会

书　　记　杨启明（仡佬族）

副 书 记　田兴国（侗族）
代志华（土家族）

常　　委　杨启明（仡佬族）
田兴国（侗族）
代志华（土家族）
姚　芬（女，侗族）
王开元
赵艳华（女，土家族）
毛权民（土家族）
梁志新
杨　枫（侗族）
石　健（苗族）
韩建国（侗族）
任金华（挂职，3 月免）
吴春国（挂职）

委　　员　杨启明（仡佬族）
田兴国（侗族）
代志华（土家族）
姚　芬（女，侗族）
王开元
赵艳华（女，土家族）
毛权民（土家族）
梁志新
杨　枫（侗族）
石　健（苗族）
韩建国（侗族）
田登伟（土家族）
刘敏俊（女，侗族）
李长锦
曾　华（土家族）
杨　力（侗族）
杨　青（女，侗族）
杨　慧（女，侗族）
杨义军（侗族）
杨先维（侗族）
杨芬南（侗族）
张　蓉（女，侗族）
张运胜（侗族）
张运涛
郑美妮（女，侗族）
胡　波（侗族）
钟　莉（女，侗族）
姚　凯（侗族）
姚伦光（侗族）
姚祖豪（侗族）
姚源政（侗族）
龚利平（侗族）
刘　沙（女，侗族）
刘水木（侗族）

候补委员　江继武（侗族）
杨仁权（侗族）
杨群林（侗族）
周　围（侗族）
郑志勇（侗族）
姚　伟（侗族）
姚红霞（女，侗族）

中共玉屏侗族自治县委工作部门

县委办公室

主　　任　石　健（苗族）

常务副主任　舒　畅（侗族）

县委组织部

部　　长　王开元

常务副部长　舒　坦（侗族，11 月免）

刘朝乾（土家族，11 月任）

县委宣传部

部　　长 韩建国（侗族）

常务副部长 李　佩（11 月免）

县委统战部

部　　长 韩建国（侗族）

常务副部长 尹德爱（侗族）

县委政法委

书　　记 毛权民（土家族）

县直属机关工作委员会

书　　记 王开元

常务副书记 石光富（苗族）

县委编办

主　　任 潘　勇（侗族）

县委党史研究室

主　　任 钟德祥（侗族）

县档案馆（县地方志办）

馆长（主任） 李竹梅（女，侗族）

县委党校

校长（行政学校校长） 王开元

社会主义学校校长 姚　芬（女，侗族）

常务副校长 洪乃明（侗族）

县信访局

局　　长 杨先进（侗族）

县委巡察办

主　　任 龚利平（侗族）

县老年大学

校　　长 李泽发（侗族，1 月任）

玉屏侗族自治县第十届人民代表大会常务委员会

党组书记、主任 刘洪斌（侗族）

党组成员、副主任 李长锦

副 主 任 袁丽君（女，侗族）

党组成员、副主任 汪红涛

姚源政（侗族）

姚茂刚（侗族）

罗　宁（侗族，9 月免）

常　　委 杨仁权（侗族）

龚利平（侗族）

江运忠（侗族）

姚新媛（女，侗族）

吴英勇（侗族）

侯　伟（土家族）

黄家喜（侗族）

曹京权（苗族）

陈　正（侗族）

钟　莉（女，侗族）

高芳伟（侗族）

吴　尧（女，侗族）

刘元刚（侗族）

刘四黑（侗族）

李　敬

姚茂顺（侗族）

姚茂能（侗族）

黄金桂

玉屏侗族自治县人大专门委员会及工作机构

县人大专门委员会

法制委员会主任委员 刘远军（侗族，7 月免）

财政经济（预算）委员会主任委员

江运忠（侗族）

监察和司法委员会主任委员

陈　正（侗族）

选举任免联络委员会主任委员

吴英勇（侗族）

教育科学文化卫生委员会主任委员

侯　伟（土家族）

社会建设委员会主任委员 黄家喜（侗族）

农业与农村委员会主任委员

姚新媛（女，侗族）

环境与资源保护委员会主任委员

曹京权（苗族）

县人大常委会工作机构

办公室主任 杨仁权（侗族）

民族法制工作委员会主任 刘远军（侗族，7 月免）

郑志勇（侗族，12 月任）

信访室主任 陈 正（侗族）

玉屏侗族自治县人民政府

党组书记、县长 田兴国（侗族）
党组副书记、常务副县长 姚 芬（女，侗族）
党组成员、副县长 杨 枫（侗族）
杨 慧（女，侗族）
宋尧广（侗族）
杨义军（侗族）
张运涛
副 县 长 任金华（挂职，3 月免）
吴春国（挂职）

玉屏侗族自治县人民政府工作部门

县政府办公室

党组书记、主任 姚伦光（侗族）

县金融国资中心

主 任 姚 彬（侗族）

县政务服务中心

党组书记、主任 姚红莉（女，侗族）

县交易中心（县产权交易中心）

党组书记、主任 舒 丹（侗族，6 月任）

县发展改革局

党委书记、局长 张运胜（侗族）

县财政局

党组书记、局长 杨先维（侗族）

县统计局

党组书记、局长 周海澜（侗族，11 月免党组书记，12 月免局长）
万 军（侗族，11 月任党组书记，12 月任局长）

县审计局

党组书记、局长 江应平（侗族）

县市场监管局

党组成员、局长 姚 伟（侗族，1 月免）
张 燕（女，侗族，1 月任党组书记，2月任局长）

县农业农村局

党组书记、局长 邹 志（侗族）

县林业局

党组书记、局长 杨群林（侗族）

贵州玉屏舞阳河国家湿地公园管理局

局 长 舒 丹（侗族，7 月免）

县水务局

党组书记、局长 熊久英（女，侗族）

县工业和商务局

党组书记、局长 钟方达（侗族）

县乡村振兴局

党组书记、局长 罗金松（侗族）

县教育局

党委书记、局长 姚祖豪（侗族）

县交通运输局

党组书记、局长 张 勇（侗族）

县自然资源局

党组书记 敖 洋（苗族，4 月免局长）
党组副书记、局长 詹 敏（女，侗族，4 月任）

县住房城乡建设局

党组书记、局长 江继武（侗族）

县文体广电旅游局

党组书记、局长 杨 青（女，侗族）

县融媒体中心

党组书记、主任 赵 林（侗族）

县应急局

党委书记、局长 杨 力（侗族）

县卫生健康局

党组书记、局长

县人力资源社会保障局

党组书记、局长 周 围（侗族）

县民政局

党组书记、局长 张运池（苗族）

县医保局

党组书记、局长 黄世明（侗族）

县民宗局

党组书记、局长 姚红霞（女，侗族，2 月任）

县退役军人局

党组书记 刘衍良（侗族，10月任）
局　　长 杨力宁（侗族）

县投资促进局

党组书记、局长 李　丽（女，侗族）

县供销联社

党组书记 刘　敏（女，侗族）
主　　任 田永光（土家族）

中国人民政治协商会议玉屏侗族自治县第十届委员会

党组书记、主席 黎滨江（土家族）
党组副书记 韩建国（侗族）
党组副书记、副主席 张　昭（侗族，8月任）
副 主 席 姚金水（侗族）
党组成员、副主席 姚源龙（侗族）
吴登伦（仡佬族）
副 主 席 姚争春（女，侗族）
党组成员、副主席 黄桂木（侗族）
副 主 席 肖　湘（女，侗族）
党组成员、秘书长 郑志勇（侗族，11月免）
党组成员 舒　坦（侗族，11月任）
常　　委 姚　磊（侗族）
田永光（土家族）
张在滨
潘　志（女，侗族）
伍明祥（土家族）
田　静（女，侗族）
李培志（侗族）
熊水英（女，侗族）
李　琴（女）
邓友邦（侗族）
闫留杰（女）
张玉银（侗族）
周乐林
罗　印（苗族）
杨　锋（侗族）
邓序超（侗族）

中国人民政治协商会议玉屏侗族自治县委员会专门委员会及工作机构

县政协专门委员会

提案法制委员会专职副主任
熊水英（女，侗族）
经济委员会专职副主任 黄黎明（女，侗族）
农业和农村委员会主任 杨志刚（侗族）
人口资源环境委员会主任 罗　艺（侗族）
教科卫体委员会专职副主任
杨海燕（女，侗族）
文化文史和民族宗教委员会主任
李培志（侗族）

县政协工作机构

办公室主任 郑志勇（侗族，11月免）
县智力支边联系小组办公室主任
姚愿福（侗族）

中共玉屏侗族自治县纪律检查委员会　玉屏侗族自治县监察委员会

县纪律检查委员会

县委常委、县纪委书记 赵艳华（女，土家族）
副 书 记 熊黔松（苗族，9月免）
袁弋茸（女，土家族）
杨青峰（9月任）
常　　委 郭　毅（侗族）
龚利平（侗族）
朱　力（侗族）
舒　毅（侗族）

县监察委员会

主　　任 赵艳华（女，土家族）
副 主 任 熊黔松（苗族，9月免）
袁弋茸（女，土家族）
杨青峰（10月任）
委　　员 郭　毅（侗族）
朱　力（侗族）
舒　毅（侗族）
刘洪钱（侗族）

民主党派

民建玉屏支部

主任委员 何建昌（侗族，12月免）

农工党玉屏支部

主任委员 高 敏（女，侗族）

群众团体

县总工会

主 席 李长锦

团县委

书 记 刘 沙（女，侗族）

县妇女联合会

党组书记、主 席 钟 莉（女，侗族）

县科协

党组书记、主席 胡艳蓉（女，侗族）

县文联

党组书记、主席 於 江（侗族）

县残联

党组书记、理事长 姚茂荣（侗族，8月免）
谭 忠（土家族，8月任）

县红十字会

常务副会长 胡攀学（水族）

县工商联

主 席 姚金水（侗族）
党组书记 邓序超（侗族）

县计生协会

会 长 关祖珍（女，侗族，兼）
常务副会长 彭 城（土家族）

玉屏侗族自治县法治工作部门

县公安局

党委书记、局长 杨义军（侗族）

县人民检察院

党组书记、检察长 张 蓉（女，侗族）

县人民法院

党组书记、院长 曾 华（土家族）

县司法局

党组书记、局长 杨 维（侗族）

贵州玉屏经济开发区管理委员会

党工委书记 田登伟（土家族）
党工委副书记、管委会常务副主任
吴继滔（侗族）
党工委委员、管委会副主任
吴红春（女，侗族）
党工委委员、纪监工委书记
邓序田（侗族）
党工委委员、管委会副主任
张 云
张运胜（侗族，8月任委员、9月任副主任）
党工委委员 钟方达（侗族，4月任）

县属国有企业

县城投公司

党支部书记、董事长 杨 骏（侗族）
党支部副书记、总经理 杨绍华（侗族，7月免）

县文旅农投公司

党支部书记、董事长 赵建宇（侗族，3月任董事长、8月任党支部书记）
总 经 理 赵建宇（侗族，3月免）

县扶投公司

党支部书记、董事长 杨绍华（侗族，7月任）
总 经 理 赵建宇（侗族，7月免）

县永昇公司

党支部书记、董事长 彭 康（侗族）
总 经 理 杨 领（侗族）

县金鑫融资担保有限公司

董事长、总经理 舒大敬（侗族）

黔玉油茶公司

董事、董事长、总经理 金 宇（9月任）

县级医疗单位

县人民医院

党委书记 张 涛
党委副书记、院长 邓友邦（侗族）

县疾控中心

主　　任　杨代昌（侗族）

县中医院

党委书记　吴崇武（侗族）

党委副书记、院长　赵德福

县妇幼保健院

党委书记、院长　郑　芸（女，侗族）

上级派驻单位

税务局

党委副书记、副局长（主持工作）

石明星（苗族，8月任）

王红军（苗族，8月免）

市生态环境局玉屏分局

党组书记、局长　梁英杰（苗族）

县气象局

局　　长　邓　岑（女，侗族）

县烟草专卖局

党组书记、局长、经理　周　鑫

县消防救援大队

教 导 员　田朝斌（土家族）

大 队 长　黄胜华（7月免）

吕海飞（7月任）

铜仁市住房公积金管理中心玉屏管理部

主　　任　张　亮（侗族）

贵州省交通运输综合行政执法六支队三大队

行政临时负责人　张　纹（女，侗族，1月任）

贵州省玉屏公路管理段

段　　长　王礼特（土家族，5月任）

玉屏收费站

站　　长　陆雪明（女，侗族，11月任）

玉屏火车站

站　　长　杨　凯（苗族）

铜仁南站

站　　长　吴　林（侗族）

玉屏供电局

总 经 理　秦　雪（土家族，6月任）

中国移动玉屏分公司

经　　理　高　杨（女，12月免）

姚元军（侗族，12月任）

中国联通玉屏分公司

总 经 理　杨　洪（土家族，3月免）

姚　勇（侗族，3月任）

中国电信玉屏分公司

副总经理（主持工作）　王安业（土家族）

中国邮政玉屏分公司

总经理、支部书记　邓其祥（侗族）

贵州省广电网络公司玉屏县分公司

总 经 理　唐维宏（侗族，5月任）

黔东水务公司

董 事 长　杨荣昌（侗族）

支部书记、总经理　胥汉军（侗族）

银行　保险

中国人民银行玉屏支行

行　　长　刘险峰（土家族，3月任）

梁　斌（侗族，3月免）

中国工商银行玉屏支行

党支部书记、行长　尹　勇（苗族，4月免）

中国农业银行玉屏支行

党委书记、行长　刘　成（侗族，2月任）

中国建设银行玉屏支行

行　　长　黄　耕（6月任）

中国农业发展银行玉屏支行

行　　长　刘　彧（土家族）

中国邮政储蓄银行玉屏支行

行　　长　陈清华（土家族）

玉屏农商银行

行　　长　姚　亮（侗族）

贵州银行玉屏支行

行　　长　龙　曦（苗族）

贵阳银行玉屏支行

行　　长　任杨洋（土家族）

玉屏长征村镇银行

行　　长　殷仕祥（侗族，12月免）

兰方刚（苗族，12月任）

人保财险玉屏支公司

经　　理　肖　艺（女，侗族）

中国人寿保险玉屏支公司

经　　理　黄　刚（土家族）

太平洋财险玉屏支公司

经　　理　张　荣　（女,土家族,4月免）

任志红（土家族，4月任）

平安财险玉屏支公司

经　　理　李良忠

人寿财险玉屏支公司

经　　理　黄　刚（土家族）

街道乡镇

平溪街道

党工委书记　姚源政（侗族）

党工委副书记、办事处主任

刘敏俊（女，侗族）

人大工作委员会主任　吴远信（侗族，4月任）

梁　军（侗族，4月免）

政协联络委员会主任　陈　江（土家族，6月任）

皂角坪街道

党工委书记　杨　力（侗族）

党工委副书记、办事处主任

杨　智（侗族）

党工委委员、人大工作委员会主任

姚　波（侗族，11月免）

郑洋洋（瑶族，11月任）

政协联络委员会主任　舒晓勇（侗族，4月免）

潘晓婷(女,布依族,6月任)

大龙街道

党工委书记　罗康敏（侗族）

党工委副书记、办事处主任

邓孔建

党工委委员、人大工作委员会主任

崔发磊

党工委委员、政协联络组主任、办事处副主任

杨长城（侗族）

麻音塘街道

党工委书记　张　波（侗族）

党工委副书记、办事处主任

曹永才（土家族）

党工委委员、人大工作委员会主任

付　敏（女，侗族）

政协联络组主任　姚海峰（侗族）

朱家场镇

党委书记　郑美妮（女，侗族）

党委副书记、镇长　丁　刚（苗族）

党委委员、人大主席　唐明清（侗族，9月免）

姚卿卿（侗族，9月任）

政协联络组主任　谢　求（侗族，3月免）

党委副书记、政协联络组主任

杨通用（侗族，6月任政协联络主任）

田坪镇

党委书记　张运涛（1月免）

姚　伟（侗族，1月任）

党委副书记、镇长　姚　凯（侗族）

党委委员、人大主席

高芳伟（侗族）

政协联络组主任　杨　迪（侗族）

新店镇

党委书记　胡　波（侗族）

党委副书记、镇长　唐　勇（侗族）

党委委员、人大主席

吴　尧（女，侗族）

党委副书记、政协联络委员会主任

张吉祥（侗族）

亚鱼乡

党委书记　杨芬南（侗族）

党委副书记、乡长　彭家艳（女）

党委委员、乡人大主席

陆志强（侗族）

党委副书记、政协联络委主任

张　智（苗族，6月任政协联络委主任）

统计资料

玉屏侗族自治县2022年国民经济和社会发展统计公报

玉屏侗族自治县统计局

（2023年6月20日）

2022年是玉屏发展史上极不寻常的一年。全县上下深入贯彻党的二十大精神和习近平总书记视察贵州重要讲话精神，全面贯彻“疫情要防住、经济要稳住、发展要安全”的重要要求，坚持以高质量发展统揽全局，统筹疫情防控和经济社会发展，统筹发展和安全。全县经济顶压前行、稳中提质，推动高质量发展取得新成绩。

一、综合

根据地区生产总值统一核算结果，全年实现地区生产总值105.85亿元，按可比价格计算，同比增长0.6%。其中，第一产业增加值13.66亿元，增长3.4%；第二产业增加值44.65亿元，增长1.0%；第三产业增加值47.54亿元，下降0.7%。第一产业增加值占地区生产总值比重为12.9%，与上年持平；第二产业增加值比重为42.2%，比上年提高0.3个百分点；第三产业增加值比重为44.9%，比上年下降0.3个百分点。人均地区生产总值71569元，比上年增长1.8%。

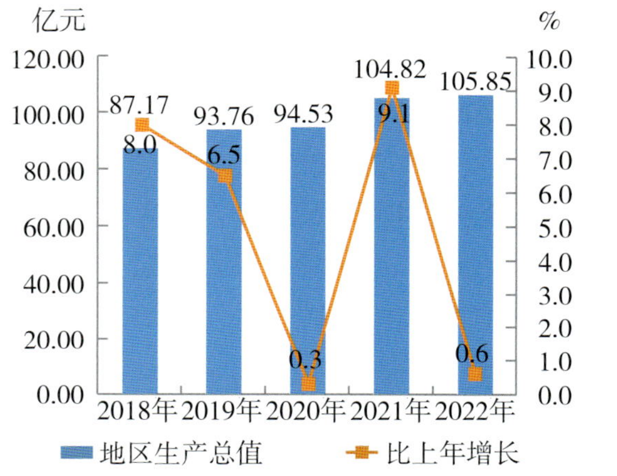

图1　2018—2022年地区生产总值及其增长速度

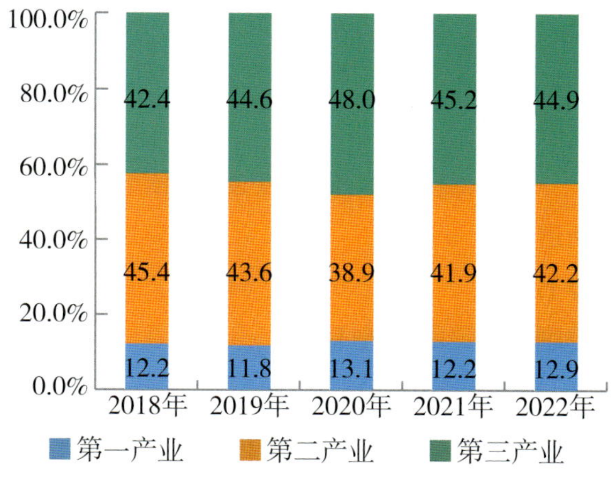

图2　2018—2022年三次产业增加值占地区生产总值比重

二、农业

全年实现农林牧渔业总产值237002万元，按可比价格计算，同比增长3.9%。其中，农业总产值127303万元，增长3.0%；林业总产值19930万元，增长3.6%；牧业总产值56341万元，增长

4.7%；渔业总产值6571万元，增长6.2%；农林牧渔专业及辅助性活动总产值26857万元，增长5.8%。

2022年农林牧渔业总产值及其增长速度

表26

指标名称	绝对额（万元）	同比增长（%）
农林牧渔业总产值	237002	3.9
#农业	127303	3.0
林业	19930	3.6
牧业	56341	4.7
渔业	6571	6.2
农林牧渔专业及辅助性活动	26857	5.8

全年粮食作物播种面积60989.7亩，实现粮食总产量22392.7吨，同比增长0.6%。其中，稻谷产量13086.69吨，下降31.0%；玉米产量4400.62吨，增长11.0%。油料产量6200.57吨，增长5.6%；食用菌产量9491.09吨，增长22.0%。园林水果产量24947.27吨，增长11.7%；中草药材产量3482.07吨，增长37.0%。

2022年主要农产品产量

表27

产品名称	产量（吨）	同比增长（%）
粮食	22392.7	0.6
#稻谷	13086.69	-31.0
玉米	4400.62	11.0
油料	6200.57	5.6
蔬菜	101246.38	6.5
食用菌	9491.09	22.0
园林水果	24947.27	11.7
中草药材	3482.07	37.0
茶叶	33.21	7.2

全年猪牛羊禽肉产量14911.17吨，同比增长1.9%。其中，猪肉产量13670.65吨，增长3.1%；牛肉产量804.89吨，下降13.8%；羊肉产量85.44吨，下降5.1%；禽肉产量350.19吨，增长0.3%。禽蛋产量811.41吨，同比增长86.1%。年末全县生猪存栏134609头，下降11.8%。牛存栏10933头，增长6.7%。羊存栏7910只，下降9.4%。家禽存栏264632只，下降9.2%。

2022年主要畜禽产品产量

表28

产品名称	单位	绝对数	同比增长（%）
肉类	吨	14911.17	1.9
#猪肉	吨	13670.65	3.1
牛肉	吨	804.89	-13.8
羊肉	吨	85.44	-5.1
禽肉	吨	350.19	0.3
禽蛋	吨	811.41	86.1
猪存栏	头	134609	-11.8
牛存栏	头	10933	6.7
羊存栏	只	7910	-9.4
家禽存栏	羽	264632	-9.2

三、工业和建筑业

全年实现工业增加值38.71亿元，比上年增长1.2%，工业增加值占地区生产总值比重为36.6%，比上年提高1.0个百分点。规模以上工业增加值增长1.5%。

全年铁合金产量10.85万吨，同比下降40.5%；水泥78.12万吨，下降8.4%；商品混凝土20.32万立方米，下降46.5%；自来水生产量510.1万立方米，下降12.8%；大米6330.76吨，下降27.3%；精制食用植物油1095.46吨，下降49.8%。

2022年规模以上工业主要产品产量

表29

产品名称	单位	绝对值	比上年增长（%）
铁合金	万吨	10.85	-40.5
锰矿石原矿	万吨	4.64	-57.0
水泥	万吨	78.12	-8.4
商品混凝土	万立方米	20.32	-46.5
自来水	万立方米	510.1	-12.8
鞋	万双	76.42	116.2
手提包（袋）、背包	万个	181.76	-42.9
大米	吨	6330.76	-27.3
精制食用植物油	吨	1095.46	-49.8

全年规模以上工业企业资产总额444.79亿元，同比增长50.4%；实现营业收入275.64亿元，同比增长47.8%；实现利润总额11.01亿元，同比下降3.6%；实现税金总额3.79亿元。

全年实现建筑业增加值5.96亿元，按可比价格计算，比上年下降0.2%。建筑业增加值占全县地区生产总值的比重为5.6%，比上年下降0.1个百分点。

四、固定资产投资

全年全县固定资产投资（统计口径为500万元及以上项目投资，不含跨县项目）比上年下降7.4%。全年实施500万元及以上项目共74个，同比下降7.5%。其中：新开工项目29个，同比下降29.3%；投产项目38个，同比下降20.8%。

从固定资产投资分类来看，第一产业投资增长628.3%；第二产业投资下降21.8%；第三产业投资下降17.6%。全年全县房地产开发投资同比下降48.8%，商品房销售面积同比下降9.1%。

五、国内贸易和物价

全年社会消费品零售总额比上年下降3.2%。按消费类型统计，批发业销售额增长3.4%；零售业销售额增长3.5%；住宿业营业额下降8.5%；餐饮业营业额下降0.6%。

据国家统计局铜仁调查队资料显示，全年全市居民消费价格总指数为101.0%，比上年同期上涨1.0%。其中：食品烟酒下降0.5%、衣着上涨1.9%、居住下降1.0%、生活用品及服务上涨1.0%、交通和通信上涨6.0%、教育文化和娱乐上涨0.7%、医疗保健上涨1.1%、其他用品和服务上涨1.0%。

2022年居民消费价格比上年涨跌幅度

表30

指标名称	比上年增长（%）
居民消费价格	1.0
#食品烟酒	–0.5
衣着	1.9
居住	–1.0
生活用品及服务	1.0
交通和通信	6.0
教育文化和娱乐	0.7
医疗保健	1.1
其他用品和服务	1.0

六、交通、邮电和旅游

全年实现交通运输、仓储和邮政业增加值6.33亿元，按可比价格计算，比上年下降5.6%。全县公路通车里程达1401.86公里，其中高速公路73.3公里。年末全县机动车保有量40338辆，比上年增长13.2%。其中，汽车保有量23226辆，增长9.2%；摩托车保有量16806辆，增长19.5%。全年实现客运量8.75万人，下降36.4%；旅客周转量1920.5万人公里，下降40.6%；货运量69.82万吨，下降12.8%；货物周转量1399.53万吨公里，下降7.2%。

全年实现邮电业务总量12870万元，比上年增长10.5%。其中，电信业务总量11308万元，增长10.2%；邮政业务总量1562万元，增长12.4%。年末固定电话用户2501户，下降35.8%；移动电话用户111443户，下降16.6%；互联网用户64808户，增长43.1%。

2022年邮电业发展情况

表31

指标名称	单位	绝对数	比上年增长%
邮电业务总量	万元	12870	10.5
#电信业务总量	万元	11308	10.2
邮政业务总量	万元	1562	12.4
年末固定电话用户	户	2501	–35.8
年末移动电话用户	户	111443	–16.6
互联网用户	户	64808	43.1

七、财政税收和金融

全年全县财政总收入 86415 万元，比上年增长 9.8%。一般公共预算收入 46983 万元，增长 9.4%。其中，税收收入 24943 万元，增长 1.7%。

一般公共预算支出 258956 万元，下降 18.1%。其中，教育支出 45534 万元，增长 0.05%；科学技术支出 7284 万元，增长 0.4%；社会保障和就业支出 25034 万元，增长 1.6%；卫生健康支出 17532 万元，下降 13.2%。

2022年财政收支情况

表 32

指标名称	绝对额（万元）	比上年增长（%）
财政总收入	86415	9.8
#一般公共预算收入	46983	9.4
#税收收入	24943	1.7
非税收收入	16720	-4.1
财政总支出	364129	4.2
#一般公共预算支出	258956	-18.1
#一般公共服务支出	27995	3.1
公共安全	9499	-2.8
教育	45534	0.05
科学技术	7284	0.4
社会保障和就业	25034	1.6
卫生健康支出	17532	-13.2
节能环保	4357	-43.6
城乡社区事务	17500	-56.9
农林水事务	40559	-26.4
交通运输	2540	-79.9

年末全县金融机构存款余额 872643 万元，同比增长 13.5%。其中，住户存款 637339 万元，同比增长 14.7%。年末全县金融机构贷款余额 1463070 万元，同比增长 27.1%。

八、教育、文化、卫生

年末，全县拥有幼儿园 68 所，在校生 6203 人；小学 30 所，在校生 15693 人；初中学校 5 所，在校生 6966 人；普通高中 1 所，在校生 2938 人；中等职业学校 1 所，在校生 2098 人。学前三年入园率达 91.27%，小学适龄儿童入学率达 100%，初中升学率达 100%，高中阶段毛入学率为 95.52%。

年末，全县有文化馆（站）9 个，艺术团 1 个，图书馆 1 个，广播电视台（站）9 个，广播电视专线 625 公里，比上年增长 0.8%。电视覆盖率为 99.12%，比上年提高 0.14 个百分点。

年末，全县有卫生机构 16 个，其中医院、卫生院 13 个，疾病预防控制中心 1 个，妇幼保健院 1 个。年末卫生机构病床 1208 张，卫生技术人员 1375 人。其中，执业医师 353 人，执业助理医师 433 人，注册护士 604 人。

九、劳动就业和社会保障

全年城镇新增就业 2206 人，比上年下降 5.3%。其中，失业人员再就业 650 人，下降 5.7%；就业困难人员实现就业 560 人，下降 15.0%。

年末，全县参加城乡居民养老保险人数 61351 人，比上年增长 0.03%；参加城镇职工基本养老保险人数 31743 人，增长 19.7%；参加失业保险人数 16457 人，增长 24.3%；参加工伤保险人数 47815 人，增长 34.9%。

年末，参加城镇职工基本医疗保险人数 21060 人，比上年增长 13.2%；参加城乡居民基本医疗保险人数 153853 人，增长 2.6%；参加生育保险人数 21060 人，增长 13.2%。

年末，全县有社会福利院、乡（镇、街道）敬老院 3 个，床位 348 张。年末全县城市居民最低生活保障人数 6171 人，月人均保障标准 660 元，比上年增长 5.6%。年末农村居民最低生活保障人数 4923 人，年人均保障标准 5280 元，比上年增长 22.6%。

十、人口、人民生活

年末，全县有户籍人口 176180 人，常住人口 14.67 万人。户籍人口中男女性别比为 110.7（以女性为100），比上年上升0.09。全年出生人口1396人，出生率为8.01‰，下降0.4个千分点；死亡人口1018人，死亡率为5.84‰，上升0.77个千分点；自然增长率为2.17‰，下降1.17个千分点。

2022年年末人口数及其构成

表33

指标名称	单位	数值
年末户籍人口	人	176180
#城镇人口	人	85467
乡村人口	人	90713
#男性	人	92562
女性	人	83618
男女性别比（以女性为100）	%	110.70
出生率	‰	8.01
死亡率	‰	5.84
自然增长率	‰	2.17

全年城镇居民人均可支配收入39388元，比上年增长4.7%。其中，工资性收入28749元，增长9.9%；经营净收入6848元，下降3.9%；财产净收入2681元，下降8.5%；转移净收入1110元，下降20.2%。全年城镇居民人均消费支出21993元，下降6.4%。

全年农村居民人均可支配收入16315元，比上年增长6.6%。其中：工资性收入7981元，增长8.1%；经营净收入5444元，下降1.5%；财产净收入95元，增长18.3%；转移净收入2795元，增长20.4%。全年农村居民人均消费支出12442元，下降7.6%。

十一、环境保护和安全生产

全年县城空气质量平均优良天数比率达96.2%，县城生活污水集中处理率达97.3%，集中式饮用水源地水质达标率达100%，年末森林覆盖率为55.9%。

全年全县发生各类生产安全事故7起、死亡8人，同比事故起数减少3起、下降30%，死亡人数减少2人、下降20%。全年亿元GDP事故死亡率为0.076，比上年下降20.8%。

注释：

[1] 本公报所列各项数据为年度初步统计数。部分数据因四舍五入原因，存在与分项合计不等的情况。“#”表示其中项。

[2] 地区生产总值、各产业增加值绝对数按现价计算，增长速度按可比价计算。

[3] 全县卫生机构数中不包括诊所、卫生所、医务室。

[4] 规模以上工业统计口径为年主营业务收入2000万元及以上的工业企业。

[5] 本公报人口数为公安户籍人口数，出生、死亡相关数据为计生年报数。

资料来源：

本公报中城镇新增就业人数、社会保障数据来源于县人力资源社会保障局；财政数据来源于县财政局；公路里程、公路运输相关数据来源于县交通运输局；电话用户、互联网用户数等通信数据来源于县移动、联通、电信三家电信部门汇总数据；邮政业务总量数据来源于县邮政局；金融数据来源于中国人民银行玉屏支行；教育数据来源于县教育局；艺术表演团体、公共图书馆、文化馆数据来源于县文体广电旅游局；人口出生率、死亡率、自然增长率、卫生机构、卫生技术人员数据来源于县卫生健康局；医保数据来源于县医保局；社会服务、低保救济数据来源于县民政局；环境监测数据来源于市生态环境局玉屏分局；安全生产数据来源于县应急局；物价、城乡居民人均可支配收入及相关指标来源于国家统计局铜仁调查队；其他数据均来源于县统计局。

2022年玉屏侗族自治县户籍人口户数与人口统计表

表 34

乡（镇、街道）名称	总户数（户）	总人口（人）	总人口中		总人口中		男女性别比（女性=100）	
			男（人）	女（人）	城镇人口（人）	乡村人口（人）	2022年	2021年
总计	56515	176180	92562	83618	85467	90713	110.70	110.61
平溪街道	9369	26228	13269	12959	23450	2778	102.39	102.92
皂角坪街道	8127	22373	11171	11202	18612	3761	99.72	100.22
大龙镇（大龙街道、麻音塘街道）	15403	48538	25327	23211	32653	15885	109.12	108.87
田坪镇	9957	33595	18007	15588	4718	28877	115.52	115.05
朱家场镇	6805	22866	12617	10249	2383	20483	123.10	122.85
新店镇	3852	13147	7095	6052	3651	9496	117.23	116.66
亚鱼乡	3002	9433	5076	4357	0	9433	116.50	115.77

2022年玉屏侗族自治县人口变动统计表

表 35

乡（镇、街道）名称	出生人口		死亡人口		自然增长人口		迁入人口（人）	迁出人口（人）
	合计（人）	出生率（‰）	合计（人）	死亡率（‰）	合计（人）	自然增长率（‰）		
总计	1396	8.01	1018	5.84	378	2.17	1204	1686
平溪街道	231	8.16	118	4.17	113	3.99	264	222
皂角坪街道	285	9.48	138	4.59	147	4.89	261	271
大龙街道	151	6.85	117	5.31	34	1.54	169	266
麻音塘街道	166	8.59	152	7.87	14	0.72	185	293
田坪镇	294	8.66	169	4.98	125	3.68	115	213
朱家场镇	140	6.99	157	7.84	–17	–0.85	100	154
新店镇	66	5.27	99	7.91	–33	–2.64	44	170
亚鱼乡	63	7.92	68	8.54	–5	–0.62	66	97

注：出生、死亡为计生年报数；迁入、迁出为公安年报数。

2022年玉屏侗族自治县土地、耕地面积及人口密度统计表

表 36

乡（镇、街道）名称	土地面积（平方千米）	人口密度（人/平方千米）	常用耕地面积（公顷）			人均耕地面积（亩）	
			合计	其中		按总人口	按乡村人口
				田	土		
总计	523.78	336	5723	3858	1865	0.49	0.95
平溪街道	46.44	565	388	353	35	0.22	2.10
皂角坪街道	35.37	633	400	85	315	0.27	1.60
大龙镇（大龙街道、麻音塘街道）	86.20	563	806	613	193	0.25	0.76
田坪镇	152.87	220	1558	1098	460	0.70	0.81
朱家场镇	111.57	205	1542	928	614	1.01	1.13
新店镇	57.96	227	543	411	132	0.62	0.86
亚鱼乡	33.37	283	486	370	116	0.77	0.77

注：全县及各乡（镇、街道）人口密度采用2022年度公安户籍人口数计算。

2022年玉屏侗族自治县学校基本情况统计表

表 37

项目	学校（所）		在校生（人）		招生（人）		毕业生（人）		教职工数（人）	
	2022年	2021年	2022年	2021年	2022年	2021年	2022年	2021年	合计	其中专任教师
一、普通中学	6	6	9904	9608	3277	3311	3005	3274	902	751
其中：初中	5	5	6966	6652	2360	2299	2081	2322	673	531
高中	1	1	2938	2956	917	1012	924	952	229	220
二、职业中专	1	1	2098	1648	873	650	253	660	80	75
三、小学	30	30	15693	15876	2366	2455	2481	2413	1174	920
四、幼儿园	68	71	6203	6440	1824	1957	2238	2392	953	499

补充资料：

一、2022年高考，共录取701人，其中：全国重点大学31人，省内外本科378人，专科292人。

二、2022年中考，重点高中818人，五年制大专9人。

三、小学适龄儿童入学率为100%；初中入学率100%。学前三年毛入园率91.27%，学前一年毛入园率91.7%；高中阶段毛入学率95.52%。

四、小学升学率100%，初中升学率83.3%。

五、小学在校女生数7101人，中学女生数4618（初中3164人，高中1454人）。

2022年玉屏侗族自治县城镇住户调查人均情况统计表

表 38

指标名称	单位	2022年	2021年	增长（%）
调查户数	户	50	50	持平
调查点总人口	人	179	181	-1.1
人均可支配收入	元	39388	37605	4.7
#1.工资性收入	元	28749	26158	9.9
2.经营净收入	元	6848	7125	-3.9
3.财产净收入	元	2681	2931	-8.5
4.转移净收入	元	1110	1391	-20.2
消费支出	元	21993	23503	-6.4
#1.食品烟酒	元	6571	6977	-5.8
2.衣着	元	1873	2025	-7.5
3.居住	元	3846	4904	-21.6
4.生活用品及服务	元	1466	1338	9.6
5.交通通信	元	3336	3516	-5.1
6.教育文化娱乐	元	3020	2711	11.4
7.医疗保健	元	1581	1475	7.2
8.其他商用品及服务	元	301	557	-46.0

2022年玉屏侗族自治县农村住户调查人均情况统计表

表 39

指标名称	单位	2022年	2021年	增长（%）
调查户数	户	70	70	持平
调查点总人口	人	290	303	-4.3
人均可支配收入	元	16315	15312	6.5
#1.工资性收入	元	7981	7385	8.1
2.经营净收入	元	5444	5527	-1.5
3.财产净收入	元	95	80	18.3
4.转移净收入	元	2795	2321	20.4
消费支出	元	12442	13464	-7.6
#1.食品烟酒	元	4172	4542	-8.1
2.衣着	元	619	724	-14.5
3.居住	元	2514	2830	-11.1

续表 39

指标名称	单位	2022年	2021年	增长（%）
4.生活用品及服务	元	616	801	-23.0
5.交通通信	元	1615	2148	-24.8
6.教育文化娱乐	元	1627	1363	19.4
7.医疗保健	元	1093	902	21.2
8.其他商用品及服务	元	185	156	18.6

2022年玉屏侗族自治县农作物生产情况统计表（一）

表 40

乡（镇、街道）名称	粮食作物		稻谷		玉米		豆类		薯类		油料作物		花生		油菜籽	
	面积（公顷）	产量（吨）	面积（公顷）	产量（吨）	面积（公顷）	产量（吨）	面积（公顷）	产量（吨）	面积（公顷）	产量（吨）	面积（公顷）	产量（吨）	面积（公顷）	产量（吨）	面积（公顷）	产量（吨）
玉屏侗族自治县	4066	22393	1492.87	13087	914.2	4401	316.13	327	1106	4579	2749.87	6201	1060.27	2627	1689.6	3573
平溪街道	225	979	65.27	765	46.2	215	25.53	27	12.6	50	108	280	60	181	48	99
皂角坪街道	203.13	1286	85.73	367	47.13	211	28.13	31	119.8	536	62.27	130	7.6	14	54.67	116
大龙街道	144.2	725	48.33	410	53.6	254	10.87	12	37.27	158	47.53	108	7.47	20	40.07	89
麻音塘街道	356.53	1851	123.4	921	119.53	526	27.33	29	114.07	495	388.4	848	259.73	589	128.73	259
朱家场镇	1156.2	6567	757.67	3796	271.87	1140	67.33	55	352.73	1400	670.67	1458	190.67	450	480	1008
田坪镇	1068.73	6077	616.8	2958	151	617	116	131	384.47	1651	1049.4	2484	480.67	1233	568.73	1251
新店镇	466.4	1948	347.4	1632	79.47	267	35.27	33	34.33	33	183.2	373	12.53	40	170.67	334
亚鱼乡	445.87	2961	353.13	2237	145.47	1171	5.67	8	50.8	256	240.4	518	41.67	101	198.73	417

2022年玉屏侗族自治县农作物生产情况统计表（二）

表 41

乡（镇、街道）名称	油菜籽		油茶籽		中药材		蔬菜		食用菌		瓜果	
	面积（公顷）	产量（吨）	面积（公顷）	产量（吨）	面积（公顷）	产量（吨）	面积（公顷）	产量（吨）	面积（公顷）	产量（吨）	面积（公顷）	产量（吨）
玉屏侗族自治县	1689.6	3573	6987.13	8076	483.47	3482	5045.93	101246	360.13	9491	399.8	11423
平溪街道	48	99	410	652	4.13	19	511.6	10313	0	0	45.6	997
皂角坪街道	54.67	116	238.67	319	4.47	50	526.8	9980	290.67	8348	35.67	1045
大龙街道	40.07	89	397.33	523	0	0	90.33	2217	0	0	3.8	68
麻音塘街道	128.73	259	937.27	1459	46	79	444.33	10443	1	51	16.93	358
朱家场镇	480	1008	1956.53	2860	223.33	1608	982.93	19887	41.33	744	95.87	3048

续表 41

乡（镇、街道）名称	油菜籽		油茶籽		中药材		蔬菜		食用菌		瓜果	
	面积（公顷）	产量（吨）	面积（公顷）	产量（吨）	面积（公顷）	产量（吨）	面积（公顷）	产量（吨）	面积（公顷）	产量（吨）	面积（公顷）	产量（吨）
田坪镇	568.73	1251	2468.27	1305	166.13	1338	1215.33	23557	3.93	64	85.87	2503
新店镇	170.67	334	331.07	585	12.73	170	788.8	15379	22.4	273	91.4	2464
亚鱼乡	198.73	417	228	373	26.67	218	485.87	9469	0.8	11	25	940

2022年玉屏侗族自治县畜牧业生产情况统计表

表 42

指标名称	计量单位	全县	平溪街道	皂角坪街道	大龙街道	麻音塘街道	朱家场镇	田坪镇	新店镇	亚鱼乡
一、畜禽存栏										
（一）猪	头	134609	4439	7966	1683	5145	40956	60193	7598	6629
其中：能繁殖母猪	头	18581	193	400	109	460	5900	11266	94	159
（二）牛	头	10933	156	320	318	800	4785	3361	765	428
（三）羊	只	7910	658	353	56	270	3029	2764	601	179
（四）活家禽	只	264632	47116	6241	4681	54659	44566	68683	34249	4437
其中，活鸡	只	231441	32195	5684	3784	53085	34466	65352	33919	2956
其中，肉鸡	只	127921	29684	3284	3448	27328	26619	24046	11179	2333
蛋鸡	只	103521	2513	2362	337	25788	7857	41273	22768	623
二、畜禽出栏										
（一）猪	头	154740	6475	11293	2074	3901	61362	46637	15958	7040
（二）牛	头	6350	320	893	252	636	2092	1613	231	313
（三）羊	只	4817	1516	480	134	309	1556	462	269	91
（四）活家禽	只	215705	6681	11091	10882	43841	49630	61782	14230	17568
其中，活鸡	只	180697	5704	9291	8952	25067	46464	59209	12774	13236
三、畜禽产品产量										
（一）四肉总产量	吨	14911	678	1101	234	494	5991	4294	1426	693
1.猪肉	吨	13670	605	949	185	350	5609	3976	1367	629
2.牛肉	吨	805	40	120	31	82	259	207	30	36
3.羊肉	吨	85	27	9	2	6	27	8	5	1
4.禽肉	吨	350	10	18	17	71	81	101	23	29
其中，鸡肉	吨	286	8	15	14	40	74	94	20	21
（二）禽蛋	吨	812	19	4	18	187	52	344	187	1
其中，鸡蛋	吨	668	15	3	15	155	37	286	157	0

县委、县人民政府印发文件列表

2022年中共玉屏侗族自治县委主要文件一览表

表 43

序号	文件字号	文件标题
1	玉委〔2022〕11号	关于印发《关于开展作风大转变、环境大提升、项目大建设的实施方案》的通知
2	玉委〔2022〕18号	关于表彰玉屏侗族自治县第二届劳动模范和先进工作者的决定
3	玉委〔2022〕33号	关于对玉屏侗族自治县卫生健康工作先进集体和先进个人予以通报表扬的决定
4	玉委〔2022〕35号	关于对2022年全县教育工作先进集体和先进个人予以通报表扬的决定
5	玉委〔2022〕44号	关于印发《新时期玉屏侗族自治县产业工人队伍建设改革实施方案》的通知
6	玉党发〔2022〕5号	关于印发《玉屏侗族自治县2022年全面推进乡村振兴重点工作的实施方案》的通知
7	玉党发〔2022〕12号	关于印发《玉屏侗族自治县贯彻落实〈国务院关于支持贵州在新时代西部大开发上闯新路的意见〉的实施方案》的通知
8	玉党发〔2022〕15号	关于印发《玉屏侗族自治县提升卫生健康水平行动计划（2022—2030年）》的通知
9	玉党发〔2022〕18号	关于认真学习宣传贯彻党的二十大精神奋力谱写“箫笛名都·侗听玉屏”现代化建设新篇章的决定
10	玉党发〔2022〕19号	关于建设巩固拓展脱贫攻坚成果样板区推进乡村振兴示范县建设的实施意见

2022年中共玉屏侗族自治县委办公室主要文件一览表

表 44

序号	文件字号	文件标题
1	玉党办发〔2022〕4号	关于印发《玉屏侗族自治县实施县以下事业单位管理岗位职员等级晋升制度工作方案》的通知
2	玉党办发〔2022〕9号	关于印发《玉屏侗族自治县“四化”工作要点》的通知
3	玉党办发〔2022〕14号	关于印发《玉屏侗族自治县城市社区工作者职业体系建设办法（试行）》的通知
4	玉党办发〔2022〕17号	关于印发《玉屏侗族自治县关于改革完善社会救助制度的工作方案》的通知
5	玉党办发〔2022〕19号	关于印发《玉屏侗族自治县落实粮食安全暨耕地撂荒整治五条硬措施》的通知
6	玉党办发〔2022〕22号	关于印发《玉屏侗族自治县货运物流保通保畅工作方案》的通知
7	玉党办发〔2022〕23号	关于印发《玉屏侗族自治县2022年创建省级园林县城工作方案》的通知
8	玉党办发〔2022〕26号	关于印发《玉屏侗族自治县加快推进乡村人才振兴五年行动计划》的通知
9	玉党办发〔2022〕30号	关于印发《贵州黔玉油茶开发有限公司实体转型改革实施方案》的通知
10	玉党办发〔2022〕32号	关于印发《玉屏侗族自治县整体提升教育水平攻坚行动计划（2022—2030年）》的通知
11	玉党办发〔2022〕38号	关于印发《玉屏侗族自治县“箫笛名都·侗听玉屏”2022年箫笛文化活动方案》的通知

2022年玉屏侗族自治县人民政府主要文件一览表

表 45

序号	文件字号	文件标题
1	玉府发〔2022〕4号	关于印发玉屏侗族自治县开放型经济发展实施方案的通知
2	玉府发〔2022〕10号	关于印发玉屏侗族自治县三年行动方案（2022—2024年）的通知
3	玉府发〔2022〕11号	关于印发《玉屏侗族自治县2022年涉农资金整合调整使用方案》的通知
4	玉府函〔2022〕65号	关于玉屏侗族自治县“十四五”工业发展规划的批复
5	玉府函〔2022〕88号	关于同意《玉屏侗族自治县住房和城乡建设事业“十四五”发展规划》的批复
6	玉府函〔2022〕89号	关于同意《玉屏侗族自治县“十四五”新型城镇化规划》的批复
7	玉府函〔2022〕92号	关于玉屏侗族自治县2022年度森林资源（天然林）管护实施方案的批复
8	玉府函〔2022〕129号	关于同意玉屏侗族自治县“十四五”人才发展规划的批复
9	玉府函〔2022〕388号	关于同意玉屏县山水林田湖草沙一体化保护和修复·乡村振兴生态产业化项目相关事宜的批复

2022年玉屏侗族自治县人民政府办公室主要文件一览表

表 46

序号	文件字号	文件标题
1	玉府办发〔2022〕14号	关于印发玉屏侗族自治县乡村医生（保健员）社会保障工作方案的通知
2	玉府办发〔2022〕19号	关于印发玉屏侗族自治县全民健身实施计划（2021—2025年）的通知
3	玉府办发〔2022〕21号	关于印发玉屏侗族自治县乡镇和街道职责准入制度的通知
4	玉府办发〔2022〕22号	玉屏侗族自治县自建房建筑安全隐患排查整治工作实施方案
5	玉府办发〔2022〕25号	关于印发玉屏侗族自治县2022年法治政府建设工作要点的通知
6	玉府办发〔2022〕30号	关于印发《玉屏侗族自治县2022年高质量发展绩效评价工作实施方案》的通知
7	玉府办发〔2022〕38号	关于印发玉屏侗族自治县基层“五个一”应急体系建设实施意见的通知
8	玉府办函〔2022〕14号	关于印发玉屏侗族自治县全面深化道路交通安全专项整治工作方案的通知
9	玉府办函〔2022〕17号	关于印发玉屏侗族自治县2022年春耕生产工作实施方案的通知
10	玉府办函〔2022〕29号	关于印发《玉屏侗族自治县粮食应急预案》的通知
11	玉府办函〔2022〕57号	关于印发玉屏侗族自治县创建省级健康促进示范县工作方案的通知
12	玉府办函〔2022〕77号	关于印发玉屏侗族自治县2022年义务教育阶段整班移交工作方案的通知
13	玉府办函〔2022〕119号	关于印发玉屏侗族自治县国家储备林建设项目示范点土地流转及林木收储工作实施方案的通知

2022年重要来宾到玉屏侗族自治县活动情况一览表及玉屏侗族自治县各部门全称与规范性简称一览表

2022年重要来宾到玉屏侗族自治县活动情况一览表

表47

时间	到玉屏侗族自治县人员	活动情况
1月24日	贵州省林业局党组成员、副局长缪杰	开展林业安全生产督查工作
2月11日	贵州省大数据局副局长张晓晖	调研大数据产业发展重点项目建设工作
2月16日	全国政协委员、铜仁市政协一级巡视员王能军	宣讲《国务院关于支持贵州在新时代西部大开发上闯新路的意见》精神
2月24日	贵州省供销社党组成员、理事会副主任、贵州省供销社股金服务组织清理整顿工作领导小组办公室副主任严爱中	开展股金清理整顿督导工作
2月28日	贵州省林业局副局长向守都	调研油茶产业发展情况
3月1日	贵州省委办公厅副主任	调研农产品销售与深加工工作
3月1日	贵州省应急管理厅一级巡视员叶文斌	开展全省安全生产大督查
3月2日	贵州省委常委、省委宣传部部长、省委教育工委书记卢雍政	督导学习宣传贯彻落实《国务院关于支持贵州在新时代西部大开发上闯新路的意见》精神
3月2日	贵州省政府副秘书长、广东省粤黔协作工作队领队胡爱斌	调研东西部协作、产业发展相关工作
3月14日	铜仁市人民政府副市长黄进	调研督导安全生产及生态环境保护工作
3月14日	多彩贵州网有限责任公司党委副书记邓航	调研《国务院关于支持贵州在新时代西部大开发上闯新路的意见》宣传工作
3月22日	贵州省乡村振兴局副局长陈波	调研亚鱼乡郭家湾特色田园乡村建设工作
3月23日	贵州省人力资源和社会保障厅一级巡视员施长冬	调研人才工作
3月24日	贵州省卫生计生监督局局长周亮	调研全省卫生健康监督系统思想政治建设工作
3月25日	贵州省委副书记、贵州省人大常委会副主任蓝绍敏	调研农业现代化、乡村振兴和山村教育工作
3月25日	贵州省社会科学院党委书记、贵州省乡村振兴战略研究院院长吴大华	调研铜仁市生态渔业高质量发展
3月25日	中国农业发展银行贵州省分行党委委员、副行长万正祥	贵州省“万企兴万村”行动专项走访调研组来铜走访调研
3月29日	贵州省委机构编制委员会办公室主任彭旭	调研乡（镇、街道）改革和综合行政执法体制改革有关工作
3月29日	贵阳海关副关长马琨	开展全省新冠疫情防控综合督查工作
4月16日	铜仁市委书记李作勋	到玉屏侗族自治县油茶精深加工厂、贵福菌业发展有限公司调研

续表 47

时间	到玉屏侗族自治县人员	活动情况
4月21日	贵州省委宣传部副部长王芳	调研电影工作
4月26日	贵州省人民防空办公室党组成员、副主任邓继志	检查人民防空工程建设工作
4月26日	贵州省文物局局长张勇	督查调研闲置低效旅游项目核查工作
4月26日	贵阳幼儿师范高等专科学校原校长、副厅级干部贺永琴	开展县域学前教育普及普惠第二批省级督导评估“回头看”工作
5月1日	贵州省大数据局党组书记胡建华	调研“一场三站”疫情防控系统安装部署工作
5月7日	贵州省人大教科文卫委主任委员朱新武	开展“文明家庭 健康婚育”主题活动调研
5月23日	贵州水利水电职业技术学院党委书记杨志宏	到派驻第一书记所在村——朱家场镇甘龙村、长华村调研工作
5月25日	贵州省人民检察院党组书记、检察长傅信平	到县人民检察院调研工作，看望干警并召开座谈会
6月1日	贵州省教育厅一级巡视员鞠洪	调研职业教育工作情况
6月7日	贵州省供销合作社联合社党组书记、理事会主任向昀	调研供销社基本情况、为农服务能力、社有企业、股金服务社清理整顿、综合改革发展等工作
6月8日	贵州省人民政府副省长陶长海	调研贵州玉屏侗族自治县低温供热堆商业示范项目
6月21日	贵州省气象局党组书记、局长李昌兴	到新店镇调研乡村振兴产业服务中心和气象防灾减灾示范点建设情况工作
6月27日	贵州省委书记、贵州省人大常委会主任谌贻琴	到朱家场镇桐木油茶丰产林示范基地、桐木村调研乡村振兴、基层党建等工作
6月29日	贵州省科协党组成员、副主席杨泳滨	开展绿色核能主题科普活动暨全市科协系统“三下乡”活动
7月7日	贵州省政协副主席、农工党主任委员张光奇	调研农村特色养殖和精品水果种植产业现状
7月13日	长江水利委员会水资源管理局局长、一级巡视员夏细禾	调研水资源保护和利用工作
7月14日	贵州省人大常委会原副主任、贵州省文史馆原馆长、《贵州文库》总纂顾久	调研箫笛文史编撰工作
7月18日	贵州省气象局副局长李登文	调研乡村振兴工作
7月24日	中国核能行业协会专家委常务副主任、国家核安全局原局长赵成昆	调研贵州玉屏侗族自治县低温供热堆商业示范项目
7月27日	中国能源研究会副理事长、原国家能源局副局长王禹民	调研贵州玉屏侗族自治县低温供热堆商业示范项目
7月27日	贵州省教育发展基金会理事长、省教育厅原正厅级纪检监察专员罗润生	调研教育慈善工作情况
8月3日	贵州省委机构编制委员会办公室副主任赖武	开展乡（镇）“两项改革”实地调研评估工作
8月4日	贵州省科协党组书记、副主席向虹翔	调研清洁热能科普展厅和中伟新材料股份有限公司科普工作

续表 47

时间	到玉屏侗族自治县人员	活动情况
8月5日	贵州省委政法委员会副书记（兼）、贵州省信访局局长马磊	调研基层信访工作
8月15日	清华大学校务委员会副主任、核能与新能源技术研究院院长张作义	调研贵州玉屏侗族自治县低温供热堆商业示范项目
8月15日	中国广核集团有限公司党委常委、副总经理庞松涛	调研贵州玉屏侗族自治县低温供热堆商业示范项目
8月30日	农业农村部专家组（广西壮族自治区动物疫病预防控制中心）	开展贵州省国家级动物疫病净化场现场评审工作
9月1日	贵州省文联主席、贵州省作家协会主席欧阳黔森	调研乡村旅游工作
9月12日	铜仁市委书记李作勋	调研研学产业发展工作
9月20日	铜仁市安全生产第十督导组组长、铜仁市人民政府副市长黄进，副组长、铜仁市政协副主席杨德振	调研督导安全生产暨疫情防控工作
10月8日	贵州省生态环境厅副厅级环境监察专员吴克	开展环境保护督察及安全生产督导工作
10月9日	贵州省高级人民法院审判委员会专职委员、一级高级法官禄劲松	检查指导安全稳定工作
10月10日	贵州省人民政府副省长陶长海	检查指导安全稳定和稳增长工作
10月11日	贵州省商务厅党组成员、副厅长杨健	督查调研商务领域疫情防控、安全生产、重点项目建设等工作
10月14日	贵州省气象局党组成员、副局长杨林	调研乡村振兴和气象为农服务工作
10月19日	贵州省发展和改革委员会副主任张志宏	开展扩大有效投资促进经济恢复提振督导帮扶工作
10月20日	贵州省应急管理厅二级巡视员王志	开展安全稳定、疫情防控检查
10月25日	贵州省气象局党组成员、副局长帅军	调研乡村振兴暨开展“双联双促”工作
10月26日	贵州省人民政府发展研究中心原主任、研究员王礼全	开展粮油种业调研
11月3日	共青团贵州省委副书记杨德智	调研贵州共青团春晖行动升级版工作现场推进会筹备情况及玉屏侗族自治县春晖工作开展情况
11月4日	贵州省农业农村厅二级巡视员易勇	开展秋冬种及农业安全巡回指导
11月16日	贵州水利水电职业技术学院党委书记杨志宏	慰问甘龙村和长华村驻村第一书记，调研甘龙村和长华村产业发展、乡村振兴等工作
11月23日	贵州省文物局局长张勇	开展第四季度闲置低效旅游项目现场督导工作
11月23日	贵州省供销社党组成员、理事会副主任严爱中	调研供农农机农民专业合作社发展情况
11月25日	贵州省能源局党组成员、副局长刘碧雁	开展稳经济调研服务工作
12月14日	铜仁市委书记李作勋	调研民主法治示范村建设、便民服务、基层党建、乡村振兴、村小教学等工作
12月14日	贵州省农业农村厅二级巡视员易勇	开展产业项目排查问题整治巡回指导

玉屏侗族自治县各部门全称与规范性简称一览表

表 48

单位全称	单位简称
中共玉屏侗族自治县委员会	县委
玉屏侗族自治县人民代表大会常务委员会	县人大常委会
玉屏侗族自治县人民政府	县人民政府
中国人民政治协商会议玉屏侗族自治县委员会	县政协
中共玉屏侗族自治县纪律检查委员会 玉屏侗族自治县监察委员会	县纪委监委
中共玉屏侗族自治县委员会办公室	县委办公室
玉屏侗族自治县人民代表大会常务委员会办公室	县人大常委会办公室
玉屏侗族自治县人民政府办公室	县政府办公室
中国人民政治协商会议玉屏侗族自治县委员会办公室	县政协办公室
玉屏侗族自治县人民武装部	县人武部
中共玉屏侗族自治县委组织部	县委组织部
中共玉屏侗族自治县委宣传部	县委宣传部
中共玉屏侗族自治县委统一战线工作部	县委统战部
中共玉屏侗族自治县委政法委员会	县委政法委
玉屏侗族自治县公安局	县公安局
玉屏侗族自治县人民检察院	县人民检察院
玉屏侗族自治县人民法院	县人民法院
玉屏侗族自治县司法局	县司法局
贵州玉屏经济开发区管理委员会	贵州玉屏经开区
中共玉屏侗族自治县委党校	县委党校
中共玉屏侗族自治县委党史研究室	县委党史研究室
中共玉屏侗族自治县委巡察工作领导小组办公室	县委巡察办
中共玉屏侗族自治县委教育工作委员会	县委教育工委
中共玉屏侗族自治县委国有企业工作委员会	县委国企工委
中共玉屏侗族自治县委非公有制企业和社会组织工作委员会	县委非公企业和社会组织工委
玉屏侗族自治县医院党建工作指导委员会	县医院党建工作指导委员会
玉屏侗族自治县档案馆	县档案馆
玉屏侗族自治县信访局	县信访局
玉屏侗族自治县地方志编纂委员会办公室	县地方志办
中国共产主义青年团玉屏侗族自治县委员会	团县委
玉屏侗族自治县妇女联合会	县妇联
玉屏侗族自治县残疾人联合会	县残联

续表 48

单位全称	单位简称
玉屏侗族自治县红十字会	县红十字会
玉屏侗族自治县文学艺术界联合会	县文联
玉屏侗族自治县科学技术协会	县科协
玉屏侗族自治县计划生育协会	县计生协会
玉屏侗族自治县工商业联合会	县工商联
玉屏侗族自治县自然资源局	县自然资源局
玉屏侗族自治县投资促进局	县投资促进局
玉屏侗族自治县退役军人事务局	县退役军人局
玉屏侗族自治县教育局	县教育局
玉屏侗族自治县人民政府政务服务中心	县政务服务中心
玉屏侗族自治县机关事务中心	县机关事务中心
玉屏侗族自治县金融和国有资产发展中心	县金融国资中心
玉屏侗族自治县统计局	县统计局
玉屏侗族自治县财政局	县财政局
中共玉屏侗族自治县直属机关工作委员会	县直机关工委
玉屏侗族自治县审计局	县审计局
玉屏侗族自治县民族和宗教事务局	县民宗局
玉屏侗族自治县供销合作社联合社	县供销联社
玉屏侗族自治县产权交易中心	县交易中心
玉屏侗族自治县文体广电旅游局	县文体广电旅游局
玉屏侗族自治县图书馆	县图书馆
玉屏侗族自治县文化馆	县文化馆
玉屏侗族自治县住房和城乡建设局	县住房城乡建设局
玉屏侗族自治县人力资源和社会保障局	县人力资源社会保障局
铜仁市住房公积金管理中心玉屏管理部	市住房公积金管理中心玉屏管理部
玉屏侗族自治县应急管理局	县应急局
玉屏侗族自治县医疗保障局	县医保局
玉屏侗族自治县水务局	县水务局
玉屏侗族自治县民政局	县民政局
玉屏侗族自治县市场监督管理局	县市场监管局
玉屏侗族自治县发展和改革局	县发展改革局
玉屏侗族自治县工业和商务局	县工业和商务局
玉屏侗族自治县融媒体中心	县融媒体中心
玉屏侗族自治县农业农村局	县农业农村局

续表 48

单位全称	单位简称
玉屏侗族自治县乡村振兴局	县乡村振兴局
玉屏侗族自治县林业局	县林业局
玉屏侗族自治县老年大学	县老年大学
玉屏侗族自治县交通运输局	县交通运输局
玉屏侗族自治县农村公路养护中心	县农村公路养护中心
玉屏侗族自治县公安交通管理局	县公安交通管理局
贵州省玉屏公路管理段	玉屏公路管理段
玉屏侗族自治县教育局	县教育局
玉屏侗族自治县中等职业学校	县中等职业学校
玉屏侗族自治县第六中学	县第六中学
玉屏侗族自治县第一中学	县第一中学
玉屏侗族自治县大龙中学	大龙中学
玉屏侗族自治县田坪中学	田坪中学
玉屏侗族自治县印山民族小学	印山民族小学
玉屏侗族自治县第二小学	县第二小学
玉屏侗族自治县皂角坪中心完小	皂角坪中心完小
玉屏侗族自治县实验幼儿园	县实验幼儿园
玉屏侗族自治县第二幼儿园	县第二幼儿园
玉屏侗族自治县第三幼儿园	县第三幼儿园
玉屏侗族自治县第四幼儿园	县第四幼儿园
玉屏侗族自治县平溪中心幼儿园	平溪中心幼儿园
玉屏侗族自治县平溪第二幼儿园	平溪第二幼儿园
玉屏侗族自治县皂角坪中心幼儿园	皂角坪中心幼儿园
玉屏侗族自治县广播电视大学	县广播电视大学
玉屏侗族自治县卫生健康局	县卫生健康局
玉屏侗族自治县疾控中心	县疾控中心
玉屏侗族自治县人民医院	县人民医院
玉屏侗族自治县中医院	县中医院
玉屏侗族自治县妇幼保健院	县妇幼保健院
中国电信股份有限公司玉屏分公司	中国电信玉屏分公司
贵州省广播电视信息网络股份有限公司玉屏县分公司	贵州省广电网络公司玉屏分公司
中国邮政集团有限公司贵州省玉屏侗族自治县分公司	中国邮政玉屏分公司
中国移动通信集团贵州有限公司玉屏分公司	中国移动玉屏分公司

续表 48

单位全称	单位简称
中国联合网络通信有限公司玉屏县分公司	中国联通玉屏分公司
中国人寿保险股份有限公司玉屏支公司	中国人寿保险玉屏支公司
中国人寿财产保险股份有限公司玉屏县支公司	人寿财险玉屏支公司
中国太平洋财产保险股份有限公司玉屏支公司	太平洋财险玉屏支公司
中国平安财产保险股份有限公司玉屏支公司	平安财险玉屏支公司
中国人民财产保险股份有限公司玉屏侗族自治县支公司	人保财险玉屏支公司
玉屏侗族自治县文旅农投资有限责任公司	县文旅农投公司
玉屏侗族自治县城乡开发投资有限责任公司	县城投公司
玉屏侗族自治县扶贫开发投资有限责任公司	县扶投公司
玉屏侗族自治县金鑫融资担保有限责任公司	县金鑫融资担保有限公司
玉屏永昇国有资产投资管理有限公司	永昇公司
贵州黔玉油茶开发有限公司	黔玉油茶公司
玉屏侗族自治县拘留所	县拘留所
中国人民武装警察部队贵州总队铜仁支队执勤三大队玉屏中队	武警玉屏中队
铜仁市生态环境局玉屏分局	市生态环境局玉屏分局
国家税务总局玉屏侗族自治县税务局	县税务局
玉屏侗族自治县气象局	县气象局
玉屏侗族自治县烟草局	县烟草局
贵州电网有限责任公司铜仁玉屏供电局	玉屏供电局
玉屏侗族自治县消防救援大队	县消防救援大队
贵州黔东水务有限公司	黔东水务公司
中国建设银行股份有限公司玉屏支行	中国建设银行玉屏支行
中国工商银行股份有限公司玉屏支行	中国工商银行玉屏支行
中国农业银行股份有限公司玉屏县支行	中国农业银行玉屏支行
贵州银行股份有限公司玉屏支行	贵州银行玉屏支行
贵阳银行股份有限公司玉屏支行	贵阳银行玉屏支行
贵州玉屏农村商业银行股份有限公司	玉屏农商银行
中国人民银行玉屏侗族自治县支行	中国人民银行玉屏支行
中国农业发展银行玉屏侗族自治县支行	中国农业发展银行玉屏支行
中国邮政储蓄银行股份有限公司玉屏侗族自治县支行	中国邮政储蓄银行玉屏支行
玉屏长征村镇银行有限责任公司	玉屏长征村镇银行
中国农工民主党铜仁市委员会玉屏县支部委员会	农工党玉屏支部
中国民主建国会铜仁市玉屏县支部委员会	民建玉屏支部

索 引

说 明

一、本索引采用主题分析法编制。索引范围包括各类目、分目、条目等。“特载”“专文”“大事记”“人物 荣誉”“附录”等部分的具体内容未做索引，仅以其名称标示。

二、索引名称按汉语拼音音序（同音字按声调）排列。类目、分目用黑体字标示，其余用宋体字标示。表格、图片在其款目后分别注明“表”“图”。索引名称后的数字表示内容所在页码，页码后的 a、b、c 分别表示版面的一、二、三栏。

三、以数字或字母开头的条目，不按音序排列，集中于“非音序”栏中。

A

B

C

D

E

F

G

H

J

K

L

M

N

P

Q

R

S

T

W

X

Y

非音序